# 행정학의 이해2.0

안정기

도서출판 대영문화사

# 머리말

『행정학의 이해』가 출간된 지 5년 만에 『행정학의 이해 2.0』의 이름으로 전면 개정판을 발간했다. 그동안 『행정학의 이해』는 다수의 대학에서 대학 강의 교재, 각종 공무원시험의 수험서, 공공기관시험의 수험서로서 중요한 역할을 수행해 왔다. 2013년 1판 1쇄를 발간한 후 2015년 1판 2쇄를 통해 일부 개정을 했다. 그런데 최근 공공 부문을 둘러싼 환경 변화와 향후 각종 공무원시험에서 강조될 행정학의 중요성을 고려할 때 『행정학의 이해』의 부분적인 내용 개정만으로는 한계가 있다고 판단했다. 이에 『행정학의 이해 2.0』은 학생들이 행정학을 체계적으로 학습할 수 있도록 주제별로 핵심 정리, 심화 학습, 용어 정리, 핵심 문장을 구성했다. 이번 전면 개정판은 저자가 대학교와 공무원시험 학원에서 학생들을 지도하며 수렴한 의견을 최대한 반영했다. 공무원이나 공공기관에 입사하고자 하는 학생들에게 이 책이 큰 도움이 될 것이라고 확신한다.

끝으로 전면 개정판을 발간하는 데 도움을 주신 대영문화사 임춘환 사장님과 임직원분들의 노고에 진심으로 감사를 드린다.

2018년 1월
저자 씀

# 차 례

# 제 1 장 기초 이론

## 제 1 절 행정의 본질

### 1. 행정의 개념

행정(public administration)의 개념은 적용 범위와 관련해 넓은 의미와 좁은 의미로 정의할 수 있다. 넓은 의미의 행정은 조직 일반에 적용할 수 있는 인간 협동에 관한 것으로 공공단체, 기업체, 민간단체를 포함한 모든 조직 활동에 존재한다.

좁은 의미의 행정은 정부의 활동을 의미하며, 가장 좁게는 행정부의 조직과 공무원의 활동에 관한 것이다. 최근에 행정의 범주는 정부(government) 영역에 국한하지 않고 공공문제를 해결하기 위해 다양하게 연결된 개방된 네트워크의 거버넌스(governance)로 확장됐다.

행정이란 "공공문제를 해결하기 위한 정부의 구조와 활동, 그리고 상호 작용"으로 규정할 수 있으며, 이에는 네 가지 특성이 있다.

첫째, 행정은 공익을 지향해 공공문제의 해결이라는 공공 목적을 달성하는 것으로 국방, 치안, 교육, 교통, 환경 보호 등의 공공 욕구를 충족시켜 국민의 삶의 질을 증대하는 것을 말한다.

둘째, 행정은 공공 서비스의 생산, 공급, 분배와 관련된 모든 활동을 의미하는 개방 체제로 운영된다.

셋째, 행정의 활동은 정치 권력을 배경으로 하면서도 공공 서비스의 생산 및 공급은 정부가 독점하지 않고 민간 부문과 상호 작용 및 협력적 관계를 통해 공공 서비스를 생산·공급·분배한다.

넷째, 행정은 정치 과정과 밀접하다.

행정은 "정부가 사회의 공공가치를 실현하기 위해 인적·물적 자원을 확보하고 관리해서 국민에게 재화와 서비스를 제공하는 활동"으로 이해할 수 있다.

## 2. 정부 행정 속의 행정학

행정학은 '행정'을 연구하는 학문으로 시대적 변화의 흐름 속에서 정부와 행정의 성격이 변해 왔다. 행정의 본질적 측면은 그대로이지만 시대의 변화에 따라 행정의 모습은 다양하게 변하고 행정학의 범위와 주제도 달라진다.

현대 행정학의 출발점은 미국 정치학자 윌슨(W. Wilson)이 1887년도에 「행정연구(The Study of Administration)」를 발표한 시점이다. 당시 미국은 정치와 구분해 정부가 합리적으로 일하는 기준과 방식이 필요했던 시대다.

미국의 초기 행정학은 정부 활동의 논리 기반과 수단에 대한 지식을 경영학에 도입했다. 정치는 의사 결정의 영역이고 행정은 정치에서 결정된 내용을 집행한다는 정치·행정이원론(politics-administration dichotom)이 행정학의 초기 입장으로 당시 행정이 추구하는 기본 가치는 '절약과 능률(economy & efficiency)'이었다. 따라서 초기 행정학은 경영과 유사해야 한다고 인식했고 행정과 경영의 유사성과 차이점에 대한 논의로 이어졌다. 정부의 역할이 최소 수준에서 유지돼야 한다는 자유주의가 지배 이념이었던 당시 상황에서 행정학의 영역은 정부조직 구성과 사무관리, 그리고 공무원의 활동에 국한됐다.

그런데, 1945년 제2차 세계대전 이후 정부가 적극적으로 사회경제적 역할을 수행하면서 행정과 행정학의 범위가 확대됐다. 서구 주요 국가에서 각종 사회문제를 해결하기 위해 복지정책을 추진하면서 정치와 행정을 분리할 수 없었고 행정이 정책결정 영역에서 주도적 역할을 수행하는 행정국가 현상이 보편화됐다.

개발도상국에서는 경제 발전을 위한 행정인의 선도적 역할을 강조하고 행정이 적극적으로 환경을 발전시켜야 한다는 미국의 발전행정론이 전파됐다.

## 3. 재화의 유형과 공공재로서 행정의 특징

공공 서비스[1] 공급에 정부가 개입해야 하는 것은 비배제성과 비경합성이라는 특성 때문이다. 모든 공공 서비스가 두 가지 특성을 완벽하게 가지는 것은 아니며, 한쪽 극단에서 다른 쪽 극단까지 연속선상에 위치하게 되며, 이러한 특성을 고려해 공공 서비스를 유형화할 수 있다. 사바스(E. S. Savas)는 경합성(rivalry)과 배제성(exclusion)의 여부를 기준으로 시장재, 요금재, 공유재, 집합재의 네 가지로 구분했다.

**〈소비의 특성에 따른 재화의 구분〉**

<table>
<tr><th colspan="2" rowspan="2">구분</th><th colspan="2">경합성의 여부</th></tr>
<tr><th>비경합성</th><th>경합성</th></tr>
<tr><td rowspan="4">배제성의 여부</td><td rowspan="2">비배제성</td><td>공공재(집합재)</td><td>공유재(공동소유재)</td></tr>
<tr><td>국방, 치안, 외교, 등대<br>정부 직접 공급</td><td>자연자원<br>지나친 소비 제한</td></tr>
<tr><td rowspan="2">배제성</td><td>요금재(유료재)</td><td>민간재(사적 재・시장재)</td></tr>
<tr><td>전기, 가스, 통신, 고속도로<br>공기업을 통한 공급</td><td>교육, 의료, 문화, 주택<br>부분적인 개입(취약계층 보호)</td></tr>
</table>

1) 시장재 성격을 갖는 공공 서비스

① 경합성과 배제성을 동시에 가진 서비스를 시장재라고 하며, 주로 시장에서 제공돼 공공 부문의 개입이 최소화되는 부분

② 소비자 보호 측면에서 서비스의 안전과 규격 등을 규제하기 위해 집단적 대응이 요청되고 있음.

**③ 기본적인 수요조차도 충족하기 어려운 저소득층이나 영세민들을 배려하려는 부분적인 정부 개입이 필요함.**

④ 계층 간 수직적 형평성이 강조되면서 저소득층은 물론 불이익 계층에 대한 서비스 만족 차원에서 시장재에 대해서도 일정 정도의 정부 개입은 필요하다는 주장이 많으며, 경제 개발을 위한 각종 서비스를 들 수 있음.

---

1) 공공 서비스는 경제학에서 흔히 사용되는 개념인 공공재의 개념과는 다르다. 공공재는 그 이용을 배제하기 어렵고, 그 소비가 집합적으로 이뤄져 누가 그 재화를 소비해도 그 양이나 질이 감소되지 않는 성격을 띤 재화와 서비스를 지칭한다. 공공 서비스는 그 공급을 정부가 책임지고 있지만 그 성격은 공공재뿐만 아니라 사적재, 요금재, 공유자원 등의 성격을 띠고 있는 것이 많다.

2) 공유재 성격을 갖는 공공 서비스

① **공유재는 경합성은 있지만 배제는 불가능한 서비스의 속성상 과잉 소비와 공급 비용 귀착 문제가 야기됨.**

② **천연자원이나 희귀 동식물 그리고 녹지, 국립공원, 하천 등의 시설이 이에 속하며,** 소비는 경합되지만 정당한 대가를 지불하지 않아도 배제시킬 수 없기 때문에 **비용 회피와 과잉 소비로 인해 공유재 파괴라는 비극이 초래되는 영역**

④ 공공 부문에서는 공급비용 부담과 무분별한 사용에 대한 규칙(규제장치)을 설정해야 함.

**심화 학습:** 공유지의 비극(tragedy of the common)

**(1) 개념 : 개인적 합리성과 집단적 합리성의 불일치(시장실패를 설명하는 이론)**

① 공유지의 비극이란 개인적 합리성과 집단적 합리성 간의 갈등을 설명하는 하딘(Garret Hardin)의 이론이다.

② 마을의 농민들이 가축을 방목하고 있다. 각 농민들이 자기 가축이 풀을 많이 먹을 수 있게 가축을 24시간 방목하는 것이 합리적·이기적 행동임을 알고 있다. 물론 다른 농민들도 알고 있다. 그렇다면 결과는 자명하다. 모든 노인들은 가축을 방목하게 될 것이고 얼마 지나지 않아 목초지는 없어지고 더 이상 농민들은 가축을 기를 수 없게 돼 사회적으로 바람직하지 않은 결과, 즉, 공유지의 비극에 도달하게 된다.

③ 과잉 소비로 인해 사적 극대화가 공적 극대화를 파괴해 구성원 모두가 파멸하는 공유지의 비극으로 개인적으로는 합리적이라고 생각하는 소비가 사회 전체적으로는 불합리한 소비가 되는 것을 말한다.

④ 공유재는 분할성과 경합성이 존재하나 배제성이 곤란해 무임승차가 가능하다.

**(2) 공유지 비극의 실례**

① 농민의 목초지 확대

농민이 양을 많이 사육하고자 목초지를 넓힐 경우 개인의 이익은 늘어나지만 산림 훼손이나 산사태, 홍수 등의 문제를 야기시켜 결국은 황폐화돼 버린다는 것이다.

② 구명보트의 윤리 배반 현상

구명보트에 한정된 인원이 초과해 너무 많은 사람이 탑승함으로써 결국 보트가 가라앉는다는 이론이다.

**(3) 정책적 함의**

① 정부의 개입·규제

어업권, 산림 안식년제, 낚시 면허제 등과 같이 정부 개입과 규제를 통해 공유지의 지속 가능한 재생과 유지를 도모하게 된다.

> ② 당사자들의 자율적 해결(합리적 선택 신제도주의)
> - 정부 개입과 규제 없이 당사자 간의 합의와 협상을 통해 자율적인 규제를 통해 공유지의 비극을 방지할 수 있다는 주장이다. 즉, 이해당사자가 모여 일정한 합의를 통해 이용권을 제한하는 제도를 형성함으로써 공유지의 비극을 방지할 수 있다고 주장한다.
> - 합리적 선택 신제도주의는 당사자들이 자율적 제도를 만드는 과정과 결과를 연구한다.

### 3) 요금재 성격을 갖는 공공 서비스

① 요금재는 비경합성은 있지만 배제가 가능한 공공 서비스로, 대가를 지불하지 않는 소비자를 배제할 수 있기 때문에 시장 기구를 통해 서비스를 공급할 수 있는 여지가 많음.

② 전기, 가스, 상·하수도, 유료도로 등과 같은 사회기반시설 등이 속함.

③ **요금재의 상당 부분을 정부가 공급하는 이유는 자연독점으로 인한 시장실패에 대응해야 하기 때문임.**

④ **요금재가 창출하는 독점이익의 왜곡을 방지하기 위해 공공기관이나 공기업에서 요금재를 담당하는데, 현실적으로 공기업의 비효율성과 정부실패가 지적되고 있어 요금재에 대한 민간기업의 참여가 활성화되고 있음.**

⑤ 민간기업의 입장에서도 다른 공공 서비스와 달리 적정 시장가격을 산출하기가 용이하고 서비스 유형을 다양화시켜 시장 차별화를 강화시킬 경우 소비자 만족 증대뿐만 아니라 일정 수익을 확보할 수 있어 요금재 생산에 적극적으로 참여하고 있음.

### 4) 집합재 성격을 갖는 공공 서비스

① 집합재는 **비경합성과 비배제성의 특징 때문에 항상 과소 공급과 과다 공급의 쟁점을 야기하는 만큼 원칙적으로 공공 부문에서 직접 공급해야 할 서비스**

② 비용 부담에 따라 서비스 혜택을 차별화하거나 혜택으로부터 배제할 수 없어서 '무임승차(free rider)' 문제가 야기됨.

③ 국방, 외교 등의 순수공공재와 복지, 지역 개발, 공중의료 등의 준공공재 등이 있음.

### 5) 공공 서비스 공급에 대한 접근 방식

| 구분 | 복지국가에서 공공 서비스 | 신공공관리주의에서 공공 서비스 |
|---|---|---|
| 행정 활동에 대한 관심 | 민주·효율적 관리 | 최종 산출물의 사회·경제적 성과 |
| 공공 서비스 배분의 준거 | 형평적 배분(복지 시혜적 성격) | 효율적 배분(재정효율화 성격) |
| 민간 부문에 대한 공공 서비스의 기능 | 조정·관리·통제 | 경쟁력 지원 |
| 공공 서비스의 형태 | 국가에 의한 최저 수준의 표준화된 공공 서비스 | 시민사회의 다양한 선호 부응과 차별화된 서비스 |
| 성과관리의 초점 | 시설·기관 중심의 공급자적 관점(투입과 과정을 감독) | 수요자 중심의 맞춤형 서비스 공급(산출과 결과에 대한 품질 책임 강조) |

### 6) 공공재로서 행정의 특징

| 구분 | | 내용 |
|---|---|---|
| 소비 측면 | 비경합성 | • 특정인의 소비가 타인의 소비를 방해(감소)시키지 않음.<br>• 공동소비성, 등량소비성(그러나 편익은 다름), 비분할성<br>• 가격을 매기는 것이 바람직하지 않음. |
| | 비배제성 | • 비용을 부담하지 않는다고 하여 소비(이용)를 못하게 할 수 없는 현상<br>• 가격을 매기는 것이 기술적으로 어려움(수익자부담주의를 적용할 수 없게 돼 무임승차 현상이 발생함). |
| | 내생적 선호 | 시장에서처럼 개인의 선호에 따라 서비스를 자유롭게 선택할 수 없음. |
| 공급 측면 | | 비시장성, 무형성, 비경쟁성(독점성), 비축적성(무형성) |

## 4. 정부의 기능

### 1) 직접적 기능

① 규제 기능

법령에 근거해서 국민들의 생활을 일률적으로 금지하거나 제한하는 기능으로, 이에는 경제적 규제와 사회적 규제가 있다.

② 조장 및 지원 기능

특정 분야의 사업이나 활동을 적극적으로 조장하거나 지원하는 기능으로, 특정 분야를 위해 지원 법령을 제정하고 재정 및 금융상의 지원을 하며, 정부가 직접 사업 주체가 되기도 하는 기능이다(우리나라의 경우 경제 개발을 추진하는 과정에서 조장 및 지원 기능 수행).

2) 간접적 기능: 중재 및 조정 기능

사회 내에서 이해 당사자들 간에 분쟁이 발생했을 때 정부가 그 사이에서 이해관계를 조정하고 양측의 합의를 이끌어 내어 중재하는 기능이다.

# 제 2 절 행정의 환경

## 1. 행정과 정치

| 시기 | 특징 | 정치 · 행정 관계 | 관련 행정이론과 학자 |
|---|---|---|---|
| 1880 | • 엽관주의의 폐단을 극복하기 위해 정치(정당정치)와 행정의 분리<br>• 행정의 정책 결정 기능(정치성) 부인 | 정치 · 행정이원론 | 행정관리설<br>(윌슨, 화이트, 귤릭) |
| 1930 | • 경제공황 극복을 위해 행정의 정책 결정 기능 중시<br>• 정치와 행정의 연속성 강조 | 정치 · 행정일원론 | 통치기능설<br>(디목, 애플비) |
| 1940 | • 행정이론의 과학화를 위해 행정연구 대상을 사실에 국한<br>• 가치(판단)와 사실의 구분(가치 중립 주장) | 가치(판단) · 사실 구분론(행정의 정책 결정 기능을 부정한 것은 아님.) | 행정행태설<br>(사이먼) |
| 1960~70 | • 국가 발전을 위한 정책 결정 기능 강조<br>(개발도상국) | 정치 · 행정새일원론 | 발전행정론<br>(에스만, 와이드너) |
| | • 사회 문제 처방을 위한 가치주의 주장(미국) | | 신행정론<br>(프레데릭슨) |

**심화 학습: 행정과 정치의 관계: 이론적 관점에서 정치와 행정의 기능적 관계**

정치와 행정을 명백히 구분하는 입장을 정치 · 행정이원론이라고 한다. 정치 · 행정이원론은 정치의 영역인 입법부에서 법률의 **형식으로 정책을 결정하면, 행정부에서는 이를 단순히 집행하는 것으로 인식한다. 정치 · 행정이원론은 행정을 정책의 효율적인 집행을 위한 전문적인 관리기술**로 파악했으며, 행정에 대한 민주적 통제와 법의 지배를 강조했다.

그러나 정치 · 행정이원론은 경험적 · 실증적 이론이라기보다는 규범적 · 처방적 이론이다. 미국의 역사적 경험에서 보면 정치 · 행정이원론은 정치의 과다한 행정 과정, 특히 행정부 내부의 인사에 대한 개입을 반대하고 부작용을 예방하고자 하는 소극적인 처방이라고 할 수 있다. 다시 말해서 실제의 현실에서 정치와 행정이 구별될 수 있다기보다는 **행정공무원의 정치적인 임용을 강조하는 엽관제(spoils system)의 폐해를 극복하고 정치로부터 벗어나 중립적이고 능률적인 행정을 구축하기 위한 노력이다.**

결국 부패할 가능성이 있는 '정당정치'로부터 행정을 분리하는 것이 필요하다는 규범적인 주장의 성격이 강했다. 이처럼 **19세기 후반 정치와 행정이 분리되지 않은 상황에서, 엽관제도의 폐해를 극복하고 행정의 능률성을 확보하기 위해 행정의 정체성을 확보하고자 시도했다.**

이러한 정치·행정이원론은 그 처방을 관리기술에서 찾고자 했다는 점에서 분명 한계는 있지만 당시 미국의 시대적 상황에서는 상당한 설득력을 가졌다. **1940년대 들어 사이먼(H. A. Simon) 등 행태주의 학자들은 초기의 이원론과 구별되는 가치 판단과 사실의 구분을 강조하는 새 이원론을 제시했다. 이들은 행정의 정책 결정 기능을 인정한다는 점에서 기존의 이원론과 구분된다.**

그러나 **1930년대의 뉴딜정책 이후 제2차 세계대전을 거치면서** 고우스(J. M. Gaus), 디목(M. E. Dimock), 애플비(P. H. Appleby) 등은 행정의 전문화, 위기관리 시 신속한 정책 결정의 필요성 등으로 행정부가 정책 결정에서 적극적인 역할을 수행할 수밖에 없다는 논거에서 정치·행정일원론을 제기했다. 행정의 정치적 기능을 중시했던 정치·행정일원론에서 말하는 행정의 정치적 기능이란 정책 형성 기능을 의미한다.[2)]

이러한 이론적 입장은 미국의 국내외적인 현실 정치 상황이 정치와 행정의 완전한 분리가 불가능하다는 점에서 출발했다.

1960년대 들어 발전행정론이 대두하면서 기존의 정치우위론과 대비되는 행정우위론적 입장에서 새 일원론이 제기됐다. 새 일원론은 정치와 경제 등 다른 사회 체계가 미처 발달하지 못한 개발도상국에서 시급한 국가발전사업을 추진하기 위해서는 행정조직이 주도적인 역할을 수행할 수밖에 없다는 측면에서 이해된다.

이러한 발전행정론은 우리나라를 비롯한 일부 제3세계 국가들에서 행정부 주도의 빠른 경제 성장을 유도하는 이론적 배경이 되기도 했다. 그러나 행정이 정책 결정 역할, 즉 정치적 기능을 수행하는 단계에서 더 나아가 정치를 이끌고 심지어 대행까지 할 수 있다는 행정우위론은 행정에 대한 정치통제의 민주성 원칙에서 벗어날 뿐만 아니라 관료주의를 촉진함으로써 행정의 책임성과 대응성 확보를 어렵게 한다는 비판을 받고 있다.

**미국에서 1960년대 후반에 논의되기 시작한 신행정론에서는 행정의 정책 결정 기능을 적극적으로 요청하면서도 행정부의 정책 과정에서 관료주의화를 견제하기 위해 사회적 약자를 비롯한 다양한 사회 세력의 실질적 참여와 정책 결과로서의 형평성을 강조하고 있다.**

이처럼 그동안 정치와 행정의 관계와 관련해 각 시대별 여건을 반영한 다양한 이론적 관점이 전개돼 왔으나, **현대 국가에서 정치와 행정은 서로의 영역을 엄격하게 구분하기 어려운 혼성의 영역으로 수렴하고 있다.** 오늘날 정치가와 공무원은 함께 정책 결정 활동에 관여하고 있으며, 상호간에 긴밀한 협력적 활동을 전개하고 있다. 그럼에도 불구하고 규범적인 관점에서 볼 때 행정의 정당성을 확보하기 위해서는 대리인인 공무원의 기회주의적 행동을 방지하고 책임을 확보할 수 있는 제도적 장치로서 공무원의 정치적 중립성과 이들에 대한 정치적 통제가 필요하다.

---

2) 정치·행정이원론과 일원론에서 말하는 정치는 서로 다른 의미를 내포하고 있다. 즉, 이원론에서 말하는 정치는 정당정치를, 일원론에서 정치는 정책 형성 기능을 의미한다.

심화 학습: 정치와 행정

**1. 정치와 행정의 비교**

| 구분 | 정치 | 행정 |
|---|---|---|
| 개념 | 입법부가 담당하는 가치 지향적인 목표 설정이나 정책 결정에 관한 활동이다. 정치인의 영역에 속한다. | 행정부가 담당하는 집행적 활동으로 가치 중립적(사실 관계)이다. 일반 공무원의 영역에 속한다. |
| 기능 | 목적(목표) · 이상 · 가치 · 당위 · 투입 기능 등 국민 의사가 종합화되고 형성되는 과정(정책 결정 과정)이다. | 수단 · 현실(사실) · 존재의 법칙 · 산출 기능 등 국민의 의사가 구체적으로 집행되는 과정(정책 집행 과정)이다. |
| 책임 | 도의적 책임 문제가 중요 관심사다. | 법적 책임 문제가 중요한 관심사다. |
| 가치 | 민주성 추구 | 효율성 추구 |
| 관계 | 정치와 행정의 관계는 민주정치의 발전과 추세에 따라 변천한다. | |

**2. 정치와 행정의 관계 변천**

1) 정치 · 행정이원론(1883~1930): 행정은 정치성이 없는 관리기술이다. 민주주의 신봉자들은 권력 분립의 원리에 부합된다고 생각해 정치와 행정의 분리를 지지(정치와 행정을 명백히 분리하는 입장)
☞ 윌슨(W. Wilson)의 「행정연구」(1887), 굿노(F. J. Goodnow)의 「정치와 행정」(1900)

2) 정치 · 행정일원론(1930~40년대): 행정과 정치의 연속성 · 불가분성을 강조하는 입장
☞ 루스벨트(F. D. Roosevelt)의 뉴딜정책, 디목(M. E. Dimock)의 「현대정치와 행정」(1937), 애플비(P. H. Appleby)의 「정책과 행정」(1949)

3) 정치 · 행정새이원론(가치 · 사실구분론): 1940~50년대
☞ 사이먼(H. A. Simon) 「행정행태론」(1945): 행정은 합리적 의사 결정이다. 즉, 정책 결정 기능을 인정

4) 정치 · 행정새일원론(행정우위론): 1960~70년대 ☞ 발전행정론과 신행정론

**3. 윌슨**

행정의 영역은 사업(경영)의 영역이다. 행정은 공법의 상세하고 체계적인 집행이다. 행정은 정치적 북새통의 다툼에서 분리돼 있다. 행정은 정치 영역 밖에 있다. 행정적인 문제는 정치적인 문제가 아니다. 정치가가 행정의 임무를 규정하지만 행정 업무가 정치에 의해 조종 · 조작돼서는 아니 된다.

## 2. 행정과 경영

### 1) 유사점

협동행위, 관리기술(관리성), 목표 달성의 수단, 의사 결정, 관료제적 성격[3](탈관료제

3) 계층제, 전문화(분업)와 비정의성을 특징으로 하는 관료제적 성격.

적 성격)

### 2) 차이점

행정과 경영 간의 차이가 점차 약화되고 있음.

| 구분 | 행정 | 경영 |
|---|---|---|
| 목적 | 공익 추구, 국가의 생존과 경제사회 발전 책임<br>정의와 형평 등의 사회 가치 비중이 큼. | 이윤 극대화 |
| **법적 규제** | **엄격한 법적 규제(행정의 경직성)** | **직접적인 법적 규제 적용 안 됨.** |
| 정치 권력적 성격 | 본질적으로 정치적 성격<br>공권력을 배경으로 한 행정 기능 수행<br>정당, 의회, 이익단체, 국민의 통제 | 정치로부터 분리<br>강제력과 권력 수단 없음. |
| 평등성 | 모든 국민은 법 앞에 평등 | 고객 간 차별 대우 용인 |
| 독점성 | 경쟁자 없는 독점성<br>행정 서비스 질 저하 우려 | 자유로운 시장 진입(경쟁 관계)<br>고객 지향적 제품 서비스 |
| 관할 및 영향 범위 | 모든 국민이 대상 | 고객 관계 범위 내에 한정 |

### 3) 행정의 경영화(기업형 행정)의 목적

① 행정의 경영화란 기업의 관리기술을 정부에 도입하는 것을 의미

② 정부 부문에 시장 원리와 경쟁 원리를 도입해 비효율을 제거하고 성과 지향적이며 고객 지향적인 공공 서비스를 제공하는 것

## 3. 행정과 법

① 법률의 법규창조력: 법규범은 의회에서만 제정, 즉 법규제정권은 의회의 전속 권임.

② 법률 우위의 원리: 모든 법규는 행정에 우선하고 행정은 법규에 위반돼서는 안 된다는 원리(소극적 의미의 합법성)

③ 법률 유보의 원리: 행정은 법률에 근거해 이뤄져야 한다는 원리(적극적 의미의

합법성)

## 4. 행정과 시민사회

### 1) 의의

시민과 국가(정부)와의 관계를 매개하는 집단들의 집합체

### 2) 시민사회의 변천

① 등장(근대적 의미의 시민사회): 국가라는 공적 권위에 대항하는 순수한 민간의 자율적 영역으로서 서구 시민사회가 등장

② 부활(현대적 의미의 시민사회): 20세기 말 신자유주의 등장 및 참여민주주의 확산과 함께 다시 부활

### 3) 특징(현대 시민사회 주역으로서 NGO의 특징)

① 사적 영역에서 공익적 기능(비영리)을 수행하는 조직, 공식적이고 지속성을 지닌 조직, 중간조직(제3섹터)

② 사회의 이질성이 높을수록 다양한 서비스에 대한 수요로 인해 더 많은 비영리조직이 생김.

### 4) 중간조직의 형성 배경에 관한 대표 이론

| 이론 | 내용 |
|---|---|
| 공공재이론 | 시장에서 공급될 수 없는 공공성이 강한 재화를 기존의 공공재 공급 체계에서 공급하지 못할 때, 부족한 수요를 충족하기 위해 NGO가 등장 |
| 계약실패이론 | 거래비용에 근거한 이론으로, 서비스의 성격(정보의 비대칭성)상 영리기업 서비스의 양과 질을 정확하게 평가하지 못할 때 비영리성을 띤 준(비)정부조직을 더 신뢰하게 된다는 이론 |
| 소비자통제이론 | 소비자인 시민이 국가 권력을 감시하고 통제하기 위한 수단으로 등장했다는 이론 |
| 기업가이론 | 정부와 NGO는 이질적이고 이들 간의 관계는 경쟁과 갈등 관계라고 보는 주장 |
| 다원화이론 | 서비스의 생산은 정부가 독점하기보다는 다양한 주체에 의해 이뤄질 수 있다는 주장 |
| 시장실패-정부실패모형 | 시장실패와 정부실패가 동시에 발생하는 현대 행정의 해결책으로 등장 |

### 5) 비정부조직(Non-Governmental Organization: NGO) 유형

① 전통적 분류(기능별 분류)

대체적 관계, 보완적 관계(정부의 비용 지원하에 정부와 NGO가 긴밀한 협조 관계를 유지), 대립적 관계, 의존적 관계, **동반자적 관계(최근의 가장 일반적이고 바람직한 관계모형)**

② 기드론(B. Gidron)의 모형

정부 주도(재정 부담과 서비스 공급 모두 정부가 주도), NGO 주도(재정 부담과 서비스 공급을 모두 NGO가 주도), 이중혼합형(정부와 NGO가 재정과 서비스 제공은 분담), 상호공조형(정부는 재정 부담, NGO는 서비스를 공급)

③ 코스턴(J. M. Coston)의 제도적 다원주의

국가가 아닌 민간단체도 공공 서비스 공급을 할 수 있어야 한다는 주장의 수용 여부에 따라

| 제도적 다원주의 거부 | 제도적 다원주의 수용 |
|---|---|
| 억압형(NGO 불인정), 대항형(NGO는 등록 · 규제의 대상), 경쟁형(정부가 원하지 않는 경쟁 관계) | 용역형, 제3자형, 협력형, 보충형, 공조형 |

### 6) NGO의 역할과 기능

① 공동생산자 : 정부실패와 시장실패가 동시에 나타나는 현대 행정에서 협력적 통치(governance)나 공동생산자(co-production)의 기능 수행. 이때 시민은 정규(단독) 생산자가 아닌 공동(소비) 생산자임.

② 정책감시자 : 정부 활동의 감시 견제 · 비판

③ 정책 제언자 : 문제의 발굴, 문제에 대한 관심의 환기, 여론 형성, 대안 제시 등

④ 정책 파트너 : 정보의 수집 제공, 정책에 대한 압력 행사, 집행된 정책에 대한 오류 수정

⑤ 공공 서비스 공급 주체 : 재해구조, 사회봉사 등 공공 서비스를 직접 공급함으로써 정부조직의 확대 없이 공공 서비스의 공급 총량 증대

⑥ 국제적 협조자 : 국경을 초월한 연대

⑦ 민관 간의 거리감 해소와 선의의 협조 관계 : 근린정부에 의한 자율적인 규제

로 정부 규제 축소
⑧ 정부나 의회의 공식 역할 보완

7) NGO의 실패(샐러먼[L. M. Salamon])

① 시장실패와 정부실패를 다른 시각에서 바라봐 정부 존재의 정당성을 NGO가 실패한 분야에 대한 대안적 수단으로 이해
② 박애적 불충분성(자원의 부족), 박애적 배타주의(서비스 공급 대상이 한정), 박애적 온정주의(지역 유지나 저명인사에 의해 결정이 좌우), **박애적 아마추어리즘(도덕적 · 종교적 신념에 바탕을 두므로 충분한 전문성과 책임성을 확보하기 곤란)**

8) NGO의 한계

① 이상주의에 치우쳐 결과에 무책임할 수 있으며 안정성, 구속력, 전문성이 미흡
② NGO가 국가 역할을 보완할 수는 있지만 대신할 수는 없음.
③ 공공재의 무임승차를 극복할 수 없음(무임승차는 수익자부담주의로 극복 가능).

## 5. 사회적 기업

1) 의의

① 취약계층에게 일자리를 제공하거나 지역사회에 공헌함으로써 지역 주민의 삶의 질을 높이는 등의 사회적(공익적) 목적을 추구하면서 재화 및 서비스의 생산 · 판매 · 영업 활동을 하는 기업으로서 고용노동부 장관의 인증을 받은 사회적 기업
② 사회적 기업은 공익 목적의 단체라는 점에서 비영리기구(NGO)와 유사하지만, 유급 근로자를 고용해 영리 활동을 수행한다는 점에서 자원봉사자들로만 구성된 NGO와는 구분됨.

2) 의무

① 영업 활동을 통해 창출한 이익을 사회적 기업의 유지 · 확대에 재투자하도록 노력해야 하며, 연계 기업(사회적 기업에 대해 재정 · 경영 지원 등을 하는 독

립적 기업)은 사회적 기업이 창출한 이익을 취할 수 없음.

② 고용노동부 장관은 사회적 기업의 실태를 5년마다 조사하고, 고용정책심의회를 거친 후 사회적 기업 육성 기본계획을 5년마다 수립해야 함.

3) 지원

고용노동부 장관은 사회적 기업의 설립・운영에 필요한 경영, 교육훈련, 시설비 등의 지원과 공공기관의 우선 구매, 조세 감면 및 사회보험료 지원, 재정 지원(예산 범위 안에서 인건비, 운영비, 자문비용 등)을 할 수 있음(사회적 기업 육성법).

## 제 3 절 행정의 변천

### 1. 국가의 변천과 행정의 역할

| 구분 | 특징 |
| --- | --- |
| 근대 입법국가 | 정치는 의회, 경제는 시장에 맡기고 국가는 국방, 치안, 외교, 재정권 등 최소한의 사회안정화 기능만 담당(야경국가, 소극국가, 자유국가, 방임국가) |
| 현대 행정국가 | 시장실패를 해결하기 위해서 정부는 규제뿐 아니라 적극적인 조장(경제 안정, 재분배)을 수행해야 한다는 가부장적 정부(복지국가, 적극국가)<br>☞ 뉴딜정책과 정부 개입 및 정부 기능의 확대 |
| 신(탈)행정국가 | 정부실패를 해결하기 위해 정부의 독점적 통치를 거부하고 정부의 역할을 적극적인 지원에서 소극적인 규제에 국한시키는 국가로 신공공관리론(신자유주의 입장에서 규제 완화, 민영화, 복지정책 축소, 시장[가격 원리] 도입, 고객 중심 행정)과 뉴거버넌스론(신공공관리론에 대한 반발, 국가와 시장, 시민사회의 참여와 협력을 중시, 공동 생산) |

### 2. 정부조직의 팽창을 설명하는 이론

1) 파킨슨의 법칙

① 개념

정치인이나 납세자인 시민은 지금까지 공무원의 수가 증가하는 경우 업무량이 증가하고 있음을 반영한 것으로 생각해 왔다. 그런데 실상은 그렇지 않다. 파킨슨

(C. N. Parkinson)은 공무원의 수와 업무량은 서로 아무런 관계가 없음을 제시하고 있다. 즉, 공무원의 수의 증가는 '파킨슨의 법칙(Parkinsons law)'에 의해 지배되고, 업무량이 증가하든 감소하든 심지어 사라지든 간에 관계없이 공무원의 수가 증가한다고 주장한다. 이러한 파킨슨의 법칙이 중요한 이유는 업무량의 실증 분석에 기초해 공무원 수의 증가에 관한 법칙을 제시하고 있다는 데 있다.

② 내용

영국의 행정학자 파킨슨은 부하 배증의 법칙(제1공리)과 업무 배증의 법칙(제2공리)을 제시해 파킨슨의 법칙을 설명한다. 여기서 **부하 배증의 법칙**은 특정 공무원이 업무 과부하를 느낄 때(사실 여부와 관계 없이), 퇴직하거나 동료를 보충받아 그 임무를 반분해 수행하려 하지 않고, 대신 자신을 보조해 줄 부하를 보충받기를 원한다는 공리를 말한다. 그리고 **업무 배증의 법칙**은 부하 배증의 법칙에 의해 부하가 배증되면서 과거 혼자 일하던 때와는 달리 지시, 보고, 승인, 감독 등의 파생적 업무가 생겨나 본질적인 업무의 증가 없이 업무량이 배증되는 현상을 지칭한다. 파킨슨은 이를 실증하기 위해 영국 해군을 대상으로 1935년부터 1954년까지 간부의 증가에 관한 통계적인 분석을 행했는데, 매년 평균 5.75%의 비율로 증가하고 있음을 밝혀냈다.

### 2) 니스카넨의 예산극대화 가설

니스카넨(W. A. Niskanen)의 예산극대화 가설에 따르면 관료는 근본적으로 정치가와 다른 행태를 보인다고 가정한다. 즉, 근본적으로 목적함수가 다르다는 것인데 정치가는 사회후생의 극대화를 추구하지만 관료는 개인 효용의 극대화를 추구한다고 가정한다. **정치가는 사회후생의 극대화를 위해 순편익(총편익-총비용)이 극대화되는 수준(A지점)에서 공공 서비스를 공급하려고 하지만 관료들은 정치가들과 달리 자신의 이익이나 효용을 극대화하기 위해 편익곡선과 비용곡선이 일치하는 지점, 즉 순편익이 0이 되는 지점(B지점)까지 생산을 확대한다는 것이다.**

다시 말해 한계비용(MC)과 한계편익(MB)이 일치하는 지점(A지점)이 파레토 최적(Pareto optimum)을 구현하는 최적의 생산 지점임에도 불구하고 한계비용이 한계편익보다 훨씬 큰 지점(B지점)까지 생산을 늘린다는 것인데, 관료들의 이러한 행태로 인해 공공 서비스는 과잉 공급되고 정부실패가 발생한다고 본다.

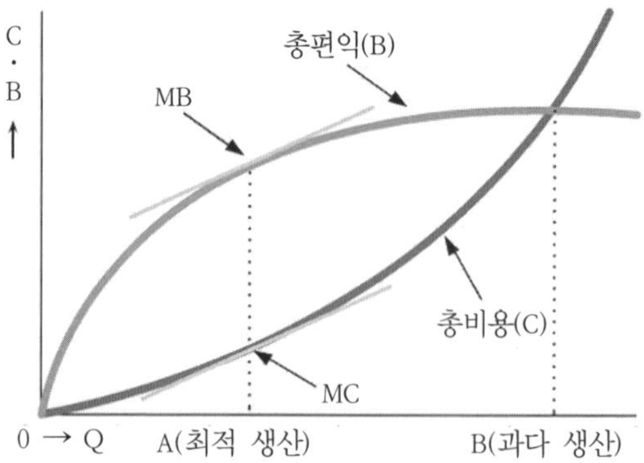


## 3. 행정국가와 신행정국가의 등장 배경

케인스(J. M. Keynes) 경제학은 시장실패를 치유하기 위해 유효 수요를 창출하는 정부의 적극적 개입을 강조하는 행정국가(큰 정부)를 뒷받침하는 이론이고, 정부의 개입을 줄이고 시장의 기능을 활성화하려는 레이거노믹스(Reaganomics) 등 공급 측면의 경제학은 신자유주의의 토대가 됐다.

### 1) 행정국가(정부 역할 확대)의 등장 배경

① 경제 대공황과 시장실패: 보이지 않는 손과 세이(J. B. Say)의 법칙(Say's law: 공급이 수요를 창출한다)이 설득력을 상실하고 급속한 경기 침체와 대량 실업의 발생

② 케인스[4] 경제학과 수정자본주의: 정부의 적극적인 개입을 통해 총수요를 확대해야 한다는 케인스 경제학의 등장과 시장경제에다 사회주의 경제를 가미한 혼합경제(수정자본주의) 등장

③ 뉴딜정책과 정부 개입: 케인스 학파의 총수요정책은 루스벨트 대통령의 뉴딜정책으로 나타났고, 정부 규제 및 조장(지원)의 확대는 거대한 정부를 탄생시킴.

### 2) 신행정국가(정부 역할 축소)의 등장 배경

통화주의와 신고전파 경제학(케인스 학파의 재정정책(총수요정책)보다는 금융통화정책을 선호하는 통화학파[5]) * 고전파 경제학은 스미스(A. Smith)의 보이지 않는

---

4) 수요경제학(케인스, 수요가 공급을 창출, 조세 · 지출 등 재정정책을 선호하는 재정학파들의 주장).

손(invisible hand)에 의한 시장의 조절 기능을 강조했다.

심화 학습: 뉴딜정책

뉴딜정책은 미국 제32대 대통령 루스벨트의 지도 아래 대공황 극복을 위해 추진했던 제반 정책이다. 정부가 적극적으로 개입해 자유주의 경제에 대한 수정을 했던 점으로 미국 역사상 획기적 의의를 가진다.

뉴딜정책은 구제·부흥·개혁 등을 목적으로 하고 연방정부의 기능과 대통령의 권한 확대를 실현하면서 적극적으로 구제정책을 전개해 많은 성과를 올렸다. 또한 뉴딜정책은 대공황으로 마비 상태에 빠진 미국 자본주의와 혼란해진 사회의 재건을 위해 새로운 정책을 잇달아 실험했다.

미국의 전통적인 자유방임주의가 포기되고, 정부 권력에 의한 통제가 행해졌으며, 케인스의 경제학을 받아들여 미국 자본주의를 수정하게 됐다. 그리고 7년 동안의 장기간에 걸친 뉴딜정책은 단순한 경제정책에 그치지 않고, 정치·경제사회 전체에도 커다란 영향을 끼쳐 미국의 항구적인 제도로서 확립됐기 때문에 역사적 의의도 크다.

## 4. 이념에 따른 정부관

### 1) 진보주의 정부관

(1) 사회에는 이념상의 스펙트럼이 있는데 '진보주의-중도-보수'로 구분

(2) 진보주의는 인간의 비현실적인 냉혹함과 계산 방식 때문에 경제인의 인간관을 부정하며, '욕구', '협동', '오류 가능성'의 여지가 있는 인간관

(3) 진보주의자는 정부의 적극적 사회경제적 역할을 지지하고, 더 많은 정부 지출과 규제를 선호함.

(4) 진보주의자들이 선호하는 정책

① 소외집단을 돕기 위한 정책, 즉 가난한 사람들, 소수민족, 여성들을 위한 기회를 확대하기 위한 정책을 선호

② 의료 보장, 소비자 보호, 공해 없는 환경 등과 같은 목적을 증진시키기 위해 경제에 대한 더 많은 정부 규제를 선호

③ 조세제도를 통해 부자들로부터 가난한 사람들로의 소득재분배 정책을 선호

④ 낙태 금지를 위해 정부 권력을 사용하는 것을 반대하며 공립학교에서의 종교교육을 반대

---

5) 공급경제학(프리드먼, 공급이 수요를 창출, 금융정책을 선호하는 통화학파들의 주장).

⑤ 진보주의자들은 경제 문제에 대한 적극적이고 활동적인 정부 개입을 선호하기 때문에 복지국가, 혼합자본주의, 진보주의, 규제된 자본주의, 개혁주의 등의 입장을 견지함.

### 2) 보수주의 정부관

(1) 보수주의는 자신의 이익을 추구하는 데에 합리적인인 경제인의 인간관

(2) 보수주의자의 이상적인 정의(正義)는 교환적 정의이지 배분적 정의가 아님.

(3) 보수주의자의 정부관은 기본적으로 자유시장을 신봉하고 정부를 불신

(4) 보수주의자의 정책 성향

① 소외집단의 이름으로 하는 정책을 선호하지 않음.

② 일자리, 의료 보장, 공해 규제 등을 제공하기 위해 정부 규제를 줄이고 시장에 더 많이 의존

③ 높은 자본 투자율을 확립하기 위해 기업 성장을 저해하는 조세제도를 선호하지 않음.

④ 낙태 금지를 위해 정부 권력을 사용하는 것을 찬성하며 공립학교에서의 종교교육을 선호

⑤ 보수주의자들은 경제 문제에 대한 정부 개입을 지속적으로 반대하며 자유방임적 자본주의를 옹호함.

〈진보주의와 보수주의 정부관의 비교〉

| 구분 | 진보주의 | 보수주의 |
|---|---|---|
| 인간관 | • 욕구, 협동, 오류의 가능성 여지가 있는 인간관으로 경제인관 부정 | • 합리적이고 이기적인 경제인 |
| 가치 판단 | • 자유를 매우 옹호<br>• 자유와 평등은 양립 가능한 것<br>• 평등을 증진시키기 위해 실질적인 정부 개입 허용 | • 자유 강조<br>• 자유는 정부로부터 자유를 의미<br>• 기회 평등과 경제적 자유 강조<br>• 소득, 부(富) 또는 기타 경제적 결과의 평등은 경시 |
| 시장과 정부 관점 | • 효율과 공정, 번영과 진보에 대한 자유시장 잠재력 인정<br>• 시장 결함과 윤리적 결여 인지<br>• 시장실패는 정부에 의해 수정 가능 | • 자유시장에 대한 강한 신념<br>• 정부 불신<br>• 정부는 개인 자유를 위협하고, 경제 조건을 악화시키는 전제적 횡포 |

| 선호 정책 | • 소외집단을 위한 정책<br>• 공익 목적의 정부 규제<br>• 조세제도를 통한 소득 재분배 | • 소외집단 지원정책 비선호<br>• 경제적 규제 완화, 시장 지향 정책<br>• 조세 감면과 완화 |
|---|---|---|
| 비고 | • 복지국가, 혼합자본주의, 진보주의, 규제된 자본주의, 개혁주의 | • 자유방임적 자본주의 |

## 제 4 절　행정의 존재 이유: 시장실패와 정부의 대응

### 1. 시장실패의 의의

시장에서의 자원 배분이 효율적이지 못하거나 형평성이 달성되지 못한 상태

### 2. 시장실패의 원인

| 공공재의 존재 | • 공공재는 비배제성, 비경합성, 무임승차성 등으로 인해 시장에서 공급되기 어려워, 정부가 조세를 징수해 직접 공급해야 함.<br>• 공공재의 존재나 부족 현상(증가 필요성)은 시장실패를 의미하는 것임. |
|---|---|
| 불완전경쟁 | 독과점 및 자연독점 |
| 과도한 규모의 경제 | 비용 체감 산업, 과도한 규모의 경제에 따른 자연독점 야기 |
| 외부 효과 | 한 경제 주체의 행동이 비의도적으로 대가의 교환 없이 다른 주체에게 이득(외부경제)이나 손해(외부불경제)를 가져다주는 현상으로 외부경제는 최대화, 외부불경제는 최소화가 필요함.<br>• 외부경제: 정부의 개입이 없을 경우 과소 공급을 초래하므로 과소 공급을 막아야 함(보조금 지급, 기술 개발).<br>• 외부불경제: 정부의 개입이 없으면 과다 공급되므로 사회적 비용을 내부화하기 위해 공적 규제가 필요함(부담금이나 세금 부과). |
| 정보의 비대칭성 | **정보의 편재에 따른 대리 손실(역선택과 도덕적 해이) 발생** |
| 소득 분배의 불공평성 | 시장은 효율성(능률성)만을 추구하므로, 약자에 대한 배려가 부족함. |
| 경기의 불안정 | 물가 불안 및 고용 불안 |

## 3. 시장실패의 원인별 정부의 대응 방식

| 구분 | 공적 공급(조직) | 공적 유도(보조금) | 정부 규제(권위) |
|---|---|---|---|
| 공공재의 존재 | ○ | | |
| 불완전경쟁 | | | ○ |
| 자연독점 | ○ | | ○ |
| 외부 효과의 발생 | | ○ | ○ |
| 정보의 비대칭성 | | ○ | ○ |

**심화 학습: 외부성**

**(1) 시장실패 요인으로서 외부성**

① 외부경제

외부경제는 막대한 투자로 개발한 신기술(신약 개발)에 대해 다른 기업·사람들이 공짜로 이용하게 된다면 어떤 기업도 신기술을 개발하지 않을 것이다. 즉, 외부경제는 사적 비용은 높지만 사회적 비용은 낮아 과소 생산된다. 따라서 정부는 외부경제를 보호해야 한다. 즉, 특허제도나 신기술 보호 등의 규제·제도를 통해 외부경제를 장려해야 한다.

② 외부불경제

외부불경제는 한 기업이 폐수를 하천에 버리게 되면 식수원이 오염돼 지역 주민 모두가 피해를 입는 경우를 말한다. 만약 기업을 적발하지 못한다면 다른 기업도 폐수를 버리게 될 것이고 사회적 피해는 엄청날 것이다. 즉, 외부불경제는 사적 비용은 낮지만 사회적 비용은 높아 과대 생산된다. 따라서 외부 효과 발생 시 정부의 개입이나 규제를 통해 외부 효과를 내부화시킬 필요가 있다. 즉, 환경오염에 대한 부담금과 규제, 소음공해 규제 등을 통해 외부불경제를 억제하고 있다.

**(2) 외부성의 함의**

외부성은 정부의 시장 개입에 대한 정당성을 부여한다.

**(3) 외부성의 해결: 외부 효과의 내부화**

① 집권적 접근(피구의 견해) : 정부 개입을 통한 조세, 부담금 등으로 해결

② 분권적 접근(코스의 견해) : 정부 개입 없이 당사자 간 개별적 협상으로 해결

**(4) 코스의 정리**

① 개념: 코스(R. H. Coase)는 시장에 외부성이 존재한다고 해도 일정한 조건(당사자 간 협상비용과 거래비용이 적고 개인의 소유권이 명확할 경우)하에서는 정부의 개입이 불필요하며 당사자 간 자발적인 협상에 맡겨야 한다는 논리를 주장하고 있다.

② 함의

배출오염권(탄소배출권)을 설정해 시장에서 거래하게 함으로써 외부성을 정부의 직접적 개입이 아닌 재산권의 명확한 설정과 거래를 통해 해결할 수 있다(즉, 자율적 해결을 주장).

## 제 5 절 행정의 한계: 정부실패와 대응

### 1. 정부실패의 의의

정부에 의한 개입이 생산성은 낮고 자원 배분의 효율성이나 형평성을 달성하지 못하거나 이를 악화시키는 현상

### 2. 정부실패의 원인

| 구분 | 원인 | 내용 |
|---|---|---|
| 정부 개입의 수요 측면 | 행정 수요의 팽창 | 시민들의 공공정책에 대한 수요 팽창 |
| | 왜곡된 정치적 보상 체계 | 정치인들의 공약 남발 |
| | 정치인들의 높은 시간적 할인율 | 정치인의 단기적 안목(짧은 임기로 인해 단기적 이익과 손해를 높게 평가함.) |
| 정부 개입의 공급 측면 | 정부 성과의 무형성 | 측정 곤란 |
| | 독점적 생산구조로 인한 문제 | 무사안일, 선호 반영 곤란 등 |
| | 생산 기술의 불확실성 | |
| | 최소 수준과 종결 메커니즘의 결여 | |
| | 관료들의 예산극대화 동기 | 자기 자신이나 자기 부서의 이익 극대화에 치중 |
| 수요와 공급 측면의 결합 | 비용과 수익(산출)의 절연 | 편익수혜집단과 비용부담집단의 절연 |
| | 내부 목표와 사회 목표의 괴리(사적 목표 설정) | 내부성이란 사회적(공익적) 목표보다는 관료 자신의 이익(사적 목표)이나 혹은 소속기관의 이익을 우선적으로 고려해 사회 목표와 조직 내부 목표가 괴리가 생기는 현상<br>☞내부성에는 예산극대화 가설, 정보의 획득과 통제에 의한 권력 확대 추구, 고객의 이익보다는 관료 이익의 추구, 비용을 도외시한 최신 기술에 집착, 법규나 절차 등 수단에 집착하는 현상 등이 있음. |
| | X의 비효율성 | 자원 배분이나 법규정으로 명시할 수 없는 행정이나 관리상의 심리적·기술적 요인 등으로 인해 야기되는 비효율성(라이벤슈타인[H. Libenstein]) |
| | 파생적 외부 효과 | 정부의 개입으로 인해 야기되는 잠재적·비의도적인 부작용 |
| | 권력의 편재에 따른 분배의 불공정성 | 권력의 특혜에 따른 지대 추구 발생 |
| | 정보 부족 및 시차 | |

## 3. 정부실패의 원인별 대응 방식

| 구분 | 민영화 | 정부 보조 삭감 | 규제 완화 |
|---|---|---|---|
| 사적 목표의 설정(내부성) | ○ | | |
| X의 비효율성, 비용 체증 | ○ | ○ | ○ |
| 파생적 외부 효과 | | ○ | ○ |
| 권력의 편재 | ○ | | ○ |

## 4. 공공재의 과소공급설과 과다공급설

| | | |
|---|---|---|
| 과소 공급설 | 갤브레이스(J. K. Galbraith)의 의존 효과 | 공공재는 선전이 이뤄지지 않아 공적 욕구를 자극하지 못함. |
| | 듀젠베리(J. S. Duesenberry)의 전시 효과 | 민간재는 체면 유지 때문에 실제로 필요한 지출보다 더 많이 지출(과시 효과) |
| | 머스그레이브(R. Musgrave)의 조세 저항 | 국민들의 조세 저항이 공공재의 과소 공급을 유도(지불 비용보다 편익을 적게 누린다는 인식) |
| | 다운스(A. Downs)의 합리적 무지 | 합리적 개인들은 공공재에 대해서 적극적 정보 수집을 하지 않음. |
| 과다 공급설 | 와그너(A. H. Wagner)의 경비 팽창의 법칙 | 도시화에 의한 행정 수요 팽창 |
| | 피콕(A. T. Peacock)과 와이즈맨(J. Wiseman)의 전위 효과·대체 효과 | 전쟁 등 위기 시에 국민의 조세 부담 증대의 허용 수준이 높아짐(공적 지출이 사적 지출을 대신). |
| | 보몰병(Baumol's disease) | 정부 부문은 노동집약적 성격으로 인해 생산비용이 빨리 증가 |
| | 니스카넨(W. A. Niskanan)의 예산극대화이론 | 자기 부서의 이익 극대화를 위한 과잉 예산 확보 |
| | 뷰캐넌(J. M. Buchanan)의 리바이어던 가설 | 투표의 거래나 담합에 의한 사업의 팽창 |
| | 지출한도 부재 | 종결장치 및 가시적인 길항력(拮抗力) 부재 |
| | 양출제입의 원리 | 지출 수요에 따라 수입 확대 |
| | 간접세 위주의 국가재정 구조 | 조세 저항이 회피돼 재정 팽창 |

## 5. 감축관리(작은 정부론)

### 1) 의의

1970년대 자원난 시대(석유 파동)의 도래로 행정의 전반적인 효율성을 높이기 위해 과다·중복·불필요하거나 비능률적인 기구나 기능, 인원, 예산 등을 축소하고 정책·사업계획을 종결·축소해 작은 정부에 의한 효율적인 관리를 수행하는 것

2) 목적과 수단, 대상

① 목적: 단순히 소극적인 절약이 아니라 행정자원 운용의 전체적인 효율성(총효과성)을 제고하는 것

② 수단: 불필요한 부분을 줄이는 것

③ 대상: 감축관리의 주된 처방 대상은 행정부이지 사법부가 아님.

3) 감축관리 대상으로서 정부 낭비

① 정부의 공식 규모가 크다고 해서 반드시 정부 낭비라고 할 수는 없고, 정부 규모는 체감 규모가 중요하며, 우리나라의 경우 국민의 수에 비해 공무원의 수가 많은 편은 아님.

② 작은 정부는 다양한 요인에 의해 종합적으로 판단해야 함.

③ 낭비의 유형

〈공무원 1인당 국민의 수〉

| 미국 | 영국 | 독일 | 일본 | 한국 |
|---|---|---|---|---|
| 13.9명 | 15.3명 | 20.3명 | 28.6명 | 36.0명 |

㉠ 배분적 비효율성에 의한 낭비: 비용편익분석과 같은 합리적 분석의 결여로 사업의 우선순위를 무시한 결과 사업이나 대안 간에 효율적인 자원 배분이 되지 않아서 발생하는 낭비(혹은 수요와 공급의 불일치로 인해 발생하는 낭비)로 경제학적 측면에서의 낭비를 말함.

㉡ X의 비효율성에 의한 낭비: 최신의 기술을 사용하지 못하거나 관료들의 잘못된 의식구조나 행태로 인해 발생하는 낭비(라이벤슈타인[H. Libenstein]의 관리상의 비효율성에 의한 낭비)로 행정학이나 경영학 측면에서의 낭비를 말함.

☞ 배분적 비효율성에 의한 낭비와 X의 비효율성에 의한 낭비는 별개임. 배분적 비효율이 존재하지 않은 경우에도 X의 비효율성에 기인한 낭비는 발생할 수 있음.

4) 감축관리 방안

정책 종결, 예산의 감축(영기준예산과 일몰법예산), 정부 기능의 민간 이양 등

5) 감축관리의 저해 요인

조직의 존속 지향성(동태적 보수주의), 심리적 저항, 과다한 비용 손실

6) 감축관리의 방향

① 행정의 전체적인 효율성 제고
② 구성원의 사기 고려
③ 가외성의 고려(행정의 중복 부분이나 남는 부분이 행정 수요가 최대치에 달했을 때 행정 체제의 신뢰성과 적응성을 높여 줄 수 있으므로 가외성을 고려해야 함.)

## 6. 공공 부문의 민간화

1) 의의

공공 서비스의 제공이나 이를 위한 재산의 소유에서 정부의 영역을 줄이고 민간의 영역을 늘리는 것(사바스[E. S. Savas])

2) 공공 서비스 생산 방식

① 생산 방식의 유형

| 구분 | | 주체 | |
|---|---|---|---|
| | | 공공 부문 | 민간 부문 |
| 수단 | 권력 | 일반행정형<br>(정부의 기본 업무) | 민간위탁형<br>(안정적 서비스 공급) |
| | 시장 | 책임경영형<br>(공적 책임이 강한 경우) | 민영화형<br>(시장 탄력적 공급) |

※ 책임경영형은 책임운영기관을 설치해 운영하는 방식도 있음.

② 사바스(E. S. Savas)의 공급과 생산 주체에 따른 공공 서비스 공급 방법

<table>
<tr><th colspan="2" rowspan="2">구분</th><th colspan="2">공급<br>(정책 결정, 생산자 결정, 서비스에 대한 감독과 최종적인 책임)</th></tr>
<tr><th>정부</th><th>민간</th></tr>
<tr><td rowspan="2">생산<br>(서비스의 구체적인 전달이나 집행)</td><td>정부</td><td>정부 서비스 직접 공급<br>정부간 협약</td><td>정부 판매</td></tr>
<tr><td>민간</td><td>민간계약(위탁), 독점 허가(franchise), 보조금(grants)</td><td>구매권(voucher), 시장, 자기생산(self-service), 자원봉사</td></tr>
</table>

### 3) 넓은 의미의 민간위탁에 의한 공공 서비스 공급

① 좁은 의미의 민간위탁(위탁생산 방식) : contracting out – 계약 방식

㉠ 의의 : 계약을 통해 외부의 생산자가 공공 서비스를 공급하는 방식

㉡ 특징 : 비용은 정부가 부담

㉢ 장점 : 경쟁을 통한 입찰로 정부의 재정적 부담을 경감, 정규직의 고용 없이 서비스 수준 향상이 가능(정부조직 팽창 억제)

㉣ 단점 : 위탁 업체의 지나친 이윤 추구, 책임 소재의 불분명, 파업 시 서비스 공급이 중단될 우려가 있음.

② 프랜차이즈(franchise agreement) 방식

㉠ 의의 : 일정한 구역 내에서 공공 서비스를 제공할 권리를 인정하는 협정을 맺고 공급하는 방식

㉡ 종류 : 프랜차이즈(franchise)는 독점적 허가 방식, 라이선스(license)는 경쟁적 허가 방식

㉢ 특징 : 정부가 주선해 민간기업에 허가를 내주어 서비스를 생산하도록 하는 방식으로, 비용은 소비자가 부담

㉣ 장점 : 다수 업체 난립을 막고 규모의 경제를 실현할 수 있으며, 기업의 전문성을 활용할 수 있음. 특히 요금재 공급에 적합함.

㉤ 단점 : 독점에 의해 가격 인상과 서비스의 질 저하가 우려됨.

㉥ 예 : 유선 TV 등 **요금재에 적합**

③ 보조금(subsidy) 방식

㉠ 의의 : 민간조직 또는 개인의 서비스 제공 활동에 대해 재정 혹은 현물을 지원

하는 방식

㉡ 장점: 서비스가 기술적으로 복잡해 양과 질을 정확히 통제할 수 없는 경우에 적합함.

㉢ 단점: 보조금 횡령 및 도덕적 해이와 정치적 목적으로 악용되기도 함.

㉣ 예: 교육시설, 탁아시설, 사설 박물관 운영에 대한 보조 등

④ 구매권(voucher)

㉠ 의의: 시민들(특히 저소득층)에게 공공 서비스 이용권(쿠폰)을 지급하는 방식

㉡ 종류: 명시(실질)적 바우처와 묵시적 바우처, 종이 바우처와 전자 바우처

㉢ 장점: 공급자가 아닌 소비자에게 선택권 부여, 공급자 간 경쟁을 통한 서비스의 질을 제고하고 전자 바우처에 의한 관리·운영의 효율성과 투명성 제고가 용이함.

㉣ 단점: 바우처의 전매 및 서비스의 누출 우려가 있으며, 공급자가 소수인 경우 선택의 폭이 제한돼 효과를 거두기 어려울 수 있음.

㉤ **예: 민간재 중 가치재 분야**(교육·의료·주택·탁아·아동복지 등)**에서 주로 활용**, 방과 후 수업제(교육 바우처), 주택장기 임대사업(주택 바우처), 노인 돌봄 서비스, 산모돌봄 서비스 등

⑤ 자원봉사(volunteers)

㉠ 의의: 직접적인 보수는 받지 않으면서 정부를 위해 봉사하는 사람들을 활용하는 방식(자발적·생산적 참여)

㉡ 장점: 신축적인 인력 활용으로 정부 예산의 절감이 가능함.

㉢ 단점: 책임성 약화

㉣ 예: 레크리에이션, 안전 모니터링, 복지 분야 등

⑥ 자조활동(self-help: 자기생산)

㉠ 의의: 공공 서비스 수혜자와 제공자가 같은 집단에 소속돼 서로 돕는 방식

㉡ 예: 주민 순찰, 고령자 대책 등

⑦ 규제 완화와 조세 유인, 경쟁 촉진

㉠ 의의: 규제 완화와 조세로 민간업자의 공공 서비스 제공을 유도·조장·장려하는 방식

㉡ 예: 기상예보나 우편 서비스의 민·관 경쟁 등

### 4) 민영화의 필요성과 이점

효율성(능률성) 제고, 전문성 제고, 행정 서비스의 질 향상, 민간경제 활성화(우량 공기업 매각 시), 근린행정의 구현, 정부 규모 적정화와 작은 정부 실현 가능

**심화 학습: 바우처**

1. 바우처의 의의

바우처(voucher)란 단어의 의미는 증서나 상품권을 의미하나, 구체적으로 행정학이나 경제학에서 사용되는 바우처는 정부가 제공하고자 하는 특정 상품(서비스)에 대한 지불인증권을 의미함. 즉, 정부가 일정한 자격 기준이 되는 개인에게 특정한 재화 및 서비스에 대한 쿠폰(coupon)이나 카드 형태로 구매권을 인정해 주는 정책 수단이며 구매권의 정도와 적용 대상은 정부정책에 의해 규정됨.

2. 구매 대금의 실질 지급 대상에 따른 바우처의 형식

| | |
|---|---|
| 명시적 바우처 | 쿠폰이나 카드 등 물리적 형태를 통해 구매권을 부여하는 방식으로 운영되며, 소비자에게 지급되는 형태에 따라 종이 바우처와 전자 바우처로 다시 구분됨.<br>• **종이 바우처**: 식품이용권(food stamp)과 같이 종이 쿠폰 형태의 구매권을 지급<br>• **전자 바우처**: 종이 바우처를 전자적으로 구현해서 이용 권한이 설정된 휴대폰이나 신용카드 등을 이용해 서비스의 이용 및 지불 수단으로 사용하는 것<br>※ 바우처 카드를 통해서만 이뤄지던 결제 방식에 SMS(인증번호) 결제 방식이 추가로 도입 |
| 묵시적 혹은 암묵적 바우처 | 직접적으로 개인에게 바우처를 제공하지는 않지만, 소비자가 공급기관을 자유롭게 선택할 권한이 보장되고 정부가 공급자에게 비용을 사후에 지급하는 방식으로 운영 |
| 환급형 바우처 | 소비자가 비용을 1차적으로 직접 지불하지만 구매 이후에 정부가 세액 공제를 활용해 소비자에게 다시 환급해 주는 방식 |

### 5) 민영화의 저해 요인

| 구분 | 내용 |
|---|---|
| 크림 스키밍<br>(cream skimming) | • 정부는 수익이 나지 않는 적자사업만 민영화를 하려고 하고, 민간기업은 흑자기업만 인수하려는 현상 |
| 역대리 문제 | • 민영화 이후에 공공 서비스가 제대로 공급되지 못할 수 있음을 설명하는 이론(대리인이론에 대한 반박)<br>• 정보 격차로 인한 대리 손실 문제는 정부와 국민 간은 물론 기업과 소비자 간에서도 발생할 수 있는데, 영리를 추구하는 기업의 속성상 시장에서 더욱 심할 수 있음.<br>☞ 민영화를 반대하는 주장 |
| 황금주 문제 | • 보유 주식의 수나 비율에 관계 없이 합병 등 특정한 주주총회 안건에 대해 거부권을 가지는 막강한 주식을 정부가 보유 |
| 기타 | • 주무관청 및 노조의 반대 |

### 심화 학습: 복대리

> ① 주인이 선임한 대리인이 다시 주인의 입장에서 대리인을 선임하는 연쇄적 대리 관계(공기업의 경우, 국민, 정부, 공기업) 관계
> ② 주인·대리인 문제가 반복됨으로써 대리인 문제나 비효율 문제가 지속적으로 반복되는 현상
> ☞ 누적적·반복적인 대리 손실로 인한 비효율성의 가능성을 지적하는 이론으로 민영화를 지지하는 이론

#### 6) 민영화의 폐단과 한계

책임성 저하, 도덕적 해이(역대리인이론), 형평성 저해, 안정성 저해, 저렴한 서비스 제공 제약

### 핵심 정리 (넓은 의미의) 민간위탁 방식

| 방식 | 개념 | 장단점 및 특징 |
|---|---|---|
| 민간위탁(계약) | 정부의 책임 하에 민간이 서비스를 생산<br>* 정부가 비용 부담 | 경쟁입찰을 통한 생산 주체 선정, 정부가 비용 부담, 위탁 업체의 이윤 추구 문제 |
| 면허 | 민간조직에게 일정한 구역 내에서 공공 서비스를 제공하는 권리를 인정<br>* 이용자가 비용 부담 | 경쟁적 허가이지만 경쟁 미약 시 이용자의 비용 부담 증가 우려 |
| 프랜차이즈 | 독점 허가(특허)<br>* 이용자가 비용 부담 | 독점으로 인한 가격 인상 및 서비스의 질 저하 우려 |
| 보조금 방식 | 외부경제를 유발하는 생산 업체(민간조직)에게 재정 또는 현물 지원 | 서비스가 기술적으로 복잡할 때 이용<br>시장가격 왜곡 |
| 바우처 | 생산자가 아닌 빈곤계층에게 금전적 가치가 있는 쿠폰을 주어 소비자가 공급자를 선택하는 보조금 수취권 방식(이용증서)<br>* 지급 대상에 따라 수요자 중심의 명시적 바우처와 공급자 중심의 묵시적 바우처로 구분됨. | 재분배 성격<br>서비스의 선택이 가능<br>바우처의 전매에 따른 서비스의 누출 가능성이 있음. |
| 자원봉사 방식 | NGO 등 무보수 자원봉사자단체에 의한 자발적 서비스 공급 | 재정 확대 없이 서비스 공급 총량 증대 가능<br>책임성의 문제 초래 |
| 자조 방식 | 공공 서비스 수혜자와 제공자가 같은 집단에 소속돼 서로 돕는 방식 | |
| 규제 완화 | | 정부의 예산(비용) 절감 |

## 7. 사회간접자본(SOC)에 대한 민간투자유치제도

### 1) 의의

사회간접자본(Social Overhead Capital: SOC)의 투자에 소요되는 막대한 투자재원을 국가재정으로 부담하는 것은 한계가 있으므로 국가의 재정 부담을 줄이면서 적절한 SOC 투자 수준을 유지해 나가기 위해 SOC에 민간사업을 유치하려는 노력

### 2) 투자 방식

소유권과 운영권을 민간 부문과 공공 부문 중에서 누가 보유할 것인가에 따라 구분됨.

**〈민자 유치 방식별 비교〉**

| 구분 | BOT (Build Operate Transfer) | BTO (Build Transfer Operate) | BLT (Build Lease Transfer) | BTL (Build Transfer Lease) |
|---|---|---|---|---|
| 개념 | 민간자본으로 건설한 후 직접 운영해 투자비를 회수한 후 소유권을 정부에 이전 | 민간자본으로 건설해 완공 시 소유권을 정부에 이전 후 직접 운영하여 투자비를 회수 | 민간자본으로 건설해 정부가 시설을 임대해서 운영하고 운영 종료 시에 소유권을 이전받음. | 민간자본으로 건설해 완공 시에 소유권을 정부에 이전하고 시설을 정부가 임대 운영해 투자비 회수 |
| 운영 | 민간이 운영(기업은 시설 대상 자산으로부터 일정 기간 동안 사용료를 소비자로부터 받는 방식) | | 정부가 운영(기업은 리스[lease] 대상 자산을 기초로 일정 기간 동안 임대료를 정부로부터 받는 방식) | |
| 운영 기간 동안 시설 소유 주체 | 민간 | 정부 | 민간 | 정부 |
| 소유권 이전 시기 | 운영 종료 시점 | 준공 시점 | 운영 종료 시점 | 준공 시점 |
| 사례 | • 수익사업(민간이 직접 운영을 통해 투자비 회수가 가능한 시설)<br>예: 주차빌딩<br>• 민간이 위험을 부담하고 적자보전협약에 의해 정부가 최소 운영 수익을 보장해 줌. | | • 수익성이 나지 않는 사업(민간이 직접 운영을 통해 투자비 회수가 곤란한 시설)<br>예: 공공임대주택, 노인요양시설, 수목원 등<br>• 민간에게는 위험 부담이 거의 없으며, 적자보전협약에 의한 최소 운영 수익 보장 장치는 없음. | |

〈참고〉 BOO(Build-Own-Operate)

사회기반시설에 대한 민간투자사업에서 사업 시행자가 시설을 건설한 후 해당 시설의 소유권 및 운영권을 사업 시행자가 가지는 방식으로, 민간투자유치제도의 원시적 방법으로 이론적으로 존재하는 개념일 뿐 실제로는 거의 사용되고 있지 않는 방식이다.

# 제 6 절 행정의 지향과 가치

## 1. 행정 이념의 변천

| 이념 | 개념 | 관련 이론 |
|---|---|---|
| 합법성 | 법률에 적합한 행정 | 관료제론 |
| 능률성 | 투입 대비 산출 개념으로, 최소의 비용으로 최대의 산출을 얻고자 하는 것 | 행정관리설, 행정학 성립기에 중시 |
| 민주성 | 대외적으로는 국민을 대내적으로는 공무원의 인간적 가치를 존중하는 것 | 통치기능설 |
| 합리성 | 수단이 목표 달성에 기여하는 정도(목표에 대한 수단의 적합성) | 행정행태론 |
| 효과성 | 목표달성도 | 발전행정론 |
| 형평성 | 약자나 소외계층 위주의 이념(정의) | 신행정론 |
| 생산성 | 능률성 + 효과성 = 효율성 | 신공공관리론 |
| 신뢰성 | 정부에 대한 신뢰, 사회적 자본의 핵심적 요소 | 신국정관리론(뉴거버넌스론) |

## 2. 본질적 가치와 수단적 가치

분배 문제를 중시하는 신행정론에서는 본질적 가치를 수단적 가치보다 더 높게 평가함.

| 구분 | 본질적 가치 | 수단적 가치 |
|---|---|---|
| 개념 | 시대의 흐름에 무관한 불변의 가치로서, 행정을 통해 이루고자 하는 궁극적 가치 | 시대의 흐름에 따라 중요성이 달라지는 가치로서, 본질적 가치를 달성하기 위한 수단이 되는 가치 |
| 종류 | **자유, 평등, 정의, 형평, 공익, 복지** | 민주성, 투명성, 신뢰성, 책임성, 생산성, 효과성, 능률성, 합법성 등 |

## 3. 공익

### 1) 의의

사회 일반의 공동 이익으로, 정책 결정 기능이 중요시(정치・행정일원론)되자 정책 결정의 기준으로서 공익이 중시됨.

### 2) 공익의 본질(학설)

| 구분 | 실체설(행정: 목민적 역할 강조) | 과정설(행정: 조정자 역할 강조) |
|---|---|---|
| 개념 | • 공익은 사익을 초월한 도덕적 · **규범적**인 것<br>• 사익과는 구별되며, 객관적으로 내용이 명백한 실체적 개념으로서 행정의 구체적 지침이 될 수 있음.<br>• 전체주의적 공익관<br>• **선험적**으로 주어진 정의, 양심, 도덕, 선 등과 같은 것이 공익임(공유된 이익).<br>• 공익의 역할에 대해 매우 **적극적**임. | • 사회집단의 특수이익이나 사익과 본질적으로 구별되는 공익의 실체는 있을 수 없음.<br>• 공익은 수많은 사익 간의 갈등의 조정 · **타협**의 산물<br>• 현실주의적이고 개인주의적인 공익관<br>• 공익은 특수이익이나 사익이 민주적 조정 과정을 통해 조정되는 **경험적** 과정(슈버트[G. Schubert])<br>• 공익의 개념이나 역할에 대해 **소극적**임. |
| 특징 | • 공익이 사익과 충돌할 경우 사익은 당연히 희생된다는 전체주의(공익우선주의) 입장<br>• 투입 기능이 활성화되지 못한 개도국의 입장 | • 개인의 이익을 증진시키는 것이 공익이라는 입장으로, 공익은 다수성을 지님.<br>• 투입 기능이 활발하고 다원화된 선진 사회에 적용되는 학설 |
| 비판 | • 공익 결정에 소수 엘리트들이 적극적인 역할을 수행함.<br>• 공익 결정 과정이 비민주적임. | • 대립되는 이익들을 평가할 수 있는 사전 기준 제시가 곤란함.<br>• 규범적인 요인이 경시되고 국가(공동) 이익의 존재를 잘 고려하지 못함. |
| 최근 추세 | 집단이기주의로 인한 폐단으로 조직화되지 못한 일반 시민이나 잠재집단, 약자의 이익 반영이 곤란해 이를 극복하기 위해 실체설에 근거한 판례가 증가하고 있음. | |

### 3) 절충설

① 중간설: 공익은 사익의 단순한 집합도 아니고 또한 사익 간의 타협의 소산도 아니지만 전혀 사익과 별개의 차원도 아니라는 입장

② 집단의 이익: 공익은 개인의 이익이 아닌 집단의 이익

### 4) 공익의 실체설과 과정설의 비교

| 실체설 | 공익≠사익의 합 | 선험적 | 규범적 | 적극설 | 개도국 | 전체주의 | 권위주의 | 비민주적 |
|---|---|---|---|---|---|---|---|---|
| 과정설 | 공익=사익의 합 | 경험적 | 현실적 | 소극설 | 선진국 | 개인주의 | 다원주의 | 민주적 |

| 구분 | 내용 | 행정의 역할 | 대표적인 학자 |
|---|---|---|---|
| 실체설 | 전체 효용의 극대화, 공유의 이익, 절대 가치 | 국가 우월적 입장에서 행정의 목민적 역할 강조 | Rawls, Platon, Kant, Rousseau |
| 과정설 | 다수 이익들 간의 조정과 타협의 산물, 적법절차의 준수 | 국민 주권 원리에 의한 행정의 조정자 역할 강조 | Lindblom, Harmon, Bently, Schubert |

## 4. 사회적 형평

### 1) 의의

① 정치 · 경제 · 사회적으로 불리한 입장에 있는 소외(빈곤)계층을 위해 더 나은 행정 서비스를 우선적으로 제공하고자 하는 이념으로 1970년대 **신행정론**자들에 의해 주장됨.

② **평등, 정의, 공평** 등과 연관되며, 프레데릭슨(H. G. Frederickson)은 형평성을 주민(수요자)에 대한 반응성, 주민 참여를 통한 결정, 봉사를 통한 책임성 등으로 규정함.

### 2) 형평의 기준 및 내용

형평성은 법적 · 객관적 · 실체적 개념이라기보다는 윤리적 · 주관적 개념으로, 정당한(공평한) 분배를 의미

**〈사회적 형평(아리스토텔레스의 배분적 정의의 기준)〉**

| 구분 | 평등이론 | 욕구(필요기초)이론 | 실적이론 |
|---|---|---|---|
| 주창자 | 사회주의자 | 사회주의자 또는 자유주의자 | 자유주의자 |
| 공평 | 결과의 공평<br>(기회는 다르게) | 절충 | 기회의 공평<br>(결과는 다르게) |
| 평등 | · 실질적 평등 | 절충 | · 형식적 평등 |
| 사례 | 임용 할당 | 실업수당, 최저임금 | 공개채용 |

### 3) 수평적 공평과 수직적 공평

| 구분 | 개념 | 예 |
|---|---|---|
| 수평적 공평 | • 동일한 것은 동일하게 다룬다는 의미<br>• 누구나 동일한 기회를 제공한다는 자유주의자들의 입장<br>• 소극적 · 보수주의적 공평<br>• 기회 · 절차의 공평 | • 보통선거, 납세 · 국방의 의무, 공원 입장료, 도로 통행료, 대학 등록금 등 수익자부담주의<br>• 실적주의(개인주의에 바탕을 둔 공개경쟁채용) |
| 수직적 공평 | • 다른 것은 다르게 다룬다는 의미<br>• 약자에게 더 많은 기회를 제공한다는 사회주의자들의 입장<br>• 적극적 · 진보주의적 공평<br>• 결과의 공평 | • 누진소득세, 등록금이나 통행료 면제<br>• 공채 발행에 의한 세대 간 비용 분담<br>• 대표관료제(임용할당제) |

| 절충설 | • 동일한 것은 동일하게, 다른 것은 다르게 다룬다는 것<br>• 일반적인 형평성에 해당(형평성은 정당한 불평등을 내포함). | – |
|---|---|---|

〈수평적 공평과 수직적 공평에 대한 상반적 입장〉

| 구분 | 사회주의로 보는 입장(평등이론) | 자유주의로 보는 입장(실적이론) |
|---|---|---|
| 기회 | 기회를 다르게: 수직적 공평 | 기회를 같게: 수평적 공평 |
| 결과 | 결과를 같게: 수평적 공평 | 결과를 다르게: 수직적 공평 |

### 4) 블래스토스(G. Blastos)가 제시한 다섯 가지 분배의 원칙(평등의 기준)

필요, 각자의 가치, 일, 능력·업적, 계약에 따른 분배

## 5. 정의

### 1) 의의

① 분배적 정의를 의미하는 것으로 사회구성원 각자가 향유해야 할 사회적·경제적 가치의 응분의 몫을 누리는 상태로 형평성이나 공정성과 연관됨.

② **과정의 옳음에 기초한 법칙론(절대론, 의무론)적** 관점(결과만 옳으면 된다는 목적[상대]론이 아님.)

③ 롤스(John Rawls)의 『정의론』(1971)에서 체계화된 개념

### 2) 정의의 원리

① 롤스는 극단주의와 자유주의의 중도적 입장에서 원초적 자아와 무지의 베일(veil of ignorance)이라는 가상적 개념을 통해 정의의 두 가지 원리를 경험적으로 도출함.

② 롤스는 불확실한 원초적 상태에서 구성원들이 합의하는 원칙이 공정할 것이라는 전제를 하고 있음.

| 제1의 원리<br>(기본적 자유 평등의 원리) | 모든 사람은 다른 사람의 유사한 자유와 상충되지 않는 한도 내에서 최대한의 기본적 자유에의 평등한 권리를 인정하는 것이다. |
|---|---|

<table>
<tr><td rowspan="2">제2의 원리<br>(차등조정<br>의 원리)</td><td>기회 균등의<br>원리</td><td>사회경제적 불평등은 그 모체가 되는 모든 직무와 지위에 대한 기회 균등이 공정하게 이뤄진 조건 하에서 직무나 지위에 부수해 존재해야 한다는 것이다.</td></tr>
<tr><td>차등의 원리</td><td>가장 불우한 사람들의 편익을 최대화해야 한다는 원리다.<br>저축 원리와 양립하는 범위 내에서 가장 불우한 사람들의 편익을 최대화(최소극대화 원리)해야 한다는 것이다.</td></tr>
<tr><td colspan="3">※ 정의의 제1의 원리가 제2의 원리보다 우선하고, 기회 균등의 원리가 차등의 원리에 우선돼야 한다.</td></tr>
</table>

☞ **최소극대화의 원리**: 최악의 경우를 가정해 편익의 최소치가 극대화되는 대안을 선택한다는 의사 결정상의 조건

☞ **저축의 원리**: 사회 협동의 산물 중 어느 정도를 후세대들의 복지를 위해 유보 내지는 저축하는 것이 적절한가의 원리로, 롤스는 사회의 잉여자원을 모두 분배하지 않고 과거 세대로부터 창출된 문명의 가치를 다음 세대에도 적정 수준 이전해 줘야 한다는 **정의로운 저축의 원리와 양립하는 최소극대화의 원리를 주장**

#### 3) 비판

사회 전체 후생(효율성)의 희생 위에서 약자의 이익만을 배려하고 있음.

## 6. 자유

#### 1) 의의

소극적으로는 제약과 간섭이 없는 상태를 말하지만 적극적으로는 평등의 구현을 위한 간섭을 의미하는 경우도 있음.

#### 2) 유형

① 소극적 자유(정부로부터의 자유, 보수주의자 입장)와 적극적 자유(정부에 의한 자유, 진보주의자 입장)

② 시민적·정치적 자유(철학적 개인주의에 바탕)와 경제적 자유(경제적 개인주의에 바탕)

## 7. 복지

잔여적 복지(초기산업사회나 자유주의 국가)와 제도적 복지(후기산업사회나 복지국가, 복지는 국가의 책임)

## 8. 합법성

### 1) 효용

① 행정의 안정성, 예측가능성, 통일성, 일관성을 높여 줌.

② 최근 법적 책임보다는 탄력적 행정이 강조되면서 합법성의 중요성이 저하되는 것 같지만, 행정절차법 등 절차적 민주성과 투명성 확보를 위한 노력 등 수단적 가치로서 합법성은 여전히 중시됨.

### 2) 한계

합법성의 지나친 강조는 소극적인 법규만능주의와 행정편의주의 및 경직성을 초래함.

## 9. 능률성

### 1) 의의와 대두

① 최소의 비용과 노력으로 최대의 산출을 얻고자 하는 것(투입 대비 산출의 비율 극대화)

② 19세기 말 행정학 성립기 때 강조

### 2) 능률의 유형: 기계적 능률과 사회적 능률

| 구분 | 기계적 능률 | 사회적 능률 |
|---|---|---|
| 행정이론 | 과학적 관리론, 관료제론 | 인간관계론, 통치기능설 |
| 유사 개념 | 대차대조표적 능률, 수치적(양적) 능률, 객관적 능률, 좁은 의미의 능률성, 단기적 | 인간적 능률, 가치적·질적 능률, 넓은 의미의 능률, 장기적, 인간적, 상대적, 합목적적 |
| 학자 | 귤릭(L. Gulick) | 메이요(G. E. Mayo), 디목(M. E. Dimock) |

**심화 학습: 효율성과 효과성**

| 효율성(efficiency) | 효과성(effectiveness) |
|---|---|
| 투입 대비 산출의 비율로 표현 | 목표의 달성도 |
| 산출에 대한 비용의 관계라는 조직 내의 조건으로 이해 | 조직과 그 효과가 나타나는 환경과의 관계로 나타냄. |

| | |
|---|---|
| 기계적 효율성(대차대조표적 효율성, 사이먼[H. A. Simon]이 주장), 사회적 효율성(디목[M. E. Dimock]이 강조) | 효율성의 개념과 달리 비용 내지 투입의 개념이 들어가 있지 않음(즉, 비용이나 투입 문제에 관심을 갖는 것이 아니라, 정해진 목표를 달성했느냐에 더욱 관심을 둠.) |
| 정치·행정이원론 시대에 경영학의 과학적 관리론이 행정에 도입되면서 중요시된 효율성 | 1960년대 이후 발전행정적 사고가 지배적일 때 중요시된 개념 |

자료: 이종수·윤영진 외(2012). 『새 행정학』

## 10. 민주성

### 1) 의의

① 인간 중심의 행정으로 대외적으로는 국민을 위한 행정과 대내적으로는 의사결정이나 행정관리의 민주화를 의미

② 최근의 신공공서비스론 등 인본주의에서 다시 강조하고 있음.

### 2) 민주성의 구분

① 대외적 민주화(행정윤리 확립)와 대내적 민주화(목표관리, Y이론)

② 절차적 민주성(참여 보장)과 실질적 민주성(정책 내용의 민주성이나 행정기관의 능동적·쇄신적 역할 중시)

## 11. 합리성

### 1) 합리성의 의의

합리성(rationality)은 일반적으로 논리(logic) 또는 이성(reason)에의 적합성을 가리키는 개념이나, 사회과학에서는 어떤 행위가 궁극적 목표 달성의 최적 수단이 되느냐의 여부를 가리키는 개념으로 사용되고 있다. 사이먼은 합리성의 개념을 실질적 합리성(substantive rationality)과 절차적 합성(procedural rationality)으로 나눠 설명하고 있다.

### 2) 합리성의 변천

| 유형 | 특징 | 비고 |
|---|---|---|
| 순수한 합리성 | 전지전능의 합리성, 경제적 합리성 중시 | 고전파 경제학, 합리모형 |
| 제한된 합리성 | 인지 능력의 제한 | 만족모형, 사이먼(H. A. Simon) |
| 정치적 합리성 | 정치 상황의 제약, 협상과 타협을 중시 | 점증모형, 린드블럼(C. E. Lindblom) |
| 기술적 합리성<br>경제적 합리성 | 시장 원리에 의한 효율성 중시 | 신공공관리론 |
| 소통적 합리성<br>비판적 합리성<br>전략적 합리성 | 사회·구조적 제약을 극복하고 소통과 참여를 중시하며 비판에 의한 합리성을 중시 | 비판과학(하버마스[J. Habermas]),<br>신공공서비스론 |

### 3) 합리성의 종류

| 학자 | 유형 | 내용 |
|---|---|---|
| 만하임<br>(K. Manheim) | 실질적<br>합리성 | 이성적·인지적 사고작용을 통한 주관적 합리성 |
| | 기능적<br>합리성 | 목표 달성에 순기능을 하는 수단적 합리성(베버[M. Weber]의 형식적(수단적) 합리성과 유사) |
| 사이먼<br>(H. A. Simon) | 실질적<br>합리성 | 완전 분석적 합리성으로 내용적 합리성이라고도 함.<br>주어진 목표와 제약 조건 하에서 **목표 달성을 위한 최적 수단 선택 정도**를 의미하며, 선택의 과정보다는 **결과에 초점을 맞춤.**<br>**실질적 합리성은 두 가지 가정**(행위자는 효용극대화 또는 이윤극대화 등 특정한 목표를 가지고 있으며, 또한 합리적인 선택을 할 수 있는 모든 지식과 능력을 소유하고 있다는 것이다. 따라서 일정한 환경의 제약 조건이 주어지면 행위자는 자동적으로 자기의 목표를 극대화시킬 수 있는 대안을 선택한다)이 전제됨.<br>**※ 목표에 비춰 적합한 행동이 선택되는 정도** |
| | 절차적<br>합리성 | 추론이라고 불리는 특별한 사유 과정에서 행동대안을 선택하기 위해 사용된 절차가 인간의 인지 능력과 한계에 비춰봤을 때 얼마만큼 효과적이었는지를 의미함. 즉, 결과적으로 선택한 대안이 최선인지 여부와는 관계 없이 그 대안을 선택하기 위해 밟은 절차가 적합한 것이라면 절차적 합리성은 확보된 것임. 실질적 합리성과는 달리 **선택의 과정**이 선택의 결과보다 **중요**함.<br>**사이먼은 실질적 합리성을 포기(인간의 인지 능력 한계, 대안 탐색과 선택을 위해 소모되는 시간과 비용, 대안의 실현가능성 등으로)하고 절차적 합리성을 추구**<br>**※ 결정 과정이 이성적인 사유에 따라 이뤄진 정도** |

| 베버 (M. Weber) | 이론적 합리성 | 추상적 기준에 대한 합리성 |
|---|---|---|
| | 실제적 합리성 | 주어진 목표 성취를 위한 가장 효과적인 방법으로 현실적 측면의 합리성 |
| | 실질적 합리성 | 실제적 합리성과 유사한 것으로, 주관적이고 포괄적 가치를 표준으로 하는 행위 |
| | **형식적 합리성** | 보편적인 법과 규정에 따른 수단과 목적 접근을 중시하는 것으로, 관료제가 가장 이상적이고 합리적인 조직이라고 주장함. |
| 라인베리 (R. L. Lineberry) | **개인적 합리성** | 개인적 합리성의 총합이 집단적 합리성이나 사회적 합리성의 총합을 반드시 보장하지 않음을 지적<br>죄수의 딜레마와 공유지의 비극 |
| 디징 (P. Diesing) | **기술적 합리성** | 하나의 목표를 성취하기 위한 적합한 수단을 찾는 것으로 목적·수단의 연쇄관계 내지 계층적 구조를 핵심으로 하고 있음(본래 의미의 합리성). |
| | **경제적 합리성** | 비용과 편익을 측정·비교해서 경쟁적인 목적이나 대안을 선택·평가하는 과정 |
| | **사회적 합리성** | 사회 체제 구성 요소 간의 조화 있는 통합성을 말하며, 사회 내 다양한 힘과 세력들이 질서 있는 방향으로 조정되고 갈등을 해결할 수 있는 장치를 가질 때 나타남. 가장 비합리적인 개념에 가까움. |
| | **법적 합리성** | 인간 행위를 법적으로 예측 가능하게 하며, 행정의 공식적 질서를 탄생시켜 줄 때 나타나는 합리성으로 대안들의 합법적인 정도 |
| | **정치적 합리성** | 더 나은 정책을 추진할 수 있는 정책결정 구조의 합리성을 의미, 가장 영향력이 크고 비중이 높은 합리성 |

## 12. 효과성

### 1) 의의

산출이 목표를 달성한 정도를 의미하는 것으로 목표 중심적이고 최종적·변화 지향적이며 질적인 개념

### 2) 측정모형

| 전통적 접근법 | 체제자원적 접근법 | 투입(수단) 측면에서 효과성을 평가 |
|---|---|---|
| | 내부 과정적 접근법 | 조직의 내부 활동에 중점을 두고 조직 내부의 건전성과 경제적 측면에서 평가 |
| | 목표 달성 접근법 | 목표달성도라는 산출면에서 효과성을 평가 |

| 현대적 접근법 | 이해관계 접근법 | 조직의 성과에 이해관계를 가진 내·외부의 다양한 이해집단에 초점 |
|---|---|---|
| | 경쟁적 가치 접근법 | 조직과 인간, 통제와 유연성의 경쟁적 가치 기준에 따라 네 가지 평가모형 제시 |

### 3) 경쟁가치(경합가치) 접근법

조직을 지배하는 가치의 차원에서 조직 효과성의 평가를 추구한다. 퀸(R. E. Quinn) 교수와 러바우(J. Rohrbaugh) 교수가 개발한 경합가치모형은 경합적 가치 차원으로부터 네 개의 효과성 모형들을 설명하고 있다.

| 구분 | 조직(외부) | 인간(내부) |
|---|---|---|
| 통제(안정과 질서) | 합리적 목표모형 | 내부과정모형 |
| 유연성(혁신, 변화, 적응과 연관) | 개방체제 모형 | 인간관계모형 |

① 조직 전체의 발전을 도모하면서 조직구조의 유연성을 강조하는 **개방체제모형**
② 조직 전체의 발전을 추구하면서 구조적으로 통제를 지향하는 **합리적 목표모형**
③ 조직 속의 개인의 발전을 추구하면서 구조적으로 통제를 강조하는 **내부과정모형**
④ 조직 속의 개인의 발전을 도모하면서 조직구조의 유연성을 강조하는 **인간관계모형**

### 4) 경합가치이론의 수단-목적

| 효과성모형 | 효과성의 수단-목적 | |
|---|---|---|
| | 수단 | 목적 |
| 개방체제모형 | 적응력<br>위기대응력 | 성장<br>자원 획득 |
| 합리적 목표모형 | 기획<br>목표 설정 | 생산성<br>능률성, 이윤 |
| 내부과정모형 | 정보관리<br>의사소통 | 팀워크<br>안정의 유지 |
| 인간관계모형 | 응집력<br>신뢰와 사기 | 인적 자원의 가치 개발<br>인적 자원의 성장 |

### 5) 조직의 성장 단계별 적용

| | 창업 단계 | 집단공동체 단계 | 공식화 단계 | 구조의 정교화 단계 |
|---|---|---|---|---|
| 단계 | 혁신과 창의성 및 자원의 결집이 강조됨. | 비공식적 의사전달과 협동심이 강조 | 규칙과 절차 및 활동의 효율성을 중시 | 외부 환경에 적응하고 환경을 조정해 가면서 조직 자체의 변화와 성장을 도모 |
| 측정모형 | 개방체제모형 | 인간관계모형 | 내부과정모형<br>합리목표모형 | 개방체제모형 |

## 13. 가외성

### 1) 개념

가외성(加外性, redundancy)이란 "여분·반복·초과분"을 의미한다. 행정의 운영에서도 신뢰성 등을 높이기 위해 행정기관·법규·메시지 등의 중첩, 기능의 중첩 등이 어느 정도 필요하다. 전통적 행정이론은 능률성을 절대시했기 때문에, 가외성이란 비능률 또는 낭비로 간주됐으며, 행정개혁도 비능률 또는 기능 중첩을 제거하는 데 초점이 있었다. 일상생활에서 가외성의 예로는 말과 행동의 반복, 이중 브레이크, 보조 엔진, 보조 낙하산 등을 들 수 있고, 통치 체제의 측면에서는 삼권분립, 국회의 양원제, 삼심제 등이 가외성 장치다. 행정 체제에서 보면 품의제도, 직무대리, 예비비, 복수의 대안 마련, 위원회, 분권화, 막료기관의 설치, 경쟁 시스템의 마련 등이 있다. 대표적 학자로는 랜도우(M. Landau)가 있다.

### 2) 특징

① 중첩성(overlapping)이다. 이는 어떤 동일한 기능을 분할하지 않은 상태에서, 여러 기관이 상호의존성을 가지고 협조하면서 중첩적으로 수행하는 상태를 나타낸다. 예를 들면 수해복구작업, 새마을사업, 대간첩작전 등의 경우 여러 기관이나 조직이 동일한 기능을 상호 협조적으로, 상호 의존적으로 또는 혼합적으로 수행하게 되는 것이다.

② 반복성(duplication)으로서, 동일한 기능을 여러 기관이 독자적인 상태에서 수행하는 것을 말한다. 예를 들어 국가 안위에 관한 정보 수집 및 정보 제공 업

무는 단일기관에서 홀로 담당하는 것보다는 서로 분리·독립된 여러 기관에서 서로 간섭하지 않고 반복적으로 수행할 때 안전성이 높아진다. 만약 한 기관에 어떤 문제가 발생하더라도 다른 기관이 이를 대체할 수 있다.

③ 등전위 현상으로서, 주기관이 작동되지 않을 때 보조기관이 대신 그 기능을 인수해 수행하는 상태를 말한다. 동등잠재력(equipotentiality)이라고도 부르는데, 예를 들어 대통령의 유고 시에 대비해 국무총리가 직무를 대신하는 대통령 권한대행제도를 두면 국정 공백이나 차질 없이 직무가 가능하게 된다.

### 3) 정당화되는 근거

① 가외성 장치를 통해 정책 결정의 불확실성이나 혼돈 상태에 대비할 수 있다. 환경은 가변적인데 인간의 정보·지식은 불완전하다. 따라서 만일의 사태에 대비해야 하며 가외성이 정당화된다.

② 조직은 광범위하고 복잡한 신경구조적 성격을 가진 통신망으로 이뤄진 정보체제이므로 부정확한 정보, 왜곡된 정보를 받을 가능성이 있다. 그러므로 정보 체제의 위험성과 불완전성을 보완해 줄 수 있는 가외성 장치가 필요하다.

③ 조직이란 부품들의 단순한 집합이 아니며, 통일성 있는 하나의 체제(system)로 인식되므로 부품의 불완전성 및 이탈 가능성에 대비할 수 있도록 가외성 장치가 요구된다.

④ 인간의 사회, 특히 민주사회는 협상의 사회다. 따라서 말·의견·행동 등의 반복이 불가피하며, 협상이라는 말 자체에 가외성이 내포돼 있다.

### 4) 효용

① **가외성은 조직의 신뢰성을 증진시킨다.** 가외성 장치는 오류 발생 가능성과 실패 확률을 감소시키며, 조직의 신뢰성·안정성도 높아진다. 중첩이 되면 한 기관이 실수해도 다른 기관이 이를 보완할 수 있다.

② **가외성은 조직의 적응성을 증진시킨다.** 한 부품이 고장 나도 다른 부품이 이를 대체하게 되므로 환경 변화와 위협으로부터 대응하면서 지속적인 생존이 가능하다. 또한 가외성을 통해 다양한 수단을 마련하면 한 가지 수단에 집착함으로써 목표 달성을 저해하는 '목표 전환' 현상을 방지할 수 있다.

③ **가외성은 행정의 창조성과 정보의 정확성 확보에 기여한다.** 여러 기관 간의 협의와 토론을 통한 행정, 또는 중첩적 · 경쟁적인 기능 수행은 조직의 창조성을 높이며, 다원적 · 경쟁적인 체제를 통한 정보 전달은 정확한 정보 입수의 토대가 된다.

④ **가외성은 환경의 불확실성이 높은 급변하는 현대 사회에 적합한 이념이다.** 현대 사회에서는 문제의 복잡성 때문에 능률성에 기초해서 최선의 해결 방안이나 올바른 해결 방법을 찾는 것은 불가능에 가깝다. 능률적인 최선의 방안을 탐구할 수 있다는 것은 독단이 될 수 있으며, 오히려 사회의 각 부문들이 독자적이고 중첩적으로 가설적인 대안을 선택하고 시험함으로써 사회 전체적으로 경험의 총량을 확장하는 것이 필요하다. 비록 다양한 가외적 장치들은 질서정연하지 못하고, 모순적으로 보이고 비능률적으로 보이지만, 중첩적인 과정 · 전략 · 관행 등이 혼재하면서 기능을 수행하는 가외성의 논리는 오히려 신뢰성을 증진시킬 수 있는 것이다.

5) 한계

① **비용 · 효과상의 제약이다.** 즉, 가외성을 통한 이익이 비용보다 적어서는 안 되고, 중요하지 않은 기능은 가외성이 불필요하다. 흔히 많은 비용의 투입은 큰 효과로 연결되는 경향이 있으나 반드시 비용과 효과가 비례하는 것은 아니다. 많은 비용이 적은 효과를 낼 수도 있다.

② **중첩을 통해 어떤 기능이 수행되면 기관 간의 충돌 · 대립 가능성이 존재한다.**

③ **능률성과의 조화 문제다.** 가외성에 집착하면 낭비가 되며, 작고 효율적인 행정개혁에 역행한다. 반대로 가외성을 무시하고 능률성에 집착하면, 조직의 안정성 · 신뢰성이 떨어져 실패 가능성이 높아진다. 따라서 양자가 조화가 필요하다.

## 14. 생산성

① 1970년대 석유파동 이후 감축관리론과 신공공관리론에서 재정적자와 정부실패를 해결하고 국가경쟁력 제고와 성과 중심의 행정을 위한 이념으로 등장(엡스타인[R. Epstein]과 하티[Haty])

② 전통적 개념은 능률성과 동의어로 사용되나, 일반적으로는 능률성과 효과성을

합한 개념으로 봄.

## 15. 사회적 자본

1) 의의

① 사회구성원들이 공동의 문제를 해결하는 데에 자발적이고 적극적으로 참여하는 사회적 조건 또는 특성

② 거시적으로는 사회적 연계망(네트워크)이며(퍼트남)을 의미함.

③ 미시적으로는 행위자가 사회적 네트워크 또는 사회구조의 구성원이 됨으로써 확보할 수 있는 행위자의 능력이자 자신이 소속한 집단과 네트워크 내에 있는 자원에 접근함으로써 얻을 수 있는 실제적 · 잠재적 자산의 집합체임(부르디외, 콜맨).

④ 경제적 자본(물적 자본)에 대비되는 개념으로 사회구성원의 신뢰와 협력을 토대로 자신들의 공동의 문제를 해결하는 데 자발적으로 참여하는 조건 또는 연계망임.

2) 유형

| | |
|---|---|
| 퍼트남<br>(R. Putnam) | 사회적 자본은 상호 이익을 증진시키기 위한 조정과 협력을 촉진시키는 네트워크, 규범, 사회적 신뢰와 같은 사회조직의 특징 |
| 콜맨<br>(J. S. Coleman) | 사회적 자본을 한 개인이 그 안에 참여함으로써 특정한 행동을 가능하게 만들어 주는 사회구조 혹은 사회적 관계의 한 측면 |
| 후쿠야마<br>(F. Fukuyama) | 사회적 자본을 그룹에서 함께 일하도록 하는 사람들의 능력이며, 이러한 사람들 사이의 협력을 가능케 하는 한 집단의 회원들 사이에 공유된 어떤 일단의 비공식적인 가치 또는 규범 |
| 부르디외<br>(P. Bourdieu) | 사회적 자본을 서로 알고 지내는 사이에 지속적으로 존재하는 관계의 네트워크를 통해 얻을 수 있는 실제적이고 잠재적인 자원의 합계(미시적 관점의 접근) |

3) 주요 속성(특징): ① ~ ⑦은 속성, ⑧ ~ ⑫는 특징

① 자발적 네트워크 : 개인 간 또는 집단 간의 관계를 이어주는 **자발적(상향적)이며 협력적 · 수평적인 네트워크**

② 호혜주의: 이기주의가 아닌 호혜적 특성을 지니는 친사회적 행태
③ 상호 신뢰: **집단행동의 딜레마를 극복**해 줄 수 있는 대안
④ 친사회적 규범: **비공식적 · 사회적 통제력**을 지닌 것으로 법적 · 공식적 제재와는 구별됨.
⑤ 공동체주의: **공동체**가 핵심적 위치를 차지함.
⑥ 정치 · 경제 발전의 윤리적 기반
⑦ 국력과 국가경쟁력의 실체
⑧ 경제적 자본에 비해 등가물의 교환이 아님.
⑨ 동시성이 존재하지 않음.
⑩ 소유 주체가 지속적으로 유지하려는 노력을 해야 하는 자본임.
⑪ 관계 속에 존재하는 자본임.
⑫ 거시적 차원에서는 공공재임.

### 4) 효용과 한계

| 효용 | 한계 |
| --- | --- |
| ① 개인의 행동을 촉진시키는 능력이자 자산<br>② 참여자들이 공동으로 소유하는 자산<br>- 배타적 소유권 행사 불가<br>③ 협력적 행태를 촉진해 혁신적 조직 발전을 가능하게 함.<br>④ 행정의 효율성 제고<br>⑤ 신뢰성 제고로 거래비용 감소 및 가외성의 필요성을 최소화함.<br>⑥ 다양성은 창의력과 학습의 원천이 됨.<br>⑦ 사회적 · 도덕적 규범으로 제재력 발휘 | ① 거래 및 형성 과정이 불투명 · 불확실<br>② 측정의 기술적 곤란<br>③ 동조성의 요구로 개인의 자율적 선택 제약<br>④ 집단결속력으로 다른 집단과의 관계에서 부정적 효과를 초래할 우려가 있음(결속형 혹은 폐쇄형 사회적 자본의 폐단을 초래할 수 있음). |

## 16. 신뢰성

① 1990년대 들어 투명성과 함께 강조되는 가치 중의 하나이며 투명성과 접근성은 신뢰행정의 핵심적 구성 요소임.
② 신뢰는 개인의 문제가 아니라 관계임.
③ 신뢰는 가외성의 필요성을 감소시켜 능률성을 높여 줌.

④ 거버넌스 등 새로운 국정 운영 방식이 강조하는 네트워크는 참여자 사이의 신뢰 위에서 가능함.
⑤ 신뢰는 사회적 자본으로서 자발적 협력과 참여를 유인해 집단행동의 딜레마를 극복해 줄 수 있는 원천임.

## 17. 투명성

① 정부의 의사 결정과 집행 과정 등 다양한 공적 활동이 정부 외부로 명확히 드러나는 것(유리창 행정)
② 측면(유형)
  ㉠ 과정 투명성: 의사 결정이나 행정 업무 처리 과정의 투명성으로 최근 강조되는 측면의 투명성
  ㉡ 결과 투명성: 의사 결정이나 집행 결과의 투명성
  ㉢ 조직 투명성: 조직 자체의 개방성과 투명성

## 18. 앤더슨(K. Anderson)의 가치 기준(공공정책 결정의 기준)

① 정치적 가치(political value): 정치집단이나 고객집단의 이익을 고려하는 가치 기준(예: 선거 직전 경기부양책)
② 조직의 가치(organizationl value): 자신이 속한 조직의 생존이나 이권의 유지를 위한 가치 기준(예: 조직 확대 개편)
③ 개인적 가치(personal value): 자신의 이익(복지)이나 명성을 고려하는 가치 기준(예: 이권이 개입된 사업 추진)
④ 정책의 가치(policy value): 공익이나 도덕적 신념, 윤리 기준에 의원 가치 기준(예: 토지공개념이나 금융실명제 등)
⑤ 이념적 가치(ideological value): 현실의 모습을 단순하게 제시하는 논리적으로 연결된 가치나 신념 체계(예: 제3세계 국가의 민족주의적 결정 등)

# 제 7 절 행정의 특징과 체계

## 1. 행정학의 학문적 성격

| 사회과학성 | 사회 현상을 연구하는 학문 |
|---|---|
| 전문직업성 | 왈도(D. Waldo)는 행정의 문제를 해결할 수 있는 전문직업성을 갖춤으로써 정체성 위기 극복이 가능하다고 주장 |
| 연합학문성 | 다학문성(정치학, 경제학, 법학, 사회학, 심리학, 경영학, 역사학 등의 혼합체) |
| **가치와 사실의 혼합** | 행정학은 가치(정책 결정)와 사실(관리)의 영역을 동시에 다룸. 가치 중심의 연구(신행정론, 정치·행정일원론), 사실중심의 연구(행태론, 정치·행정이원론) |
| **과학과 기술의 양면성** | 과학성: 왜(why)를 중심으로 객관적 자료를 수집하고, 이를 실증적인 방법에 의해 인과성을 정립하려는 접근법으로 정치·행정이원론이나 행태론에서 강조<br>기술성: 어떻게(how)를 중심으로 문제 해결을 위한 실용(처방성)을 강조하는 접근법으로, 정치·행정일원론이나 신행정론에서 강조 |
| 분과 학문의 문제 | 행정학이 다른 학문과 구별되는 독자적인 패러다임(paradigm)을 갖지 못하는 정체성 위기를 겪음. |
| **보편성과 특수성** | 문제 해결을 위해 외국 제도를 고찰·도입하는 것은 행정이론의 보편성 때문이며, 동시에 상황의 유사성을 확인해 보는 것은 행정이론의 특수성을 고려하는 것이다. |

### 심화 학습: 과학으로서의 행정학

**1) 개념**

과학(science)이란 실증적인 방법에 의한 원칙의 체계화된 지식을 말한다. 과학이란 어떤 현상이나 행위도 우연은 없으며, 반드시 선행 원인이 있다는 결정론(determinism)에 기초해 현상의 인과적 설명에 초점을 둔다. 과학성이란 어떤 현상에 대해 객관적 자료를 수집하고 통계적·경험적 방법에 의해 그 인과성(因果性)·유형성을 밝히려는 정도를 말한다. 과학성은 인과성과 관련되므로 왜(why)의 문제를 규명하는 것이며, 진단성, 설명성, 기술성(記述性), 객관성, 유형성과 관련성이 높다.

**2) 과학성이 요구되는 근거**

과학성이 요구되는 근거는 첫째, 현실에 대한 정확한 설명이 필요하기 때문이다. 현상에 대한 객관적인 분석을 통해서만 주관적 판단을 초월해 현실을 있는 그대로 설명할 수 있다. 둘째, 현실적 문제들의 해결에 기계적으로 적용 가능한 처방적이며 실천적 규칙은 없다. 따라서 형식적인 조직의 원리 등에 대한 탐구보다는 있는 그대로의 현실을 정확하게 진단하는 것이 중요하다. 셋째, 실천성이나 기술성(技術性) 위주의 학문은 즉각적인 문제에 대한 처방만을 중시하기 때문에 연구 결과가 단편적이며, 일관성을 띤 과학적 지식이 될 수 없다. 과학성을 중시하는 행정이론은 대체로 행정행태론(Simon), 비교행정론(Riggs, Heady, Diamant), 행정생태론, 행정체제론(Parsons) 등이 있다.

**3) 과학으로서의 행정학**

행정학을 과학화하려는 노력에서 첫 번째로 부닥치는 어려움은 행정 문제에서 규범적 가치를 배제하기가 매우 곤란하다는 것이다. 사회 문제 해결과 공익 구현을 사명으로 하는 행정학은 필연적으로 윤리성과 책임성을 내포할 수밖에 없으며, 이를 회피하려 한다면 문제 자체를 회피하는 셈이 된다. 따라서 행정학이 하나의 과학으로서 나가자면 무엇보다 기본적인 가설을 만들고, 목표를 정직하게 밝히는 것이 필요하다. 이러한 규범적인 가정을 드러내는 것은 과학으로서의 행정학을 형성하기 위해 선행돼야 하는 불가피한 작업이다. 둘째, 과학으로서의 행정학을 정립하기 위해서는 인간 행태에 대한 연구가 필수적인데, 인간에 대한 연구는 과학의 근본인 실험적 방법의 적용 가능성이 낮고, 법칙성을 발견하기도 어려우며, 인간 행태의 복잡성과 다양성 때문에 개별적인 증명이 어려워서 관찰자가 확대 해석할 소지가 크다는 것이다. 이렇게 행정 영역에서 인간의 행태나 본성에 대한 이해나 예측에 많은 제약이 있다는 것도 과학화의 중대한 한계 요인이다. 셋째, 행정은 그 자체로서 균일하게 존재하는 것이 아니고 나라마다 특성이 다르며 사회환경의 영향을 받게 되므로, 행정의 과학화가 진전되려면 국가적인 경계와 특수한 역사적 경험을 초월하는 보편성을 발견할 수 있는 비교 연구가 진전돼야 한다.

## 2. 행정학의 접근법

| | | |
|---|---|---|
| 개체주의 | • 개인만이 유일한 행위자로 모든 사회 현상은 개인(개체)의 속성에 따라 정의(구성)될 수 있다고 봄.<br>• 사회는 개인이 만든 그늘에 불과하다는 사회명목론의 입장으로 부분이 전체를 결정한다는 접근법으로 환원주의라고도 함.<br>• 개인의 합이 전체의 합과 같지 않게 되는 구성상 혹은 합성상의 오류가 발생함. | 행태론<br>현상학<br>공공선택론 |
| 전체주의 | • 집단은 개인의 속성으로는 설명할 수 없는 그 자체의 독특한 속성이 있다고 봄.<br>• 사회는 개인의 단순한 집합이 아니라는 사회실재론의 입장으로 전체가 부분을 결정한다는 입장이므로 사회 전체를 직접 연구 대상으로 삼아야 한다는 우주론적 접근<br>• 전체를 개체로 분할했을 때 그 속성이 달라진다는 분할(생태론적)상의 오류가 발생함. | 체제론 |
| 미시적 이론 | 방법론적 개체주의로부터 결부된 이론으로 행위자와 관련된 요인을 분석함. | 행태론 |
| 거시적 이론 | 전체주의로부터 결부된 이론으로 거시적인 행정구조나 사회적 구조를 분석함. | 체제론 |
| 미시와 거시 연계 | • **신제도주의[거시적인 구조와 미시적인 개인의 행태를 매개(연계)시키는 이론]**<br>• **중범위이론[미시(개인)와 거시(전체 사회)의 중간 규모인 개별 조직이나 소집단을 연구]** | |

| 규범적 접근 | 당위적 차원에서 무엇이 바람직한가를 연구하는 실천적·처방적 이론으로서 목표·가치를 다룸. | 신행정론 |
|---|---|---|
| 경험적 접근 | 객관적 사실 그대로 현상을 규명하는 과학적 접근법으로서 수단·사실을 다룸. | 행태론 |
| 실천적 접근 | 규범적 연구와 경험적 연구의 통합 | |
| 연역적 접근 | 일반적 원리(이론)를 전제로 해서 특수한 다른 사실을 이끌어 내는 접근법 | 공공선택론 |
| 귀납적 접근 | 개개의 사실을 종합해 일반적인 개념이나 법칙을 도출해 내는 접근법 | 행태론 |

## 3. 미국 행정학 성립에 영향을 준 사상적 기초

| 해밀턴의 사상 | (강력한) 연방주의 | 중앙집권화에 의한 능률적인 행정 방식이 최선임을 주장<br>해밀턴(A. Hamilton)은 능동적이고 능률적인 행정과 국가 기능 확대를 주장(☞존슨[L. B. Johnson] 대통령의 위대한 사회 건설과 루스벨트(F. D. Roosevelt) 대통령의 뉴딜정책에 영향) |
|---|---|---|
| 제퍼슨의 사상 | 자유주의 | 행정부의 연방주의에 반대하며 지방분권화를 통한 민주주의 실현과 지방분권주의 제창(제퍼슨[T. Jefferson]은 최소한의 행정과 분권 및 자유를 강조)<br>국가의 이익보다는 국민의 이익을 위해 다양한 절차와 민주적 행정을 강조 |
| 매디슨의 사상 | 다원주의 | 다양한 이익집단의 요구에 대한 조정을 위해 견제와 균형을 중시 |
| 잭슨의 사상 | 엽관주의 | 공직 경질에 의한 민주주의를 실현하고자 하는 엽관주의 표방 |

## 4. 미국 행정학의 성립과 발달

| 기술적 행정학<br>행정학의 태동과 성립<br>(1880~1930년대) | 고전기 행정학, 정치·행정의 분리와 원리주의(1880~1930년대)<br>**윌슨(T. W. Wilson)의 『행정연구(1887)』**[행정을 정치로부터 분리함으로써 행정학 연구의 개념적 기초를 제공하고, 행정학을 정치로부터 독립시키는 데 공헌, 엽관제 폐단을 극복하고 행정 능률을 제고하기 위해 행정을 경영으로 보고 유럽 행정의 선진적인 면(관료제이론)을 도입할 것을 주장] |
|---|---|
| 반발적 행정학<br>(1930~40년대) | 정치·행정 분리에 대한 반발: 기능적 행정학 |
| | 과학적 관리론에 대한 반발: 신고전적 이론 |
| 현대 행정학<br>(1950년대 이후) | 행정학의 다원화기 |

## 제 8 절 행정학의 접근법과 주요 이론

### 1. 역사적 접근

1) 역사적 접근 방법

① **제도의 성격과 그 제도가 형성돼 온 특수한 방법을 인식, 일종의 사례연구 형식을 띰.**

② **어떤 사건 · 기관 · 제도 · 정책 등의 기원과 발전 과정을 파악하고 설명하는 데 많이 사용하며 발생론적 설명 방식을 사용함.**

③ 인간 행태에 초점을 둔 미시적 연구가 아니며, 사회제도나 혹은 개혁 관련 정책연구에 유용한 시사점을 제시

### 2. 과학적 관리론

19세기 말부터 20세기 초엽 미국에서 산업자본주의가 전개됨에 따라 일어난 일련의 기업 경영 및 생산 과정 과학화 운동과 고전적 조직이론이 접목되면서 구축된 이론 지향을 일컫는다. 테일러 등에 의해 대표되는 과학적 관리학파는 절약과 능률을 행정의 가장 중요한 가치로 삼고, 정치 · 행정 분리론을 토대로 해서 행정 고유 영역의 활동을 규율하는 과학적 원리와 합리적인 과학기법을 탐구했다.

☞ **테일러(F. W. Taylor)의 과업관리(시간과 동작연구)와 경제적인 인간(성과금 지급)**

### 3. 인간관계론

조직구성원들의 사회적 · 심리적 욕구와 조직 내 비공식집단 등을 중시하며, 조직의 목표와 조직구성원들의 목표 간의 균형 유지를 위한 민주적 · 참여적 관리 방식을 처방하는 조직이론을 말한다.

과학적 관리론에 대한 반발로 등장한 인간관계론은 메이요(G. E. Mayo) 등 하버드대학의 경영학과 교수들이 미국의 웨스턴 일렉트릭 회사 호손공장에서 1927년부터 1932년까지 수행한 일련의 실험에 의해 이론적 틀이 마련됐다.

인간관계론의 요지는 첫째, 조직구성원의 생산성은 생리적 · 경제적 유인으로만

자극받는 것이 아니라 사회심리적 요인에 의해서도 크게 영향을 받는다는 점과, 둘째, 이러한 비경제적 보상을 위해서는 대인 관계 · 비공식적 자생집단 등을 통한 사회 · 심리적 욕구의 충족이 중요하며, 셋째, 이를 위해서는 조직 내에서의 의사 전달 참여가 존중돼야 한다는 것이다.

☞ 호손공장 실험 : 감정적인 인간(사회적 인간), 비공식 조직의 중요성 강조

## 4. 행태론적 접근

사회 현상의 과학적 연구를 위해, 경험적 조사연구 방법을 중시하는 방법을 말한다. 내성(耐性, introspection)의 방법을 버리고 객관적으로 관찰되는 행동만을 연구 대상으로 삼아야 한다고 주장하는 심리학적 행동주의에 학문적 뿌리를 두고 있다.

행태론적 접근 방법의 특징은 다음과 같다.

첫째, 사회 현상도 자연과학과 마찬가지로 엄밀한 과학적 연구가 가능하다고 본다.

둘째, 사회 현상을 관찰 가능한 객관적 대상으로 보며, 인간의 주관이나 의식을 배제해야 하며, 인식론적 근거로서 논리실증주의를 신봉하고 있다.

셋째, 행태주의는 명백한 자극과 반응으로 볼 수 있는 행위 또는 행동만을 연구 대상으로 삼는 심리학적 행동주의와는 달리 특정 질문에 따른 반응을 통해 파악할 수 있는 태도, 의견, 개성 등도 행태에 포함시키고 있다.

넷째, 이러한 행태의 규칙성, 상관성 및 인과성을 경험적으로 입증하고 설명할 수 있다고 본다.

다섯째, 연구에서 가치와 사실을 명백히 구분하고, 가치중립성을 지키고 있다.

여섯째, 개념의 조작적 정의를 통해 객관적인 측정 방법을 사용하며, 자료를 계량적 방법에 의해 분석한다.

일곱째, 행태주의는 집단의 고유한 특성을 인정하지 않는 방법론적 개체주의 입장을 취한다.

여덟째, 행태주의는 사회과학이 행태에 관심을 갖고 있기 때문에 통합된다고 본다.

☞ 객관적으로 존재하는 사실만을 연구하는 경험적 보수주의

☞ 행정의 가치 판단적 기능을 부정한 것은 아님.

☞ 행태주의 연구들은 사소한 문제에만 관심을 집중시키고 급박한 사회 문제는 소홀하게 다룬다.

## 5. 생태론적 접근

특정 현상을 설명할 때 환경적 결정 요인, 즉 생태의 역할을 중시하는 이론적 관점을 말한다. 행정학에서는 행정의 환경을 구성하는 정치·경제·사회·인구학적, 자연적 요인이 행정의 성격에 중요한 영향을 미친다고 보는 관점을 생태론적 접근이라 한다. 고우스(J. M. Gaus)는 정부 기능을 설명하는데 유용한 환경 변수로 국민, 장소, 과학기술, 사회적 기술, 욕구와 이념, 재난, 개성의 일곱 가지를 들고 있다.

한편 리그스(F. W. Riggs)는 행정의 환경 변수로 경제적 기초, 사회 구조, 이념적 요인, 통신 및 정치 체제의 다섯 가지를 선정하고 이들 환경 요소가 농업사회와 산업사회의 행정에 각각 어떻게 영향을 미치는가를 설명하고 있다.

☞ 행정에 영향을 주는 원인(환경)을 진단 : 과학성에 기여, 처방(목표)을 제시하지 못함. 행위자 개인보다 집단을 연구 대상으로 함.

## 6. 체제적 접근 방법

모든 현상을 상호 관련된 일련의 하위 체제로 구성된 체제라는 개념에 기초해서, 포괄적 통합적 분석을 시도하는 접근 방법을 말한다. 체제적 접근 방법은 자연 현상이나 사회 현상을, 상호 작용하는 여러 구성 요소로 이뤄져 있는 전체의 한 부분으로 본다. 정치 현상 및 행정 현상에 대한 체제적 접근 방법을 도입한 대표적인 학자는 이스턴(D. Easton)과 샤칸스키(I. Sharkansky)다. 이스턴은 정치 체제에 대한 설명을 다음과 같이 하고 있다. 정치 체제는 환경으로부터 요구와 지지를 받아 전환 과정을 거쳐 정치 체제의 산물인 정책을 산출하며, 이러한 정책은 환류돼 다시 정치 체제에 투입된다는 것이다.

☞ 정태적 현상 유지적 성격을 띠고 있어 목적성을 띤 변화나 정치·사회의 변화 또는 발전을 적절하게 설명하지 못함.

**심화 학습: 개방 체제의 특징**

**개방 체제의 특징(1)**

**① 부정적 환류와 부정적 엔트로피**

부정적 환류 : 목표가 아닌 오차의 수정을 통한 안정·균형·질서를 추구

부정적 엔트로피 : 조직이 해체·소멸·무질서로 움직여 가는 엔트로피를 부정하고 환경과의 안정을 추구

② 동태적 균형

환경과의 불균형을 해소하기 위해 부단히 동태적 적응을 하면서 에너지의 투입과 생산물의 유출을 계속하지만, 체제의 특징은 불변 상태이며 환경과의 균형을 유지함.

③ 등종국성(equifinality)

상이한 시작과 진로를 통해서도 결국에 가서는 동일한 최종 성과를 나타낸다는 것으로 유일 최선의 문제 해결 방법은 없다는 상황적응론적 인식, 즉 구조 · 기능 · 절차의 다양성 내지는 목표 달성 경로의 다양성을 의미함.

### 개방 체제의 특징(2)

① 항상성

항상성(homeostasis)은 안정된 상태를 유지하고자 자기 스스로를 규제할 수 있는 능력이다. 추우면 소름이 끼쳐 체온의 발산을 막고, 산소가 부족하면 심호흡이나 잦은 호흡으로 산소를 보충하는 것과 같다. 환경이 기존의 질서나 균형을 깨려는 방향으로 작용할 때, 체제는 이에 자기 내부의 기능을 통제해 본래의 규칙성을 유지하는 방향으로 작용한다.

② 부(−)의 엔트로피

충전된 배터리로 움직이는 모형 자동차는 시간이 지남에 따라 에너지가 소멸되고 움직이지 못하는 상태, 즉 체제가 붕괴되고 만다. 엔트로피(에너지 상실)가 증가하기 때문이다. 개방 체제는 외부로부터 에너지와 기타 자원을 받아들여 엔트로피를 낮추려는 부의 엔트로피 성향을 가지고 있다(反노폐기제).

③ 전체성

개방 체제는 전체를 부분들로 나눠 구조와 기능 또는 이들 간의 선형적 인과 관계를 분석함으로써 전체의 이해가 가능하다는 입장에 반대한다. 체제는 구조, 기능, 분화, 통합 등이 서로 복잡하게 엉켜 있는 것으로 단순한 구조나 기능으로 환원시킬 수 없고 전체로서의 통합 관계를 분석해야 올바른 이해가 가능하다고 본다.

④ 구조 기능의 다양성

개방 체제는 다양한 환경에 적응할 수 있도록 내부의 구조나 기능 또한 환경에 적합하게 다양성을 유지할 것이 요구된다.

체제는 환경의 다양성이나 복잡성에 비례해 하위 체제의 구조와 기능이 더욱 분화돼야 한다. 환경의 다양한 변화 요구, 즉 도전에 대응하지 못하는 체제는 생명력을 상실하고 쇠퇴하게 된다.

⑤ 목표 달성의 다양성

일반적으로 **등종국성**(equifinality)으로도 번역되는 것으로 목표에 도달하는 방법은 여러 가지가 있다는 것이다. 특정 목표를 달성하도록 내부구조가 고정돼 있는 폐쇄 체제와는 달리, 개방 체제는 신축적인 전환 과정을 가지고 있기 때문에 투입 자원과 전환 과정을 달리해 같은 목표를 달성하는 것이 가능하다.[6]

---

6) 유사한 개념으로 **필수다양성 법칙**이 있다. 체제의 생존을 위해서는 체제를 위협하는 환경의 다양성의 수와 적어도 같거나 더 많은 다양성을 확보해야 한다는 것이다. 언어가 서로 다른 4개국과 무역 거래를 하는 회사는 적어도 회사 내에 4개국 언어를 하는 사람(한 사람이든 여러 사람이든)이 있어야 한다는 것으로 비유할 수 있다.

⑥ 체제의 진화
개방 체제는 환경으로부터의 도전에 대응하고 기회를 활용할 수 있도록 다양성을 갖추고, 특수한 기능을 수행할 수 있도록 구조와 기능이 더욱 분화돼 가며, 분화된 부분들을 전체로서 통합할 수 있는 능력에 따라 끊임없이 전환돼 간다.

자료: 유민봉(2011). 『한국행정학』.

## 7. 비교행정

좁은 의미의 비교행정은 여러 나라의 공공행정을 상호 비교하는 것을 의미하나, 넓은 의미로는 각국 행정의 비교 연구는 물론 공공행정과 사경영 · 병원행정 · 교육행정 등의 상호 비교를 포괄하는 개념으로 사용된다.

비교행정 연구가 시작된 것은 1940년대부터이며, 1950년대 전후 냉전 상황에서 서방 진영의 후진국에 대한 기술 원조 문제가 대두되면서 더욱 활기를 띠게 됐다.

☞ 행정학 연구의 과학화에 기여 * 독자적인 연구 대상 획정 곤란

## 8. 발전행정론

국가 발전을 위한 전략과, 국가 발전 추진 체제로서의 행정 체제의 발전 문제를 연구하는 행정학의 한 분야를 말한다. 발전행정론은 1950년대 비교행정론의 한 분과로 출발했으며, 1960년대에 큰 세력을 떨쳤으나 1970년대 이후 위축됐다.

☞ 행정학의 처방성(기술성) 중시, 정치 · 행정일원론, 효과성 중시

## 9. 후기행태주의

### 1) 등장 배경

**미국 사회 격동기의 문제를 해결하기 위해 신행정론자들에 의해 도입되기 시작**

**① 1960년대 미국 : 흑인 폭동, 베트남전에 대한 반전 시위 등의 혼란 상태**

② 1950년대 이후 행태주의 : 당면한 사회적 문제를 해결하는 데 한계(현실적합성을 상실)

**③ 1960년대 정책 참여 부족 : 존슨[L. B. Johnson] 정부의 '위대한 사회 건설'에서 정치학계 기여 부족**

2) 의의

① 가치 중립적인 과학적 · 실증적 연구(행태론)보다는 **가치 평가적인 정책연구를 지향**하는 입장으로, 정책과학으로 발전함.

② **새로운 행정 이념으로서 사회적 형평성, 행정의 실천성 및 적실성 등의 문제에 관심을 가짐.**

3) 대두(등장)

1960년대 말 이스턴(D. Easton) : 정치학의 새로운 혁명 선언, 행정학에 도입된 후 후기산업사회 행정이론(비판이론, 담론이론 등)의 계기가 됨.

☞ 행정의 정책지향성(가치지향성), 적실성과 실행(실천)성을 강조

4) 특징

주지주의(主知主義: 지성과 이성을 중시)가 아닌 주의주의(主意主義: **의지와 감정을 중시)**를, 객관주의가 아닌 **주관주의**를 표방

☞ 과학적인 지식과 기술을 급박한 사회 문제를 해결하는 데 사용할 것을 주장(과학을 반대한 것이 아님).

## 10. 신행정론

1) 의의

① 행태론과 실증주의에 대한 반대 명제로서 1970년대 후기산업사회와 함께 등장한 **가치 중심의 행정이론**

② 기존의 이론(윌슨 · 베버식 행정이론이나 행태과학)은 사회 문제를 해결할 능력이 없다고 비판하면서 행정이 사회적 적실성과 실천성을 갖춰야 한다고 주장

③ 실증주의를 위험한 접근법이라고 경고하면서 과학적 지식을 현실의 문제 해결에 사용하자는 후기행태주의, 정책과학, 현상학적 관점을 수용

2) 성립 배경 및 전개 과정

① 1960년대 말 미국 존슨(L. B. Johnson) 대통령 집권 말기 격동기의 국내 문제를 해결하기 위해 대두

② 신행정학의 맥락: 행정학의 정체성 위기 극복 노력, 적실성과 처방성 연구, 학

자들의 현실 참여 움직임.

③ 기존 이론(특히 안정과 질서를 토대로 한 행태론)의 한계와 행정 연구의 국제주의에 대한 반발

④ **왈도(D. Waldo)**가 주도해 개최했던 미노브루크(Minnowbrook)회의에서 문제지향적 · 실천적인 새로운 행정 방향을 모색함.

⑤ 마리니(F. Marini)가 『신행정학을 지향하여』를 발표

### 3) 주요 특성

| | |
|---|---|
| ① | 새로운 가치로서 **사회적 형평성을 중시** |
| ② | 격동기에의 대응과 능동적 행정을 중시(사회 문제 해결자로서 실천하는 적극적인 행정인) |
| ③ | **정책 및 문제지향성**(내부적인 관리보다는 문제지향성, 의사 결정보다는 정책 문제 해결을 중시) |
| ④ | **가치 중립적 · 현상 유지적 · 보수적인 행태론이나 실증주의를 비판**하고 사회의 병폐에 대한 구제책을 제시하려는 사회적 타당성 및 규범주의와 가치주의를 지향 |
| ⑤ | 철학적 관점에서 인간의 내면 세계 및 자신과 타인 간에 상호 작용하는 현상의 본질, 즉 주관성이나 감정 이입을 통한 상호 인식 작용을 중시하는 현상학적 접근법을 수용 |
| ⑥ | **사회적 적실성 · 처방성(기술성) 중시** |
| ⑦ | 조직과 개인의 통합(민주적 조직)과 탈관료제적 조직모형(적응성) 주장 |
| ⑧ | 고객 지향적인 행정과 민주적 행정모형 강조 |

### 4) 유용성과 한계

① 유용성 : 가치 평가적이고 정책 지향적인 연구로 행정 문제 해결에 윤리적이고 철학적인 사고 방식과 준거 틀을 제공

② 한계 : 지나치게 급진적 사고로서 비현실적인 측면이 있으며, 현상학에 대한 구체적인 방법론 제시가 미흡하며, **시민(고객)의 참여를 중시한 나머지 전문행정성이 저해될 수 있음.**

**핵심 정리** 신행정학

1960년대 말 일단의 미국의 젊은 행정학자들이 기존 행정학의 학문 방법과 개념, 연구의 적실성 등을 비판하면서 일으킨 새로운 학문 지향을 말한다. 신행정학은 행태론의 인식론적 근거를 이루는 논리실증주의 및 행태론적 학문 자세를 비판하고 당시의 사회 문제를 해결하기 위해서는 현실 적합성과 실천성을

갖는 처방적 학문이 필요하다는 점을 강조했다.
신행정학의 특징으로는 적실성 있는 행정학의 추구, 실증주의로부터의 이탈과 가치 및 규범의 중시, 사회적 형평의 추구, 능동적 행정인과 고객에 대한 관심 등을 들 수 있다.

*** 처방성(기술성) 중시, 형평성 중시, 정치 · 행정일원론, 진보적 이론, 왈도(D. Waldo)**

## 11. 현상학

인간 행태의 내면적인 세계의 의미 이해를 중시하는 접근 방법을 말한다. 현상학적 접근 방법은 사회 현상의 본질 · 인간 인식의 특성 · 이론의 성격 등 사회과학 연구의 좀 더 본질적인 문제를 둘러싸고 실증주의와 행태주의가 내세우는 과학적인 연구 방법에 반기를 들고 있다. 현상학적 접근 방법은 사회 현상 또는 사회적 실재란 자연 현상처럼 사람과 동떨어진 객체로 존재하는 것이 아니라, 그 속에 참여하는 사람들의 의식 · 생각 · 언어 · 개념 등으로 구성되며, 그들의 상호 주관적인 경험으로 이룩되는 것이기 때문에 사회과학에서 형성하는 사유 대상 또는 정신적 구성물은 자연과학의 그것과 본질적으로 다르다고 주장했다.

☞ **자연과학적인 연구 방법인 실증주의를 비판하고 철학적 접근을 강조**

☞ **과학적 연구 방법을 통해서는 파악하지 못하는 인간의 주관적 관념 · 의식 및 동기의 의미를 적절하게 다룰 수 있음.**

**심화 학습: 행태론과 현상학 비교**

| 구분 | 행태론 | 현상학 |
|---|---|---|
| 관점 | 객관주의, 외면주의, 결과주의, 주지주의 | 주관주의, 내면주의, 주의주의 |
| 존재 | 사회실재론 | 사회명목론 |
| 인식 | 실증주의(과학적) | 반실증주의(철학적) |
| 인간 | 결정론(도구주의) | 자발론(인본주의) |
| 방법 | 일반법칙적 | 개별 사례 중심 |
| 자아 | 수동적 · 원자적 자아(개체주의) | 능동적 · 사회적 자아 |
| 이념 | 합리성, 능률성 | 대응성, 책임성 |
| 사회관 | 사회 현상과 자연 현상을 동일시함. | 사회 현상과 자연 현상을 동일시하지 않음. |

## 12. 비판행정학

비판이론이란 인간의 자유와 행복을 억압하는 구성원들을 억압하는 구조적 왜곡과 모순으로부터 해방시켜야 한다는 이론으로, 하버마스(J. Habermas)는 행정이란 민주적 공개성이 확보된 상태에서 관료와 고객(시민) 간에 자유로운 의사소통이 이뤄져야 한다는 것을 강조한다.

### 13. 후기산업사회(포스트모더니티)의 행정

#### 1) 의의

**포스트모더니즘 행정이론이란** 인간의 합리성을 근거로 사회 현상을 설명하려는 전통적인 관료제 중심의 산업사회 행정이론과는 달리, 인간의 물상화를 배격하고 인간의 이성과 자아를 회복하려는 **구성주의, 상대주의, 다원주의, 해방주의를 토대로 탈영역, 탈물질, 탈규제, 탈계서, 탈제약, 탈근대, 해체주의와 해방 등을 제창하는 1980년대 이후 후기산업사회에서의 행정이론을 말한다.**

#### 2) 모더니티(산업사회) 행정이론의 특징

① 모더니티는 인간의 합리성을 근거로 사회 현상을 이해하려고 하며, 인간은 보편적 진리를 발견할 수 있고 진리가 인간의 삶의 질을 높일 것이라는 입장
② 특수주의 : 학문 영역의 분화와 전문화를 추구하면서도 보편성을 추구하며, **거시(메타)이론**과 근본주의를 추구
③ 과학주의 : 문제 해결에 사회과학방법론을 사용할 것을 촉구
④ 기술주의 : 행정을 능률적·합리적 기술로 봄.
⑤ 기업가 정신 또는 자본가 정신을 중시하나 시민정신을 고려하지 못함.
⑥ 해석학 : 행정에서 합리적 의미를 추구하려고 함.

#### 3) 포스트모더니즘의 특징

| | |
|---|---|
| 구성주의 | 객관주의를 배척, 현실은 인간의 마음(내면) 속에서 구성된다고 보는 주관주의, 은유에 의한 새로운 해석을 중시 |
| 다원주의 및 상대주의 | 보편주의나 객관주의는 헛된 꿈이라고 비판하면서, 절대 유일의 보편적 가치는 존재하지 않으며 다양한 가치가 공존한다고 봄. |
| 해방주의 | • 비판과학의 입장에서 탈물질화, 탈관료제화를 강조<br>• **거시적인 사회구조의 지시와 제약으로부터 해방돼야 하고, 서로의 상이성(타자성)을 인정받는 자유로운 존재여야 한다는 입장** |

| | • **다품종 소량생산 체제에서 제공되는 공공 서비스가 바람직하다고 봄.** |
|---|---|
| 행동과 과정의 중시 | 만들어져 가는 과정과 행동을 중시(모더니즘은 이미 만들어진 안정된 존재와 결과를 중시) |

### 4) 포스트모더니티 행정의 특징(파머가 반관료제모형에서 제시)

| 상상 | 소극적으로는 과거의 규칙에 매이지 않는 행정의 운영이며, 적극적으로는 문제의 특수성을 인정하는 것이다. |
|---|---|
| 해체<br>(탈구성) | 텍스트(언어, 몸짓, 이야기, 설화, 이론)의 근거를 파헤쳐 보는 것이다.(해체의 대상: 합리화는 진보다. 행정학은 객관적으로 연구될 수 있다 등의 설화) |
| 영역 해체<br>(탈영역화, 학문 간의 영역 파괴) | 모든 지식은 그 성격과 조직에서 고유 영역이 해체된다. 즉, 지식의 경계가 사라진다. |
| 타자성 | 나 아닌 다른 사람을 인식적 객체로서가 아니라 도덕적인 타자로 인정(배려)하는 것이다. 이는 타인에 대한 개방성, 상이성, 다양성의 선호, 상위 설화 및 기존 질서에 대한 반대다. |

☞ **타자성**

타인을 하나의 대상으로서가 아니라 도덕적인 타인으로 인정하고 개방적인 태도를 견지해야 한다는 점을 강조하며, 행정에서 다양성과 시민 참여를 인정해야 한다는 논리를 도출하게 됨.

※ **도덕적 타자**

인식론적 타자와는 달리 상대방의 생각이 나와 다를 수 있음을 인정하고 그들의 입장과 의견을 존중·배려해 주는 정신으로 행정에 대한 시민 참여와 소통의 근거가 됨.

### 5) 전통적 행정이론에 대한 포스트모더니즘의 비판

전통적 관료제의 비정의성에 대해 비판적 관점을 취하고, 대의민주주의를 비판하면서 **참여적 공동체주의와 담론이론을 제시함.**

### 6) 포스트모더니티 행정이론

① 파머(D. Farmer)의 반(反)관료제이론

포스트모더니즘 행정이론으로 상상, 해체, 영역 해체, 타자성을 제시함.

② 덴하르트(R. B. & J. V. Denhardt)의 비판행정이론

시민과의 자유로운 소통과 사회 제약으로부터 인간을 해방시켜야 한다는 비판적·해방적 이성을 강조함.

③ 폭스(C. J. Fox)와 밀러(H. T. Miller)의 담론이론

구성원 간의 의사소통을 통한 담론을 행정의 중요한 요소로 인식함.

④ 덴하르트의 신공공서비스론

고객이 아닌 주인으로서의 시민, 기업가정신이 아닌 시민정신, 시민에 대한 봉사를 주장함.

**핵심 정리** 포스트모더니즘

객관주의 및 자연과학적 세계관에 입각한 모더니즘에 대한 반명제로 대두된, 상대주의적·다원주의적 세계관을 말한다. 즉, 객관적 진실이 존재한다고 보는 산업사회의 세계관으로서 모더니즘과 단절, 사회적 현실은 사람들의 마음속에 구성된다고 보는 사조를 말한다.
산업사회 이후의 사회적 특성을 반영한 이러한 포스트모더니즘은 예술·철학 등의 영역에서뿐만 아니라, 정치학·사회학 등 사회과학 분야에서까지 새로운 인식론적 관점으로 주목받고 있다.

* **미시적 관점을 중시, 다양성을 중시, 관료제와 대의민주주의를 비판**
* **담론을 통한 사회 문제 해결의 가능성을 제시함.**

**심화 학습: 모더니티(산업사회)와 포스트모더니티(후기산업사회)**

| 모더니티 | 포스트모더니티 |
|---|---|
| ① 합리주의 | ① 주관주의(내면주의) |
| ② 특수주의(전문주의) | ② 구성주의 |
| ③ 과학주의(주지주의) | ③ 주의주의(동기나 의도 중시) |
| ④ 기술주의(행정=기술) | ④ 상대주의 |
| ⑤ 기업가정신 | ⑤ 시민정신 |
| ⑥ 해석학(합리적) | ⑥ 인본주의 |
| ⑦ 메타설화(보편적 진리) | ⑦ 다원주의: 다양한 가치의 공존(맥락적 진리) |
| ⑧ 근본주의, 거시주의 | ⑧ 해방주의(인본주의) |
| ⑨ 객관주의(외면주의=행태주의) | ⑨ 미시주의(거시설화 비판) |
| ⑩ 소품종 대량생산 체제 | ⑩ 다품종 소량생산 체제 |

## 14. 담론행정

폭스(C. J. Fox)와 밀러(H. T. Miller)는 포스트모더니즘에서 가장 바람직한 행정은 담론(discourse)이어야 한다고 주장함. 공공행정의 주체가 종전의 관료기구에서 에너지 영역(정책 네트워크, 기관 간 정책연합 등)으로 대체됨. 행정이란 국민과의

민주적이고 자유로운 담론을 통해 국민이 원하는 의미를 파악해 정책 과정에 반영하는 것임.

## 15. 공공선택론

1) 의의

① 공공 부문에 경제학적 관점을 도입하려는 접근법으로, 행정을 공공재의 공급과 소비 관계로 파악하고 **정부는 공공재의 공급자, 시민은 소비자로 규정**해 시장에서처럼 시민이 **자신의 선호에 따라 공공재를 선택**할 수 있다고 보는 이론
② 정치경제학적 접근법의 일종(대외적으로는 선택과 참여를 통한 행정의 정당성 확보, 대내적으로 비용의 감소를 통한 목표의 능률적 달성을 중시)

2) 대두 배경과 문제 의식

① 전통적인 정부관료제의 한계

공공 서비스를 독점적으로 공급하는 윌슨식의 전통적인 정부관료제(계층구조)는 시민의 선호에 민감하게 반응할 수 없고, 시민의 선택을 억압해 정부실패를 가져온다는 것

② 공공 부문의 시장화

비용을 줄이고 편익을 증가시킬 수 있으려면 공공 부문의 시장경제화가 필요함(**정부는 공공재의 공급자 혹은 생산자, 시민은 공공재의 소비자**).

③ 시민 개개인의 선호 중시

**시민의 선호를 존중하고 경쟁을 통한 서비스를 생산하는 것이 행정의 대응성을 높일 수 있다고 주장**

☞ 개인의 선호를 표출하는 방법: 투표, 관할구역의 중첩, 지역 간 이동 등

④ 파레토의 최적 실현

공공재도 시장에서처럼 파레토(V. Pareto)의 최적점에서 합리적인 결정이 이뤄질 수 있다고 간주함.

⑤ 교환으로서의 정치

**정치작용도 합리적인 개인들 간의 자발적인 교환**이며, 관료와 정치가가 극대화하

고자 하는 것은 국가나 사회의 이익이 아니라 사익에 불과하다고 봄(정치인은 득표 극대화, 관료는 예산극대화, 이익집단은 이익극대화).

### 3) 기본 가정과 특징

| | |
|---|---|
| 합리적인 이기주의자 (합리적 경제인) | 개인들은 공동으로 사용하게 될 재화(공공재와 공유재)와 용역의 공급과 개선에는 자발적인 의욕을 보이지 않을 것이라는 전제(무임승차와 집단행동의 딜레마) |
| 방법론적 개체주의 | 정당·국가·사회 전체가 아닌 개인을 연구 대상으로 함. |
| 연역적 이론 | 연역적 추론과 접근을 강조 |
| 공공재와 의사결정 구조 연구 | 총비용을 줄이면서도 시민의 선호를 효율적으로 반영할 수 있는 의사 결정 방법을 추구 |
| 민주주의에 의한 집단적 결정 | 많은 소비자(고객)들의 참여를 통한 집합적 정책 결정이 필요함. |
| 재화와 용역의 공공성 및 정책의 파급 효과 강조 | 공공재의 비배제성과 공공성을 강조<br>정책이 사회에 미치는 긍정적·부정적 파급 효과를 중시 |
| 탈관료제적 처방 | **새로운 제도적 장치로서 관할구역의 중첩적과 분권적·중복적인 조직(다중공공관료제) 제시** |

### 4) 행정개혁 처방

공공선택론의 행정개혁 처방은 전통적 관료제의 구조적 활동에 중대한 수정을 요구하는 급진적인 것이다. 공공선택론은 공공 부문 내의 활동을 조정하고 공공재 공급의 능률을 높이기 위해 경쟁을 유도하는 데 준시장적 장치를 도입해야 한다고 주장한다. 공공선택론의 주요 개혁 처방을 요약하면 다음과 같다.

① 다원조직제(multi-organizational arrangements)[7)]

조직설계의 획일주의를 타파하고 유기성과 상황적응성을 높여야 한다. 시민들의 다양한 요구에 대응하는 서비스를 효율화하려면 정부와 민간의 다양한 조직들이 공공재의 공급과 생산에 참여할 수 있게 해야 한다. 공공재의 공급·소비의 여건에 적합한 공급 조직들을 다양하게 구성함으로써 다원조직제를 발전시켜야 한다.

② 비계서적 조정

다양한 공공재 공급 조직들은 높은 자율성을 누려야 한다. 그들 사이의 조정은 이익의 상호적 교환·협약·사법적 및 준사법적 재결 등에 의해 이뤄지게 해야 한다.

---

7) 다원조직제는 상황의 요청에 따라 조직의 구성을 다양화하는 제도다.

모든 행정 서비스를 조정하는 단일의 통합적 계서제를 유지하는 것은 바람직하지 않다.

③ 관할 중첩의 활용

공공재 공급 조직의 관할 중첩은 시민의 편익을 도모하는 데 유용하게 쓰일 수 있다. 대등한 수준의 관할 중첩에 의해 공공재 공급의 경쟁성을 높일 수도 있고, 대·중·소의 관할을 겹치게 함으로써 행정 서비스의 질을 높일 수 있다.

④ 적정한 공급 영역의 설정

공공재의 공급과 그에 대한 고객의 수요를 부합시킬 수 있도록 공급 영역을 설정해야 한다. 이러한 요구에 부응하려면 선호가 동질적인 집단별로 공급 영역을 설정해야 한다. 각 공급 영역의 공공재 공급이 그 영역 밖의 시민에게 부담이나 구속을 가하지 않도록 주의해야 한다. 즉, 부정적 외부 효과 또는 외부비용을 최소화해야 한다.

⑤ 고객에 대한 의존도의 제고

공공재 공급조직의 고객에 대한 의존도를 높여야 한다. 공급조직 하나 하나의 존속과 활동은 고객의 지지를 얼마나 동원할 수 있는가에 의존하도록 해야 한다. 그래야만 고객의 수요에 대한 민감성·대응성을 높일 수 있다.

⑥ 준시장적 수단의 활용

수익자부담세, 수수료 등을 늘려 공공재 공급의 소비자 부담 원칙을 강화해야 한다. 수익자 부담 원칙을 강화하면 공공재 공급 요구를 하는 데 신중해지고 공급 수준을 좀 더 합리적으로 결정할 수 있게 한다.

바우처(voucher) 시스템을 활용하고 조직 간의 예산 이관을 용이하게 함으로써 공급 조직 간의 경쟁을 촉진해야 한다. 용역계약제도를 활용해 가장 효과적인 공공재 공급을 실현해야 한다.

⑦ 시민공동체 구성 촉진

공공재의 공급과 소비에 관해 자치적으로 활동할 시민공동체의 구성을 허용하고 지원해야 한다. 이러한 단체들을 통해 시민들은 자조적으로 공공재를 생산·공급하고 공공재를 정부조직과 공동 생산하거나 행정 과정에 참여할 수 있다. 시민공동체의 공동사업에 드는 비용은 수익자가 부담하도록 해야 한다.

## 5) 주요 모형

**심화 학습: 공공선택론모형**

(1) 티보 가설

- **새무얼슨(Paul A. Samuelson)의 전통적인 중앙정부 차원의 공공재 이론**(공공재의 적정 공급은 국민의 선호와 관계 없이 정치적 과정을 통해 공급될 수밖에 없다)**에 반론**
- 발로 하는 투표(주민들의 자율적 선택과 자유로운 이동, 지방공공재에 대한 주민들의 선호 표시)를 통해 지방공공재에 대한 적정 규모가 결정될 수 있다는 이론
- 지방자치의 당위성을 옹호하는 이론으로서, **경쟁의 원리에 의한 지방행정의 효율성과 지역 내 동질성은 높아지나, 지역 간 형평성은 저하될 우려가 있음.**

☞ **최근 교통정보통신 발달 및 생활광역화가 발로 하는 투표(vote by feet)의 설득력을 높여 주고 있다는 긍정적인 평가도 있지만, 주민의 요구에 대한 대응성은 부족한 모형이라는 지적이 제기되기도 함.**

※ 티보모형은 여러 가지 전제 조건을 필요로 하는 이상형 모형으로 다음과 같은 엄격한 조건이 충족돼야만 시장에서와 같이 마찬가지로 공공재의 공급에도 경쟁의 원리가 적용될 수 있고, 한계비용(조세가격)과 한계편익이 일치하는 최적 수준의 자원 배분이 가능하다.

| | |
|---|---|
| ① | 주민들의 지역 간 이동에 아무런 제약이 없으며, 실제로 그들의 욕구가 가장 잘 충족되는 지역으로 이동한다. |
| ② | 주민들은 각각의 지방자치단체의 재정지출과 세입구조에 어떠한 차이가 있는지를 완벽하게 숙지하고 있다. |
| ③ | 주민들이 선택할 수 있는 지방자치단체의 수는 주민들의 선택권을 보장할 정도로 다수다. |
| ④ | 거주지를 선택하는 데 고용 기회의 제약으로 인한 영향은 없기 때문에 모든 주민은 배당소득으로 생활하고 있다고 가정해도 무방하다. |
| ⑤ | 공공재의 공급은 외부경제 및 외부불경제를 발생시키지 않는다. |
| ⑥ | 민간기업의 생산비용을 최소화하는 생산 규모가 존재하는 것과 마찬가지로 각각의 지방자치단체는 공공재의 평균 공급비용을 최소화하는 최적 상태의 지역 규모를 가지고 있다. |
| ⑦ | 최적 규모 이하의 자치단체는 새로운 주민들을 받아들임으로써 공공재의 생산비용을 감소시키려는 반면, 최적 규모 이상의 자치단체는 주민을 전출시킴으로써 최적화를 도모하게 된다. 최적 규모와 비슷한 수준의 인구를 보유하고 있는 자치단체는 현상 유지를 위해 노력하게 된다. |
| ⑧ | 규모의 경제가 작용하지 않아야 한다. |

- 티보(C. M. Tiebout)에 따르면, 중앙정부와는 달리 지방정부가 공급하는 공공재의 생산과 소비에 주민의 선호도가 반영될 수 있는 메커니즘이 존재한다. 다수의 지방자치단체가 독자적으로 지방공공재의 공급에 관한 결정을 내리고, 독자적으로 과세할 수 있는 조세징수권을 보유하고 있다면, 공급되는 서비스의 종류와 구성비가 종전보다 훨씬 다양화되고, 지방세 및 각종 사용료·수수료의 요금 체계에도 큰 차이가 생길 것이다.

| | |
|---|---|
| • 중앙집권 체제보다는 다수의 지방자치단체가 다양한 세입·세출정책을 결정할 수 있는 체제가 바람직하다는 것이 티보의 주장이다. 물론 분권적 체제가 집권적 체제보다 자원의 효율적 배분에 유리하기 위해서는 다수의 지방자치단체가 과세 대상, 세율, 부과 방법을 독자적으로 결정해 세입을 확충할 수 있어야 하고, 지역 간 이동에 아무런 제한이 없어야 한다. | |
| (2) 뷰캐넌(J. M. Buchanan)과 털럭(G. Tullock)의 **적정참여자 수 모형** | 정책 결정에 참여자가 너무 많거나 너무 적을 때 정부실패가 발생하므로, 만장일치나 다수결의 원칙에 의한 투표 방식이 최선의 공공 선택이 될 수 없으며, 적정 참여자가 결정에 참여해야 한다고 주장 |
| (3) 오스트롬(V. & E. Ostrom)의 **민주행정 패러다임** | 전문성을 갖춘 관료가 계층제를 통해 일방적으로 국가 목적을 능률적으로 달성할 수 있다는 윌슨-베버식의 전통적 행정관을 비판하면서 민주적 행정모형을 제시<br>• 관료도 부패할 수 있으므로 최선의 공급자가 아님.<br>• 권한이 분산되거나 견제되지 않으면 남용될 수 있음.<br>• 행정은 정치의 영역 안에 있음(정치·행정일원론에 입각한 정책 결정 중시).<br>• 계층제(단일의 명령 체계)는 다양한 선호에 대응하지 못하고 비능률적임.<br>※ 주민의 선호와 환경에 적응하려면 의사결정센터를 다원화시키는 권한의 분산과 관할권의 중첩이 필요하다. |
| (4) 중위투표자 정리 | 양대 정당 체제 하에서 주민의 선호가 서로 다른 다수의 대안적 사업(정책)이 존재할 때 두 정당은 집권에 필요한 과반수를 얻기 위해 극단적인 선호를 회피하고 중위투표자(중간선호자)의 선호에 맞춘 정강정책을 제시하게 돼, 양대 정당의 정강정책은 거의 일치하게 되고, 이에 따라 극단적인 선호를 가진 투표자들은 자신들의 선호와 합치되는 지지 정당을 상실하게 돼 기권을 많이 하게 되므로 중간 선호를 제시한 정당의 정강정책이 선택돼 결국은 투표 당사자 모두의 선호에 일치되는 선택이 이뤄지기 힘들다는 모형 |
| **(5) 투표의 교환(거래)** | 담합에 의해 자신의 선호와는 무관한 대안에 투표하는 행동을 보이는 집단적 의사 결정 행태로, 이권이 개입된 법안을 관련 의원들이 서로 협력해서 통과시키는 행태 |
| (6) 노드하우스(W. D. Nordhaus)의 **정치적 경기순환론** | 정치인들은 선거에서 승리하기 위해 선거 전에는 경기가 호황 상태가 되도록 경기부양책을 사용하다가 선거 후에는 긴축정책을 펴기 때문에 경기순환이 정치적으로 이뤄진다는 이론 |
| (7) 니스카넨(W. A. Niskanen)의 **예산극대화이론** | 관료는 사회후생의 극대화를 추구하는 정치인들과는 달리 개인 후생의 극대화(관료들은 승진, 명성 등 자신들의 이익극대화를 위해 정치인과의 정보 격차를 이용해 예산을 극대화하는 행태를 보임)를 추구한다고 주장 |
| (8) 애로( K. J. Arrow)의 불가능성 정리 | (1) 의의<br>투표의 역설(모순)이라고도 하며, 어떤 사회적(집단적) 의사 결정도 민주적(비독재적)인 동시에 효율적 (합리적)이기 불가능하다 것, 즉 바람직한 사회적 선택에 필요한 다섯 가지 공준(가능성의 정리)을 모두 충족시키는 사회적 선택은 존재하지 않는다는 것을 입증함. |

| | |
|---|---|
| | (2) 가능성 정리<br>① 파레토의 원리(모두가 A보다 B를 원하면 사회적 선택도 B가 되어야 한다.)<br>② 이행성의 원리(A〉B이고, B〉C이면 A〉C가 돼야 한다.)<br>③ 독립성의 원리(무관한 선택대안으로부터 영향을 받지 않고 결정돼야 한다.)<br>④ 비독재성의 원리(한 사람에 의한 의사 결정은 안 된다.)<br>⑤ 선호의 비제한성의 원리(자기 선호에 일치하는 대안을 선택할 수 있는 자유가 보장돼야 한다.)<br>(3) 평가<br>다섯 가지 가능성의 정리가 모두 충족되는 것이 불가능하다는 것으로, 시장이 완벽할 수 없는 것처럼 정부도 불완전하다. |

## 핵심 정리 공공선택론

정부를 공공재의 생산자로 그리고 시민을 소비자로 규정하고, 시민의 편익을 극대화할 수 있는 서비스의 공급과 생산은 공공 부문의 시장경제화를 통해 가능하다고 주장하는 이론 지향을 말한다. 공공선택론자들은 공공 서비스를 제공할 때에 시민 개개인의 선호와 선택을 존중하고, 경쟁을 통해 서비스를 생산하고 공급하게 함으로써 행정의 대응성을 높일 수 있다는 것이다. 비시장적 의사 결정의 경제학적 연구 혹은 정치학에 경제학을 응용한 연구하고 정의되는 공공선택론은 경제학적인 분석 도구를 국가이론·투표규칙·투표자 행태·정당정치·관료 행태이익 집단 등의 연구에 적용하고 있다.

☞ **경쟁시장의 논리는 그 자체가 현상 유지와 균형이론에 집착하는 것으로 비판을 받아 왔다. 따라서 공공선택론이란 역사적으로 누적·형성된 개인의 기득권을 계속 유지하기 위한 보수주의 접근에 불과하다는 비판이 있다.**

☞ **공공선택론의 실천적 처방들은 급진적이어서 현실적합성이 낮다. 기존의 정부조직 구성 원리와 심한 마찰을 빚기 때문에 지나치게 이상적이라는 비판을 받는다.**

## 핵심 정리 티보 가설

주민들이 지역(지방자치단체) 간 자유롭게 이동할 수 있기 때문에 지방공공재에 대한 주민들의 선호가 표시되며, 따라서 지방공공재의 적정 규모가 결정될 수 있다는 티보의 주장을 말한다. 이 가설은, 개개인들은 지역 간의 자유로운 이동 등을 통해 선호에 맞는 지방정부를 택할 수 있다는, 즉 발에 의한 투표를 행사할 수 있다는 가정에 근거하고 있다. 티보 가설은 적정 공공재 공급은 정치적 과정을 통해 공급될 수밖에 없다는 새무얼슨(P. A. Samuelson) 교수의 중앙정부 차원의 공공재 이론에 대한 반론으로 제기된 것이다.

## 핵심 정리 윌슨식의 전통적 행정관과 오스트롬의 공공선택모형 행정관

| 구분 | 윌슨식의 전통적 행정관 | 오스트롬의 공공선택모형 행정관 |
|---|---|---|
| 권력 행사 | 단일 권력 집중에 의해 통합돼 행사될수록 책임 있는 행정이 가능하다. | 권한이 분산되거나 다른 기관들 간에 견제와 통제가 이뤄져야 한다(권한의 분산과 관할권 중첩). |

| 정치와 행정 | **정치 · 행정 이원론** | **정치 · 행정일원론** |
|---|---|---|
| 행정관료 | 전문적 · 합리적 행정관료가 반드시 좋은 행정을 실현할 수 있다. | 전문 관료는 더 이상 윤리인으로서 최선의 공공재 공급자가 아니다. |
| 공공재 공급 | 명령 계통을 통한 지시에 의해 공공재를 공급한다. | 명령뿐만 아니라 상호 이익, 경쟁 등에 의한 공급을 강조한다. |

#### 6) 평가

공공선택론은 기존의 행정 질서와 행정이론의 문제점들을 극복하려는 새로운 접근 방법이다. 시민들의 다양한 요구와 선호에 부응할 수 있는 제도적 장치를 마련할 수 있어 민주행정의 구현에도 의의가 인정되나 다음과 같은 비판이 있다.

① 공공선택론의 경제학적 가정이 비현실적인 경우가 많다. 현실 세계가 효용극대화를 추구하는 이기적이고 합리적인 개인들로 구성됐고 인간의 가치나 개인의 자유 대신 경제적 선택만이 고려된다는 것은 현실성이 약하다는 것이다.

② 정부실패를 비판하고 이를 극복하기 위해 자유시장의 논리를 공공 부문에 도입하는 것은 의미 있다. 하지만 정부실패 못지않게 '시장실패' 문제도 심각한 것인데 공공선택론은 여기에 대한 고민이 부족했다.

③ 경쟁시장의 논리는 그 자체가 현상 유지와 균형이론에 집착하는 것으로 비판을 받아 왔다. 따라서 공공선택론이란 역사적으로 누적 · 형성된 개인의 기득권을 계속 유지하기 위한 보수주의 접근에 불과하다는 비판이 있다.

### 16. 신제도론

#### 1) 의의

① 신제도론이란 개인과 집단의 행동에 인위적으로 설정한 제약으로 제도는 사람이 만들어 내지만, 그 제도가 사람을 제약한다고 보는 새로운 제도이론을 말함.

② **신제도의 개념: 균형점, 규범, 규칙**

③ 구제도와 차별화 및 행태론에 대한 반발로 대두

#### 2) 구제도론과의 차이

신제도론은 사회적 맥락과 제도가 개인의 행위를 제약할 수 있음을 강조하며, 개인적 선호보다는 개인적 선호를 제약하고 선호에 영향을 미치는 제도나 정책들을 연구함(다원론이나 합리적 선택이론, 행태론과 비교해 볼 때).

〈구제도론과 신제도론의 차이〉

| 구분 | 구제도론 | 신제도론 |
|---|---|---|
| **제도의 개념** | **공식적인 법령** | **공유하고 있는 규범, 규칙** |
| 제도의 형성 | 외생적 요인에 의해 일방적으로 결정 | 제도와 행위자의 상호 작용으로 형성 |
| 제도의 특성 | **공식적**·구체적·**정태적** | **비공식적**·상징적·도덕적·**동태적** |
| 접근법 | 거시주의(인간 불고려) | 거시와 미시 연계(인간 고려) |
| 기술의 초점 | 제도의 기술 | 제도라는 변수를 통해 국가 정책을 설명 |
| 학문적 토대 | 정치학적 기술 | 행정학적 기술 |
| 제도의 범위 | 인간의 행위나 사회 현상을 포함하지 않음. | 인간의 행위나 사회 현상을 포함함. |

※ **신제도주의는 개인의 행위를 제약하는 제반 요소를 총칭함으로써 제도의 범주를 훨씬 광역**화시켜 공식화된 정치 체계는 물론, 일련의 행위규범이나 관행·규칙들도 인간의 행위를 규칙적으로 제약하는 경우 이들을 제도에 포함시킴.

☞ 신제도론의 유파(홀[R. H. Hall]): 합리적 선택의 신제도주의, 역사적 신제도주의, 사회학적 신제도주의로 분류

3) 합리적 선택의 신제도주의 : 경제적 신제도주의

① 의의 : 종전의 합리적 선택이론과 제도주의의 결합

② 특성

※ 제도란 개인의 행태를 제약하기 위해 고안된 일단의 규칙, 순응 절차, 도덕적·윤리적 행태 규범임(노스[D. C. North])

- 인간은 합리적인 행위자라고 가정하며, 정부 활동의 결과는 참여하는 사람들의 교호 작용에 따라 달라진다고 봄.

**※ 사람들은 일반적으로 자신의 고정된 선호의 집합을 가지고 있으며, 개인은 이러한 선호를 극대화하기 위한 수단으로서 전략적이고 계산적인 행동을 취한다고 가정**

㉠ 제도가 구성원 상호간의 편익을 증진하는 방향으로 협력하도록 강제함으로써 고전적 경제학에서 나타나는 집단행동의 딜레마(공유지의 비극, 죄수의 딜레마)를 해결할 수 있음.

㉡ **개인의 선호 체계는 주어진 것으로 가정하고(외생적 선호)**, 선호의 행사·표

출에는 어느 정도 제도적 제약(거래비용, 제한된 합리성 등)이 수반되나, 선호의 형성 자체에는 제도가 아무런 역할을 하지 못함.

㉢ 개인 간 전략적 상호 작용이 연속적으로 일어나 게임의 규칙을 만들어 안정적 균형 상태(제도적 균형)에 도달

③ 유용성(오스트롬 [E. Ostrom])

☞ 공유재(비배제성과 경합성)를 시장에 맡겨두면 무임승차나 집단행동의 딜레마에 의해 고갈(공유지의 비극)될 위험이 있으므로, 이해당사자 간 일정한 합의를 통한 이용권을 제한하는 제도(행위규칙 내지 게임의 규칙)를 형성해야 하며, 공유자원은 구성원들의 자기통치와 자기조직화 원리에 맡겨 자치적으로 해결하는 것이 바람직함.

#### 4) 역사적 신제도주의: 정치적 신제도주의

① 의의

제도란 장기간에 걸친 인간 행동의 정형화된 유형 또는 정치 체제의 구조에 내포된 공식·비공식적 절차, 규칙, 규범, 관례를 의미함.

② 특성

※ 인간의 행위를 형성하고 제약하는 맥락으로서 제도의 중요성을 강조함과 동시에 동일한 정책이라도 국가별 역사적 특수성에 따라 그 형태나 결과가 달라질 수 있다고 보고, 이러한 맥락이 형성된 역사적 과정과 역사적 특수성(경로의존성) 및 정치 체제(국가)의 자율성이 바로 제도의 본질이며, 이 제도를 국가별 특성을 결정짓는 독립변수이자 종속변수로 봄.

※ **역사적 관점과 거시구조적 관점을 결합한 접근법으로서 인류의 보편적 제도는 없으며, 국가(정치 체제)가 제도 형성의 주체라는 입장**

㉠ 제도는 개인 간 역사적 갈등과 전략의 산물임과 동시에 제도가 행위를 제약하는 관계를 중시함.

㉡ 개인의 선호는 주어진 것이 아니라 제도적 맥락 속에서 형성되며(내생적 선호), 제도가 개인의 선호와 이익·전략을 제약함.

㉢ 국가 간 정책의 상이성을 중시하며, 역사적 조망과 거시구조적 분석을 결합하는 정책에 대한 통합적 접근을 특징으로 국가 간 비교정책 연구를 강조함.

㉣ **제도의 지속성을 강조하며, 제도의 변화와 발전을 설명하는 데 경로의존성과 그로 인한 의도하지 않은 결과, 즉 비효율적인 제도나 부적응적인 제도의 존재를 인정함**(과거의 선택이 역사 발전의 경로를 제약하므로 제도가 환경 변화

에 적절히 대응하지 못할 경우 비효율적인 제도로 전락하게 됨).

ⓜ **제도의 지속성을 강조하면서도 결절된 균형에 의한 제도의 급격한 변화 및 우연성에 의한 변화를 설명하기도 함.**

③ 유용성

국가들을 동질화하는 일반화의 오류로부터 탈피해 **종단면적(시계열적)인 측면**에서 각국의 제도가 형성돼 온 고유의 역사적 맥락과 **국가 간 정책의 상이성을 설명**하는 데 유용함.

5) 사회학적 신제도주의: 문화론적 신제도주의

① 의의

제도를 공식적인 규칙이나 절차, 규범뿐만 아니라 문화라는 차원까지 확대함(**제도의 범위를 가장 넓게 정의**).

② 특징

**조직과 환경과의 관계를 중시해 방법론적 분석 수준은 형이상학적 신비주의나 민속학**(특정 사회의 문화·전통·관습을 연구하는 학문)**에 기초**를 두고 있으며, **사회문화와 같은 거시적인 변수에 의해 개인의 이익이 제약된다고 보고, 사회적 정당성을 인정받은 제도를 개인적 목적에 따라 창조하거나 변화시킬 수 없다고 보며, 사회적 정당성을 얻기 위해 조직 간에 동형화가 나타난다고 봄.**

ⓖ 제도의 공식적 측면보다 규범, 문화, 상징 체계, 의미, 신념, 인지구조 등 비공식적 측면에 초점을 맞춤.

ⓛ 제도의 규범적 측면보다 인지적 측면을 중시함(사회가 개인에 의해 만들어진 것이 아니라 사회가 개인을 창조한다. 즉, 합리적인 규범을 추구하는 것이 아니라 이미 합리화·정당화된 규범을 채택함).

ⓓ **제도의 변화를 제도의 동형화의 과정으로 파악하며, 제도 변화의 원천을 효율성에서 추구하는 것이 아니라, 사회적으로 적절하고 정당하다고 인정받는 구조와 기능을 닮아가는 과정으로 파악함.**

※ 최선의 결과를 추구하기보다는 상황에 적절한 행위를 추구함(결과성의 논리보다는 적절성의 논리를 강조).

ⓡ 구조적 동질화의 과정을 증명하기 위해 실증적인 방법론이나 해석학 내지 귀납적 방법론을 사용함.

③ 유용성

**횡단면적인 측면에서 국가 간 또는 조직 간 제도가 유사해지는 과정을 설명**

6) 신제도론의 유파별 비교

| 구분 | 합리적 선택 신제도주의 | 역사적 신제도주의 | 사회학적 신제도주의 |
|---|---|---|---|
| 학문적 기초 | **경제학** | **정치학** | **사회학** |
| 초점 | • 개인의 자율성 | • 국가의 자율성<br>• 제도의 상이성 설명 | • 사회(문화)의 자율성<br>• 제도의 유사성 설명 |
| 제도의 측면과 범위 | • **공식적 측면**<br>• 좁음(미시적: 개인 간 거래 행위). | • **공식적 측면**<br>• 넓음(거시적: 국가, 정치 체제). | • **비공식적 측면**<br>• 넓음(거시적: 사회문화). |
| 방법론 | 개체주의 | 전체주의 | 전체주의 |
| 제도의 개념 | 개인의 합리적 계산 | 역사적 특수성(맥락)과 경로의존성 | 사회문화 및 상징 |
| 중점 | • 전략적 행위에 의해 제도가 형성<br>• 제도의 균형 중시 | • 동일 목적의 제도가 나라마다 다르게 형성되는 경로의존성 및 제도의 장기적 지속성 중시<br>• 국가(정치 체제)의 자율성과 권력 관계 불균등성 강조 | • 개인의 행위를 제약하는 의미구조 및 사회문화를 중시<br>• 사회적 정당성을 얻기 위한 제도의 동형화 |
| 개인의 선호 | • **외생적**(선호 형성에는 제도가 영향을 미치지 못함.)<br>• 고정된 선호가 전체 선호를 결정 | • **내생적**(주어진 것이 아님)<br>• 집단 선호를 결정하는 정치 체제가 개인 선호를 형성 | • **내생적**<br>• 사회문화, 상징이 개인 선호를 결정 |
| 제도의 변화 | 비용편익, 전략적 선택 | 외부적 충격, 결절된 균형, 우연 | 인지, 상징 흡수 |
| 접근 | **연역적 연구**(일반이론 추구) | 귀납적 연구(**사례연구, 비교연구**) | 귀납적(경험적, 민속학적) 연구 |

**용어 정리** **결절된 균형과 선호**

* 결절된 균형: 국가 내 권력 관계가 변화하는 것으로서 쿠데타 등 정치적 사건으로 정치 체제의 성격이 바뀌거나 남녀 간의 불평등한 권력 관계가 평등 관계로 변화하는 현상(예: 호주제 폐지)
* 선호: 외생적 선호(자신의 기호에 따라 선호를 자유롭게 표출할 수 있는 것), 내생적 선호(사회적 제약이나 이데올로기적 문제로 인해 선호가 표출되지 못하는 것)

### 심화 학습: 구제도론과 신제도론

**1. 구제도론**

사회 현상은 그 사회의 정치사회적 제도의 특성에 의해 규정된다는 이론적 관점을 말한다. 이때 제도는 공식적 제도로서 법률을 포함한 일단의 사회적 규칙을 말한다. 행정학 연구에서 제도론적 접근 방법은 행정과 정책은 공식적 제도와 법률의 산물이라는 관점에서 헌법 · 정부조직법 · 국가재정법 등 관련 법규를 중심으로 행정 현상의 특성을 분석하고자 하는 것이 이에 해당한다.

*** 공식적 제도나 법률에 기반을 둬 제도 이면에 있는 행정의 동태적 측면을 파악하기 어렵다.**

**2. 신제도론**

제도를 일단의 규칙으로 규정하고, 사회적 활동의 결과에 영향을 미치는 제도적 장치를 규명하는 데 초점을 두는 사회과학의 한 접근 방법을 말한다.

3대 유파: 합리적 선택 신제도주의, 역사적 신제도주의, 사회학적 신제도주의

*** 제도의 제약을 강조하지만 제도적 제약과 개인 행동 사이의 구체적 인과관계를 분석하지 못하며, 제도 변화에 대한 설명이 미흡하며, 제도의 독자성을 지나치게 강조하고 있음.**

**(1) 특징**

① 신제론은 제도를 문화의 산물이며, 경로의존성을 지닌 현상이라로 보기 때문에 문화론적 접근법이라고 할 수 있다(경로의존성이란 제도 변화 과정에서 과거와 현재의 선택이 장래의 선택을 제약하는 현상).

② 조직과 종단적 · 횡단적으로 연계된 제도들 사이의 영향 관계를 전체적으로 파악하려 하기 때문에 집합주의적 접근 방법이라고 한다(집합주의는 개인의 합리적 선택에 초점을 맞추는 개체주의에 대조되는 개념).

③ 제도를 연구의 중심 개념으로 사용하고 합리적 행동자 모형에 회의적이라는 점에서 전통적 제도론(구제도론)과 신제도론은 공통적 특성을 지닌다.

④ 제도는 개인과 집단의 합리적 행동에 대해 인위적으로 설정한 제약을 의미한다(제도는 인간 행동의 정형화된 양태, 인간 행동의 규칙성, 역할 네트워크 등으로 표현되기도 함).

⑤ 제도는 다양한 요소들로 구성된 복합체다. 제도를 구성하는 요소들 사이의 관계는 정합적일 수도 있고 갈등적일 수도 있다.

⑥ 제도는 대개 교호 작용적인 또는 상호 보완적인 관계에 있다. 제도적 보완성 때문에 같은 제도라 할지라도 그 환경(상호 보완적인 제도의 유무와 그 양태)에 따라 상이한 결과를 초래할 수 있다.

**(2) 유형**

① 역사적 제도주의

- 개인 행동을 형성하고 제약하는 제도를 연구하면서 제도의 지속성과 그것이 형성되는 역사적 과정을 중요시한다.
- 제도를 장기간에 걸쳐 인간 행동이 정형화되는 유형이라고 이해한다.
- 역사적 관점과 거시구조적 관점을 결합한 접근 방법

② 사회학적 제도주의

- 조직과 환경과의 관계를 중시한다.

- 사회학적 내지 조직학적 신제도론은 조직이 어떤 제도적 양태를 갖게 되느냐 하는 것은 조직이 기반을 두고 있는 환경적 상황, 즉 '제도의 장'에 의존하는 바가 크다고 본다. 그리고 조직이 받는 환경적 영향의 작용 과정을 중요시한다.

**[용어]**

※ 배태성(胚胎性)

특정 환경 속에서 행위자들은 집합체로서 사회를 구성하고 구성 단위들 간에 긴밀한 사회적 관계를 형성하는데, 이러한 제도적 환경은 '배태성(embeddedness)' 개념으로 설명될 수 있다. 배태성이란 본래 "어떤 현상이나 사물이 발생하거나 일어날 원인을 속으로 가진다"는 의미다. 사회학적 신제도주의자들은 개인의 행위가 고립된 상태에서 선택되는 것이 아니라 사회적 관계에 의해 영향을 받으며, 사회적 관계 속에서 지속적으로 맥락지어진다는 것을 의미하는 개념으로 배태성이라는 용어를 사용하고 있다. 즉, 사회학적 신제도주의자들은 개인의 선택과 선호가 그것이 배태된 문화적・역사적 틀 밖에서는 제대로 이해될 수 없다고 본다. 사람들은 행동할 때 주위 사람들과의 관계 속에서 눈치도 보고 사회 규범도 고려하기 마련이다. 사회생활을 하면서 무엇이 중요하고 무엇이 중요하지 않은지를 배우게 되고, 정보 수집 시 특정 정보에 더 주의를 기울이고 더 깊게 생각하게 된다. 그 결과 경제적 합리성이 다소 떨어지더라도 사회 관계에서 정당성이 있는 행동을 하게 된다.

③ 합리적 선택론의 제도주의

- 신제도론의 주류에서 약간 벗어난 합리적 선택모형과 신제도주의의 조화 또는 절충을 시도한다. 양자는 서로 보완적 역할을 할 수 있다고 보기 때문이다.
- 인간이 자기 이익 추구적이지만 스스로 행동규범을 습득하는 능력과 정당시되는 규칙을 준수하는 능력도 가진 존재라고 이해한다.
- 그리고 규칙이나 제약을 개인의 선택을 결정하는 것이 아니라 거기에 영향을 미치는 것이라고 이해한다.
- 합리적 선택론의 제도주의를 경제적 신제도주의라 부르기도 한다.

## 17. 신공공관리론

### 1) 등장 배경

① 전통적 관료제 패러다임의 한계 극복과 작은 정부를 지향하는 정부혁신 이론

② **신공공관리론의 지적 배경**

㉠ 복지국가 축소와 신우파의 등장(복지정책 축소, 규제 완화, 민영화 등)

㉡ 정부실패를 지적하고 그 대응책을 제시한 공공선택이론, 주인-대리인이론, 거래비용이론 등을 기반으로 함.

㉢ OECD 국가들의 정부혁신(영국의 대처주의, 미국의 레이거노믹스 등)

2) 의의

| 신관리주의 | 시장주의 | 참여주의 및 공동체주의 |
|---|---|---|
| 최협의 | | |
| **협의(일반적 의미)** | | |
| 최광의(오스본[D. Osborne]과 게블러[T. Gaebler]가 정부재창조론에서 언급한 기업형 정부가 이에 해당함). | | |

① 신자유주의 이념에 기초한 '시장주의'

• 가격 기구와 경쟁 원리를 활용한 서비스 공급, 고객 지향적 공급 중시

※ 국민을 납세자나 일방적인 서비스 수혜자가 아닌 정부의 고객으로 인식
- 고객이 가치를 부여하는 결과의 산출, 서비스의 질, 고객의 선택권 강조
- 작은 정부와 시장 지향적인 행정개혁 방향 제시

※ **수익자 부담 원칙, 민간위탁 · 민영화, 부문 내 경쟁 원리 도입, 규제 완화 등**

**용어 정리** 신자유주의

냉전 체제의 종식으로 공산권이 붕괴되고 미국 중심의 신패권주의가 나타나면서 종래 케인스주의 이후 탄생해 유럽 좌파에 의해 지지돼 오던 복지국가 사상이 비효율, 저성장, 고실업, 도덕적 해이 등의 한계에 부딪히게 되자, 그 대안으로 모색된 1990년대 **유럽 우파정권의 통치 노선으로 세계화와 지방화를 기치로 작은 정부, 큰 시장, 규제 완화, 정부 역할 축소, 공공 부문의 시장화, 민영화, 정규직의 축소 등을 추구함.**

② 신관리주의

㉠ 기업 경영의 원리 및 관리 기법을 행정에 도입해 정부의 성과 향상과 관리의 효율성을 제고하고자 함.

㉡ 기업가 정신, 성과에 기초한 관리, 권한 이양, 품질관리 기법, 인센티브 메커니즘, 마케팅 기법, 고객만족 경영기법 강조

3) 정부재창조와 기업형 정부

### (1) 정부 혁신의 길(Reinventing Government by Osborne and Gaebler)

① Catalytic government : steering rather than rowing
② Community-owned government : empowering rather than serving
③ Competitive government : injecting competition into service delivery
④ Mission-driven government : transforming rule-driven organizations
⑤ Results-oriented government : funding outcomes, not inputs

⑥ Customer-driven government : meeting the needs of the customer, not the bureaucracy
⑦ Enterprising government : earning rather than spending
⑧ Anticipatory government : prevention rather than cure
⑨ Decentralized government : from hierarchy to participation and teamwork
⑩ Market government : leveraging change through the market

☞ 후드(C. Hood)의 신공공관리론
작은(작고 효율적인) 정부, 시장 지향적인 정부, 고객 지향적인 정부, 기업가적 정부, 전자(정보화된)정부, 성과(결과) 지향적인 정부(※ 가장 핵심적인 모형은 시장 지향적인 정부다.)

### (2) 전통적 관료제와 기업가적 정부 모형 비교

| 연번 | 기준 | 전통적인 관료제 정부 | 기업가적 정부(신공공관리론) |
|---|---|---|---|
| ① | 정부의 역할 | 노젓기(rowing) 역할 | **방향 잡아주기(steering, 방향키, 조타수) 역할** |
| ② | 정부의 활동 | 직접적인 서비스 제공 | **할 수 있는 권한 부여(empowering)** |
| ③ | 행정의 가치 | 형평성, 민주성 | **경제성, 효율성, 효과성** |
| ④ | 서비스 공급 방식 | 독점적 공급<br>행정 메커니즘 | **경쟁 도입: 민영화, 민간위탁 등<br>시장 메커니즘** |
| ⑤ | 행정관리 기제 | 법령, 규칙 중심 관리 | **임무 중심 관리** |
| ⑥ | 행정관리 방식 | 투입 중심 예산<br>지출 지향<br>사후 대처(치료)<br>집권적 계층제(명령과 통제) | **성과 연계 예산<br>수익 창출<br>예측과 예방<br>참여와 팀워크(협의와 네트워크 관리)** |
| ⑦ | 행정 주도 주체 | 관료 및 행정기관 중심 | **고객 중심** |
| ⑧ | 책임성 | 계층제적 책임 확보 | **참여적 대응성 확보** |

### (3) 정부개혁의 다섯 가지 전략(Banishing Bureaucracy by Osborne & Plastrik)

| 전략 | 개혁 수단 | 접근 방법 | 개념 |
|---|---|---|---|
| **핵심전략**<br>(Core Strategy) | 목적 | **목표의 명확성을 확립하기 위한 핵심 전략** | 정부는 '국민에게 중요한 것이 무엇인가?'라는 질문에 관심을 두고 정부가 할 일과 하지 말아야 할 기능을 지속적으로 점검함으로써 **목표를 명확히** 하고 방향잡기 등 핵심적 기능을 수행 |
| **성과전략**<br>(Consequence Strategy) | 유인 체계 | **성과에 대한 결과를 도입하는 성과전략** | 정부의 비효율성을 야기하는 독점적 요소를 제거하고 **경쟁적 유인을 적극 도입해** 궁극적으로는 조직이나 구성원이 이뤄낸 결과에 중점을 두자는 것 |

| 고객전략 (Customer Strategy) | 책임성 | 고객에 대한 책임성을 확립하기 위한 고객전략 | 고객에 대한 책임을 확보하기 위해, 고객이 선택할 수 있도록 경쟁을 촉진(영국의 **시민헌장**과 같이 고객 서비스 기준을 공표해 품질을 보증하도록 함.) |
|---|---|---|---|
| 통제전략 (Control Strategy) | 권한 | 공공조직과 공무원들이 혁신할 수 있도록 권한을 이양해 주는 통제전략 | **관리자에 대한 중앙의 사전적 통제(내부규제)를 줄이고 대신 재량권을 부여해 결과에 대해 책임을 지도록 함(일선조직과 실무자, 지역사회에 업무 수행에 관련된 권한을 위임).** |
| 문화전략 (Culture Strategy) | 문화 | 공무원의 습관, 마음가짐, 정신 등을 변화시켜 주는 조직문화전략 | 기업가적 조직문화 창출 |

4) 개혁 원리와 특징

① 정부 기능·조직·인력 감축

**시장성 검증을 통한 정부 기능 재검토(폐지, 민영화, 민간위탁, 내부효율화 등 방법을 강구)**

**용어 정리** Market Testing

- 영국의 중앙정부가 중심이 돼 하향적으로 추진했던 1991년 품질을 위한 경쟁이라는 시책에서 강조한 것
- 정부의 기능을 원점에서 재검토해 이를 적정하게 축소하려는 신공공관리론의 핵심 프로그램
- 주로 지방정부를 대상으로 공공 서비스 공급의 경쟁화를 통한 서비스의 질적 향상과 생산성을 제고하려는 제도로 의무 (필수)경쟁 입찰제도라고도 함.
- 영국 노동당 정부에 의해 2000년 최고 가치(Best Value) 정책(최고의 품질을 지향)으로 전환됐음.

② **성과(결과) 중심의 행정 체제로 전환**: 통합성과관리 중시

인사(성과급, 연봉제 등), 조직(책임집행기관), 재정(산출예산, 발생주의회계 등)

③ **권한위임과 융통성 부여**

**내부규제 완화와 동시에 각 부처 관리자들의 권한(재량권) 강화 등**

④ **책임과 통제의 강화**

**관리자에게 권한(재량권)을 주는 대신에 고위관리자의 책임과 역할 강조**

⑤ (준)시장적 기제 도입에 따른 경쟁 도입 및 고객 위주의 서비스 지향

외부의 고객과 서비스 중심의 공공 체계를 확립, 시민헌장, 개방형 인사제도 등을 도입

**⑥ 비용 가치의 증대**

낭비를 줄이고 효과성을 향상

**⑦ 정부규제의 개혁**

자율적인 규제 인센티브 제도의 도입 등 **규제 완화**

⑧ 지방분권과 정부간 협력 강화

지방으로의 분권 및 다양한 형태의 정부간 협력 증진

**⑨ 정책 능력 강화**

**정책(방향잡기)과 집행(노젓기)을 분리해 노젓기보다 전략적인 방향잡기에 집중토록 함으로써 중앙정부가 집행 기능(서비스의 직접 제공)에 집착하기보다는 전략적인 정책 역량을 강화하도록 함.**

⑩ 공공 부문의 민간화(민간의 기법을 도입)

공사행정일원론에 가까움.

5) 한계

① 정책과 집행 분리의 문제

분리가 기술적으로 어렵고, 가능하다고 해도 집행 현장의 문제점 파악이 어려워 환류 기능을 차단하게 되고 결국은 정책 역량이 약화될 우려가 있음.

**② 공행정의 특수성, 정치성 무시**

- **시장과 민간 부문을 지나치게 흠모·이상화하면서, 국가의 역할이나 공공행정의 특수성·정체성 및 정치적·법적 측면을 부정하려는 측면이 있음.**
- **기업성 위주의 이념은 공공행정 본연의 가치인 공공성, (전반적인) 책임성, 민주성, 정치성, 형평성 등을 무시**하게 함.

③ 소비자관의 한계

시민을 국정의 주체가 아닌 객체인 고객(소비자)으로 보고 있으며, 소비자의 권리는 강조되지만 시민으로서의 의무는 무시

④ 관료는 금전적인 보상에 의해 동기부여가 된다고 보는 편협성이 있음.

⑤ 정부조직 축소에 따른 공무원의 사기 저하 및 행정 기능의 급격한 축소에 따른 행정의 공동화가 우려됨.

⑥ 인간을 이기심의 대상으로만 인식함(홉스[T. Hobbes]의 인간관).

⑦ 소통과 참여 등 절차적 정당성을 무시하고 성과 중심의 행정만 강조한 나머지, 행정 활동이 관리자의 이익을 위한 도구로 전락하거나 절차적 타락의 우려가 있음.

### 6) 반론

① 뉴거버넌스: 신공공관리론을 토대로 발전, 공통점〈방향잡기, 정부 역할 축소 등〉과 차이점을 지님.
② 사회적 자본: 공동체주의에 바탕을 두고 경쟁이 아닌 협력과 신뢰
③ 역사적 신제도주의: 국가의 역할을 중시
④ 신공공서비스론: 지나치게 시장 지향적인 신공공관리론을 비판하면서 행정의 공공성을 강조

## 18. (뉴)거버넌스론(신국정관리론)

### 1) 의의(일반적)

서비스 연계망을 관리하는 정부의 활동을 의미하며, 이는 세 가지 요소로 구성됨.
① 다양한 정부 및 비정부조직에 의한 공공 서비스의 제공(정부에 의한 독점이 아닌)
② 정부, 비정부조직, 개인들 간의 사회적·사이버네틱적 체제에 의한 연계망이 공공 서비스의 공급을 담당함.
③ 신뢰와 협력을 기반으로 하는 상호 작용이 연계망 활동상의 특징임.

※ 공공 문제를 해결하는 과정에서 정부라는 제도적 장치에 전적으로 의존하기보다는 정부와 민간 부문 및 비영리 부문 간의 협력적 네트워크를 활용하는 것을 뉴거버넌스라고 함(거버넌스를 넓게 정의하면 신공공관리론을 포함한 개념임).

**심화 학습:** 거버넌스(governace)

넓게는 사회 문제를 해결하는 제반 기제로, 이는 주체에 따라 국가 중심적 거버넌스, 시장 중심적 거버넌스, 시민사회 중심적 거버넌스 등이 있으며, 각각의 조정 기제는 다음과 같음.

계층제는 명령을 통한 조정, 시장은 가격과 경쟁을 통한 조정, 네트워크는 신뢰와 협력을 통한 조정

**※ 좋은 거버넌스**

**신공공관리와 자유민주주의의 결합**을 의미하며, 구성원 간의 경쟁보다는 참여, 협력과 보완 관계를 중시하고, 세계은행들이 제3세계 국가들에 제시한 대출 조건을 논의하는 과정에서 등장함.

2) 특징

① 정부 · 시민사회 · 시장의 파트너십을 중시하며, 유기적으로 상호 협력하는 네트워크형이 바람직함.
② 공식적 측면뿐만 아니라 비공식적 측면도 중요시함.
③ 경쟁적인 이익과 목표들을 조정해야 하기 때문에 정치적 과정이 중요하다고 봄.
④ 행정관리자들은 수임 사항의 효율적 집행자일 뿐만 아니라 적극적인 참여자이기도 함.

3) 미래의 국정관리 모형(The Future of Governing: Four Emerging Models by B. Guy Peters)

| 구분 | 전통적 정부모형 | 시장적 정부모형 | 참여적 정부모형 | 신축적 정부모형 | 탈내부규제 정부모형 |
|---|---|---|---|---|---|
| **문제 의식** | 전근대적 권위 | 독점 | 계층제 | 영속성 | 내부규제 |
| **조직개혁** | 계층제 | 분권화 | 평면조직 | 가상조직 | - |
| **관리개혁** | 직업공무원제, 절차적 통제 | 성과급, 민간기법 | 총체적 품질관리, 팀제 | 가변적 인사관리, 임시조직 | 재량권 확대 |
| **정책 결정 개혁 방안** | 정치 · 행정 구분 | 내부시장, 시장적 유인 | 협의, 협상 | 실험 | 기업형 정부 |
| **공익 기준** | 안정성, 평등 | 저비용 | 참여, 협의 | 저비용, 조정 | 창의성, 활동주의 |
| 조정 방안 | 상의하달식 명령 통일 | 보이지 않는 손 | 하의상달 | 조직 개편 | 관리자의 자기 이익 |
| 오류 수정 | 절차적 통제 | 시장적 신호 | 정치적 신호 | 오류의 제도화 방지 | 더 많은 오류 수용 |
| **공무원제 개혁 방안** | **실적제** | **시장기제로 대체** | **계층제 축소** | **임시고용, SES** | **내부규제 철폐** |
| 책임 확보 | 대의정치 | 시장에 의존 | 소비자 불만에 의존 | - | 사후통제에 의존 |

① 시장적 정부모형 : 가장 대표적인 모형으로, 공공 부문의 시장화를 지향하며, 저비용과 고효율을 목표로 하고, 정부를 불신하고 시장을 신뢰하는 공공선택론이나 신공공관리론(신우파)에 뿌리를 두고 있음.
② 참여적 정부모형 : 대내외 구성원들의 광범위한 참여를 중시하는 모형으로 권

한위양정부라고도 하며, 신좌파적 공동체주의로 시장을 불신하나 분석이나 처방은 시장적 정부모형과 유사함.

③ 신축적 정부모형 : 연성정부모형이라고도 하며, 탈항구성(조직, 인력, 예산)과 유연성(정규직 축소)을 추구함.

④ 탈내부규제 정부모형 : 저통제정부모형이라고도 하며, 정부관료제에 대한 불신과 반감을 가지고 관료들의 권한을 억제하고자 했던 1980년대 정치 행태에 대한 반대 명제로서, 공무원의 유능함을 전제로 행정에 대한 통제가 제거되면 정부는 기능을 좀 더 능률적으로 수행할 수 있을 것이라고 가정하며 공무원의 재량권을 강조하는 기업형 정부와 관련된 모형임.

### 4) 신공공관리론과 뉴거버넌스론의 관계

| 신공공관리론 | 뉴거버넌스론 |
|---|---|
| 시장주의에 입각한 경쟁의 원리를 중시 | 신뢰를 기반으로 조정과 협력을 중시 |
| **행정 기능의 민영화나 민간위탁을 통해 국가로부터 민간으로 이양** | **민간의 힘을 동원하고, 공동체 구성원들의 적극적인 참여에 의한 공적 문제 해결을 중시** |
| 국민을 국정의 대상인 고객으로 봄. | **국민을 국정의 주체로 봄(시민주의에 바탕을 둠).** |
| 시장 논리에 따라 행정의 생산성이나 효율성을 중시 | 구성원 간의 참여와 합의를 중시하므로 민주성에 초점을 둠.<br>**※효율성을 토대로 하면서 동시에 민주성을 추구함.** |
| 행정의 경영화(탈정치화)를 중시(정치・행정이원론에 가까움.) | 다양한 구성원들의 참여를 중시하므로 행정의 정치성을 중시 |
| ☞ 신공공관리론은 뉴거버넌스의 이론적 토대가 됐으며, 신공공관리론은 정부재창조, 뉴거버넌스론은 시민재창조를 주장 | |

□ 탈정치화: 사회문제의 탈정치화(탈정부화)가 아닌 행정 메커니즘의 탈정치화를 의미함(행정 메커니즘의 경영화).

□ 재정치화: 정부 기능의 일방적 축소보다는 대내외적인 참여를 통한 감시와 통제를 강화하자는 것을 의미함.

### 5) 신공공관리론과 뉴거버넌스론의 공통점과 차이점

| 공통점 | 정부 역할 축소, 방향잡기 강조, 행정과 민간 구분의 상대성, 민관 협력 |
|---|---|

| 구분 기준 | 신공공관리론 | 뉴거버넌스론 |
|---|---|---|
| 인식론적 기초 | 시장주의(신자유주의) | 공동체주의 |

| 관리 기구 | 시장 | 연계망(network) |
|---|---|---|
| 관리 가치 | 결과 | 신뢰 |
| 정부 역할 | **방향잡기** | **방향잡기(steering)** |
| 관료 역할 | 공공기업가 | 조정자 |
| 작동 원리 | **경쟁(시장 메커니즘)** | **협력 체제** |
| 서비스 | 민영화, 민간위탁 등 | 공동 공급(시민, 기업 등 참여) |
| 관리 방식 | 고객 지향 | 임무 중심 |
| 분석 수준 | **조직 내** | **조직 간** |
| 국민 | **고객** | **시민** |

## 19. 신공공서비스론

### 1) 의의

① 행정개혁의 목표 상태(원리)를 처방하는 규범적 모형으로 거버넌스에 관한 시민 중심적 · 사회공동체 중심적 · 서비스 중심적 접근법

② 공익을 추구하려는 시민의 적극적인 역할과 의욕을 존중하며 시민에게 힘을 실어 주고 봉사하는 정부의 역할을 강조함.

③ **공공선택론(정부실패 지적)이나 신공공관리론(정부 규모 축소)에 대한 반론으로 공공 거버넌스 혹은 민주적 거버넌스로 불림.**

### 2) 특징

전통적 행정(폐쇄적 관료제, 정치적 중립성, 하향적 통제 등이 특징)과 신공공관리론(시장 기제와 기업 경영 방식 도입, 정부 축소, 조타수 역할 강조 등이 특징)을 모두 비판하면서 **주인으로서의 시민, 적극적인 시티즌십(citizenship), 다양한 세력의 협력, 시민에 대한 정부의 봉사 등을 강조하는 제3의 규범적 모형**

### 3) 이론적 기초

**신행정학** 및 시민행정학을 비롯해, 민주주의 및 **민주적 시티즌십에 관한 이론**, 사회공동체와 시민사회에 관한 이론, 조직상의 인도주의에 관한 이론(**인간 중심의 조직이론**), 담론이론, 비판이론, **포스트모던 행정이론** 등

| 신공공서비스론의 키워드 | 공익, 담론, 시민정신, 공동체 가치를 중시 |
|---|---|

### 4) 신공공서비스론의 7대 원칙

| | | |
|---|---|---|
| ① | **고객이 아닌 시민 모두에 대해 봉사하라.** | 정부는 직접적인 고객(구매력을 가진 자) 이외의 사람들(약자)에게 봉사하라. **형평성의 요청을 저버려서는 안 된다.** |
| ② | **공익을 찾으려고 노력하라.** | 공익은 합리적이고 이기적인 개인 이익의 집합이 아닌 공유된 가치의 담론의 결과물로 인식해야 한다.<br>**행정에서 공익은 부산물이 아니라 목표다.** |
| ③ | **기업주의 정신보다는 시민 의식의 가치를 받아들여라.** | 공무원들은 거버넌스 과정의 책임 있는 참여자이지 단순한 기업가가 아니다. 관료는 시민이 담론을 통해 공유된 가치를 표명하고 이와 함께 공익에 대한 집단적 의미로 발전시킬 수 있는 활동의 장을 만드는 데 기여해야 한다. |
| ④ | **전략적으로 사고하고 민주적으로 행동하라.** | 공동의 비전을 형성하고 실천하기 위해 당사자들이 협력하게 하려면 전략적 사고에 의한 계획과 민주적 실천이 필요하다. |
| ⑤ | **책임성이란 단순한 것이 아니라는 점을 인식하라.** | 정부의 책임은 헌법, 법률, 공동체 가치 등으로까지 확대된다. |
| ⑥ | **방향잡기보다는 봉사하기를 하라.** | 정부의 역할은 노젓기도 방향잡기도 아닌 봉사다.<br>정부가 방향을 잡는 것은 복잡한 미래 사회에서 수행하기 어렵거나 불가능하다. |
| ⑦ | 단순히 생산성이 아니라 '사람의 가치'를 받아들여라. | 정책 네트워크는 인간 존중에 바탕을 둔 공유적 리더십과 협동 과정을 통해 운영될 때 성공의 가능성이 커진다. |

### 5) 전통적 행정이론, 신공공관리론, 신공공서비스론의 비교

| 비교 기준 | 전통적 행정이론 | 신공공관리론 | 신공공서비스론 |
|---|---|---|---|
| 이론과 토대 | 초기 사회과학 및 정치 이론, 사회학이론 | 신고전파경제학, 성과관리이론 | 복합적(민주주의이론, 포스트 모더니즘 등) |
| 합리성/인간 | 개괄적 합리성, 행정인 | 경제(기술)적 합리성, 경제인 | 전략적 합리성, 다원적 검증 |
| 공익 개념 | 정치적으로 정의, 법률적으로 표현 | **개인 이익의 총합(집합체)** | **공유 가치에 대한 담론의 결과** |
| **공무원의 반응 대상** | **고객과 유권자** | **고객** | **시민** |
| **정부의 역할** | **노젓기**<br>단일의 정치적으로 정의된 목표에 초점을 맞춘 정책 설계 및 집행 | **방향잡기**<br>시장의 힘을 활용한 촉매자 | **봉사**<br>공유 가치 창출을 위한 시민, 지역공동체 집단들과 이익을 협상하고 중재 |

| 정책 목표 달성 기제 | 기존의 정부기구를 통한 프로그램 관리 | 민간기관 및 비영리기구를 활용해 정책 목표를 달성할 기제와 유인 체계 창출 | 상호 합의한 필요를 충족시키기 위해 공공기관, 비영리 및 민간기관 연합 |
|---|---|---|---|
| 책임성 확보 방법 | 위계적<br>행정인은 민주적으로 선출된 정치지도자에게 책임 | 시장 지향적<br>사익의 총합은 시민에게 바람직한 결과 창출 | 다면적<br>법, 공동체. 정치 규범, 전문성, 시민 이익 존중 |
| 행정재량 | 공무원에게 제한된 재량만 허용 | 기업가적 목표 달성을 위해 폭넓은 재량 허용 | 재량이 필요하지만 제약과 책임 수반 |
| 기대하는 조직구조 | 상명하복하는 관료제적 조직과 고객에 대한 규제와 통제 | 조직 내 주요 통제권이 유보된 분권화된 조직 | 리더십을 공유하는 협동적 구조 |
| 공무원 동기유발 수단 | 보수와 편익<br>공무원 보호 | 기업가적 정신<br>정부 규모를 축소하고자 하는 이데올로기적 욕구 | 사회봉사<br>사회에 기여하려는 욕구 |

### 6) 평가

행정의 공공성과 책임성 등 새로운 규범적 가치를 재조명했으나, 그러한 가치 구현을 위한 **구체적 처방이나 수단적·기술적 전문성을 소홀히 다룸.**

## 20. 탈신공공관리론

### 1) 탈신공공관리(post-NPM)의 여덟 가지 특징

신공공관리론의 대체가 아니라 조정이다.

① 구조적 통합을 통한 분절화의 축소

② 재집권화와 재규제의 주창

③ 총체적 정부 또는 합체된 정부의 주도

④ 역할 모호성 제거 및 명확한 역할 관계의 안출(案出)

⑤ 민간, 공공 부문의 파트너십 강조

⑥ 집권화, 역량 및 조정의 증대

⑦ 중앙의 정치·행정적 역량의 강화

⑧ 환경적·역사적·문화적 요소에의 유의

### 2) 신공공관리론과 탈신공공관리론의 비교

| 비교 국면 | | 신공공관리 | 탈신공공관리 |
|---|---|---|---|
| 정부 기능 | 정부 | 시장지향주의 | 정부의 정치·행정 역량 강화 |
| | 주요 행정 가치 | 능률성, 경제적 가치 강조 | 민주성, 형평성 등 전통적 행정 가치 동시 고려 |
| | 정부 규모와 기능 | 정부 규모와 기능의 감축 | 민간화, 민영화의 신중한 접근 |
| | 공공 서비스 제공 초점 | 시민과 소비자 관점의 강조 | - |
| | 공공 서비스 제공 방식 | 시장 메커니즘의 활용 | 민간-공공 부문의 파트너십 강조 |
| 조직 구조 | 기본 모형 | 탈관료제 모형 | 관료제 모형과 탈관료제 모형의 조화 |
| | 조직구조의 특징 | 비항구적·유기적 구조 | 재집권화 |
| | 조직 개편의 방향 | 소규모의 준자율적 조직으로 분절화 | 분절화 축소 |
| 관리 기법 | 조직관리의 기본 철학 | 경쟁과 자율성을 강조하는 민간 부문의 관리기법 도입 | 자율성과 책임성의 증대 |
| | 통제 메커니즘 | 결과·산출 중심의 통제 | - |
| | 인사관리의 특징 | 경쟁적 인사관리 | 공공책임성 중시 |

## 21. 행정환경의 복합성에 따른 다양한 접근

### 1) 시차이론

① 시차이론 혹은 시차적 접근

㉠ **사회 현상을 발생시키는 주체들(개인, 집단, 조직, 사회 또는 국가)의 속성이나 행태가, 주체에 따라 시간적 차이를 두고 변화되는 사실을 사회 현상에 적용하는 연구 방법**

㉡ 시차이론을 현실적으로 한국의 정책 집행 과정, 특히 정부개혁이 효과를 거두지 못한 이유를 파악하려는 데서 시작된 접근 방법으로 그동안 행정학이나 정책학 연구에서 크게 관심을 기울이지 않았던 **'시간' 변수를 중요한 분석 요소로 도입**

② 시차이론에서 도입하고 있는 제도와 정책 변화에 내재하는 시차적 요소

시간 차이에 대한 전제(혹은 가정), 인과 관계의 시차적 성격, 숙성 기간, 변화의

속도와 안정성, 선후 관계 · 적시성 · 시간 규범 등

③ 요약과 이론적 기여

㉠ **시차이론은 이런 다양한 변수의 작용으로 정책이나 제도의 개혁은 제도의 도입 과정에서 발생하는 시차적 요소(제도 도입의 순서 혹은 선후 관계의 변화, 원인 변수 수와 작동 순서의 변화, 변화 주체의 개입 등)**에 의해 결과가 달라진다는 것

㉡ 이론적으로 여전히 많은 논쟁이 지속되고 있음에도 불구하고 시차적 접근은 행정학과 정책학 연구에 기여할 수 있을 것으로 전망됨.

- 시간적 차이에서 오는 정책의 실패를 줄이기 위한 방안으로 변화를 추진하는 변화 담당자 혹은 조직의 책임자들의 지적 · 정치적 능력과 더불어 시간적 리더십을 강조
- 환경 변화의 복잡성 등을 고려해 제도 개혁과 관련된 조직 행태를 설명하고 이해하는 데 필요한 분석틀을 제시할 수 있을 뿐만 아니라 인과 관계 추정의 방법론을 더욱 정교하게 다듬어 줄 수 있을 것으로 기대

2) 다문화주의

① 다문화 논의의 필요성

㉠ 선진국에서는 이미 외국 국적을 가지면서 살아가는 대량의 이민자가 발생

㉡ 정주(定住) 외국인으로 불리는 사람들이 선진국에서는 인구의 5% 이상을 차지

㉢ 이러한 환경 변화에 따라 이제는 외국 국적을 가진 이른바 정주 외국인에 대해서도 다양한 정책 개발이 필요한 시점

㉣ 이를 위해 행정학 분야에서도 다문화주의적 접근이 시도되고 있음.

② 다문화주의(multiculturalism)의 개념

㉠ **하나의 사회 내부에서 복수 문화의 공존을 바람직한 것으로 보고, 문화의 공존이 가져오는 긍정적 측면을 적극적으로 평가하려고 하는 주장 내지 운동을 지칭**

㉡ 유사한 개념인 '문화상대주의(cultural relativism)'[8]는 사회(부분사회를 포함하

---

8) **문화상대주의란** 세계 문화의 다양성을 인정하고 각 문화는 문화의 독특한 환경과 역사적 · 사회적 상황에서

는)와 문화의 일대일 대응을 전제로 해서 각 문화가 각각 그 자체로서 고유한 가치를 갖는 점을 강조

㉢ 이에 반해 **다문화주의는 공통의 사회적 공간 내부에 복수의 문화가 공존하는 문제를 다룬다**는 점에서 새로운 과제가 부가됨.

③ 다문화주의 개념의 본격적 등장 배경

㉠ **캐나다와 호주는 1970년대 이후 다수의 인종 · 민족집단을 거느린 이민국이며, 연방제를 채용한 느슨한 형태 국가**

㉡ **양국 모두 국내 · 외의 위기에 직면하면서 국가 통합이라는 목적을 달성하기 위해 다문화주의를 채용**

④ 다문화주의 용어의 다양한 사용

다언어주의 나라인 벨기에나 스위스, 다극공존형(*多極共存型*) 민주국가인 네덜란드도 국내에 언어나 종교의 다원성을 내포하고 있어, 다언어주의나 다극공존형 민주주의라는 말 자체가 분열의 상징이 아니라 국가 통합의 상징으로서 기능

※ 이에 반해 **프랑스나 독일 등 전형적인 국민국가에서의 다문화주의는 국가를 해체하고 국민을 분열시키는 것으로 이해되고** 있음.

## 22. 레짐이론(regime theory)

### 1) 의의

① 통치 결정을 하는 데 지속적인 역할을 할 수 있게 해 주는 제도적 자원에 접근이 가능한 비공식적이지만 비교적 안정된 집단을 말함.

② **비공식적인 실체의 통치연합으로서 자발적인 결사체인 이익집단이 사안에 따른 이합집산을 통해 정책 결정을 하는 것이 아니라, 도시정부라는 제도적 기제를 매개체로 비공식적이지만 일정한 세력집단으로서 그 중추적 역할을 담당하는 로컬 거버넌스의 일종**

---

이해해야 한다는 것으로서, 사회의 환경과 맥락을 고려해 문화를 판단하며, 어떤 문화 요인도 나름대로 존재 이유가 있다는 견해다. 인류가 살고 있는 사회는 사회마다 특수한 문화를 가지고 있으며, 다양한 문화를 올바르게 이해하기 위해서는 그 사회의 입장에서 이해하려는 태도가 필요하다. **문화의 상대성을 부정하는 극단적 태도는 자민족 중심주의로 자기 민족의 모든 것이 타민족의 문화보다 우월하다고 믿고 타민족의 문화를 배척하는 태도를 말한다.**

### 2) 이론적 배경과 지향

① 도시정치 현상을 설명하는 일종의 도시 거버넌스를 대표하는 이론으로, 성장연합이론이나 성장기구론에 뿌리를 두고 있음.

② **개인이나 구조가 아닌 제도에 초점**을 둬 기업의 중심적 역할을 강조하면서도 지역주민 집단의 영향력을 간과하지 않음.

③ **도시 레짐에서** 민간경제 주체들은 시장에서 경제를 활성화시키고 조세의 기반을 강화하는 역할을 하고, 도시정부는 유권자들에게 책임을 지면서 정치적 결단을 내리는 실체적 주체로서 서로 역할을 분담한다고 보므로 **정부기구 활동의 경제적 종속성을 수용하면서도 동시에 정치의 독자성(정치 체제나 국가의 상대적 자율성)을 강조한다고 볼 수 있음.**

④ **도시의 권력구조를 설명하는 것이 아니라 도시의 형태에 따라 어떠한 주체들이 중심 세력을 형성해 도시를 이끌어 가고 있는지와 도시 권력 구조의 변화를 설명하는 데 유용함(단순한 정권적 차원의 이론이 아님).**

⑤ 로컬 거버넌스에서 정부는 네트워크 관리자의 역할을 수행하면서도 거버넌스의 주도적 역할을 담당함.

### 3) 유형

| | 현상 유지 레짐 | 개발 레짐 | 중산계층 진보 레짐 | 하층기회 확장 레짐 |
|---|---|---|---|---|
| 스턴 (D. A. Stone) | **친밀성이 높은 소규모 지역사회에서 나타나는 유형**으로, 생존력이 강함(현상 유지 추구). | 지역 성장을 추구하는 유형으로, 행위 주체들 간의 갈등이 심하나, 생존 능력은 비교적 강한 편임. | 중산층의 주도로 환경보호, 삶의 질 개선 등을 추구, 생존 능력은 보통임. | 저소득층의 기본적 욕구 충족을 지향, 대중 동원이 가장 큰 과제이며, 생존 능력이 약함. |

| | 도구적 레짐 | 유기적 레짐 | 상징적 레짐 |
|---|---|---|---|
| 스토커 (G. Stoker) | **구체적인 프로젝트와 관련되는 단기적인 목표에 의해 구성되며, 올림픽 유치와 같은 국제적 이벤트 유치를 위해 구성**됨(단기적 존속). | 굳건한 결속력과 높은 수준의 합의를 특징으로 하며, **현상 유지에 초점을 두고, 소규모 도시지역에서 나타나는 유형**(안정적 존속) | 도시 발전의 변화를 추구하려는 도시에서 나타나며, 기존의 이데올로기나 이미지를 재조정하려 하며 경쟁적인 동의가 특징임(과도적 존속) |

심화 학습: 도시정치에 관한 이론

**① 신다원론(neo-pluralism)**

전통적인 다원주의를 수정해 정부가 좀 더 능동적인 기능을 한다고 보기 때문에 특혜 등에 의해 기업이나 개발 관계자들의 우월적 지위가 발생할 수 있다고 전제한다. 따라서 전통적인 다원주의가 강조하는 선거보다는 내부기구의 분화를 통한 민주화가 해결책이 될 수 있다고 주장한다.

**② 엘리트이론(elite theory)**

사회가 소수의 엘리트집단에 의해 주도되고 있다고 보는 이론으로 일반 대중은 정치적으로 무능하고 무감각하기 때문에 엘리트들이 하향적으로 통치할 수밖에 없다는 것이다. 이 이론의 특징 중 하나는 엘리트 계층 내에 분열과 다툼이 있을 수 있는데 이러한 분열과 다툼은 내름대로의 조정 메커니즘에 의해 엘리트 계층 전체의 이익을 해치지 않는 범위 내에서 마무리된다고 본다. 즉, 엘리트 계층 내의 다툼이 내부적으로 조정되고 엘리트들은 자신들의 이익을 보호하기 위한 이념 · 제도 · 문화를 끊임없이 만들어 나가며 사회화 과정을 통해 이를 대중에게 전파한다고 본다.

**③ 성장기구론(growth machine) 또는 성장연합이론**

기존의 다원주의자들이 주장한 "누가 통치하느냐?"보다 "누가 도시의 물리적 구조 개편에 최고의 영향력을 행사하며, 왜, 그리고 어떤 효과를 갖는가?"라는 질문에서 시작한다. 아울러 미국 도시의 성장 과정을 분석해, 부동산의 교환 가치에 많은 관심을 가진 지주를 중심으로 형성된 성장연합이 도시의 정책이나 공간 구조 개편을 주도한다고 말하고 있다. 지주들은 기업가, 금융업자, 개발전문가들을 참여시켜 성장연합을 구성하며, 이들은 정부를 움직여 도시 성장에 기여하게 만든다는 것이다. 이러한 성장기구론은 레짐이론(도시 거버넌스)의 이론적 기반이 됐다.

**④ 레짐이론(regime theory)**

도시정부에서 국가와 사회, 정치와 경제, 정부와 민간이 정책 결정 과정에서 어떻게 서로 합의를 이끌어 내는가를 설명하는 이론으로 지방정부와 지방의 민간 부문 주요 주체들이 연합해 권력 기반을 형성한다고 본다.

심화 학습: 행정학의 접근법과 주요 이론 평가

| | |
|---|---|
| 역사적 접근법 | 인간 정신의 역사성과 지식의 상대성을 강조하는 학자들은 과학적 연구 방법보다는 역사적 접근 방법을 통해 행정 현상이나 혹은 사회 현상을 더 정확하게 인식할 수 있다고 한다. 인간의 경험은 의식 자체에 의해 선택되고 구성되며, 의식은 시대와 문화에 따라 변화하기 때문이다. |
| 제도적 접근 방법 | 공식적 제도나 법률에 기반을 둬 제도 이면에 있는 행정의 동태적 측면을 파악하기 어렵다. 예를 들어 과거 개발도상국가들이 미국으로부터 각종 행정제도를 도입했으나 성공하지 못하고 제도와 실제 간의 불일치나 괴리 현상을 초래한 적이 있다. 그런데 법률 · 제도적 접근 방법만으로는 이러한 문제 현상을 제대로 설명하지 못한다. |

| | |
|---|---|
| 신 제도론적 접근법 | 제도의 제약을 강조하지만 제도적 제약과 개인 행동 사이의 구체적 인과 관계를 분석하지 못하며, 제도 변화에 대한 설명이 미흡하며, 제도의 독자성을 지나치게 강조하고 있다. |
| 공공 선택론 | 공공선택론은 기존의 행정 질서와 행정이론의 문제점들을 극복하려는 새로운 접근 방법이다. 시민들의 다양한 요구와 선호에 부응할 수 있는 제도적 장치를 마련할 수 있어 민주행정의 구현에서도 의의가 인정된다. 하지만 여기에는 다음과 같은 비판이 있다.<br>① **공공선택론의 경제학적 가정이 비현실적인 경우가 많다. 현실 세계가 효용극대화를 추구하는 이기적이고 합리적인 개인들로 구성됐고, 인간의 가치나 개인의 자유 대신 경제적 선택만이 고려된다는 것은 현실성이 약하다는 것이다.**<br>② 정부실패를 비판하고 이를 극복하기 위해 자유시장의 논리를 공공 부문에 도입하는 것은 의미 있다. 하지만 정부실패 못지않게 '시장실패' 문제도 심각한 것인데 공공선택론은 여기에 대한 고민이 부족했다.<br>③ **경쟁시장의 논리는 그 자체가 현상 유지와 균형이론에 집착하는 것으로 비판을 받아 왔다. 따라서 공공선택론이란 역사적으로 누적 · 형성된 개인의 기득권을 계속 유지하기 위한 보수주의 접근에 불과하다는 비판이 있다.** |
| 행태론 | ① 행태주의는 인간의 외면적인 행태를 관찰하고 설명하지만, 그 행태 이면의 진정한 의미를 파악하지 못한다. 따라서 객관적으로 존재하는 사실의 세계만을 다뤄 경험적 보수주의에 빠지기 쉽다.<br>② 본질이나 실체를 파악하는 것은 연구 방법보다 중요하며, 사회 문제의 핵심을 파악하는 것이 도구적인 연구 방법보다 중시돼야 한다.<br>③ 사회과학에서 가치와 사실을 분리시키고 가치 판단을 배제하는 것은 적절하지 않다. 행태주의 연구들은 사소한 문제에만 관심을 집중시키고 급박한 사회 문제는 소홀하게 다룬다. |
| 체제론 | ① 정태적 현상 유지적 성격을 띠고 있어 목적성을 띤 변화나 정치 · 사회의 변화 또는 발전을 적절하게 설명하지 못한다.<br>② 행정과 환경의 교호 작용을 강조하지만 개발도상국이나 후진국에서 행정의 환경에 대한 독립변수적 성격을 설명하지 못한다. 따라서 안정적인 선진국이 행정 현상을 연구하는 데 국한된다.<br>③ 거시적 접근 방법이므로 체제의 전체적인 국면은 잘 다루지만, 체제의 구체적인 운영이나 행태 측면은 다루지 못한다.<br>④ 정치 · 행정 현상에서 특수한 인물의 성격, 개성, 리더십 등이 큰 비중을 차지하는 경우 이를 과소평가하기 쉽다. 행정 현상에서 중요한 요소인 권력, 의사 전달, 정책 결정의 문제나 행정의 가치 문제를 고려하지 못한다. |
| 후기행태 주의 | 가치 중립적인 과학적 연구보다 가치평가적인 정책연구를 지향했고, 이후 정책학의 기초가 됐다. 이를 계기로 정책 지향적인 연구가 활성화됐고, 가치 판단의 문제와 바람직한 사회를 위한 정책 목표에 관한 문제, 그리고 새로운 행정 이념으로서의 사회적 형평성에 많은 관심을 갖게 됐다. |

| | |
|---|---|
| 현상학 | 과학적 연구 방법을 통해서는 파악하지 못하는 인간의 주관적 관념 · 의식 및 동기의 의미를 적절하게 다룰 수 있다. 또한 조직 문제를 파악하는 데 폭 넓은 철학적 사고방식과 준거의 틀도 마련할 수 있다. 더 나아가 과학적 연구가 지향하는 가치 중립적인 연구에서 가치 비판적이고 가치 평가적인 연구를 할 수 있게 해서 정책연구를 풍부하게 활성화시킬 수 있다. |
| 포스트 모더니티 이론 | 행정이론의 한계와 모순을 잘 인식하게 하고, 담론을 통한 발전 가능성을 모색하는 촉매 역할을 할 수 있다는 장점을 가지고 있다. |
| 신공공 관리론 | ① 공공 부문은 민간 부문과 다르기 때문에 민간 부문의 관리기법을 공공 부문에 적용하는 데는 한계가 있다.<br>② 민주적 책임성과 기업가적 자율성 · 재량권 간의 갈등으로 신공공관리론은 정부관료제의 효율성을 제고하기 어렵다.<br>③ **신공공관리론은 다른 주요한 가치들과 상충 관계에 있다. 효율성만을 강조할 경우 공익과 형평성 등 다른 중요한 공공 가치들은 희생되고, 결과적으로 행정의 성과를 약화시킬 가능성이 존재한다.**<br>④ **'고객 중심 논리'가 국민을 '관료가 행정 서비스를 향상시킬 것을 기대하는 수동적 존재'로 전락시킬 우려가 있다.**<br>⑤ 보편적 적용 가능성에 대한 비판이 존재한다(신자유주의 문화와 집단주의 문화 갈등).<br>⑥ 신공공관리론은 관료주의적 논리로, 중요한 정치적 문제들을 교묘하게 회피하는 과오를 범하고 있다. 즉, 신공공관리론의 관리주의적 논리가 행정 내부 관리의 효율성 향상에 도움을 주지만, 행정을 정치로부터 분리해 기업처럼 운영하는 것은 공공문제를 다루는 데 필요한 정치적 선택을 무시하려는 것이다.<br>⑦ 새로운 행정학이 아니라는 비판이 있다. 대응적이고, 고객 지향적이며, 효율적인 정부는 신공공관리론뿐만 아니라 전통적인 행정학의 목표였다. |
| 탈 신공공 관리론 | 신공공관리론의 역기능적 측면을 교정하고 통치 역량을 강화하며, 정치 · 행정 체제의 통제와 조정을 개선하기 위해 재집권화와 재규제를 주창하는 것이다. 따라서 신공공관리론의 대체가 아니라 조정이다. |
| 뉴거버넌스론 | 개념이 모호하며 모두의 참여는 모두의 무책임을 야기할 수 있는 책임성의 문제가 있다. 특정 이해관계의 참여가 과다하게 되면 부처와 이익집단 간의 위험한 유착이나 포획 관계에 빠질 수 있다. 또한 행태가 다양해 기본형이 없기 때문에 보편적 이론화가 쉽지 않다는 비판이 있다. |
| 딜레마 이론 | 기존의 행정이론으로 설명하기 어려운 상황에서의 대안 선택 방법을 규명하고자 한다는 측면에서 이론적 가치가 있다. 딜레마이론을 행정 및 정책연구에 도입하는 경우 정책 결정 혹은 의사 결정 상황에 대한 이론적 기여와 함께 현실 정책 상황에 대한 더 적절한 처방을 제공할 수 있을 것으로 기대해 볼 수 있다.<br>상황의 특성, 대안의 성격, 결과 가치의 비교평가, 행위자의 특성 등 상황이 야기되는 현실적 조건하에서 대안의 선택 방법을 규명하는 것을 통해 행정이론의 발전에 기여했다. |

| | |
|---|---|
| 시차 이론 | 환경 변화의 복잡성 등을 고려해 제도 개혁과 관련된 조직 행태를 설명하고 이해하는 데 필요한 분석틀을 제시할 수 있을 뿐만 아니라, 인과관계 추정의 방법론을 정교하게 다듬어 줄 수 있는 장점이 있다.<br>시차적 접근이란 사회 현상을 발생시키는 주체들(개인, 집단, 조직, 사회 또는 국가 등)의 속성이나 행태가 주체에 따라 시간적 차이를 두고 변화되는 사실을 사회 현상에 적용하는 연구 방법이다.<br>시차적 접근은 크게 세 가지 주체를 담고 있다.<br>① 인과 법칙에서 시간적 요소를 고려한 분석틀을 제시하기 위해 복수의 정책 도입을 고려할 때, 핵심 개념인 원인 변수들의 작동 순서(sequence), 즉 이들 간의 선후 관계를 어떻게 하는가가 제도의 성공 여부를 좌우하게 한다는 것이다.<br>② 어떤 정책에서 원인 변수들의 성숙 단계(history) 및 시간의 흐름에 따른 변화 과정이 결과변수에 영향을 주어 인과 관계가 동태성을 만들어 낸다는 것이다.<br>③ 정책참여자들의 속성이 시차적으로 변화하는 것과 이들의 정책에 대한 인지상의 시차, 그리고 이로 인해 발생하는 편견이 정책에 어려움을 가져온다는 것이다. |
| 논변적 접근방법 | 논변모형의 모태를 제공한 툴민은 법정에서 검사와 변호사가 각자에게 유리한 증거를 제시하면서 그들 주장에 대한 정당성을 판사에게 호소하는 법정 변론 절차에 착안해 주장의 정당화에 필요한 기본 요소 여섯 가지(자료, 본증, 보증, 반증, 한정접속사, 주장)를 논리적으로 상호 연계시켜 논변모형을 구성했다. 즉, 툴민(S. E. Toulmin)의 논변모형은 어떠한 자료를 기초로 주장에 도달하게 되는 일련의 과정을 증거(본증, 보증, 반증)의 힘에 따라 주장의 정당성이 한정적임을 보여 주는 것이다.<br>논변적 접근 방법의 진정한 가치는 각자 자신들의 주장에 대한 논리성을 점검하고 상호 타협과 합의를 도출하는 민주적 절차에 있다. |

### 심화 학습: 행정학 패러다임 비교

| 구분 | 전통적 행정학 | 신행정학 | 신공공관리 | 뉴거버넌스 | 신공공 서비스 |
|---|---|---|---|---|---|
| 인식론적 기초 및 사상적 배경 | 초기 사회과학 및 정치이론 및 관료제 | 적극적 정부 개입 | 신자유주의 (시장주의+ 신관리주의) | 공동체주의 | 민주주의, 해석학, 비판이론, 포스트모더니즘 복합적 |
| 관리기구 및 운영 원리 | 행정 메커니즘 | 큰 정부 | 시장(작은 정부), 가격 메커니즘, 경쟁 원리 | 연계(network) 협력체 (partnership) | 공동체, 협력체, 담론 강조 |

| 행정 이념 및 우선 가치 | 합리성, 효율성 | 사회적 형평성 | 결과(outcomes), 효율성, 성과 | 신뢰(trust) | 공유된 가치(shared value) |
|---|---|---|---|---|---|
| 정부 역할 및 기능 | 노젓기(rowing) | 노젓기(rowing) | 방향잡기(steering) | 방향잡기(steering) | 봉사(service) |
| 관료 역할 및 재량 범위 | 직접적인 서비스 공급 | 직접적인 서비스 공급 | 공공기업가 정신(public entrepreneurship) | 조정자(coordinator) | 조정자: 협상 및 중재, 시민 정신 |
| 서비스 제공 방식 | 독점적 공급 | 공급자 중심의 독점적 공급 | 수요자 중심, 민영화, 민간위탁 | 공동공급(시민, 기업 등 참여) | 공동 공급 및 협업 |
| 관리 방식 | 투입 중심 명령과 통제 | 결과 중심 분배 중심 | 고객 지향, 기업의 경영 원리, 성과 지향 | 임무 중심 | 사회봉사 및 기여 |
| 행정환경과의 관계 | 환경을 인식하지 않음. 경직적 대응 | 환경을 인식, 그러나 비유연적인 대응 | 환경에 민감하고 유연성을 강조 | 환경에 민감하고 유연성을 강조 | 환경에 민감하고 유연성을 강조 |
| 의사 결정 구조 | 집권, 하향식 | 집권, 하향식 | 분권, 상향식 | 분권, 상향식 | 분권, 상향식 |

### 심화 학습: 시장을 보는 관점

| | |
|---|---|
| 자유방임주의 | 정부의 역할은 국방 및 질서 유지 기능에만 국한돼야 하며, 경제 활동에 대해서는 국가가 어떠한 간섭도 해서는 아니 된다는 정부관을 말한다. 자유주의에서는 개인의 자율성 보장을 가장 근본적인 원칙으로 삼기 때문에 국가는 한 개인의 자율성이 다른 개인에 의해 침해받는 일이 없도록 보장해야 하고, 국가 자체도 개인의 자율성을 침해하지 않도록 해야 한다고 본다. |
| 대공황 | 1929년 10월에 일어난 뉴욕 증권시장의 주가 대폭락을 계기로 해서 1930년대에 불어닥친 세계적 불황을 말한다. 1931년 5월에 오스트리아의 크레디트 안슈탈트 은행이 파산에 빠진 것을 계기로 구미의 은행에 환불 소동, 폐쇄 소동이 일어났고 뒤를 이어 세계적인 금융공황이 초래됐다. 프랑스, 독일, 미국 등 당시 주요 공업국의 수준은 1908~1909년 수준까지 하락해 불황의 심각도는 그 이전의 어떠한 경기 후퇴보다 컸다. 또 공업국뿐만 아니라 농업국도 생산 부문 전체, 상업, 무역, 금융 등 경제 활동의 전 분야에 경기 후퇴 현상이 발생한 것이 특색이다. |

| | |
|---|---|
| 수정자본주의 | 자본주의 체제 자체의 본질적인 변혁을 거치지 않고 일부 원리를 수정 또는 개량한 자본주의를 말한다. 자본주의 발전에 따른 제반 모순을 해결하고자 하는 노선 변경이라고 할 수 있다. 수정자본주의에 대한 개념은 학자마다 서로 다르기 때문에 통일적인 체계를 이루지 못했을 뿐 아니라, 하나의 이론으로 확립되지 못했다. 단지 1929년 대공황 이후 뉴딜정책이나 영국의 복지국가정책 등을 수정자본주의 정책의 구체적인 예로 볼 수 있다.<br>자본주의 발전은 독점의 횡포, 빈부 격차, 실업, 공황 등의 사회적 모순을 초래했다. 시장경제의 결점으로 파생된 이러한 문제들은 20세기 들어 더욱 심화됐고, 이에 대해 국가는 경제개입을 통해 적극적으로 대처했다. 그 결과 현대 자본주의는 18~19세기 자유방임주의 제도하의 경쟁 자본주의와는 다른 모습을 지니게 되었다. 이에 대해 학자들은 수정자본주의, 복지자본주의 등의 명칭을 사용하고 있다. 수정자본주의론의 선구자라 할 수 있는 케인스(J. M. Keynes)는 공황과 실업을 해소하기 위한 방법으로 국가의 적극적인 재정·금융정책을 제시했다. |
| 신자유주의 | 국가 권력의 개입 증대라는 현대 복지국가의 경향에 대해 경제적 자유방임주의 원리의 현대적 부활을 지향하는 사상적 경향을 말한다. 개개인의 지식과 창의를 최고도로 발휘케 하는 시장기구의 경제적 효율과 사회적 의의를 강조한 하이에크(F. A. von Hayek)의 사상과, 경제적 효율이라는 견지에서 경쟁기구의 제도를 가능한 한 넓은 범위로 확충해서 개인의 자유를 옹호하려고 한 시카고학파의 경제사상이 이러한 범주에 든다. |
| 시카고학파 | 미국 시카고 대학 프리드먼(M. Friedman) 교수를 중심으로 하는 경제학파를 말한다. 이 학파의 주장은 합리적인 경제 운영을 기하고 물가 상승을 억제하기 위해서는 자유스러운 가격기능을 부활시키지 않으면 안 된다는 것으로 정부 활동보다는 민간의 자유로운 행동을 중시한다. 케인스 경제학을 따르는 뉴 이코노믹스와 대립되는 것으로 생산, 고용, 가격 등의 수준을 결정하는 요인으로서 통화 공급량을 중시한다. |
| 공동체주의 | 개인의 자유를 중시하는 전통적인 자유주의와 개인의 책임을 강조하는 보수주의의 입장을 절충한 중도주의 입장을 말한다. 에치오니(A. W. Etzioni) 등이 주장하는 공동체주의는 자유주의와 달리 개인의 자유보다는 평등의 이념, 권리보다는 책임, 가치중립적 방임보다는 가치 판단적 담론을 중시한다. 공동체주의는 근대 개인주의의 보편화에 따른 윤리적 토대의 상실, 즉 고도산업사회에 따른 도덕적 공동체의 와해와 이기적 개인주의의 팽배에 따른 원자화 등의 현상에 대한 불만의 이론적 표출로 볼 수 있다. |

# 제 2 장 정책학

## 제 1 절 정책과 정책과학의 본질

### 1. 정책과학의 등장

① 1960년대 말 미국 사회가 흑인폭동과 월남전의 여파로 격동기의 혼란을 겪게 되자 존슨(L. B. Johnson) 행정부가 '위대한 사회' 건설과 함께 대대적인 사회복지정책을 추진하면서 이에 대한 지적 기반을 제공하기 위해 이스턴(D. Easton)이 정치학의 새로운 혁명으로서 후기행태주의를 선언했고 이를 배경으로 등장함.

② 후기행태주의는 적실성과 실천성을 핵심 요소로 행정이 행태론을 탈피하고 정책과 가치를 지향할 것을 요구함.

### 2. 정책의 구성 요소(변수)

| 구성 요소 | | 개념 | 예 |
|---|---|---|---|
| 정책 목표 | | 정책이 달성하려는 미래의 바람직한 상태 | 도로 소통의 원활화 |
| 정책 수단 | 실질적 수단 | 정책 목표 달성을 위한 도구적 수단<br>정책의 내용에 따라 달라짐. | 도로 건설이나 신호 체계 개선 |
| | 실행적 수단 | 실질적 수단을 구현하기 위한 보조적 수단<br>정책의 내용에 따라 달라지지 않음. | 도로 건설을 위한 수단을 선택했다면 이를 위해서는 기구, 인력, 예산, 법, 공권력 등의 수단이 필요 |
| 정책 대상 | | 정책이 적용되는 대상 집단으로서<br>희생집단과 수혜집단 | |

### 3. 정책의 단계별 구성 요소

| 단계 | 투입 | 산출 | 효과 | 결과 | 영향 |
|---|---|---|---|---|---|
| 개념 | 비용, 시간, 노력 등 | 정책 대상자가 제공받는 재화나 서비스 정책의 1차 산출물 | 정책 목표 달성의 결과를 나타내는 상태의 변화 | 정책 대상자에게 나타난 최종적 귀결로서 정책 산출과 효과까지 내포함. | 정책 산출이 사회 전반에 미친 영향이나 변수로서 부작용과 부수 효과를 포함. |
| 예 | 실업자 구제를 위해 1조 원 투입 | 10,000명의 교육생 배출 | 수료생 중 5,000명이 안정적 일자리를 구함. | 서민 생계 안정 | 경제 안정 |

### 4. 정책의 유형(론)

#### 1) 의의

정책의 유형과 성격에 따라 정책 과정이 달라진다고 보고, 정책을 독립변수로, 정책환경이나 과정을 정책의 종속변수로 보고 정책의 유형을 연구

#### 2) 학자별 정책 유형

| 학자 | 정책 유형 | | | | 특징 |
|---|---|---|---|---|---|
| 로위 (T. Lowi) | **분배정책** | **규제정책** | **구성정책** | **재분배정책** | 정책 유형에 따라 정책 결정 과정이 다름. |
| 앨먼드(G. A. Almond)와 파월 (G. B. Powell) | 분배정책 | 규제정책 | 상징정책 | 추출정책 | 체제의 기능(투입 · 산출 기능) |
| 라이플리(R. B. Ripley)와 프랭클린 (G. A. Franklin) | **분배정책** | **경쟁적 규제정책** | **보호적 규제정책** | **재분배정책** | 정책 유형에 따라 정책 집행 과정이 다름. |
| 솔리스버리 (R. H. Salisbury) | 분배정책 | 규제정책 | 자율적 규제정책 | 재분배정책 | 요구 패턴과 결정 패턴의 통합과 분산 |

#### 3) 정책의 유형별 특징과 사례

| 정책 유형 | 개념 및 특징 | 사례 |
|---|---|---|
| 분배(배분) 정책 | ① 세금을 재원으로 해서 창조적 행정 서비스의 제공 및 불특정 다수인에게 이익이 분산되는 개별화된 정책 | 공원 조성, 도로 건설 등 사회간접자본 |

| | | |
|---|---|---|
| | ② 정책 과정에서 전문가나 관계 기관의 역할은 미미하고 의회 위원회의 역할이 결정적임(철의 삼각).<br>③ 이해관계가 상충되지 않는 영역에서는 서로 상관하지 않는 포크배럴이나 로그롤링 등이 나타남.<br>④ 개별화된 세부사업의 집합이므로 하나의 독립된 정책으로 보기 어렵다고 봄. | 건설, 기업에 보조금 지급, 벤처기업 창업지원금, 출산장려금, 국공립학교 교육 서비스 |
| 재분배정책 | ① 사회적·경제적 보상의 기본 관계를 재구성하는 정책으로 가진 자의 부(富)를 거둬 가지지 못한 자에게 이전해 주는 이전정책<br>② 기득권자나 비용 부담자의 저항으로 집행이 용이하지 않고 정책이 환경에 많이 의존하게 되며, 엘리트집단과 피지배계급 간의 갈등과 투쟁이 나타나는 계급정책<br>③ 엘리트들의 참여에 의해 정책이 결정(엘리트론적 결정)<br>④ 동일한 사회집단들(엘리트집단)의 참여나 정상 간의 제휴 등에 의해 집권적·독자적·안정적으로 결정되는 정책 | 누진과세, 영구임대주택, 세액공제, 감면, 공공근로사업 등 사회보장정책 |
| 규제정책 | ① 개인이나 집단의 행동을 제약하는 정책으로 강제력을 확보하기 위해 주로 법률로 표현되며, 관료의 재량권이 개입됨.<br>② 규제로 인해 손익을 보는 관련 집단 간 갈등으로 인해 포획이나 지대추구 등 다원주의적 정치 관계가 나타남.<br>③ 이익집단의 참여에 의해 정책이 결정된다는 다원주의적 규제정책 | 환경규제, 안전규제, 진입규제 등 |
| 경쟁적 규제정책 | ① 다수의 경쟁자 중에서 경쟁 범위를 제한하려는 정책으로 희소자원의 분배와 관련된 정책<br>② 이권이 걸린 서비스 공급권을 특정 기업에 부여하고 이들을 적절히 통제<br>③ 분배정책과 보호적 규제정책의 혼합형(양면성)을 띰. | 항공기 노선 배정, 이동통신사업자 배정 |
| 보호적 규제정책 | ① 민간 활동이 허용 또는 제한되는 조건을 설정함으로써 일반대중을 보호하려는 정책<br>② 경쟁적 규제정책에 비하면 재분배정책에 더 가까움. | 기업의 독과점 규제, 최저임금제, 안전규제 등 |
| 구성정책 | ① 정부의 성격 규정이나 정부기구의 구성, 행정 체제를 정비하는 정책으로 헌정 수행에 필요한 운영 규칙에 관련된 대내적인 정책<br>② 대외적 가치 배분에는 직접 영향을 주지 않지만 대내적으로는 게임의 법칙이 일어나며 총체적 기능과 권위적 성격을 특징으로 하며, 정당이 그 결정에 중요한 영향을 미침. | 정부기관 신설, 공무원의 모집, 공무원 보수·연금, 선거구 조정 등 |
| 추출정책 | 환경으로부터 인적·물적 자원(수단)을 확보하는 정책(일명 동원정책) | 징세, 징집, 성금 모금, 토지·물자 수용 |
| 상징정책 | 정부가 정치 체제에 대한 정당성과 신뢰성 및 국민통합성을 증진시키기 위해 국내외 환경에 산출시키는 이미지나 상징과 관련된 정책 또는 주된 정책의 홍보를 위해 보완적으로 사용되는 정책 | 국경일, 국기 게양, 동상 건립, 스포츠 행사, 궁궐 복원 등 |

**용어 정리** 로그롤링과 포크배럴

로그롤링(log rolling)은 의회에서 이권과 관련된 법안을 해당 의원들이 서로에게 이익이 되도록 협력해 통과시키거나, 특정 이익에 대한 수혜를 대가로 상대방이 원하는 정책에 동의해 주는 방식으로 이뤄진다. 반면, 포크배럴(pork barrel)은 각종 개발사업과 관련된 법안이나 정책 교부금을 둘러싸고 의원들이 그 혜택을 서로 나눠 가지려고 노력하는 현상을 말한다.

### 4) 로위의 정책 유형 정리

| | 구분 | 특징 | 정책 결정 과정상의 특징 | 기타 |
|---|---|---|---|---|
| 로위 (T. J. Lowi) | 구성정책 | 대외적 가치 배분과 무관 | 게임의 법칙 (권위적·총체적 성격) | |
| | 분배(배분) 정책 | 다수에게 이익이 분산되는 개별화된 정책으로 갈등이 없음. | 로그롤링, 포크배럴 | • 이념(능률성, 효과성)<br>• 재원(조세)<br>• 갈등 없음(비제로섬게임).<br>• win-win game, positive-sum game,<br>• 추진 용이 |
| | 규제정책 | 법률로 표현되고 재량권이 있어 집단 간 갈등이 있음. | 다원주의 (포획과 지대 추구) | |
| | 재분배정책 | 계급 간 투쟁으로 집행이 곤란하며 집권적·독자적·안정적으로 결정됨. | 엘리트이론 | • 이념(형평성)<br>• 재원(고소득층 소득)<br>• 갈등 많음(제로섬게임)<br>• win-lose game, negative-sum game<br>• 추진 곤란 |

| | 구분 | 안정적인 루틴의 확립을 통한 원만한 집행 가능성 | 주요 관련자들의 동일성과 그들 간 관계의 안정성 | 집행에 대한 논쟁과 갈등의 정도 | 관료의 집행 결정에 대한 반발의 정도 | 집행을 둘러싼 논쟁에서 이데올로기 논의 정도 | 정부 활동의 감소를 위한 압력의 정도 | 성공적인 집행의 상대적 어려움 |
|---|---|---|---|---|---|---|---|---|
| 라이플리(R. B. Ripley)와 프랭클린(G. A. Franklin) | **분배정책** | **높다** | **높다** | **낮다** | **낮다** | **낮다** | **낮다** | **낮다** |
| | 경쟁적 규제정책 | 보통이다 | 낮다 | 보통이다 | 보통이다 | 어느 정도 높다 | 어느 정도 높다 | 보통이다 |

| 보호적 규제정책 | 낮다 | 낮다 | 높다 | 높다 | 높다 | 높다 | 높다 |
|---|---|---|---|---|---|---|---|
| **재분배정책** | **낮다** | **낮다** | **높다** | **높다** | **매우 높다** | **높다** | **높다** |

**심화 학습:** 로위(T. J. Lowi)의 정책 유형과 정치 간의 관계

**정부가 이용할 수 있는 강제의 유형들을 식별해, 논리적으로 유도하려는 시도**

① 종축은 강제가 원격적인가 근접적인가를 나타낸다.

정부의 입장에서 만일 처벌이 없거나 간접적이면 강제는 원격적이다.

프로그램에 대한 서비스나 보조는, 예컨대 농산물에 대한 보조는 강제 요소가 원격적이라 할 수 있다, 이에 반해 사기성 광고에 대해서는 정부가 직접적으로 개입하므로 강제는 근접적이다.

② 횡축은 강제가 개인의 행동에 적용되는가, 행동의 환경에 적용되는가를 나타낸다.

사기성 광고에 적용되는 일반적인 규칙이 있는데, 그 규칙은 개별적인 광고자의 행동에만 적용될 수 있다. 이것이 아래의 표의 개인적 행동의 의미다.

이와 대조적으로, 어떤 정책들은 개인들의 특정한 행태를 기다릴 필요 없이 행동의 환경을 통해 영향을 미친다.

**〈강제의 유형과 정책의 유형〉**

| 구분 | | 강제의 적용 방법 | |
|---|---|---|---|
| | | 개인의 행위 | 행위의 환경 |
| 강제의 가능성 | 원격 | 분배정책<br>(예: 정부 구매, 보조금) | 구성정책<br>(예: 기관 신설, 홍보) |
| | 근접 | 규제정책<br>(예: 불공정 경쟁, 사기성 광고) | 재분배정책<br>(누진적 소득세, 사회보장) |

## 5. 정부규제(정책)

### 1) 개념

① 바람직한 경제·사회 질서를 구현하기 위해 정부가 기업이나 개인·조직 등의 특정 활동이나 행위를 제한·금지하거나 지도·보호·지원하는 것을 말함(즉, 규제 주체인 정부가 기업〈피규제산업〉의 자유로운 의사 결정과 행동을 제약·통제하는 것).

② 정부 규제의 정당성은 시장의 실패(독점이나 외부 효과 등에 의한 자원 배분

의 비효율성 등) 등에 의한 자원 배분의 비효율성과 소득 분배의 불공평성 문제를 해결하는 데 있음.

③ 정부 규제에 대해 규제를 반대하는 소비자 주권론자와 규제를 찬성하는 소비자 보호론자의 입장이 있음.

2) 규제 영역별 분류

① 경제적 규제

㉠ **개념**

기업의 본원적 활동(설립, 판매, 퇴거 등)에 대한 규제로 전통적 규제임.

㉡ **목적**

경쟁 범위를 적정화하기 위한 것으로 경쟁을 촉진시키기 위한 규제(독과점규제)와 과열 경쟁을 막기 위해 경쟁을 제한하는 규제(협의의 경제적 규제)가 있음.

㉢ **특징(협의의 경제적 규제)**

재량과 차별이 허용되고 그 효과가 개별 기업에 국한되기 때문에 특정 기업으로부터 포획 현상이나 지대 추구 현상이 나타날 수 있으므로 관료들의 부패 방지 차원에서 완화 또는 철폐의 대상이 되는 규제임.

㉣ **종류**

독과점규제 및 불공정거래 규제, 가격규제(최고가격, 최저가격 등 요금 승인), 진입규제・퇴거규제, 품질규제, 직업 면허, 수입규제 등

② 사회적 규제

㉠ **개념**

시장 메커니즘에 의해 적절하게 다뤄지지 않는 가치(형평성)와 집단(소외계층)을 보호하고 사회적으로 바람직하지 않은 결과를 초래할 수 있는 기업의 행동을 통제해 기업의 사회적 책임을 강제하기 위한 규제로 경제적 규제에 비해 새로운 규제임.

㉡ **목적**

삶의 질을 확보하고 인간의 기본적 권리를 신장시키며, 경제적 약자를 보호하고 사회적 형평성을 확립하기 위한 것임.

㉢ **특징**

경제적 규제에 비해 규제의 대상이나 효과가 광범위하기 때문에 특정 피규제 집단으로부터 포획이나 지대 추구의 가능성이 낮고 오히려 규제자와 피규제자 간 대립 현상이 발생하며, 삶의 질 향상이나 약자 보호와 기본권 신장을 위해 유지 또는 강화해야 할 규제임.

㉣ **종류**

소비자보호규제, 환경규제, 산업안전규제, 사회적 차별 규제, 장애인에 대한 고용 차별, 인종 차별, 학력이나 출신 지역에 따른 차별 등에 대한 규제, 식품규제 등

③ 광의의 경제적 규제와 사회적 규제의 특징 비교

| 구분 | (광의의) 경제적 규제 | | 사회적 규제 |
|---|---|---|---|
| | (협의의) 경제적 규제<br>일반적인 경제적 규제 | 독과점규제 | |
| 개념 | • 기업의 본원적 활동을 규제<br>• 개별 기업(차별적 규제) | • 기업의 본원적 활동을 규제<br>• 모든 사업(비차별적 규제) | • 기업의 사회적 책임을 강제하기 위한 규제<br>• 모든 기업(비차별적 규제) |
| 예 | 진입규제, 퇴거규제, 가격규제, 품질규제 등 | 불공정거래규제, 합병규제, 담합규제 등 | 식품안전규제, 산업안전규제, 환경규제, 차별규제, 소비자보호규제 등 |
| 재량 | 재량적 규제 | 비재량적 규제 | 비재량적 규제 |
| 규제 역사 | 오랜 역사 | 오랜 역사 | 짧은 역사 |
| 시장 경쟁 | 경쟁 제한 | 경쟁 촉진 | 경쟁과 직접 관계 없음. |
| 정치경제학적 속성 | 지대 추구 및 포획 가능성 높음(규제 실패). | 지대 추구 및 포획 가능성 낮음(대립 현상). | 지대 추구 및 포획 가능성 낮고(대립), 공익집단의 역할이 중요 |
| 규제개혁 방향 | 완화 대상 | 유지 또는 강화 | 유지 또는 강화 |
| 규제개혁 목표 | 부패 방지, 경쟁 촉진 | 경쟁 촉진, 폭리 등 횡포 방지 | 삶의 질 향상, 기본권 보장, 약자 보호 |

☐ 퇴거규제나 독과점규제는 소비자 보호를 위한 규제이며, 진입규제나 수입규제 등 대부분의 경제적 규제는 생산자 보호 성격이 강함.
☐ 규제자와 피규제자의 관계에서 포획이 적극적 찬성이라면, 대립은 적극적 반대에 해당함.

### 3) 규제 목적별 분류

| 유형 | 개념 및 특징 | 사례 |
|---|---|---|
| 경쟁적 규제 | 과당 경쟁을 막고 국가 자원을 절감하기 위해 특정 자격을 갖춘 자에게만 공급을 허용하고 경쟁 범위를 제약하는 규제로서, 경쟁 희생의 대가 위에서 품질을 제고하려는 정책 | 방송국 설립 인가, 항공노선 취항 인가, 이동통신사업 인가, 입찰자격 제한 등 |
| 보호적 규제 | 공익을 보호하기 위해 유리한 것은 허용하고, 불리한 조건은 금지시키는 정책 | 식품 및 의약품 허가, 근로기준 설정, 최저임금제, 오염기준 설정, 독과점 규제, 안전규제 등 |

### 4) 규제 수단별 분류

| 구분 | 명령지시적 규제 | 시장 유인적 규제 |
|---|---|---|
| 개념 | 정부가 개인이나 기업이 지켜야 할 기준이나 규칙을 정해 주고 위반 시 형사 처벌하는 규제 | 정부가 개인이나 기업에게 일정한 의무를 부과하되, 그것을 달성하는 방법을 개인이나 기업이 경제적 판단에 따라 합리적으로 선택할 수 있는 규제 |
| | | 피규제자가 수용 시 혜택(보조금 등)을 주고, 불이행 시 불이익(처벌)을 주는 경우도 있으나, 주로 부담금 등 행정정 수단이 대부분임. |
| 수단 | 기준 설정(환경 기준, 안전 기준, 불공정거래 규제 등), 규칙 제정, 직접명령(시정 명령 등), 행정처분(인허가 등에 의한 진입규제) 등 | 정보공개(제품정보), 표시규제(품질 및 성분, 수리보증 등), 공시규제(기업공시 등), 품질인증규제, 등급사정규제(에너지 효율 등급 등), 제품표준화(중량 표시 등) 등 |
| 특징 | ① 기준의 법정화로 통제 지향적이고 경직적이나 효과가 직접적임.<br>② 규제기관에 재량성을 인정하므로 규제기관이 선호함.<br>③ 경제적 비효율성이 약점(경직성과 무차별성으로 인한)<br>④ 정치적 설득력 및 수용도는 강함. | ① 유도적·신축적이고 규제의 효과가 간접적임.<br>② 규제 대상자에게 재량성을 인정함.<br>③ 경제적 효율성이 높음(대상 기관이 합리적인 수단을 선택).<br>④ 처벌이 약해 정치적 수용성이 낮음. |
| 사례 | 환경규제(환경 기준, 기술 기준[설계 기준] 설정 등) | 환경규제(공해 배출 부과금[일종의 공해세], 공해권 경매 제도 등) |
| | 산업안전 및 보건규제(안전 및 보건 기준 설정 등) | 산업안전 및 보건규제(안전정보 제공, 상해세[작업상 상해에 대해 고용주에게 부과하는 부과금] 등) |
| | 소비자 안전 및 보호규제(허위·과장광고, 불공정거래행위 규제 등) | 소비자 안전 및 보호규제(정보공개, 품질인증, 제품표준화 등) |

| | 차별규제(할당임용제 등) | 차별규제(사적권리 보호[본적이나 학력 표시 의무화 금지], 정부계약을 통한 유도 등) |
|---|---|---|
| ※ 사회적 규제는 주로 명령지시적 규제가 사용되지만, 시장유인적 규제도 활용되고 있음. | | |

### 5) 대상별 규제 분류

| 수단규제 | 정부의 목표를 달성하기 위해 필요한 기술이나 행위에 대해 사전적으로 규제하는 것으로 **투입규제**라고 한다. |
|---|---|
| 성과규제 | 정부가 특정한 사회문제 해결에 대한 목표 달성 수준을 정하고 피규제자에게 이를 달성할 것을 요구하는 것으로 규제가 의도한 최종 산출물을 강조한다는 측면에서 **산출규제**라고도 한다. |
| 관리규제 | 수단과 성과가 아닌 **과정을 규제**하는 것이다. 관리규제에서 정부는 피규제자가 만든 규제 목표 달성 계획의 타당성을 평가하고 그 이행을 요구한다.〈예〉 식품 안전을 위해 그 효용이 부각되는 식품위해요소 중점 관리기준(Hazard Analysis Critical Control Points: HACCP)[1] |

### 6) 개입 범위별 규제 분류

| 네거티브 규제 | '원칙 허용', '예외 금지'를 의미하는 것으로'~할 수 없다', 혹은 '~가 아니다'의 형식을 띤다. 명시적으로 금지하는 것 이외에는 모든 것을 자유로이 할 수 있다(피규제자에게 자율성을 보장해 줌). 〈예〉 대기업은 프랜차이즈 사업에 진출할 수 없다. |
|---|---|
| 포지티브 규제 | '원칙 금지', '예외 허용'을 의미하는 것으로 '~할 수 있다', 혹은 '~이다'.의 형식을 띤다. 명시적으로 허용하는 것 이외에는 원칙적으로 모든 행위가 금지된다.<br>〈예〉 대기업은 프랜차이즈 사업에 진출할 수 있다. |
| 방향성 | 네거티브 규제가 포지티브 규제에 비해 피규제자의 자율성을 더 보장해 준다는 측면에서 바람직하다. |

### 7) 수행 주체별 규제 분류

| 직접 규제 | 정부기관에 의한 규제<br>규제 주체인 정부가 규제 대상인 민간의 행위와 의사 결정에 개입하는 등 주체와 객체가 다르다. |
|---|---|
| 자율 규제 | 민간기관에 의한 규제로, 개인과 기업 등 피규제자가 스스로 합의된 규범을 만들고 이를 구성원들에게 적용하는 행태의 규제 방식 / 규제를 준수해야 할 민간이 스스로 규칙을 설계하고 운용하는 것 |
| 공동 규제 | 민간기관에 의한 규제<br>정부로부터 위임을 받은 민간집단에 의해 이뤄지는 규제로 자율규제와 직접규제의 중간 성격 |

1) **식품 위해요소 중점 관리기준**(Hazard Analysis Critical Control Points: HACCP)
정부가 피규제자인 식품업체에게 식품의 원재료 생산에서부터 제조, 가공, 보존, 유통 단계를 거쳐 최종 소비자가 섭취하기 전까지의 각 단계에서 발생할 우려가 있는 위해 요소를 규명하고 결정해 체계적인 위생관리 체계를 갖추도록 요구하는 것.

### 8) 행정규제기본법[2)]과 규제영향분석

① 규제영향분석은 **'새롭게 만들어지거나 현존하는 규제의 사회적 편익과 비용을 점검하고 측정하는 체계적인 의사 결정 도구'**다(폐지 혹은 완화 경우는 아님).
② 우리나라에서는 1998년 규제개혁위원회(위원장 2인: 국무총리, 민간인 / 대통령 소속위원회)를 통한 신설·강화 규제심사에 규제영향분석을 중요한 항목으로 포함시킴.
③ 중앙행정기관의 장은 규제를 신설하거나 강화(규제의 존속 기한 연장을 포함한다. 이하 같다)하려면 다음 각 호의 사항을 종합적으로 고려하여 규제영향분석을 하고 규제영향분석서를 작성하여야 한다(7조).
④ 규제일몰제 도입

### 9) 규제개혁의 단계

**규제 완화, 규제품질관리, 규제관리의 세 단계로 구분(OECD)**
**1) 규제 완화 단계**
절차와 구비서류의 간소화, 규제순응비용의 감소 및 규제 폐지를 통한 규제총량의 감소에 관한 것(예: 김대중 정부의 규제 총량 50% 감소, 이명박 정부의 한시적 규제 유예)

**2) 규제품질 관리 단계**
규제 완화 이후 개별 규제의 질적관리에 초점을 두는 단계로, 규제영향분석이나 규제개혁제도를 시행하는 단계

**3) 규제관리 단계**
총량적 개혁이나 개별 규제의 질 문제에만 국한하지 않고 한 국가의 전반적인 규제 체계까지 관심을 갖는 단계

### 10) 규제 용어

#### ① 지대추구이론

정부는 특정인(기업)에게 배타적 경제행위를 할 수 있는 권리인 허가를 내주기도 하고, 특별 정책을 추진하는 과정에서 재정적 지원을 하기도 한다. 방송국 채널, 이동통신 주파수 배정, 재건축 허가 등이 전자에 해당하고 대학, 중소기업, 수출기업 등에 대한 보조금, 세금 감면, 특별 금융 등은 후자에 해당한다.

**정부가 이런 선별적 허가나 정책에 의해 인위적으로 만들어 낸 독점 또는 배타적 이익을 경제학 용어로 지대(地代, rent)라 한다.** 예를 들어 아파트에 세 들어 살려면 임대료(rent)를 내고 그 권리를 얻듯이, 사람들은 지대를 얻기 위해 돈을 기꺼이 지불할 것이다. 그 돈이 지대보다 낮은 한 이익이 되기 때문이다. 아파트 입주권에 1억 원 프리미엄이 붙었다면 이것 역시 지대라 할 수 있다. 사람들은 1억 원 미만의 값을 내고 그 입주권을 구하려 할 것이다.

---

2) 규제일몰제와 규제영향분석제도 도입.

② 포획(捕獲. capture. 사로잡힘)

포획은 원래 정부가 민간에 대한 규제를 할 때, 규제를 해야 할 규제기관이 피규제산업이나 피규제기업의 요구를 받아들이고 오히려 그들의 이익을 주장하는 현상을 설명하기 위한 개념이다.

③ 규제의 역설

합리적으로 만들어진 규제는 시장 행위자들에게 인센티브를 줄 뿐만 아니라 사회 전체로도 긍정적 성과를 도출한다.

반면 불합리한 규제는 민간의 행동을 비효율적으로 유도하고 사회적 자원의 왜곡을 가져오는 부작용을 초래한다. 이는 규제를 설계할 때 적응할 행위자들, 즉 행정가와 피규제자가 어떻게 적응할지에 대해 이해하지 못하기 때문에 발생한다. 이런 현상을 규제의 역설이라고 한다.

**과도한 규제는 과소한 규제가 된다.**
특정한 규제를 무리하게 설정하면 실제로는 규제가 전혀 안 이뤄지는 효과가 발생한다.
예를 들어 오염이 없는 세상의 실현과 같은 고도로 강화된 규제지침을 설정해 놓으면 집행자원이 한정된 정부는 오히려 그에 대한 규제를 거의 못하게 된다.

④ 규제일몰제(sunset law)

새로 신설되거나 강화되는 모든 규제는 존속 기한을 설정하고, 기한이 끝나면 자동적으로 규제가 폐기되는 제도를 의미하는 것으로서, 제로베이스(zero base) 방식이라고도 한다.

우리나라는 규제일몰제를 1997년 8월에 도입했는데, 기본적인 도입 취지는 규제가 만들어질 당시와 비교해 사회경제적인 상황이 변해 규제의 타당성이 없어졌는데도 불구하고 규제가 지속돼 부작용만 양산되는 것을 방지하기 위한 것이다.

(예) 영화발전기금 부과

조성 목표액인 2,000억 원 달성에 필요한 일몰 기한을 7년으로 설정했다.

### 11) 윌슨(J. Q. Wilson)의 규제정치이론(모형)

<table>
<tr><td>개요</td><td>• 규제의 공익이론과 사익이론을 모두 비판하며, 규제의 비용과 편익의 분포를 기준으로 네 가지 모형을 제시<br>• 규제의 비용과 편익의 분포에 따라 정치 상황이 다르게 발생한다는 것으로 대체로 비용이나 편익이 소수에게 집중되면 크게 느껴져 정치 활동이 활발한 반면, 다수에게 분산되면 작게 느껴져 정치 활동이 약해짐.</td></tr>
<tr><td>집단행동의 딜레마</td><td>1) 의의<br>집단구성원이 공통의 이해 관계가 걸려 있는 문제를 스스로의 노력으로 해결하지 못하는 현상(무임승차나 공유재의 비극으로 인해 구성원 어느 누구도 자신의 노력을 자발적으로 제공하지 않으려는 조직력 약화 현상으로 1/N, N-1로 설명됨.)<br>2) 발생<br>공유재나 공공재에서 흔히 나타나지만 시장에서도 발생함.<br>3) 극복 방안<br>정부규제나 사회적 자본(협력적 네트워크)<br>4) 적용<br>개도국이나 행정국가 시절에는 정부규제를 통해 문제를 해결하려고 했으나 선진국과 현대 시민사회에서는 구성원 간의 신뢰와 협력을 중시하는 사회적 자본이 더 적절함.</td></tr>
<tr><td>모형</td><td><table>
<tr><td colspan="2" rowspan="2">구분</td><td colspan="2">감지된 편익</td></tr>
<tr><td>(소수의 동질적 집단에게) 집중</td><td>(이질적 불특정 다수에게) 분산</td></tr>
<tr><td rowspan="8">감지된 비용</td><td rowspan="4">집중</td><td>이익집단정치</td><td>기업가적(운동가적) 정치</td></tr>
<tr><td>의사와 약사 간의 갈등</td><td>사회적 규제, 재분배정책<br>(외제차 수입규제 완화에 대한 제조업자 반대)</td></tr>
<tr><td>최저임금법(1986)</td><td>환경규제입법</td></tr>
<tr><td>집단행동 딜레마 발생(×)</td><td>채택 곤란</td></tr>
<tr><td rowspan="4">분산</td><td>고객의 정치</td><td>다수의(대중적)정치</td></tr>
<tr><td>협의의 경제적 규제(수입규제)</td><td>음란물이나 낙태 규제</td></tr>
<tr><td>전기통신사업법</td><td>의료보험입법</td></tr>
<tr><td>채택 용이</td><td>공익단체 역할 중요</td></tr>
</table></td></tr>
<tr><td>고객의 정치</td><td>① 규제비용은 불특정 다수에게 부담(분산)돼 작게 느껴지나, 그 편익은 동질적인 소수에게 귀속돼 크게 느껴지는 현상<br>② 규제기관은 조직화된 소수의 피규제산업(편익집단)에 의해 포획(적극 찬성, 동조)당하는 반면, 다수의 비용부담집단에서는 집단행동의 딜레마가 일어나 가장 쉽게(은밀하게) 규제가 이뤄져, 정부는 조직화된 소수의 이익을 대변하게 되고 공익은 저해됨.<br>③ 조직화된 소수가 강력한 로비활동(포획)으로 다수를 압도하는 미시적 절연 현상이 발생함.<br>④ 예: 수입규제, 직업 면허, 택시사업 인가 등 대부분의 협의의 경제적 규제</td></tr>
</table>

| | |
|---|---|
| 이익집단정치 | ① 비용과 편익이 모두 소수의 동질적 집단에게 국한됨.<br>② 쌍방이 막강한 (정치)조직적 힘을 바탕으로 첨예하게 대립되는 경우로서 규제기관이 어느 한쪽에 장악될 가능성이 낮음.<br>③ 어느 쪽에서도 집단행동의 딜레마가 발생하지 않으며, 세력 확장을 위해 국외자와 연합하거나 정치적 상징을 활용하는 등 규제 채택 과정의 가시성이 높음.<br>④ 예: 노사규제, 의약분업규제, 중소기업 간 영역규제 등 |
| 기업가적 정치<br>(운동가적 정치) | ① 고객의 정치와는 반대로, 비용은 소수의 동질적인 집단에 집중돼 있으나, 편익은 불특정 다수에게 분산돼 있는 현상<br>② 소수의 비용부담집단은 정치적으로 막강한 영향력을 발휘하는 반면, 다수의 수혜집단에서는 집단행동의 딜레마가 발생해 활동이 미약하고, 규제기관과 피규제산업 간에는 포획이 아닌 대립 현상(적극 반대)이 발생함.<br>③ 의제 채택과 집행이 가장 어려우며 극적인 사건(낙동강 페놀오염사건)이나 재난, 위기 발생이나 운동가(공익집단, 언론)의 활동에 의해 규제가 채택됨.<br>④ 예: 환경오염규제, 위해물품규제, 안전규제, 약자보호규제 등 대부분의 재분배정책이나 사회적 규제 등 |
| 대중적 정치<br>(다수의 정치) | ① 이익집단 정치와는 반대로 규제의 비용과 편익이 모두 이질적인 불특정 다수에게 분산<br>② 쌍방 모두 집단행동의 딜레마에 빠지게 돼 규제의 필요성이 공익단체에 의해 먼저 제기됨.<br>③ 이념적 반대가 극복돼야 하며, 규제 채택이 규제기관의 책임자인 대통령의 생각에 의해 좌우됨.<br>④ 예: 독과점규제, 낙태규제, 차별규제, 종교활동규제, 신문이나 방송에 대한 음란물 규제 등 |

### 심화 학습: 규제의 악순환을 설명하는 이론

① 끈끈이 인형 효과
토끼를 유혹하기 위해 만든 검은 타르 토끼 인형을 보고 친구로 착각해 토끼가 자꾸 몰려들듯이 정부규제가 또 다른 규제를 불러오는 악순환 현상

② 규제의 톱니 효과
소득이 감소했음에도 불구하고 소득이 줄어든 만큼 소비가 줄지 않듯이 규제도 한번 정해지면 축소되거나 없어지지 않는 현상

③ 풍선 효과
하나의 문제를 해결하면 이로 인해 다른 문제가 추가로 발생하는 효과로서, 이를 해결하기 위해 또 다른 규제가 발생하게 된다는 것
**〈주의〉 비눗방울 효과 : 총량 규제를 의미**
용기 안에 비눗방울이 가득 차 있을 때 하나가 터져야만 다른 하나가 생기듯이 규제도 총량 범위 내에서 추가 신설을 허용해야 한다는 원리

**용어 정리** 타르 인형

미국의 작가 조엘 챈들러 해리스(Joel Chandler Harris)가 쓴 문학작품을 통해 널리 알려진 아프리카계 미국 흑인들의 민화에 나오는 중심 인물이다. 해리스의 『타르 인형(*Tar-Baby*)』(1879)은 엉클 리머스가 화자로 나오는 동물 이야기 중 하나로, 악한을 속이려고 밀랍이나 수지 또는 고무로 만든 인형을 사용한다는 줄거리가 공통점인, 아프리카에서 유래한 수많은 이야기 중 한 예다.

해리스의 작품에서는 브러 팍스가 자신의 숙적인 브러 래빗을 잡기 위해 이 인형을 만들어 길가에 놓는다. 브러 래빗은 타르 인형에게 말을 걸지만 대답을 하지 않자 화가 나서 때리는 바람에 거기에 달라붙는다. 인형을 때리고 걷어 찰수록 그는 더욱 거기에 달라붙어 떨어질 수 없게 된다. 끈적끈적한 인형을 소재로 한 이야기는 아메리카 인디언의 민화에서도 많이 나온다.

## 6. 행정지도

### 1) 의의

① 행정기관 공무원이 그의 관할 내에서 어떤 행정 목적의 달성을 위해 시민에게 영향을 미치는 활동으로서, 법적 구속력을 수반하지 않는 것이라고 정의할 수 있다.[3]

② 구체적인 사례에 따라 행정지도(行政指導: administrative guidance)를 '권고', '협조 요청', '지시', '단속' 등으로 표현할 때가 많으며, 지방행정에서는 '주민지도'라는 말을 널리 쓰고 있다.

### 2) 특성

① 공무원의 행위: 공무원들이 직무에 관련해 하는 활동이다.

② 국민을 대상으로 하는 행위: 행정지도를 받는 시민은 특정한 개인일 수도 있고, 법인이나 단체일 수도 있다.

③ 의사 표시적·비정형적 행위: 직접적인 법령의 근거를 언제나 필요로 하는 것이 아니고, 지도 형식에 일률적인 제한을 받지도 않는다. 영향력을 미치려고 하는 행동이 의사 표시적 행위라고 하는 것은 행정지도가 물리적 작용이라기보다는 원칙적으로 정신 작용이라는 뜻이다.

④ 권력을 배경으로 하는 행위: 공무원들의 각종 권력을 배경으로 하는 활동이다. 공무원이 행사할 수 있는 여러 가지 권력에 의해 행정지도의 실효성이 담

3) 「행정절차법」 제2조는 행정지도란 행정기관이 그 소관사무의 범위 안에서 일정한 행정 목적을 달성하기 위하여 특정인에게 일정한 행위를 하거나 하지 아니하도록 지도, 권고, 조언 등을 하는 행정작용을 말한다.

보된다. **이러한 견해는 행정법학의 관점과 현저히 다른 것이다. 행정지도의 어떤 구체적 행동이 직접적으로 법적 구속력이나 강제처분을 수반하는 것은 아니다.** 그러나 행정지도의 비권력성을 주장하는 것은 권력의 의미를 너무 좁게 이해하는 견해 때문이다. 행정지도에 대한 복종이 상대방의 임의에 달려 있다고 하는 것은 맞지 않을 때가 많다.[4)]

3) 유형

① 규제적 행정지도: 공익 일반 또는 구체적인 행정 목적에 위배되는 행위를 규제 또는 예방하려는 것

② 조정적 행정지도: 서로 대립되는 당사들의 이해관계를 조정하려는 것

③ 조성적 행정지도: 상대방인 시민의 이익을 증진시키기 위한 봉사적 행정지도로, 촉진적 또는 조언적 행정지도라고도 함.

4) 행정지도의 팽창 이유

① 법으로 모든 것을 직접 규정할 수 없을 때 행정지도와 같은 현상이 불가피하게 발생함.

② 법규적 행위를 보완해 주는 역할을 수행함.

③ 행정 체제 내의 제반 조건과 환경의 사회문화적 · 정치적 · 경제적 조건이 행정지도의 양태와 양을 좌우하는 데 크게 작용함.

5) 행정지도의 기능적 효용성(이점)

① **행정의 적시성 · 상황적응성 제고**: 새로운 또는 긴급한 행정 수요나 법률이 규율하지 못하는 행정 수요에 응급적으로 또는 보완적으로 대응할 수 있다.

② **행정의 간편성 제고**: 입법 과정의 복잡한 절차를 거칠 필요가 없다.

③ 행정의 원활화: 행정지도를 활용하면 행정 체제와 시민 사이의 분쟁 또는 마찰을 줄일 수 있다.

④ 온정적 행정의 촉진: 냉혹한 법적 조치보다는 융통성이 있으며, 때로는 상대

---

4) 「행정절차법」 제48조는 행정지도에서 상대방의 의사에 반하는 강제를 하거나 순응거부자에 대해 불이익 조치를 하는 것을 금지하고 있다. 그러나 이러한 추상적 법조항이 행정지도의 권력성을 배제하기는 어려울 것이다.

방과 의논해 관대한 처리를 해 줄 수 있는 가능성이 있기 때문에 온정적 특성을 지닌다.

⑤ 행정절차의 민주화 촉진: 지도 과정에서 상대방과 협의가 이뤄질 수 있으므로 행정절차의 민주화에 기여한다.

⑥ 필요한 비밀의 보호: 행정지도는 문서로 해야 한다든지, 일정한 공개적 절차를 밟아야 한다든지 하는 조건을 반드시 충족시켜야 하는 것은 아니다. 보안을 요하는 사항의 은밀한 처리를 위해 또는 상대방의 명예와 이익을 보호하기 위해 행정지도가 그 수단으로 쓰일 수 있다.

6) 행정지도의 폐단

① **법치주의의 침해**: 행정지도는 구체적이고 직접적인 법규의 수권이 없이도 할 수 있기 때문에 법치주의 또는 법률에 의한 행정의 원리를 침해하게 된다.

② **불분명한 행정책임**: 행정지도는 직접적인 수권법규 없이도 할 수 있고 문서주의가 엄격하게 적용되는 것이 아니기 때문에 그 책임 소재가 불분명할 수 있다.

③ **구제 수단의 미비**: 행정지도에 불만인 상대방 또는 지도에 따랐기 때문에 피해를 입은 상대방이 이를 법적으로 다투거나 피해 보상을 청구하기 어렵다.

④ 공익에 대한 침해 : 행정기관의 편의와 상대방의 편익이 영합된 행정지도는 제3자의 이익이나 공공의 이익에 손상을 줄 수 있다.

⑤ **행정의 형평성 상실**: 공무원들의 재량에 달려 있기 때문에 형평성이 보장되기 어렵다.

⑥ 행정의 밀실화: 엄격한 요식 절차를 거치지 않고 은밀히 할 수도 있다.

⑦ **행정의 과도한 팽창**: 행정지도는 행정의 전반적인 경계 확장을 유도할 수 있다.

⑧ 비효율적 운영: 운영의 미숙이나 과오로 행정지도는 효율성을 살리지 못하고 목표 대치를 빚는 등 문제를 야기할 수 있다.

## 제 2 절 정책의제와 정책 목표

### 1. 정책의제 설정

① 1960년대 대규모 흑인 폭동을 계기로 특정 사회 문제가 왜 정책 문제화되지 못하는가에 관심을 가지면서 연구의 대상이 됨.

② 정책의제 설정이란 정부가 정책적 해결을 위해 사회 문제를 공식적인 정책의제로 채택하는 과정으로서 사회 문제의 정부 귀속화 과정임.

**심화 학습: 합리적인 정책 결정 절차**

| 단계 | 내용 |
|---|---|
| 정책 문제의 인지 | **1) 정책 문제의 특성**<br>공공성, 주관적이고 인공적, 상호의존성, 복잡다양, 역사적 산물, 동태적 등<br>**2) 정책 문제를 올바르게 정의하기 위해 고려해야 할 요소**<br>관련 요소 파악, 가치 판단, 인과 관계 파악, 역사적 맥락 파악<br>**3) 오류**<br>① 3종 오류: 정책 문제를 정확히 인지하는 못해 발생하는 오류(틀린 정의)<br>② 1종과 2종 오류(틀린 대안 선택)<br>- 1종 오류: 효과가 없는데도 불구하고 효과가 있다고 잘못된 결론을 내리는 오류<br>- 2종 오류: 효과가 있는데도 불구하고 효과가 없다고 잘못된 결론을 내리는 오류 |
| 정책 목표의 설정 | 목표 설정 시 고려할 기준<br>1) 적합성: 바람직한 목표 설정 여부<br>2) 적정성: 정책 목표의 달성 수준<br>3) 내적 일관성: 목표들 간 우선순위의 안정성 |
| 정책 대안의 탐색 | 정책 대안의 원천<br>과거의 정책 사례, 외국이나 다른 지방자치단체의 경험, 이미 알고 있는 지식, 이론, 기술을 바탕으로 한 모형 설정, 브레인스토밍과 정책 델파이 |
| 정책 대안의 | 정책 대안 결과의 예측 방법<br>1) 주관적 판단에 의한 예측<br>델파이, 패널 토의, 자유토론, 유추, 비계량적 시나리오 작성 등 |

| 결과 예측 | 2) 기존 자료를 통해 경향을 파악해 예측<br>시계열 자료에 의한 예측<br>3) 인과 관계를 통한 예측<br>회귀모형, 투입산출 분석, 공정관리기법(PERT, CPM), 계량적 시나리오 작성, 경로분석 등 |
|---|---|
| 예측 결과의 비교 평가 | 예측 결과의 비교 평가<br>1) 소망성 기준(나카무라[R. T. Nakamura]) : 노력, 능률성, 효과성, 형평성, 대응성<br>2) 실현가능성 고려(정정길) : 기술적, 재정적, 행정적, 법적·윤리적, 정치적 실현가능성 |
| 최적 대안 선택 | |

## 2. 정책의제 설정과 대안 선정상의 오류

<table>
<tr><td>문제 인지상의 오류<br>(3종 오류)</td><td>• 정책 대안이 아무리 훌륭하고 의도했던 바람직한 정책 효과가 나타났다 해도 정책 문제를 잘못 인지 · 채택하면 정책 문제는 여전히 해결되지 않은 상태로 남게 되는 근원적 오류<br>• 가치 중립적인 판단이나 수단적 · 기술적인 접근은 비현실적인 관점에서 출발하는 것으로 정책 목표의 적합성 결여와 관련됨(수단적 기획관).<br>• 3종 과오를 막고 정책 문제를 정의하기 위해서는 정책 문제의 구조화 또는 규범적 기획관이 중요함.<br>※ 가설의 검증이나 대안 선택 과정상의 오류가 아닌, 정책 문제를 잘못 인지해 정책 문제가 해결되지 못한 근원적인 오류(정답이 없는 문제의 답을 찾으려고 하는 오류)</td></tr>
<tr><td>대안 선정상의 오류<br>(1종, 2종 오류)</td><td>
<table>
<tr><th colspan="2" rowspan="2">구분</th><th colspan="2">귀무가설의 진위(眞僞) 여부</th></tr>
<tr><th>옳음</th><th>틀림</th></tr>
<tr><td rowspan="2">의사 결정</td><td>채택</td><td>옳은 결정</td><td>2종 오류</td></tr>
<tr><td>기각</td><td>1종 오류</td><td>옳은 결정</td></tr>
</table>
<table>
<tr><th>귀무가설</th><th>대립가설</th><th>대안</th><th>판단</th><th>오류</th></tr>
<tr><td>옳은 귀무가설 기각</td><td>틀린 대립가설 채택</td><td>틀린 대안 채택</td><td>정책 효과가 없는데 있다고 판단하는 오류</td><td>1종 오류</td></tr>
<tr><td>틀린 귀무가설 채택</td><td>옳은 대립가설 기각</td><td>옳은 대안 기각</td><td>정책 효과가 있는데 없다고 판단하는 오류</td><td>2종 오류</td></tr>
</table>
</td></tr>
</table>

| | |
|---|---|
| | ▢ 귀무가설: 대안의 효과가 없거나, 인과 관계가 없거나, 차이가 없다는 영가설<br>▢ 대립가설: 효과(인과 관계)가 있다는 연구가설<br>☞ 연구가설의 타당성을 입증하려면 귀무가설이 잘못됐음을 입증해야 함. |

## 3. 정책 문제의 특징

| | |
|---|---|
| 주관성과 인공성 | 정책 문제를 정의하는 집단이나 사람의 이해 관계, 가치관, 능력 등에 따라 인위적으로 영향을 받음(가치성, 규범성). |
| | 이해집단 간의 상호 작용으로 이뤄지는 정치적인 과정이기 때문에 객관성이 제약됨. |
| 상호의존성과 역동성 | 정책 문제는 여러 문제가 얽혀 있는 문제들의 덩어리로, 환경 변화에 따라 그 성격과 해결책이 달라짐. |
| 역사성과 공공성 | 정책 문제는 역사적 산물인 경우가 많고, 공적 문제이며 공익을 위한 문제임. |
| 정치성 | 정책 문제의 정의 과정에서 정책 대상집단 간에 수혜의 극대화 및 피해(비용)의 극소화를 위한 고도의 정치적 투쟁, 협상, 타협이 전개되므로 객관적 합리성이 제약됨. |

## 4. 정책 문제의 구조화 기법(3종 과오를 예방하기 위한 기법)

| 구분 | 개념 |
|---|---|
| 경계분석 | ① 개인이나 집단의 문제 형성 체계, 즉 메타 문제(관련 문제들의 집합 내지는 문제의 경계)가 완전한 것인가를 추정하는 방법<br>② 문제의 위치나 범위를 찾아내는 기법<br>③ 메타 문제라고 불리는, 개별적 문제들의 체제 수준에서 추정하는 것으로, 구체적으로는 포화표본 추출, 문제 도출, 경계 추정 등과 같은 절차를 통해 이뤄짐. |
| 계층분석 | ① 문제 상황의 발생에 영향을 줄 수 있는 가깝고 먼 다양한 원인을 창의적으로 찾아내기 위한 기법<br>② 개별 분석가의 직관적인 판단에 의해 원인이 식별됨.<br>③ 계층분석에서는 문제의 원인을 가능성 있는 원인, 개연성 있는 원인, 행동 가능한 원인으로 나눠 분석함. |

<table>
<tr><td>유추분석<br>(synetics)</td><td>과거에 등장했거나 다뤄 본 적이 있는 유사한 문제와의 관계 분석을 통해 문제를 정의하는 기법
<table>
<tr><th>구분</th><th>개념과 사례</th></tr>
<tr><td>개인적 유추</td><td>① 분석가가 마치 그 자신들이 문제를 경험하고 있는 것처럼 상상해서 문제를 유추하는 것으로 정치적 상황을 파헤치는 데 중요하다.<br>② 교통 문제를 분석하기 위해 만원 버스를 타고 이용객들의 불편을 겪어보는 것</td></tr>
<tr><td>직접적 유추</td><td>① 두 개 이상의 실제 문제 상황 사이에서 유사한 관계를 탐색한다.<br>② 약물 중독의 문제를 구조화하는 데 전염병의 통제 경험으로부터 직접적 유추</td></tr>
<tr><td>상징적 유추</td><td>① 분석가는 주어진 문제 상황과 어떤 상징적 대용물(모형 또는 시뮬레이션)이나 과정 사이의 유사한 관계를 밝히려고 한다.<br>② 일정한 기준에 따른 정책의 순환적 결정을 자동온도 조절장치에 비유하는 것</td></tr>
<tr><td>환상(가상)적 유추</td><td>① 문제 상황과 어떤 상상적인 상태 사이에서 유사성을 자유롭게 상상하고 탐험한다.<br>② 국방정책 분석가가 핵 공격에 대한 방어의 문제를 구조화하기 위해 가상적인 핵 공격 상태를 전제로 문제를 유추</td></tr>
</table></td></tr>
<tr><td>가정분석</td><td>문제 상황의 인식을 둘러싼 여러 대립적인(상충되는) 가정들을 창조적으로 통합하는 것으로 여러 가지 기법을 활용하는 가장 포괄적인 분석기법</td></tr>
<tr><td>분류분석</td><td>① 개념이나 문제를 명료화하기 위해 문제시되는 상황을 정의하고 분류하는 데 사용되는 개념들을 명확히 하는 기법<br>② 추상적인 개념들을 구성 요소별로 나눠 구체적인 대상이나 상황으로 나타내는 귀납적 추론 과정을 통해 경험을 분류하는 기법</td></tr>
<tr><td>복수관점분석</td><td>다양한 관점(개인적 · 기술적 · 조직적 관점 등)을 적용해 문제를 정의하는 기법</td></tr>
<tr><td>브레인스토밍</td><td>집단자유토의 기법</td></tr>
<tr><td>델파이</td><td>집단적 설문조사 기법</td></tr>
<tr><td>논변 지도 분석</td><td>① 정책논증 요소의 개연성과 중요성을 지도화하기 위해 그래프를 사용하는 것임.<br>② 이 과정의 첫 번째 단계는 근거, 보강, 반론 등과 같은 요소들을 두 개의 서열척도에 등급을 매기는 것임.<br>③ 논변 지도 작성에서 성과 기준은 최적 개연성과 중요성이 됨.</td></tr>
</table>

## 5. 정책의제 설정 과정

<table>
<tr><th>학자</th><th colspan="2">내용</th></tr>
<tr><td rowspan="5">콥(R. W. Cobb)과 엘더(C. D. Elder) (가장 많이 알려진 모형)</td><td colspan="2">▢ 사회 문제 → 사회적 이슈 → 체제의제 → 제도의제</td></tr>
<tr><td>사회 문제</td><td>개인의 문제가 불특정 다수인에게 장기간에 걸쳐 반복적으로 일어나는 문제</td></tr>
<tr><td>사회적 이슈<br>(쟁점)</td><td>① 집단들 간에 문제의 원인과 대책에 대해 견해 차이로 논쟁의 대상이 돼 있는 문제<br>② 예상치 못한 사건으로 특정 문제가 갑자기 공중의제로 급속하게 부각되는 상황을 촉매장치라고 함.</td></tr>
<tr><td>체제<br>(공중, 공공)의제</td><td>① 일반대중의 주목을 받을 만한 가치가 있으며, 개인이나 민간 차원에서 쉽사리 해결될 수 없어서 정부가 문제 해결을 하는 것이 마땅한 것으로 사회 전체 거시적 시각에서 다뤄지는 의제<br>② 구체화돼 있지 않고 갈등이 높은 의제</td></tr>
<tr><td>제도<br>(공식, 정부)의제</td><td>① 정부의 공식적 의사 결정에 의해 그 해결을 심각하게 고려하기로 정부가 스스로 명백히 구체적으로 밝힌 정부 내부 의제<br>② 제도의제가 모두 정책 결정으로 이어지는 것은 아니지만 일단 제도의제로 채택되면 그 문제는 해결 가능성이 높아짐.<br>③ 정책결정자가 관심을 가지는 구체적 의제</td></tr>
<tr><td>콥(R. W. Cobb)과 로스(J. K. Ross)</td><td colspan="2">이슈 제기 → 구체화 → 확장 → 진입</td></tr>
<tr><td>존스<br>(C. O. Jones)</td><td colspan="2">의제 설정(사건 인지 → 문제 정의 → 결집 → 조직화 → 대표화 → 정책의제화) ⇒ 정책 결정(정책 형성, 합법화, 예산 편성) ⇒ 정책 집행 ⇒ 정책 평가</td></tr>
<tr><td>기타</td><td colspan="2">포자모형: 곰팡이의 포자가 적당한 환경이 조성돼야 균사체로 성장할 수 있듯이, 평상시에는 큰 힘을 갖지 못하고 있던 이해관계집단의 잠재적 영향력은 이슈 촉발장치가 마련되고 이슈 창도자의 적극적 역할이 전개됨으로써 유리한 환경이 조성될 때 크게 발휘될 수 있고, 이슈가 공식적인 정책의제화하도록 작용하게 된다는 것<br>정책흐름모형: 상호 분리돼 독립적으로 흐르는 문제의 흐름, 정책의 흐름, 정치의 흐름 등이 어떤 계기로 서로 결합함으로써 새로운 정책의제로 형성된다는 것</td></tr>
</table>

**심화 학습: 메이의 정책 유형에 의한 정책의제 설정모형**

정책의제 설정 과정은 정책 이슈 영역과 관련된 정책 하위 시스템의 성격과 정책 문제 자체 성격의 상호 작용에 따라 개념화할 수 있다(Peter M. May). 정책 문제 성격의 차원에서는 대중의 지지가 중요하다. 이런 문제들은 사회에 미치는 영향이 광범위하기 때문에 그 문제해결에 대한 요구들이 일반대중들로부터 시발될 수 있다. 또 어떤 문제들은 특정한 집단에서만 중요한 문제일 수 있는데 이런 경우에는 그 집단이 당시에 정부와 얼마나 밀접한 관계를 가지고 있느냐 하는 정도에 따라 내부에서 정책의제 설정이 주도될 수 있다. 정부관료들은 문제가 되고 있는 정책 해결에 대한 대중의 지지 정도에 따라 동원 또는 내부 주도 가운데 하나를 택할 수 있다. **만일 대중들의 지지가 높아질 것으로 보이면 그들은 굳히기 작전을 쓸 것이고, 지지가 그렇게 높지 않다고 생각하면 동원에 의존할 것이다.** 과거 국정홍보처의 활동이 이러한 예다.

**〈정책 유형에 대한 정책의제 설정모형〉**

| 구분 | | 대중 지지의 성격 | |
|---|---|---|---|
| | | 높음 | 낮음 |
| 논쟁의 주도자 | 사회적 행위자들 | 외부 주도 | 내부 주도 |
| | 국가 | 굳히기 | 동원 |

이들 네 가지 정책의제 설정모형들 가운데 외부 주도모형, 동원모형 및 내부 주도모형이 가장 빈번하게 나타나는 정책의제 설정모형들이다(Cobb, Ross).

**외부 주도형에서 정책의제 설정은 이슈들이 먼저 비정부집단에서 일어나서 그들의 요구에 대한 지지를확대시키려고 노력하는데,** 지지의 확대는 그들의 특정한 불만을 좀 더 일반적인 불만으로 대중 속으로 확대시키고, 여러 집단과 연합체를 형성함으로써 이뤄진다. 이들 집단들은 이슈들이 공식적인 의제로 확장될 때까지 로비하고 경쟁하며 때로는 다른 집단들에 합류하기도 한다. 만일 그들이 정치적 자원과 기술을 가지고 있고, 다른 이슈나 정부 행동을 창도하는 반대자 등을 능가하는 책략을 쓸 수 있다면 그들의 이슈를 공식의제로 진입시키는 데 성공할 수 있을 것이다. 물론 이슈를 공식적닌 의제로 성공적으로 진입시키는 것이 바로 정부가 호의적인 결정을 내리게 됨을 의미하는 것은 아니다. 그것은 단지 그 이슈 항목이 수많은 이슈들 가운데 좀더 세부적으로 고려되도록 추출됐음을 의미할 뿐이다.

외부 주도형에서와는 달리 **동원형에서 의사결정자들은 이슈들을 공식적 의제로부터 공중의제로 확장시키려고 노력한다.** 이 모형에서는 이슈들이 일반 대중에게 알려진 불만으로부터 확장되는 예비적 과정을 거치지 않고 공식적 의제의 위치에 오른다. 물론 정부 내에서는 이슈에 대해 상당한 정도로 논쟁이 있을 수 있다. 그러나 일반 대중은 정책과 그것이 발전돼 가는 과정에 대해 아무것도 모르고 지내다가 정책이 공식적으로 발표될 때 비로소 알게 된다. 정책은 어느 정도 구체화된 것일 수도 있고, 원칙만 설정되고 구체적인 내용은 후에 만들어질 수도 있다. 그러나 정책 집행이 성공적이기 위해서는 지지의 확대가 중요하다. 그러므로 정부지도자들은 그들의 결정에 대한 대중들의 지지를 동원하기 위해 공공 관계 캠페인을 벌인다. 그러므로 동원모형은 정책을 주도한 정치지도자들이 그의 성공적인 집행을 위해 일반 대중의 지지가 필요한 상황에서 정책의제를 설정해 가는 과정을 묘사한 것이다.

**내부 주도형에서는 특별히 의사결정자들에게 접근할 수 있는 영향력 있는 집단들이 주도한다. 그러나 그들은 정책의 대중 확산이나 정책 경쟁의 필요를 느끼지 않는데,** 여기에는 기술적인 이유와 정치적인 이유가 있다. 이 모형에서는 한 집단이나 정부기관이 불만을 천명하고 문제에 대한 어떤 가능한 해결 방안을 구체화할 때 정책의제의 발의가 구체화가 동시적으로 일어난다. 확장은 정책과 관련된 주제에 대해 특별한 지식이나 관심을 가진 집단들이나 기관들에 한정된다. 정책의제로의 진입은 의사 결정을 바라는 집단의 특권적 지위에 따라 거의 자동적으로 이뤄진다.

## 6. 정책의제 설정모형(콥과 로스) : 주도자에 따른 구분

| | | |
|---|---|---|
| 외부 주도모형 | 개념 | 외부 집단이 주도해 정책의제의 채택을 정부에 강요하는 경우로서, 강요된 문제라고 함. |
| | 특징 | ① 정책 과정 전반을 사회문제 당사자인 외부 집단이 주도하고 협상과 타협 등 진흙탕 싸움, 즉 외부 집단 간의 경쟁으로 인해 점진적 해결에 머무르는 수가 많음(즉, **의제 설정 과정이 정치적으로 이뤄짐**).<br>② 의사 결정 비용은 증가하나 집행에 대한 순응 확보를 위한 노력이 필요 없게 되므로 집행비용은 감소함(의제 설정은 용이하지 않으나 집행은 용이함).<br>③ 이익집단이 발달하고 정부가 외부의 요구에 민감하게 반응하는 정치 체제, 즉 다원화된 선진국에서 나타남. |
| | 과정 | 사회 문제 ⇒ 사회적 이슈 ⇒ 공중의제 ⇒ 정부의제 |
| | 사례 | 전자거래제도, 벤처산업 육성, 개방형 임용제, 소비자 보호정책, 그린벨트 해제, 금융실명제, 학교 폭력 문제 등 |
| 동원형 | 개념 | 정부 내의 정책결정자들이 주도해 정책의제를 채택하는 경우로서, 채택된 문제라고 함. |
| | 특징 | ① 정부가 의제를 채택한 후 문제를 행정PR 등에 의해 이슈화 및 공중의제화함.<br>② 의제 설정 과정에서 전문가의 영향력이 크고, 정책 결정 과정과 내용이 분석적임.<br>③ 민간의 지지가 낮을 때 힘이 강한 정부가 힘이 약한 민간을 동원하는 모형으로 외부 주도형에 비해 쉽게 의제 설정이 이뤄짐.<br>④ 후진국(민간 부문이 취약한 권위주의 사회)에서 주로 볼 수 있는 유형 |
| | | ※ 〈주의〉<br>① 동원형은 정책담당자들이 일방적으로 채택한 것이 아니라, 일반 대중이나 관련 집단의 지원을 유도하기 위한 노력을 수행한 뒤에 의제를 채택하는 것으로 보기도 함.<br>② 국민의 지지 확보, 반응 파악, 정책 집행 시 예상되는 문제점 파악 등은 민간을 동원하는 과정에서 활용되는 수법들임. |
| | 과정 | 사회 문제 ⇒ 정부의제 ⇒ 사회적 이슈 ⇒ 공중의제 |
| | 사례 | 올림픽이나 월드컵의 유치, 가족계획사업, 새마을사업, 경제개발계획, 의료보험제도, 의약분업정책, 제2건국운동, 행정중심복합도시 건설, 한미 FTA, 미국 부시 행정부의 이라크 침공 결정 |
| 내부접근형 | 개념 | 정책담당자들에 의해 자발적으로 정책의제화가 이뤄지는 유형으로, 관료집단 내부에서 문제가 제기돼 정부 밖의 이해관계자와 접촉 없이 은밀하게 정책의제로 채택하는 경우를 말함. 음모형이라고도 함. |
| | 특징 | ① 홍보(PR)의 필요성을 느끼지 않으며, 동원형에 비해 지위가 낮은 관료에 의해 주도되며, 대중적 지지가 불필요하거나, 반대 세력이나 국민이 알면 곤란할 때 또는 시간이 촉발할 때에 의도적이고 일방적으로 국민을 무시하는 정부에서 나타남. |

| | | |
|---|---|---|
| | | ② 정부의제가 되고 난 후에 정부가 행정 PR 등을 통해 적극적으로 공중의제화를 주도하는 동원모형과는 다름.<br>③ 부(富)나 사회적 지위(권력)가 편중된 불평등 사회, 즉 후진국에서 주로 나타나지만 미국에서도 나타남. |
| | 과정 | 사회 문제 ⇒ 정부의제(※주의, 공중의제가 형성되지 않음.) |
| | 사례 | 무기 구매 계약, 금강산 관광이나 대북 지원사업 등 국방과 외교 분야에서 주로 나타남. |
| 비교 | | **〈동원형과 내부접근형 비교〉** |

| 구분 | 동원형 | 내부접근형 |
|---|---|---|
| 지위 | 높음(대통령이나 장관). | 낮음(고위관료). |
| 행정 PR을 활용한 공중의제화 | 있음. | 없음. |
| 국민 무시 | 국민을 무시하지 않음(PR을 함). | 국민을 무시하는 경향이 있음(PR이 없음). |

## 7. 정책의제 설정에 영향을 미치는 요인

(1) 문제의 중요성 : 이해 관련 집단이 크고 내용이 대중적이고 중요한 것일수록 의제 채택이 용이하다. 이해관계가 넓게 분포하고 조직화가 약할수록 의제 채택이 어렵다.

(2) 쟁점화의 정도 : 관련 집단들에 의해 예민하게 쟁점화된 것일수록 의제화 가능성이 크다.

(3) 문제의 인지집단의 규모 : 문제를 인지(제기)하는 집단의 규모가 클수록 의제화 가능성이 크다.

(4) 문제의 구체성 : 문제가 구체성이 높을수록 의제화 가능성이 크다(논란이 되고 있음).

(5) 사회적 중요성 : 사회 전체에 주는 충격의 강도(파급 효과)가 클수록 의제화 가능성이 크다.

(6) 선례의 유무 : 관례화된 문제일수록 의제화 가능성이 크다.

(7) 해결책의 유무 : 해결책이 있을수록 의제화 가능성이 크다.

(8) 문제의 특성 : 전체적 이슈, 전체적 편익을 주면서 부분적 비용을 수반하는 정책 문제일수록 채택이 곤란하다(크렌슨[M. A. Crenson]의 문제특성론 : 대기오염의 비정치화).

(9) 문제의 복잡성 : 문제가 복잡하면 의제화 가능성이 낮고, 단순하면 의제화 가능성이 높다.

## 8. 정책의제 설정에 관한 권력이론

① 주도권에 따라 국가 중심적 접근법(국가주의 내지 조합주의)과 사회 중심적 접근법(다원주의, 엘리트주의 등)으로 구분

② 권력의 집중과 분산에 따라 권력균형론(권력분산론, 다원론)과 권력불균형론(권력집중론, 국가주의, 조합주의, 엘리트주의 등)으로 구분

| | | |
|---|---|---|
| 고전적 엘리트이론 | 19세기 말 유럽 | ① 사회는 권력을 가진 소수 엘리트와 권력을 가지지 못한 일반대중으로 구별되며, 소수의 동질적이고 폐쇄적인 정치지도자(엘리트)가 다수의 일반대중을 지배<br>② 엘리트들은 다른 계층에 책임을 지지 않으며, 자신들의 이해관계만을 고려해 정책을 결정한다고 봄.<br>③ 미첼스(R. Michels)의 과두제의 철칙(iron law of oligarchy) |
| | 미국 | ① 지위접근법(밀스[C. W. Mills]) : 전국적 차원에서 규명(정부, 군, 기업체의 지도자로서 군-산업 엘리트 복합체 중심의 정책 결정)<br>② 명성접근법(헌터[F. Hunter]) : 지역사회 차원의 권력구조를 실증적으로 연구(사회적 명성이 있는 기업인, 변호사, 고위관료 중심의 정책 결정) |
| 다원론(이익집단론) | 고전적 다원론(다원론 집단이론) | **1) 개념**<br>① 정치 과정의 핵심은 이익집단의 활동이며, 이익집단의 자유로운 투사 활동(협상, 타협)을 통해 정책 문제가 채택된다는 이론으로 고전적 민주주의에서 출발<br>② 정책은 특정 세력이 주도하기 힘들며, 다양한 이익집단의 요구에 민주적으로 부응할 수 있다는 낙관적 이익집단론(벤틀리 · 트루먼의 주장)<br>**2) 종류**<br>잠재이익집단론과 중복회원론 ☞ 특수이익 추구 곤란<br>**3) 벤틀리(A. F. Bentley)와 트루먼(D. B. Truman)의 이익집단론에 대한 반론**<br>① 이익집단자유주의 : 이익집단의 자유로운 활동에만 맡겨두면, 조직화된 이익집단(활동적 소수)의 이익만 반영되고, 다수의 침묵집단의 이익은 반영되지 못함.<br>② 공공이익집단론 : 특수이익보다는 공익에 가까운 주장을 하는 이익집단의 이익이 정책에 반영될 것이라는 이론 |

<table>
<tr><td></td><td></td><td>4) 특징<br>① 서구 민주주의 정치 체제에서는 권력이 다양한 세력에 분산돼 있으며, 국가는 여러 이익집단으로 구성돼 있음.<br>② 사회의 각종 이익집단은 정부의 정책 과정에 동등한 접근 기회를 가지고 있음.<br>③ 이익집단 간에 영향력의 차이는 있으나 게임의 규칙을 준수하므로 사회 전체적으로는 균형을 유지함.<br>④ 정부는 이익집단과 동등한 하나의 집단으로서 이익을 조정하는 중개인이나 게임을 진행하는 수동적(중립적) 심판관 역할만 수행함.<br>⑤ 국가는 사회 내 이익집단 간의 힘의 균형을 반영하는 풍향계에 불과함.<br>⑥ 다원주의 사회에서 정책의제 설정은 주로 외부 주도형에 의해 이뤄지며, 행정부보다는 사법부가 정책 결정 과정에서 담당하는 역할이 강한 편임.</td></tr>
<tr><td></td><td>달(R. A. Dahl)의 다원론</td><td>1) 개념<br>달(R. A. Dahl)은 『누가 통치하는가?』에서 뉴헤이븐(New Haven) 시를 대상으로 연구한 결과, 엘리트이론과 달리 엘리트집단 전체가 대중의 선호나 요구에 민감하게 움직인다는 점에서 미국 도시가 다원적 정치 체제를 가지고 있다고 주장<br><br>2) 특징<br>① 사회의 가치는 다양한 세력(이익집단 등)에게 분산돼 있다고 전제함(다수에 의한 정치).<br>② 엘리트이론과는 달리 다수에 의한 정치(다두제, poliarchy)가 이뤄짐.<br>③ 정책 문제는 특정 세력의 의도와는 무관하게 외부에서 무작위적(자동적)으로 채택된다고 간주함.<br>④ 동일한 엘리트가 모든 정책 영역에서 지배적 권력을 행사하는 것은 아니며, 엘리트 간의 정치적 경쟁(선거 등)으로 대중의 선호가 정책에 반영될 수 있다는 것<br>⑤ 정책의 주도자는 경쟁하는 이익집단이며, 정부는 심판관의 역할에 그친다고 봄.</td></tr>
<tr><td>신엘리트론<br>(무의사결정론)</td><td colspan="2">1) 의의<br>① 정책의제 설정에서 지배 엘리트의 이해관계와 일치하는 사회 문제만 정책의제화된다는 이론<br>② 의사결정자의 가치나 이익에 대한 잠재적인 도전을 억압·방해 또는 방치하는 결과를 초래하는 의도적 무결정<br>③ 바흐라흐(P. Bachrach)와 바라츠(M. Baratz)는 다원론자인 다알의 다원론이 권력의 어두운 모습을 간과했다고 비판한데서 비롯된 것으로 권력의 두 얼굴(밝은 얼굴과 어두운 얼굴)을 통해 설명한 이론</td></tr>
</table>

| | |
|---|---|
| | **2) 사례**<br>1970년대 우리나라가 경제 성장과 안보 이데올로기에 치중해 인권, 노동, 환경, 복지 등에 관한 문제를 억눌러 온 현상<br>**3) 특징**<br>① **모든 사회 문제는 자동으로 정책의제화된다는 다알의 다원론에 대한 반발**로 '어떤 문제는 정책의제로 채택되고 어떤 문제는 방치·기각되는가에 대한 물음에서 출발한 이론으로, 1960년대 미국에서 대규모의 흑인 폭동을 계기로 발전된 이론<br>② **주로 의제 채택 과정에서 나타나지만(좁은 의미), 결정·집행·평가 등 정책 과정 전반에 걸쳐 나타나며(넓은 의미), 의제 채택을 가로막지 못하면 결정·집행 단계(예산 배정 단계)에서 계속 영향력을 행사함.**<br>③ **무의사 결정은 결정자의 무관심이나 무능력과는 무관한 의도적 현상으로 은밀하게 나타남.**<br>**4) 발생 원인**<br>관료의 이익과 상충될 때 발생<br>**5) 사용 수단**<br>폭력, 권력, 편견의 동원, 편견의 수정·강화 |
| 신다원론<br>(수정다원주의) | **1) 의의**<br>순수다원주의를 부분적으로 비판하면서 무의사결정론(신엘리트론)의 요소를 부분적으로 수용하는 관점(던리비[P. Dunleavy])으로서 정부가 좀 더 전문적·능동적으로 기능한다고 봄(여전히 다원주의의 틀 안에 있음).<br>**2) 다원주의에 대한 비판**<br>① 이익집단의 중요성을 지나치게 강조한 나머지 관료와 정부의 이해관계 그리고 활동·영향력 등을 등한시함.<br>② 기업가의 특권적 지위를 제대로 고려하지 못함.<br>③ 정책에 대한 외적인 환경이나 구조적 제약 등을 등한시함.<br>④ 잠재적 집단이나 정부 내 부처 간의 견제·균형에 의문을 제기함.<br>**3) 신다원주의의 특징**<br>① 자본주의 국가에서는 기업집단에 특권을 부여할 수밖에 없음.<br>② 정부는 중립적인 조정자가 아닐 수도 있으며, 전문화된 체제를 갖춘 능동적 개입자로 전제함. 따라서 정부는 특수이익집단(특히 기업이익)의 우월적 존재 가능성을 인정함.<br>③ 불평등 구조의 심화를 방지하기 위한 구조적 개혁의 필요성을 강조<br>④ **순수다원론과는 달리 선거 등 외적 요인보다는 국가관료 간의 내적 견제, 정부기구 분화를 통한 민주주의 확립의 필요성을 강조** |
| 조합주의<br>(corporatism) | **1) 의의**<br>**다원주의에 대한 반발로 나타난 국가주의 일종(슈미터[P. Schmitter])**<br>1920~30년대 이탈리아 파시스트 조합주의가 그 전형적인 유래이며, 제2차 세계대전 후 미국과는 다른 자본주의 체제를 구축해 온 **서유럽 국가들에서 나타난 모형으로 정부 주도의 관료적 경제기획 체계를 강조**함. |

| | |
|---|---|
| | **2) 유형**<br>① 국가조합주의: 일반적이고 전형적인 조합주의로, 제3세계 및 후진 자본주의에서 국가가 일방적으로 (위로부터) 주도하는 이익대표 체제(이탈리아 파시스트 조합주의가 대표적임.)<br>② 사회조합주의: 이익집단의 자발적(아래로부터) 시도에 의한 것으로, 서구 선진 자본주의의 의회민주주의 하에서 나타난 자유주의적 조합주의(영국 등)<br><br>**3) 특징(국가조합주의를 중심으로 한 특징)**<br>① 기업가단체(자본), 노동자단체(노동), 정부 대표의 삼자연합이 주요 경제정책을 결정하지만 정부와 이익집단 간 '공식 합의(상호 협력)'를 중시하므로 이익집단의 자율성은 제약됨.<br>② **이익집단은 단일적, 강제적, 비경쟁적 조직 형태를 띰(다원주의와 달리 조합주의에서 이익집단은 다양하지도 않고 국가로부터 자유롭지 못하며, 이익집단 간 계층적 서열화가 형성되고, 국가와의 공식적 · 제도적 합의 속에서 활동함**).<br>③ 이익집단은 구성원의 이익 증진과 함께 국가가 강요하는 사회적 책임도 중시함.<br>④ **조합주의 하에서 이익집단은 준정부기관 또는 확장된 정부기구의 일부로 작용함.**<br>⑤ **정부는 중립적 · 피동적 중재자가 아니라 자신의 이익이나 사회의 공동선을 위해 행동하는 능동적인 실체이며, 이익집단의 활동을 규정하고 포섭 또는 억압하는 권위주의적이고 독립적인 실체로 간주함.**<br><br>**4) 신조합주의(neo-corporatism)**<br>중요 산업조직들, 특히 다국적 기업들이 국가(정부관료제)와 긴밀한 동맹 관계를 형성하고 이들이 함께 경제 · 산업정책을 만들어 낸다고 설명하는 이론 |
| 기타 | **1) 사이먼(H. A. Simon)의 의사결정론**<br>사이먼은 정책결정자의 인지 능력의 한계로 인해 사회의 모든 문제가 정책의제로 채택되지 못한다고 봤으나, 왜 특정 문제가 정책의제로 되는지에 대한 설명이 곤란함.<br><br>**2) 이스턴(D. Easton)의 체제이론**<br>정책을 환경으로부터 투입에 대한 산출로 보고 거시적 관점에서 사회 체계는 기계적 체계나 유기체 체계와 같이 능력상의 한계로 인해 체계를 지키는 문지기〈대통령, 고위관료, 국회의원 등〉가 허용하는 일부 사회 문제만 정책의제화된다고 주장했으나, 문지기가 어떤 문제를 왜 통과시키는지에 대한 설명이 부족함.<br><br>**3) 마르크스주의(계급이론)와 신마르크스주의**<br>① 계급이론: 정부 또는 정책의 기능은 지배계급을 위한 봉사 수단에 불과함(국가의 자율성을 부정).<br>② **신마르크스주의**: 국가가 어느 정도 자율성을 가지고 있음을 강조하나, 정부가 아닌 민간이 실질적인 결정권을 장악하고 있다고 봄(**국가의 상대적 자율성** 언급).<br><br>**4) 베버주의와 신베버주의**<br>① 베버주의: **국가나 정부관료제의 독자성(절대적 자율성)**과 지도적 · 개입적 역할을 강조 |

| | 하는 이론으로 정부관료제는 국익의 관점에서 여러 이익집단의 이익을 권위적으로 조정하는 실체라고 간주함.<br>② **신베버주의**: 정부 또는 국가도 정책 결정 과정에서 수동적인 심판관이 아니라 어느 정도 자율적인 의사 결정 주체라는 입장(**상대적 자율성을 강조**)으로, 국가는 다른 나라와의 경제 관계에 관한 정책 결정을 할 때 기업의 이익이 아니라 국가의 이익을 옹호하는 결정을 내린다고 함. |
|---|---|

## 용어 정리 과두제의 철칙(iron law of oligarchy)

대규모 조직은 내부 민주주의의 가능성이 배제되는 관료제적 구조 - 소수에 의해 지배되는 -를 발전시키는 경향이 있는 바, 이것이 예외 없이 적용된다는 점에서 철칙이라고 부른다. 미첼스(Robert Michels, 1876-1936)는 민주적 가치의 실현이 위임된 조직에서 불가피하게 과두제의 경향이 나타난다는 가설 하에서 독일의 사회주의 정당의 내부구조 연구를 통해 이러한 명제를 제시한 것이다.

## 핵심 정리 권력모형

1. 엘리트이론의 전개 과정

| 고전적 엘리트이론 | 1950년대 미국의 이론 | | 신엘리트이론 |
|---|---|---|---|
| 모스카(G. Mosca)<br>파레토(V. Pareto)<br>미첼스(R. Michels) | 밀즈(C. W. Mills) | 헌터(F. Hunter) | 바흐라흐(P. Bachrach)<br>바라츠(M. Baratz) |
| 과두제의 철칙 | 지위접근법<br>(미국 전국적 차원의 정책 과정 분석) | 명성접근법<br>(미국 애틀랜타 시 정책 과정 분석) | -다원주의에 대한 비판적 관점<br>-무의사 결정 |
| -사회는 지배계급과 피지배계급으로 구분<br>-엘리트들은 동질적이고 폐쇄적<br>-엘리트들은 자율적 다른 구성원에게 책임 없음. | -미국 사회 권력 엘리트<br>-정부·군·기업 복합체 | -애틀란타에서 가장 영향력 있는 것으로 명성이 나 있는 40명을 뽑아내어 분석<br>-이들이 여러 가지 모임을 통해 애틀란타 시의 기본 방향을 결정<br>-이들보다 하위층에 있는 자들이 이를 뒷받침하고 집행 | -무의사 결정이란 정책과정(특히 정책의제 설정 단계)에서 지배적린 엘리트집단의 이해관계와 부합하는 문제만 논의할 목적으로 지배집단의 이익에 명시적, 잠재적으로 도전이 될 수 있는 문제를 거론조차 못하게 억압하고 방해하는 결정을 의미 |

2. 다원주의론의 발전 과정

| 이익집단론 | 다원주의론 | 신다원주의론 |
|---|---|---|
| 벤틀리와 트루먼<br>-다원주의의 초기의 이론적 틀<br>-민주주의 사회에서는 이익집단의 요구에 따라 정책을 결정하고 집행하는 것이 바람직함.<br>① 잠재집단: 특수이익을 가진 지배적 집단이 자신의 이익을 침해당할 우려가 있을 때 조직화될 수 있는 집단<br>② 중복회원: 이익집단의 구성원은 한 집단에 소속돼 있는 것이 아니라 여러 집단에 소속 | 달(R. A. Dahl)<br>일반적인 전제<br>-권력이 소수의 지배집단에만 권력이 집중돼 있는 것이 아니라, 널리 분산돼 있으며 관심을 가진 이해집단들은 영향력 행사에 동일한 접근가능성을 가짐.<br>-정부는 매우 소극적 역할을 수행 | 고전적 다원주의에 대한 비판<br>-자본주의 국가에서는 기업집단에게 특권을 부여할 수 밖에 없는 점 인정<br>-정부는 중립적 조정자가 아니라 전문화된 체계를 갖추고 능동적인 기능을 수행하는 적극적인 존재<br>-민주사회의 핵심적 동력: 사회에 존재하는 여러 이익집단 간의 정치적 이익의 조정과 극복 |

3. 다원주의의 변천과 유형

<table>
<tr><td rowspan="3">이익집단론</td><td colspan="3">벤틀리(A. F. Bentley)와 트루먼(D. B. Truman)의 고전적(초기의) 다원주의</td></tr>
<tr><td>잠재이익집단론</td><td>침묵적 다수의 이익도 반영됨.</td><td rowspan="2">특수 이익에 치우치지 않음.</td></tr>
<tr><td>중복회원이론</td><td>여러 집단에 중복 소속됨.</td></tr>
<tr><td rowspan="2">이익집단론에 대한 반론</td><td>이익집단자유주의</td><td colspan="2">활동적 소수(active minority)의 폐단 지적</td></tr>
<tr><td>공공이익집단론</td><td colspan="2">공익을 주장하는 집단의 이익이 우선됨.</td></tr>
<tr><td>다원주의<br>(R. A. Dahl)</td><td colspan="3">엘리트는 일반 대중의 요구에 민감 → 이익집단이나 일반 대중이 정책 주도 → 선거가 중요한 장치</td></tr>
<tr><td>신다원주의</td><td colspan="3">정부의 능동적 · 전문적 지위 인정 → 정경유착 등 특권적 이익집단 존재 인정 → 정부기구 분화가 중요</td></tr>
</table>

4, 국가론 비교

| | | | | |
|---|---|---|---|---|
| 다원주의 | 이익집단이 의제 주도, 국가는 수동적 심판관 | | 신다원주의 | 국가가 능동적 개입 |
| 엘리트주의<br>(選良主義) | 엘리트들(지배계층)이 일반 대중 지배 | | 신엘리트주의 | 무의사결정론 |
| 마르크스주의 | 국가는 자본가 계급의 도구<br>(K. Marx) | ⇒ | 신마르크스주의 | 국가의 상대적 자율성 |
| 국가주의<br>(베버주의) | 정부관료제의 절대적 자율성<br>(M. Weber) | | 신베버주의 | 국가의 상대적 자율성<br>(S. Kranser) |
| 조합주의 | 국가가 이익집단을 지배 · 억압 | | 신조합주의 | 중요 산업 조직(다국적 기업)의 영향력 강조 |

## 9. 정책네트워크(정책망)모형

### 1) 개념

다원론과 엘리트이론, 조합주의에 대한 대안으로 등장한 것으로, 정책을 다양한 공식, 비공식 참여자들 간의 참여와 상호 작용의 결과로 보고 사회학이나 문화인류학의 사회연결망이나 네트워크 분석을 이용해 정책 과정을 포괄적이고 동태적 · 체계적으로 설명하기 위한 모형

### 2) 등장 배경

① 정책의 내용과 정책을 둘러싼 환경이 점점 복잡해짐에 따라 공공정책의 형성은 다양한 이익, 목표, 전략을 가진 행위자들의 상호 작용이라는 인식이 확산됨.

② 정책네트워크이론은 기존의 사회중심이론(다원주의)이나 국가중심이론(조합주의)은 한계가 있다는 인식이 확산되면서 다원주의 또는 조합주의라는 양자택일의 단일한 개념을 버리고 두 이론의 장 · 단점을 보완 · 연계시키는 접근법

③ 1960년대 하위정부모형이 가장 먼저 대두됐고, 이에 대한 반발로 공동체모형(이슈 공동체, 정책 공동체)으로 발전함.

### 3) 정책네트워크(모형)의 특징

정책 네트워크는 다양한 참여자들 간의 관계를 포괄한 정책 과정 전반의 거시적 동태성을 설명하기 위한 모형임.

| | |
|---|---|
| ① 정책 문제별 형성 | 사안(문제)별로 형성(정책의 부분화 · 전문화) |
| ② 다양한 참여자 | 공식적 참여자와 비공식 참여자 |
| ③ 연계의 형성 | 교호 작용을 통한 연계 형성 |
| ④ 경계의 존재 | 참여자와 비참여자를 구분하는 경계 |
| ⑤ 제도적 특성 | 참여자들의 상호 작용을 규정하는 공식적 · 비공식적 규칙의 총체 |
| ⑥ 가변적 현상 | 정책 과정 전반을 지배하는 거시적 · 동태적인 현상으로 시간의 흐름에 따라 외재적 · 내재적 요인에 의해 변동됨. |

### 4) 정책네트워크모형

| | |
|---|---|
| 하위정부모형 | 1) 개념<br>① 공식 참여자인 관료와 의회의 상임위원회, 비공식 참여자인 이익집단이 상호 이해관계를 공유하면서 정책 영역별로(교육, 환경 분야 등) 결정과 집행에 영향을 미치는 동태적 현상으로 1960년대 논의된 철의 삼각이 핵심적인 모형<br>② **주로 미국에서 사용됐던 개념**으로 엘리트주의적 성격이 강하다는 입장과 미국적 다원주의로 이해하는 입장이 있으나 **다원론의 구체적인 표현으로 보는 견해가 더 많음.**<br>2) 특징<br>① 정부관료제, 의회 상임위원회, 이익집단 등 3자의 이해관계가 일치해 장기적이고 **안정적·자율적**으로 호혜적인 동맹 관계(3자연맹)가 형성돼 그들의 이익만을 일방적으로 반영하는 폐쇄적이고 안정적인 정책 결정 체계를 의미함.<br>② 정책 분야별로 다양한 하위정부모형이 형성되고, 결정권이 다양한 하위정부에 분산돼 있다고 보므로 다원론적 관점이 강함.<br>③ **주로 대통령의 관심이 덜하고 일상화 수준이 높은 분배정책에 영향을 미침.**<br>3) 약화 요인<br>사회의 다원화, 정책 문제의 복잡화, 이익집단의 경쟁 격화, 시민사회의 등장 이후 하위정부모형의 적실성과 영향력이 약화됨(이슈 공동체로 발전). |
| 이슈공동체모형<br>(정책문제망)<br>(Issue Network) | 1) 개념<br>공통의 기술적 전문성을 가진 다양한 견해의 대규모 참여자들을 함께 묶는 **불안정**한 지식공유집단으로, 특정한 **경계가 존재하지 않는 광범위한 정책연계망으로 미국에서 철의 삼각(하위정부모형)을 비판·대체하려는 개념으로 1970년대 후반 헤클로(H. Heclo)에 의해 논의된 모형**<br>2) 특징<br>① 사회가 점차 다원화되면서 철의 삼각 같은 정책결정 체제가 곤란해졌다는 다원론적 인식에 따라 등장<br>② 참여자의 범위가 넓고 매우 불안정하고(일시적이고) 개방적이며 구체적인 문제 해결보다는 이슈를 제기하는 데 치중<br>③ 다양한 관련 행위자들이 특정 이슈에 대해 공식적·비공식적 채널을 통해 영향을 미침.<br>④ 관료의 우월적 지위가 인정되지 않으며, 구성원 간의 인식에 대한 공유감이나 책임감이 없고 오히려 갈등을 증폭시킴. |
| 정책공동체모형<br>(Policy Community) | 1) 개념<br>1980~90년대 논의된 모형으로, 정책 문제, 정책 대안, 정책 결과 등에 관심을 가지고 있는 사람들로 구성돼 비교적 계속적인 활동을 하는 일종의 공동체 모형<br>2) 특징<br>① **정당과 의회를 중심으로 한 미국식 논의의 한계를 극복하고자 로즈(R. A. W.** |

Rhodes) 등 영국 학자를 중심으로 발전된 뉴거버넌스와 연관된 개념

② 이슈 공동체에 비해 국가가 좀 더 주도적이고, 국가는 자신의 정책 이해를 가지고 이를 정책 과정에서 관철시키고자 노력하는 하나의 행위자임.

③ 이슈 공동체에 비해 참여가 제한적이며, 비교적 장기간에 걸쳐 구축되는 안정적이고 협력적인 전문가집단

④ 이슈 공동체가 제로섬게임(zero-sum game)을 하는 데 반해, 정책공동체는 내부에서 제로섬게임이 발생하지 않으므로 대체로 갈등이 적고 기본 인식을 공유함.

**3) 장점**

정책의 합리성 제고, 다양한 요구의 반영, 정책 혼란의 감소 등이 가능함.

**4) 한계**

정책공동체 구축에는 장기간이 소요되며, 최고 정책결정권자의 지지가 있어야 하고, 정보 공개 등의 제도적 장치가 마련돼야 함.

**정책 네트워크의 종류**

| 구분 | 철의 삼각 | 이슈 공동체 | 정책 공동체 |
|---|---|---|---|
| 행위자 | 관료+이익집단+<br>의회 상임위원회 | 광범위한 다수의 이해관계자 참여 | 제한된 참여(관료+전문가) |
| 폐쇄성 | 폐쇄적 | 개방적 | 비교적 폐쇄적 |
| 안정성 | 안정적 | 불안정(유동적, 일시적) | 비교적 안정적(지속적) |
| 행위자 간 관계 | 동맹 관계 | 경쟁적 · 갈등적(negative-sum game, 영합게임) | 의존적 · 협력적(positive-sum game, 정합게임) |
| 정책 | 분야별 정책 지배 | 정책 산출 예측 곤란 | 의도한 정책 산출 가능 |

**이슈 공동체와 정책 공동체 비교**

〈이슈 공동체와 정책 공동체의 차이〉

| 구분 | 이슈 공동체 | 정책 공동체 |
|---|---|---|
| | 이슈 네트워크 | (좁은 의미의) 정책 네트워크 |
| 참여자의 범위 | 광범위, 개방적 | 제한적, 폐쇄적 |
| 연계 작용 | 불안정(유동적, 일시적)하고 예측 불가능 | 안정적(지속적, 장기적)이고<br>예측 가능 |
| 참여자의<br>권한 · 자원 | 일부만 권한과 자원을 소유<br>(권력 불균형) | 모든 사람이 자원과 권한을 가지고 교환(권력 균형) |
| 기본 가치와<br>목표 | 공유감이 약함. | 공유감이 강함. |
| 접촉 빈도 | 유동적 | 지속적 |
| 행위자 간 관계 | 불평등한 권력, 불평등한 자원과 정책 네트워크에 대한 불평등한 접근권이 반영됨.<br>그것은 zero-sum game이 됨. | 구성원들 사이에 권력의 균형이 있음. 비록 한 집단이 지배적이라고 하더라도, 공동체가 지속된다면 positive-sum game이 형성됨. |
| 정책 산출 | 예측 곤란 | 의도한 정책 산출 예측 가능 |
| 접촉 빈도 | | 높음을 지속적으로 수정 |

| | • 이슈 공동체는 1970년대 말 정부실패의 경험과 사회의 다원화로 인해 등장한 것으로 신공공관리론(미국 중심)과 연관된 모형<br>• 정책 공동체는 이슈 공동체를 보완하기 위해 상대적으로 정부의 책임과 주도적 역할을 강조하는 뉴거버넌스(영국 중심)와 연관성이 높음. |
|---|---|

## 10. 정책 목표의 변동 유형

### 1) 목표의 대치(displacement of goals)

업무 수행 과정에서 목표 달성의 수단이 되는 규칙과 절차에 집착함으로써 목표가 수단에 의해 대치되거나 목표-수단의 우선순위가 바뀌게 되는 현상을 말한다. 즉, 조직 전체의 목표 달성을 우선적으로 생각하기보다는 규칙과 절차를 지켜야 한다는 경직된 태도가 목표와 수단의 전도(顚倒) 현상을 초래하게 된다. 이처럼 조직 구성원들이 절차나 규칙에 지나치게 집착하는 동조과잉(overconformity) 현상은 형식주의를 초래, 결과적으로 효과성을 저해하는 요인으로 작용하게 된다.

### 2) 목표의 승계(goal succession)

조직이 원래의 목표를 이미 달성했거나 또는 달성이 불가능한 경우 조직의 생존을 위해 새로운 목표를 세우는 것을 말한다. 미국의 소아마비재단이 20년간의 활동 끝에 소아마비 예방백신 개발로 목표가 달성되자, 관절염과 불구아 출생의 예방 및 치료라는 새로운 목표를 채택해 재단을 존속시키는 것이 이에 속한다.

### 3) 목표의 축소(goal reduction)

목표의 수 또는 범위가 축소되는 것을 말한다. 목표 달성이 심한 애로에 봉착할 때 목표는 축소된다.

### 4) 목표의 다원화(goal multiplication)

기존 목표에 새로운 목표가 첨가되거나 목표의 범위가 넓어지는 것을 말한다.

### 5) 목표의 확장(goal expansion)

기존 목표에 같은 종류의 새로운 목표가 첨가되거나, 목표의 범위가 넓어지는 것을 말한다.

이에 비해 목표의 다원화는 같은 종류의 목표뿐만 아니라 이종(異種) 목표도 추가되는 것을 말한다. 목표 달성이 낙관적일 때 목표가 확장 · 다원화된다.

**심화 학습: 정책 결정의 참여자에 관한 이론: 엘리트론과 다원론,[5] 조합주의, 정책 네트워크[6]**

1) 엘리트론

엘리트주의는 대중에게 영향력을 행사할 수 있는 위치에 있는 소수의 리더들에 의해 정책 결정이 된다고 본다.

2) 다원론

다원주의는 소수의 개인이나 집단이 아니라 다수의 집단이 정책 결정의 장을 주도하고 이들이 정치적 조정과 타협을 거쳐 도달한 합의가 정책이 된다고 본다.

① 초기 다원론

1950년대 벤틀리(A. F. Bentley)와 트루먼(D. B. Truman)은 미국 정치 체계가 잠재집단과 중복 회원이라는 두 가지 메커니즘에 의해 특수 이익에 좌우되지 않고 다양한 이익을 반영한다는 것을 주장했다.

② 달의 다원론

1960년대 달(R. A. Dahl)은 뉴헤이븐(New Haven) 시를 대상으로 주요 정책 결정 사항들을 조사한 결과, 권력이 다양한 경쟁적 엘리트들에게 분산됨으로써 다양한 대중의 선호가 반영되는 정책 과정이 존재한다는 다원론적 권력이론을 전개하면서 기존의 엘리트론을 비판했다.

3) 신엘리트론

1960년대 바흐라흐(P. Bachrach)와 바라츠(M. Baratz)는 다원론이 권력의 두 가지 얼굴 중에서 불리한 문제를 제기하지 못하게 하는 무의사 결정 측면(어두운 얼굴)을 간과하고 있다고 비판했다.

4) 신다원론

1980년대 던리비(P. Dunleavy)가 고전적 다원주의를 비판적으로 수용하고 신엘리트이론의 무의사 결정도 부분적으로 수정하면서 새롭게 제시된 것이다.

5) 조합주의

정책 결정에서 정부의 좀 더 적극적인 역할을 인정하고 이익집단과의 상호 협력을 중시하는 이론이 조합주의다.

정부는 집단 간 이익의 중재에 머물지 않고 국가 이익이나 사회의 공동선을 달성하기 위한 주도적인 역할을 담당하는 것으로 전제한다. 정부는 이를 위해 중요 이익집단과 우호적인 협력 관계를 유지하며 정책을 주도해 나간다.[7]

조합주의 입장에서 이익집단은 분야별 이익을 독점적으로 대표하고 그 수가 제한돼 있으며, 심지어 국

---

5) 다원주의와 엘리트주의는 정책 결정의 장에서 정부, 특히 관료를 중심 무대에 세우지 않았다.

6) 철의 삼각, 하위정부, 이슈 네트워크, 정책 네트워크는 관료를 무대의 중심으로 불러들인다.

7) 이익집단과 국가와의 관계에서 이익집단의 자율적 결성과 능동적 참여가 보장될 때 사회조합주의라고 하고, 그렇지 않고 이익집단의 결성과 임원 구성, 그리고 활동이 국가의 영향을 받을 때 국가조합주의라고 한다. 국가조합주의 하에서 이들 집단은 국가에 의해 승인되고 동원되는 관변단체로 전락하기 쉽다.

가의 승인을 받기까지 한다. 따라서 이익집단들은 상호 경쟁보다는 국가에 협조하며 적절한 타협안을 수용하게 된다.[8)]

6) 미국 중심 논의(철의 삼각, 하위정부, 이슈 네트워크), 유럽(영국) 중심 논의(정책 공동체)

**① 철의 삼각**

철의 삼각은 정부관료, 선출직 의원, 그리고 이익집단의 3자가 강철과 같은 장기적이고 안정적이며 우호적인 삼각 관계의 연합을 형성하면서 정책 결정을 지배하는 것으로 보며, 일반 국민이나 언론은 이들이 주도하는 정책 결정의 장에 접근하지 못했다.

**② 하위정부**

하위정부는 철의 삼각과 같이 정부관료, 선출직 의원, 그리고 이익집단의 역할에 초점을 맞추지만 이들의 입장이 좀 더 다양하고 느슨해진 상태를 의미하며, 하위정부 이론에서는 철의 삼각과는 달리 세 주체들이 공감하는 폐쇄적인 정책 결정의 장에 집착하지 않고 언론, 의회 내 다른 의원, 다른 부처의 견해에도 관심을 가지고 이를 반영하려는 노력을 하나, 하위정부 모형에서도 주연은 아직 세 주체이고 다른 참여자는 조연에 해당하며, 다른 입장을 받아들이더라도 그것은 정책 결정에서 자신들의 자율성을 손상시키지 않는 범위 내에서 이뤄진다고 본다.

**③ 이슈 네트워크**

하위정부보다 참여자의 범위가 확대되고 참여자 간 연대가 쟁점과 시간에 따라 유동적인 상태를 이슈 네트워크라고 하며, 환경단체와 국토교통부의 관계를 보면, 그린벨트 규제에 대해서는 합의하지만 댐 건설에 대해서는 서로 대립적인 입장을 취하는 것과 같이 참여자 간의 관계가 안정적이지 못하나 이슈 네트워크 등장은 정책 영역이 전문화되고 복잡해지면서 정책 이슈와 이해가 다양해졌기 때문이다.

이슈 네트워크에서는 참여자가 다양하고 이들 간의 관계도 지속적이지 못하기 때문에 정책 결정의 장에서 주도적인 역할을 구분해 내기가 곤란하고 합의 도출도 어려워진다. 대신 정책결정의 장이 항상 개방돼 있고 이슈별 이해 관계에 따라 그때그때 협력적인 네트워크가 형성되며 이렇게 형성된 네트워크는 쟁점이 소멸되면서 연대는 해체되고 네트워크는 함께 행동한 참여자 간 연락망이 유지되는 정도의 느슨한 형태로 남는 것이 일반적이다.

**④ 정책 공동체**

철의 삼각, 하위정부, 이슈 공동체가 주로 미국 학자에 의해 개념화됐다면 정책 공동체는 유럽 학자에 의해 개념화되고 유럽 사회에서 많은 지지를 얻은 이론이다. 정책 영역이 복잡해지면서 특정 정책 분야에 대한 공통의 이해와 전문성을 가진 사람을 중심으로 조직화하는 경향이 있다. 정책 공동체는 이때 이슈 네트워크처럼 일시적이고 느슨한 형태의 집합체가 아니라 안정적인 상호 의존 관계를 유지하는 공동체적 시각을 반영한 것이다.

이런 입장은 개인주의를 토대로 한 미국식 다원주의가 아니라 이해집단과 정부와의 합의를 중시하는 유럽식 사회조합주의와 맥을 함께한다. 의회정치와 이익집단정치가 활발하고 상대적으로 관료제가 약한 미국과 달리 관료제의 적극적인 역할을 인정하는 것도 유럽의 시각을 반영한 것이다.

정책 공동제는 특정 정책 문제에 대한 전문성을 가진 사람들이 상호 이해를 공유하고 나아가 생산적이고 협력적인 파트너 관계를 유도하는 장으로 이해할 수 있을 것이다. 여기에는 행정부 관료, 정치인, 이익

8) 조합주의는 유럽 사회주의 국가를 중심으로 설득력을 얻고 있다.

집단, 대학 및 연구기관의 전문가집단, 시민단체, 그리고 언론을 포함시킬 수 있다.[9)]

이들이 형성하는 공동체는 제한적인 멤버십, 멤버십의 연속성 그리고 멤버(참여자) 관계의 안정성을 특징으로 한다. 참여자들은 또한 빈번한 교류를 통해 이해와 가치의 공감대를 형성할 뿐만 아니라 상호간에 교환이 가능한 자원을 가지고 있고 어느 정도 힘의 균형을 유지한다.[10)]

자료: 유민봉(2011). 『한국행정학』.

# 제 3 절 정책분석과 미래 예측

## 1. 불확실한 상황에 대한 대처 방안

### 1) 불확실성에 대처하는 두 가지 방안

① 불확실한 것을 적극적으로 확실하게 하려는 불확실성의 적극적 극복 방안

② 불확실한 것을 주어진 것으로 전제하고 이 불확실성을 감안해 정책을 결정하는 소극적 방안

### 2) 적극적 극복 방안

불확실한 것을 확실하게 하려는 방안

① 가장 이상적으로 방법은 모형이나 이론을 개발하는 방법: 정책 대안과 결과의 관계를 명확히 하고 이들이 현실에 적용될 때 개입되는 여러 가지 조건이나 상황 변수들에 대한 정보를 획득해 정책 대안이 가져올 결과를 확실하게 예측하는 방법

② 불확실성을 발생시키는 상황 자체를 통제하는 방법: 환경과 흥정

---

9) 영국을 배경으로 한 정책공동체를 개념화한 로즈(R. A. W. Rhodes)와 마쉬(D. Marsh)는 정책공동체에서 의회와 시민단체를 배제시키고 있다. 그러나 한국에 이 개념을 도입할 때는 국민의 신뢰가 높은 시민단체는 물론 국회의원과 보좌관을 포함해 이해하는 개념으로 이해하는 것이 일반적이다.

10) 로즈와 마쉬는 이슈 네트워크를 정책 공동체와 대조적인 개념으로 이해한다. 즉, 이슈 네트워크는 정책 공동체와 다르게 참여자를 재한하지 않고 이들 간의 상호 의존 정도가 제한적이고 불안할 뿐만 아니라 참여자 간 갈등도 존재하고 자원 보유 측면에서도 차등이 있고 불평등 관계가 존재한다. 한편 학자에 따라서는 정책 공동체와 이슈 네트워크를 포함해 정책 네트워크(넓은 의미)라는 용어를 쓰기도 한다. 정책 공동체와 정책 네트워크는 정책 결정뿐만 아니라 정책 집행 단계에도 존재한다.

### 3) 소극적 방안

불확실성을 주어진 것으로 보고, 불확실한 상태 하에서 정책 대안의 결과 예측이나 정책 결정을 진행해 불확실성에 대처하는 방안

① 보수적인 접근 방법

가장 간단한 방법으로 불확실성 하에서 발생될 최악의 경우가 실제로 나타나리라고 전제하고, 이 전제 하에서 정책 대안의 결과를 예측해 최선의 대안을 선택하는 방법

② 중복성 확보 방안

정책 대안의 결과가 어떻게 될지 불확실할 때, 이 정책 대안의 추진을 위해 일종의 중복적 수단을 보유하도록 하고 이 중복적 보유 수단을 추진하는 데 소요되는 비용을 이 정책 대안의 비용으로 계산하여 다른 대안들과 비교하도록 하는 것

③ 민감도분석

정책 대안의 결과들이 여러 가지 파라미터(parameter) 혹은 내외적인 상황 변화에 따라 얼마나 민감한지를 파악하는 것

④ 악조건 가중분석

예비분석이나 현재까지의 분석 결과로 봐서 가장 우수하다고 판단되는 정책 대안에 대해 그 결과를 다시 예측하되, 결과를 좌우하는 요인에 불확실성이 있을 때, 우수한 정책 대안에 대해서는 최악의 상태가 발생하리라고 가정하고, 나머지 대안들은 최선의 상태가 발생하리라는 가정 하에서 각 대안들의 결과를 다시 예측하는 방법

### 4) 불확실성 하에서의 일반적인 대처 방안

① 문제 의식적 탐색(시행착오를 겪으면서 순차적으로 해결책을 찾으려는 자기발견적 접근, 휴리스틱적 접근)

② 인지 능력을 감안해 제한적 합리성 확보

③ 표준운영절차(SOP)에 의한 불확실성 회피

④ 가외성 장치나 복수의 대안 마련

⑤ 분권화(권한위임)

심화 학습: 불확실한 상황에 대한 대처 방안

① 민감도 분석

모형에서 파라미터가 불확실할 때 이 파라미터가 취하리라고 생각되는 가능한 값들을 모두 고려해서 하나하나의 값들에 따라 정책대안의 결과가 어떻게 되는가를 파악하려는 방법

(예) 제철공장을 건설할 경우, 제철공장 제품의 예상 판매량과 예상 가격이 비관적인 아주 낮은 값에서 높은 값으로 변함에 따라서 예상 수익과 예상 비용이 어떻게 달라지는지, 또 건축 시간이나 사용 자재의 공급량과 가격 등이 변함에 따라 건설비 등의 비용이 어떻게 변화하는지를 알아보려는 분석 방법

② 상황의존도 분석

민감도분석과 본질적으로 동일하지만, 다만 파라미터의 변화가 아니라 외생변수나 조건변수 등 정책 상황의 변화 및 발생 확률에 정책 대안의 결과들이 얼마나 민감한지를 파악하기 위한 분석 방법

③ 악조건 가중분석

예비분석이나 현재까지의 분석 결과로 봐서 가장 우수하다고 판단되는 정책 대안에 대해 그 결과를 다시 예측하되, 결과를 좌우하는 요인에 불확실성이 있을 때 우수한 정책 대안에 대해서는 최악의 상태가 나타나리라고 가정하고 나머지 대안들에는 최선의 상태가 발생하리라는 가정하에서 각각 대안들의 결과를 새로 예측하는 방법

④ 분기점 분석

최선 및 차선으로 예상되는 대안들을 몇 가지로 두고 이 대안들이 동등한 결과를 산출하기 위해서는 불확실한 요소들에 대해 어떠한 가정들을 해야 하는지를 파악하는 방법

(예) 서울의 한강 이북지역과 한강 이남지역을 연결하는 다리를 한 개만 더 건설한다고 상상하고 이때 동쪽 끝에 건설하는 것과 서쪽 끝에 건설하는 두 가지 대안이 비교적 훌륭한 것으로 나타났다고 가정하자. 이때 건설비 등 다른 모든 조건은 같은 경우, 교통 소통의 효과가 두 대안 간에 동등해지려면 불확실한 상황 중 어떠한 면을 어떻게 가정해야 하는지를 우선 파악해야 한다. 예컨대 서울의 인구가 동쪽 끝에 증가될 가능성과 서쪽 끝에 증가될 가능성이 같을 것이라는 가정이 있어야만 두 대안이 결과 면에서 대등해진다고 해보자. 이런 경우 전문가에게 의뢰해 과연 서울 인구가 동쪽 끝으로 증가될 가능성이 큰지 서쪽 끝으로 증가될 가능성이 큰지를 판단하도록 함으로써 전자의 경우에는 동쪽 끝에 다리를 건설하도록 하고, 후자의 경우에는 반대로 하면 될 것이다.

## 2. 불확실한 상황에서의 미래 예측 기법

<table>
<tr><th>구분</th><th>이론적 예측, 예견법</th><th>연장적 예측, 투사법</th><th>직관적 예측, 추측법</th></tr>
<tr><td>개념</td><td>이론적인 모형을 통한 인과적 · 연역적 예측</td><td>추세 연장이나 경향분석을 통한 귀납적 예측</td><td>주관적 견해에 의존하는 판단적 · 질적 예측</td></tr>
<tr><td>기법</td><td>투입 · 산출분석, 경로분석, 상관분석, 인과분석, 회귀분석, 선형계획, 공정분석(PERT, CPM), 신뢰 구간 추정(구간분석), 이론적 지도</td><td>시계열분석, 선경향 추정</td><td>브레인스토밍기법, 델파이기법, 교차영향분석, 실행가능분석 등</td></tr>
<tr><td rowspan="2">기타</td><td colspan="2">객관적 · 양적 예측</td><td>주관적 · 질적 예측</td></tr>
<tr><td>인과적 예측</td><td colspan="2">비인과적 예측</td></tr>
</table>

## 3. 불확실한 상황에서의 의사 결정 기준

〈불확실성 하에서의 의사 결정 기준〉

| 구분 | 편익(이익) | 비용(손실) |
|---|---|---|
| 낙관적 | Maximax(최대극대화) | Minimin(최소극소화) |
| 비관적 | **Maximin(최소극대화)** | Minimax(최대극소화) |

1) Maximax : 편익(이익)의 최대치가 가장 최대인 대안을 선택
2) Minimin : 비용(손실)의 최소치가 가장 최소인 대안을 선택
3) **Maximin : 편익(이익)의 최소치가 가장 최대인 대안을 선택**
4) Minimax : 비용(손실)의 최대치가 가장 최소인 대안을 선택
5) Laplace 기준 : 각 상황이 발생할 가능성이 동일하다고 가정하고 평균값이 큰 것을 선택(평균 기댓값 기준)
6) Hurwicz 기준 : 낙관과 비관을 절충, 낙관계수 $\alpha$ 설정(낙관과 비관의 중간에서서 낙관적 기준과 비관적 기준이라는 극단적 값만을 낙관계수에 의해 도출·비교)
7) Minimax 기회 손실(새비지 기준) : 최대 기회 손실을 구하고 최대 기회 손실이 가장 작은 것을 선택(최대 후횟값이 최소인 대안을 선택)

〈가상적인 예〉

| 구분 | S1: 상황 나쁨 | S2: 상황 보통 | S3: 상황 좋음 |
|---|---|---|---|
| A1 | 600 | 800 | 1,000 |
| A2 | 500 | 1,100 | 1,400 |
| A3 | −100 | 500 | 1,700 |

1) **Maximax: S3 상황에서 의사 결정** ⇒ A3(1,700) 선택
2) **Maximin: S1 상황에서 의사 결정** ⇒ A1(600) 선택
3) **Laplace 기준: 각 상황이 발생할 가능성이 동일하다고 가정하고 평균값이 큰 것을 선택**

- A1 : (600 + 800 + 1,000)/3 = 800
- A2 : (500 + 1,100 + 1,400)/3 = 1,000

- A3 : ( −100 + 500 + 1,700)/3 = 700

즉, 평균값이 큰 A2를 선택

4) Hurwicz 기준: 낙관과 비관을 절충, 낙관계수 $\alpha$ 설정

실현치 : $\alpha$×최댓값 + (1 − $\alpha$)×최솟값

- A1 실현치 : 0.9×1,000 + 0.1×600 = 960
- A2 실현치 : 0.9×1,400 + 0.1×500 = 1,310
- A3 실현치 : 0.9×1,700 + 0.1×( −100) = 1,520

5) Minimax 기회 손실(새비지 기준): 최대 기회 손실을 구하고 최대 기회 손실이 가장 작은 것을 선택

기회 손실 = 최대 이익 − 실제 이익

| 구분 | S1: 상황 나쁨 | S2: 상황 보통 | S3: 상황 좋음 | 최대 기회 손실 |
|---|---|---|---|---|
| A1 | 600 − 600=0 | 1,100 − 800=300 | 1,700 − 1,000=700 | 700 |
| A2 | 600 − 500=100 | 1,100 − 1,100=0 | 1,700 − 1,400=300 | 300 〈최소〉 → 선택 |
| A3 | 600 − (−100)=700 | 1,100 − 500=600 | 1,700 − 1,700=0 | 700 |

## 4. 비용 · 편익분석(공공사업의 경제적 타당성조사 기법)

① 할인율 : 장래에 투입될 총비용과 발생할 총편익을 현재 가치로 환산하는 것

② 현재가치 : 할인율이 높아지거나 할인 기간이 길어지면 현재 가치가 낮아져서 사업의 타당성이 낮아지게 됨.

③ 비용 · 편익분석은 비용과 편익을 화폐가치라는 단일한 척도로 표현하여 다양한 분야에 걸친 정책을 상호 비교할 수 있는 수단을 제공

〈편익과 비용에서 고려할 요소들〉

| 고려하지 않아야 할 요소들 | 조세, 금전적 편익, 매몰비용(회수 불능 비용) |
|---|---|
| 고려할 요소들 | (당해 사업에 직접 투입되는) 보조금, 미래에 투입될 비용<br>실질적인 편익(소비자잉여 〈 소비자가 지불해도 좋다고 생각하는 금액과 실제 지불 금액과의 차이〉 개념을 사용, 사회 총체적인 차원에서 긍정적인 것과 부정적인 것을 모두 포함하는 실질적인 편익)<br>기회비용(지불된 실제 비용이 아닌 기회[대체]비용이며, 비용 산정 시에는 잠재가격을 사용, 할인율의 결정의 기준이 될 수 있음.) |

| 순현재가치법 (Net Present Value) | 편익 · 비용비율법 (Benefit/Cost ratio) | 내부수익률법 (Internal Rate Return) | 자본회수기간법 (Payback Period) |
|---|---|---|---|
| 편익의 총현재가치에서 비용의 총현재가치를 뺀 개념(차감법), 칼도어-힉스(Kaldor-Hicks) 보상 기준이라고도 함. | 편익의 현재가치를 비용의 현재가치로 나눈 개념 | 편익의 현재가치와 비용의 현재가치를 같도록 해 주는 할인율, 즉 순현재가치가 0 또는 B/C가 1이 되도록 하는 할인율, 투자수익률(예상수익률) | 투자비용을 회수하는 데 소요되는 시간으로, 재정력이 부족해 자금 회수가 중요할 때 적용되는 기준 |
| B-C 〉0이면 경제적 타당성이 있음 | B/C 〉1이면 경제적 타당성이 있음 | 내부수익률은 기준할인율(시중 금리)보다 커야 타당성이 있음. 내부수익률이 클수록 우수한 사업임. 복수의 내부수익률이 존재함. | 짧을수록 유리함. 낮은 할인율은 장기투자사업에, 높은 할인율은 단기투자사업에 유리함. |
| 할인율이 주어질 때 사용 | | 할인율이 주어지지 않아 현재가치를 계산할 수 없을 때에 사용 | |
| 가장 널리 이용(분석의 정확도와 이용빈도 면에서), 대규모 사업에 유리 | 순현재가치법의 보조적인 수단으로 활용 | | |

① 비용 · 편익분석 기준은 참고 기준(우선순위 결정)에 불과하고 사업의 채택 여부를 전적으로 결정하는 것이 아님.

② 사업에 불리한 부의 외부 비용을 비용의 증가에 포함할 것인가 혹은 편익의 감소에 포함할 것인가에 따라 결과가 달라지는 기준은 편익 · 비용비율법임.

③ 한계: 계량화할 수 없는 형평성이나 주관적인 가치 문제를 다룰 수 없음.

**핵심 정리** 비용 · 편익분석

① 기회비용에 의해 모든 가치가 평가돼야 한다는 가정 하에서 이뤄짐.

② 미래에 발생할 비용과 편익을 화폐적 단위로 표시하고 계량적인 환산함.

③ 편익비용 비율법의 경우 특정 항목을 음의 편익으로 볼 것인가 또는 양의 비용으로 볼 것인가에 따라 결과가 다르게 나타남.

④ 어떤 한 대안의 내부수익률은 여러 개로 계산될 수 있음.

⑤ 비용보다 효과(편익)가 나중에 발생한다면, 편익(효과)의 할인 기간이 비용의 할인 기간보다 길어지므

로 할인율이 높아질수록 편익의 현재 가치 감소분이 비용의 현재 가치 감소분보다 커져 순현재가치(편익－비용)가 작아지므로 경제적 타당성이 낮아지게 나타남.

⑥ 내부수익률은 기준할인율(시중금리)보다 커야 사업의 타당성이 인정됨.

⑦ 순편익을 순현재가치법에 의해 현재 가치로 전환해 투자대안을 평가함.

**심화 학습: 비용편익분석 계산**

〈문〉 경기도가 혁신개발 후보지를 부천시, 포천시, 성남시를 검토하고 있으며 각 도시에 대한 비용 및 편익의 흐름을 동일 시점으로 종합 합산한 값이 아래 표처럼 나타났다고 하자. 대안들 중 경기도지사가 포천시를 선정했다면 이는 어떠한 대안 선정 기준에 근거한 의사 결정인가? (정답 ②)

| 구분 | 비용 | 편익 |
|---|---|---|
| 부천시 | 50 | 60 |
| 포천시 | 10 | 18 |
| 성남시 | 30 | 45 |

① 순현재가치법 ② 비용편익 비율 ③ 내부수익률 ④ 총액배분 · 자율편성

## 5. 정책대안의 평가 기준

| 구분 | 내용 |
|---|---|
| 소망성(나카무라와 스몰우드의 기준) | 형평성(기준: 지니계수 등), 능률성(기준: 칼도어-힉스 보상 기준이나 파레토 최적 등), 효과성, 대응성, 노력 |
| 실현 가능성 (1차적으로 확보) | 기술적, 경제적, 법적, 정치적, 윤리적, 행정적 실현 가능성 |

**용어 정리 파레토 최적 기준과 칼도어-힉스의 보상 기준**

| | |
|---|---|
| 파레토최적 기준 | ① 아무리 다수가 효용의 증대를 가져와도 한 사람이라도 손해를 보는 사람이 있다면 바람직하지 않다는 이론으로 개인의 효용은 동일하지 않으며, 교환이 불가능하다고 전제함.<br>② 파레토 개선(우위)으로부터 발전한 개념 |
| 칼도어-힉스의 보상 기준 | ① 사회 전체적인 총후생(효용)이 총비용(손실)보다 크다면 늘어난 효용으로 손실을 보상해 줄 수 있으므로 대안 채택이 가능하다는 입장으로 개인의 효용은 동일하며 교환이 가능하다고 봄.<br>② 파레토 최적 기준의 한계를 보완해 주는 기준으로 비용편익분석(순현재가치법) 등에 이용되는 가장 일반적인 정책분석 기준 |

## 6. 체제분석과 정책분석

| 체제분석 | 정책분석 |
|---|---|
| 배분의 경제적 합리성 중시(효율성 분석) | 비용·효과의 사회적 해결 고려(공평성 분석) |
| 계량적 비용편익분석 강조 기법 | 양적 분석 외에 질적 분석 중시 |
| 수량적 자료를 활용해 통계적으로 분석하는 양적 분석 기법 사용 | 수량화하기 곤란한 내용이나 통계적 분석이 곤란한 경우에 논리적 추론, 경험적 판단 등을 활용하는 질적 분석 기법 사용 |
| 가치를 고려하지 않음. | 가치 문제를 고려함. |
| 정치적·비합리적 요인 고려하지 않음. | 정치적·비합리적 요인을 고려함. |
| - | • 정치학이나 행정학에 비해 통계학이나 제분석에서 개발한 계량적 기법을 더 많이 사용<br>• 기술, 에너지, 환경, 교통, 주택 등과 같은 주제에 대해 관심을 가짐. |

## 7. 비용편익분석과 비용효과분석 비교

| 비용편익분석(cost-benefit analysis) | 비용효과분석(cost-effectiveness analysis) |
|---|---|
| 여러 정책대안 가운데 목표 달성에 가장 효과적인 대안을 찾기 위해 각 대안이 초래할 비용과 편익을 비교·분석하는 기법을 말한다.<br>즉, 어떤 프로젝트와 관련된 편익과 비용들을 모두 금전적 가치로 환산한 다음 이 결과를 토대로 프로젝트의 소망성을 평가하는 기법을 말한다.<br>각 대안의 비교에는 비용편익비, 순현재가치, 내부수익률 등의 기준이 사용된다. | 여러 정책대안 가운데 목표 달성에 가장 효과적인 대안을 찾기 위해 각 대안이 초래할 비용과 **산출 효과**를 비교·분석하는 기법을 말한다.<br>즉, 어떤 프로젝트에 투입되는 비용들은 금전적 가치로 환산하나, 그 프로젝트로부터 얻게 되는 편익 또는 산출은 금전적 가치로 환산하지 않고 산출물 그대로 분석에 활용하는 특징을 지닌다.<br>이 기법은 산출물을 금전적 가치로 환산하기 어려운 경우에 주로 이용되고 있다. |
| 〈예〉 도로사업의 경제성 분석<br>관개사업의 경제성 분석 | **〈예〉 어느 동네에서 방역사업의 하나로 각 가정(아파트)에서 쥐를 잡아 없애는 사업을 한다고 하자.** 우선 두 가지 방법이 있는데, 방법(대안) A는 전문방역팀을 각 가정에 보내어 전문적인 조치를 취하게 하는 방법으로 가정당 비용이 100,000원이 소요되고 퇴치 성공률은 90%가 된다. 방법(대안) B는 작업 인부를 각 가정에 보내어 쥐약으로 잡게 하는 방법인데 가정당 비용이 40,000원이 소요되고 퇴치 성공률은 50%다. 시 정부의 방역예산은 10,000,000원이며, 방역 대상 가정은 500가정에 달한다고 가정하자.<br>**위 두 가지 대안 중에서 어느 것을 택하는 것이 바람직한가?** |

|  | 우선 분명한 것은 시의 방역 예산 가지고는 전체 500가정 모두를 방역할 수 없다는 점이다. 대안 A는 오직 100개 가정에 대해 방역이 가능하고 90개 가정이 완치될 수 있다. 대안 B는 250개 가정에 대해 방역이 가능하고 125개 가정이 완치될 수 있게 된다.<br>이렇게 볼 때 선택해야 할 대상은 당연히 B가 돼야 한다. |
|---|---|
|  | **비용효과분석도 비용편익분석에서처럼 순편익을 극대화시키는 방법을 채택한다.** |

## 8. 관리과학과 정책분석 기법

| 연번 | 구분 | 내용 |
|---|---|---|
| ① | PERT와 CPM | 비반복적 사업의 성공적 달성을 위한 경로계획 또는 시간공정(일정) 관리 기법 |
| ② | 선형계획 | 주어진(알려진) 제약 조건 아래서 생산량(편익)을 극대화하거나 비용을 극소화할 수 있는 자원의 최적 결합·배분점을 알아내기 위한 분석 기법으로, 간단한 일차부등식을 이용함. |
| ③ | 수송선형계획 | 다수의 공급 지점으로부터 다수의 수요 지점으로 물품을 이송할 때 수송비용을 최소화시키는 문제를 다루는 하나의 자원 할당 방법 |
| ④ | 게임이론 | 불확실한 상황에서 복수 의사결정자의 입장이 상충될 때의 의사 결정 문제를 다루는 것<br>① **제로섬 게임:** 가장 일반적인 게임, 게임 참가자의 손해와 이익의 합이 영인 손익게임으로 자원이 유한해 참여자 간의 이득이 완전히 상반된 경우로서 상대가 손해를 봐야만 자신이 이득을 얻을 수 있는 **네거티브섬 게임**<br>② **비제로섬 게임:** 게임 참가자의 손해와 이익의 합이 영이 아닌 게임으로 자원이 유한하지 않아 참여자 간의 이득이 완전히 상반되지 않는 상태로서 **포지티브섬 게임** |
| ⑤ | 대기행렬이론 | 하나의 서비스 체계에서 고객이 도래하는 수가 시간대마다 일정치 않을 때 대기행렬의 길이와 서비스를 받고자 하는 단위들의 대기 시간과 대기행렬을 통제(최소화)해 적절한 시설 규모, 서비스 절차와 통로의 수 및 대기규칙 등을 발견하기 위한 이론으로 **줄서기분석**이라고도 함. |
| ⑥ | 시계열분석 | 과거의 변동 추이(경향)를 시간적으로 분석하여 그것을 토대로 미래의 결과를 전망(추정)해 보기 위한 비인과적인 기법으로 **외삽법(extrapolation)**이라고도 함(과거의 판매 자료에서 나타나는 변화 패턴을 찾아내고 이 패턴이 미래에도 지속될 것이라는 전제하에 예측치를 도출해 내는 방법). |
| ⑦ | 회귀분석 | 독립변수 한 단위의 변화에 따른 종속변수의 변화량을 알고자 할 때 사용하는 방법. 상관분석(변수 간의 관계가 얼마나 강한지를 분석), 인과분석과도 관련 있음. |
| ⑧ | 모의실험 | 위험적 불확실성 하에 적합한 미래 예측 기법 |

<table>
<tr><td>⑨</td><td>계층화분석법<br>(Analytical Hierachy Process: AHP)</td><td>1) 개념<br>하나의 문제를 기본적으로 시스템으로 보고 당면한 문제를 여러 개의 계층으로 분해한 다음 각 계층별로 평가 기준(구성 요소)이나 대안들을 선정해 네트워크 형태로 구조화하고 이들이 상위 계층의 평가 기준을 얼마나 만족시키는가에 따라 대안들의 선호도를 숫자로 전환하여 종합적으로 평가하는 방법으로 사티(T. Satty) 교수가 개발<br>2) 원리<br>① 동일성과 분해의 원리: 문제를 계층별로 분해·구조화<br>② 비교판단(이원비교, 쌍대비교)의 원리: 상위평가 기준에 비춰 하위 두 대안씩 짝지어 비교 판단<br>③ 종합의 원리: 각 계층별 우선순위를 숫자로 전환하여 종합화한 후 최종 우선순위를 도출<br>3) 활용<br>공공사업의 예비타당성조사에서 경제적인 타당성은 비용-편익분석기법(B-C > 0이면 타당성이 있음), 정책적 타당성은 계층화분석법을 사용<br>정책의 우선순위를 설정하고 예측을 하는 데, 하나의 문제를 더 작은 구성 요소로 분해하고, 이 요소들을 둘씩 짝지어 비교하는 일련의 비교 판단을 통해 각 요소들의 영향력에 대한 상대적인 강도와 효용성을 나타내는 방법임,</td></tr>
<tr><td>⑩</td><td>교차영향분석<br>(교차영향 매트릭스)</td><td>전문가 견해에 기반한 방식으로 확률적 결과를 도출하는 분석법으로, 전문가들에게 발생 가능한 사건을 물어보고 한 사건이 일어날 때와 일어나지 않을 때에 다른 사건들의 발생 확률 등을 물어보며 교차영향행렬이 사용됨.</td></tr>
<tr><td>⑪</td><td>브레인스토밍<br>(brain storming)</td><td>심리적 제약이 없는 자유로운 상태에서 대면적 접촉 관계를 유지하며, 전문가의 창의적 의견이나 아이디어를 즉흥적이고 자유분방하게 방출·교환해 문제 해결 방안을 개념화하는 집단자유토의 기법<br>① 구성: 선입견이나 전문지식에 구애받지 않기 위해 관련 분야의 전문가가 아닌 사람들을 포함해 구성<br>② 단계: 아이디어의 산출 단계와 평가 단계로 구분<br>③ 특징(아이디어 산출 단계): 비판의 최소화, 무임승차의 허용(타인의 아이디어에 내 생각을 추가), 질보다 양 우선, 대면적 토론, 테마의 한정성<br>④ 개발: 오스본(광고회사 부사장)</td></tr>
<tr><td>⑫</td><td>델파이(Delphi technique) 기법<br>(전통적·일반적 델파이)</td><td>독자적으로 형성된 전문가들의 판단을 종합·정리하는 미래 예측기법으로 미래 사건에 관한 학식 있는 전문가의 의견을 설문조사 방식으로 조사해 정리<br>① 특징<br>익명성을 보장, 반복적인 설문조사, 통제된 환류(요약된 응답을 전달), 통계 처리, 전문가 합의(근접된 의견을 도출)</td></tr>
</table>

| | | |
|---|---|---|
| | | ② 장점 : 익명성을 전제로 하므로 솔직한 견해가 반영될 수 있고, 구성원 간의 성격 마찰, 감정 대립, 다수 의견의 횡포 등을 피할 수 있음.<br>③ 단점 : 익명성으로 인한 불성실하고 무책임한 응답, 설문 방식에 따라 응답이 영향을 받음, 응답 결과의 추상성을 극복할 수 없음, 전문가의 대표성의 문제 등<br>④ 개발: 랜드연구소 |
| ⑬ | **정책 델파이 기법** | 일반 델파이의 기본 논리를 토대로 정책 대안을 개발하고 그 결과를 예측하는 데 활용한 것 |

**〈전통적 델파이와 정책 델파이의 비교〉**

| 구분 | | 전통적 델파이(일반 델파이) | 정책 델파이 |
|---|---|---|---|
| 유사점 | | 다수의 응답자 선정, 반복적인 설문조사, 컴퓨터에 의한 통계 처리, 통제된 환류 | |
| 차이점 | 적용 | 일반적인 문제에 대한 예측 | 정책적인 문제에 대한 예측 |
| | 응답자 | 동일 영역의 일반 전문가 | 이해관계자 등 식견이 있는 다양한 창도자 |
| | 익명성 | 철저한 익명성<br>(익명성 유지) | 선택적 익명성<br>(익명성 유지하지 않음) |
| | 통계 처리 | 의견의 대푯값 · 평균치(중윗값 등)를 중시 | 의견 차이나 갈등을 부각시키는 양극화된 통계 처리 |
| | 합의 | 합의 | 구조화된 갈등<br>(극단적인 의견이나 대립된 견해도 존중) |
| | 토론 | 없음. | 있음(컴퓨터를 통한 회의 및 대면 토론) |
| | 기타 | 합의를 도출하는 것이 목적 | 합의가 도출되지 않을 수도 있음. |

| | | |
|---|---|---|
| ⑭ | 변증법적 토론 | 토론집단을 찬 · 반 두 개의 팀으로 나눠 토론을 진행하는 과정에서 합의를 형성해 내는 기법으로, 지명반론자기법이라고도 함. |
| ⑮ | 명목집단기법 | 개인들이 개별적으로 해결 방안에 대해 구상을 하고 아이디어를 서면으로 제출하게 한 후 그에 대해 제한된 집단만 토론을 한 후에 해결 방안에 대해 표결을 하는 방식 |
| ⑯ | T-Test분석 | t-검정은 두 집단 간의(평균) 차이를 분석하고자 하는 경우에 이용하는 분석 방법 |
| ⑰ | 분산분석 | 세 집단 이상 집단의 평균치의 차이를 검정하고자 하는 경우에 이용하는 분석 방법 |

**핵심 정리** 직관적 예측기법(집단적 의사 결정 기법)

| | |
|---|---|
| 브레인스토밍 | 대면적 접촉 하에 자유분방하게 의견을 교환하는 집단자 유토의 기법(두뇌선풍기법), 비판 금지, 질보다 양 중시 |
| 전통적 델파이 | 익명의 격리된 상태에서 독자적으로 형성된 전문가들의 판단을 종합 · 정리하는 기법, 대면 토의 없음. |
| 정책 델파이 | 델파이를 정책분석에 응용(다양한 참여자, 선택적 익명성, 갈등의 조성, 양극화된 통계 처리 등) |
| 교차영향분석 | 연관된 사건의 발생 여부에 기초해 미래 특정 사건의 발생 확률 추정 |
| 실현가능성분석 | 정치적 갈등이 심한 상태에서 대안의 정치적 실현 가능성을 분석 |
| 역사적 유추 | 과거의 유사한 문제 등과의 유추(시네틱스 기법) |
| 명목집단기법 | 대안 제시 → 제한된 집단 토론 → 표결(컴퓨터 표결시 전자적 회의 기법이 됨.) |
| 변증법적 토론 | 찬 · 반 두 팀으로 나눠 토론을 진행해 대안의 장 · 단점을 도출하는 지명반론자기법 |

# 제 4 절 정책결정론

## 1. 정책 결정의 참여자

| 공식적 참여자 | 비공식적 참여자 |
|---|---|
| 입법부, 대통령(행정수반), 행정부처, 사법부 지방정부 | 정당(이익의 결집), 이익집단(이익표출), NGO(비정부기구), 시민, 전문가집단(정책공동체), 언론 |

## 2. 정책결정요인론

<table>
<tr><td colspan="2">연구</td><td colspan="2">① 개념: 정책을 종속변수로 보고, 정책의 내용을 결정하는 요인(원인변수)이 무엇인지를 규명하는 이론<br>② 흐름: 초기(사회경제적인 변수를 연구) → 후기(사회경제적인 변수에 정치적인 변수를 추가해 연구)<br>③ 변수: 사회경제적인 변수(소득, 인구밀도, 도시화, 산업화, 보조금 등), 정치적인 변수(정당 간 경쟁 등)</td></tr>
<tr><td></td><td>참여<br>경쟁모형<br>(Key & Lockard)</td><td>① 사회경제적인 변수 → 정치적 변수 → 정책<br>② 사회경제적인 변수가 정책에 직접 영향을 주지 못함.</td><td>독립변수: 사회경제적인 변수<br>매개변수: 정치적 변수<br>종속변수: 정책</td></tr>
</table>

| 모형 | 경제적 자원모형 (Dawson & Robinson) | ① 사회복지정책을 좌우하는 요인은 정치적인 변수가 아니라 사회경제적인 변수, 즉 정책환경이라고 주장한 초기의 모형<br>② 정치 체제(정치적 변수)와 정책의 관계는 **허위 상관 관계**임을 입증(이때 **사회경제적 변수는 허위변수**)<br>(×)<br>정치적 변수(X) → 정책(Y)<br>↖ ↗<br>사회경제적 변수(Z)<br>독립변수: 정치적 변수<br>종속변수: 정책<br>**허위변수: 사회경제적 변수** |
|---|---|---|
| | 혼합모형 (Cnudde & McCrone) | ① 참여경쟁모형과 경제적 자원모형을 혼합한 후기의 모형<br>② 사회경제적 변수뿐만 아니라 정치적인 변수도 정책에 독립적으로 영향을 미치는 **혼란 관계**임을 증명(이때 **사회경제적인 변수는 혼란변수**)<br>(○)<br>정치적 변수(X) → 정책(Y)<br>↖ ↗<br>사회경제적 변수(Z)<br>독립변수: 정치적 변수<br>종속변수: 정책<br>**혼란변수: 사회경제적 변수** |
| 한계(비판) | | ① 정치적 변수는 과소 평가하고 경제적인 변수를 과대 평가(초기 연구)<br>② 변수 간의 상호 작용을 무시하고 일방적인 관계로만 설명 |

## 3. 정책결정모형

### 1) 합리성

| 합리성의 의미 | ① **어떤 행동의 전제를 의미**(의사결정자가 내리는 행동은 단순히 육감에 의한 것이 아니라 상황을 주의깊게 분석하고 나아가 행동 대안을 고려하며 대안의 결과를 검토하여 이뤄져야 합리적이다. 즉, **합리성이란 결정할 때 따라야 할 행동의 지침을 의미함.)**<br>② **도구적 가치를 의미(합리성이란 어떤 가치 내지 목표의 극대화를 의미함.)**<br>③ **상충된 가치, 목표 간의 조화를 의미**하기도 함(즉, 다양한 가치를 잘 융합시켰을 때 합리성이 있는 것으로 이해, 이치에 맞다는 용례가 이에 해당함). |
|---|---|
| 기술적 합리성 | 일정한 수단이 목표를 얼마만큼 잘 달성시키는가, 즉 목표와 수단 사이에 인과 관계의 적절성을 의미, 즉 **수단의 효과성(목표달성도)**을 의미 |
| 경제적 합리성 | **목표 달성뿐만 아니라 비용의 절약도 포함하게 돼 능률성과 동일한 뜻으로 사용. 더** 적은 비용으로 더 많은 결과를 얻을 때에 그 값이 커지면 경제적 합리성이 높은 것임. |
| 실질적 합리성 | ① 완전분석적 합리성으로 내용적 합리성이라고도 함.<br>② 주어진 목표와 제약 조건 하에서 **목표 달성을 위한 최적 수단 선택 정도**를 의미하며, 선택의 과정보다는 **결과에 초점을 맞춤.** |

| | |
|---|---|
| | ③ **실질적 합리성은 두 가지 가정**(행위자는 효용극대화 또는 이윤극대화 등 특정한 목표를 가지고 있으며, 또한 합리적인 선택을 할 수 있는 모든 지식과 능력을 소유하고 있다는 것이다. 따라서 일정한 환경의 제약 조건이 주어지면 행위자는 자동적으로 자기의 목표를 극대화시킬 수 있는 대안을 선택한다)이 전제됨. |
| 절차적 합리성 | ① 추론이라고 불리는 특별한 사유 과정에서 행동대안을 선택하기 위해 사용된 절차가 인간의 인지 능력과 한계에 비춰봤을 때 얼마만큼 효과적이었는지를 의미함. 즉, 결과적으로 선택한 대안이 최선인지 여부와는 관계 없이 그 대안을 선택하기 위한 절차가 적합한 것이라면 절차적 합리성은 확보된 것임.<br>② 실질적 합리성과는 달리 **선택의 과정**이 선택의 결과보다 중요함.<br>③ **사이먼(H. A. Simon)은 실질적 합리성을 포기(인간의 인지 능력 한계, 대안 탐색과 선택을 위해 소모되는 시간과 비용, 대안의 실현 가능성 등을 고려하고 절차적 합리성을 추구)** |

**심화 학습: 합리주의와 점증주의**

| | | |
|---|---|---|
| 합리주의적 정책 결정 | 개념 | 순수하게 합리적인 접근 방법은 완전한 지식과 정보의 가용성, 그리고 미래 예측의 확실성·완벽성을 전제한다. |
| | 효용 | 완벽한 문제 해결이라고 할 수 있다. 모든 것을 알고 모든 것을 예측할 수 있으며 최적의 문제 해결을 선택할 수 있다면 그것은 인간이 바라는 가장 이상적인 상태일 것이다. |
| | 제약 | ① 인간 능력의 불완전성, ② 목표의 모호성과 문제의 복잡성<br>③ 시간과 기타 자원의 제약, ④ 관료적 조직의 제약<br>⑤ 외부의 비합리적 투입, ⑥ 조직 내외의 변동 |
| | 실책(비판) | ① 정책 결정과 정책 집행 사이에 괴리를 크게 만든다는 것<br>② 기술적 능력 이외에 리더십이 필요하다는 것을 간과한다는 것<br>③ 인간사의 복잡한 양태인 행정조직 문제에 너무 기계적인 접근을 시도한다는 것<br>④ 예측을 못하거나 틀린 예측을 하는 일이 많다는 것<br>⑤ 당초 예상했던 비용보다 더 많은 경비의 지출을 결과한다는 것 |
| 점증주의적 정책 결정 | 개념 | 순수한 점증주의적 접근 방법은 지식과 정보의 불완전성, 그리고 미래 예측의 불확실성을 전제하는 모형이다. 따라서 합리적 방법에 의한 쇄신보다는 기존의 상태에 바탕을 둔 점증적 변동을 시도한다. |
| | 효용 | 점증주의적 모형이 현실적합성이 높고 실용적 가치가 있는 이유로는<br>① 기존 상태와 거리가 먼 대안일수록 그 결과를 예측하기 어렵다는 것<br>② 사람들은 자신이 원하는 바를 정확히 예견하지 못한다는 것 |

| | | |
|---|---|---|
| | 효용 | ③ 목표의 수가 여럿이고 갈등적인 목표들이 있기 때문에 목표의 부분적 충족에 만족할 수밖에 없다는 것<br>④ 특정한 점증적 정책의 선택이 일으킨 변화는 측정하기 쉽다는 것<br>⑤ 점증적 변동 추진은 부하들의 행동을 면밀히 통제하는 데 유리하다는 것<br>⑥ 점증적 변동을 추구하는 정책은 수정하기 쉽다는 것<br>⑦ 점증적 변동은 대상조직의 저항을 줄일 수 있다는 것 |
| | 한계 | 합리적이지 못하다는 비판 외에<br>① 협상적 전략이기 때문에 가용자원이 넉넉할 때만 성공적일 수 있다는 것<br>② 분석적 방법의 사용을 소홀히 함으로써 정확한 정보를 얻지 못한다는 것<br>③ 점증주의자들은 비전과 상상력이 결여돼 있다는 것<br>④ 점증주의는 근본적으로 보수적이라는 것 |

**〈합리모형과 점증모형 비교〉**

| 구분 | 합리모형 | 점증모형 |
|---|---|---|
| 정책 상황 | 확실한 상황 | 불확실한 상황 |
| 사회 특성[11)] | 불안정한 사회(개도국) | 안정된 사회(선진국) |
| 최적화[12)] | 전체적 최적화 | 부분적 최적화 |
| 초점 | 해결하려는 문제 자체에 초점 | 문제 자체보다는 정책환경에 초점 |
| 분석 | 모든 관련 요소를 포괄적으로 분석 | 분석의 대폭적 제한(중요한 대안이나 가치 등이 무시) |
| 접근 | 연역적 접근 (이론에 의존함.) | 귀납적 접근 (이론에 의존하지 않음.) |
| 목표・수단(구분)분석 | ○[13)] | ×[14)] |

11) 사회의 안정성과 상황의 확실성은 구분해야 함. 즉 전자는 급격한 변화보다는 점진적 변화와 안정을 중시하는 점증주의의 논거가 되고, 후자는 예측이 가능한 정책 상황이라는 의미로서 합리주의의 논거가 됨.

12) 부분적 최적화란 정책 목표는 상위 목표와 하위 목표 간에 단계별로 연쇄 관계(목표-수단 연쇄)를 이루고 있으므로 추상적인 상위의 궁극 목표는 하위의 구체적이고 수단적인 목표들의 산출을 극대화함으로써 더욱 잘 달성될 수 있다는 점증주의자들의 주장이므로 이는 정책 뿌리는 그대로 두고 가지만 조정하는 분할적 접근, 즉 부분적 최적화가 곧 상위 목표의 최적화를 가져온다는 입장이다. 반면에 합리주의자들은 부분적 최적화보다는 모든 대안에 대해 모든 결과를 검토하는 전체적 최적화를 추구한다.

13) 수단은 목표에 합치되도록 선택

14) 목표를 수단에 합치되도록 수정

### 2) 모형

| 연번 | 구분 | 내용 |
|---|---|---|
| ① | 합리(포괄) 모형 | **1) 의의**<br>정통 주류 경제학에 근거를 둔 모형으로, 정책결정자가 이성과 고도의 합리성에 따라 행동하고 결정한다고 보며, 목표나 가치가 명확하고 고정돼 있다는 가정 하에 목표 달성의 극대화를 위한 합리적 대안의 탐색 · 선택을 추구하는 이상적 · 규범적 모형으로, **근본법**이라고도 하며, **발전도상국가**에 필요한 모형<br>**2) 전제 조건**<br>인간은 경제인이라는 전지전능성과 결과를 정확하게 예측할 수 있는 지적 능력을 지니며, 정책 결정이 합리적으로 이뤄질 수 있는 상황과 체계적인 결정 체제가 존재함.<br>**3) 특징**<br>① 목표 · 수단분석(목표는 주어진 것으로 수단만 분석하며, 목표와 수단의 연쇄 관계를 인정하지 않음.)<br>② 완전한(총체적 · 포괄적) 합리성을 추구<br>③ 전체적 최적화(**모든 대안에 대해 모든 결과를 검토, 숲 전체를 세밀하게 관찰**)<br>④ 수리적 · 연역적 분석<br>⑤ 동시적 · 분석적 · 단발적인 문제 해결<br>**4) 효용**<br>대안의 선택에 대한 객관적인 평가가 가능함.<br>**5) 한계**<br>① 정책 목표의 유동성을 고려하지 못하는 등 전제가 비현실적임.<br>② 정책 문제 자체에 대한 분석만을 강조하고 외적 요인(정치적 지지)에 대한 고려가 없어 분석 과정이 폐쇄적임.<br>③ 매몰비용이나 기득권(현실)을 무시하고 이상을 추구<br>④ 분석 과정이 비경제적임. |
| ② | 만족모형 (사이먼[H. A. Simon], 마치[J. G. March]) | **1) 의의**<br>최적의 대안보다는 현실적으로 만족할 만한 대안, 완전한 합리성보다는 제한된 합리성 기준을 중시하는 현실적 · 실증적 · 귀납적 접근법<br>**2) 특징**<br>① 행정인의 가정에 기초해 복잡한 상황을 단순화시키는 제한된 합리성을 추구<br>② 복잡한 상황을 단순화시켜 습득이 가능한 몇 개의 중요한 대안과 탐색이 가능한 몇 가지의 중요한 결과만을 **순차적** 관심에 따라 단계적으로 검토해 현실적으로 만족하다고 생각하는 선에서 대안을 채택함.<br>③ 대안의 탐색에 지치면 만족 수준(목표나 기대치)을 낮추는 경향이 있음.<br>**3) 한계**<br>개인적 · 심리적 차원의 모형으로 만족화의 기준이 지나치게 주관적이며, 개인 차원 |

| | | |
|---|---|---|
| | | 에 치중해 조직적 차원을 설명하기가 곤란함.<br><br>**4) 효용**<br>정치적 합리성이나 정치적 실현 가능성을 고려할 때 가장 합리적인 모형이며, 다원론에 기초함.<br><br>**5) 한계**<br>① 정치적 다원주의가 지배하는 선진 사회에는 적용이 가능하나 불안정한 사회(개도국)에는 적용 가능성이 약함.<br>② 보수적이고 비계획적인 모형(※ 중대한 가치 판단이나 기본 방향, **평가 기준이 결여돼 있고**, 보수주의 및 임기 응변 성향이 강해 **급격한 환경의 변화에는 적응력이 약하며**, 혁신의 추구가 곤란함.)<br>③ 다원론에 근거하므로 압력 · 영향력이 큰 강자에게는 유리하나 약자에게는 불리함. |
| ③ | 점증모형<br>(린드블럼<br>[C. E. Lindblom],<br>윌다브스키<br>[A. Wildavsky]) | **1) 의의**<br>① 실제의 정책 결정은 언제나 합리적인 결정을 추구하는 것이 아니라, 현실을 긍정하고 그것보다 약간 향상된 결정에 만족하며, 현재와 크게 다른 쇄신적 · 창의적인 결정을 기대하지 않는다고 봄.<br>② 바람직한 결정이란 다양한 이해관계를 적절하게 조정하고 타협할 수 있는 다원주의, 즉 정치적 합리성을 추구<br>③ 계속적 · 제한적 비교접근법 또는 지분법이라고도 하며, **다원화된 선진 사회를 배경으로 한 모형**<br><br>**2) 특징**<br>① 부분적 최적화(한정된 수의 정책대안이나 한정된 수의 결과만 평가)<br>② 목표 · 수단분석 미실시(목표와 수단을 구분하지 않으며, 목표와 수단의 상호의존성 및 연쇄 관계를 인정함.)<br>③ 제한된 합리성을 인정하고 정치적 현실을 고려해 타협과 조정 · 합의 등을 중시하는 정치적 합리성을 중시<br>④ 소폭의 점진적 변화(기존의 정책 $\pm\alpha$)<br>⑤ 정책 결정 과정을 그럭저럭 헤쳐나가는 진흙탕 싸움 또는 이전투구 과정으로 간주함.<br><br>**3) 유형**<br>단순점증주의(현재 상태보다 약간 다른 것을 추구하는 것으로 목표 · 수단 통합), 분절적 점증주의(분할적 · 분석활동〈지분법〉), 전략적 점증주의(단순 점증주의와 분절적 점증주의를 토대로 합리주의를 가미하는 전략적 점증분석) |
| ④ | 혼합모형<br>(에치오니<br>[A. Etzioni]) | **1) 의의**<br>합리모형과 점증모형을 전략적(변증법적)으로 절충한 모형<br><br>**2) 유형과 적용모형**<br>① 근본(맥락)적 결정(숲 전체를 개괄적으로 봄.)<br>㉠ 세부적인 결정의 테두리나 맥락을 결정하는 것으로 정책의 근본 방향을 올바로 |

<table>
<tr>
<td></td>
<td></td>
<td>
설정하려는 결정<br>
㉡ 모든 대안을 검토하는 합리적 모형을 적용하나, 대안의 결과는 개괄적으로 검토<br>
② 세부(지엽)적 결정(나무 몇 그루를 세밀하게 봄.)<br>
㉠ 근본적 결정의 테두리 안에서 이를 구체화하는 결정<br>
㉡ 선정된 대안에 대해서만 검토하는 점증모형을 적용하나, 대안의 결과는 세밀하게 검토<br>
<br>
3) 적용<br>
혼합모형은 능동적 사회(거시적 · 전략적 결정 체제를 갖춘 사회)에 적용, 합리모형은 획일적이고 집권화된 사회, 개도국에 적용, 점증모형은 다원화된 민주사회에 적용
</td>
</tr>
<tr>
<td>⑤</td>
<td>최적모형<br>(드로<br>[Y. Dror])</td>
<td>
1) 의의<br>
순수 합리모형(지나친 비현실성)과 다른 모형(특히 점증모형의 지나친 현실성)을 모두 경계하자는 관점으로, 정책 성과의 최적화를 실현하려는 규범적 모형이라는 점에서 합리모형과 가까움.<br>
<br>
2) 최적화의 본질<br>
제한된 자원, 선례의 부재, 불확실한 상황, 지식 및 정보의 결여 등 비정형적 정책결정을 하는 경우에는 합리성이 많은 제약을 받게 되므로 합리모형의 틀을 근본적으로 유지하되, 경제적 합리성과 초합리성도 중시해야 한다는 것으로 '양적 분석을 기본으로 유지하되 질적 분석을 가미'<br>
<br>
3) 결정 단계와 국면(4단계 18개 국면으로 구분)
<table>
<tr><th>초정책결정 단계</th><th>정책결정 단계</th><th>후정책결정 단계</th><th>의사전달과 환류 단계</th></tr>
<tr>
<td>① 가치 처리<br>② 현실 처리<br>③ 문제 처리<br>④ 자원의 조사 · 처리 · 개발<br>⑤ 정책 결정 체제의 설계 · 평가 · 재설계<br>⑥ 문제 · 가치 · 자원 등의 배분<br>⑦ 정책 결정 전략의 결정</td>
<td>⑧ 자원의 하위 배분<br>⑨ 우선순위에 입각한 구체적 목표 설정<br>⑩ 우선순위에 입각한 중요 가치군(대안의 선택 기준)의 설정<br>⑪ 좋은 안을 포함한 주요 대안군의 마련<br>⑫ 각 대안이 초래할 수 있는 비용과 편익에 대한 신빙성 있는 예측<br>⑬ 각 대안이 초래할 예산편익과 예상 비용의 비교 및 최선의 대안 발견<br>⑭ 최선의 대안이 초래할 편익과 비용에 대한 평가 및 그것이 좋은 것이냐 아니냐에 대한 결정</td>
<td>⑮ 집행을 위한 동기부여<br>⑯ 정책의 집행<br>⑰ 집행 후의 정책평가</td>
<td>⑱ 앞의 모든 국면을 상호 연결하는 작업</td>
</tr>
</table>
</td>
</tr>
</table>

<table>
<tr><td></td><td></td><td>4) 특성<br>① 합리적 요인과 초합리적 요인을 동시에 다루므로 양적인 동시에 질적인 모형(정정길), 혹은 양적이라기보다는 질적인 모형에 더 가까움(박성복).<br>② 경제성을 감안한 합리성<br>③ 초합리성을 강조(초합리적 결정은 사례연구나 감수성훈련 등을 통해 증진될 수 있음.)<br>④ 확장된 환류 과정(환류를 통해 결정 능력을 최적 수준까지 향상시켜야 함.)<br><br>5) 평가<br>최적의 기준이 불분명하고, 초합리성의 본질 및 구체적인 달성 방법이 불명확해 매우 유토피아적인 모형임.</td></tr>
<tr><td>⑥</td><td>회사모형<br>(사이어트<br>[R.Cyery],<br>마치[J. G. March])</td><td>1) 의의<br>개인 차원의 만족모형을 조직 차원의 의사 결정에 적용한 모형(회사란 상이한 개성과 목표를 가진 독립되고 다양한 개인 또는 하부조직의 연합체로 가정)으로 연합모형이라고도 하며, 회사는 제한된 합리성을 추구하는 현실적인 조직임.<br><br>2) 전제 조건<br>복수의 목표가 존재, 제한된 합리성 추구, 최선의 대안이 아닌 만족할 만한 대안을 선택<br><br>3) 특징<br>① 갈등의 준해결(갈등의 완전한 해결은 불가능하므로 협상에 의한 준해결 상태에 머무름.)<br>② 문제 중심의 탐색(주어진 목표나 문제를 확인한 후에 대안을 탐색하는 합리적 결정과는 달리, 문제가 발생한 후에 대안 탐색을 시작함.)<br>③ 불확실성의 회피(합리모형에서처럼 미래 예측을 통해 불확실성을 극복하려는 것이 아니라, 불확실성을 회피하려는 경향을 가지며, 장기적인 전략과 예측은 부정확하기 때문에 단기적인 피드백에 의한 반응을 함.)<br>④ 조직의 학습(조직도 구성원의 학습을 통해 전체로서 학습을 하게 되는 적응적 행태규칙, 즉 도구적 학습을 함.)<br>⑤ 표준운영절차(SOP: 조직이 장기적인 적응 과정에서 학습하거나 경험적으로 터득한 결과나 행동규칙인 일종의 관습으로서 SOP의 발견이 회사모형의 최종 목표임.)<br>⑥ 환경의 불확실성을 제거하기 위해 거래 관행을 수립하거나 장기계약을 맺는 등 환경통제 방법을 찾기도 함.<br><br>4) 한계<br>장기적인 전략보다는 단기적인 표준운영절차(SOP)에 의존하므로 보수적임.</td></tr>
<tr><td>⑦</td><td>자동화<br>결정모형</td><td>정보기술을 이용해 프로그램화된 결정 원칙에다 정보를 결합해 정책을 산출해 내는 의사 결정 체제로서 고도의 통찰력이 요구되는 비정형적인 문제에는 적용하기 곤란하고 관례화된 결정이나 집행 결정에 활용</td></tr>
</table>

| | | |
|---|---|---|
| ⑧ | 쓰레기통 모형<br>(코헨[M. Cohen], 마치[J. G. March], 올센[J. P. Olsen) | **1) 의의**<br>① 조직화된 무정부 상태(극도로 불확실하고 불합리하며 구성원의 응집성이 약한 복잡하고 혼란한 상황) 속에서 조직이 어떠한 결정 행태를 나타내는가에 연구의 초점을 둔 비합리모형으로, 조직화된 무정부 상태의 긍정적인 측면을 체계적으로 분석한 모형<br>② 계층적 권위가 존재하지 않는 대학조직 같은 자율적이고 동태적인 조직에는 합리모형(확실한 목표와 기술을 가지고 분명하게 파악된 문제들을 해결하려는 모형)을 적용할 수 없음.<br>**2) 전제 조건**<br>① 문제성 있는 선호(불분명한 선호, 무엇을 선호하는지를 알지 못하거나 참여자 간 합의가 없는 경우로서 결정이 진행되면서 선호를 발견하게 됨.)<br>② 불명확한 기술(수단〈대안〉과 목표〈결과〉 사이에 존재하는 인과 관계에 관한 지식과 기술이 불분명)<br>③ 수시적(일시적) 참여자(참여자들이 유동적이어서 지속적인 참여가 곤란)<br>**3) 의사 결정에 필요한 네 가지 요소**<br>문제의 흐름, 해결책(대안)의 흐름, 참여자의 흐름, 선택 기회의 흐름<br>**4) 의사 결정 방식**<br>네 가지 요소의 흐름이 있어도 점화 계기가 있어야만 결정이 이뤄지며, 날치기와 진빼기와 같은 비정상적인 의사 결정이 이뤄짐. |
| ⑨ | 정책의 창 모형<br>(킹던[J. Kingdon]) | **1) 의의**<br>정책주창자들이 그들의 관심 대상인 정책 문제에 주의를 집중시키고, 그들이 선호하는 대안을 관철시키기 위해 열리는 기회(즉, 정책의 창은 정책 과정의 세 가지 줄기에 의해 열린다는 것으로 쓰레기통모형에 질서를 주입)<br>**2) 흐름(줄기의) 세 요소**<br>문제의 흐름, 정책의 흐름, 정치의 흐름<br>**3) 특징**<br>① 정책의 창이 열려 있다는 것은 여러 가지 여건이 성숙돼 있다는 것을 의미함.<br>② 정책의 창은 우연히 열리기도 하지만, 정치 줄기의 변화(정권 교체 등)에 의해 열리는 경우가 많음.<br>③ 오래 지속되지 않으며, 아주 짧은 기간 동안만 열리게 됨. |
| ⑩ | 사이버네틱스모형 | **1) 의의**<br>고도의 불확실성 속에서 정보를 지속적(자동적)으로 제어하고 환류해 나가는 적응적 시스템으로 적응적 · 습관적 의사결정모형이라고도 하며, 사이버네틱스(cybernetics: 인공두뇌학)를 의사 결정 과정에 적용한 것임.<br>**2) 특징**<br>① 적응적 · 습관적 의사 결정(예: 실내 자동온도 조절장치)<br>② 불확실성의 통제(극복하려는 것이 아니라 반복되는 시행착오적 적응을 함.) |

③ 집단적 의사 결정(조직은 다양한 목표를 가진 개인들의 연합이므로 개개인의 결정 논리가 집단에 그대로 적용되지 않음.)

④ 하위 단위 맥락과 순차적 해결(가치의 통합보다는 **가치의 분리를 중시**하며 **하위조직 단위 간의 결정 문제를 상호 분리해 순차적으로 해결해 나가는 목표에 대한 순차적인 주의집중 과정을 정책 결정의 본질**로 보므로, 정책 결정은 이슈를 제기한 하위 단위 맥락 속에서 이뤄짐.)

⑤ 도구적 학습(결과를 미리 예측한 후 합리적인 대안을 선택하는 인과적 학습이 아닌 시행착오적 학습에 의존함.)

**3) 분석적 모형과 사이버네틱적 모형의 비교**

| 구분 | 분석적 모형 | 사이버네틱적 모형 |
|---|---|---|
| 성격 | 완전한 합리성 | 제한된 합리성 |
| 문제 해결 | 알고리즘(연역적 방식) | 휴리스틱(귀납적 방식) |
| 학습 | 인과적 학습 | 도구적 학습 |
| 해답 | 최선의 답을 추구 | 그럴듯한 답을 추구 |
| 이념 | (경제적) 효율성 | (배분적) 형평성 |
| 인간관 | 전지전능인(인지 능력의 한계 불인정) | 인지 능력의 한계 인정 |
| 대안분석 | 동시적 분석 | 순차적 분석 |

□ 알고리즘 방법(문제 해결이 보장되는 절차), 휴리스틱 방법(그럴듯한 답에 이르게 하는 주먹구구식 탐색 규칙)

□ 휴리스틱은 알고리즘에 비해 문제 해결의 가능성은 낮지만, 더 현실적이고 유연하며 효율적이어서 비용과 시간이 절감됨.

⑪ 앨리슨 [G. Allison, Jr.] 모형

**1) 의의**

1960년대 초 미국을 공격하기 위해 쿠바가 소련으로부터 미사일을 수입하려고 했을 때 미국(캐네디 대통령)이 왜 해상 봉쇄라는 대안을 채택할 수밖에 없었는가를 연구하는 모형으로, 집단의 응집성과 권력성을 기준으로 분류

**2) 모형의 종류**

| 구분 | 합리적 행위자모형 | 조직과정모형 | 관료정치모형 |
|---|---|---|---|
| 조직관 | 조정과 통제가 잘된 유기체적 조직 | 느슨하게 연결된 하위조직들의 연합체 | 독립적인 개인 행위자들의 집합체 |
| 권력의 소재 | 최고지도자가 보유 (집권) | 반독립적인 하위조직들이 분산 소유 | 개인적 행위자들의 정치적 자원에 의존 |
| 행위자의 목표/갈등 | 조직 전체 목표 (갈등 없음.) | 전체 목표+하부조직 목표 (조직 간 갈등의 불완전 해결) | 전체 목표+하부조직 목표+개인 목표 (갈등은 정치적 해결) |
| 목표의 공유감 | 매우 강함. | 중간 | 매우 약함. |
| 구성원의 응집성 | 매우 높음. | 중간 | 매우 낮음. |

⑪

| 정책 결정의 일관성 | 매우 강함. | 중간 | 매우 약함 |
|---|---|---|---|
| 정책 결정의 원리 | 최고 지도자가 명령 · 지시 (동시적 · 분석적 해결) | 표준운영절차(SOP)에 의한 대안 추출 (순차적 해결) | 정치적 게임규칙에 의한 타협, 협상, 흥정 (정치적 해결) |
| 적용 계층 | 전 계층 | 하위 계층 | 상위 계층 |
| 권위 | 공식적 권위 | 전문적 권위 | - |
| 합리성 | 완전한 합리성 | 제한된 합리성 | 정치적 합리성 |

☐ **정치적 게임(흥정, 타협 등)과 정치적 표결(선거, 투표 등)은 다름.** 정치적 표결은 공공선택론의 결정 방식

⑫ 정책딜레마 모형

**1) 개념**

정책 딜레마란 정책 결정을 해야 하지만 상충되는 정책 대안들 가운데서 어떤 것도 선택하기 어려운 상태로서, 상호 갈등적인 복수의 정책 대안이 선택 상황에 나타났을 때, 어느 한 대안의 선택이 가져올 기회 손실이 용인의 한계를 벗어나기 어렵기 때문에 선택이 어려운 상태를 말함.

**2) 발생 조건**

| 선택의 압력 | 대안들 가운데 반드시 하나를 선택해야 한다는 요청이 강함. |
|---|---|
| 정책 대안의 특성 | **상호 갈등적인 정책 대안들이 구체적이고 명료해서**, 상호 절충이 불가능하고 기회 손실이 비슷한 상황 |
| 행태 · 상황적 조건 | 갈등집단 간의 권력이 균형적이고, 내부 응집력이 강하며, 이해관계가 크고, 손익집단이 명확히 구분되는 상황 |

**3) 대응행동**

| 소극적 대응 | 결정의 회피(포기), 결정의 지연, 결정 책임의 전가, 상황의 호도 |
|---|---|
| 적극적 대응 | 새로운 딜레마 상황을 조성, 정책 문제의 재규정 등 |

## 심화 학습: 딜레마이론

**1) 딜레마 상황**

관련 참여자, 선택 기회 문제 등의 모호성 여부와는 상관 없이 대안들의 표면화된 가치를 비교할 수 없기 때문에 선택이 어려운 상황에 처해 있는 상태를 말한다.

**2) 딜레마이론의 논리적 구성 요건**

| 분절성(discreteness) | 대안 간 절충이 불가능하다. |
|---|---|
| 상충성(trade-off) | 대안의 상충으로 인해 하나의 대안만 선택해야 한다. |
| 균등성(equality) | 대안이 가져올 결과치가 균등해야 한다. |
| 선택불가피성(unavoidability) | 최소한 하나의 대안을 반드시 선택해야 한다. |

3) 딜레마의 유형

| 일치된 딜레마 | 주어진 딜레마를 주관적으로도 딜레마로 설정하는 것 |
|---|---|
| 무시된 딜레마 | 주어진 딜레마를 주관적으로 딜레마로 파악하지 않는 것 |
| 의사(擬似) 딜레마 | 딜레마가 아닌 상황을 딜레마로 파악하는 것 |

심화 학습: 집단사고(groupthink)

**1. 개념**

집단사고(groupthink)란 집단 구성원 간에 존재하는 지나친 일치화(concerrence) 경향으로 특징지어지는 집단 의사 결정의 한 모습을 일컫는다. 재니스(I. Janis)에 따르면, 집단사고란 집단 내의 압력으로 인해 정신적 효율성과 현실 적합성 및 도덕적 판단이 결함되고, 이런 상태에서 의사 결정을 하는 것을 일컫는다.

집단사고는 세 가지 조건에서 흔히 발생하게 된다. 첫 번째 조건은 집단 내의 높은 응집력(high group cohesiveness)이다. 두 번째 조건은 집단의 구조적 문제들로, 외부 의견으로 부터의 집단의 고립(insulation of group from outside opinions), 지시적인 리더(directive leader) 등을 특징으로 한다. 마지막 세 번째 조건은 위기 상황(crisis situation)으로, 외부 위협으로부터의 강한 스트레스나 리더의 의견 외에는 더 나은 해결책의 부재 상황 등을 특징으로 한다. 이러한 상황에서 집단구성원들은 리더의 의견에 반대하거나 리더와 다른 의견을 제시하기가 어렵고, 오히려 비합리적일 수 있는 리더의 의견을 좀 더 적극적으로 옹호하고 강화시키는 행동을 하게 된다.

즉, 이러한 조건에 처하게 되면, 집단은 집단사고를 하게 된다. 그러나 이러한 조건 하의 집단사고는 합리적인 것이 아니라, 집단의 완전성에 대한 환상, 집단의 도덕성에 대한 믿음, 합리화, 외부 집단에 대한 정형화된 시각, 동형화에 대한 압력(conformity pressure), 자기 검열, 만장일치에 대한 환상 등의 증상을 보인다. 그 결과 결함 있는 의사 결정에 이르게 되는데, 대안에 대한 불충분한 조사, 목적에 대한 불충분한 검토, 선호된 선택의 위험성에 대한 검토 부족, 대안의 재평가 실패, 불충분한 정보 탐색, 이용 가능한 정보에 대한 편의적인 처리, 상황적 계획(contingency plans)의 수립 실패 등의 결과를 보인다.

**2. 집단사고의 대표 사례**

미국의 케네디(J. F. Kennedy) 대통령은 1961년에 쿠바에서 추방된 쿠바인들을 군사 훈련시켜, 당시 대치 상태에 있던 쿠바 공격을 감행했다. 이 작전의 목적은 미군의 직접 침공이 아닌, 쿠바인에 의한 내전 형식으로 쿠바 정부를 전복시키는 것이었다. 미국의 의사결정자들은 열띤 토론 끝에 쿠바의 피그만(Bay of Pigs)이라는 곳을 침공 지점으로 정하고 쿠바 추방인들을 상륙시켰지만, 2일 만에 모두 포로로 잡혀, 이 작전은 완전한 실패로 돌아갔다. 피그만은 늪지대였다. 군사작전의 전문가들이 모여 수개월간 침공 작전을 수립했지만, 왜 하필 늪지대를 침공지로 선택하고, 결국 작전을 실패하게 했을까?

**3. 집단사고의 예방 방안**

재니스는 응집성이 매우 높은 집단에서도 집단사고가 일어나는 것을 방지할 수 있는 방법을 제시했다.

1) 지도자는 구성원들이 반대 의견과 의심을 표출할 수 있도록 격려하고 모든 대안들을 고려하도록 격려한다.
2) 지도자는 공평해야 하며 자신이 좋아하는 바를 겉으로 드러내지 말고 중립적이어야 한다.
3) 같은 문제에 대해 토의하는 몇 개의 독립적인 하위집단을 만든다.
4) 제안에 대해 자유롭게 비판하도록 권장한다.
5) 한 명 이상의 구성원으로 하여금 반대 의견을 개진하는 역할을 담당하도록 한다.
6) 경쟁 집단과의 관계에 대한 문제를 논의하는 경우 상대 집단이 취할 수 있는 가능한 대안을 철저히 점검한다.
7) 예비 결정을 내린 후에 다시 한 번 구성원 각자가 지닌 의구심을 해소하기 위한 절차를 취한다.
8) 외부 인사에게 집단적 결정 사항을 제시하고 이를 반반하게 한다.
9) 구성원들에게 집단의 결정 과정을 믿을 만한 사람들과 이야기하도록 하고 그들의 반응을 알려 주도록 격려한다.

**심화 학습: 킹던의 다중흐름모형(Kingdon's Multiple Stream Framework: MSF)**

**1) 개념**

킹던(J. W. Kingdon)은 정책 변동을 설명하기 위해 1984년 다중흐름모형(MSF)을 제시했다. 이는 정책 문제 흐름(policy problem stream), 정책 대안 흐름(policy alternative stream), 정치 흐름(political stream), 정책 변동의 창(window of policy change), 정책 산출(policy output), 그리고 정책 변동(policy change) 등으로 구성된다.

**다중흐름모형(MSF)의 구조 틀**

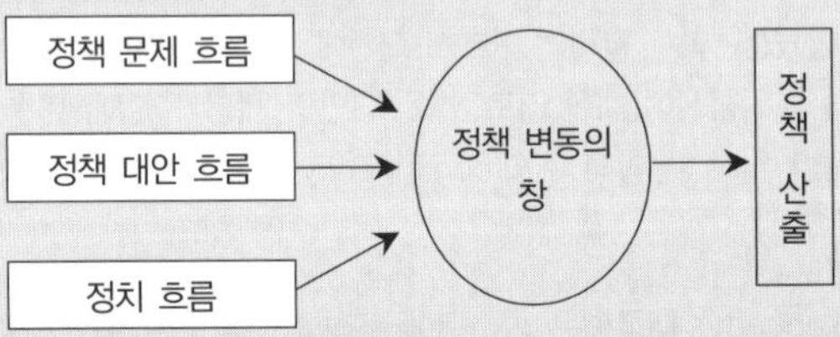


**2) 세 가지 과정의 흐름**

세 가지 과정의 흐름은 정책 문제 흐름, 정책 대안 흐름, 그리고 정치 흐름이다. 이들이 하나로 결합될 때, 정책 변동의 창이 열리는데, 이들 세 가지 흐름은 대체적으로 상호 독립해서 진전되고 작용하지만 상호 영향을 미치면서 진행되기도 한다. 따라서 이들 흐름이 절대적으로 독립돼 있다는 것은 아니다.

한편, 킹던에 의하면 정책 문제 흐름은 지표의 변동, 위기 또는 재난 등으로 인해 발생하며, 정책 대안 흐름은 정치 체제의 분화 정도, 정책가의 활동, 이익집단의 개입 등에 의해 나타난다. 그리고 정치 흐름은 정권 교체, 국회의석 수의 변화, 국민적인 분위기 등에 의해 나타나는데, 현실적으로 정책 변동의 창은 정치 흐름에 의해서 열리게 되는 경우가 많다. 정책참여자들이 문제를 인지하고 대안을 준비하고 있을 때,

결정적인 정치 흐름이 나타나 창을 여는 것이다. 특히, 정권 교체는 가장 눈에 띄고 광범위한 정치 흐름의 변화다.

### 3) 정책 변동의 창

정책 변동의 창이 열렸다는 것은 특정 정책을 지지하는 정책참여자들이 그들이 선호하는 해결책을 강요하거나 자신들의 특별한 문제에 관심을 기울이도록 압력을 행사해 정책 변동의 기회를 맞이했다는 것을 의미한다.

창은 예측 가능하게 열리기도 한다. 예산 심의나 국정감사와 같은 예정된 의정 활동이 좋은 예다. 반면, 창은 예측할 수 없는 우연한 사건에 의해서 열리기도 한다. 우연한 사건은 특정의 정책 문제에 심각성을 더하게 하고, 결정적으로 정책참여자들에게는 그 문제에 그들이 개발해 놓은 정책 대안을 해결책으로 제시할 수 있는 절호의 기회가 오게 되는 것이다.

예를 들어, 오일쇼크로 인한 주유소 앞의 긴 차량 행렬이 정부의 주의를 집중시키게 되면, 각종 이익집단들(대중교통, 철도, 에너지관련 단체)은 자신들의 정책을 에너지 자원 부족이라는 문제에 최선의 해결책으로 포장하고 제시한다.

또 다른 사례로 대형 비행기 사고는 안전 항공 운행에 관심이 있는 집단에게 또 하나의 정책 변동의 창을 열어 주게 된다. 만일 그들에게 준비돼 있는 정책이 있다면, 그 정책이 채택되고 집행될 수 있는 절호의 기회를 주는 것이다.

한편, 창이 오랫동안 열려 있는 채로 있는 경우는 매우 드물다. 기회를 놓치면 다른 창이 열릴 때까지 기다려야 한다. 정책 변동의 창이 열리는 시간이 짧기 때문에 정책 문제와 정책 산출물 간의 강력한 결합이 이뤄진다. 그 결과 체제가 정책 문제와 정책으로 과부하되는 경우도 있다. 만약, 참여자들이 충분한 자원을 기꺼이 투자하려 한다면 몇몇 문제는 해결될 수 있을 것이고 몇몇 제안은 입안될 것이다. 그렇지 못한 정책 문제나 정책 대안은 충분치 못한 자원이 동원됐기 때문에 표류되고 만다.

한편, 정책 변동의 창은 몇 가지 이유에 의해서 닫히게 된다.

첫째, 참여자들이 그들의 관심 대상인 문제가 어떠한 의사 결정이나 입법에 의해 충분히 다뤄졌다고 느낄 때다. 그 문제가 충분히 다뤄지지 않았다고 해도 어떤 형태로든지 정부의 행동이 취해지면 당분간 그 정책 문제에 관한 창은 닫히게 된다.

둘째, 마찬가지로 참여자들이 어떤 행태로든지 정부의 행동을 유도하지 못했을 경우도 창은 닫히게 된다. 일단 한번 실패하면, 다음 번 기회가 올 때까지 그들은 자신들의 시간, 정력, 정치적 자산 그리고 다른 종류의 자원들을 투자하기를 꺼려한다.

셋째, 정책 변동의 창을 열게 했던 사건이 정책의 장에서 사라지는 경우도 종종 있다. 어떤 위기 상황이나 폭발 사태 같은 것들은 본질적으로 그 수명이 단기간일 수밖에 없는 것이다. 일반 국민들이 대형 비행기 사고나 철도 사고에 뜨겁게 흥분하고 그 결과에 대해 예리하게 주시할 수 있는 기간은 한정된 기간일 뿐이다. 창을 열리게 했던 주변 여건 또한 아주 단기간만 그 상태를 그대로 유지해 줄 뿐이다. 가령 새로운 정부가 들어서면 의회와 밀월 기간이 있게 되는데 그 기간도 몇 달 지나지 않아 끝나게 된다.

넷째, 인사 변동이 정책 변동의 창을 닫게 하는 요인으로 작용할 수 있다. 특정 정책 문제를 담당하고 있는 고위관료가 그 문제에 관한 정책 대안을 갖고 의회의 상임위원회 멤버들을 설득하기 위해 일정한 기간이 필요한 경우, 그 일정 기간에 고위관료가 경질된다든지 상임위원회 위원 구성에 변동이 있게 되면 창은 자연스럽게 닫히게 되는 것이다.

다섯째, 어떤 경우에는 문제에 관한 대안이 존재하지 않기 때문에 정책 변동의 창이 닫히는 수도 있다. 대개 창이 돌발적으로 열리는 경우, 정책참여자들이 문제에 대한 규정 및 대안에 대한 토론과 분석이 돼 있지 않는 상태로 정책 과정에 참여하게 되는데, 단기간 안에 모든 요소를 응집시킬 수 있는 정책 제시에 실패하게 되면 정책 변동의 창은 닫히게 된다.

**4) 정책 산출과 정책 변동**

정책 문제 흐름, 정책 대안 흐름, 그리고 정치 흐름에 의해 정책 변동의 창이 열리게 되면 창에서 정책 참여자들이 자신들의 이해관계에 따라 대응하며 전략을 이끌어 나간다. 전략에는 온건전략뿐만 아니라 폭력시위 등의 강경전략도 포함된다. 이러한 정책 형성 과정의 상호 작용을 통해 이전과는 다른 내용의 정책이 산출되고, 정책 변동이 이뤄지는 것이다.

## 5. 위기 시 의사 결정의 특징과 합리적인 정책 결정을 제약하는 요인

| 위기 시 의사 결정 | | 집권화, 비공식적 결정(공식적인 규칙이 비공식적 결정으로 대치), 의사소통의 증가, 정보의 내용보다 소스(source)에 의존, 집단사고(만장일치의 환상에 빠지는 집단적 바보짓) |
|---|---|---|
| 합리적인 정책 결정을 제약하는 요인 | 정책결정자 측면 | **가치관과 태도(인식)의 차이로 인한 갈등과 대립**으로 합리성 저해, 권위주의적인 성격(의사 전달과 토론 곤란), 인지 능력의 한계로 미래 예측 곤란, 무사안일과 변동에의 저항 등을 초래하는 **관료제의 병리** |
| | 정책 결정 구조 측면 | **제한된(부족한) 정보**, 집권적 구조, 부서할거주의나 **집단사고의 폐단**, 표준운영절차(SOP)에 집착 등 |
| | 정책환경 측면 | **해결하려는 문제가 복잡하고 다양하거나 추상적**인 경우, 투입 기능의 취약, **매몰비용에 집착**, 정치환경의 불안정, 관료들의 행동에 직·간접적으로 영향을 주는 **외부 집단의 영향**, 이해집단의 참여에 의한 지대 추구나 포획 등 |

# 제 5 절 정책집행론

## 1. 정책 집행에 관한 연구(정책집행관)

정책 집행 과정은 정책 결정에 비해 상대적으로 정치적 성격이 약하고, 구체적·기술적·기계적·전문적 성격이 강하나, **오늘날 정책 집행은** 자동적·기계적인 과정이 아니라 정책 결정과 마찬가지로 여러 가지 변수가 작용하는 **역동적·정치적 과정**임.

<table>
<tr><td>고전적 행정학</td><td>□ 고전파 행정학의 정책 집행 전제<br>① 정책 결정과 집행은 이질적이며 집행상의 의사 결정은 기술적・전문적・비정치적이다.<br>② 정책 결정이 집행보다 먼저 이뤄지며 결정과 집행은 단일 방향적이다.<br>③ 결정자와 집행자는 엄격히 분리되며, 정책집행자는 결정된 정책을 충실히 집행한다.<br>정책만능주의(정책을 수립만 하면 문제가 해결〈정책 집행〉됨), 정태적 정책관(정책은 집행 과정에서 변하지 않음), 계층적 조직관(결정자의 지시에 따라 하향적으로 집행), 목표수정부당론(목표는 수정돼서 안 되고, 충실하게 집행)</td></tr>
<tr><td>현대적 행정학</td><td>1960년대 말 존슨 행정부의 '위대한 사회' 건설을 위한 각종 사회정책 실패 이후 관심을 갖게 됨.<br>□ 윌다브스키(A. Wildavsky)의 『정책집행론』(1973), 오클랜드사업이 실패한 과정을 연구한 결과<br>많은 참여(동의를 구하는 데 거부점이 작용), 집행관료의 빈번한 교체(리더십 붕괴), 타당한 인과모형 부재(집행 수단으로 지원된 예산이 인건비가 아닌 기업의 시설 투자에 사용), 집행기관의 부적절 등으로 인해 실패<br><br>※ 공동행동의 복잡성(정책의 성공적 집행 가능성은 의사결정점의 수에 반비례)</td></tr>
</table>

## 2. 정책집행이론

<table>
<tr><th>구분</th><th>내용</th></tr>
<tr><td>하향적 접근<br>(사바티어[P. Sabatier],<br>매즈매니언[D. Mazmanian])</td><td>1) 의의<br>① 정책 집행을 결정과 분리해 정책 집행이란 비정치적・기술적 과정으로서 결정된 정책 목표를 충실히 달성하는 기계적・단계적 과정으로 보고 정치・행정이원론의 시각에서 기계적인 집행(순응)을 이상적인 집행으로 봄.<br>② 버먼(P. Berman)의 거시적・정형적 집행, 엘모어(R. E. Elmore)의 전방향적 접근<br>③ 정책 집행이란 주어진 목표 달성을 위한 수단적 행위로 봄.<br><br>2) 특징<br>① 정책 목표를 달성하기 위한 성공적인 집행 조건이나 전략을 규명하고 집행이론을 구축하는 데 초점을 둠.<br>② 집행 과정에 영향을 미치는 다양한 요인을 연역적으로 도출함으로써 정책결정자에게 바람직한 집행을 위한 규범적인 처방을 제시하려 함.<br>③ 결정자의 의도가 충실히 구현되는 것을 중시하며, 최고관리층(결정자)의 리더십을 성공적 집행의 핵심 조건으로 봄(집행 과정의 자세한 기술이나 문제점에 대한 인과 관계를 설명하지 않음.)<br><br>3) 평가(장점과 단점)<br>① 장점 : 정책 목표를 중시하므로 객관적인 정책평가가 가능함.</td></tr>
</table>

<table>
<tr><td></td><td>② 단점: 현실은 일관된 정책 목표의 설정이 불가능한 경우가 많으며, 정책 반대자의 입장이나 전략적 행동을 파악 할 수 없고, 하나의 정책에만 초점을 맞추므로 여러 정책이 동시에 집행되는 경우를 설명하기 곤란함.</td></tr>
<tr><td>상향적 접근</td><td>
1) 의의<br>
① 정책 집행을 결정과 분리하지 않으며, 정치 · 행정일원론의 시각에서 집행 현장에서 효율적으로 적응하는 집행을 이상적인 집행으로 봄.<br>
② 엘모어의 후방향적 접근, 버먼의 미시적 · 적응적 집행, 립스키(M. Lipsky)의 일선관료제론, 린드블럼(C. E. Lindblom)의 견해<br>
③ 정책 집행이란 집행을 다수의 참여자들 사이에서 발생하는 상호 작용이라고 봄.<br>
2) 특징<br>
① 일관되고 명백한 정책 목표의 존재 가능성을 부정하며 결정자가 모든 집행 과정을 통제할 수 있다는 가정에 의문을 제기함.<br>
② 비구조적인 정책 상황에서는 결정자의 리더십보다는 집행관료에게 재량권을 인정하는 상향적 접근이 유용함.<br>
③ 집행의 성패를 판단하는 기준은 '결정자의 의도에 얼마나 충실했는가'가 아니라 '집행관료의 상황 적응적인 바람직한 행동이 얼마나 유발됐는가'임.<br>
3) 평가(장점과 단점)<br>
① 장점<br>
㉠ 정책의 예측보다는 실제 집행 과정을 상세히 기술 · 설명해 집행 과정의 인과 관계를 잘 설명할 수 있음.<br>
㉡ 여러 정책이 동시에 추진되는 경우 정책 프로그램이 교차하는 집행 영역을 잘 다룰 수 있음.<br>
② 단점<br>
㉠ 집행 현장의 실제 행위자(일선관료) 중심의 미시적 접근이어서 정책결정자가 통제할 수 있는 집행의 거시적 틀을 간과함.<br>
㉡ 공식적인 정책 목표가 무시되므로 집행 결과에 대한 객관적인 평가가 어려워지며 집행 재량으로 인한 폐단도 있을 수 있음(예: 집행관료의 횡포 가능성, 집행 현장에서 변질되는 목표의 대치, 결정자와 집행자 간 대리 손실 문제).<br>
㉢ 실제 집행 현장을 중심으로 한 귀납적 연구를 중시하므로 일반화되고 일관된 연역적인 분석틀을 제시하기 곤란함.<br>
4) 연구
<table>
<tr><th>구분</th><th>내용</th></tr>
<tr><td>(1) 립스키(M. Lipsky)의 일선관료제론</td><td>① 의의<br>일선관료는 정책의 최종적 과정에서 고객과 접촉하며 상당한 재량권을 행사하는 하위직 관료(사회복지 공무원 등)로서, 매우 복잡한 업무를 수행하며, 고객과 접촉하는 일선관료가 실질적으로 공공정책을 결정한다는 상향적 집행접근법을 수용함(단순 집행 업무만을 기계적으로 집행하는 것으로 보지 않음).</td></tr>
</table>
</td></tr>
</table>

<table>
<tr><td rowspan="3"></td><td></td><td>② 직무상의 특징(직무상의 자율성을 지님.)<br>㉠ 복지행정 분야에 종사하는 일선관료(복지공무원)는 전문가로서 전문적인 지식을 지니고 있음.<br>㉡ 일선관료들이 처한 집행 현장이나 업무 상황을 일률적으로 정형화 시키기에는 너무 다양하고 복잡함.<br>㉢ 일선관료들은 사람을 대면하면서 업무를 수행함.<br>③ 일선 업무 환경<br>자원의 부족, 권위에 대한 도전, 모호하고 대립되는 기대의 존재<br>④ 적응 방식<br>정형화와 단순화로 인한 일선행정의 비효율성이 초래됨.</td></tr>
<tr><td>(2) 버먼<br>(P. Berman)</td><td>□ 적응적 집행(상황론적 집행)<br>제도적 환경을 거시적 집행구조와 미시적 집행구조로 구분한 후 집행 성과는 미시적 집행 과정에서 결정된다고 보고 상호 적응의 관점에서 집행 현장의 중요성을 강조<br>① 거시적 집행구조<br>중앙정부와 지방정부의 관계로서 이들은 느슨하게 연결된 연합체의 성격을 지니며, 실질적인 집행이 가능하도록 해서 의도한 효과가 발생되도록 하위 집행구조를 설계하고 프로그램을 어느 정도 구체화하는 것을 말함.<br>② 미시적 집행구조<br>채택된 사업을 지방정부가 실행하는 것을 말하는 것으로, 이 미시적 집행구조에 따라 동일한 정책일지라도 결과가 달라질 수 있음.</td></tr>
<tr><td>(3) 엘모어<br>(R. E. Elomore)</td><td>□ 후방향적 집행<br>정책 집행을 전방향적 집행과 후방향적 집행(상향적 접근에 해당)으로 구분한 후, 성공적인 집행 조건으로 양 접근의 통합(상호가역성의 논리)을 주장함.<br>① 전방향적 접근<br>결정된 정책을 결정자의 의도에 따라 하향적으로 충실히 집행하는 것을 강조하며, 정치 · 행정이원론, 계층적 구조, 기술적 능률 등을 중시(버먼의 거시적 집행이나 정형적 집행과 유사)<br>② 후방향적 접근<br>집행을 다양한 참여자들 간의 상호 작용으로 이해하고, 집행 현장 상황에 적응하는 상향적 집행을 중시하며, 정치성, 분권성, 민주성의 개념을 강조함(버먼의 미시적 집행이나 적응적 집행과 유사)</td></tr>
<tr><td>하향적 집행과 상향적 집행 비교</td><td colspan="2"><table>
<tr><th>구분</th><th>고전적 · 하향적 · 집권적 집행<br>(top down)</th><th>현대적 · 상향적 · 분권적 집행<br>(bottom up)</th></tr>
<tr><td>정책 상황</td><td>안정적 · 구조화된 상황</td><td>유동적 · 동태적 상황</td></tr>
<tr><td>정책 목표의 수정</td><td>수정 필요성이 낮음.</td><td>수정 필요성이 높음.</td></tr>
<tr><td>결정과 집행</td><td>분리(이원론)</td><td>통합(일원론)</td></tr>
</table></td></tr>
</table>

| 관리자의 참여 | 제한, 충실한 집행이 중요시됨. | 필요 |
|---|---|---|
| 집행자의 재량 | 불인정 | 인정 |
| 정책평가의 기준 | 집행의 충실성과 성과 | 환경에의 적응성 중시, 성과는 2차적 기준 |
| 집행의 성공 요건 | 결정자의 리더십 | 집행관료의 재량권 |
| 핵심적 법률(법제화) | 있음 | 없음 |
| 버먼 | 정형적(거시적 · 하향적 집행) | 적응적(미시적 · 상향적 집행) |
| 엘모어 | 전(방)향적 집행 | 후(방)향적 집행 |
| 나카무라 | 고전적 기술자형, 지시적 위임가형 | 재량적 실험가형, 관료적 기업가형 |
| 방향과 흐름 | 집권적, 기계적 | 분권적, 역동적 |

**통합적 접근**

□ **사바티어(P. Sabatier)의 통합모형**

처음에는 하향적 접근을 주장하다가 나중에 통합모형인 비교우위접근법과 **정책지지연합모형**을 제시함.

① 비교우위접근법

| 하향적(전방향적 접근) 접근이 유리한 조건 | 상향적(후방향적) 접근이 유리한 조건 |
|---|---|
| 하나의 정책이 집행 현장을 좌우하는 경우 | 중요성이 비슷한 여러 개의 정책이 경쟁적으로 집행되는 경우 |
| 정책 집행의 평균적 · 일반적 과정 파악 | 여러 지역 간의 집행상의 차이 파악 |
| 정책의 내용이나 정책 결정 및 집행조직의 특성 등이 정책 집행에 미치는 영향 파악 | 집행 현장에서 나타나는 문제와 현상 파악 |

② **정책지지[옹호]연합모형**

㉠ **기본적 관점은 상향적 접근 방법의 분석 단위를 채택하고, 여기에 영향을 미치는 요인으로 하향적 접근 방법의 여러 가지 변수와 사회경제적 상황과 법적 수단을 결합함.**

㉡ 정책의 기본적 과정은 정책 하위 시스템 내의 경쟁적인 정책지지(옹호)연합 간 갈등과 타협 과정임을 강조(상향적)

㉢ 정책 하위 시스템 참여자들의 활동에 영향을 미치는 요소들은 하향적 접근에서 도출(하향적)

③ 전제 조건

㉠ 정책 변환 과정을 이해하려면 **10년 이상의 장기간이 필요**함.

㉡ 정책 변화를 이해하기 위해 **분석 단위로서 정책 하위 체제에 중점**을 둠.

㉢ 정책 하위 체제들은 다양한 수준의 정부에서 활동하는 행위자들을 모두 포함함.

㉣ 정책 하위 체제 안에 신념 체계를 공유하는 정책지지 연합이 있는데, 이들이 자신의 신념을 정책에 반영하기 위해 경쟁하는 과정에서 정책 변동이 발생함.

④ 평가

㉠ 변수 간의 유기적 연계성 부족

|  |  |
|---|---|
|  | ㉡ 정책 과정을 기본적으로 정책학습에 의해 정책이 변동되는 과정으로 이해하므로 집행모형이라기보다는 정책 과정 전반에 걸친 정책학습(정책 과정에서 올바른 결론을 유도할 수 있는 지식의 축적과 응용 과정으로서 정책실패나 시행착오를 통해 장기적으로는 정책의 성공을 유도하게 됨)의 성격이 강함.<br>㉢ 정책 하위 시스템 내 지지(연합)집단의 범위 파악이 용이하지 않음. |

### 심화 학습: 매틀랜드의 정책집행과정모형

1. 의의

매틀랜드(R. E. Matland)는 집행에 영향을 미치는 수많은 변수를 찾는 데 중점을 둔 것이 아니라, 양 접근 방법이 어떠한 조건하에서 더 잘 적용되는지, 이때 중요해지는 집행변수가 무엇인지를 탐색했다.

| 구분 | | 갈등 | |
|---|---|---|---|
| | | 낮음 | 높음 |
| 정책 목표의 모호성 | 낮음 | 관리적 집행 | 정치적 집행 |
| | 높음 | 실험적 집행 | 상징적 집행 |

① 관리적 집행: 프로그램화된 결정(SOP)이 나타나고, 하향적 접근이 가능한 모형이다.
- 사이먼(H. A. Simon)의 프로그램화된 결정이 발생하는 집행
- 계층제에 기반한 중앙집권적 구조, 규범적 집행 수단의 확보 가능
- SOP의 형성 → 업무를 구조화 → 획일화된 정책 집행
- 자원 확보가 정책 집행에 가장 중요, 기술적 실패만 존재

② 정치적 집행: 매수, 담합, 날치기 통과 등이 나타난다.
- 상이한 정책 목표(수단)을 가진 경우, 정책의 결과는 권력 관계에 의해 결정
- 외부 행위자들의 영향력 존재 → 강제, 지지, 협상
- 강압적 + 공리적 수단이 중요해진다.
- 정치적 행위자들의 갈등은 매수, 담합, 날치기 통과를 통해 해결

③ 실험적 집행: 정책을 학습으로 보며 정책 결과는 맥락적인 조건에 의해 결정된다.
- 정책 목표와 수단에 대한 참여자의 선호가 모호, 기술의 불명확성
- 학습 과정으로서 정책 과정을 이해
  → 모호성은 새로운 실험과 학습의 기회를 제공
- 정책 결과는 맥락적 조건(집행 현장의 특성)에 의해 결정
- 집행관료들의 선호, 능력, 자원이 집행에서 중요한 변수

④ 상징적 집행: 집행 과정은 목표와 수단을 해석하는 과정으로 보고, 여기에는 참여자에 대한 직업적인 훈련 과정이 중요한 영향을 미친다고 본다. 상향적 접근이 유용한 모형이다.
- 정책 목표와 수단의 불분명 + 이해관계자들의 갈등 존재

- 정책 집행을 정책에 대한 해석의 과정으로 이해
- 목표와 수단의 확인과 재확인, 중요 가치를 강조하기 위한 집행
- 비슷한 해석을 가진 집단끼리 연합 형성

### 심화 학습: 정책학습

**1) 의의**

정책학습(policy learning)이란 정책 과정에서 올바른 결론을 유도할 수 있는 지식의 축적과 응용 과정으로서 정책실패나 시행착오를 통해 장기적으로는 정책의 성공을 유도하게 된다.

**2) 정책학습의 유형(P. M. May)**

| | |
|---|---|
| 수단적 학습 | 정책 개입이나 집행설계의 실행 가능성을 말하는 것으로 집행 수단이나 기법을 통한 학습 |
| 사회적 학습 | 정책관리 기법을 문제 그 자체의 핵심에 맞추는 일뿐만 아니라 사업 목표에 대한 태도 그리고 정부 활동의 본질과 타당성까지도 검토 |
| 정치적 학습 | 주어진 정책적 사고나 문제를 주장하고 그러한 주장을 더 정교하게 하기 위한 정략으로서 정치적 변화를 찬성 또는 반대하기 위한 학습 |

**3) 기타**

① 버크랜드(T. A. Birkland)가 제안한 '사회적 학습'은 하울렛과 라메쉬(M. Howlett & M. Ramesh)의 '외생적 학습'과 비슷한 의미로 이해할 수 있음.
② 하울렛과 라메쉬의 '외생적 학습'은 정책 문제의 정의 또는 정책 목적 자체에 대한 의문 제기를 포함함.
③ 로즈(Rose)의 '교훈얻기(도출) 학습'은 다른 지역의 효과적인 프로그램을 조사 · 연구해 창도자의 관할 지역에 도입할 경우 어떠한 결과가 나올지 미리 평가하는 것임.
④ 정책학습의 주체는 정책 집행의 대상이 되는 개인이나 조직일 수도 있고 정책을 결정하거나 집행하는 개인, 조직 또는 정책창도연합체(advocacy coalition)일 수도 있음.

## 3. 정책 집행 유형

| 구분 | 내용 |
|---|---|
| 정책 집행 유형<br>(나카무라[R. T. Nakamura], 스몰우드[F. Smallwood]) | ※ 1)에서 5)로 갈수록 결정자의 통제는 약해지고 집행자의 재량은 커짐.<br><br>**1) 고전적 기술자형: 정책결정자가 모든 집행 과정을 통제**<br>① 정책결정자는 명백한 목표들을 구체적으로 설정하고 집행자들은 이 목표를 지지함.<br>② 정책결정자는 계층적 지위 체계를 확립하고 집행자들에게 이 목표들을 수행할 수 있도록 기술적인 권한을 위임<br>③ 집행자들은 이런 목표들을 성취할 수 있는 기술적 능력을 소유하고 있음. |

④ 실패: **집행자가 기술적 능력이 부족한 경우**
⑤ 평가 기준: 효과성 또는 능률성

**2) 지시적 위임가형: 정책결정자가 대체적인 방침(구체적인 목표)만 정한 뒤 집행자에게 정책 집행에 필요한 관리 권한을 집행자에게 위임**
① 정책결정자는 명백한 목표를 설정하고 집행자는 목표를 지지하고 목표의 타당성에 동의함.
② 정책결정자는 집행 집단에게 목표를 성취하도록 지시하고 이들에게 재량적 행정 권한을 위임함.
③ 집행자들은 이러한 목표들을 성취하는 데 필요한 기술적·행정적·협상적 능력을 소유하고 있음.
④ 실패: 집행자의 전문성과 지식이 결여되거나, 정책 목표가 모호하거나 **집행자 간에 집행 수단에 대한 협상이 실패**할 때
⑤ 평가 기준: 효과성 또는 능률성

**3) 협상자형**
① 정책결정자는 정책 목표를 설정함.
② 결정자와 집행자는 정책 목표나 수단에 대해 반드시 의견이 일치하지 않음.
③ 집행자는 정책 목표와 수단에 대해 결정자와 협상을 벌임.
④ 실패: 집행 수단의 기술적 결함, 협상의 실패로 인한 타성·교착·무사안일·**부집행**, 집행자의 정책 목표 왜곡(**적응적 흡수**)의 경우
⑤ 평가 기준: 주민 만족도

**4) 재량적 실험가형: 집행자에 대한 대폭적인 권한 위임**
① 정책결정자가 일반적이고 추상적인 목표를 지지하지만(무엇인가 해야 한다는 압력이나 문제 의식은 가지고 있으나) 정보기술 현실 여건 등의 제약으로 인해 구체적으로 무엇을 해야 할지 구체적인 정책이나 목표를 명확하게 표명하지 못하는 추상적인 수준에 머무름.
② 정책결정자는 정책에 대한 확신이 없어 집행자에게 광범위한 재량권을 주고 그들로 하여금 목표를 명확하게 하고 성취 수단을 재량적으로 개발·활용하게 함.
③ 집행자는 정책 목표의 구체화, 수단의 선택 등을 자기 책임 하에 수행할 의사와 능력을 가지고 있음.
④ 실패 : 집행자의 전문성과 지식결여, 정책의 모호성, 집행자의 속임수와 비리(**사기**), 결정자와 집행자 간 **책임 회피** 등이 발생하는 경우
⑤ 평가 기준 : 수익자 대응성
☞ 사례연구 : 정부가 암 퇴치를 위한 연구를 보건의료기관에 의뢰하는 경우

**5) 관료적 기업가형: 집행자가 결정에 필요한 정보를 산출·통제함으로써 정책결정자로부터 권력을 빼앗아 모든 정책 과정을 거의 지배·통제하는 모형(결정자에서 집행자에게로 권력 이동)**
① 정책집행자가 정책 목표를 설정하고 정책결정자로 하여금 목표를 채택하도록 모든 힘을 동원해서 설득함(강압).

| | |
|---|---|
| | ② 정책집행자는 목표 달성에 필요한 수단들을 정책결정자와 협상을 통해 확보함.<br>③ 정책집행자는 자신들의 정책 목표를 성실하게 성취하려고 하고 또 필요한 능력을 보유하고 있음.<br>④ 실패: 정책집행자가 정책 결정에 필요한 정보를 직접 산출하고 독점・통제함으로써 정책 과정을 지배하거나, 결정자는 바뀌어도 행정관료제의 안정성과 계속성상 집행자들은 남게 되는 경우, 집행자들이 기업가적이고 정치적인 재능(기술)을 발휘해서 정책 과정을 지배하는 경우에 실패함 정책의 사전 오염(선매, preemption) 등<br>⑤ 평가: 체제 유지도<br>☞ **사례연구: 미국 연방조사국장인 후버(J. E. Hoover)가 여론을 이용해 기구 압력 폐지에서 벗어난 경우** |

### 핵심 정리 나카무라와 스몰우드의 정책 집행 유형

| 유형 | 정책결정자의 역할 | 정책집행자의 역할 | 정책 집행 실패 이유 |
|---|---|---|---|
| 고전적 기술자형 | 구체적인 목표 설정 | 기술적인 권한 소유 | 기술적 결함 |
| 지시적 위임가형 | 구체적인 목표 설정 | 집행적 권한 소유 | 기술적 결함 + 협상의 실패 |
| 협상자형 | 목표와 수단에 대해 집행자와 협상 | 목표와 수단에 대해 집행자와 협상 | 기술적 결함 + 협상의 실패 + 적응적 흡수(정책 목표 왜곡) 및 부집행 |
| 재량적 실험가형 | 추상적인 목표 지지(제시) | 목표와 수단의 구체화 | 기술적 결함 + 협상의 실패 + 적응적 흡수(정책 목표 왜곡) 및 부집행 + 책임 회피 및 기만(사기) |
| 관료적 기업가형 | 집행자가 설정한 목표 지지 | (추상적) 목표 설정 | 기술적 결함 + 협상의 실패 + 적응적 흡수(정책 목표 왜곡) 및 부집행 + 책임 회피 및 기만(사기) + 정책의 사전 오염 |

### 심화 학습: 성공적인 정책 집행의 평가 기준(나카무라와 스몰우드)

| 기준 | 내용 | 비고 |
|---|---|---|
| 능률성 | • 적은 투입비용으로 산출의 극대화를 달성했는지의 여부<br>• 정책 효과의 극대화와 비용의 최소화 | 지시적 위임가형 |
| 효과성(정책 목표 달성도) | • 정책이 의도한 본래 목표를 어느 정도 달성했는지의 여부<br>• 정책 집행 결과가 정책 목표를 얼마나 달성했는가의 여부 | 고전적 기술자형<br>지시적 위임가형 |

| | | |
|---|---|---|
| 주민 만족도<br>(정책 지지 및 관련 집단의 만족도) | • 주민의 지지 기반 확보 정도<br>• 주관적인 지표인 만족도를 통해 여러 집단의 정책에 대한 만족도를 판단 | 협상자형 |
| 수익자 대응성<br>(정책 수혜집단의 요구 대응성) | • 수익자에 대한 정책 혜택이 수익자의 요구를 어느 정도 충족시켰는지의 여부<br>• 소비자 또는 고객 등(특정) 정책 수혜집단의 만족도로 판단 | 재량적 실험가형 |
| 체제 유지도 | • 정당화를 추구하면서 체제를 유지하려는 속성이 어느 정도인지의 여부<br>• 국가 체제, 정부, 기관의 유지 발전에 도움을 주었다면 성공한 정책 | 관료적 기업가형 |

## 4. 정책 집행에 영향을 주는 요인과 정책설계, 정책 수단

<table>
<tr><th>구분</th><th>내용</th></tr>
<tr><td>정책 집행에 영향을 주는 요인<br>(성공적 집행을 위한 요건)</td><td>
1) 사바티어(P. A. Sabatier)가 제시한 효과적인 집행을 위한 다섯 가지 조건<br>
① 타당한 인과모형의 존재(수단과 목표 간의 인과 관계, 즉 기술적 타당성)<br>
② 명확한 정책지침과 대상 집단의 순응극대화(이해관계자의 광범위한 참여 등)<br>
③ 유능하고 헌신적인 집행 관료<br>
④ 지속적인 지지<br>
⑤ 정책 목표의 명확성과 우선순위의 안정성<br>
※ 기타 : 대상 집단의 규모가 작고 행태 변화의 정도가 크지 않아야 함.<br><br>
2) 정책의 특성과 자원<br>
정책 내용의 명확성과 일관성, 소망성, 집행 수단 및 자원의 확보, 정책의 중요성 등<br><br>
3) 정책결정자와 정책 관련 집단의 지지<br>
대상 집단의 행태가 다양하고 복잡할수록 집행이 곤란하고, 규모가 작고 구분이 명확할수록 집행이 용이함. 특히 수혜집단의 지지는 강하고 희생집단의 저항은 약해야 성공함.<br><br>
〈대상 집단의 성격과 조직화에 따른 집행의 용이성〉<br>
<table>
<tr><th rowspan="2">구분</th><th colspan="2">조직화 정도</th></tr>
<tr><th>강</th><th>약</th></tr>
<tr><td>수혜집단</td><td>집행 용이</td><td>집행 용이</td></tr>
<tr><td>희생집단</td><td>집행 곤란</td><td>집행 용이</td></tr>
</table>
〈대상 집단의 규모와 조직화에 따른 집행의 용이성〉<br>
<table>
<tr><th rowspan="2">규모/조직화</th><th colspan="2">조직화 정도</th></tr>
<tr><th>강</th><th>약</th></tr>
<tr><td>수혜집단〉희생집단</td><td>집행 용이</td><td>집행 용이</td></tr>
<tr><td>수혜집단=희생집단</td><td>집행 곤란</td><td>집행 용이</td></tr>
<tr><td>수혜집단〈희생집단</td><td>집행 곤란</td><td>집행 용이</td></tr>
</table>
</td></tr>
</table>

| | |
|---|---|
| | 〈주의〉 조직화 정도가 약하면 집단의 규모에 관계 없이 집행이 용이함.<br><br>**4) 정책 유형별 차이**<br>규제정책이나 재분배정책에 비해 배분정책은 갈등이 적어 집행상의 성공 가능성이 높음.<br><br>**5) 이해관계자의 참여**<br>이해관계자의 참여를 통한 협조 확보 시 성공 가능성이 높아지나, 의사결정점이나 중간 매개집단이 많거나 지나치게 많은 사람의 참여는 성공 가능성을 저하시키며, 집행체제가 수평적·수직적으로 복잡할 때 성공 가능성은 낮아짐. |
| 정책설계 | **1) 의의**<br>① 주어진 문제의 해결을 위한 올바른 정책 수단을 선택하는 과정 또는 **정책 목표의 달성을 위해 일련의 정책 수단을 조합하는 것**<br>② 상향식 집행이 강조되면서 종래의 하향식 집행과 상향식 집행을 통합하려는 관점으로 이해<br><br>**2) 설계의 구성 요소**<br>① 정책의 목적(목적을 분명히 해야 함.)<br>② 인과모형(정책 수단과 결과 간의 적절한 인과모형)<br>③ 정책 수단(적절한 수단이 필요)<br>④ 정책의 구체적 목표<br>⑤ 정책의 집행 |

### 심화 학습: 정책 수단의 유형

☞ 정책 수단 또는 도구란, 정책 목표를 달성하기 위해 정부기관이 사용할 수 있는 각종 수단으로 특히 정책설계와 관련이 있으며, 정책 목표와 무관하지는 않으나 정책 수단에 관한 연구는 정책집행론과 가장 밀접함.

1. 샐러먼(L. M. Salamon)의 분류

| 분류 | 개념 |
|---|---|
| 정부의 직접 시행 | 정부 예산에 의해 공무원이 물자나 서비스를 전달하는 것 |
| 보조금 | 가장 역사가 길고 광범위하게 사용되는 수단으로 중앙정부가 지자체나 비영리단체에 대한 국고보조금 등을 지원 |
| 지급 보증 | 정부가 개인 사기업이나 공기업을 위해 보증 채무를 짐으로써 이들의 융자나 차관의 확보를 지원하는 수단 |
| 조세 감면 | 조세지출이라고도 하며, 빈번히 사용되는 수단으로 정부가 개인이나 기업이 특정한 행위를 하기를 원할 때 이를 장려하기 위해 지원금을 지급할 수도 있으나 조세 감면이라는 수단을 사용하기도 함. |

| | |
|---|---|
| 규제 | 조세 감면 못지않게 빈번히 사용되는 수단으로 개인이나 기업이 정부가 원하지 않는 행위를 하는 것을 방지하고 정부가 원하는 행위를 유도하기 위해 사용 |
| 공기업화 | 국유화 또는 공기업화를 정책 수단에 포함시키는 사람이 많지 않으나, 던(W. N. Dunn) 등과 함께 샐러먼도 공기업화를 정책 수단의 하나로 분류함. |

## 2. 슈나이더(A. Schneider)와 잉그램(H. Ingram)의 분류

| 분류 | 개념 |
|---|---|
| 권한 수단 | 법령이 그들에게 특정한 행위를 하도록 지시하거나 권한을 부여하지 않고 있다고 믿는 경우에, 필요한 권한을 부여하기 위한 정책 수단 |
| 유인 수단 | 대상 집단의 정책에 대한 순응을 유도하거나 협조를 증진케 하기 위해 유형적인 혜택이나 불이익의 부여에 의존하는 수단으로 이에는 유도, 부과금, 제재, 힘 등이 있음. |
| 능력 수단 | 개인·집단·기관 등이 정책이 요구하는 활동을 하고 결정을 내릴 수 있도록 필요한 정보·교육·자원 등을 제공하는 수단 |
| 상징 수단 | 개인들은 정책과 관련된 행위를 할 것인가에 관해 각자가 지니고 있는 신념이나 가치에 따라 결정한다는 전제에서 나온 수단(윌다브스키[A. B. Wildavsky]는 인간은 거의 정보가 없는 문제에 관해서도 선호가 있는 경우가 많다고 함.) |
| 학습 수단 | 불명확한 상황에서 사용되는 정책 수단으로, 정책집행 담당자나 대상 집단은 집행 과정을 통해 학습하고 가장 효율적인 수단을 선택하게 됨(학습 수단이 사용되는 상황은 버먼이 말하는 비구조적 상황으로, 그가 제시한 적응적 집행과 일맥상통한다고 할 수 있음). |

## 3. 정책 수단의 유형

| 정부 관여의 정도 | 샐러먼 | 피터스 | 레바인, 피터스, 톰슨 | 슈나이더, 잉그램 | 앤더슨 | 사례 |
|---|---|---|---|---|---|---|
| 강제적 수단 | 정부의 직접 시행 | 서비스 공급 | 서비스 직접 공급 | 권위적 수단 | 직접적 권력 행사 | 국방, 경찰, 외교, 소방, 의무교육 |
| | 규제 | 법 | 법과 규제 | 유인과 제재 수단 | 제재, 검사, 허가 | 형법, 환경규제 |
| | 공기업 | | | | | 공기업 운영 |
| 혼합적 수단 | | 금전 | 이전지출 | 능력 향상 수단 | 편익 | 사회보장사업, 복지비 지출 |
| | 보조금 | | 정부간 보조금 | | 보조금 | 국고보조금 |
| | | | 민간위탁 | | 계약 | 민간위탁사업 |
| | | | | | 정부의 경비 지출 | 인건비, 물건비 지출 |

| | 조세 감면 | 세금 | 조세 체계 | | 세금 | 세금 부과, 공제, 감면 등 |
|---|---|---|---|---|---|---|
| | | 기타 경제적 수단 | 임대, 임대 보증 | | 임대 | |
| | 지급 보증 | | | | | |
| | | | 보험 | | | |
| | | 설득, 권고 | | 상징 수단 | 비공식 절차 | |
| | | | | 학습 수단 | | |
| **자발적 수단** | 민간 부문(시민단체, 시장경제 등)의 자율적 활동 | | | | | |

4. 정책 도구

**1) 정책 도구의 개념**

**정책 수단은 정책 목표 달성을 위한 수단이다. 정책 도구는 정책 수단(실질적 및 실행적 수단)을 실현하기 위해 정부가 실제로 동원하는 수단과 정치들을 의미한다.**

**2) 정책 도구의 유형**

**샐러먼(L. M. Salamon)은 13가지 정책 도구를 직접적인 정책 도구와 간접적인 정책 도구로 구분**

| 구분 | 번호 | 내용 |
|---|---|---|
| 직접적 정책 도구 | 1 | 정부 활동을 위한 소비행위를 하는 정부 소비 |
| | 2 | 정부의 소유 또는 통제 하에서 운영되는 준독립적 기업인 공기업 |
| | 3 | 가격, 산출 또는 기업과 진입과 퇴출을 통제하는 경제적 규제 |
| | 4 | 정부가 특정 개인 또는 기관에게 자금을 빌려주고 그 채권을 관리하는 대출 |
| 간접적 정책 도구 | 1 | 정부 외부로부터의 재화, 특정 생산품 및 서비스에 대한 구매를 시도하는 계약 및 서비스 구매 계약 |
| | 2 | 공공사업을 촉진시키기 위해 정부가 기업, 가계 또는 다른 정부에게 공여하는 직접 또는 간접지원금인 보조금 |
| | 3 | 특정 개인이나 기업이 당할 수 있는 물질적·신체적·경제적 손실의 위험에 대비하기 위해 정부가 제공하는 보상 체계인 공적보험 |
| | 4 | 안전, 건강, 복지 및 환경보전 등을 위해 행위를 제한하는 사회적 규제 |
| | 5 | 특정 개인이 한정된 종류의 물건이나 서비스를 구매할 수 있도록 보조하는 현물 보증서 |
| | 6 | 정부가 민간은행이 특정 개인이나 기업에게 자금을 대출하도록 보증을 서는 대출보증 |
| | 7 | 정책 목표 달성을 위해 개인이나 기업에게 세금 납부를 연기 또는 감면해 주는 조세 지출 |
| | 8 | 특정 공공 서비스의 이용비용을 민간에게 부담하게 하는 부과금 |
| | 9 | 타인의 부주의나 잘못된 행동으로 인해 입은 피해에 대해 사법제도를 통해 보상을 받거나 금지적 처분을 요청하는 피해보상청구권 |

자료: 유훈. 「정책집행론」; 이종수·윤영진 외(2012). 『새 행정학』.

# 제 6 절 기획론

## 1. 기획의 과정과 제약 요인

**기획의제 설정 → 기획 결정(수립) → 기획 집행 → 기획 평가**

**〈기획 결정(수립) 과정과 제약 요인〉**

| 단계 | 1단계 | 2단계 | 3단계 | 4단계 | 5단계 | 6단계 | 7단계 | 8단계 |
|---|---|---|---|---|---|---|---|---|
| 내용 | 문제 인지 | 목표 설정 | 정보 수집 (상황)분석 | 기획 전제 설정 | 대안의 탐색과 작성 | 대안의 결과 예측 | 대안의 비교, 평가 | 대안의 선택 |
| 제약 요인 | 목표 간 갈등과 계량화 곤란, 정보의 부족 또는 부정확, 정확한 미래 예측 곤란, 시간과 비용의 제약, 개인적 창의력 위축(지나치게 세부적이고 집권적인 기획인 경우)<br>※ **기획의 그레샴의 법칙**(악화가 양화를 구축한다. 즉, 쇄신적인 기획보다는 일상적인 단순 집행 업무가 더 중시되는 현상) | | | | | | | |

**용어 정리** 그레샴의 법칙(Gresham's Law of Planning)

의사(정책) 결정 또는 기획에서의 그레샴 법칙이란 어떠한 의사(정책)결정자가 정형적 의사 결정과 비정형적 의사 결정에 대한 책임을 모두 지고 있다면 정형적 의사 결정이 비정형적 의사 결정을 구축하게 된다는 것을 의미한다.

## 2. 기획관과 기획의 동향 및 유형

### 1) 얀치(F. Jantsch)의 기획관

| 전통적 기획관 | | 현대적 기획관 |
|---|---|---|
| ① **수단적 기획(목표 설정이나 가치 지향적 기능과는 괴리되는 단순한 사실적 기획)**<br>② 부분적 기획<br>③ 정태적 · 폐쇄적 기획<br>④ 선형적(단선적) 사고와 기계적 기획 | → | ① **규범적 기획(목표, 가치를 중시하는 기획)**<br>② 종합적 기획<br>③ 동태적 · 개방적 기획<br>④ 창조적 인간행동모형(규범적 가치 판단을 요구하는 기획) |

### 2) 국가기획과 민주주의

① 반대론

『노예로의 길』(1944)을 저술한 하이에크(F. A. von Hayek)의 입장

② 찬성론

『반동에의 길』(1945)을 저술한 파이너(H. Finer)의 입장

3) 기획의 유형

① 연동기획

㉠ 의의 : 계획 집행상의 신축성을 유지하기 위해 매년 계획 내용을 수정·보완해 계획 기간을 1년씩 늦춰 가면서 동일한 연한의 계획을 유지해 나가는 기획으로 의사 결정 방식의 점증주의와 관련됨(예: 5개년 단위의 국가재정 운용 계획).

㉡ 장점 : 계획을 수정·보완함으로써 현실적 적합성 제고, 기획과 예산의 유기적 통합

㉢ **단점 : 목적 성취에 대한 매력을 주지 못해 일반 국민에 대한 호소력이 약함, 선거공약 제시가 곤란해 정치지도자 및 정책결정자의 관심도가 미흡, 매년 수정에 따른 방대한 물적·인적 자원 소요**

② 전략적 기획

무엇을 왜 해야 하는지를 지시해 주는 기본적 결정과 행동을 위한 통제된 노력으로 조직의 전반에 걸쳐 일반적인 지침을 제공하는 기획으로, SWOT 분석을 이용해 외부 환경(기회와 위협)과 내부 역량(강점과 약점)을 분석

## 제 7 절 정책평가론

### 1. 정책 평가

1) 의의

정책 수단(독립변수, 원인변수)과 정책 목표 또는 효과(종속변수, 결과변수) 간의 인과 관계를 설명·검증하려는 것으로 평가 결과를 정책 과정에 환류시켜 정책 과정을 개선하려는 것

### 2) 평가의 목적

정책 결정과 집행에 필요한 정보 제공, 정책 과정상의 책임성 확보(법적·정치적·관리적 책임), 이론 구축에 의한 학문적 기여, 비용 절감

### 3) 평가의 단계

| 1단계 | 2단계 | 3단계 | 4단계 | 5단계 | 6단계 | 7단계 | 8단계 |
|---|---|---|---|---|---|---|---|
| 목표 확인 | 평가성 검토(사정) **'예비평가'** | 평가 기준 설정 | 인과모형 설정 | 연구(평가) 설계 | 자료 수집 | 자료 분석 및 결과 제시 | 평가 결과 환류 및 활용 |

〈주의〉 목표 확인, 평가 기준 설정, 인과모형 설정을 평가성 사정이라고 보는 소수의 견해도 있음.

### 4) 평가의 기준

| 대안의 평가 기준 | | 정책 평가 기준 | |
|---|---|---|---|
| 소망성<br>(나카무라와 스몰우드) | 실현 가능성<br>(1차적으로 확보) | 나카무라(R. T. Nakamura)와 스몰우드(F. Smallwood) | 던(W. N. Dunn) |
| **형평성, 능률성**, 효과성, 대응성, 노력 | 정치적·경제적·법적·행정적·윤리적·기술적 실현가능성 | 효과성, 능률성, 주민의 만족도, 수익자 대응성, 체제유지도 | **형평성**, 능률성, 효과성, 적합성, 적절성, 대응성 |

〈주의〉 **나카무라와 스몰우드가 제시한 정책분석 단계에서 대안의 평가 기준과 정책 집행 결과에 대한 평가 기준을 구분**

## 2. 정책 평가의 유형과 방법

### 1) 평가 시기에 따른 유형

| | |
|---|---|
| 형성적 평가 | 정책이 집행되는 도중에 이뤄지는 평가로서 도중평가, 진행평가라고도 함. |
| 총괄적 평가 | 정책이 집행된 후에 의도한 목적을 달성했는지의 여부를 판단하는 활동으로 정책의 효과성을 평가하는 것 |

### 2) 평가의 목적에 따른 유형

| | | |
|---|---|---|
| (광의의) 과정평가 | 협의의 과정평가 | ① **인과(관계의) 경로평가(파악)**<br>② **총괄평가(효과성평가)의 완성을 위한 보완적 수단**으로 정책의 효과가 어떤 경로를 통해 발생했는지, 그렇지 않은 경우 어떤 경로에서 문제가 있었는지 등을 밝히는 것으로 사후적 평가라고도 함. |

| | | |
|---|---|---|
| | | ③ **정책 효과 발생의 인과 경로를 통해 총괄평가를 보완**하고, 다른 상황에의 적용 여부와 실패의 중요한 원인 중의 하나인 인과 경로의 잘못을 밝힘. |
| | 협의의 형성평가 | ① **집행분석 또는 집행과정평가**<br>② **정책이 의도했던 대로 집행됐는지를 확인·점검하는 것**<br>③ 프로그램의 문제점을 발견·시정해 효율적인 집행전략을 수립하거나 정책 내용을 수정·변경하는 데 도움을 줌.<br>④ 집행분석(집행과정평가)은 형성평가의 핵심이며, **형성적 평가의 주요한 수단은 사업감시(프로그램 모니터링)**임. |
| 총괄평가<br>(일반적인 정책평가) | | **집행이 완료된 후 정책이 사회에 미친 영향이나 충격 등 그 효과를 평가하는 것으로 효과평가 또는 영향평가가 핵심임, 정책 수단과 정책 효과 간의 인과 관계를 추정하는 것으로** 평가 기준에 따라 효과성평가, 능률성평가, 공평성평가, 영향평가 등이 있음(즉 **인과 관계 유무를 파악**). |

## 3. 기타 정책 평가

| | |
|---|---|
| 평가성 검토(사정) | **미래의 평가 작업을 위한 분위기를 제공하기 위해 취해지는 프로그램 설계에 대한 하나의 예비평가** |
| 메타평가 | **평가에 대한 평가 내지는 평가 결산으로서 사후적 총괄평가에 해당함.** |
| 평가종합과 메타분석<br>(협의의 메타분석은 평가 종합의 일환) | **평가종합**은 정책에 대한 본격적인 정교한 평가를 하기에는 너무 시간이 부족하고, 관련된 정책이나 프로그램에 대한 기존의 평가정보들이 있으나 이들이 너무 단편적이고 어느 한 측면에만 치우쳐 있어서 종합성이 결여된 경우, 기존의 정책이나 프로그램들에 대한 평가 연구들을 종합해 정책 결정 과정에서 평가정보가 필요한 때에 맞춰 **적시에 활용**할 수 있도록 종합화된 정보를 산출해 내는 일련의 기법(**실제 활용에 기여**)<br>**협의의 메타분석**은 연구 결과들을 객관적으로 종합(synthesis)하기 위해 개별 연구에서 제시한 수치들(예: 요약통계량, 상관계수)을 통계적인 방법으로 분석하는 것이며, **광의**로는 이러한 통계 분석을 실시하기 전에, 가설을 설정하고 선행 연구를 탐색·분류·코딩해서 분석하고 결과를 제시하는 일련의 절차를 의미 |
| 결정 단계에서의 평가 | 정책 대안이 가져올 영향(교통영향이나 환경영향)을 사전에 예측·분석해서 정책으로 인한 악영향을 방지하려는 사전적 영향평가 |
| 착수 직전 분석 | 새로운 프로그램 평가를 기획하기 위해 착수하기 직전에 수행하는 평가작업으로 기획과 유사함. |

□ 사례연구: 환율안정사업화 모형

<table>
<tr><td rowspan="3">환율 안정</td><td rowspan="3">↙<br>↖</td><td>외환 수요 억제</td><td colspan="4"></td></tr>
<tr><td rowspan="2">외환 공급 증가</td><td rowspan="2">↙<br>↖</td><td>외환 투기자 보유 외환 방출 유도</td><td>←</td><td>외환 투기자 매점행위 조사·처벌·고발</td></tr>
<tr><td>정부 보유 외환 방출</td><td>←</td><td>정부 보유 외환 인출, 외환시장에 공급</td></tr>
<tr><td>사업 목표</td><td></td><td>중간 목표</td><td></td><td>정책 수단</td><td></td><td>활동</td></tr>
</table>

자료: 정정길 외(2010). 『정책학원론』.

### 1) 평가의 유형과 방법

<table>
<tr><th colspan="3">구분</th><th>내용</th><th>예시</th></tr>
<tr><td rowspan="3">총괄<br>평가</td><td>사전적</td><td>착수 직전 분석</td><td>정책에 대한 예비평가</td><td>환율안정사업을 시행하기 전에 검토</td></tr>
<tr><td rowspan="2">사후적</td><td>협의의 총괄평가<br>(일반적 정책평가)</td><td>사업 목표에 대한 달성 여부 평가, 즉 효과성 평가(인과 관계의 유무 파악)</td><td>사업 목표(환율 안정)가 달성됐는지를 평가</td></tr>
<tr><td>메타평가(평가결산)</td><td>제3자의 재평가, 평가에 대한 평가</td><td>환율안정사업에 대한 평가를 다시 평가</td></tr>
<tr><td rowspan="3">과정<br>평가</td><td rowspan="2">사전적</td><td>협의의 형성평가<br>(집행분석,<br>집행과정평가)</td><td>집행 도중에 과정을 점검<br>(집행 모니터링, 성과 모니터링)</td><td>방출을 제때에 제대로 하고 있는지, 방출에 따른 성과가 나타나고 있는지를 점검</td></tr>
<tr><td>평가성 검토</td><td>평가에 대한 예비검토</td><td>환율안정사업에 대한 평가를 사전에 검토</td></tr>
<tr><td>사후적</td><td>협의의 과정평가</td><td>인과 경로의 평가</td><td>정부 보유 외환 방출⇒외환 공급⇒외환 증가</td></tr>
</table>

### 2) 종합평가와 포괄적 평가

<table>
<tr><td rowspan="2">평가의 시기에 따른 구분<br>(종합평가 = 형성평가 + 총괄평가)</td><td>형성적 평가: 과정평가 혹은 도중평가라고도 하며, 정책 집행 과정에 대한 평가</td></tr>
<tr><td>총괄적 평가: 정책이 집행된 후에 과연 의도했던 목적을 달성했는지를 평가</td></tr>
<tr><td rowspan="2">평가 목적 기준에 따른 구분<br>(포괄적 평가 = 과정평가 + 영향평가)</td><td>과정평가: 정책이나 사업이 정해진 지침에 따라 집행됐는지를 평가</td></tr>
<tr><td>영향평가: 정책이나 사업이 의도한 방향으로 변화를 가져왔는지를 평가</td></tr>
</table>

자료: 이종수·윤영진 외(2012). 『새 행정학』.

## 4. 우리나라의 정책 평가 : 정부업무평가(정부성과관리 및 평가제도)

### 1) 의의

① 법률적 근거: 정부업무평가기본법(2006.4)

② 중앙행정기관 · 지방자치단체 · 공공기관 등의 **통합적인 성과관리 체계 구축**과 소관 정책을 스스로 평가하는 자체평가를 정부업무평가의 근간으로 삼아 **자율적인 평가 역량을 강화**함으로써 국정 운영의 능률성 · 효과성 · 책임성을 향상시키는 것이 목적

### 2) 주관기관

① **국무총리는 정부업무평가 기본계획을 수립하고, 최소한 3년마다 계획을 수정 · 보완해야 함.**

② 국무총리 소속 하에 정부업무평가위원회를 두며, 위원장 2인(국무총리와 민간인 1인)을 포함해 15인의 위원으로 구성

### 3) 평가 대상기관

**중앙행정기관, 지방자치단체, 중앙행정기관 또는 지방자치단체의 소속기관, 공공기관**

### 4) 종류 및 절차

| 구분 | | 내용 |
|---|---|---|
| 중앙 행정기관 평가 | 자체 평가 | 중앙행정기관의 장은 그 소속기관의 정책 등을 통합해 자체평가를 실시 (자체평가위원회는 민간 위원이 2/3 이상이 되도록 구성) |
| | 재평가 | 국무총리는 중앙행정기관의 자체평가 결과를 확인 · 검토 후 평가의 객관성 · 신뢰성에 문제가 있어 다시 평가할 필요가 있다고 판단할 때 재평가를 실시할 수 있음. ☞ 일종의 메타(상위)평가에 해당함. |
| 지방자치단체 평가 | 자체평가 | 지방자치단체의 장은 그 소속기관의 정책 등을 포함해 자체평가를 실시 |
| | 평가 지원 | 행정안전부 장관은 지방자치단체를 지원 |
| | 국가위임사무에 대한 합동평가 | 자치단체의 국고보조사업 등 국가위임사무 등에 대해 필요한 경우 행정안전부 장관은 중앙행정기관의 장과 합동으로 평가를 실시할 수 있음. |
| 특정평가 | 국무총리가 중앙행정기관을 대상으로 국정을 통합적으로 관리하기 위해 필요한 정책 등을 국무총리가 직접 평가하는 것 | |
| 공공기관평가 | 평가의 객관성을 위해 공공기관의 운영에 관한 법률에 따라 외부기관이 평가 실시 | |

5) 활용

① 국무총리는 매년 각종 평가결과보고서를 종합해 국무회의에 보고 또는 평가보고회를 개최해야 함.

② 중앙행정기관의 장은 전년도 자체평가평가 결과를 국회 소관 상임위원회에 보고해야 함.

③ 기관 차원(정책 개선, 예산 반영, 조직관리 등)과 개인 차원(개인 성과와 인사 연계, 성과급여 반영 등)에 활용

6) 우리나라의 주요 정책평가 기구

| 평가 기구 | 평가 대상 | 근거 법률 | 주관 부처 |
|---|---|---|---|
| 복권위원회 | 복권의 발행 · 평가 등 | 복권 및 복권기금법 | 기획재정부 장관 |
| 공기업 · 준정부기관 · 경영평가단 | 공공기관의 경영실적평가 | 공공기관 운영에 관한 법률 | |
| 보조사업평가단 | 자치단체에 대한 국고보조사업 | 보조금 관리에 관한 법률 | |
| 지방자치단체합동평가위원회 | 국가위임사무에 대한 합동평가 | 정부업무평가기본법 | 행정안전부 장관 |
| 정부업무평가위원회 | 정부업무평가 총괄 | 정부업무평가기본법 | 국무총리 |
| 책임운영기관운영위원회 | 책임운영기관 성과평가 | 책임운영기관설치운영법 | 행정안전부 장관 |
| 지방공기업정책위원회 | 지방공기업 경영평가 등 심의 | 지방공기업법 | |

〈주의〉 지방자치단체합동평가위원회 위원장은 민간 위원 중에서 행정안전부 장관이 임명함.

## 5. 정책 평가의 모형과 변수

1) 인과관계의 세 가지 조건

| | |
|---|---|
| 시간적 선행성 | 정책(독립변수)은 목표 달성(종속변수)보다 시간적으로 선행해야 함. |
| 공동 변화 | 정책과 목표 달성은 모두 일정한 방향으로 변화해야 한다(독립변수가 변화하면 결과변수도 변화해야 함)는 상호 연관성 |
| 비허위적 관계 | 정책 이외의 다른 요인(경쟁적 요인)이 목표 달성에 영향을 미치는 않았음을 입증해야 함(즉 경쟁가설이 아님을 입증해야 한다는 경쟁가설 배제). |

## 2) 변수의 종류

<table>
<tr><th colspan="2">종류</th><th>개념</th></tr>
<tr><td colspan="2">모형</td><td>X → Y<br>↖ ↗<br>Z<br>X(독립변수, 원인변수, 정책 수단), Y(종속변수, 결과변수, 정책 목표 또는 효과), Z (제3의 변수)</td></tr>
<tr><td colspan="2">독립변수(X)</td><td>어떠한 결과(정책 효과)를 가져오게 한 원인이 되는 변수</td></tr>
<tr><td colspan="2">종속변수(Y)</td><td>원인변수에 의해 나타난 변화나 효과, 즉 결과변수</td></tr>
<tr><td rowspan="7">제3의 변수</td><td>선행변수</td><td>인과 관계에서 독립변수에 앞서면서 독립변수에 대해 유효한 영향력을 행사하는 변수</td></tr>
<tr><td>매개변수</td><td>독립변수와 종속변수의 사이에서 독립변수의 결과인 동시에 종속변수의 원인이 되는 변수</td></tr>
<tr><td>허위변수</td><td>허위의 상관 관계를 구성하는 변수<br>독립변수와 종속변수 간에 실제로는 전혀 상관관계가 없는데도 겉으로는 상관 관계가 있는 것처럼 나타나도록 하는 변수로, 허위변수를 제거하면 결과변수가 사라짐.</td></tr>
<tr><td>혼란변수</td><td>혼란 관계를 유발하는 변수<br>독립변수와 종속변수 간에 상관 관계가 일부 있는 상태에서 두 변수 모두에 영향을 미치는 제3의 변수로, 혼란변수를 제거할 경우 결과변수는 그 크기가 변화할지언정 사라지지 않음.</td></tr>
<tr><td>억제변수</td><td>두 변수가 서로 상관 관계가 있는데도 없는 것으로 나타나게 하는 제3의 변수</td></tr>
<tr><td>왜곡변수</td><td>두 변수 간의 사실상의 관계를 정반대의 관계로 나타나게 하는 제3의 변수</td></tr>
<tr><td>구성변수</td><td>포괄적 개념의 하위변수로, 추상적 개념을 구체화하는 과정에서 발생<br>(예) 사회계층은 포괄적 개념이며, 교육 수준, 수입, 직업 등은 이를 구성하는 하위변수임.</td></tr>
</table>

☞ 제3의 변수: 독립변수와 종속변수의 관계에 영향을 미치는 변수

### 심화 학습: 변수 사례

① 기혼자의 자살률이 미혼자보다 낮은데도 연령 때문에 더 높은 것으로 나타난다면 연령은 '왜곡변수'임.
② 연봉액이 직장인의 불만에 영향을 주는데도 학력이라는 변수 때문에 영향이 없는 것으로 보이게 한다면 학력은 '억압변수'임.
③ 소방차 출동 횟수와 화재 피해액 간에 인과 관계가 없는데도 화재 발생 건수가 영향을 미쳐 인과 관계가 있는 것처럼 보이는 경우 화재 발생 건수는 '허위변수'임.

## 6. 정책 평가의 네 가지 타당도(쿡[T. D. Cook]과 캠벨[D. T. Campbell])

□ 타당도란 측정이나 절차가 정확하게 이뤄진 정도를 의미함.

| | |
|---|---|
| 내적 타당도 | 특정 상황 하에서의 타당도로서 조작화된 결과에 대해 찾아낸 효과가 다른 경쟁적인 원인(외생변수)에 의해서라기보다는 조작화된 처리(원인변수)에 기인된 것이라고 볼 수 있는 실험의 정확도(**정책과 그 결과 사이에 존재하는 인과적 추론의 정확성**)<br>(예) '까마귀 날자 배 떨어진다'는 속담에서처럼 정책의 효과가 우연히 나타난 것은 아닌지 검토함. |
| 외적 타당도 | **실험 결과를 다른 상황에까지 일반화(이론화)시킬 수 있는 정도**<br>조작화된 구성 요소 가운데에서 우리가 관찰한 효과들이 당초의 연구가설에 의해 구체화된 그것들 이외의 다른 이론적 구성 요소들에까지도 일반화될 수 있는 정도<br>(예) 서울특별시를 대상으로 시범 실시해 효과적으로 나타난 사업을 전국 광역시를 대상으로 확대 실시한 경우에도 효과적인지를 검토함. |
| 구성타당도 | 처리, 결과, 모집단 및 상황들에 대한 **이론적 구성 요소들이 성공적으로 조작화된 정도**<br>(예) 청렴이라는 이론적 구성 요소에 대한 측정 지표가 성공적으로 조작화돼 있는가를 검토함. |
| 통계적 결론의 타당도 | 정책 효과를 찾아낼 만큼 충분히 **정밀하고 강력하게 연구설계가 이뤄진 정도**<br>1종 오류 및 2종 오류가 발생하지 않는 정도, 즉 **통계적 의사 결정의 타당도**를 말함. |

## 7. 신뢰도

### 1) 의의

측정 도구의 일관성에 관한 것으로서, 동일한 측정 도구가 동일한 현상을 되풀이해서 측정했을 경우 동일한 결론이 나올지의 확률을 의미함.

### 2) 타당도와 신뢰도의 관계

① 신뢰도가 낮을 경우 타당도도 낮다.

② 신뢰도가 높다고 해서 항상 타당도가 높은 것은 아니다.

③ 타당도가 낮다고 해서 항상 신뢰도가 낮은 것은 아니다.

④ 타당도가 높을 경우 신뢰도도 높다.

### 3) 신뢰도 검증 방법

재검사법, 반분법, 평행양식법(동질이형법)

## 8. 타당도의 저해 요인

### 1) 내적 타당도 저해 요인

| 구분 | 저해 요인 | 개념 |
|---|---|---|
| 외재적 요인 | 선발 요소 | 선발의 차이(실험집단과 통제집단 구성상 상이함)로 인한 오류로서 집단을 구성할 때 발생할 수 있음. |
| 내재적 요인 | 역사적 요소<br>(사건 효과) | 실험 기간 동안에 일어난 역사적 사건이 실험에 영향을 미치는 것으로 실험 기간이 길어질수록 발생 가능성이 높음.<br>(예) 정부는 혼잡통행료 제도의 효과를 측정하기 위해 혼잡 통행료 실시 이전과 실시 후의 도심의 교통 흐름도를 측정, 비교했다. 그런데 두 측정 시점 사이에 유류가격이 급등하는 상황이 발생했다. |
| | 성숙 효과 | 시간이 지남에 따라 실험집단 구성원의 자연적인 현상이나 발전에 의한 효과(성장 효과)로 실험 기간이 길어질수록 사건 효과나 성장 효과가 커짐.<br>(예) 우유 급식에 따른 신장 증가 |
| | 상실 요소 | 연구 기간 중 집단으로부터 이탈 등 두 집단에서 서로 다른 성격과 비율로 구성원이 탈락해 두 집단 간 구성상 변화로 인한 현상(이탈 효과)<br>(예) 빈곤대책 프로그램 운영 |
| | 측정(검사)<br>요소 | 실험 전(프로그램 도입 전)에 측정한 사실 그 자체가 연구되고 있는 현상에 영향을 주는 것으로 측정 경험이 축적돼 처치 후의 동일한 측정에 영향을 주는 현상<br>(예) 동일한 시험문제를 실험 전과 실험 후에 사용한 경우 |
| | 측정 도구<br>변화 | 프로그램의 집행 전과 집행 후에 사용하는 측정 절차나 도구의 변화로 인한 오류로 평가의 신뢰도에 영향을 줌. |
| | 회귀인공 요소 | 실험이 진행되는 동안 구성원들이 원래 자신의 평소 성향으로 돌아갈 경우에 나타나는 오차로, 실험 직전의 측정 결과나 단 한 번의 측정만으로 집단을 구성할 경우 평소와는 달리 유별나게 좋거나 나쁜 결과를 받은 사람이 선발되는 일종의 실험 직전 반응 효과. 통계적 회귀라고도 함.<br>(예) 연수원에서의 영어 교육 |
| | 오염 효과 | 통제집단 구성원이 실험집단 구성원의 행동을 모방하는 오염 또는 확산 효과로서 모방, 정책의 누출(이전), 부자연스러운 반응 등에 이에 해당함.<br>(예) 우유 급식에 따른 신장 증가 |
| | 선발과 성숙의 상호 작용 | |
| | 처치와 상실의 상호 작용 | |

## 2) 외적 타당도 저해 요인

| 저해 요인 | 개념 |
|---|---|
| 호손 효과<br>(대표적인 저해 요인) | 실험집단 구성원이 실험의 대상이라는 사실로 인해 평소와는 다른 특별한 심리적 행동을 보이는 현상으로 **실험 조작의 반응 효과**라고도 함(즉 인위적인 실험환경 하에서 얻은 결과를 모집단에 일반화시키기 어려운 현상). |
| **다수적 처리에 의한 간섭** | 동일집단에 여러 번의 실험적 처리를 하는 경우 실험 조작에 익숙해짐으로 인한 영향이 발생하므로, 그 결과를 처치를 받지 않은 다른 집단에게 일반화시키기가 곤란함. |
| **표본의 대표성 부족** | 두 집단 간 동질성이 있더라도 사회적 대표성이 없으면 일반화가 곤란 |
| 실험 조작과 측정의<br>상호 작용 | 실험 전 측정(측정 요소)과 피조사자의 실험 조작(호손 효과)의 상호 작용으로 실험 결과가 나타난 경우 이를 일반화시키기 곤란 |
| 크리밍(creaming) 효과 | 효과가 크게 나타날 사람만 의도적으로 실험집단에 배정한 경우 그 결과를 일반화하기 곤란함.<br>상이한 실험집단과 통제집단의 선택(선발)과 실험 조작(호손 효과)의 상호 작용이라고도 함.<br>**※ 크리밍 효과는 준실험(두 집단 간 동질성을 확보하지 못한 실험)에서 발생하므로 내적 타당성과 외적 타당성을 모두 저해할 수 있음.** |

**핵심 정리 정책 평가의 타당도 저해 요인**

| | | |
|---|---|---|
| 내적 타당도 | 선발 효과 | 집단을 구성할 때 선발의 차이로 인한 오류 |
| | 역사적 요인 | 실험 기간 동안에 발생한 역사적 사건으로 인한 오류(사건 효과) |
| | 성숙 효과 | 자연적 성장이나 발전에 의한 오류(성장 효과) |
| | 상실 요소 | 두 집단 간 구성상의 변화(탈락, 이탈)로 인한 오류 |
| | 측정 요소 | 측정(테스트)한 사실 자체가 영향을 주는 현상(시험 요인) |
| | 측정 도구 변화 | 측정 도구의 일관성(신뢰도) 결여로 인해 내적 타당성이 저하 |
| | 회귀인공 요소 | 실험직전 단 한 번 측정한 극단치에 의한 오류(실험 직전 반응 효과) |
| | 오염 효과 | 실험집단과 통제집단 간 모방이나 누출 현상 |
| 외적 타당도 | 호손 효과 | 인위적으로 통제된 실험 결과의 일반화 곤란 (실험조작 반응 효과) |
| | 다수 처리 간섭 | 실험 조작에 익숙해져서 일반화 곤란 |
| | 대표성 부족 | 집단의 사회적 대표성 부족으로 인한 일반화 곤란 |
| | 크리밍 효과 | 효과가 크게 나타날 사람만 실험집단에 배치하는 현상 |

## 9. 정책 평가의 방법과 유형

### 1) 정책 프로그램 평가 방법

① 계량평가(양적평가)

주로 정책 집행 결과 나타나는 성과에 초점을 맞추는 평가로서 연역적인 분석틀을 활용한다. 양적 평가를 위해서는 통계, 실적치, 비율 등 수치화돼 있는 소위 강성자료(hard data)를 사용하며, 평가자의 주관이 개입될 여지가 적어 객관적인 평가가 수행된다.

② 비계량평가(질적평가)

정책 수업 과정상의 난이도, 수치화해서 측정이 어려운 사업 결과 내지는 산출물 등 계량적으로 측정하기 어려운 분야에 대한 평가를 위해 활용되며 주로 귀납적 방법이 활용된다. 연구자의 주관성이 개입될 여지가 있으며, 주로 면접, 관찰, 현장 확인 등을 통해 축적된 연성 자료(soft data)가 활용된다.

③ 논리모형(정책 프로그램 논리모형)

정책 프로그램의 요소들과 정책 프로그램이 해결하려고 하는 문제들 사이의 논리적 인과 관계를 투입 → 활동 → 산출 → 결과로 정리해 표현해 주는 하나의 다이어그램 텍스트라고 볼 수 있다.

④ 목표모형(목적 달성 평가모형)

정책이 달성하려는 장기 목적과 장단기 목표들을 잘 달성했는지에 초점을 맞춘 평가모형이다.

### 2) 기획재정부의 재정사업 자율평가

국가재정법 제8조 제6항에 근거해 사업 시행 부서가 재정사업을 자율적으로 평가하고 기획재정부가 확인 점검한 평가 결과를 재정 운영에 활용하는 것을 목적으로 해서 2005년부터 시행되고 있다. 평가대상은 원칙적으로 예산, 기금이 투입되는 모든 재정사업이며, **성과계획서상 전체 성과 목표 중 1/3(3년 주기)에 해당하는 성과목표 내 전체 관리과제(단위사업)가 대상이 된다.**

## 10. 정책설계의 방법: 과학적 조사 방법(설계)에 의존함

### 1) 실험의 종류별 비교

<table>
<tr><td>비실험</td><td colspan="3">실험집단만 존재(단일집단만 존재)</td></tr>
<tr><td rowspan="2">실험</td><td rowspan="2">실험집단과 통제집단 존재<br>(두 집단 존재)</td><td>준실험<br>(유사실험)</td><td>동질성이 없음<br>(미확보)</td></tr>
<tr><td>진실험</td><td>동질성이 있음<br>(확보)</td></tr>
</table>

| 구분 | 내적 타당도 | 외적 타당도 | 실행 가능성 |
|---|---|---|---|
| 비실험 | 낮음 | 높음 | 높음 |
| 준실험 | 중간 | 중간 | 중간 |
| 진실험 | 높음 | 낮음 | 낮음 |

**심화 학습: 준실험과 진실험에서 타당도를 저해하는 요인들**

| 구분 | 준실험 | 진실험 |
|---|---|---|
| 내적 타당도 저해 요인 | 성숙 효과, 사건 효과, 선정 효과 | 상실 효과, 오염 효과 |
| 외적 타당도 저해 요인 | 크리밍 효과 | 호손 효과, 대표성 부족 |

### 2) 실험의 종류와 개념

<table>
<tr><th>저해 요인</th><th>개념</th></tr>
<tr><td>비실험적 방법</td><td>
1) 의의<br>
통제집단을 구성하지 못한 경우로서 비교 대상 집단 없이 실험집단에만 정책을 실시해 정책 효과의 존재 여부를 판단하는 방법으로, 사실상 대부분의 정책 평가에서 많이 활용되고 있는 인과적 추론 방법임.<br>
2) 유형(방법)
<table>
<tr><th colspan="2">유형</th><th>개념</th></tr>
<tr><td rowspan="2">대표적 비실험</td><td>정책 실시 전·후 비교</td><td>정책 대상 집단에 대해 정책 실시 전의 상태와 실시 후의 상태를 비교하는 것</td></tr>
<tr><td>사후적 비교 집단 선정</td><td>정책 대상 집단과 다른 집단을 정책집행 후에 찾아내어 일정한 시점에서 상호 비교하는 것</td></tr>
<tr><td colspan="2">통계적 통제</td><td>실험에 영향을 준 외생변수의 영향을 추정해 제거하기 위해 각종 통계적 방법(다중회귀분석, 인과경로분석, 시계열분석 등)을 사용하는 것</td></tr>
<tr><td colspan="2">포괄적 통제</td><td>유사한 집단에 정책을 실시하면 어떤 변화가 일어날 것이라고 기대되는 목표나 규범, 즉 사회적으로 설정된 표준과 비교해 정책 효과를 판단하는 방법</td></tr>
</table>
</td></tr>
</table>

<table>
<tr>
<td rowspan="2">실험적<br>방법</td>
<td>준실험</td>
<td>
<table>
<tr><td>잠재적 통제</td><td>정책으로 인해 일어난 변화에 대해 전문가들의 판단이나 의견에 의존하는 방법</td></tr>
</table>
1) 의의<br>
실험집단과 통제집단 간의 동질성을 확보하지 못한 상태에서 정책을 처리해 정책 효과를 판단하려는 실험 방법<br>
2) 유형
<table>
<tr><td rowspan="5">축조(매칭)<br>에 의한<br>통제</td><td>비동질적<br>통제집단설계</td><td>사전 측정 후 비슷한 점수를 받은 대상자를 짝을 지어 실험집단과 통제집단에 배정한 후 실험집단에만 정책을 처리해 두 집단 간 변화 상태를 비교하는 방법</td></tr>
<tr><td>사후 테스트<br>비교집단설계</td><td>정책이 처리되고 난 후 정책평가를 요청받았을 때 사후에 테스트를 거쳐 비교집단을 설계해 실험집단과 비교하는 방법</td></tr>
<tr><td rowspan="2">회귀불연속<br>설계</td><td>실험집단과 통제집단에 실험 대상을 배정할 때 분명하게 알려진 자격 기준을 적용하는 방법으로, 투입자원이 희소해 오직 대상 집단의 일부에게만 희소자원이 공급될 수밖에 없는 경우에 정책 효과를 파악하기 위한 연구에 적합한 방법</td></tr>
<tr><td>장학금제도가 학생들의 성적에 어떤 영향을 미치는가를 평가하고자 할 때 80점 이상 학생은 실험집단, 80점 미만 학생은 비교집단으로 구성하고 실험집단에 장학금을 주고 1년 후 이들의 성적을 비교하는 경우</td></tr>
<tr><td rowspan="2">재귀적<br>통제</td><td rowspan="2">단절적<br>시계열 설계</td><td>통제집단을 설계하기 힘들 경우 실험집단에 대한 정책 실시 전후의 시계열자료를 이용해 단절의 크기를 파악하는 방법</td></tr>
<tr><td>1976년 자동차 속도 규제가 실시됐을 때 1971년~ 1976년 2월과 1976년 3월~1981년의 교통사고의 추이를 비교 분석하는 경우</td></tr>
</table>
</td>
</tr>
<tr>
<td>진실험</td>
<td>1) 의의<br>
실험 대상을 서로 동질성을 지닌 실험집단과 통제집단 두 집단으로 사전에 구분하고 실험집단에만 정책 처리를 해서 일정 기간이 지난 후 두 집단에서 나타난 결과(변화)의 차이를 비교하는 방법<br>
2) 변수 통제 방법<br>
무작위 배정에 의한 통제 방법을 사용</td>
</tr>
</table>

# 제 8 절 정책 변동 및 정책종결론

## 1. 점증주의와 비점증주의

### 1) 점증적 변동

① 다원주의 체제 : 점증적 변동은 다원주의 체제에서 정치 세력이 균형을 유지하고자 할 때 나타남.

㉠ 트루먼(H. S. Truman)의 교란이론(disturbance theory): 어떤 이익집단이 정치적 영향력을 발휘할 경우 이를 상쇄하는 새로운 집단이 출현함.

㉡ 로위(T. J. Lowi)의 이익집단자유주의 : 각종 정부 프로그램에 내재된 이익집단 간 다원주의적 경쟁을 통해 점진적으로 정책 변동이 일어남.

② 부정적 환류(negative feedback) : 점증적 변동은 균형에서 벗어나려는 힘을 제어하는 부정적 환류와 관련됨.

③ 수확 체감의 법칙(law of diminishing returns) : 점증적 변동은 자원이 무한정 증가하기 어려운 영역에서 나타남.

### 2) 비점증적 변동

① 긍정적 환류(positive feedback) : 변화를 촉진하려는 환류로, 너도 나도 따라 함으로써 분기점을 지나 급격한 변화를 초래하는 모방 현상(mimicking)이나 정책 이슈에 관한 관심의 변화 등이 이에 해당함.

② 자기 강화 기제(self-reinforcing mechanism) : 자기 강화 기제는 긍정적 환류 기제를 통해 예측하기 어려운 급격한 변화를 초래하는 비점증적 변동을 가져오게 되며, 정치나 사회 현상 속에서 자기 강화 기제와 같은 수확 체증의 법칙(law of increasing returns)이 작용하면 예측 불가능한 변화가 일어남.

③ 티핑 포인트(tipping point) : 티핑 포인트는 커다란 정책 변동이 초래되는 특정 분기점을 말하며, 어떤 정책 목표나 정책 수단이 초기에 일정한 정당성을 인정받으면 긍정적 환류 기제가 작동하게 되고, 그 후 티핑 포인트(특정 분기점)을 지나면 커다란 정책 변동을 초래함.

### 3) 단절적 균형모형(punctuated equilibrium model)

① 역사적 신제도주의에 근거를 두고 있는 단절적 균형모형은 점증주의 시각의 한계를 보완·발전시킨 것으로, 점진적 변동에 따른 안정과 급격한 변동에 따른 단절을 포괄적으로 다루고 있는 모형임.

② 이 모형에서 제시하는 제도적 협착(lock-in, 고착)은 제도가 복잡하게 얽힌 이해관계자로 정체된 상황을 설명해 주며, 이는 정책 변동 현장에서 발생하는 정책 갈등 현상이 정책 공급자의 관점이 아닌 다양한 정책 이해관계자의 관점에서 접근해야 할 필요가 있다는 점을 강조함.

## 2. 정책 변동의 내용에 따른 분류(B. W. Hogwood와 B. G. Peters)

### 1) 정책혁신: 새로운 문제의 등장

① 정책혁신은 정부가 관여하지 않고 있던 분야에 개입하기 위해 새로운 정책을 결정하는 것을 말함.

② 즉, 완전히 새로운 영역의 새로운 정책 채택을 의미함.

### 2) 정책 유지: 문제의 지속

정책 유지(적응적 유지)는 정책의 기본 골격을 유지하면서, 정책의 구체적인 구성 요소(사업 내용, 예산 액수, 집행 절차)들을 지속적으로 완만하게 대체 또는 변경해 나가는 변동 양태임.

- ○ 정책 수단의 기본 골격이 달라지지 않으며, 주로 정책 산출 부분이 변함.
- ○ 정책 대상 집단의 범위가 변동된다거나 정책의 수혜 수준이 달라지는 경우와 관련이 있음.
- ○ 저소득층 자녀에 대한 교육비 보조를 그 바로 위 계층의 자녀에게 확대하는 사례에 해당함.

### 3) 정책 승계: 문제의 변질

① 정책 승계는 기존의 정책을 같은 영역의 새로운 정책으로 대체하는 것으로, 이는 새로운 영역의 정책을 수립하는 것이 아니라 기존 정책에 수정을 가하는 것임.

② 따라서 신·구 정책 간에 상당한 중첩성과 연계성이 있음.

〈정책 유지와 승계〉

| 구분 | 정책 유지 | 정책 승계 |
|---|---|---|
| 정책 목표 | 유지 | 유지 |
| 정책 수단 | ㉠ 유지<br>㉡ 구체적인 요소(사업 내용, 예산 액수, 집행 절차 등)의 완만한 대체 또는 변경 | ㉠ 변화<br>㉡ 정책 수단의 사업, 조직, 예산에 중대한 변화 |

#### 4) 정책 종결: 문제의 소멸

정책 종결은 다른 정책에 의한 대체 없이 기존 정책을 폐지하는 것임.

### 3. 정책 종결의 원인과 저해 요인

① 정책 종결의 원인: 문제의 고갈 및 정통성 상실, 환경의 엔트로피, 조직의 위축, 정책 종결에 대한 저항 약화 등

② 정책 종결에 대한 저항 원인: 매몰비용(본전 회수 심리), 정치적 연합, 법적 제약(폐지 절차 필요), 동태적 보수주의(목표 승계에 의한 조직 존속 본능)

### 4. 정책변동모형

대표적인 정책변동모형에는 정책지지연합모형, 정책 패러다임 변동모형, 정책흐름모형 등이 있다.

#### 1) 정책지지연합모형(사바티어)

10년 이상의 기간에 걸쳐 신념 체계에 기초한 지지 연합의 상호 작용과 정책학습, 정치 체제의 변화와 사회경제적 환경 변화로 인해 정책이 변동한다고 본다. 이 모형에서는 특히 정책 지향적 학습이 정책 변동의 중요한 요소임을 강조한다.

#### 2) 정책 패러다임 변동모형(홀)

정책 목표, 정책 수단, 정책 환경의 세 가지 변수 중 정책 목표와 정책 수단에 급격한 변화가 발생하는 정책 변동을 말한다. 그러나 이런 일련의 조건이 갖춰졌음에도 불구하고 정책 변동이 발생하지 않는 상황을 설명하는 데는 한계가 있다.

### 3) 역사적 신제도주의 변화 이론 중 단절균형모형

제도가 어떤 계기에 의해 급격히 변화하는 이유를 설명하는데, 정책이 급격히 변동되는 상황을 설명하는 데 유용하다. 또한 이 모형에서 제시하는 제도의 협착(lock-in)과 같은 개념은 제도가 복잡하게 얽힌 이해관계로 정체된 상황을 설명해 정책 변동 현장에서 발생하는 정책 갈등 현상이 정책 공급자의 관점이 아닌 이해관계자 혹은 정책 대상 집단의 관점에서 접근해야 할 필요가 있다는 점을 강조한다.

**핵심 정리** 정책의 변동 가능성에 대한 모형

| 점증주의 | 정책의 변동 가능성 부인 | | | |
|---|---|---|---|---|
| 단절적 균형모형 (정책이 어떤 계기로 변동되는 이유를 설명) | 정책의 변동 가능성 인정 | 점진적 정책 변동 | 정책지지연합 모형 | 정책은 급격한 변동이 쉽지 않다는 주장 |
| | | 급격한 정책 변동 | 정책 패러다임 변동모형 | 정책은 급격하고 근본적인 패러다임(이데올로기)의 변동 가능하다는 모형(케인스주의가 통화주의로 변동) |

**심화 학습: 정책학의 새로운 이론**

**1. 정책 대상 집단의 사회적 구성(Social Construction of Target Population) 모형**

잉그램과 슈나이더(H. Ingram & A. Schneider)는 사회적 현상과 정치적 권력이라는 변수를 결합해 제시한 정책 대상 집단의 사회적 구성(Social Construction of Target Population) 모형에서 특정 정책 대상 집단은 둘 이상의 유형으로 구성될 수 있으며, 그 사회적 구성이 시간에 따라 변화할 수 있다고 전제함.

| 사회적 형상(social image) / 정치적 권력(political power) | 긍정적 | 부정적 |
|---|---|---|
| 높음 | 수혜집단(advantaged) | 주장집단(contenders) |
| 낮음 | 의존집단(dependents) | 이탈집단(deviants) |

- 사회적 형상: 정책결정자 및 국민들이 정책 대상 집단에 대해 갖는 긍정적 혹은 부정적 인식
- 정치적 권력: 다른 집단과의 연합 형성의 용이성, 동원가능한 보유 자원의 양, 집단 구성원들의 전문성 정도

① 사회 문제를 설명할 때 이미지, 고정 관념, 사람 · 사건에 대한 인식이나 가치 부여 등에 관한 해석을 토대로 모형을 전개함.

② 특정 정책 대상 집단이 둘 이상의 유형으로 구성될 수 있으며, 그 사회적 구성이 시간에 따라 변화할 수도 있음.

③ 정책설계 및 집행의 맥락을 이하기 위해 사회적 · 정치적 상황을 객관적 분석으로 단순화하는 방법론을 지양함.

④ 정책설계는 정치적인(political) 과정이므로 어느 집단의 이익을 더 많이 반영할 것인가에 대한 논쟁이 흔히 발생함.

**2. 브레이브룩과 린드블럼의 의사결정모형**

브레이브룩과 린드블럼(D. Braybrooke & C. E. Lindblom)은 의사 결정에 의한 사회 변화의 크기 정도가 대폭적이고 광범위한가 아니면 점증적인가와 정책 목표와 수단에 대한 이해의 정도가 높은가 낮은가의 변수에 따라 적용 가능한 의사결정모형을 다음 네 가지로 유형화함.

| 의사 결정에 의한 사회 변화 크기 / 정책 목표 및 수단에 대한 이해 정도 | 광범위한 변화 | 점증적인 변화 |
|---|---|---|
| 높은 이해 | 혁명적 이상적 결정 | 행정적 · 기술적 결정<br>(합리포괄모형) |
| 낮은 이해 | 전쟁, 혁명 등 대변혁 | 점증모형 |

# 제 3 장 조직론

## 제 1 절 조직의 관리

### 1. 동기부여이론

① 내용이론: 욕구 충족과 동기부여 간에 직접적인 인과 관계를 인정하고 동기를 유발하는 욕구의 내용 규명에 초점을 두는 이론

② 과정이론: 욕구 충족과 동기부여 사이에 직접적인 인과 관계를 인정하지 않고, 동기 유발이 어떤 과정을 거쳐서 이뤄지는가에 초점을 두는 이론

**〈동기부여이론 체계〉**

| | | |
|---|---|---|
| 내용이론 | 성장이론 | ① 머슬로(A. H. Maslow)의 욕구계층이론 ☞ **개인차를 고려하지 않음.**<br>② 앨더퍼(C. R. Alderfer)의 ERG이론 ☞ **개인차를 고려하지 않음.**<br>③ 맥클리랜드(D. C. McClelland)의 성취동기이론 ☞ **개인마다 욕구계층에 차이가 있다고 주장**<br>④ 맥그리거(D. M. McGregor)의 X·Y이론<br>⑤ 리커트(R. Likert)의 관리체제이론: 체제Ⅰ에서 체제Ⅳ로 갈수록 생산성이 향상된다고 주장<br>⑥ 아지리스(C. Argyris)의 미성숙·성숙이론: 인간의 퍼스낼리티(personality)가 미성숙 단계에서 성숙 단계로 발전한다고 가정<br>⑦ 허즈버그(F. Herzberg)의 욕구충족요인이원론 |
| | 복잡인모형 | • 사람마다 욕구와 동기가 다르다는 개인차를 염두에 두고 다양한 모형을 제시<br>① 샤인(E. Schein)의 복잡인모형<br>② 해크만(J. R. Hackman)과 올드햄(G. R. Oldham)의 직무특성이론<br>③ 오우치(W. G. Ouchi)의 Z이론 |

<table>
<tr><td rowspan="4">과정<br>이론</td><td>기대이론</td><td>① 브룸(V. Vroom)의 기대이론<br>② 포터(L. W. Porter)와 롤러(E. E. Lawler)의 업적 · 만족이론(노력→업적→보상→만족)<br>③ 조지오폴러스(B. S. Georgopoulos)의 통로 · 목적이론</td></tr>
<tr><td>형평성이론</td><td>애덤스(J. S. Adams)의 공정성이론</td></tr>
<tr><td>목표설정이론</td><td>로크(J. Locke)의 이론</td></tr>
<tr><td>학습이론</td><td>고전적 연구(스키너[B. F. Skinner]의 강화이론)와 현대적 연구(잠재적, 인지적, 사회적 학습이론 등)</td></tr>
</table>

### 심화 학습: 공무원 동기의 특성과 공직 동기

공공조직은 민간조직과 여러 가지 차이점이 있는데, 그 차이가 조직원의 동기에도 존재하는가를 연구한 것이 공직동기(Public Service Motivation)이론이다.

**공직동기이론은 공공 부문의 종사자들은 "봉사 의식이 투철하고 공공 문제에 더 큰 관심을 가지며 공공의 문제에 영향을 미칠 수 있다는 것에 큰 가치를 부여하고 있는 사람들"이라고 가정**한다. 이러한 가정에서 출발하는 타인에 대한 봉사 동기와 공익 우선의 동기는 민간기업 근로자의 일반적인 동기와 다른 새로운 동기의 내용에 해당한다.

현재까지의 연구 결과는 공직 종사자들과 민간기업 종사들 간 동기에 차이가 있으나 이러한 차이는 특별히 '공직 동기'라고 보기 어려우며, 머슬로가 분류한 인간의 다섯 가지 욕구의 내용에서 **공공 부문 종사자들의 욕구(안전 욕구)와 민간기업 종사자들의 욕구(경제적 욕구)의 내용상 차이**가 있을 뿐이라는 것으로 정리되고 있다.

### 〈내용이론의 상호 관계〉

<table>
<tr><th>허즈버그의<br>욕구충족요인이원론</th><th>머슬로의<br>욕구계층이론</th><th>앨더퍼의<br>ERG이론</th><th>맥클리랜드의<br>성취동기이론</th></tr>
<tr><td>(동기이론)<br>−직무에 대한 성취감<br>−직무 그 자체에 대한 보람<br>−책임감 부여<br>−성장 기회</td><td>자아실현 욕구</td><td>성장 욕구<br>(자긍심 +<br>자아실현 욕구)</td><td>성취 욕구<br>(머슬로의 자아실현 욕구)</td></tr>
<tr><td>−직무 성취에 대한 인정</td><td>자긍심<br>존경의 욕구<br>타인으로부터<br>존경받고 싶은 욕구</td><td>대인 관계 유지<br>(관계) 욕구<br>(타인으로부터<br>존경 욕구</td><td>권력 욕구<br>(머슬로의 존경의 욕구)</td></tr>
</table>

<table>
<tr><td>(위생 요인)<br>-근무 관계<br>-대인 관계</td><td>소속의 욕구<br>(사회적, 애정 욕구)</td><td>+ 소속 욕구 +<br>대인 관계적<br>안전)</td><td>친교 욕구<br>(머슬로의 대인 관계적<br>안전 + 소속 욕구)</td></tr>
<tr><td>-직업의 안정성<br>-조직의 방침</td><td>대인 관계적 안전<br>안전의 욕구<br>신체적 안전</td><td rowspan="2">생존(존재) 욕구<br>(생리적 욕구 +<br>신체적 안전)</td><td rowspan="2"></td></tr>
<tr><td>-봉급<br>-근무 조건</td><td>생리적 욕구</td></tr>
</table>

### 1) 머슬로의 욕구계층이론

① **인간의 욕구는 서로 상관돼 있고 순차적으로 발로되는 우선순위의 계층을 이루며, 가장 구체적이고 강도가 높은 욕구는 생리적 욕구**이며, 자아실현 욕구로 갈수록 추상적이고 우선순위가 낮아진다.

② 어느 정도(부분적으로) 욕구가 충족되면 다음 단계 욕구로 나아가게 된다는 만족진행모형에 바탕을 두며 충족된 욕구는 더 이상 동기 유발 요인으로서 힘을 상실한다.

③ 욕구의 5단계 : 생리적 욕구, 안전의 욕구, 사회적 욕구, 존경의 욕구, 자아실현의 욕구(가장 갈등이 심함).

④ 평가

㉠ **개인차를 고려하지 않은 획일적 욕구 단계 설정**

㉡ 반드시 단계별로 욕구가 상향 조정된다는 가정의 비현실성: 욕구가 역순으로 진행되지 않는다고 가정

### 2) 앨더퍼의 ERG이론

① 머슬로 이론의 한계를 보완해 욕구 충족을 위한 행동이 얼마나 추상적인가를 기준으로 생존(E: Existence), 관계(R: Relatedness), 성장(G: Growth)의 3단계 욕구이론 주장

② 머슬로 이론과의 차이

㉠ 좌절 - 퇴행접근법을 가미

㉡ 욕구가 복합적으로 작용해 하나의 행동 유발이 가능하다고 주장: 생리적 욕구

와 안전의 욕구를 존재 욕구로 통합

㉢ **개인차에 대한 고려가 없음**(이창원 · 최창현 · 최창근(2012). 『새 조직론』; 이종수 · 윤영진 외(2012), 『새 행정학』).

3) 맥그리거의 X · Y이론

① 기업의 인간적 측면에서 인간이 일에 대해 가지고 있는 상반된 태도를 기준으로 X이론과 Y이론으로 분류하고 **인간에 대한 가정에 따라 관리전략이 달라야 한다고 주장**

② 인간간과 관리전략

㉠ X이론: 피동적 인간으로 가정하고 당근(부드러운 접근)과 채찍(엄격한 감독과 통제) 전략을 제시

㉡ **Y이론 : 자율적으로 자기를 규제할 수 있는 인간으로 보고 민주적 관리전략을 제시**

㉢ X이론과 Y이론 비교

| 구분 | X이론 | Y이론 |
|---|---|---|
| 인간관 | 사람의 본성은 본디 일을 싫어하고 게으르며, 외적 강제나 명령에 피동적으로 따를 뿐이다. | 일을 놀이(휴식)처럼 생각하고 일을 위해 정신적 · 육체적 노력을 바치는 것은 자연스러운 것이다. |
| 관리전략 | 당근(부드러운 관리)과 채찍(강경한 관리) | 사람들의 자율적 행동과 참여, 자기 규제, 자기평가 중시 등 |

③ 경험적 검증을 통한 연구가 아닌 직관적 연역에 의한 규범적 관리철학에 불과

4) 허즈버그의 욕구충족요인이원론

① 동기 유발과 관련된 요인에는 불만족 요인과 만족 요인이 있다고 보고, 이들 요인은 **서로 독립된 별개라고 주장**

② 위생 요인이란 불만족을 제거해 주는 요인이고, 동기 요인은 만족을 주는 요인이다.

③ 불만의 역이 곧 만족은 아니며, 만족의 역이 불만도 아니다. **위생 요인은 동기 부여를 위한 필요 조건**이기는 하나 충분한 조건은 아니다.

④ **개인차를 고려하지 못했고, 일반화가 곤란함(기사와 회계사를 대상으로 한 연구).**

⑤ 직무 확충(직무 확장 + 직무 충실)은 동기부여의 한 방법이다.

⑥ 중요사건기록법 활용

**〈위생 요인과 동기 요인〉**

| 동기 요인(만족 관련 요인) | 위생 요인(불만족 관련 요인) |
|---|---|
| 사람과 직무와의 관계(직무 요인) | 물리적・환경적・대인적 요인(직무 맥락 또는 근무 환경 요인) |
| **성취감(자아계발), 책임감, 인정감, 승진, 직무 그 자체에 대한 보람, 직무 충실, 성장 및 발전** | 정책과 관리, 임금, 지위, 안전, 감독, 기술, 작업 조건, 조직의 방침과 관행, 개인 상호간의 관계(감독자와 부하, 동료 상호간의 관계 등) |

5) 맥클리랜드의 성취동기이론

① **모든 사람이 공통적으로 비슷한 욕구의 계층을 가지고 있다고 주장한 머슬로의 이론을 비판**하면서 개인의 행동을 동기화시키는 잠재력을 지니고 있는 욕구는 학습되는 것이므로 **개인마다 그 욕구의 계층에 차이가 있다고 주장**했다.

② 사회문화적으로 학습된 욕구를 성취 욕구, 권력 욕구, 친교 욕구로 분류

③ 성취 욕구가 강한 사람의 특징

㉠ 개별적인 책임을 떠맡는 환경을 좋아한다.

㉡ 너무 쉽지도 어렵지도 않은 중간 수준의 적당한 성취 목표를 설정하고 계산된 위험을 선호하는 경향이 있다.

㉢ 구체적인 피드백(평가와 환류)을 받아보기를 원한다.

㉣ 변화를 추구하고 미래 지향적이다.

6) 샤인의 복잡인모형(역사적 인간관)

① 인간관을 역사적 등장 순서에 따라 합리적 경제인관, 사회적 인간관, 자아실현적 인간관, 복잡한 인간관으로 묘사하고, **가장 바람직한 인간모형은 자아실현인이며, 오늘날 가장 일반적으로 받아들여지고 있는 모형은 복잡인**이다.

② 복잡한 인간관 : **현대인은 복잡인이며 개인마다 복잡성의 유형도 다르므로 상황 적응적 관리가 필요하다.**

7) 해크만과 올드햄의 직무특성이론

① 의의

직무의 특성이 직무 수행자의 성장 욕구 수준에 부합될 때 긍정적인 동기 유발 효과를 초래한다는 이론

② 직무 특성의 유형

직무 특성에는 다섯 가지(기술의 다양성, 정체성, 중요성, 자율성, 환류)가 있는데, 이 중 **자율성과 환류가 특히 동기부여에 더 큰 영향을 미친다고 주장함.**

**〈직무 특성의 종류와 정의〉**

| 직무 특성 | 정의 | |
|---|---|---|
| 기술의 다양성 | 직무를 수행하는 데 요구되는 **기술의 종류**가 몇 가지인가? | 직무에 대해 느끼는 의미성 |
| **직무 정체성** | 직무의 내용이 하나의 제품을 끝까지 완성시킬 수 있도록 구성돼 있는가, 아니면 제품의 어느 특정 부분만을 만드는 것인가 하는 **직무의 완결도** | |
| 직무 중요성 | 개인이 수행하는 직무가 조직 내 또는 조직 밖의 다른 사람들의 삶과 일에 얼마나 큰 **영향**을 미치는가? | |
| **자율성** | 개인이 자신의 직무에 대해 개인적으로 느끼는 **책임감**의 정도 | 책임감 |
| **환류** | 직무 자체가 주는 직무 수행 **성과에 대한 정보의 유무** | 결과에 대한 지식 |

③ 잠재적 동기지수

$$\text{잠재적 동기지수} = \frac{(\text{정체성} + \text{다양성} + \text{중요성})}{3} \times \text{자율성} \times \text{환류}$$

④ 결론(개인차를 고려)

㉠ 직무의 특성(특히 자율성과 환류)이 높고 **구성원의 성장 욕구가 높을 때에는 내재적 동기부여 효과가 크고,**

㉡ **성장 욕구 수준이 낮은 경우에는 정형화된 단순 직무를 부여할 경우에 어느 정도 동기 유발이 가능하다.**

#### 8) 애덤스의 공정성(형평성)이론

① 의의

페스팅거(L. Festinger)의 인지부조화이론에서 출발한 것으로 개인은 **준거인**(능력이 비슷한 동료, 비교 대상)과 비교해 **자신의 노력(투입)과 그 산출(보상) 간에 불일치(보상의 불공평성)를 지각하면 이를 제거하는 방향으로 동기(행동)가 부여**된다는 이론

② 구성 요소

투입, 산출, 준거인, 공정성, 불공정성

③ 행위 유발 요인

㉠ 호혜주의 규범 : 일상의 대인 관계에서 사람들은 다른 사람과 공평한 교환을 하려는 생각을 함.

㉡ 인지 일관성의 정향 : 사람이 자신의 생각과 행위를 일치시키고자 하는 경향

④ 비교 결과 반응

㉠ 준거인과 산출/투입의 비율이 일치한 경우 : 만족해 행동 유발이 없음.

㉡ 자신의 산출/투입의 비율이 작은 경우(과소 보상) : 투입 감소, 편익 증대 요구, 준거인 변경, 조직 이탈 등

㉢ 자신의 산출/투입의 비율이 큰 경우(과다 보상) : 투입(노력)을 증대

#### 9) 브룸의 기대이론

① 의의

욕구 충족(만족감)과 직무 수행의 관계에서 직접적인 인과 관계를 찾기 어렵다고 보고, **욕구 충족과 동기 유발 사이에 어떤 주관적인 평가 과정(지각 과정)이 개재돼 있다**고 보며, 그 지각 과정을 통한 기대 요인의 충족에 의해 동기 또는 근무 의욕이 결정된다는 이론

② 주요 내용 및 기대 요소

㉠ 기대감(expectancy) : 노력이나 능력을 투입하면 성과가 있을 것이라는 주관적인 기대감

㉡ 수단성(instrumentality) : 성과(1차 산출)가 바람직한 보상(2차)을 가져다줄 것이라고 믿는 주관적인 정도

ⓒ 유의성(valance) : 보상(2차 산출)의 중요성에 대한 주관적인 선호의 강도

③ 동기부여 = 기대감 × 수단성 × 유의성

### 10) 포터와 롤러의 업적 · 만족이론

① 의의

㉠ 업적과 거기에 결부된 보상, 그리고 어떤 노력이 공평한 보상을 가져다줄 것이라는 기대가 직무 수행 능력과 생산성을 좌우한다는 이론

㉡ 종래의 욕구이론이 만족 ⇒ 업적 향상의 관계를 보인 반면

② 이 이론은 업적 ⇒ 만족 관계를 중시하며 업적 달성이 만족을 가져오는 과정을 중시(노력 ⇒ 업적 ⇒ 보상 ⇒ 만족)

③ 외재적 보상(보수, 승진, 지위)보다는 **내재적 보상(직무 성취에 대한 개인적 느낌)이 더 중요하며, 더 나아가 보상의 공평성에 대한 지각이 가장 중요한 변수**다.

### 11) 조지오폴러스의 통로 · 목적이론

① 개인의 동기는 그가 추구하려는 목적에 반영된 개인의 욕구와 그러한 목적 달성에 이르는 수단 또는 통로로서의 생산성 제고 행동이 갖는 상대적 유용성에 대한 개인의 지각에 달려 있다.

② 근로자가 생산성을 증대시킴으로써 개인의 목표를 달성할 수 있다고 생각하면 높은 생산성 달성이 가능할 것이고, 반대의 경우에는 반대의 결과가 나올 것이다.

### 12) 로크의 목표설정이론

인간의 행동이 의식적인 목표와 성취 의도에 의해 결정된다고 보고, 욕구의 내용이 아니라 목표의 특성, 즉 난이도와 구체성 그리고 목표의 종류, 상황 요인들에 의해 개인의 성과가 결정된다는 이론

### 13) 학습이론(강화이론)

학습이론에는 외적 자극에 의해 학습된 행동이 유발되는 과정을 설명하는 조건화이론(강화이론)과 그 이후에 나타난 현대적 학습이론이 있다.

① 조건화이론(자극-반응이론)

㉮ 고전적 조건화이론(파블로프[I. P. Pavlov]이론)

타액의 분비를 유도해 내는 과정을 설명함으로써 결국 조건화된 자극이 조건화된 반응을 이끌어 내는 과정을 설명하는 이론

㉯ 수단적 조건화이론

㉠ 강화 요인(바람직한 결과)을 얻기 위해 행태적 반응을 보인다는 이론

㉡ **손다이크(E. L. Thorndike)의 효과의 법칙**: 우호적 결과가 따르는 행동은 반복되고, 비우호적 결과가 따르는 행동은 중단된다는 이론으로 강화이론으로 발전함.

㉰ 작동적(조작적) 조건화이론(스키너[B. F. Skinner]의 강화이론)

㉠ 왓슨(J. B. Watson)의 행동주의와 손다이크의 강화주의를 결합한 이론으로 자극에 대해 반사적으로 취하는 행위를 반사적 행동이라고 한다면, 작동적 행동은 원하는 결과를 얻기 위해 의식적으로 취하는 행동을 말한다.

㉡ **강화이론은 행동의 원인보다 행동의 결과에 초점을 두고, 행동의 유발보다는 행동의 변화(지속 또는 중단)를 설명하려는 동기이론으로 행동의 결과를 조건화함으로써 행태적 반응을 이끌어 내는 과정을 설명한다.**

㉢ **보상받는 행태는 반복되지만 보상받지 않는 행태는 중단·소멸된다는 손다이크의 결과의 법칙에 근거를 두고 있다.**

**핵심 정리** 강화이론

**1. 강화의 유형**

| 적극적 강화 | 바람직한 결과의 제공 | 음식, 애정, 급료, 승진 | 바람직한 행동 반복 |
|---|---|---|---|
| 소극적 강화 (회피) | 바람직하지 않은 결과의 제거 | 벌칙, 괴로움 제거 | |
| 소거 | 바람직한 결과의 제거 | 급료 인상 철회, 무반응 | 바람직하지 않은 행동 제거 |
| 처벌 | 바람직하지 않은 결과의 제공 | 질책 예고 | |

**강화**는 장래에 같은 행동이 되풀이될 확률을 높이는 유인 기제다. 강화는 다시 **적극적 강화와 소극적 강화**로 나뉜다. 전자는 행동자가 원하는 조건을 제공하는 것이고, 후자는 싫어하는 조건을 제거해 주는 것을 말한다.

**처벌**은 어떤 행동에 결부해 싫은 조건을 제시하거나 바람직한 조건을 제거함으로써 같은 행동이 다시 야

기될 확률을 낮추는 유인 기제다. 처벌은 맥그리거(D. M. McGregor)가 말한 뜨거운 난로의 법칙에 따라야 한다고 처방한다. 즉, 처벌이 효과적이기 위해서는 그것이 행동에 결부돼야 하며, 즉각적으로 충분히 강력하게, 일관성 있고, 비개인적이며(사람에 따라 차별하지 않으며), 정보를 전달하는 방법으로 시행돼야 한다는 것이다.

**중단**은 계속되던 유인 기제의 제공을 중단 또는 종식시키는 것으로서 중립적 자극이라고도 부른다.

2. **강화 일정의 장점과 단점**

<table>
<tr><th colspan="3">강화 일정</th><th>의미</th><th>장점</th><th>단점</th></tr>
<tr><td colspan="3">연속적 강화</td><td>성과(바람직한 행동)가 나올 때마다 강화</td><td>초기 단계 학습에 효과적</td><td>강화 효과가 빨리 소멸됨.<br>관리자에게 큰 도움이 되지 않음.</td></tr>
<tr><td rowspan="4">단속적 강화</td><td rowspan="2">간격 강화</td><td>고정간격 강화</td><td>규칙적인 시간 간격으로 강화(매월 말에 주는 보수)</td><td>봉급 인상, 진급 등의 보상에 효과적</td><td>성과를 높이는 데 항상 효과적이지 않음.</td></tr>
<tr><td>변동간격 강화</td><td>불규칙한 시간 간격으로 강화</td><td>봉급보다는 칭찬 등 적극적 강화나 회피 등 부정적 강화에 효과적</td><td>봉급에는 부적절</td></tr>
<tr><td rowspan="2">비율 강화</td><td>고정 비율 강화</td><td>일정한 빈도나 비율의 성과에 따라 강화(매출 100만 원마다 성과급 얼마)</td><td>바람직한 행동을 유지하는 데 효과적</td><td>-</td></tr>
<tr><td>변동 비율 강화</td><td>불규칙적 빈도나 비율의 성과에 따라 강화(특별 보너스)</td><td>바람직한 행동을 유지하는 데 매우 효과적</td><td>봉급 인상, 진급 등의 보상에 비효과적</td></tr>
</table>

② 현대적 학습이론

㉮ 잠재적 학습이론

강화라는 인위적 조작 없이도 학습(잠재적 학습)은 되나, 학습 결과를 행동으로 옮기는 데에는 강화 작용이 필요하다는 이론

㉯ 인지적(자발적) 학습이론

인간을 외부 자극에 대한 수동적인 반응체로 간주하는 **조건화이론에 반발하면서 외부의 자극보다는 인간의 내면적 욕구, 만족, 기대 등 자발적 인지가 학습에 영향을 미친다는 이론**(동기부여의 형평성이론이나 기대이론이 이에 해당함.)

㉰ 사회적 학습이론

㉠ 반두라(A. Bandura)는 환경의 자극과 행위의 결과만으로 개인 행동이 통제된다고 주장하는 조건화이론을 비판하고 인간의 인지적 · 정신적 과정이 환경에 대한 반응 행태를 결정한다고 봄으로써 인지적 학습이론을 수용

㉡ 더 나아가 환경과 인간의 인지가 상호 작용을 통해 행위가 학습되는 사회적 학습을 강조, 즉 인간과 그의 행동 그리고 환경이 서로 교호 작용하는 과정에서 모방이나 재생(대리학습)에 의해 학습이 진행된다는 이론으로 다른 사람의 행동과 그 결과를 관찰해서 행동한다는 것

㉢ 결국 **학습은 강화+인지, 인지+환경의 종합이라는 것으로, 외적 선행 자극이나 결과로서의 자극뿐 아니라 인간의 내면적 욕구, 만족, 기대 등도 학습에 영향을 미치고, 자발적 인지 등에 의한 자기 결정과 모방대리학습 등 환경 결정이 학습에 종합적으로 영향을 미친다는 것이다.**

㉱ 귀납적 학습이론

직접적인 설명이나 지시가 없어도 불확실한 추론이라는 귀납적 학습을 통해 어떤 특정 영역의 구조와 규칙을 학습할 수 있다는 이론

**심화 학습: 복잡인모형**

1) 룬트스테트(S. Lundstedt)의 Z이론: 비조직적이고 자유방임적 관리
2) 라모스(Ramos)의 괄호인: X이론(작전인), Y이론(반응인), Z이론(괄호인: 이성을 대표하는 현대적 인간모형)
3) 베니스(W. G. Bennis)의 적응적 · 유기적 구조: 개인의 재량권 부여, 자율화, 행동 양식의 비프로그램화
4) 롤리스(D. Lawless)의 Z이론: 샤인(E. Schein)의 복잡인 가정과 동일, 상황적응적이고 신축적인 관리(유일 최선의 관리전략은 없음)
5) 오우치(W. G. Ouchi)의 일본식 Z이론: 경영가족주의(미국 내 일본식 Z이론). 오우치는 일곱 가지 기준에 의해 세 가지 유형의 조직문화를 분석했는데 미국의 전형적 조직을 A이론, 일본의 전형적 조직을 J이론, 그리고 일본의 전형적 이론을 미국에 적용한 것을 일본식 Z이론(Z유형의 미국 조직)이라 하고 J이론이나 Z이론이 A이론보다 성과가 높다고 주장했다.

| | 전형적 일본 조직(J) | Z유형의 미국 조직(Z) | 전형적 미국 조직(A) |
|---|---|---|---|
| 고용<br>평가 | 종신고용<br>엄격한 평가와 느린 승진 | 장기 고용<br>엄격한 평가와 느린 승진 | 단기 고용<br>신속한 평가와 빠른 승진 |

| 경력 경로 | 비전문화된 경력 경로 | 다기능적 경력 경로 | 전문화된 경력 경로 |
|---|---|---|---|
| 통제 | 비공식적 · 암시적 통제 | 비공식적 · 암시적 통제 | 공식적 · 가시적 통제 |
| 의사 결정 | 집단적 의사 결정 | 집단적 의사 결정 | 개인적 의사 결정 |
| 책임 | 집단 책임 | 개인 책임 | 개인 책임 |
| 인간에 대한 관심 | 총체적 관심 | 총체적 관심 | 역할에 관심 |

* 인간에 대한 '총체적 관심'이란 직장에서의 공식적 역할뿐 아니라 가정 생활, 취미, 개인적 신념, 희망까지도 관심의 대상이 된다는 말이다. 즉, 전인격적 관심을 지칭하는 것이다.

### 심화 학습: 학습이론

1. 고전적 조건화이론(조건 반응의 습득)

사랑하는 사람과 함께 들었던 감미로운 음악을 듣는다면 추억의 향수에 빠지게 될 것이다. 어떤 반응을 유발하는 자극과 새로운 자극이 짝지어지는 경험을 하고 나면 그 반응이 새로운 자극에 의해서도 유발되는 변화를 경험하게 된다.

〈고전적 조건화의 기본 절차〉

① 조건화 이전: 종소리 → 무반응
음식 → 타액 분비

② 조건화 동안: 종소리↘
타액 분비
음식↗

③ 조건화 이후: 종소리 → 타액 분비

2. 수단적 조건화이론(도구적 학습이론)

수족관의 돌고래가 먹이(생선)를 얻기 위해 수면 위의 후프를 통과하는 것을 학습할 때 그 돌고래는 도구적 반응을 한 것이다.

**□ 손다이크(E. L. Thorndike)의 효과의 법칙**

① 실험상자와 통제된 실험장치(페달을 밟으면 문이 열리고 상자 밖에 있는 먹이를 먹을 수 있다)

② 상자 안에 고양이를 넣고 관찰하면, 고양이는 먹이를 먹기 위해 발톱으로 창살을 물어뜯거나, 사방으로 뛰어다니는 등 여러 가지 반응을 함.

③ 그러다가 우연히 페달 밟기(정확한 반응)를 하고, 뒤이어 고양이는 먹이를 얻게 됨. 이런 시행이 반복되면서 고양이의 수행은 점차 향상됨. 즉, 시행착오를 통해 먹이를 얻는 데 도움이 되지 않는 행동은 점차로 줄어들고 페달을 밟아 먹이를 얻는 것을 학습하게 됨.

3. 스키너(B. F. Skinner)의 조작적 행동

실험상자 안에 놓인 배고픈 쥐는 새로운 환경을 탐색하면서 여러 가지 반응을 함. 그러다가 우연히 지렛대를 누르게 되고 먹이를 얻게 됨. 이런 시행이 반복되면서 쥐는 여러 가지 반응 중에서 먹이를 얻는 데에 필요하지 않은 반응을 줄이고 바로 지렛대를 눌러서 먹이를 얻는 것을 학습하게 됨.

4. 적극적 강화(정적 강화, positive reinforcement)
학교에서 선생님이 숙제를 해 온 학생을 칭찬하는 것

5. 소극적 강화(부적 강화, negative reinforcement)
사관학교에서 규칙을 어기어 벌점을 받으면 외출을 금지하는 것

6. 소거(중단)
선생님이 질문하고 학생이 손을 들어 답을 하는 경우에 손을 든 학생을 선생님이 무시하면 학생은 더 이상 손을 들지 않는 것

7. 처벌(정적벌, 부적벌)
- 지각하면 벌칙을 주는 것
- 유치원에서 아이들이 싸우면 싸운 학생은 놀이 시간을 박탈하고 손을 들고 서 있게 하는 것

8. 잠재적 학습이론
- 외현적인 행동이 나타나지는 않았지만 내면적으로 이뤄진 학습

9. 인지학습
- 기존의 이론(고전적, 도구적 학습이론)은 인간이나 동물을 지나치게 수동적인 존재로 파악했다는 비판을 받음.
  톨먼(E. Tolman)은 행동의 목적성을 강조하며 학습과 기억의 작용이 능동적이고 목적 지향적일 수 있음을 지적함.
- 학습자의 능동적이고 인지적인 평가가 학습에 필수적이라고 주장함.

10 사회학습
- 인지학습의 또 다른 형태는 관찰학습이론임. 인간은 직접적 경험으로부터 학습할 수 있을 뿐만 아니라, 타인에게서 일어나고 있는 것을 보거나 듣는 것으로도 학습이 가능함. 행동의 관찰은 모델 행동에 수반되는 결과의 인식이 포함됨.
- 동물이 다른 경험을 통해 학습하는 것을 관찰학습 또는 대리학습이라고 함(인간은 타인의 행동을 관찰함으로써 예의와 존경을 어떻게 표시하며 적개심과 공격, 사랑과 관심을 어떻게 나타내는가를 배움. 관찰학습은 사회학습에도 중심적인 개념을 제공함).
- 반두라(A. Bandura)는 조건화이론과 인지학습이론을 통합해 사회학습을 제안하면서, 행동은 모방, 대리적 학습, 상징적 학습 같은 여러 요인의 상호 작용에 의해 이뤄지며, 학습자 자신이 환경 자극의 인지적 선택 및 변화에 지배적인 역할을 한다고 함.

## 2. 조직문화

### 1) 순기능

구성원을 통합해 응집력과 동질감·일체감을 높여 주며, 조직의 경계를 설정해 조직의 정체성을 제공, 구성원을 사회화하는 기능을 함.

### 2) 역기능

변화와 개혁에 장애가 되기도 하며, 집단사고의 폐단으로 유연성과 창의력을 저하시키며 부서별 독자성으로 인해 조정과 통합에 장애가 됨.

### 3) 선진국과 우리나라의 행정문화

| 선진국의 행정문화 | 우리나라의 행정문화 |
|---|---|
| 개인주의와 실적주의<br>전문주의<br>사실(객관)주의<br>모험주의<br>민주주의 | 집단주의와 연고주의<br>일반주의<br>온정주의와 정실주의<br>순응주의<br>권위주의와 형식주의 |

### 4) 관료제의 병리문화

① 형식주의: 형식적인 법규와 사실상의 집행이 부합되지 않는 현상

② 권위주의: 위계 질서와 지배 복종의 관계를 중요시하는 문화, 즉 권력 거리(수직적 · 계층적 격차)가 먼 문화의 특성

③ 온정주의: 객관적인 사실보다는 무형적이고 정신적인 가치를 중시하는 의식구조(한국의 행정문화)

## 3. 의사 전달

### 1) 의사 전달(communication)의 변수

① 집중도: 중심인물로 정보나 권한이 집중된 정도로서 기계적 구조나 고전적 의사전달모형(연쇄형)일수록 집중도가 높고 의사 전달이 활성화되지 못한다.

② 개방도: 의사 전달 채널의 수를 의미하며 유기적 구조나 현대적 · 동태적 모형(전체경로형)일수록 개방도가 높고 의사 전달이 활성화된다.

### 2) 의사 전달의 유형과 변수 간의 관계

| 구분 | 구조 | 변수 | | 환류 | 신속성 | 정확성 |
|---|---|---|---|---|---|---|
| | | 개방도 | 집중도 | | | |
| 윤형(수레바퀴형) | 기계적 · 집권적 | 낮다 | 높다 | 낮다 | 높다 | 낮다 |
| 개방형(전체경로형) | 분권적 · 유기적 | 높다 | 낮다 | 높다 | 낮다 | 높다 |

3) 공식적 의사 전달과 비공식적 의사 전달

| 구분 | 공식적 의사 전달 | 비공식적 의사 전달 |
|---|---|---|
| 장점 | 송수신자의 책임 소재 분명(조정이 용이)<br>정보나 근거 보존 용이 | 배후 사정을 소상히 전달<br>융통성이 높고 공식적 의사 전달 보완 |
| 단점 | 배후 사정을 알기 곤란함.<br>기밀 유지 곤란<br>신축성이 없고 형식화 | 책임 소재 불분명<br>공식적 의사소통 왜곡, 상관의 공식적 권위 손상 |

## 4. 갈등과 권위 및 권력

1) 갈등의 의의

조직 내의 의사 결정 과정에서 대안의 선택 기준이 모호해 개인이나 집단이 대안을 선택하는 데 곤란을 겪는 상황

2) 갈등관리 관점(Robbins & Judge)

| 관점 | 내용 |
|---|---|
| 전통(고전)적 관점<br>(갈등역기능론) | 갈등은 해롭고 나쁜 것이고 부정적이므로 회피의 대상으로 간주 |
| 행태주의 관점<br>(갈등불가피론) | 갈등은 자연적이고 불가피한 것으로 수용(용인)의 대상으로 간주, 순기능 인정 |
| **상호주의 관점** | **갈등의 용인(수용)에 그치지 않고 적극적인 갈등 조장 ⇨ 갈등을 조직 변화의 원동력으로 간주** |

* 상호작용주의는 모든 갈등이 긍정 또는 부정적인 것이라고는 주장하지 않으며, 역기능적 갈등은 해소하되, 건설적(순기능적) 갈등은 성과를 향상시키는 필요한 갈등이므로 적극 조장(고무)해야 한다고 주장한다.

3) 대인 간 갈등의 해결 : 토머스(K. Thomas)의 이론

**〈갈등 해결의 유형과 사용 전략〉**

| 유형 | 의의 | 전략 | 자신의 욕구 충족 | 상대방의 욕구 만족 |
|---|---|---|---|---|
| **경쟁** | 자신의 욕구만 충족시키고, 상대방의 주장을 일축하는 것(강제전략) | ① 위기 상황이나 신속하고 결단력이 필요한 경우<br>② 인기 없는 조치를 실행할 경우 | **단정적** | **비협조적** |

| | | | | |
|---|---|---|---|---|
| **협동** | **당사자 모두의 만족을 극대화하려는 전략(win-win 전략)** | **① 양쪽 관심사가 너무 중요한 경우**<br>**② 양쪽의 관여(협력)가 필요한 경우** | **단정적** | **협조적** |
| 타협 | 단정과 협력의 중간 수준으로서 극단적인 전략을 피하는 것 | ① 복잡한 문제에 대한 잠정적인 해결안<br>② 임기응변적인 해결이 요구될 경우 | 중간 | 중간 |
| 회피 | 갈등 상황으로부터 벗어나 버리는 것(접촉을 회피하는 단기적 전략) | ① 한 문제는 사소하고 다른 문제는 중요한 경우<br>② 사람들의 생각을 가다듬게 할 필요가 있을 경우 | 비단정적 | 비협조적 |
| **순응** | 상대의 논제가 더 중요할 때 자신의 이익을 희생해 상대방의 주장을 받아들임. | ① 논제가 타인에게 중요한 의미를 지닌 경우<br>② 다음 논제에 대한 사회적 신용 획득을 위한 경우 | **비단정적** | **협조적** |

### 4) 갈등 해소 방법과 조성 방법

| | |
|---|---|
| 해소 방법 | 문제 해결, 상위 목표 제시의 제시, 공동의 적 확인, 자원 증대, 완화, 타협, 태도 변화 훈련, 구조적 요인의 개편, 협상 |
| 조성 방법 | 의사 전달 통로의 변경, 정보 전달 억제 또는 정보 과다 조성, 구조의 분화, 인사 이동 또는 직위 간 관계의 재설정, 리더십 스타일의 변경, 태도가 다른 사람들의 접촉 유도 |

**심화 학습: 갈등관리의 방법**

| 해소 방법 | 조성 전략 |
|---|---|
| 유해한 갈등을 해소하는 전략에는 갈등 상황이나 출처를 근본적으로 변동시키지 않고 거기에 적응하도록 하는 전략과 조직상의 배열을 적극적으로 변동시켜 갈등 상황을 제거하는 전략이 있다.<br>① 문제 해결<br>갈등을 일으킨 당사자들이 직접 접촉해 갈등의 원인이 되는 문제를 공동으로 해결하는 방법<br>② 상위 목표의 제시<br>갈등을 일으킨 당사자들에게 공동으로 추구해야 할 상위 목표를 제시함으로써 갈등을 완화시키는 방법<br>③ 공동의 적 확인<br>갈등 당사자들에게 공동의 적을 확인해 주고 이를 강조하면 잠정적으로 갈등을 해소하거나 이를 잠복시킬 수 있음. | 조직의 생존과 발전에 불가결하거나 유익한 갈등을 인위적으로 조성하는 전략이 필요할 때가 있다. 갈등을 유해하고 역기능적인 것이라고만 보는 관점에서 조성전략이라는 것을 구사할 수 없다(갈등 중에는 순기능적인 것도 있다는 관점).<br>① 의사 전달 통로의 변경<br>표준화된 공식적 및 비공식적 의사 전달 통로를 의식적으로 변경해 갈등을 조성할 수 있다. 그러나 의사 전달 통로의 변경은 정보의 재분배와 그에 입각한 권력의 재분배를 초래하기 때문에 갈등을 야기할 수 있다.<br>② 정보 전달의 억제 또는 정보 과다 조성<br>조직구성원이 얻으려는 정보를 감추면 그의 권력은 감소된다. 따라서 권력의 재분배가 일어나고 그로 인한 갈등이 조성될 수 있다. 정보 |

④ 자원 증대
희소자원을 서로 더 많이 차지하려고 경쟁하는 데서 비롯된 갈등을 해소하기 위해 자원을 늘리는 방법임.

⑤ 회피
갈등을 야기할 수 있는 의사 결정의 연기, 갈등 상황에 처한 당사자들의 접촉 방지, 갈등 행동의 억압 등에 의해 단기적으로 갈등을 진정시키는 방법

⑥ 완화
갈등 당사자들의 상이성 또는 상충성을 덮어 두고 유사성이나 공동 이익을 강조함으로써 갈등을 줄이는 방법

⑦ 타협
당사자들의 대립되는 주장을 부분적으로 양보해 공동의 결정에 도달하게 하는 방법

⑧ 상관의 명령
공식적 권한에 근거한 상관의 명령에 의해 부하들의 의견 대립에 따른 갈등을 해소하는 방법

⑨ 태도 변화 훈련
훈련에 의해 갈등 당사자들의 태도를 바꾸는 방법

⑩ 구조적 요인의 개편
조직의 구조적 요인을 변화시켜 갈등을 좀 더 근본적으로 해소하는 방법(예: 인사 교류, 조정담당기구의 설치, 이의 제기 제도의 시행, 갈등을 일으키는 조직 단위들의 합병 또는 분리, 지위 체제의 개편, 업무 배분 변경 등)

⑪ 협상
당자들이 서로 다른 선호를 가지고 있을 때 공동의 결정을 해나가는 과정으로, 이 과정에서 당사자들은 상대방으로부터 자기가 원하는 것을 얻어내려고 노력함.

㉠ 협상의 종류: 개인 대 개인 협상, 집단 간의 협상, 집단 대표자 간의 협상, 제3자의 개입에 의한 협상 등

㉡ 협상전략(분배적 협상과 통합적 협상)
- 분배적 협상(자기 몫을 주장하는 당사자들의 입장에 초점을 맞춘 협상)
- 통합적 협상(전체적인 자원의 가장 효율적인 활용 방법에 초점을 맞춘 협상으로 당사자들

과다로 인한 혼란은 갈등을 야기하고, 그것은 나아가서 조직구성원들의 정체된 행태를 활성화시키고 창의성과 자율성을 일깨워 줄 수 있다

③ 구조의 분화
조직 내 계층의 수, 그리고 기능적 조직 단위의 수를 늘려 서로 견제하게 함으로써 갈등을 조성할 수 있다.

④ 인사 이동 또는 직위 간 관계의 재설정
조직구성원을 이동시키거나 직위 간의 관계를 재설정함으로써 갈등을 조성할 수 있다.

⑤ 리더십 스타일의 변경
리더십의 유형을 적절히 교체함으로써 갈등을 야기하고 대상 집단을 활성화할 수 있다.

⑥ 태도가 다른 사람들의 접촉 유도 태도가 서로 다른 사람들이 교호 작용하게 함으로써 갈등을 조성할 수 있다.

| 모두가 승자가 될 수 있도록 공동 이익 또는 효용을 키우는 방안을 탐색함.) | |
|---|---|

자료: 오석홍(2013). 『행정학』.

### 5) 갈등 요인

① 분업구조

분업화된 하위 부서는 업무 특성뿐만 아니라 업무 수행 태도, 업무 수행 방식, 문제를 보는 시각에 따라 차이가 나기 마련이다. 특히 참모부서와 계선부서, 일반 행정직과 기술직, 대외 업무와 대내 업무 부서 간의 차이를 들 수 있다.

② 자원의 희소성

제한된 자원을 많은 하위 부서들이 공유할 때 잠재적인 갈등은 존재하기 마련이다.

③ 업무의 상호의존성

너는 너대로 나는 나대로 일해도 된다면 갈등 가능성이 낮다. 반대로 서로 연계돼 있어 다른 사람의 협조가 필요할수록 갈등의 가능성은 높다.

참모부서와 계선부서는 상호의존성 측면에서도 갈등에 매우 취약한 관계다.

④ 개인의 특성

일반적으로 성격, 가치관, 전문 능력, 직책 등의 차이가 갈등의 요인으로 작용한다.

**심화 학습: 공공정책 갈등관리를 위한 합의 형성 메커니즘**

1. 의의

공공정책 갈등관리를 위한 최근의 연구 경향은 상향적 해결과 하향적 해결을 동시에 강조하는 것이다.

2. 상향적 해결(Up Stream)

1) 합의회의

① 선별된 보통 시민들이 전국적인 주제(광우병, 원자력 등)나 정치적 또는 사회적으로 논쟁적인 주제에 대해 전문가들에게 질의하고 그에 대한 대답을 청취한 후 내부 의견을 통일해 최종적으로 자신들의 견해를 발표하는 방식

② 충분한 정보 제공과 토론을 통해 일반인들의 합리적 의견을 얻을 수 있으나 시민 패널을 지원자 중심으로 구성한다는 대표성의 문제가 발생할 수 있음.

2) 시민배심원

① 지역문제(쓰레기 소각장, 화장장 등)에 대해 무작위로 선별된 시민이나 중립적인 인사들로 구성된 배심원들이 일정한 기간 동안 만나 주의 깊게 공적으로 중요한 문제에 대해 심의함.

② 정책권고안의 형태로 정책결정자와 일반 시민에게 공개함. 일반인의 의견을 들을 수 있다는 장점이 있으나 시민의 수가 적어 대표성이 취약함.

3) 시나리오 워크숍

① 지역적 수준에서 입안된 발전계획과 관련 행위자들 사이의 토론을 통해 의견 수렴을 하는 조직화된 토론 모임

② 일반 지역민과 이해당사자들이 지역개발계획 수립 과정에 대등하게 참여한다는 장점이 있으나 합의 도달이 상대적으로 어려울 수 있다는 단점이 있음.

4) 규칙 제정

① 행정기관의 규제에 영향을 받는 이해관계자들이 참여하는 협상을 통해 규제 내용에 대해 합의를 도출하는 방식

② 사회집단과 정부대표들이 동등한 지위로 협상, 규칙을 제정하므로 참여 효과가 극대화될 수 있으나 조직화된 사회집단이 아닐 경우 협상 과정에 참여하기 어렵다는 단점이 있음.

5) 공론조사

① 과학적 확률 표집을 통해 대표성을 갖는 국민을 선발, 토론하게 한 후 투표를 통해 갈등을 해결하는 방법

② 주민투표의 선전, 선동의 최소화와 풍부한 정보에 의한 의사 결정이 장점이지만 상대적으로 참여자 수가 많아 심사숙고의 과정을 거치지 못할 가능성이 있음.

3. 대체적 분쟁 해결(Alternative Dispute Resolution: ADR): 하향적 해결(Down Stream)

1) 협상

갈등 당사자들이 직접 대화를 통해 합의를 찾는 방법으로, 갈등 영향분석을 통해 이해 당사자를 파악, 협상 절차 등에 대한 합의를 통해 시작하며 서로 이해하기, 서로 원하는 것을 찾기, 대안 선택, 구체적 실행 계획을 세우는 해법 찾기, 합의안 작성, 최종 합의 등을 통해 갈등을 해결함.

2) 조정

**분쟁 해결의 가장 대표적인 수단**이며 협상 절차의 연장이자 발전된 형태. 중립적 지위에 있는 제3의 조정자가 갈등 당사자들의 의사소통과 문제 해결을 돕게 되나 합의 사항은 법적 구속력을 갖지 못함.

3) 중재

갈등 당사자의 중재 합의에 의해 선출된 객관적이고 중립적인 제3자인 중재자의 중재 판정에 의해 당사자 간의 분쟁을 해결하는 절차로 중재자는 상호간의 주장을 참조하고 실제로 원하는 것 중심의 조정을 시도하지는 않으며, 대안은 법적 구속력을 가지나 갈등 당사자들은 중재자가 제시하는 대안을 반드시 받아들일 의무는 없음.

심화 학습: 권력의 유형(French & Raven)

| | |
|---|---|
| 보상적 권력 | 복종의 대가로 타인이 원하는 것(승진, 보수, 직위 등)을 줄 수 있을 때 성립하는 권력 |
| 강압적 권력 | 인간의 공포심에 근거를 둔 권력으로 상대방을 처벌·제재 할 수 있을 때 성립하는 권력 |
| 정통적 권력 | 계층상의 지위에 비춰 권력 행사자가 정당한 권력을 행사할 수 있는 권리를 가지고 있다고 인정되는 경우에 성립하는 권력<br>(베버의 합법적 권력과 유사)으로 흔히 권한 또는 권위라고 하며, 공식 직위에 비례(공식 직위에 부여된 힘) |
| 준거적 권력 | 복종자가 지배자와 일체감 유사성을 가지고 자기의 행동모형을 권력 행사자로부터 찾으려고 하는 역할 모형화에 의한 권력으로 어떤 사람이 자신보다 월등하다고 느끼는 무언가의 매력이나 카리스마에 의한 권력 |
| 전문적 권력 | 사람들이 가치를 두는 전문기술이나 지식·정보에 기반한 권력으로 공식 직위나 직무를 초월해 누구나 가질 수 있는 권력 |

## 5. 리더십

### 1) 리더십이론의 변천

| 이론 | 시기 | 연구 내용 |
|---|---|---|
| 특성론 | 1920~50년 | 리더 개인의 특성, 속성 및 자질에 초점을 둔 고전적 연구, 선천적 자질 강조 |
| 행태론 | 1950~60년 | 리더와 부하 간의 관계를 중심으로 리더십 행태(행동)의 유형을 연구 |
| 상황론 | 1970년 | 리더십의 효율성에 영향을 미치는 상황적 조건을 연구, 자질론과 상황론을 종합한 상호작용이론이나 3차원이론도 넓게는 상황론에 해당함. |
| 신속성론 | 1980년 이후 | 리더의 카리스마나 신념 등 개인적 특성을 리더십의 중요한 인자로 재차 강조하는 현대적 리더십 연구(카리스마적 리더십이나 변혁적 리더십, 문화적 리더십 등) |

### 2) 특성론(자질론)

속성론, 자질론, 위인론이라고도 하며, 리더로서 필요한 자질(속성)을 가진 자는 어느 집단이나, 어떤 상황에서도 지도자가 된다는 것으로, 리더 개인의 선천적 자질(지적 능력, 성격, 외모 등)을 강조

### 3) 행태론

① 조직의 효과성을 좌우하는 것은 지도자의 자질보다 지도자의 행동 유형, 즉 리더십 유형이라는 행태론적 입장

② 한계: 지나친 이분법이라는 점과 리더 행동은 상황에 따라 달라질 수 있음을

고려하지 못함.

③ 연구

㉠ 아이오와대학의 연구(레빈[K. Lewin], 리피트[R. Lippitt], 화이트[R. K. White]): 권위형, 민주형, 자유방임형으로 분류

㉡ 미시간대학의 연구: 리더의 행동을 직무 중심적 행동과 부하 중심적 행동(생산성이나 만족감에 더 효과적)으로 구분(직원 중심과 생산성 중심)

㉢ 오하이오대학의 연구: 배려와 구조 설정(부하에게 지시하고 성과를 독려)이라는 두 가지 국면에 기반해 분류

㉣ 블레이크(R. Blake)와 모튼(J. Mouton)의 연구(관리 그리드): X축에 생산에 대한 관심과 Y축에 인간에 대한 관심이라는 두 가지 변수에 따라 변수 값을 9등분해 81가지의 관리유형도인 관리 그리드를 제시한 후 대표적인 리더십 유형을 다섯 가지로 제시함. 무관심형(1,1), 과업형(9,1), 친목형(1, 9), 타협형(5,5), 단합형(9,9)

### 4) 상황론

리더십의 효율성은 상황에 따라 달라진다고 보고 리더십의 효율성에 영향을 주는 상황 요인을 규명하는 데 초점을 둠. 리더십의 행동 유형에 효율성이라는 차원을 추가한 3차원이론도 여기에 포함되나 리더가 통제할 수 없는 상황 요인을 지나치게 강조하고 있음.

① 피들러(F. E. Fiedler)의 상황적응모형(목표성취이론)

㉠ 리더십의 효율성은 상황변수에 따라 결정된다고 주장하고 '가장 좋아하지 않는 동료'라는 척도(LPC)에 의해 관계 지향적 리더와 과업 지향적 리더로 구분해서 연구

㉡ **상황변수: 리더와 부하의 관계(우호 혹은 신뢰), 직위 권력(정당한 권력), 과업구조(명확성, 구체성)**

㉢ 결론: **상황이 유리하거나 불리할 때는 과업 지향이, 상황이 중간 정도일 때는 인간(관계) 지향이 효과적임**

② 하우스(R. House)와 에반스(M. Evans)의 경로・목표모형(3차원모형의 일종)

㉠ 동기부여의 기대이론을 수용해 리더의 행동(원인변수)이 부하의 행동과 성과

**〈상황변수에 따른 리더십 유형〉**

<table>
<tr><td rowspan="3">부하 특성</td><td>능력</td><td>자신이 능력이 부족하다고 느낄수록 지시적 리더십을 선호함.</td></tr>
<tr><td>통제 위치</td><td>외적 통제 위치(관리자에 의한 통제)를 가진 사람은 지시적 리더십을, 내적 통제 위치(자율적 통제기제)를 가진 사람은 참여적 리더십을 선호함.</td></tr>
<tr><td>욕구</td><td>생리 · 안전 욕구가 강한 사람은 지시적 리더십, 소속 · 존경 욕구가 강한 사람은 지원적 리더십, 성취 욕구가 강한 사람은 성취 지향적 리더십을 선호함.</td></tr>
<tr><td rowspan="3">과업 환경</td><td>과업 특성</td><td>역할명료성이 크고 일상적 · 반복적인 구조화된 과업은 지원적 리더십이, 역할모호성이 크고 비일상적이고 비구조화된 과업일수록 지시 · 성취 · 참여적 리더십이 바람직함.</td></tr>
<tr><td>작업집단 특성</td><td>집단 형성 초기에는 지시적 리더십이, 안정될수록 지원적 또는 참여적 리더십이 효과적임.</td></tr>
<tr><td>조직 특성</td><td>공식화된 규칙(규율, 방침)이 명백할수록 참여적 리더십이 효과적이고, 반대이면 지시적 리더십이 효과적임.</td></tr>
</table>

(결과변수)에 영향을 미치지만, 그 과정에서 부하의 기대감(목표 달성 확률)과 유인가(보상의 가치)가 매개를 하며(매개변수), 아울러 부하의 특성과 과업환경 요인이(상황변수) 영향을 미친다는 것

㉡ 리더의 행동 유형 : 지시적 리더십(구조 주도형), 지원적 리더십(배려형), 참여적 리더십, 성취 지향적 리더십으로 분류

> **지시적 리더십** : 부하의 활동을 계획 · 조직 · 통제 · 조정하는 구조 주도형
> **지원적 리더십** : 부하의 욕구와 복지를 생각하는 배려형. 혹은 후원적 리더십
> **참여적 리더십** : 의사 결정에 부하 의견을 반영하며, 부하가 참여를 통해 과업과 역할기대를 학습하도록 하는 유형
> **성취지향적 리더십** : 부하들에게 도전적인 목표를 설정해 주고 성과를 확신하는 유형

③ 케르(S. Kerr)와 저미어(J. Jermier)의 리더십 대체물 접근법

㉠ 리더십 대체물이란 리더십을 필요 없게 만들거나(대체물), 리더십의 중요성을 감소시키는(중화물) 상황적 요인

㉡ 대체물 : 과업이 일상적이거나 구조화돼 있고, 결과에 대한 환류가 빈번하며, 구성원이 과업 자체에 만족감을 느끼는 경우

㉢ 중화물 : 조직 내 명확한 계획과 목표, 규칙과 규정, 응집력이 높은 집단, 리더가 통제할 수 없는 보상 체계, 리더와 부하 간의 공간적 거리, 명령 계통의

우회 등

| 자신이 직무를 수행할 능력과 기술을 가지고 있으면서 독립에 대한 욕구가 강한 부하는 | ☞ | 리더의 지시가 불필요(싫어함). |
|---|---|---|
| 과업 그 자체를 통해 부하들이 어느 정도 만족감을 느낀다면 | ☞ | 리더의 지원적 행동이 불필요 |
| 과업의 목표가 명확하고 업무 수행에 필요한 규칙과 규정이 많이 있다면 | ☞ | 리더의 지시가 불필요함. |

④ 허시(P. Hersey)와 블랜차드(K. H. Blanchad)의 3차원모형

㉠ 오하이오 연구(구조 설정과 배려주의)와 레딘(W. J. Reddin)의 3차원 모형을 종합해, **리더십의 효율성은 상황에 의존한다고 전제하면서 리더의 행동을 인간 중심적 리더십(관계행동)과 과업 중심적 리더십(과업행동)으로 나누고 여기에 효율성이라는 차원을 추가**

㉡ **상황변수: 성숙도[성숙도는 인간의 성장순환주기(생애주기)에 따라 달라진다고 보는 성장순기론으로서 직무상의 성숙도(기술, 능력)와 심리적 성숙도(자신감, 의지)로 분류]**

㉢ 결론: **부하의 성숙도가 낮으면 지시형 리더십**이, 성숙도가 중간일 때는 설득이나 참여형 리더십이, **성숙도가 높을 때는 위양(임)형 리더십이 효과적임.**

### 5) 신속성론

1980년대에 들어와서 리더의 가치관이나 감정 등 속성에 초점을 둔 연구가 다시 등장했으나 종래의 속성론과 달리 리더의 보편적 자질을 규명하지는 않았음.

① 변혁적(전환적) 리더십(T. Burns, S. Watson, H. Rainey)

㉠ 안정보다는 변화에 능동적으로 적응하거나 **변화를 유도하는 최고관리층(최상층)의 리더십(행태론자들은** 사회적 · 합리적 교환 관계를 토대로 하급관리자에 초점을 둔 교환적 · 거래적 리더십을 주장)

㉡ 인간의 행태나 상황뿐만 아니라 리더의 개인적 속성도 다시 재생시키고 있어서 신속성론에 해당하며, 카리스마 · 영감 · 촉매적 리더십과 연관됨.

㉢ 대두 배경: 행태론과 상황론의 한계(하급관리자의 분석에 초점)를 극복, 최고관리층에게 적용하고자 등장

㉣ 변혁적 리더십의 구성 요소 및 특징

| 구성 요소 | 내용(특징) |
|---|---|
| **카리스마적 리더십** | 리더가 현 상태에 대한 각성을 확고하게 표명한 후 난관을 극복하기 위해 솔선수범을 보임으로써 **부하들에게 존경심과 자긍심 및 신념을 심어 주고 부하들로부터 존경과 신뢰를 얻음.** |
| **영감적 리더십** | 리더가 부하로 하여금 도전적인 목표와 임무, 미래에 대한 비전을 받아들이고 추구하도록 격려함으로써 목표 달성에 몰입과 **미래에 대한 구상이 핵심임.** |
| **지적 자극** | 교환에 의한 보상(거래적 리더십)보다는 간단하고 심플한 방식으로 노력을 집중시키기 위해 **심볼(상징)을 이용하고, 중요한 목적을 표현함으로써 높은 기대치를 공유하며, 영향의 이상화**(자유나 정의 같은 포괄적이고도 높은 수준의 도덕적 가치와 이상에 호소해 부하들에게 영향력을 미치려는 행동)와 관련됨. |
| **개별적 배려** | 개인의 특성을 파악한 후 개인의 존재 가치(자긍심)를 인정하고, 개개인의 특성·다양성에 따라 코치하고 충고하는 인간적 배려 |
| **촉매적 리더십** | **부하로 하여금 형식적 관행을 타파하고, 창조적(혁신적) 사고와 학습 의지, 새로운 관념을 촉발시키는 지적 자극 부여** |

**〈거래적 리더십과 변혁적 리더십 비교〉**

| 구분 | 거래(교환)적 리더십 | 변혁(전환)적 리더십 |
|---|---|---|
| 변화관 | 안정 지향 | 변화 지향 |
| 초점 | 하급관리자 | 최고관리층 |
| 관리전략 | 리더와 부하 간의 교환 관계나 통제 | 영감과 비전 제시, 공유에 의한 동기 유발 |
| 지향(이념) | 능률 지향 | 적응 지향 |
| 관련 조직 | 기계적 관료제 | 유기적 구조 |

**심화 학습: 거래적 리더십과 변혁적 리더십의 비교**

| 구분 | 거래적 리더십 | 변혁적 리더십 |
|---|---|---|
| 현상 | 현상을 유지하기 위한 노력함. | 현상을 변화시키고자 노력함. |
| 목표지향성 | 현상과 너무 괴리되지 않은 목표 지향 | 보통 현상보다 매우 높은 이상적인 목표 지향 |
| 시간 | 단기적인 전망,<br>기본적으로 가시적인 보상으로 동기부여 | 장기적인 전망<br>부하들에게 장기적 목표를 위해 노력하도록 동기부여 |
| 동기부여 전략 | 부하들에게 즉각적이고도 가시적인 보상으로 동기부여 | 부하들에게 자아실현과 같은 높은 수준의 개인적 목표를 동경하도록 동기부여 |

| 행위 표준 | 부하들은 규칙과 관례를 따르기를 좋아함. | 변환적이고도 새로운 시도에 도전하도록 부하를 격려함. |
|---|---|---|
| 문제 해결 | 부하들을 위해 문제를 해결하거나 해답을 찾을 수 있는 곳을 알려 줌. | 질문을 하여 부하들이 스스로 해결책을 찾도록 격려하거나 함께 일함. |

② 카리스마적 리더십

리더의 높은 자신감, 강한 동기, 도덕적 정당성에 대한 신념을 기초로 하는 새로운 속성론

③ 문화적 리더십

㉠ 초점을 지도자와 추종자 간의 관계(행태론)가 아닌 지도성·추종성 관계에 배어 있는 **사회문화적 맥락**에 두고 있음.

㉡ 문화와 의식을 통해 구성원들에게 솔선수범을 보이는 성직자와 같은 지도력

㉢ 리더의 역할과 가치관에 따라 조직의 문화가 영향을 받는다고 보고 지도자가 솔선수범을 보이는 등 신념과 상징에 의한 주체적인 역할과 가치관을 중시함.

6) 지식정보화 시대의 리더십

① 논의의 맥락 지식정보화 시대의 새로운 리더십

㉠ 지식정보화는 제2의 산업혁명으로 불릴 만큼 인간 생활의 많은 것이 변화하고 있음.

㉡ 지식정보화와 부합하는(정합하는) 리더십이 필요함.

㉢ 특히 문제 해결 시스템인 조직에서 리더십에 지대한 영향을 미침.

② 인간(조직구성원)에 대한 가정의 변화 : 조직 인간주의

㉠ 인간은 완전성을 끊임없이 추구한다.

㉡ 인간은 존중되고 인성은 개발돼야 한다.

㉢ 합의에 기초한 조직관리를 실천한다.

㉣ 조직 변화는 구성원들의 합의에 기초한다.

㉤ 조직 이익은 공평하게 배분돼야 한다.

③ 지식정보화 시대에 적합한 리더십의 주요 내용 : 탭스콧(D. Tapscott)의 논의

㉠ 상호 연계적 리더십

- 지식정보화라는 예측 불가능한 시대에는 한 사람의 리더에 의존하는 것이 아니라 여러 가지 리더의 원천(sources)에 기반을 둬야 한다.
- 특정 리더에 의존하는 것이 아니라 리더와 리더, 리더와 개인, 개인과 개인 사이에 존재하면서 서로 연결된 지식과 지능이 리더십을 발휘해야 한다. 개인이 상호 연계적 리더십을 체득하는 것은 개인의 책임이자 기회다.

ⓛ 비전 공유(shared vision)

- 구성원 전체가 정보사회의 본질과 정보사회의 변화를 이해하며, 이를 토대로 조직이 나아가야 할 방향에 대해 공감대가 형성돼야 한다. 이를 위해 조직구성원들은 끊임없는 학습 의지를 지녀야 한다.

ⓒ 창의력의 극대화와 조직의 학습

- 개인들의 역량을 효과적으로 연계시키기 위해서는 개인의 창의력 향상과 개선이 필요하다. 이를 위해서는 학습 친화적 조직문화, 창의적 조직문화, 강한 **조직문화(strong culture)**를 형성해야 한다.

ⓡ 최고관리자의 지원과 관심

- 최고관리자의 말과 행동은 조직구성원에게 엄청난 파급 효과를 준다. 따라서 상호 연계적 리더십이 실현되기 위해서는 리더의 지지와 관심이 절대적으로 필요하다.

### 7) 서번트 리더십(servant leadership)

① 개념

그린리프(R. K. Greenleaf)는 『리더로서의 서번트(*Servant Leadership*)』에서 섬김 리더십을 "타인을 위한 봉사에 초점을 두며, 종업원, 고객 및 커뮤니티를 우선으로 여기고 그들의 욕구를 만족시키기 위해 헌신하는 리더십", 즉 서로를 돕고, 우리가 아닌 다른 사람들도 돕고자 하는 리더십이라고 정의한다.

② 스피어즈(L. Spears)의 섬김 리더십의 특징

경청, 감정이입, 치유·회복, 인식, 설득, 청지기(조직과 직원에 대한 무한 봉사, 섬김, 헌신 등의 마음가짐) 사람들의 성장에 관심을 기울이기, 공동체 설계 등

## 6. 정보공개제도

### 1) 의의

① 일반적: 공공기관(국가, 지자체, 공기업 등)이 보유하고 있는 정보를 국민의 청구(또는 자발적)에 의해 공개하는 것

② 좁은 의미(청구에 의한 공개), 넓은 의미(청구에 의한 공개 + 자발적인 공개)
*청구에 의한 공개가 원칙**

③ 공공기관의 정보 공개에 관한 법률 : 공공기관이 직무상 작성·취득해 관리하고 있는 정보를 열람하게 하거나 그 사본 또는 복제물을 교부하는 것

### 2) 발달과 연혁

① 중앙정부: 헌법상의 알 권리를 구체화하기 위해 공공기관의 정보 공개에 관한 법률이 제정(1996)되면서부터 본격적으로 실시

② 지방자치단체(청주시): 정보 공개에 관한 조례를 최초로 제정(1992년)

### 3) 정보공개법의 주요 내용

① 청구권자

모든 국민(국내에 거소를 가지고 일정 기간 거주하는 등록된 **외국인 포함**)

• 외국인에 관한 세부 요건은 대통령령으로 정함을 추가

② 공개기관

국가, 지자체 및 대통령이 정하는 기관으로서 입법부, 사법부, 공기업, 준정부기관, 지방공사, 공단, 사회복지법인, 학교(공·사립학교 포함) 등

③ 대상 정보

공공기관이 직무상 작성·취득해 관리하고 있는 문서, 도면, 사진, 필름, 테이프, 슬라이드 및 컴퓨터에 의해 처리되는 매체 등에 기록된 사항으로, 결과는 물론 의사 결정 과정(회의록)도 공개하는 것이 원칙임.

④ 공개 시점

정보 공개의 청구가 있는 때에는 청구를 받은 날로부터 **10일 이내에 공개 여부를 결정해**야 하며, 10일간 연장이 가능함.

⑤ 비공개 대상 정보

㉠ 공공기관의 모든 정보는 원칙적으로 공개돼야 하나, 국민 전체의 권익이나 프라이버시를 침해할 위험이 있는 정보는 제외된다.

㉡ 비공개 정보에 관한 입법 방식은 절충주의를 채택하고 있다.

㉢ 당해 정보에 포함돼 있는 이름·주민등록번호 등 개인에 관한 사항으로서 공개될 경우 개인 사생활의 비밀 또는 자유를 침해할 우려가 있다고 인정되는 정보는 비공개이나 직무를 수행한 공무원의 성명과 직위는 공개한다.

⑥ 비용 부담

정보의 공개 및 우송 등에 소요되는 비용은 청구인이 부담

⑦ 구제제도(정보 공개에 관한 불복구제절차)

이의신청, 행정심판, 행정소송제도가 있으며, 행정심판은 거치지 않아도 되는 임의적 전심절차임.

⑧ 국민 생활에 큰 영향을 미치는 정책정보 등은 공개청구가 없더라도 정기적으로 공개하도록 함.

⑨ 청구 방법

문서로 할 수도 있고 말로도 할 수 있음.

#### 4) 위원회

① 행정안전부 장관 소속하에 정보공개위원회(정보공개정책의 수립 및 제도 개선에 관한 사항을 심의·조정)를 둠.

② 국가·지자체·공공기관별로 정보공개심의회를 설치·운영함.

#### 5) 효용과 폐단

① 효용

정보민주주의(국민의 알 권리 보장), 행정의 투명성과 신뢰성 증진, 국민감시 및 참여와 열린 행정 구현

② 폐단

국가 기밀 유출, 사생활 침해, 정보의 왜곡, 비용·업무량의 증가(내부적인 운영 비용은 증가하나, 사회 전체적으로는 국민이 정부를 감시하기 위해 정보를 수집하

는 데 비용이 덜 들어가기 때문에 행정통제 비용은 절감된다), **공무원의 유연성 · 창의력 저해 및 소극적 행태의 조장, 공개 혜택의 비형평성**

## 7. 개인정보 보호제도(개인정보보호법. 2011. 9. 30)

1) 제정 이유

① 종래 공공기관의 개인정보 보호만을 규정하던 공공기관의 개인정보 보호에 관한 법률은 폐지

② 개인정보 침해로 인한 국민의 피해 구제를 강화해 국민의 사생활인 비밀을 보호하며, 개인 정보에 대한 권리와 이익을 보장

③ 개인정보보호위원회 설치 · 운영(대통령 소속)

2) 개인정보 보호의 원칙

최소 수집의 원칙, 목적 외 이용 금지의 원칙, 정확성의 원칙, 안전성의 원칙, 권리 보장의 원칙, 사생활 보호의 원칙, 익명 처리의 원칙, 책임성의 원칙

3) 주요 내용

① **개인정보 보호의 범위**: 공공기관뿐만 아니라 비영리단체 등 업무상 개인정보 파일을 운용하는 자는 모두 이 법에 따른 개인정보 보호 규정을 준수하고, 전자적으로 처리되는 개인정보 외에 수기문서까지 포함함.

② **고유 식별정보의 처리 제한 강화**: 주민등록번호 등 개인 고유 식별정보는 원칙적으로 처리를 금지함.

③ 정보 주체의 권리 보장: 정보 주체에게 개인정보의 열람청구권, 정정 · 삭제청구권, 처리정지 요구권 등 부여

④ 개인정보 분쟁조정위원회 설치 및 집단분쟁조정제도의 도입

⑤ 단체소송의 도입: 집단분쟁조정제도를 사전에 거치도록 함.

⑥ 개인정보 침해 신고센터 운영(행정안전부 장관 소속)

# 제 2 절 조직의 설계와 유형

## 1. 조직구조의 변수

| 구분 | 변수 | 특징 |
|---|---|---|
| 기본 변수 | 복잡성 (분화) | ① 수평적 분화: 횡적인 분화 및 직무의 전문화(분업) 정도<br>② 수직적 분화: 계층화(계층의 수, 계층제의 깊이 등)<br>기계적 구조: 수직적 분화의 정도가 높다(좁은 통솔 범위).<br>유기적 구조: 수직적 분화의 정도가 낮다. |
| | 공식성 (직무의 정형화, 표준화) | ① 특징: 단순, 반복적 직무일수록 공식성이 높아짐.<br>• 조직의 규모가 커질수록 공식성이 높아짐.<br>• 조직이 안정적일수록 공식성이 높아짐.<br>② 장점: 구성원의 행위에 대한 규제가 가능→불확실성 감소에 기여<br>• 조직의 활동 비용 절감<br>• 행정의 예측 가능성과 안정성 제고<br>• 관리자의 직접적인 감독 필요성 감소⇒간접적 감독으로 전환<br>③ 단점: • 재량 범위의 축소로 융통성이 제약됨.<br>• 조직이 불확실한 상황에서는 공식화에만 의존할 수 없음. |
| | 집권성 | • 의사결정권이 상위계층으로 집중된 상태 |
| 상황 변수 | 규모 (조직 크기) | • 규모란 조직의 물적 수용 능력, 인력(구성원 수), 투입과 산출의 양 및 자원(고객)을 의미함.<br>• 규모가 작을수록 구성원의 행동에 순기능으로 작용함(사기 제고).<br>• 규모가 커지면 복잡성이 증대함.<br>• 규모가 커지면 공식화되는 경향이 있음(간접적 감독).<br>• 규모가 커지면 구성원의 수가 늘어나 분권화되는 경향이 있음. |
| | 기술 | • **기술: 투입을 산출물로 전환시키는 방법**<br>• 일상적인 기술일수록 조직의 복잡성이 낮음.<br>• 일상적인 기술일수록 공식성이 높음.<br>• 일상적인 기술은 집권화를, 비일상적인 기술은 분권화를 초래함. |
| | 환경 | • 불확실성이 높을수록 분권화된 유기적 조직이 유리<br>• 불확실성이 낮을수록 집권화된 기계적(공식적)조직이 유리 |
| | 전략 | 목표를 달성하기 위한 수단과 방법 |

### 심화 학습: 수직적 · 수평적 전문화와 직무의 효과성 관계

| 구분 | | 수평적 전문화(분업, 세분화 정도) | |
|---|---|---|---|
| | | 높음 | 낮음 |
| 수직적 전문화(조정과 통제) | 높음(강함) | (생산부서의) 비숙련적 직무 (단순 직무) | 일선관리 업무 |
| | 낮음(약함) | (특수)전문가적 직무 | 고위관리 직무(전략적 결정) |

① 수평적 전문화(수평적 분업) : 과업의 세분화 정도로서 한 사람이 한 가지 일만 반복하는 정도
② 수직적 전문화(수직적 분업) : 과업 수행 방법이나 결과에 대해 책임을 지는 정도(하급자가 권한과 책임 없이 상급자가 결정한 방법대로 과업을 반복하면 수직적 분업화가 높은 경우임.)

### 심화 학습: 조직의 변수

**1. 공식화와 표준화**

1) 공식화(formalization)

과업의 수행 절차, 과업, 결과 등에 대해 사전에 기준을 정해 놓은 정도

2) 표준화(standardization)

원료, 부품, 기술, 산출의 유형을 통일시켜 놓은 정도

① 투입물의 표준화 : 원료나 기술의 표준화(전문관료제)
② 과정의 표준화 : 작업 과정을 사전에 정해 놓은 것(기계적 관료제)
③ 산출의 표준화 : 제품의 품질 수준을 정해 놓은 것(최종 산출물에 대해서만 책임을 묻는 사업부제)

**2. 공식화의 특징**

① 단순하고 반복적 직무일수록 공식성이 높다.
② 조직의 규모가 클수록 공식성이 높아진다.
③ 안정적 조직환경일수록 공식성이 높아진다.
④ 기계적 구조는 공식성이 높고, 유기적 구조는 낮다.
⑤ 공식화와 집권화는 긍정적인 상관 관계

**3. 분권의 유형**

① 수평적 분권 : 전문 구성원이나 스태프로 분권
② 수직적 분권 : 일반관리자(하급자)로 분권
③ 선택적 분권 : 수직적 또는 수평적 분권(애드호크라시)

**4. 기본변수와 상황변수 간 관계**

| 구분 | 규모(大) | 기술(일상적) | 환경(불확실) |
| --- | --- | --- | --- |
| 복잡성 | + | − | −1) +2) |
| 공식성(화) | + | + | − |
| 집권성(화) | − | + | − |

1) 규모
① 규모가 커짐에 따라 복잡성이 높아질 것이다.
② 규모가 커짐에 따라 공식성이 높아질 것이다.
③ 규모가 커짐에 따라 분권화가 촉진될 것이다.

2) 기술
① 일상적 기술일수록 복잡성이 낮아질 것이다.
② 일상적 기술일수록 공식화가 높아질 것이다.
③ 일상적 기술일수록 집권화가 높아질 것이다.

3) 환경
① 불확실성이 높을수록 수직적 복잡성이 낮아질 것이다.
불확실성이 높을수록 수평적 복잡성이 높아질 것이다.
② 불확실성이 높을수록 공식화가 낮아질 것이다.
③ 불확실성이 높을수록 분권화가 높아질 것이다.

## 2. 기술의 유형

### 1) 우드워드(J. Woodward)의 기술유형론

기술적 복잡성(기계화와 예측가능성)의 정도에 따라
① 단일상품 또는 소수 단위상품 생산 체제(낮음.)
② 다수 단위 생산 또는 대량 생산 체제
③ 연속 공정 생산 체제(가장 높음.)

---

1) 복잡성은 주로 수직적·수평적 복잡성을 포함하는 의미로 사용되지만, 경우에 따라 수직적 복잡성을 의미하거나 수평적 복잡성을 의미하는 경우도 있다. 여기서는 복잡성을 수직적 복잡성으로 본 경우다.

2) 복잡성을 여기서는 수평적 복잡성으로 본 경우다. 환경이 많은 이질적 요소로 인해 이에 대응하기 위한 조직은 다양성이 요구되기 때문이다. 조직의 하위부서는 각각의 불확실한 환경에 대응하는 과정에서 서로 다른 목표와 과업 성향 그리고 업무 처리에 대한 시간 관념을 형성할 가능성이 높다.

2) 톰슨(J. D. Thompson)의 기술유형론

① 길게 연계된 기술(long-linked technology)

순차적(연속적)으로 의존 관계에 있는 여러 가지 기술이 연계된 경우로서 표준화된 상품을 반복적으로 대량 생산할 때 유용하다(파이프라인에 의한 기술).

② 중개 기술(mediating technology)

집합적 의존 관계에 있는 고객들을 연결하는 기술로서 표준화를 추구한다(은행에 돈을 맡기는 사람과 빌리는 사람을 연결하는 기술).

③ 집약형 기술(intensive technology)

교호적 의존 관계에 있는 기술로, 다양한 기술의 복합체로서 다양한 기술이 개별적인 고객의 성격과 상태에 따라 다르게 배합되는 기술(병원에서 환자를 치료하는 기술)로서 표준화가 곤란하고 갈등이 수반되며 고비용을 요구하는 기술이다.

**〈톰슨의 기술 유형과 상호의존성 및 조정 형태〉**

| 기술 유형 | 상호의존성 | 조정 기제 | 갈등 | 복잡성 | 공식화 |
|---|---|---|---|---|---|
| 연속적 기술 | 연속적(Sequential) | **계획** | **중간** | 중간 | 중간 |
| 중개적 기술 | 집합적(pooled) | **표준화** | **낮음** | **낮음** | **높음** |
| 집약적 기술 | 교호적(reciprocal) | **상호조정** | **높음** | **높음** | **낮음** |

3) 페로(C. Perrow)의 기술과 조직구조

<table>
<tr><td colspan="2" rowspan="2"></td><td colspan="2">과제의 다양성(작업 과정에서 예외의 수)</td></tr>
<tr><td>낮(적)음/소량의 정보</td><td>높(많)음/다량의 정보</td></tr>
<tr><td rowspan="2">분석 가능성<br>(정보의 명확성)</td><td>낮음/<br>풍성한<br>정보</td><td>〈장인기술〉<br>• 다소 분권적 조직구조<br>• 정보기술: 소량의 풍성한 정보<br>• 지원: 하이터치 개인적 관찰, 면접회의</td><td>〈비일상기술〉<br>• 낮은 공식화와 낮은 집권화<br>• 유기적(분권적) 조직구조<br>• 정보기술: 다량의 풍성한 정보<br>• 지원: 하이테크 및 하이터치 면접회의, MIS, DSS</td></tr>
<tr><td>높음/<br>계량적<br>정보</td><td>〈일상기술〉<br>• 높은 공식화와 높은 집권화<br>• 기계적(집권적) 조직구조<br>• 정보기술: 소량의 계량적 정보<br>• 지원: 보고서, 규정집, 계획표, TPS</td><td>〈공학기술〉<br>• 다소 집권적 조직구조<br>• 정보기술: 다량의 계량적 정보<br>• 지원: 하이테크, 데이터베이스, MIS, DSS</td></tr>
</table>

☞ MIS(관리정보 체계), DSS(의사결정 지원체계), TPS(거래처리 시스템).

## 3. 조직의 원리

### 1) 계층제의 원리

① 직무를 권한과 책임의 정도에 따라 등급화하고 상하 계층 간에 지휘·명령 복종 관계 또는 단일의 의사 결정 중추를 확립하는 것

② 통솔 범위의 한계로 인해 계층제가 만들어짐.

③ 계층제와 통솔 범위는 역관계임.

### 2) 전문화(분업)의 원리

① 업무를 종류와 성질별로 구분해 조직구성원에게 가급적 한 가지의 주된 업무를 분담시킴으로써 조직관리의 능률을 향상시키는 것

② 최고관리자의 7대 기능(POSDCoRB): 귤릭(L. Gulick)이 1937년 『행정과학논총』에서 제시

| 기획(Planning) : 정해진 목표나 정책의 운용을 위한 사전 준비 활동이나 구체적인 집행 전략 |
|---|
| 조직(Organizing) : 구조를 편제하는 과정 |
| 인사(Staffing) : 조직 내 인력 임용·배치·관리 |
| 지휘(Directing) : 목표 달성을 위한 지침 시달 |
| 조정(Coordinating) : 행동 통일을 이룩하도록 집단적 활력을 결집시키는 활동 |
| 보고(Reporting) : 보고하고 보고받는 과정 |
| 예산(Budgeting) : 예산을 편성·관리·통제 |

③ 기계적 구조는 일의 전문화(분업), 유기적 구조는 사람의 전문화(능력 발전) 추구

### 3) 명령 통일의 원리

① 누구나 한 사람의 상관에게만 보고하고 명령을 받아야 한다는 원리

② 매트릭스 조직은 명령 통일의 원리가 지켜지지 않음.

### 4) 통솔 범위의 원리

1인의 상관 또는 감독자가 효과적으로 직접 감독할 수 있는 부하의 수에 관한 원리

### 5) 조정의 원리(제1의 원리, 무니[D. Moony])

공동의 목적을 달성하기 위해 구성원의 행동 통일을 기하도록 집단적인 노력을 질서 있게 배열하는 과정

| 분업에 관한 원리 | 조정에 관한 원리 |
|---|---|
| 분업의 원리, 부성화의 원리, 참모조직의 원리, 기능명시의 원리 | 조정의 원리, 계층제의 원리, 명령 통일의 원리, 통솔 범위의 원리 |

**심화 학습: 조직의 원리: 부성화의 원리**

조직의 원리는 19세기 말경 과학적 관리론의 영향을 받은 페이욜, 어윅, 귤릭, 무니 등의 전통적 조직이론가들이 제시했다.

부처 편성의 원리란 부처 조직 편성의 원리 혹은 기준을 밝히는 것이다. 한 조직에 여러 사무가 만들어지면 유사한 사무를 묶어 여러 개의 하위기구를 만드는데, 이들 하위기구를 편제해 체계적인 조직으로 만들 때 부처 편성의 원리가 활용된다. 다양한 부처 편성의 원리가 있으나, 대개 기능부서화, 사업부서화, 지역부서화, 혼합부서화 등으로 정리된다.

① 기능부서화: 유사한 기능이나 업무, 특성이 유사한 사무 혹은 기능을 하나의 부서로 편제하는 방식으로 기능구조를 형성한다.
② 사업부서화: 생산물에 따라 기수를 편제하는 방식이다. 대규모 기업조직에서 사업부서화로 부처를 편성하게 하는 경우가 있고, 하나의 사업부서 내에서는 다시 기능부서화 방식으로 부서를 편성하게 된다.
③ 혼합부서화: 주로 기능부서와 사업부서의 결합으로 이뤄진다. 혼합부서화가 이뤄지면 매트릭스 조직구조라는 조직 유형이 만들어진다.
④ 지역부서화: 지역별로 조직이 만들어진다.

심화 학습: 조직의 수직적 · 수평적 조정 기제(대프트[R. D. Daft])

| 구분 | | 조정 · 통제 필요량 | 조정 비용 |
|---|---|---|---|
| 수직적 연결 기제 | • 계층제(명령 체계)<br>• 규칙과 계획(표준 정보 자료를 제공)<br>• 계층 직위의 추가(참모 등 직위를 추가)<br>• 수직정보 시스템(정기보고서, 문서화된 정보) | 저<br><br><br>고 | 저<br><br><br>고 |
| 수평적 연결 기제 | • 정보 시스템(통합정보 시스템)<br>• 직접 접촉(연락책)<br>• 임시작업단(태스크포스)<br>• 사업관리자(정규 직위를 두는 방식)<br>• 프로젝트팀(가장 강력한 수평연결장치, 장기간 강력한 협동을 요할 때 적합한 장치) | 저<br><br><br>고 | 저<br><br><br>고 |

심화 학습: 조직의 통합 및 조정 방법

| | |
|---|---|
| 연락 역할 담당자 | 비공식적 권한이나 전문지식을 가진 담당자가 부서 간 의사 전달 문제를 처리함으로써 조정 기능 담당(H. Mintzberg) |
| 태스크포스 (task force) | 여러 집단에서 차출된 대표들이 모여 과업을 수행하고 나면 해체되는 공식 또는 비공식 임시기구 |
| 위원회조직 (committee) | 부서 간 이견 등을 조정하기 위해 정기적으로 소집되는 조직(자문위원회 등) |
| 임시팀 조직 (project team) | 집단 간 통합과 특정 프로젝트 수행을 위한 임시조직으로 태스크포스보다 장기적인 조정 역할 담당 |
| 연결핀 모형 (link-pin) | 조직의 모든 관리자는 자신이 관리하는 집단의 구성원인 동시에 상사에게 보고하는 집단의 구성원이 되는 것(R. Likert) |

## 4. 관료제

19세기 말 산업화가 유럽 전역으로 확산되면서 정부 조직이나 기업 조직의 규모가 방대해지고, 기업들 간의 경쟁이 심화되기 시작했다. 기업이나 정부 모두 좀 더 효율적으로 조직을 운영할 필요성이 증가했다. 베버(Max Weber)는 근대 사회 출범 이후 사회 질서를 유지하는 데 가장 기초가 된 이성 내지 합리성을 바탕으로 한 대규모 조직의 효율적인 구조와 작동에 관심을 가졌는데 그것이 바로 이상형(ideal type)으로서의 관료제다.

합리성은 서양 문화의 특성인 과학적 사고와 기술적 분화의 산물로서 관료제 이상형을 도출한 기초 개념이다. 베버는 바로 이 합리성의 철학을 조직에 적용해 물질적 환경과 사회적 환경을 통제하고 조직의 목표를 달성하기 위한 가장 효과적인 수단으로 관료제를 생각했다. 베버의 관료제는 다음 여섯 가지 측면에서 이상형을 묘사하는 것이 일반적이다.

### 1) 특징

① 분업구조

관료제 내의 구성원들에게는 제한된 범위의 공식적 임무가 부여된다.

② 계층구조

관료제는 피라미드 모양의 계층구조를 가지며 명령과 통제가 위로부터 아래로 전달되는 특성을 갖는다. 상위직에는 그에 합당한 법적·합리적 권위[3]가 주어지기 때문에 이들은 부하들의 자발적이고 무조건적인 복종을 확보한다.

③ 문서화된 법규

관료제는 조직의 목표 달성을 위해 어떻게 행동해야 하는가의 절차나 방법을 기록한 문서화된 법규집을 가지고 있다.

④ 비정의적 행동

관료제 하에서 구성원들은 인간으로서의 감정이나 충동적인 화를 멀리하고 객관적이고 공정하게 행동할 것이 기대된다.

⑤ 실적주의

관료제 하에서는 사람을 충원하고 승진시킬 때 시험성적, 교육, 과거 경력 등과 같은 엄격한 실적을 근거로 한다.

⑥ 효율성

이상의 다섯 가지 특성은 모두 합리성의 측면에서 정당화될 수 있는 것으로서 이들 특성이 실제 현실에서 달성되면 관료제 조직은 최고의 효율성을 달성한다고 본다.

---

3) 법적·합리적 권위는 의회를 통과한 법에서 나오는 권위로 모든 사람에게 평등하고 비정의적으로 적용되며 현대 사회의 사회 관계를 이루는 근간이 된다.

### 2) 병리 현상

① 법규만능주의(legalism)

관료제의 구조적·규범적 특성은 관료의 행태에 지속적인 영향을 미치는데 그 중 하나가 업무수행지침을 규정한 공식적인 법규정만을 너무 고집하고 상황에 유연한 대응을 하지 못하는 관료의 행태다.

② 과잉동조(over-conformity)

관료는 법규정뿐만 아니라 관료제의 구조적 특성인 권위의 계층구조에서 상사의 명령을 절대적으로 추정하는 과잉동조의 행태를 보이기도 한다. 상사와 의견이 다르더라도 결국 자리의 권위가 약하기 때문에 자신의 의견을 말하지 않는 것이다.

③ 무사안일주의(peace-at-price principle)

관료제의 중요한 목적 중에 하나는 불확실성을 줄이고 결과에 대한 예측 가능성을 높이는 것이었다. 그런 관료제를 내재화한 관료들은 기본적으로 위험 회피적이고 변화 저항적이며 책임 회피적이라 할 수 있다. 이해관계가 복잡한 행정에서 변화의 시도는 불이익을 누구에겐가 야기하게 되고 이들의 반발을 사기 쉽다. 따라서 관료는 새로운 아이디어를 내거나 변화를 시도하기보다는 주어진 현실에 안주하거나 환경의 요구에 수동적으로 반응하기 쉽다.

④ 형식주의(formalism)

17세기 영국에서는 공식적인 정부문서를 묶을 때 빨간 끈(red tape)을 사용했는데, 관료제에서의 까다롭고 까다로운 규칙, 규제, 절차를 일컬어 red tape. 형식주의, 문서주의, 번문욕례(繁文縟禮: 번거롭게 형식만 차려 까다롭게 만든 예문)라고 부른다.

⑤ 할거주의(sectionalism)

관료제는 업무의 전문성에 따른 분업구조를 가지기 때문에 자신이 담당하고 있는 업무나 소속 부서 또는 부처의 업무에 대해서는 업무 성과를 높일 수 있지만 다른 기관과의 횡적인 협조나 조정을 어렵게 해 정책 혼선이나 갈등을 초래하기 쉽다. 누군가의 희생이 요구될 때 서로 타협하지 않고 소속기관의 이익만을 고려하는 할거주의, 부처(서) 이기주의가 나타난다.

3) 베버 이론의 특징

① 독일을 비롯한 유럽과 프러시아 관료제에 대한 막연한 인상을 토대로 연구한 가설적 모형으로 영국이나 미국의 민주적 정당이나 신생국 관료제를 바탕으로 연구한 것이 아님.

② 이념형(이상적인 조직), 보편성(공사행정조직의 공통적인 특징), 합리성 추구

## 5. 탈관료제 모형의 특징(맥커디[H. E. McCurdy])

엄격한 표준화나 명확한 분업 및 계층제의 원리에 따르지 않는 유기적 구조

| 특징 | 개념 |
|---|---|
| ① 임무와 문제 해결 능력의 중시 | 조직 내 원활한 문제 해결 능력을 가진 사람이 행사 |
| ② 비계서적 구조 | 저층형 구조 설계 |
| ③ 잠정성의 강조 | 가변적인 조직 |
| ④ 경계 관념의 혁신 | 분업을 타파, 고객을 동료처럼 대함. |
| ⑤ 상황적응성 강조 | 표준화를 거부 |
| ⑥ 문제의 집단(협력)적 해결 | 전문성이 통합되고 문제 해결과 의사 결정 과정은 집단적인 과정을 통해 해결 |
| ⑦ 행정 농도가 높은 조직 | 계선(현상 유지)보다 막료(변화 지향)가 더 큰 비중을 차지하는 조직 |
| ⑧ 낮은 조직구조 변수 | 낮은 수준의 복잡성·공식화·집권성, 비일상적 기술 |

### 심화 학습: 관료제의 병리 현상

**1. 제국 건설(empire building)**

관료들의 권한 행사 영역이 계속 확장되는 것(자기 보존 및 세력 확장을 도모하려 하기 때문에 그 업무량과는 상관없이 권한이나 기구, 인력을 계속 증대(확장)시켜 제국 건설을 기도하는 현상(**파킨슨의 법칙: 심리적 측면**에서 발생하는 병리)

**2. 훈련된 무능(trained incapacity)**

한 가지 지식 또는 기술에 대해 훈련받고 기존 규칙을 준수하도록 길들여진 사람이 다른 대안을 생각하지 못하는 것

**3. 변동에 대한 저항(교착 상태)**

관료들은 자리 유지에 대한 불안감 때문에 본질적으로 보수성을 띰. 따라서 관료는 쇄신과 변화에 대한 적응이 곤란해 불확실성이 높은 환경에는 부적합함.

**4. 국지주의(parochialism) 혹은 할거주의(sectionalism)**

- 관료들의 편협한 안목을 의미함.
- 관료들이 자기가 속하고 있는 소집단에 대한 동일화 · 충성심이나 기관 · 부 · 국 · 과만을 종적으로 생각한 나머지 다른 부처나 국 · 과에 대한 배려가 없어 횡적인 조정 협조가 곤란하게 되는 현상(셀즈닉[P. Selznick])
- 전체 이익보다 특수 이익에 집착하는 편협한 안목

**5. 과잉동조 혹은 동조과잉(over-conformity)**

기술적으로 필요한 정도를 넘어서 법규의 엄격한 적용과 준수가 강요되는 것을 의미하며 목표와 수단의 대치(代置, displacement) 현상을 일으키기는 것(머튼[R. Merton])

**6. 번문욕례(red tape)**

책임의 한계를 분명히 하기 위한 문서에 의한 업무 처리는 문서다작주의를 초래

**7. 무사안일주의와 상급자**

문제 해결에 적극적인 태도를 갖지 못하고 상급자의 권위나 선례에 의존

**8. 권력구조의 이원화와 갈등**

계서적(행정적 권한)과 지시할 능력(전문적 권력) 사이에 괴리가 존재하거나 상사의 계서적 권한과 부하의 전문적 권력이 충돌해 갈등과 불만이 발생

**9. 관료를 무능화시키는 승진제도(피터[L. J. Peter)의 원리): 구조적 측면에서 발생하는 병리**

관료제의 규모가 커지면 승진 기회가 확대되고 무능한 사람들이 높은 자리를 차지하게 돼 조직의 능률이 저하된다는 원리, 즉 되풀이되는 승진으로 관료들이 무능화되는 현상(즉, 공무원이 무능력 수준까지 승진한다.)

**10. 인간적 발전의 저해(인격 상실)**

집권적이고 권위적인 통제와 법규 위주의 지나친 비정의성(非情誼性, impersonality)[4]은 조직 내의 인간관계와 구성원의 사회적 욕구 충족 및 인간이 성장을 저해하고 냉담과 불안 의식 등으로 나타나 인격 상실을 초래

**11. 기타**

1) 굴드너(A. W. Gouldner) : 부하를 통제하기 위한 수단으로서 규칙 강조가 통제 위주의 관리를 초래해 역효과를 가져옴.
2) 블라우(P. M. Blau)와 톰슨(J. D. Thompson) : 조직 내 인격적 관계의 상실은 개인 심리의 불안정성과 구성원의 현상 유지적 행태를 초래하고, 이로 인해 관료제는 동조과잉이나 변동에 저항을 하게 됨.
3) 크로지어(M. J. Crozier): 조직 내 구성원은 규칙 준수를 통한 이익으로 현상 유지적 경직성을 나타내게 되고, 이로 인해 관료제는 과오를 스스로 시정할 수 없는 한계를 초래하게 됨을 지적(문화적 맥락과 관련해 병리 현상을 연구)

---

4) 비정의성이런 조직의 구성원이나 고객이 개인적인 특성에 관계없이 공평하게 취급되는 것을 말한다.

## 6. 탈관료제 모형들

### 1) 견인이론적 조직구조

수평적 분화의 기준은 기능의 동질성이 아니라 일의 흐름에 관련된 상호관련성

### 2) 적응적 · 유기적 구조

문제 해결은 다양한 전문 분야의 사람들이 모여 구성하는 집단이 맡음(일의 전문화가 아닌 사람의 전문화).

### 3) 하이퍼텍스트형 조직

① 계층제조직과 프로젝트팀조직을 연결한 대안적 조직구조로 중간관리자의 선도적 역할이 중요함.

② 구성 요소 : 프로젝트팀층(지식의 창조), 비즈니스 시스템층(지식의 활용), 지식기반층(지식의 축적)

### 4) 팀조직

| | |
|---|---|
| 의의 | • 개인 업무의 공백과 과부하를 해소하기 위해 상호 보완적인 기능을 가진 소수의 사람들이 공동의 목표를 달성하기 위해 책임을 공유하고, 문제 해결을 위해 공동의 접근법을 사용하는 조직 단위<br>• 팀은 기능이 통합된 팀이며 분업보다는 협업을 통한 문제 해결을 중시 |
| 설계 원리 | • 상호의존성에 따라 팀을 구성<br>• 업무 프로세스(흐름)에 따라 팀을 구성<br>• 팀의 업무를 자기완결적인 조직 단위가 되도록 설계 |
| 장점 | • 의사 결정 단계 축소로 신속한 결정 등 기동성을 확보, 중간관리층을 축소해 실무자로 전환<br>• 세분화된 개인의 업무가 통합되고 팀원 간의 상호 작용이 원활화<br>• 통솔 범위(관리 범위)의 확대 |
| 단점 | • 구성원 중 무사안일자가 있을 경우 업무의 공동화 현상 발생<br>• 업무의 가변성으로 의사 결정의 일관성이나 안정성 결여<br>• 계층구조의 부재로 내적 통제력(결속력) 약화, 조직구성원의 긴장과 갈등 증폭 |
| 정부조직에서 팀제 특징 | • 2004년 정부조직법을 개정해 보조기관인 과의 구성 방식을 다양화할 수 있게 함.<br>• 성과 중심의 책임행정 조직화<br>• 결재 단계의 축소<br>• 구성원의 전문화, 다기능화 |

| | |
|---|---|
| | • 구성원의 선발과 평가 과정에서 경쟁 체제 도입<br>• 팀장과 팀원에 대한 대폭적인 권한 위임<br>• 직급에 얽매이지 않는 팀장, 팀원 선발 |

### 5) 매트릭스 조직(행렬조직, 복합조직)

| | |
|---|---|
| 의의 | • 기능별 조직과 전문 사업부제 조직을 혼합한 이중구조적 조직<br>• 예: 재외공관 |
| 효과적인 운영 조건 | • 조직의 내부 자원 이용 시에 규모의 경제가 필요한 경우<br>• 인력과 설비를 공유해 자원 이용의 합리성을 추구하고자 할 때에 사용 |
| 장점 | • 조직의 내부 자원을 각 제품 라인에 효율적으로 사용할 수 있으며, 외부 환경의 변화에 신속히 대응할 수 있음.<br>• 전문기술을 가진 사람들이 특정 기능 부서나 사업부에 전속되지 않고 다양한 분야의 업무를 수행할 수 있고, 기존의 인력으로 새로운 프로젝트를 수행할 수 있음.<br>• 일상적인 업무보다는 환경의 불확실성과 조직의 복잡성에 대응하기가 용이함.<br>• 분화(전문화)를 추구하면서도 통합을 중시하는 조직(체계론적 사고의 응용) |
| 단점 | • 명령일원화의 원리에 어긋남.<br>• 역할 갈등(두 명의 상사로부터 상충되는 요구를 받을 경우) |

### 6) 네트워크 조직

| | |
|---|---|
| 의의 | • 전략 · 계획 · 통제 등 핵심 기능 위주로 하고 여타의 생산 기능을 아웃소싱을 통해 다른 조직의 자원을 저렴한 비용으로 활용하는 분권화된 공동(空洞)조직<br>• 느슨하게 연결 · 결합된 군집형 조직 |
| 기본 원리 | • 공동의 목적과 독립된 구성원, 자발적인 연결, 복수의 리더 존재<br>• 통합지향성(계층 간 통합 또는 계층의 약화)<br>• 언더그라운드 조직(실무자 중심의 조직)<br>• 의사 결정의 집권성과 분권성(의사 결정이 분권화돼 있지만 전체 통합을 위해 집권성도 추구<br>• 연계자의 역할 강조 |
| 유형 | • **집권형**<br>중심조직이 다른 참여 조직들의 활동을 집권적으로 조정할 수 있게 돼 있는 네트워크 조직으로, 각 참여 단위의 자율성은 계서적(계층적) 조직의 경우에 비해 높은 편이지만 네트워크 전체의 조정 책임은 중심조직에 집중돼 있다.<br>• **분권형**<br>중심조직이 없고, 참여 단위들의 연계는 수평적이고, 그들 사이의 활동 조정은 상호 조정이고, 공동 결정에 대해 공동 책임을 지는 네트워크 조직이다. 참여 단위들의 네트워크 가담은 자발적이며 그들의 자율성과 독자성이 매우 높다. |

| | |
|---|---|
| 장점 | • 조직의 슬림화가 가능<br>• 정보통신망에 의해 조정되므로 직접 감독에 필요한 많은 지원 및 관리 인력이 불필요함.<br>• 거대한 초기 투자 없이도 신속히 새로운 사업에 진입하거나 신제품 출시 가능<br>• 네트워크 조직 내 개인들은 도전적인 과업을 수행하면서 직무 동기 유발이 가능<br>• 수직적 계층화에 의한 설계 대신 수직적·수평적 통합화를 가능하게 함. |
| 단점 | • 계약 관계에 있는 외부 기관을 직접 통제하기 어렵다.<br>• 외부 기관들과의 협력 관계상 대리인 문제가 발생하기 쉬워 조정 및 감시 비용이 증가한다.<br>• 제품의 안정적 공급과 품질관리에 어려움이 있을 수 있다.<br>• 모호한 조직경계에 따라 조직의 정체성이 약해 응집성 있는 조직문화를 가지기 어렵다.<br>※ 과정적 통제가 필요한 경우, 업무 성과의 평가가 어려운 경우, 그리고 구성 단위 간의 신뢰를 기대할 수 없는 경우에는 네트워크 조직의 효용을 기대할 수 없다. |

7) 학습조직

| | |
|---|---|
| 의의 | • 선발된 일부 구성원이 아니라 구성원 모두가 지식을 창출하고 획득, 전달하는 데 능숙하며, 새로운 지식과 통찰력을 경영에 반영하기 위해 기존의 행동 방식을 바꾸는 데 능숙한 조직<br>• 핵심 가치는 문제 해결(전통적 조직은 효율성이 핵심 가치), 정보 공유는 수단 |
| 특징과 지향 | • 문제 해결 능력의 향상을 중시<br>• 창조적인 변화를 촉진할 수 있는 실험적 조직<br>• 자아실현적 인간관과 개방 체제를 전제로 함(학습자의 주체성과 자발성을 중시)<br>• 공식화·표준화의 거부<br>• 환류를 통한 의사소통을 중시하며, 부분보다는 전체를 중시하는 강력한 공동체 문화 강조<br>• 개인별 성과급이 아닌 지식에 대한 인센티브(학습에 대한 보상)<br>• 구성원 간 공유된 리더십 중시 |
| 학습조직의 다섯 가지 수련 | • 자기완성(개인의 전문성 향상을 추구하고, 자기 역량의 확대 방법을 학습)<br>• 사고의 틀(끊임없이 성찰하고 가다듬는 세계관이 필요)<br>• 공동의 비전(공유된 리더십과 참여가 필요)<br>• 집단적 학습(팀 역량을 구축, 개발)<br>• 시스템 중심의 사고(통합적 훈련) |

8) 가상조직

① 둘 이상의 기업이 전략적인 목적으로 제휴해서 일정 기간 동안 특정한 목적을 이루기 위해 구성된 이후 목표가 달성되면 해체되는 일시적인 조직(야구나 농구경기의 올스타팀)

② 일시적인 제휴

③ 자원 준거적인 관점에서 볼 때 상호 의존적인 기업들의 핵심 역량을 모아놓은 조직

## 7. 대프트(R. D. Daft)의 조직 유형

| 기계적 구조 | 기능구조 | 사업구조 | 매트릭스구조 | 수평구조 | 네트워크조직 | 유기적 구조 |
|---|---|---|---|---|---|---|
| ❶ | ❷ | ❸ | ❹ | ❺ | ❻ | ❼ |

←수직성 / 안정성 / 능률성 ↑ ↑ 수평성 / 학습성 / 신축성 →

①②⇒대체로 기계적 구조(저비용전략) ③④⇒중간구조(중간전략) ⑤⑥⑦⇒대체로 유기적 구조(차별화전략)

### 1) 기계적 구조(mechanistic structure)

고전적이고 전형적인 관료제조직(M. Weber)으로서 엄격한 분업과 계층제, 명확히 규정된 직무, 많은 규칙과 규정(높은 공식화와 표준화), 비정의성, 집권화, 분명한 명령 복종 체계, 좁은 통솔 범위, 낮은 팀워크, 경직성, 내적 통제의 강화, 폐쇄체제 등이 특징

### 2) 기능구조(functional structure)

① 조직의 전체 업무를 공동 기능별로 부서화한 조직으로 수평적 조정의 필요성이 낮을 때 효과적임.

② 특정 기능에 관련된 구성원들의 지식과 기술이 통합적으로 활용돼 전문성 제고와 규모의 경제 구현은 장점이나 이질적 기능 간 조정 곤란이 단점

③ 안정적(확실한) 환경과 일상적인 (조직)기술에 효과적인 조직구조

### 3) 사업구조(divisional structure)

① 산출물에 기반을 둔 조직구조로서 자기완결적 조직 단위. 각 사업부서들은 산출물별로 자율적으로 운영되며 각 부서는 자기완결적 기능 단위로서 그 안에서 기능 간 조정 용이

② 불확실한 환경이나 비정형적 기술, 부서 간 상호의존성, 외부 지향적인 조직 목표를 가진 경우에 유리하나, 규모의 불경제와 비효율성으로 인한 손실이 단점

4) 매트릭스구조(matrix structure)

① 기능구조와 사업구조를 화학적(이중적)으로 결합한 이중적 권한구조를 가지는 조직구조로서 기능부서의 전문성과 사업부서(프로젝트구조)의 신속한 대응성을 결합한 조직

② 조정 곤란이라는 기능구조의 단점과 비용 중복이라는 사업구조의 단점을 해소하려는 조직

③ 수직적으로는 기능부서의 권한이 흐르고, 수평적으로는 사업구조의 권한구조가 지배하는 입체적 조직

5) 수평구조(horizontal structure)

① 구성원을 핵심 업무 과정 중심으로 조직화한 구조로 팀조직이 대표적

② 수직적 계층과 부서 간 경계를 실질적으로 제거해 개인을 팀 단위로 모아 의사소통과 조정을 용이하게 하고 고객에게 가치와 서비스를 신속히 제공하는 유기적 구조

6) 네트워크구조(network structure)

① 조직의 자체 기능은 핵심 역량 위주로 합리화하고 여타 부수적인 기능은 외부 기관들과 계약 관계를 통해 연계해서 수행하는 유기적인 조직

② IT기술의 확산으로 가능하게 된 조직으로 연계된 조직 간에는 수직적 계층구조가 존재하지 않으며 자율적으로 운영

7) 유기적 구조(organic structure)

① 가장 유기적인 조직으로 학습조직이 대표적

② 학습조직은 공동의 과업, 소수의 규칙과 절차(낮은 표준화), 비공식적이고 분권적인 의사 결정, 구성원의 참여, 지속적인 실험(시행착오) 등이 특징

〈조직구조 유형〉

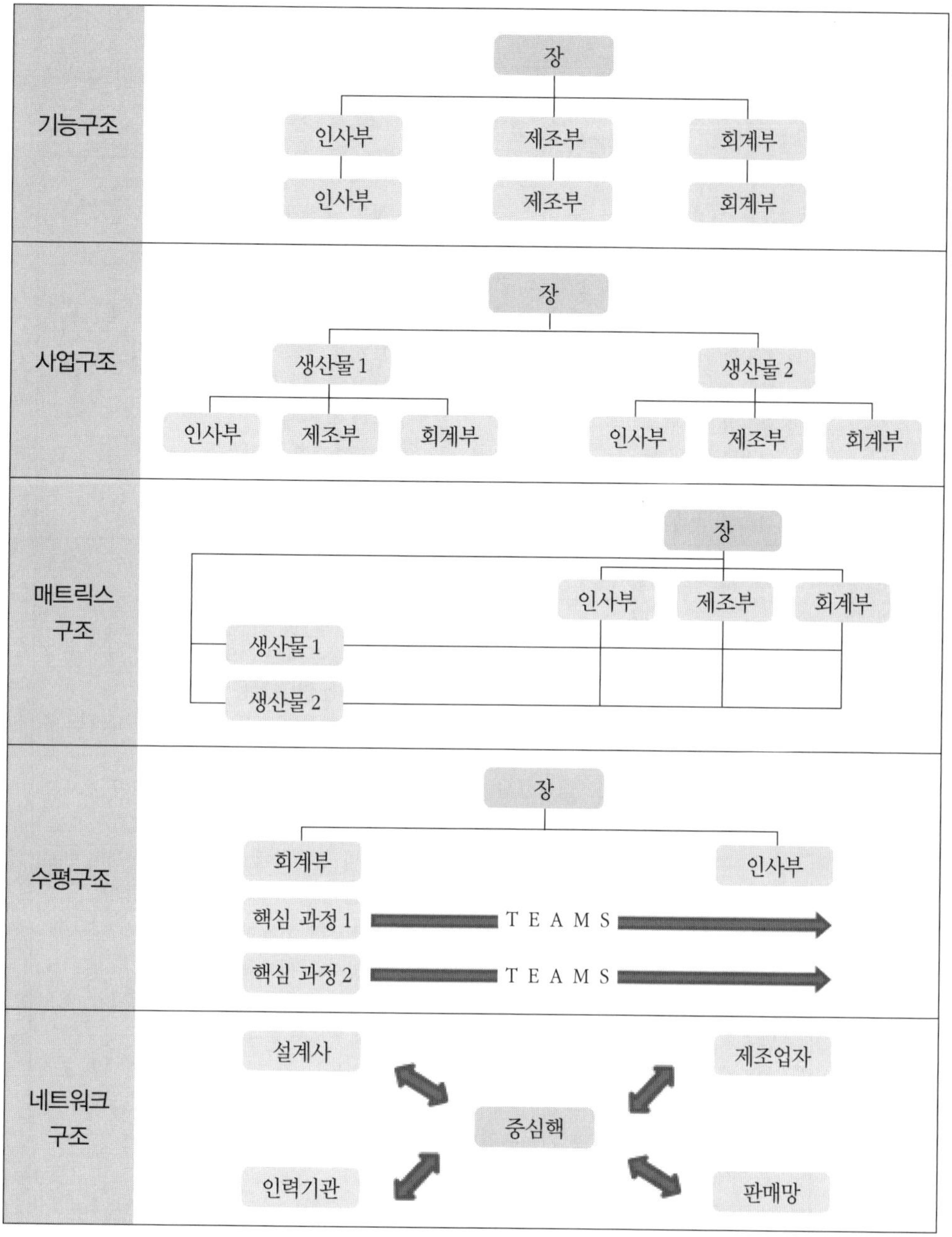

기능구조
장
인사부
제조부
회계부
인사부
제조부
회계부
사업구조
장
생산물 1
생산물 2
인사부
제조부
회계부
인사부
제조부
회계부
매트릭스 구조
장
인사부
제조부
회계부
생산물 1
생산물 2
수평구조
장
회계부
인사부
핵심 과정 1
T E A M S
핵심 과정 2
T E A M S
네트워크 구조
설계사
제조업자
중심핵
인력기관
판매망

### 심화 학습: 조직 유형

1) 기계적 구조와 유기적 구조

| | 기계적 구조 | 유기적 구조 |
|---|---|---|
| 주안점 | 예측 가능성 | 적응성 |
| 조직 특성 | ① 좁은 직무 범위<br>② 표준 운영절차<br>③ 분명한 책임 관계<br>④ 계층제<br>⑤ 공식적이고 몰인간적 대면 관계 | ① 넓은 직무 범위<br>② 적은 규칙과 절차<br>③ 모호한 책임 관계<br>④ 채널의 분화<br>⑤ 비공식적이고 인간적 대면 관계 |
| 상황 조건 | ① 명확한 조직 목표와 과제<br>② 분업적 과제<br>③ 단순한 과제<br>④ 성과측정이 가능<br>⑤ 금전적 동기부여<br>⑥ 권위의 정당성 확보 | ① 모호한 조직 목표와 과제<br>② 분업이 어려운 과제<br>③ 복합적 과제<br>④ 성과측정이 어려움.<br>⑤ 복합적 동기부여<br>⑥ 도전받는 권위 |

2) 기능구조와 사업구조의 장·단점

| | 장점 | 단점 |
|---|---|---|
| 기능구조 | ① 중복과 낭비를 예방하고 기능 내에서 규모의 경제 구현<br>② 유사 기능을 수행하는 조직구성원 간에 분업을 통해 전문기술을 발전시킴. | ① 각 기능부서들 간의 조정과 협력이 요구되는 환경에 적응하기 곤란<br>② 의사 결정의 상위 집중화로 최고관리층의 업무 부담 증가<br>③ 전체 업무의 성과에 대한 책임 소재를 규명하는 것은 어렵다.<br>* 기능별 전문화에 따른 조직 전체의 비효율성을 초래할 우려가 있음(주의). |
| 사업구조 | ① 사업부서 내의 기능 간 조정이 용이하고 신속한 환경 변화에 적합<br>② 특정 산출물별로 운영되기 때문에 고객 만족도 제고<br>③ 성과책임의 소재가 분명해 성과관리 체제에 유리<br>④ 조직구성원들의 목표가 기능구조보다 포괄적으로 형성<br>⑤ 의사 결정의 분권화 | ① 산출물별 기능의 중복에 따른 규모의 불경제와 비효율<br>② 사업부서 내의 조정은 용이하지만, 사업부서 간 조정 곤란<br>③ 사업부서 간 경쟁이 심화될 경우 조직 전반적인 목표 달성 애로<br>④ 각 기능에 맞는 기술 개발 곤란 |

3) 매트릭스 조직의 장·단점

| 장점 | 단점 |
|---|---|
| ① 각 기능과 사업별 간의 조정 원활, 조직원의 협동 작업으로 상호 이해와 통합 확보<br>② 이중구조로 인적 자원의 경제적 활용 도모<br>③ 불안정하고 변화가 빈번한 환경에서 적절한 대응과 복잡한 의사 결정 가능<br>④ 조직 단위 간에 정보 흐름의 활성화 | ① 이중구조로 조직원이 혼란을 느낄 수 있고, 경우에 따라서 책임과 권한의 한계 불명확<br>② 기능부서와 사업부서 간 갈등 발생<br>③ 조직 간에 할거주의가 있을 경우 조정 애로<br>④ 조직원이 매트릭스 구조의 특성을 이해하지 못하면 업무 처리에 혼선 초래 |

4) 전통적 조직(기능조직)과 팀조직의 비교

<table>
<tr><th colspan="3">장·단점</th><th>환경</th></tr>
<tr><td rowspan="2">전통적 조직 (기능 조직)</td><td>장점</td><td>① 조직이 공식적이고 안정적<br>② 신중한 의사 결정(결재 단계를 거침.)<br>③ 책임과 권한의 소재가 분명</td><td rowspan="2">① 변화가 적고 안정적인 환경에 적합<br>② 공급자 중심<br>③ 효율성이 성장 원동력<br>④ 소품종 대량 생산 체제에 적합</td></tr>
<tr><td>단점</td><td>① 환경 변화에 신속한 대응 곤란<br>② 의사 결정의 지연<br>③ 구성원의 창의성 발휘에 부적합<br>④ 부서이기주의</td></tr>
<tr><td rowspan="2">팀제 조직</td><td>장점</td><td>① 환경 변화에 탄력적 대응 용이<br>② 신속한 의사 결정<br>③ 인력의 소수 정예화<br>④ 다기능 전문 인력 양성에 적합<br>⑤ 창의성 발휘 및 정보 교류의 활성화</td><td rowspan="2">① 변화가 심하고 예측이 어려운 환경에 적합<br>② 고객 요구에 신속한 대응이 요구되는 환경에 적합<br>③ 창의성과 혁신이 성장 원동력<br>④ 다품종 소량 생산 체제에 적합</td></tr>
<tr><td>단점</td><td>① 팀장에 대한 높은 팀의 의존<br>② 직급 중심의 전통적 사고와 괴리<br>③ 자리 상실로 중간관리층의 의욕 저하<br>④ 책임과 권한의 소재가 불분명</td></tr>
</table>

5) 네트워크 조직의 장·단점

| 장점 | 단점 |
|---|---|
| ① 조직의 유연선과 자율성 강화를 통해 환경 변화에 신속히 대응하고 창의력을 발휘<br>② 조직의 네트워크화를 통해 환경에의 불확실성을 감소<br>③ 통합과 학습을 통해 경쟁력 제고<br>④ 정보통신기술(ICT)을 활용해 시간·공간적 제약 완화 | ① 협력적으로 연계된 외부기관 직접 통제 곤란<br>② 대리인의 기회주의 방지를 위한 조정과 감시 비용 증가<br>③ 제품 및 서비스의 품질관리와 안정적 공급 확보 곤란<br>④ 조직 경계가 모호해 정체성이 약하고 응집력 있는 조직문화 곤란<br>⑤ 네트워크가 구축되면 폐쇄성으로 인해 네트워크 외부의 조직에 대한 배타성 우려 |

**핵심 정리** 대프트(R. D. Daft)의 조직 유형

| 기계적 구조 | 엄격한 분업과 계층, 좁은 통솔 범위, 높은 공식화·집권화, 고층형 구조 |
|---|---|
| 기능구조 | 공동 기능별로 부서화, 수평적 조정 불가, 전문성·규모의 경제 구현, 기능 간 수평적 조정 곤란 |
| 사업구조 | 산출(성과)중심의 자기완결적 조직, 중간관리자 책임, 부서 내 기능 간 조정 용이, 불확실한 환경에 대응, 사업부서(영역) 간 갈등, 전문성·규모의 경제 저하 |
| 매트릭스구조 | 기능구조 + 사업구조, 전문성 + 대응성, 수평적 조정 + 수직적 조정 |
| 수평구조 | 핵심 업무 과정 중심, 의사소통·수평적 조정 용이, 팀내 계층제 타파, 절차의 병렬화, 프로세스 조직, 흐름별 조직 |
| 네트워크구조 | 핵심 역량만 조직화하고 나머지는 다른 조직에 아웃소싱, 군집형 공동(空洞)조직, 시장과 계층제 중간 형태 |
| 유기적 구조 | 기계적 관료제와 반대, 학습조직(지식의 창조·공유·활용), 낮은 공식화, 분권과 참여적 조직, 팀조직·네트워크조직·가상조직도 포함 |

## 8. 민츠버그(H. Mintzberg)의 상황 조건과 조직 유형의 설계

| 분류 | | 단순구조 | 기계적 관료제 | 전문적 관료제 | 사업부제 구조 | 애드호크라시 (adhocracy) |
|---|---|---|---|---|---|---|
| 조정기제와 구성 부분 | **조정 기제** | 직접 통제 | **업무(작업) 표준화** | **기술표준화** | **산출표준화** | 상호조절 |
| | **구성 부분** | **최고(전략)층** | **기술구조** | **핵심운영층 (작업계층)** | **중간관리층 (중간계선)** | **지원참모** |
| 상황 요인 | 환경 | 단순, **동태적** | 단순, **안정적** | 복잡, **안정적** | 단순, **안정적** | 복잡, **동태적** |
| 구조적 특성 | 공식화 | 낮음 | 높음 | **낮음** | 높음 | 낮음 |
| | 예 | 신생조직 | 행정부, 교도소 | 종합병원 | 합병된 대기업 | 연구소 |
| 장·단점 | 장점 | 신축성·적응성 높음. | 효율성 높음. | 전문성 높음. | **적응성·신속성 높음, 성과관리 용이** | 창의성·적응성 |
| | 단점 | 장기적·전략적 결정 소홀 | 상하간 갈등, **환경 부적응** | **환경 부적응** | 권한 간(영역 간) 마찰 | 책임 불분명, 갈등 유발 |

1) 단순구조

① 전략 부문의 힘이 강한 유형으로 소규모 신설 조직의 경우 권력이 최고관리층으로 **집권화된 유기적 구조**

② 최고층이 직접 감독

2) 기계적 관료제 구조

① 기술구조 부문의 힘이 강한 유형으로 전형적인 관료제 조직과 유사한 형태

② 단순하고 안정적인 환경 하에서 작업 과정(업무)의 표준화(간접 감독)을 중시하는 조직

3) 전문적 관료제 구조

① 핵심 운영 부문의 힘이 강한 유형으로 복잡하고 안정적인 환경 하에서 적합한 조직

② 전문가들로 구성된 핵심 운영계층이 오랜 경험과 훈련으로 표준화된 기술을 내면화해 자율권을 가지고 과업을 조정, 작업 기술의 표준화를 중시

4) 사업부제 구조

① 중간관리자의 힘이 강한 유형으로 시장의 다양성 하에서 각 사업부서는 스스로 책임하에 자율적인 활동을 수행

② 산출물의 표준화를 중시하며 성과관리에 적합한 조직

③ 기능부서 간 중복 및 규모의 불경제로 인해 자원(관리비)이 많이 소요

④ 사업 영역 간 갈등이 발생하므로 할거적 구조 또는 분할적 구조

5) 애드호크라시(adhocracy)

① 지원 참모의 힘이 강한 유형으로 비정형적인 과제나 동태적이고 복잡한 환경에 적합한 조직

② 기계적인 관료제와 반대되는 **분권화된 유기적 구조**

### 심화 학습: 민츠버그(H. Mintzberg)의 조직 유형

민츠버그는 조직의 구성 부분, 조정 기제, 상황적 요인을 기준으로 조직 유형을 단순구조조직, 기계관료제조직, 전문관료제조직, 사업부제조직(대형지부조직), 애드호크라시(임시특별조직)로 분류했다.

**1) 구성 부분은 작업계층, 최고관리층, 중간계선, 기술구조, 지원 참모 등을 의미하는데, 이들은 조직에 반드시 필요한 구성 요소를 말하는 것이다.**

작업계층은 작업에 직접 종사하는 조직원이고, 최고관리층은 전반적 책임을 지는 구성원이며, 중간계선은 작업계층과 최고관리층의 매개 역할을 하는 조직원이고, 기술구조는 직원의 훈련, 직업 과정의 계획 등을 담당하는 전문적 조직원이며, 지원 참모는 전술한 부분에 대한 지원적 업무를 담당하는 구성원을 말한다.

**2) 조정 기제는 상호 조절, 직접적 감독, 작업 과정의 표준, 산출의 표준화, 직업교육을 통한 작업기술의 표준화 등을 말하는데, 이들은 의사 전달과 통제 등을 통해 조직 활동을 조정하는 방법들이다.**

상호 조절은 단절되지 않는 비공식적 의사 전달에 의해 조직원들이 행동을 서로 조정하는 것이고, 직접적 감독은 부하 구성원들에게 지시를 내리고 그들의 행동을 감시·조정하는 방법이며, 작업 과정의 표준화는 작업 방법 등을 표준화해 조정해 나가는 것이고, 산출의 표준화는 부서별로 산출의 양과 질을 표준화함으로써 조정해 나가는 방법이며, 직업교육을 통한 작업기술의 표준화는 교육을 통해 기술표준화를 추구해 조정하는 것이다.

**3) 상황적 요인은 조직의 존속 기간, 규모, 기술, 환경, 권력 체제 등을 의미하는데, 이들은 조직에 영향을 미치는 변수를 말한다.**

즉, 조직의 존속 기간이 높은 수준이면 조직의 공식화 수준이 높아지고, 규모가 높은 수준이면 분업 체제가 제고되며, 기술의 복잡성이 높은 수준이면 행정구조가 높아지고, 환경의 변동이 높은 수준이면 경직적 구조보다는 환경 대응에 용이한 유기적 구조가 추진되며, 권력 체제의 외부 통제가 높은 수준이면 집권화가 추진된다는 것이다.

**4) 장점과 단점**

| 구분 | 장점 | 단점 |
|---|---|---|
| 단순구조 | • 간편성이 높다.<br>• 빠르고 융통성이 있으며, 유지비용이 적게 든다.<br>• 책무성이 명확하다.<br>• 조직 목적의 모호성이 적다 | • 조직 규모 증가 시 부적합하다.<br>• 1인에게 권력이 집중돼 위험이 따르고 권력 남용 우려가 있다.<br>• 권력 집중은 조직효과성과 생존에 영향을 끼칠 수 있다. |
| 기계적 관료제 | • 업무의 표준화 및 높은 공식화<br>• 유사한 전문성을 한데 묶어 규모의 경제 달성<br>• 인사와 장비의 중복 방지<br>• 유사 전문가들의 그룹화로 구성원들의 만족감 제고 | • 기능부서 간의 갈등<br>• 규칙에의 과도한 집착<br>• 비일상적인 문제를 다루는 데 부적합 |

| | | |
|---|---|---|
| | • 다소 낮은 전문성을 가진 중간 및 낮은 수준의 관리자를 채용할 수 있어 비용 절감 가능<br>• 자유재량을 대체할 수 있는 규칙과 규정 | |
| 전문적 관료제 | • 기계적 관료제가 줄 수 있는 능률을 가지고 고도로 훈련된 전문가들의 기술을 요구하는 전문화된 업무를 수행할 수 있다.<br>• 전문가들은 업무의 효율적 수행을 위해 자율성을 가질 수 있다. | • 기계적 관료제와 마찬가지로 전문화된 좁은 시야의 목적을 추구함으로써 하위 부서들 간의 갈등 유발 가능<br>• 엄격한 전문적 기준들로 인해 변화하는 환경에 적응하기 어려운 경우 조직의 효과성 저하 우려 |
| 사업부제 · 분할구조 | • 생산을 위한 충분한 책임을 부서장들에게 책무를 주고 결과(성과)에 집중<br>• 중앙본부가 일상적인 문제에서 벗어나 장기적인 청사진과 전략적인 의사 결정에 주력 가능<br>• 부서와 부서장들에게 자치권을 부여해 훈련 경험 등을 통한 최고관리 양성에 기여<br>• 각 부서들은 자치권을 가지고 있기 때문에 전체 조직에 끼치는 영향은 미약해 한 부서의 비효과적인 업적이 다른 부서에 주는 영향이 적다.<br>• 각 부서들은 부응성, 책무감, 세분화의 장점을 지니며, 정보를 스스로 처리할 수 있다. | • 활동과 자원의 중복성으로 인한 비용 낭비(시장을 연구하는 기구의 중복 설치 · 운영 등)<br>• 각 부서들이 할거주의에 의해 갈등을 자극하는 성향(부서 간 협조 곤란 및 본부의 지원서비스를 놓고서도 갈등)<br>• 부서 간 경쟁과 영역보호주의는 본부의 조정을 곤란하게 한다.<br>• 직원들의 부서 간 이동이 어렵다. |
| 애드호크라시 | • 다양한 분야의 전문가들이 공동 목적 달성을 위해 협동을 할 때 적응력과 창조성이 강해진다.<br>• 업무가 기술적이고, 비일상적이며 한 사람이 해결하기 어려울 만큼 복잡한 경우 대안이 된다. | • 조직 내에 상하 관계나 권위와 책임이 모호해 갈등은 자연적인 현상이다.<br>• 잠정적 작업 체계로 인한 구성원들의 사회적 스트레스와 심리적 긴장을 조성한다.<br>• 관료제에 비해 비능률적이며 취약한 설계 |

### 5) 특징

| 구분 | 특징 |
|---|---|
| 단순구조 | ① 가장 중요한 구성 부분: 최고관리층<br>② 조정: 직접 감독<br>③ 조직의 나이와 규모: 적고 규모가 작다.<br>④ 변수: 낮은 분화 수준, 높은 집권화 수준, 낮은 공식화 수준, 높은 융통성 |

| | |
|---|---|
| 기계적 관료제 | ① 가장 중요한 구성 부분: 기술구조이지만 최고관리층도 강한 권력을 행사<br>② 조정: 작업 과정의 표준화<br>③ 조직의 나이와 규모: 많고 규모가 크다.<br>④ 변수: 높은 분화 수준, 조직 단위의 기능별 구성 · 가늘고 긴 관리계층 집권화 · 높은 공식화 수준과 경직성 |
| 전문적 관료제 | ① 가장 중요한 구성 부분: 작업계층<br>② 조정: 기술의 표준화<br>③ 조직의 나이와 규모: 나이와 규모는 다양하다.<br>④ 변수: 높은 수평적 분화수준, 전문성이 높은 직원과 업무 · 기능 · 시장을 기준으로 한 조직단위 형성 · 낮은 공식화 수준 · 높은 분권화 수준 |
| 할거적 양태 (사업부제) | ① 가장 중요한 구성 부분: 부서의 장들로 구성되는 중간계서<br>② 조정: 산출의 표준화<br>③ 조직의 나이와 규모: 나이는 많고 규모는 대단히 크다.<br>④ 변수: 조직 전체를 관리하는 구조(본부의 구조)는 부서들로 구성된 구조 위에 얹어 놓은 구조와 같은 모양 |
| 임시 체제 | ① 가장 중요한 구성 부분: 지원 참모의 위치가 가장 중요하지만 별도의 조직 단위를 구성하지 않으며, 계선과 참모의 구별이 흐리고 최고관리계층 · 중간계선 · 작업계층이 혼합돼 있다.<br>② 조정: 상호 조절<br>③ 조직의 나이와 기술: 나이는 대체로 많지 않으며, 사용하는 기술이 복잡하다.<br>④ 변수: 높은 횡적 분화수준 · 융통성 · 유기적 구조, 낮은 공식화 수준 |

## 9. 고층형 조직구조의 장 · 단점

### 1) 장점

① 부하에 대한 감시와 통제가 용이해진다.

② 상급관리자들의 감독 부담을 줄여 정책 문제 등에 좀 더 많은 시간을 쓸 수 있게 한다.

③ 상향적 정보를 여러 단계의 계층에서 검토하기 때문에 과오를 발견할 가능성이 크다.

④ 직근 상하급자 간에 의사 전달을 촉진한다.

### 2) 단점

① 행정 농도(관리층의 규모)를 크게 해서 낭비를 초래한다.

② 계층의 수가 많아 수직적 의사 전달이 지연, 왜곡될 가능성이 크다.

③ 세분된 계층 간의 역할 차이가 모호해진다.

④ 부하들의 자율성과 창의성을 저해하고 상황 변동에 탄력적인 대응이 곤란하다.

## 10. 기타 조직 유형

### 1) 에치오니(A. W. Etzioni)의 조직 유형

| 구분 | | 복종 | | |
|---|---|---|---|---|
| | | 소외적(굴종적) | 계산적(타산적) | 도의적(도덕적) |
| 권력 | 강제적 | 강제적 조직 | | |
| | 보상(공리)적 | | 공리적 조직 | |
| | 규범적 | | | 규범적 조직 |

### 2) 블라우(P. M. Blau)와 스콧(R. W. Scott)의 조직 유형

| 조직 유형 | 주된 수혜자 | 핵심 과제 | 사례 |
|---|---|---|---|
| 호혜조직 | 조직원 | 조직원의 만족 | 정당, 노동조합, 전문직업단체, 종교단체, 공제회 등 |
| 사업조직 | 소유주 | 이윤추구 | 민간기업, 은행, 보험회사 등 |
| 서비스조직 | 고객 | 전문적 서비스 제공 | 사회복지기관, 병원, 학교 등 |
| 공익조직 | 전체국민 | 국민에 의한 통제 확보 | 행정기관, 군대조직, 경찰조직 등 |

### 3) 파슨스(T. Parsons)의 조직 유형

| 사회적 기능 | 조직의 중분류 | 조직의 소분류 |
|---|---|---|
| 적응 | 생산조직 | 민간기업 등 |
| 목표 성취 | 정치조직 | 정부, 정당 등 |
| 통합 | 통합조직 | 법원, 경찰 등 |
| 체제 유지 | 유형유지조직 | 교육기관, 문화단체, 종교단체 등 |

## 제 3 절 조직의 구조

### 1. 계선과 막료

| | |
|---|---|
| 계선(line) | • 상하 간의 명령복종 관계를 지닌 수직적 계층구조를 형성하며, 조직의 목표 달성에 직접적으로 기여하는 조직의 중추적 기관(장관 · 차관-실 · 국 · 본부장-과 · 팀장)<br>• 계층제 형태를 띠며 조직상의 최고책임자를 정점으로 하는 수직적 상하 관계<br>• **권한과 책임의 소재가 명확하다는 장점이 있음.** |
| 막료(staff) | • 계선기관이 그 기능을 원활히 수행할 수 있도록 이를 지원 · 보조 · 촉진함으로써 조직의 목표 달성에 간접적으로 공헌하는 보좌기관(차관보, 담당관, 장관정책보좌관, 심의관 등)<br>• 계선기관을 보좌해 국민에게 간접적으로 봉사<br>• **기관장의 통솔 범위 확대와 행정의 전문화에 기여하는 장점이 있음.**<br>• **책임 의식 희박, 책임 없는 의견 개진 등의 단점이 있음.** |

※ 정부조직법상 보조기관: 차관, 차장, 본부장, 실장, 국장, 단장, 부장, 과장, 팀장 등
**정부조직법상 보좌기관: 차관보, 담당관, 심의관**

### 2. 위원회

| 장점 | 단점 |
|---|---|
| ① 결정의 신중성 및 공정성<br>② 다수의 중지(衆智)를 모아 합리적이고 창의적인 결정<br>③ 이견의 조정과 통합<br>④ 행정의 안정성과 계속성 | ① 기밀 누설 우려<br>② 경비 · 시간 · 노력의 낭비<br>③ 타협적 결정<br>④ 책임의 분산과 모호 |

## 3. 정부조직 체계

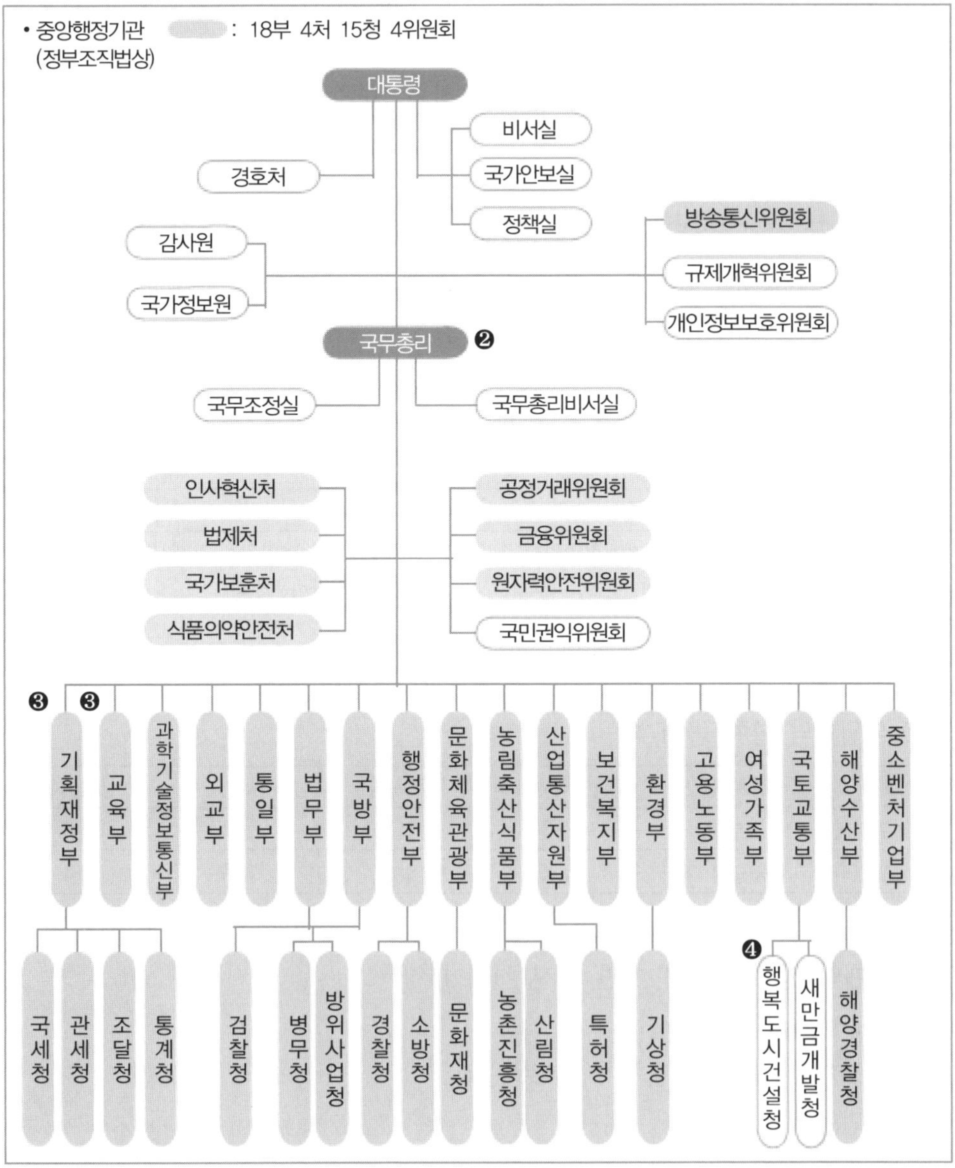

• 중앙행정기관 : 18부 4처 15청 4위원회
(정부조직법상)
대통령
비서실
경호처
국가안보실
정책실
방송통신위원회
감사원
규제개혁위원회
국가정보원
개인정보보호위원회
국무총리
❷
국무조정실
국무총리비서실
인사혁신처
법제처
국가보훈처
식품의약안전처
공정거래위원회
금융위원회
원자력안전위원회
국민권익위원회
❸
❸
기획재정부
교육부
과학기술정보통신부
외교부
통일부
법무부
국방부
행정안전부
문화체육관광부
농림축산식품부
산업통산자원부
보건복지부
환경부
고용노동부
여성가족부
국토교통부
해양수산부
중소벤처기업부
국세청
관세청
조달청
통계청
검찰청
병무청
방위사업청
경찰청
소방청
문화재청
농촌진흥청
산림청
특허청
기상청
❹
행복도시건설청
새만금개발청
해양경찰청

□ **정부조직 이해**

1) 국무회의

의장: 대통령, 부의장: 국무총리, 국무위원: 각 부의 장관

2) 부총리(2인)

경제부총리(기획재정부 장관), 교육 · 사회 · 문화부총리(교육부 장관)

3) 위원회

① 성격별 구분

| 자문위원회 | 경제사회발전노사정위원회, 민주평통자문회의 |
|---|---|
| 조정위원회 | 국무회의, 경제관계장관회의, 중앙환경분쟁조정위원회, 중앙노동위원회 |
| 행정위원회 | 소청심사위원회, 토지수용위원회, 금융위원회, 국민권익위원회 |
| 독립규제위원회 | 중앙선거관리위원회, 중앙노동위위원회, 금융통화위원회 |

② 소속별 구분

| 구분 | 행정위원회 | 자문위원회 |
|---|---|---|
| 대통령 | 방송통신위원회, 규제개혁위원회, 개인정보보호위원회 | 지방자치발전위원회,경제사회발전노사정위원회, 일자리위원회 |
| 국무총리 | 국민권익위원회, 공정거래위원회, 금융위원회, 원자력안전위원회 | 정부업무평가위원회 |

③ 위원회의 설치 근거 외

| 구분 | 설치 근거 | 관청적 성격 | 구속력 | 사무기구 | 상임위원 |
|---|---|---|---|---|---|
| 행정위원회 | 법률 | 있음 | 있음 | 있음 | 있음 |
| 자문위원회 | 대통령령 이하 | 없음 | 없음 | 없음 | 없음 |

4) 문재인 정부의 조직 개편: 18부 4처 15청

① 중소벤처기업부 신설

중소기업청을 중소벤처기업부로 승격

② 국민안전처 폐지

소방과 해양안전 기능 분리 · 독립

③ 행정자치부를 행정안전부로 개편

국민안전처의 재난 안전 기능 흡수

④ 해양경찰청 분리 · 독립
해양수산부 소속 외청

⑤ 소방청 분리 · 독립
행정안전부 소속 외청

⑥ 국가보훈처장 직급 격상
차관급 ⇨ 장관급

⑦ 미래창조과학부를 과학기술정보통신부로 개편

⑧ 인사혁신처와 행정안전부 기능

| 행정안전부 | 정부조직과 정원, 의전 · 상훈, 정부혁신 · 능률, 전자정부, 개인정보 보호, 지방자치제도, 정부청사의 관리, 국민투표의 지원, 지방자치단체 지원 등 |
|---|---|
| 인사혁신처 | 인사, 윤리 · 복무(노조), 보수 · 연금 |

## 4. 공기업과 공공기관

### 1) 의의

① 공공기관의 운영에 관한 법률

법률에 따라 직접 설립되고 정부가 출현한 기관과 정부 지원액이 총수입액의 1/2을 초과하는 기관 등 중에서 정부가 공공기관으로 지정한 기관 중 자체수입액이 총수입액의 1/2을 초과하는 기관(정원 50인 이상)을 공기업이라 함.

② 일반적

공공기관의 설치 운영에 관한 법률에 국한하지 않고 정부부처 형태의 정부기업은 물론 정부가 출연한 법인으로서 국가의 결정적 · 계속적인 공적 지배가 이뤄지는 기업까지 포함하는 개념으로 해석

### 2) 공기업의 발달 요인

| 일반적 발달 요인 | 국방 전략상 고려, 민간자본의 부족, 정치적 신조(영국의 경우), 경제 개발의 유도, 독점적 서비스 제공 등 |
|---|---|
| 한국 | 경제 발전 촉진, 독과점사업(철도, 통신, 전력), 공공 수요의 충족(주택), **재정적 수요의 충족**(과거 담배, 인삼의 전매), 역사적 유산 관리, 사기업의 비대화 방지 |

### 3) 공기업의 경영 원칙과 이념

| 경영 원칙 | 이념 | 관리 방식 |
|---|---|---|
| 공공성의 원칙(공공 서비스의 원칙, 공공규제의 원칙) | 민주성(공공성) | 통제 |
| 기업성의 원칙(독립채산제의 원칙, 생산성의 원칙) | 능률성(기업성) | 자율 |

〈주의〉 우편사업, 우체국예금사업, 조달사업, 양곡관리사업과 같은 정부(부처)기업의 경우 독립채산제가 엄격히 적용되지 않음(일반회계로부터 전입과 전출은 가능함).

### 4) 공기업의 유형

| 구분 | 적용 법률 | 유형 |
|---|---|---|
| 정부기업 | 정부기업예산법 | 순수정부기업<br>(우편사업, 우체국예금사업, 양곡사업, 조달사업) |
| | 책임운영기관법(약칭) | 책임운영기관 |
| 공공기관 | 공공기관의 운영에 관한 법률 | 공기업(시장형과 준시장형), 준정부기관(기금관리형과 위탁집행형), 기타 공공기관 |

**심화 학습: 정부기업**

설립 근거: 정부조직법
예산: 정부 예산〈특별회계〉으로 운영, 국회 의결이 필요
직원: 공무원
운영: 중앙관서 또는 소속기관의 형태로 운영
조직: 독임형으로 운영
독립성: 독자적인 법인격이 없음.

### 5) 공공기관의 운영에 관한 법률

① 공공기관

국가나 지방자치단체가 아닌 법인, 단체 또는 기관으로서 법률에 따라 직접 설립되고 정부가 출연한 기관으로, 정부 지원액이 총수입액의 1/2을 초과하는 기관 중에서 정부가 지정한 기관

② 2017년 공공기관 지정(총 332개)

| 구 분 | (주무기관) | 기관명 |
|---|---|---|
| 시장형 공기업 (14) | (산업부) | 한국가스공사, 한국광물자원공사, 한국남동발전(주), 한국남부발전(주), 한국동서발전(주), 한국서부발전(주), 한국석유공사, 한국수력원자력(주), 한국전력공사, 한국중부발전(주), 한국지역난방공사 |
| | (국토부) | 인천국제공항공사, 한국공항공사 |
| | (해수부) | 부산항만공사 |
| 준시장형 공기업 (21) | (기재부) | 한국조폐공사 |
| | (문화부) | **그랜드코리아레저(주)**, 한국관광공사 |
| | (농식품부) | 한국마사회 |
| | (산업부) | **㈜한국가스기술공사**, 대한석탄공사, **한국전력기술(주)**, **한전KDN(주)**, **한전KPS(주)** |
| | (국토부) | 제주국제자유도시개발센터, 주택도시보증공사, 한국감정원, 한국도로공사, 한국수자원공사, 한국철도공사, 한국토지주택공사 |
| | (해수부) | 여수광양항만공사, 울산항만공사, 인천항만공사, 해양환경관리공단 |
| | (방통위) | 한국방송광고진흥공사 |
| 기금 관리형 준정부 기관 (16) | (교육부) | 사립학교교직원연금공단 |
| | (문화부) | 국민체육진흥공단, 영화진흥위원회, 한국문화예술위원회, 한국언론진흥재단 |
| | (산자부) | 한국무역보험공사, 한국원자력환경공단 |
| | (복지부) | 국민연금공단 |
| | (고용부) | 근로복지공단 |
| | (금융위) | 기술신용보증기금, 신용보증기금, 예금보험공사, 한국자산관리공사, 한국주택금융공사 |
| | (인사처) | 공무원연금공단 |
| | (중소부) | 중소기업진흥공단 |
| 위탁 집행형 준정부 기관 (73) | (교육부) | 한국교육학술정보원, 한국장학재단 |
| | (과기부) | (재)우체국금융개발원, (재)한국우편사업진흥원, 우체국물류지원단, 정보통신산업진흥원, 한국과학창의재단, 한국방송통신전파진흥원, 한국연구재단, 한국인터넷진흥원, 한국정보화진흥원 |
| | (외교부) | 한국국제협력단 |
| | (문화부) | 국제방송교류재단, 한국콘텐츠진흥원, 아시아문화원 |
| | (농식품부) | 농림수산식품교육문화정보원, 농림수산식품기술기획평가원, 축산물품질평가원, 한국농수산식품유통공사, 한국농어촌공사 |
| | (산업부) | 대한무역투자진흥공사, 한국가스안전공사, 한국광해관리공단, 한국디자인진흥원, 한국산업기술진흥원, 한국산업기술평가관리원, 한국산업단지공단, 한국석유관리원, 한국세라믹기술원, 한국에너지공단, 한국에너지기술평가원, 한국전기안전공사, 한국전력거래소 |
| | (복지부) | 건강보험심사평가원, 국민건강보험공단, 사회보장정보원, 한국노인인력개발원, 한국보건복지인력개발원, 한국보건산업진흥원 |

| | | |
|---|---|---|
| | (환경부) | 국립공원관리공단, 국립생태원, 한국환경공단, 한국환경산업기술원 |
| | (고용부) | 한국고용정보원, 한국산업안전보건공단, 한국산업인력공단, 한국장애인고용공단 |
| | (여가부) | 한국청소년상담복지개발원, 한국청소년활동진흥원 |
| | (국토부) | 교통안전공단, 국토교통과학기술진흥원, 한국국토정보공사, 한국시설안전공단, 한국철도시설공단 |
| | (해수부) | 선박안전기술공단, 한국수산자원관리공단, 한국해양과학기술진흥원, 한국해양수산연수원 |
| | (행안부) | 한국소방산업기술원, 한국승강기안전공단 |
| | (공정위) | 한국소비자원 |
| | (방통위) | 시청자미디어재단 |
| | (원안위) | 한국원자력안전기술원 |
| | (보훈처) | 독립기념관, 한국보훈복지의료공단 |
| | (식약처) | 축산물안전관리인증원 |
| | (경찰청) | 도로교통공단 |
| | (산림청) | 한국임업진흥원 |
| | (농진청) | 농업기술실용화재단 |
| | (중소부) | 중소기업기술정보진흥원, 소상공인시장진흥공단 |
| | (특허청) | 한국지식재산전략원 |
| | (기상청) | 한국기상산업진흥원 |
| 기타 공공기관 (208) | (국조실) | 경제인문사회연구회, 과학기술정책연구원, 국토연구원, 대외경제정책연구원, 산업연구원, 에너지경제연구원, 정보통신정책연구원, 통일연구원, 한국개발연구원, 한국교육개발원, 한국교육과정평가원, 한국교통연구원, 한국노동연구원, 한국농촌경제연구원, 한국법제연구원, 한국보건사회연구원, 한국여성정책연구원, 한국조세재정연구원, 한국직업능력개발원, 한국청소년정책연구원, 한국해양수산개발원, 한국행정연구원, 한국형사정책연구원, 한국환경정책평가연구원 |
| | (기재부) | **한국재정정보원**, 한국수출입은행, 한국투자공사 |
| | (교육부) | 강릉원주대학교치과병원, 강원대학교병원, 경북대학교병원, **경북대학교치과병원**, 경상대학교병원, 국가평생교육진흥원, 동북아역사재단, 부산대학교병원, 부산대학교치과병원, 서울대학교병원, 서울대학교치과병원, 전남대학교병원, 전북대학교병원, 제주대학교병원, 충남대학교병원, 충북대학교병원, 한국고전번역원, 한국사학진흥재단, 한국학중앙연구원 |
| | (과기부) | **(재)연구성과실용화진흥원**, (재)우체국시설관리단, 광주과학기술원, 국가과학기술연구회, 국립광주과학관, 국립대구과학관, **국립부산과학관**, 기초과학연구원, 대구경북과학기술원, 별정우체국연금관리단, 연구개발특구진흥재단, 울산과학기술원, **재단법인 한국여성과학기술인지원센터**, 한국건설기술연구원, 한국과학기술기획평가원, 한국과학기술연구원, 한국과학기술원, 한국과학기술정보연구원, 한국기계연구원, 한국기초과학지원연구원, 한국나노기술원, 한국데이터진흥원, 한국생명공학연구원, 한국생산기술연구원, 한국식품연구원, 한국에너지기술연구원, 한국원자력연구원, 한국원자력의학원, 한국전기연구원, 한국전자통신연구원, 한국지질자원연구원, 한국천문연구원, 한국철도기술연구원, 한국표준과학연구원, 한국한의학연구 |

| | |
|---|---|
| | 원, 한국항공우주연구원, 한국화학연구원 |
| (외교부) | 한국국제교류재단, 재외동포재단 |
| (통일부) | 북한이탈주민지원재단, (사)남북교류협력지원협회 |
| (법무부) | 대한법률구조공단, 정부법무공단, 한국법무보호복지공단, IOM이민정책연구원 |
| (국방부) | 국방전직교육원, 전쟁기념사업회, 한국국방연구원 |
| (행안부) | 민주화운동기념사업회, (재)일제강제동원피해자지원재단 |
| (문화부) | (재)국악방송, (재)예술경영지원센터, (재)예술의전당, (재)정동극장, (재)한국문화정보원, 게임물관리위원회, 국립박물관문화재단, 대한장애인체육회, 대한체육회, 세종학당재단, 영상물등급위원회, 태권도진흥재단, 한국공예디자인문화진흥원, 한국도박문제관리센터, 한국문학번역원, 한국문화관광연구원, 한국문화예술교육진흥원, 한국문화진흥(주), 한국영상자료원, 한국예술인복지재단, **한국저작권보호원**, 한국저작권위원회, 한국체육산업개발(주), 한국출판문화산업진흥원 |
| (농식품부) | (재)한식재단, 가축위생방역지원본부, 국제식물검역인증원, 농업정책보험금융원 |
| (산자부) | ㈜강원랜드, (재)한국스마트그리드사업단, 전략물자관리원, 한국로봇산업진흥원, 한국산업기술시험원, 한국원자력문화재단, 한일산업기술협력재단, 한전원자력연료(주), **한전 의료재단법인 한일병원, 한국전력 국제원자력대학원대학교** |
| (복지부) | (재)한국보육진흥원, (재)한국장애인개발원, 국립암센터, 국립중앙의료원, 대구경북첨단의료산업진흥재단, 대한적십자사, 오송첨단의료산업진흥재단, 한국건강증진개발원, 한국국제보건의료재단, 한국보건의료연구원, 한국보건의료인국가시험원, 한국사회복지협의회, 한국의료분쟁조정중재원, (재)한국장기기증원, 한국인체조직기증원, **한약진흥재단** |
| (환경부) | 국립낙동강생물자원관, 수도권매립지관리공사, 한국상하수도협회, **환경보전협회** |
| (고용부) | 건설근로자공제회, 노사발전재단, **사단법인 한국기술자격검정원,** 학교법인한국폴리텍, 한국기술교육대학교, 한국사회적기업진흥원, 한국잡월드 |
| (여가부) | 한국건강가정진흥원, 한국양성평등교육진흥원, 한국여성인권진흥원 |
| (국토부) | ㈜워터웨이플러스, ㈜한국건설관리공사, 주택관리공단(주), 코레일관광개발(주), 코레일네트웍스(주), 코레일로지스(주), 코레일유통(주), 코레일테크(주), 항공안전기술원 |
| (해수부) | 국립해양박물관, 국립해양생물자원관, 주식회사 부산항보안공사, 주식회사 인천항보안공사, 한국어촌어항협회, 한국해양과학기술원, 한국해양조사협회, 항로표지기술협회 |
| (금융위) | 중소기업은행, 한국산업은행, 한국예탁결제원 |
| (공정위) | 한국공정거래조정원 |
| (원안위) | 한국원자력안전재단, 한국원자력통제기술원 |
| (보훈처) | 88관광개발(주) |
| (식약처) | **의료기기정보기술지원센터**, 한국식품안전관리인증원, 한국의약품안전관리원, 식품안전정보원 |
| (관세청) | (재)국제원산지정보원 |
| (방사청) | 국방과학연구소, 국방기술품질원 |
| (문화재청) | 한국문화재재단 |

| | |
|---|---|
| (기상청) | (재)APEC기후센터, (재)한국형수치예보모델개발사업단 |
| (산림청) | **한국산림복지진흥원** |
| (중소부) | (재)중소기업연구원, ㈜중소기업유통센터, 신용보증재단중앙회, 창업진흥원, 한국벤처투자 |
| (특허청) | 한국발명진흥회, 한국지식재산보호원, 한국지식재산연구원, 특허정보원 |

- **시장형 공기업: 자산 규모가 2조 이상이고 자체수입액이 대통령이 정하는 기준(85% 이상)인 기관**
- 준시장형 공기업: 시장형 공기업이 아닌 공기업

③ 신설과 지정

주무장관이 기재부 장관에게 신설 타당성 심사를 요청 ⇒ 기재부 장관은 주무기관 장관과 협의 후 공공기관운영위원회의 심의 의결을 거쳐 타당성 여부를 결정 후 주무 기관장에게 통보

④ 이사회와 임원

<table>
<tr><th colspan="3" rowspan="2">구분</th><th rowspan="2">이사회 의장</th><th rowspan="2">이사회 구성</th><th rowspan="2">이사회 안에 감사위원회 설치</th><th rowspan="2">기관장</th><th colspan="2">이사</th><th rowspan="2">감사</th><th rowspan="2">예산안 확정</th></tr>
<tr><th>상임이사</th><th>비상임 이사</th></tr>
<tr><td rowspan="3">공기업</td><td colspan="2">시장형 공기업</td><td rowspan="2">선임 비상임 이사</td><td rowspan="4">15인 이내</td><td rowspan="2">의무</td><td rowspan="4">〈대규모〉<br>주무장관 제청<br>→<br>대통령 임명<br><br>〈소규모〉<br>주무장관 임명</td><td rowspan="3">기관장<br>(공기업의 장)<br>임명</td><td rowspan="3">기재부<br>장관 임명</td><td rowspan="4">〈대규모〉<br>기재부<br>장관 제청<br>→<br>대통령<br>임명<br><br>〈소규모〉<br>기재부<br>장관 임명</td><td rowspan="3">이사회<br>의결</td></tr>
<tr><td rowspan="2">준시장형 공기업</td><td>2조 이상</td></tr>
<tr><td>2조 미만</td><td rowspan="2">기관장</td><td rowspan="2">임의</td></tr>
<tr><td colspan="3">준정부기관(기금관리형 준정부기관, 위탁집행형 준정부기관)</td><td>기관장<br>(준정부기관장)<br>임명</td><td>주무장관<br>임명</td><td>주무장관 승인</td></tr>
</table>

⑤ 경영

- 기재부 장관이 조직 운영, 정원, 인사, 예산 등에 관한 지침을 통보
- **기재부 장관이 경영 실적을 평가**
- 공공기관은 고객헌장과 고객만족도를 조사해야 함.

⑥ 재정

- 정부 회계연도를 따르되 공기업과 준정부기관은 발생주의 적용 의무화
- **예산안은 이사회의 의결로 확정(※ 주의: 준정부기관은 주무장관 승인으로 확정)**
- 감사원은 공기업과 준정부기관의 업무와 회계에 관해 감사 실시 가능

※ 〈주의〉 **기타 공공기관은 통합공시**, **고객만족도조사**, 기능조정, 공공기관 혁신 등 **최소한의 규제만을 받게 됨**.

## 5. 책임운영기관

### 1) 의의

① 개념

**정부가 수행하는 사무 중**에서 **공공성을 유지**하면서도 **경쟁의 원리에 따라 운영**하는 것이 바람직하거나, **전문성이 있어 성과관리를 강화할 필요가 있는 사무**에 대해 책임운영기관의 장에게 행정 및 재정상의 자율성을 부여하고 그 운영 성과에 따라 책임을 지도록 하는 **행정기관**(자율 + 성과 + 책임의 조화를 중시하는 신공공관리론의 조직 원리에 따라 등장한 조직 형태)

☞ 주로 국가행정기관을 중심으로 운영되고 있지만, 지방자치단체에서도 도입하도록 권고하고 있어, 지방에서도 증가하는 추세에 있음(예: 서울시의 역사박물관, 미술관, 교통방송 등).

② 성격

**정부조직이며, 직원(구성원)은 공무원임.** 우리나라는 영국(세계 최초로 도입) 책임집행기관의 영향을 받아 **내부시장화**(내부 분봉) 방식을 취함.

☞ 정부가 직접 생산은 하되, 수단은 민간의 시장 요소를 받아들이는 것으로 책임경영제라고도 함.

### 2) 특징

① 기획이나 정책 결정기관이 아니고 **집행 기능 중심의 사업부서 조직**

② 성과 중심의 조직으로 기관장은 성과에 대해 장관에게 책임을 짐.

③ 기관장은 공직 내·외에서 공개 모집 후 임기제 공무원으로 채용하고 성과에 따라 연봉을 지급하는 **개방화된 조직(민간 참여)**

④ 기관장에게 인사, 조직, 예산 등 관리에서 **자율성(융통성)을 부여**함.

⑤ 수익자부담주의, 기업회계 방식 등 민간 경영 방식으로 운영되는 기업화된 조직

※ 현장 중심의 내부시장화된 조직이지만, 정부기관이므로 내부구조는 전통적인 계층제구조를 지니며, 구성원의 신분은 공무원임.

### 3) 적용 대상 사무

방향잡기가 아닌 노젓기에 해당하는 사무가 적용 대상임.

① 공공성이 강해 민영화가 곤란한 분야

② 기관의 주된 사무가 사업(서비스)적·집행적(노젓기) 성질의 서비스를 제공하고, 성과측정 기준의 개발과 측정이 가능한 사무

③ 당장 외부시장화(민영화, 준정부조직화)의 추진이 곤란한 분야로서 국가의 공신력이 필요하고 유사 기능을 수행하는 기관 상호간에 경쟁을 통해 내부시장을 창출할 수 있는 분야

④ 사용료, 수수료 등 수익자부담주의가 적용돼 자체적으로 운영재원의 전부 또는 일부를 충당할 수 있는 이른바 독립채산제가 어느 정도 가능한 분야

### 4) 한계

① 정부 팽창 은폐 수단으로 활용되거나 민영화의 회피 수단으로 악용될 가능성이 있음.

② 기관장의 채용 계약에 책무를 구체적으로 명시한다 하더라도 책임 한계에 문제가 있음.

③ 기관장(외부에서 임용된 임기제의 경우)의 신분 보장 미흡으로 소신껏 운영하기 곤란

### 5) 우리나라의 책임운영기관

① 설치

- 행정안전부 장관은 기획재정부 장관 및 해당 중앙행정기관의 장과 협의해 대통령령(책임운영기관의 설치·운영에 관한 법률)에 따라 설치

② 종류

| 구분 기준 | | 종류 |
|---|---|---|
| 기관의 지위에 따라 | 중앙책임운영기관 | 정부조직법상 중앙행정기관 중 청(**기타 유형인 특허청**) |
| | 소속책임운영기관 | 중앙행정기관의 소속기관(조사연구형 ~ 시설관리형) |

| 기관의 사무 성격에 따라 | 조사연구형<br>교육훈련형<br>문화형<br>의료형<br>시설관리형<br>기타 유형 | 지방통계청, 국립과학수사연구원 등<br>국립국제교육원, 한국농수산대학<br>국립중앙극장 등<br>경찰병원 등<br>해양경찰정비창, 지방해양항만청 등<br>특허청 |
|---|---|---|

③ 중앙책임운영기관(특허청)

- 국무총리와 성과계약을 체결
- 조직 및 정원에 관한 사항은 정부조직법에 따름.

④ 소속책임운영기관

- 기관장의 채용: 소속 중앙행정기관장이 공직 내외 전문가 중에서 공개모집절차(개방형임용)에 따라 일반임기제 공무원으로 임용하며, 5년의 범위 내에서 (특별한 사유가 없는 한 2년 이상) 정함.

〈주의〉 기관장의 채용 요건에 관해 소속 중앙행정기관장이 정해 행정안전부 장관에게 통보해야 함.

- **조직 및 인사**

| 구분 | | 대통령 등 중앙 차원의 통제 | 소속 중앙행정기관 차원의 자율 | 책임운영기관 차원의 자율 |
|---|---|---|---|---|
| 조직 | 책임운영기관의 설치 | 행정안전부 장관이 대통령령으로 설치 | 소속 중앙행정기관장이 설치 요구 | – |
| 정원 | **총정원** | **대통령령** | | |
| | **종류별 · 계급별 정원** | | **부령 또는 총리령** | |
| | **직급별 정원** | | | **기본 운영규정** |
| 인사 | **직원 임용권** | | **소속 중앙행정기관의 장** | 책임운영기관장에게 일부 위임 |
| | **채용시험 실시권** | | | **책임운영기관장** |
| 예산 | **예산지침** | **기재부 장관** | | |
| | **특별회계관리** | **기재부 장관이 통합관리** | | |
| | **특별회계 운영** | | **소속 중앙행정기관장이 계정별로 운영** | |
| 성과 | **존속 여부 평가** | 행정안전부 책임운영기관운영위원회 | | |
| | 성과평가(1차) 등 | | 각 부처 책임운영기관 운영심의회 | |

## 6. 공공 서비스 공급 체계

| ← 공공성 | | | 시장성 → | | |
|---|---|---|---|---|---|
| 공공 부문 | | | | | |
| 정부기관 | 정부기업 | 책임운영기관 | 공공기관 | | |
| | | | 준정부기관 | 공기업 | 기타 공공기관 |
| 기획재정부 등 | 조달청 등 | 국립중앙극장 등 | 농어촌공사 등 | 한국전력공사 등 | 국립중앙의료원 등 |

□ 책임운영기관은 정부기업보다 자율성이 강하고, 공공기관보다는 공공성이 강함.

### 심화 학습: 책임운영기관

**1. 개념**

1) 공공성을 유지하면서 경쟁 원리에 따라 운영하는 것이 바람직하거나 전문성이 있어 성과관리를 강화할 필요가 있는 사무를 수행하는 기관에 대해, 조직 · 인사 · 예산상의 자율성을 부여하고 운영 성과에 대해 책임을 지도록 하는 행정기관(책운법 제2조)

2) IMF 경제위기 이후(1999년) 효율적 성과관리가 가능한 집행 기능을 중심으로 민간의 경영기법을 행정과 접목시킨 새로운 행정관리 방식

3) 영국(1988년), 뉴질랜드(1992년), 캐나다(1990년), 미국(1997년), 일본(1999년) 등 다수 선진국에서도 제도를 도입해 정부 생산성 제고에 기여

**2. 지정 현황: 특허청 및 부처 소속 50개 기관(중앙 1개, 소속 49개)**

1) 중앙책임운영기관: 특허청 1개 기관(1,405명)

2) 소속책임운영기관: 국립중앙과학관, 국립서울병원, 국립과학수사연구원 등 부처 소속 49개 기관 (8,549명)

**3. 특례 내용**

| 분야 | | 비교 | |
|---|---|---|---|
| | | 책임운영기관 | 일반소속기관 |
| 조직 | 총액인건비제 | 5% 내 증원, 직급 조정 상한 없음. | 3% 내 증원, 10% 내 직급 조정 |
| | 일반임기제 | 계급별 정원의 50% 내 | 계급별 정원의 20% 내 |
| | 복수직급 | 4급 또는 5급 정원의 1/3 내 | 4급 또는 5급 정원의 15% 내 |
| 인사 | 자체승진 | 기관장에 위임 | 본부-소속기관 통합 인사 |
| | 자체전보 | 기관장에 위임 | |
| | 특별승급 | 기관장에 위임 | 본부-소속기관 통합 인사 |
| | 성과평가 | 기관장에 위임 | |

| | | | |
|---|---|---|---|
| 예산 | 초과수입 자체사용 | 직접경비 및 일부 간접경비에 사용 가능 | 재사용 금지(예외적 인정) |
| | 예산 전용 | 인건비 · 물건비 간 전용 가능 | 전용 금지 |
| | 예산 이월 | 경상적 경비 20% 내 | 경상적 경비 15% 내 |
| | 손익 · 자본 계정 융통 | 15개 특별회계기관 융통 가능 | 융통 금지 |

**핵심 정리** 한국의 책임운영기관

① 공공성이 강한 사무 중 경쟁의 원리가 필요하거나 전문성 및 성과관리가 필요한 집행사무에 대해 기관장에게 자율성을 주고 성과에 대해 장관에게 책임을 지게 하는 기관(자율+성과+책임의 조화)
② 기관은 정부조직, 직원의 신분은 공무원
③ 집행 기능 중심의 조직
④ 성과 중심의 조직
⑤ 개방화된 조직: 기관장은 공채(5년 이내 임기제 공무원)
⑥ 내부시장화된 조직: 책임경영 방식

# 제 4 절 조직과 환경

## 1. 조직과 환경

### 1) 환경의 유형(스콧[W. G. Scott])

① 일반적 환경 : 모든 조직에 간접적(공통적, 이차적, 잠재적)으로 영향을 미치는 넓은 범위의 환경(정치, 경제, 사회, 법 등)
② 과업환경(특정 환경) : 특정 조직의 활동, 전략, 의사 결정에 직접적으로 영향을 미치는 구체적(일차적) 환경(고객, 자원 제공자 등)

### 2) 조직이론의 발달

| 고전 조직이론 | ① 과학적 관리론을 배경으로 성립된 기계적 조직관으로, 1930년대 완성된 정치 · 행정이원론과 관리론에서 행정을 규명하던 시기의 전통 조직이론<br>② 이론<br>테일러(F. W. Taylor)의 과학적 관리론, 페이욜(H. Fayol)의 일반관리론, 귤릭(L. Gulick) |
|---|---|

| | |
|---|---|
| | 과 어윅(L. F. Urwick)의 조직 원리, 윌슨(T. W. Wilson)이 주도한 행정관리학파, 베버(M. Weber)의 이념형 관료제 이론<br>③ 특징<br>• 단일 가치 기준으로서 능률을 추구<br>• 조직 속의 인간을 합리적 경제인으로 간주<br>• 공식적 · 합리적 조직 구조와 과정을 중시<br>• 조직을 폐쇄 체제로 파악 |
| 신고전 조직이론 | ① 고전 조직이론이 전제한 기계적 조직관과 합리적 경제인에 대한 반발로 등장<br>② 해당 이론<br>메이요(G. E. Mayo)의 호손공장 실험이 행해지고 호손실험에서의 결과를 중심으로 등장한 인간관계론과 후기인간관계론이 신고전 조직이론에 해당함.<br>③ 특징<br>• 조직 내 사회적 능률을 강조<br>• 사회적 인간에 근거를 둠<br>• 조직의 비공식 구조나 요인에 초점을 둠.<br>• 폐쇄 체제 또는 환경에 관심을 두는 환경유관론을 특징으로 함(주의). |
| 현대 조직이론 | ① 개인을 다양한 욕구와 변이성을 지닌 자아실현인 · 복잡인으로 간주함.<br>② 해당 이론<br>상황이론(상황론적 조직이론), 조직경제학(대리인 이론, 거래비용이론)과 조직군 생태론, 자원의존이론, 지식관리론 등<br>③ 특징<br>• 조직을 환경과 상호 작용하는 동태적 · 유기체적 · 개방 체제로 파악하며 상황이론을 주장함.<br>• 인간 행태나 발전 · 쇄신적 가치관을 중시하며, 인간을 자아실현인 · 복잡인으로 파악함.<br>• 가치의 다원화 및 행정 현상의 다양성을 인정함.<br>• 조직에서 변동 갈등의 순기능을 인정하고 조직 발전을 중시함.<br>• 효과성 · 생산성 · 민주성 · 대응성 · 사회적 적실성과 종합적인 행정개혁을 중시함.<br>• 종합과학적 성격을 가짐. |

### 심화 학습: 고전적 조직이론

**1) 개념**

고전적 조직이론은 조직을 목표 달성을 위한 기계 또는 도구로 보고 공식적 구조의 설계를 중시한다. 대체로 19세기 말부터 1930년대까지의 과학적관리론, 행정관리설 그리고 독일 베버(M. Weber)의 관료제 이론 등 전통적인 초기 행정이론이 이에 해당된다. 19세기 후반 미국과 서구 제국에서는 산업혁명과 산업조직의 성장에 따라 조직의 효율적 관리 및 합리적 조직구조의 설계가 요구됐다. 당시에는 자연과학의 발전과 함께 세상을 기계시하는 풍조가 득세했고, 공식적 조직관 · 기계적 조직관을 특징으로 하는 고전적 조직이론이 탄생했다. 고전적 조직이론이 내세운 전제들은 다음과 같다. 첫째, 조직은 생산과 관련된 경제적 목표를 위해 존재한다. 둘째, 조직구조의 설계와 운영에 관한 최선의 방법(one best way)은 체계적·과학적 방법을 통해 발견할 수 있다. 셋째, 분업의 원리 등을 통한 생산의 극대화가 가능하다. 넷째, 인간과 조직은 합리적 경제 원칙에 따라 행동한다. 다섯째, 조직은 목표의 달성을 위한 합리적인 도구이자 기계다.

### 2) 행정관리론

고전이론의 중심이 되는 행정관리학파 등의 연구자들은 기업·정부·군대 등 조직의 최고관리층의 차원에서 적용하기 위한 조직의 원리들을 제시했다. 행정관리론은 과학적 관리론과 함께 고전이론의 입장이지만, 조직의 상위계층에 적용할 수 있는 일반적인 조직 원리의 탐구에 중점이 있다는 점에서, 생산 및 운영 수준의 최적 관리를 위한 기법에 중점을 둔 과학적 관리론과 다소의 차이가 있다. 행정관리론을 처음 제창한 사람은 프랑스의 페이욜(H. Fayol)이다. 페이욜은 1916년에 계획·조직·명령·통제 등 관리의 여러 기능이 효율적으로 수행되기 위한 관리의 일반 원칙으로서 14개의 일반 원칙을 제시했다. 한편 귤릭(L. Gulick)과 어윅(L. F. Urwick)은 『행정과학논집』(1937)에서 조직의 원리, 부처 편성의 원리, 그리고 POSDCoRB 등을 제시했다. 첫째, 조직의 원리란 고전적인 조직 형성에 관한 원리를 말하며, 계층제·통솔 범위·분업·조정·명령 통일의 원리 등을 말한다. 둘째, 부처 편성의 원리란 정부조직의 편제에 분업의 원리를 구체적으로 적용시킨 것으로서 부처 편성의 네 가지 기준(목적·기능, 과정·절차, 수혜자·취급물, 지역·장소)을 제시했다. 셋째, POSDCoRB이론은 귤릭이 최고관리자의 기능으로서 제시한 것인데, 이것은 기획(planning), 조직(organizing), 인사(staffing), 지휘(directing), 조정(codinating), 보고(reporting), 예산(budgeting) 등의 일곱 가지다.

### 3) 고전적 조직이론의 특징

고전적 조직이론의 대표적인 특징은

첫째, 합리적 경제인관이다. 즉 인간을 경제적 욕구 등의 저급한 욕구를 추구하는 'X이론적인 인간관'을 전제로 하고 있다.

둘째, 공식적 조직관이다. 즉, 합리적인 공식조직의 설계에 초점이 있다.

셋째, 기계적 능률관이다. 고전이론은 능률성의 제고를 최대의 목표로 삼았으며, 능률성을 단일가치 기준으로서 신봉했다.

넷째, 폐쇄 체제적 관점이다. 고전이론은 이상적인 조직설계의 원리나 규칙의 발견에 집착해 외부 환경에 대한 신축적인 적응의 문제를 간과했고, 조직을 폐쇄 체제로 인식했다.

다섯째, 고전이론은 과학적 조직의 형성에 주안점을 뒀다. 그러나 그들의 과학성 추구는 형식적이었다. 즉, 고전이론은 과학적 원리의 발견에 집착했으나, 실제의 연구 방식은 과거의 경험이나 직관에 의한 비경험적인 성격이 강했다.

### 4) 비판

첫째, 고전이론의 인간관은 합리적 경제인관인데, 이는 인간과 조직이 합리적·경제적 원리에 따라 행동한다는 가정하고 동기 유발의 유인은 경제적인 것으로 보는 입장이다. 그러나 인간의 사회심리적 욕구 등은 무시됐으며, 지나치게 인간의 경제적 욕구만을 부각시키고 있다. 둘째, 기계적 능률관의 문제다. 고전이론에서는 절약과 능률의 구현을 조직이 추구해야 할 유일한 선(善)으로 인식했다. 이렇게 가시적이고 수량적 · 경제적 가치를 중시하는 기계적 능률성 기준은 능률의 인간적 · 사회적 성격을 무시했고, 공익 구현을 사명으로 하는 공행정에 적용하는 데 한계가 있었고, 기본적으로 공사행정일원론의 입장이었기 때문에 공행정이 갖고 있는 사행정 내지 경영에 대한 특수성이 무시됐다. 둘째, 공식조직관의 문제다. 고전이론은 공식조직의 합리적 · 능률적인 설계만을 강조했고, 조직의 비공식적 · 인간적 측면은 간과되거나 무시됐다. 셋째, 고전이론은 어느 상황에서든 적용 가능한 조직구조, 관리의 일반법칙 · 원리 등을 탐구했는데, 이는 환경의 조직에 대한 영향 또는 조직과 환경의 상호의존성을 무시한 것으로서, 조직을 폐쇄 체제로 인식하고 있음에 다름 아니다. 넷째, 고전이론에서는 정치를 주어진 것으로 전제하고, 행정이란 이를 달성하기 위한 관리기술이라고 주장하는 정치 · 행정이원론적 입장을 취한다. 그러나 현실의 세계에서는 행정이란 정치적 성격을 불가피하게 보유하는 것이며, 정치적 성격을 무시한 행정연구는 불완전할 뿐만 아니라 비현실적이다.

## 2. 거시조직이론

### 1) 개념

조직 자체 내의 수준에서 조직과 환경과의 관계를 연구하는 분야

### 2) 문제 의식

강한 자가 살아남는가? 살아남은 자가 강한 것인가?

① 노량진 공무원 학원의 성공은 공무원 학원의 구조적 우수성 때문일까? 아니면 노량진에 공무원 준비생들이 많기 때문일까? 만약 노량진 공무원 학원을 강북으로 이전해도 성공할 수 있을까?

② 제2차 세계대전 이후 독립한 국가 중 유일하게 민주화와 산업화에 한국만이 성공했다. 그렇다면 한국의 성공은 한국 정부의 노력의 결과일까? 아니면 미국이라는 강력한 후원자의 영향력에 의한 것일까?

**〈결정론과 임의론〉**

| 구분 | | 환경 인식 | |
|---|---|---|---|
| | | 결정론(수동적, 종속변수) | 임의론(능동적, 독립변수) |
| 분석 수준 | 조직군 | **자연적 선택 관점** | **집단적 행동 관점** |
| | | • 조직군(개체군) 생태학이론<br>• 조직경제학(거래비용경제학)<br>• 제도화이론 | • 공동체 생태학이론 |

| | | 체제구조적 관점 | 전략적 선택 관점 |
|---|---|---|---|
| | 개별 조직 | • 구조적 상황이론 | • 전략적 선택이론<br>• 자원의존이론 |

3) 구조적 상황론(상황적응론)

① 개방체제론이나 생태론을 조직이론에 실용화시킨 중범위이론으로서 개별 조직이 놓여 있는 상황(규모, 기술, 환경)과 조직구조 간의 적합성 여부가 조직의 성과를 좌우한다는 **상황적합성 이론**

② 안정된 상황에서는 기계적 구조가, 불안정한 상황에서는 유기적 구조가 적합하다.

③ 주요 특징

**환경의 절대성**, 유일 최선의 방법 부인(상황에 따른 효과적인 차선책 추구), 업무의 과정보다는 **객관적인 결과를 중시**(등종국성), 중범위이론 추구(개별 조직을 분석단위로 삼으므로 방법론적 개체주의가 아님), **결정론적 입장**

4) 조직군 생태학이론

① 조직이 환경에 적응하는 것이 아니라 **환경이 조직을 선택한다는 극단적인 결정론**으로, 조직은 구조적 타성으로 인해 환경에 적응하는 능력에 근본적으로 한계가 있음을 인식하고 조직환경의 절대성을 강조하는 극단적인 이론

② **환경적소(환경의 수용 능력)에 의해 선택**되는 조직은 생존하고 그렇지 못한 조직은 도태된다는 생물학의 자연도태나 적자 생존의 법칙을 사회 현상에 적용한 것

③ 변이, 선택, 보존의 과정을 종단적으로 분석

④ 예 : 우리나라 대기업의 경우 조직이 환경에 적응했다기보다는 정치사회적 환경의 변화가 대기업의 존립을 선택한 것

5) 조직경제학

① 시장경제학의 관점을 조직이론에 도입한 것으로, 조직을 계약의 결합체로 보

며, 기본적으로 인간을 이기주의자(홉스[T. Hobbes]의 인간관인 **합리적 · 이기적 경제인)로 가정**하나, 여러 제약으로 합리성이 제한된다.

② 거시조직이론(조직과 환경과의 관계를 연구)이지만, 구체적인 분석 방법에서는 방법론적 개체주의에 의한 경제학의 미시주의적 접근을 선호하고 있어 합리적 선택(경제적) 신제도주의에 포함된다.

③ **공공 부문의 시장화와 민영화에 응용되고 있어 신공공관리론의 이론적 토대를 제공**했다.

(1) **주인-대리인이론**(principal-agent theory)

① 근대 입법국가에서는 의회가 국민의 대리인, 현대 행정국가에서는 정부가 국민의 대리인이며, 공기업은 정부의 대리인이 된다.

② 의회는 국민에 대해서는 대리인이지만 정부에 대해서는 주인의 역할을 수행하는 이중적 지위를 **복대리 관계**라고 한다. 공기업은 정부의 대리인으로서 주인인 정부가 대리인인 공기업을 감시하고 통제하는 관계가 된다.

③ 이처럼 주인과 대리인 관계가 반복됨으로써 대리인 문제나 비효율이 반복되는 현상을 **복대리**라고 하며, 이는 **민영화를 지지하는 논거**가 된다.

④ 공공 부문의 경우 위임자가 누구인지, 다수의 위임자가 원하는 것은 무엇인지 확인하기가 어려우므로 민간 부문의 경우에 비해 적용하기가 어렵다.

⑤ **대리인에 대한 통제를 제약하는 요인**
**합리성의 제약, 정보의 비대칭성, 기회주의적 행동, 자산의 특정성(고정성), 소수 독점**

| 대리인이론 | 주인과 대리인 사이에 존재하는 대리 손실의 최소화 방안을 연구 |
|---|---|
| 이론의 전제 | • 인간은 모두 이기주의자이므로 본인과 대리인 간에는 근본적인 이해관계의 상충으로 대리 손실이 발생한다.<br>• 대리 손실은 대리인에 대한 **정보 부족**으로 주인이 정보나 능력 면에서 우월한 대리인을 효율적으로 감시 통제하지 못하고 대리인의 재량에 의존할 수밖에 없는데서 기인한다.<br>• **이기적 인간(합리적 · 이기적 경제인), 이해관계 상충, 정보의 비대칭성(대리인이 유리), 경제학적 접근** |

| 손실 종류 | 의미 | 대리인 문제 치유 방안 |
|---|---|---|
| **역선택** | • 주인(정보를 가지지 못한 자) 입장에서 바람직하지 못한 상대방(부적격자나 무능력자)과 거래를 할 가능성이 높아지는 현상<br>• Hidden Characteristics가 문제되는 상황에서 **사전적** 기회주의 발생 | • Signalling : 정보를 가진 자가 정보 제공 행위, 학력 · 경력, 전문성 과시<br>• Screening : 대리인에게 일정한 자격과 요건을 요구, 차별화된 계약 제시<br>• Reputation : 대리인의 신뢰 있고 일관된 정책, 행동<br>• Multiple Agents : 경쟁, 상호 견제, 상호 통제를 통한 정보 획득<br>• 정보나 공동 지식을 추구 : 비대칭적 정보 상황의 극복 시도 |
| **도덕적 해이** | • 주인(정보를 가지지 못한 자) 입장에서 볼 때 대리인이 바람직하지 않은 행동을 하는 현상(즉, 대리인이 최선의 업무 수행 태도와 노력을 하지 않음.)<br>• Hidden Action이 문제되는 상황에서 사후적 기회주의 발생 | • Incentive Design : 주인-대리인이론에서 가장 강조<br>• 가장 효과적인 방법 : 금전적 보상(성과급)을 통해 선호 일치를 유도<br>• 경쟁을 강화하는 방법 : 민영화, 민간위탁 |
| **효율적인 계약 관계 유지를 위한 대리 손실 최소화 방안** | • **정보의 공개와 균형화**(정보의 비대칭성에서 탈피) : 행정 투명성 확보, 정보 공개 활성화<br>• **성과 중심의 대리인 통제의 강화**(자율보다는 통제, 사소한 절차보다는 결과 중심의 통제가 필요) : 행정통제, 시민 참여, 성과관리<br>• **충분한 인센티브 제공** : 보수(성과급), 승진 등 다양한 인센티브 수단의 마련 | |

**심화 학습: 대리인이론과 청지기이론**

| 대리인이론 | 청지기이론 |
|---|---|
| Principal Agent Theory | Stewardship Theory |
| 순자의 성악설(性惡說) | 맹자의 성선설(性善說) |
| 인간은 이기적이고 기회주의적이다. | 인간은 자신과 타인의 선을 동시에 추구한다. |
| 아이젠하르트(K. M. Eisenhardt, 1989) : 스탠퍼드대 경영학자<br>대리인 비용 감소 방법에 관한 논문 발표 | 데이비스(J. Davis) : 유타주립대 경영학 교수<br>청지기란 직장에서 일의 의미와 자신의 정체성을 찾고 고용주와 인간적 관계 속에서 고용주의 문제 해결을 위해 일하는 역할 |

| 젠슨(M. Jensen)과 메클링(W. H. Meckling)<br>(최초 제시)<br>• 사회구성원 간의 관계는 주인과 대리인과의 계약 관계이며 서로 이해관계의 상충이 있다고 가정<br>• 주인이 대리인을 효율적으로 감시하지 못하면 대리인 비용이 발생한다는 주장<br>• 대리인 관계<br>국민과 정부, 유권자와 국회의원, 의뢰인과 변호사, 소유주와 경영자 등 | |
|---|---|
| 주주가 대리인에게 경영을 위임하자 대리인의 이기적 속성과 정보 불균형, 모니터링 불안정성 등 발생 → 대리인 비용 증가<br>※ 모니터링과 인센티브가 인사관리의 핵심 | 청지기는 일의 의미와 정체성을 찾고 고용주와 인격적인 관계 속에서 자발적으로 일하는 구성원<br>※ 자율적 업무환경 조성과 성장 기회의 제공이 인사관리의 핵심 |

### (2) 거래비용 경제학

① 의의

㉠ 대리인이론을 조직이론에 적용한 것으로서 조직 안팎의 모든 거래 관계(소유자와 관리자, 관리자와 부하, 공급자와 생산자 등)를 분석한 윌리엄슨(O. Williamson)의 **이론으로 '거래비용의 최소화'를 위한 조직구조의 설계를 강조**함.

㉡ 즉, 조직구조는 조직 활동에서 발생할 수 있는 거래비용의 최소화를 추구해야 한다는 것

② 거래비용

㉠ 개념 : 이 행위(가격기구 이용)를 하기 위해 수반되는 제반 비용

㉡ 사전적 비용 : 정보비용, 측정비용, 협상비용, 탐색비용 등

㉢ 사후적 비용 : 이행비용, 감시비용, 통제비용 등

③ 거래비용을 결정하는 요인

㉠ 인간적 요인 : 제한된 합리성, 기회주의(역선택과 도적적 해이)

㉡ 환경적 요인 : 환경의 불확실성, 소수자에 의한 경쟁(불완전 경쟁)

㉢ 자산특정성(asset specificity)[5] : 특수 거래에 고착화된 정도로 **자산의 특정성**

**이 높을수록 거래비용이 증가**한다.

㉣ 정보의 편재성, 거래의 빈도

④ 조직 효율성의 조건

㉠ 시장과 계층제 조직: 시장실패를 치료하기 위한 시장에서의 거래비용이 관료제적 조정비용보다 크면 거래비용의 최소화를 위해 거래의 내부화, 즉 조직통합이 더 효율적이다.

㉡ U형 조직과 M형 조직

- 시장실패 상황에서 U형 조직이 항상 효율적인 거래 방식이 아니며 조직 내에서도 각종 비효율적인 문제(파킨슨의 법칙[6])가 존재한다. 따라서 조직구조 중 어떤 조직이 더 효과적인가의 문제가 발생한다.
- **윌리엄슨은 조직구조 중 M형 조직구조가 U형 조직구조보다 우수하다고 주장한다.**
- U형(Unitary Organization : 단일의 기능별 조직) 구조 : 조직의 규모가 확대되고 사업 영역이 다양화됨에 따라 각 부문 간의 조정이 어려워지고 개별 부서의 목표만을 추구하는 경향을 보인다.
- M형(Multi-divisionalized : 다양한 형태로 분화된 조직) 구조 : 각 부문이 자체 사업 영역 내에서 이익극대화를 위한 합리적 행동을 추구하므로, 대규모 조직에서 발생하기 쉬운 불합리한 요인들이 제거되고 조정이 쉬워진다. 오스트롬(E. Ostrom)의 다중공공관료제, 민츠버그(H. Minzberg)의 분화 형태도 M형 구조와 가깝다.
- **U형 조직은 하부조직이 기능별로 분화돼 계층제 정점에 있는 1인이 조정·통합을 하는 고전적 조직이며, M형 조직은 기능을 통합해 일의 흐름에 따라 편제한 흐름별 조직(수평구조)으로, 사업부제나 통합기능팀이 이와 유사한 조직이다.**

⑤ 시장실패 관점에서 시장보다 조직(계층제)이 효과적인 이유

㉠ 조직(계층)은 적응적·연속적 의사 결정을 용이하게 함으로써 인간의 제한된

---

5) 예를 들어 판매자가 물건을 특정한 사람이 아닌 다른 사람에게도 쉽게 팔 수 있고, 또한 물건을 특정한 사람이 아닌 다른 사람에게서 쉽게 구입할 수 있는 경우는 자산전속성이 낮은 경우다.

6) 계서제적 조직에서 효율성과는 무관하게 조직관리자들은 직무나 예산이 줄어드는 것을 싫어하고, 부처 간 확장주의에서 나타나듯이 다른 부서의 업무를 통합하려는 경향을 보인다. 이러한 맥락에서 본다면 계서제적 조직이 시장보다 항상 우월하다고 볼 수 없고, 계서제적 조직 중에서도 어떤 구조가 효율적인가 하는 문제가 대두된다.

합리성을 완화시킴.

㉡ 소수 교환 관계에서 기회주의를 희석

㉢ 거래의 내부화를 통해 구성원들의 기대가 어느 정도 수렴됨으로써 불확실성 감소

㉣ 거래의 내부화로 정보 밀집성(정보의 편재)이나 자산의 특정성(전속성) 쉽게 극복 가능

〈주의〉 계층제 조직은 내부비용은 적게 소요되나 외부비용이 많이 소요됨.

⑥ 평가

㉠ 장점 : 정부조직에 시장 원리를 도입해 거래비용의 최소화, **민간위탁(계약), 민영화에 응용돼 공공 부문의 민간화이론 토대 제공**

㉡ 문제점 : 행정조직의 통폐합이나 기업의 문어발식 확장, 계서적 구조를 정당화시키는 전략으로 활용, 효율성 및 시장 원리만 강조한 나머지 민주성이나 형평성을 고려하지 못함.

6) 제도화이론

① 조직은 개방 체제이지만 조직에 가장 결정적으로 작용하는 요인은 오래전부터 전해 오는 습관에 **부합**되도록 하는 사회·문화적 압력이다.

② 제도적 환경에는 조직이 대외적으로 어떻게 보여야 하며, 또 어떻게 행동해야 하는가에 대한 공유하는 시각·인식·관습들이 존재하는데, 이러한 기대되는 요소나 특성들을 받아들임으로써 사회적 정당성을 확보하려고 한다. 즉, 환경적 기대에 대한 의례적 동조가 나타난다(**제도적 동형화를 추구**).

③ 예

국민들이 교육부의 정책·활동이 사회 규범적으로 정당하다는 생각을 하지 않는 한 교육정책·활동에 대해 지지하지 않는 것이나, 방송통신대학이 독특한 설립 목적과 교육 이념을 가졌음에도 불구하고 일반 대학처럼 변한 이유는 제도적 환경의 요구(대학에 대한 사회적 통념)에 따른 것이다.

7) 전략적 선택이론 : 일반 환경 고려 및 환경의존성 불고려

① 조직환경에 대한 **관리자**의 지각 체계(인지적 기초와 가치관)의 차이로 인해 다양한 조직의 **선택**이 존재할 수 있다.

② **조직의 생존과 발전을 좌우하는 것은 환경적 상황이 아니라 재량권이 부여된 관리자의 자율적 판단이나 인지라는 환경형성론적** 입장으로 조직의 변화는 외부의 환경에서 오는 것이 아니라, 조직 내 특정인(관리자)들의 의사 결정의 산물이다.

③ **전략이론(스콧)**

완충전략(대내적인 소극적 전략): 분류, 비축, 형평화, 예측, 성장

연결전략(대외적인 적극적 전략): 권위주의, 경쟁, 계약, 합병

④ 예: 은행조직의 특성과 전산정보 체계 간의 관계 연구에서 은행장들의 관심과 지원이 전산 부문의 확대에 큰 역할을 하고 있는 것으로 밝혀짐.

### 8) 자원의존이론: 특정 환경(조직 간 관계) 및 환경의존성 인정

① 어떤 조직도 필요한 모든 자원 획득이 불가능하며 희소자원에 대한 의존성이 관리자가 다뤄야 할 중요한 상황 요인으로 보고, 핵심적인 **희소자원에 대한 통제 능력이 관리자의 능력과 역량을 좌우한다고 전제**

② 환경에 대한 피동적인 대응이나 조직의 내부적 관리보다는 희소자원에 대한 **관리자의 통제 능력에 의한 능동적이고 적극적인 환경관리를 중시**한다.

③ 조직의 관리자들은 조직의 환경에의 의존성을 극소화하기 하기 위해 자원을 통제하고 또한 다른 조직으로 하여금 자기 조직에 대한 의존도를 극대화하기 위해 자원을 통제하는 방법에 의한 권력을 획득한다.

### 9) 공동체 생태학이론

① 조직을 생태학적 공동체 속에서 상호의존적인 조직군들의 한 구성원으로서 파악하고 조직(관리자) 간의 공동전략(연대)에 의한 **능동적 환경 적응 과정을 설명**

② 조직들이 공동전략을 형성하는 이유

필요성, 불균형성, 호혜성, 효율성, 안정성, 정당성

## 3. 혼돈이론(chaos이론)

### 1) 의의

① 균형과 질서에만 집착하지 않고 **혼돈과 무질서의 긍정적 측면을 파악해 폭넓고**

**장기적인 변동의 경로와 양태를 찾아보려는 이론**

② 전통적 균형이론 : 선형적 인과 관계가 관심의 대상이며, 부정적 환류에 의한 안정, 질서, 균형을 강조

③ 혼돈이론 : 비선형적 관계(나비 효과)나 상호 관계, 복잡성, 긍정적 환류 등을 강조하며, 민감성과 같은 맥락의 개념이다.

2) 혼돈이론의 특성

① **통합적 연구(접근)와 인식** : 질서와 무질서, 부정적 환류와 긍정적 환류, 긍정적 엔트로피와 부정적 엔트로피 등 **복잡한 사회 문제를 단순화 · 정형화하지 않고 통합적으로 접근한다.**

② 대상 체제의 복잡성 : 행정조직은 개인, 집단, 환경적 세력이 교호 작용하는 복잡한 체제라고 가정한다.

③ **발전의 전제 조건으로서의 혼돈 : 혼돈을** 회피와 통제의 대상으로 보지 않고, **발전의 불가결한 조건이나 기회로 본다.**

④ 자기조직화의 능력(원칙) : 가외성의 원칙, 필요다양성의 원칙, 최소한의 표준화 원칙, 학습을 위한 학습의 원칙

⑤ **반(탈)관료주의적 처방** : 계층제의 탈피, 업무의 유동성, 다기능적 팀의 활용, 흐름 중심의 조직, 저층구조화, 조직 규모의 확대 반대

⑥ 이중적 학습 : 긍정적 환류와 부정적 환류의 통합적 인식을 중시한다.

⑦ **결정론적 혼돈** : 완전한 혼란이 아닌 한정된 혼란, **제한된 무질서**를 중시한다.

**심화 학습:** 이중적 순환학습(double-loop learning)

학습을 위한 학습으로서 부정적 환류 및 부정적 엔트로피를 통한 균형과 안정만을 중시하는 개방체제론과는 달리 자생이론 및 혼돈이론에서는 체제가 운영 규범으로부터의 이탈을 규제하고 수정하는 부정적 환류(negative feedback) 과정을 유지함으로써 안정된 균형을 유지할 수 있도록 하는 한편, 역으로 새로운 조건의 변화를 수용하기 위해 기존의 규범을 수정하고 변화를 추구하는 긍정적 환류(positive feedback)를 추구하기도 한다. 즉, 부정적 환류와 긍정적 환류의 통합적 인식을 중시한다.

### 〈단일고리학습과 이중고리학습〉

| 구분 | 저차원 학습(단일고리학습) | 고차원 학습(이중고리학습) |
|---|---|---|
| 목표 | • 주어진 기존의 규범 · 규칙 · 지식 체계 내에서의 문제(오류) 수정 ⇨ 효율성 강조 | • 전반적인 규칙 · 규범의 수정 ⇨ 효과성 강조 |
| 범위와 효과 | • 단기적이고 즉각적인 것에만 영향, 국소적 | • 장기적이고 조직 전체에 대한 영향, 광범위 |
| 환류 | • 부정적 환류, 부정적 엔트로피 | • 부정적 환류 + 긍정적 환류<br>• 부정적 엔트로피 + 긍정적 엔트로피 |
| 성격 | • 적응적 학습, 현재 지향적 학습, 안정 추구 | • 생산적 학습, 미래 지향적 학습, 변화 추구 |
| 학습 방법 | • 일상적 반복 | • 비일상적 휴리스틱과 통찰력에 의존 |
| 상황 | • 이해 가능하고 경영자가 통제 가능한 상황<br>• 조직의 전체 수준에서 일어남. | • 모호하고 잘 정의되지 않은 상황<br>• 대부분 조직의 상층에서 일어남. |
| 결과 | • 특정한 행동, 성과의 변화, 오류의 수정 | • 새로운 통찰력, 규범의 개발, 목표의 수정 |
| 학습 조건 | • 기능적 합리성: 과거의 문제 처리 방식에 근거한 합리성 | • 새로운 전략, 새로운 리더, 극적인 시장 변화 등이 있는 경우 ⇨ 전략적 합리성 |
| 조직설계 | • 기계적 설계(mechanical)에 의한 고전적 · 폐쇄적인 관료조직 | • 홀로그래픽 설계에 의한 학습조직 등 현대적 · 개방적인 유기적 구조 |
| 역기능 | • 기존의 패러다임에서 벗어나기 어려움. | • 피상적인 연상, 규범 등을 만들 수 있음.<br>• 변화에 대한 저항, 무력감을 낳음. |
| 예 | • 공식적 규칙의 제도화<br>• 경영 시스템의 개선<br>• 문제 해결 기술<br>• 품질 개선, 제품 개선 | • 새로운 사명과 방향 정의<br>• 안건 설정<br>• 문제 정의 기술<br>• 새로운 신화, 일화, 문화의 개발 |

#### 심화 학습: 복잡성이론

**1) 의의**

시스템이 질서(cosmos)와 무질서(chaos)의 두 측면이 공존하면서 재창조되고 성장 · 발전해 나간다는 이론

**2) 특징**

① 창발성: 질서는 혼돈으로부터 창조적 파괴나 자기조직화에 의해 나오는 것
② 경로의존성: 분기점에서 어떤 창발적 효과가 발생할지 모름.
③ 공진화: 공동진화성으로 원인과 결과변수가 상호 작용하면서 함께 진화
④ 비선형성: 인과 관계의 불규칙성, 초기치 민감성, 나비 효과
⑤ 순환고리 메커니즘: 원인변수와 결과변수가 상호 작용하는 상호 인과성 및 이중순환적 학습
⑥ 자기조직화: 가외성, 다양성, 표준화의 최소화, 이중순환학습

⑦ 적응: 생물 유기체가 변화하는 환경에 적합하게 되는 계속적 과정
⑧ 복잡 적응 시스템: 시스템 구성행위자들 간 상호 작용 규칙을 바꿔 적응 능력을 제고하는 것
⑨ 평형: 미시적 요소들이 각자 운동하지만 거시적인 양은 변하지 않는 것으로 시스템이 현상을 유지하는 것
⑩ 결정론: 시스템의 한 상태가 그 이전 상태에 의해 결정되는 것
⑪ 스웜웨어(swarmware): 실험, 시행착오, risk taking, 행위자의 자율성을 포함하는 비선형적 복잡 프로세스의 일종으로 선형적 · 합리적이고 통계적인 측정 프로세스인 클락웨어(clockware)와는 반대 개념

## 제 5 절 조직의 관리기법

### 1. 목표관리(Management by Objective: MBO)

#### 1) 의의

상하 조직구성원의 **참여** 과정을 통해 조직의 **공동 목표**를 명확히 하고, 체계적으로 조직구성원들의 개개 목표 내지 책임을 합의하에 부과해, 수행 결과를 사후에 공동으로 **평가**하고 **환류**시켜, 궁극적으로 조직의 효과성 향상에 기여하고자 하는 동태적 · 민주적 관리 체제

#### 2) 기본적인 구성 요소

**목표 설정, 참여, 환류**

#### 3) 특성

참여적 관리, 계량 가능한 단기적 목표, 평가와 환류 중시, **결과 지향적인 관리 방식, Y이론적 관리 방식**

#### 4) 장점

① 조직 목표와 조직 속의 개인 목표를 일치
② 목표의 계량화로 객관적 기준과 책임 한계 명확화로 환류 기능 강화
③ 자율적 책임에 의해 관료제의 경직성을 보완하고 관리의 융통성 제고
④ 목표 달성의 성과에 따른 개인별 보상 체계로 연봉제 등 성과 중심의 인사

가능

5) 단점

① **급격한 변화나 유동적이고 불확실한 환경적 소용돌이 속에서는 효용이 제약**
② **주민이나 조직 전체의 관점에서 생산성 추구 곤란(기관 내부의 활동이나 산출 중심이라는 한계를 지님.)**
③ 단기적이고 양적인 목표에 치중하므로 목표 전환 소지가 있고, **결과 중심의 관리로 잘못된 절차나 과정을 묵인할 수 있음.**
④ 운용하는 데 시간이 많이 소요되며, 절차가 복잡함.

## 2. 조직 발전(Organization Development: OD)

1) 의의

조직의 효과성·건전성을 높이기 위해 조직구성원의 가치관·신념·태도 등 인간의 행태를 의도적으로 변화시켜 조직의 환경 변화에 대한 대응 능력과 문제 해결 능력을 향상시키려는 관리전략

2) 특징

① 행태과학 지식의 응용과 자아실현적인 **Y이론적 인간관**
② **장기적·지속적·계획적 변화**: 일시적이고 부분적인 변화가 아니다.
③ **변동 담당자의 개입(외부의 전문가)**과 하향적 변화: 최고관리층과 하위계층이 협동적으로 추진
④ **결과보다는 과정을 중시**

3) 기법: 감수성훈련(대인 관계 개선훈련)

① 실험실훈련이라고도 하며, 외부 환경으로부터 차단된 인위적 상황(사회심리적으로 고립된 장소)에서 10명 내외의 낯선 구성원(비친근자)들로 구성된 소집단 구성원이 비정형적 접촉에 의한 인간 관계의 체험에 의해 타인을 이해하고 스스로 자신의 태도를 평가하고 개선하며 대인적인 자각과 수용 능력을 제고하는 훈련

② **특징: 자신(자아성찰), 타인(대인 관계 개선), 집단(집단에 대한 이해)에 대한 태도와 행동을 스스로 평가, 변화시키는 활동**

## 3. 전략적 관리(Strategic Management: SM)

### 1) 의의

① 개방 체제 하에서 **환경과의 관계를 중시**하는 변혁적 관리전략이자 조직의 새로운 지향 노선을 제시하고, 전략기술을 개발하는 관리전략

② 조직과 그 조직이 처한 환경 사이에 가장 적합한 상태를 형성하는 것으로 장기적인 관점에서 대내적 강점 및 약점과 환경으로부터 위협 및 기회를 분석(SWOT)하고 이에 기초해 **미래에 대비한 전략을 수립**하는 것이다.

### 2) 특징

**환경뿐만 아니라 조직 자체의 역량 분석을 중시**한다.

### 3) SWOT 분석 사례: 한미 FTA 도입 후 특허청 분석

구체적인 전략기획 방안 적용 사례: 한미 FTA 통과 후 특허청이 어떠한 대처를 할 것인가?

첫째 단계, 전략기획의 단계

둘째 단계, 미션과 비전의 확인 단계

셋째 단계, 외부 환경(기회 및 위협) 및 내부 환경(강점 및 약점) 분석 단계

① 실제 SWOT 분석

| Strength | Weakness |
|---|---|
| • 2006년 책임운영기관으로서 특허청 지정<br>• 분권화 및 자율적인 조지 구조 및 문화<br>• 성과평가 및 활용이 정착된 성과주의 문화<br>• 명확한 성과보상 체계 | • 공공조직의 근본적인 한계<br>• 상위 부처와의 관계<br>• 기관장의 임기 현실적 보장 안 됨. |
| **Opportunity** | **Threat** |
| • 자유무역 이후 특허 수용 급증<br>• 지적 재산권 보호 업무의 중요성 인식<br>• 지적 재산권 소송에 대비한 적극적 지원 | • 적극적으로 특허 소송에 대응하지 못할 경우 조직의 위기<br>• 업무 과다 및 지연<br>• 국가 간의 특허 업무 소송 차이 |

② 구체적인 전략 방안

| Strength | Weakness |
|---|---|
| • 공격적 전략: 강점을 가지고 기회를 살리는 전략 (SO 전략)<br>(예) 특허청은 한미 FTA 이후 특허 문제를 주도적으로 이끌어 나가는 부서로 전환 | • 방향 전환 전략: 약점을 보완해 기회를 살리는 전략(WO 전략)<br>(예) 공공조직의 약점을 특허 수요의 증가로 조직을 강화시킴. |
| **Opportunity** | **Threat** |
| • 강점·위협 전략: 강점을 가지고 위협을 회피하거나 최소화하는 전략(ST전략)<br>(예) 특허청은 전문 인력 교육 강화 등으로 현안 문제 해결 | • 방어적 전략: 약점을 보완하면서 위협을 회피하거나 최소화하는 전략(WT전략)<br>(예) 공공조직에서 예산 및 법령의 한계를 극복해 대응 |

③ SWOT전략

| | | 역량 | |
|---|---|---|---|
| | | 강점(S) | 약점(W) |
| 환경 | 기회(O) | SO | WO |
| | 위협(T) | ST | WT |

## 4. 총체적 품질관리(Total Quality Management: TQM)

### 1) 의의

**고객 만족을 위한 서비스 품질 제고를 1차적 목표**로 삼고 구성원의 광범위한 참여하에 조직의 과정·절차·태도를 지속적으로 개선해 나가려는 **고객 지향적인 총체적 품질관리 철학**

### 2) 대두 배경

통계학자 데밍(E. Deming)에 의해 개발, 1980년대 이후 일본에서 미국으로 역수입

### 3) 기본 원칙

① **고객이 품질의 최종 결정자**

② **산출 과정 초기에 질이 정착(예방적 관리)**

③ 서비스의 변이성 방지

④ 전체 구성원에 의한 질의 결정
⑤ **투입과 과정의 계속적인 개선**
⑥ 구성원의 참여 강화
⑦ 총체적인 헌신 요구

4) 전통적 관리와 TQM의 비교

① 고객 요구 측정: 전통적 관리(전문가들이 측정), **TQM(고객에 초점**을 둬 규명)
② 자원의 통제: 전통적 관리(기준 내에서 낭비 허용), TQM(낭비 불허)
③ 품질관리: 전통적 관리(사후에 수정, 환류), **TQM(예방적, 사전적 관리)**
④ 의사 결정: 전통적 관리(불확실한 가정과 직감에 근거), TQM(통계적 자료와 과학적 절차에 근거)
⑤ 조직구조: 전통적 관리(집권적 구조), **TQM(수평적, 분권적 구조, 기능이 통합된 팀 구조)**
⑥ 기타: **고객 중시(참여, 선택 등), 서비스의 질 중시, 거시적 안목과 장기적 전략, 직원에의 권한위임, 개인보다는 팀워크 중시, 결과보다는 절차의 지속적인 개선**

5) MBO와 TQM의 비교

| 구분 | 본질 | 지향 | 초점 | 안목 | 보상 | 성격 |
|---|---|---|---|---|---|---|
| MBO | 관리전략 | 목표 지향(양) | **결과 지향** | 단기적 | **개인별 보상** | **사후관리(환류, 평가)** |
| TQM | 관리철학 | 고객 지향(질) | **과정 지향** | 장기적 | **총체적 헌신** | **예방적 관리** |

심화 학습: MBO와 TQM의 비교

| 구분 | MBO | TQM |
|---|---|---|
| 안목 | 단기 · 미시 · 양적(정량적) | 장기 · 거시 · 질적(정성적) |
| 지향 | 효과 지향(대내 지향) | 고객 지향(대외 지향) |
| 성격 | 관리전략, 평가 및 환류 중시<br>(사후적 관리) | 관리철학, 사전적 관리<br>(예방적 통제) |
| 계량화 | 계량화 중시 | 중시하지 않음. |
| 초점 | 결과 | 과정 · 절차 · 문화 |
| 보상 | 개인별 보상 | 총체적 헌신(집단 중심) |

### 5. 리엔지니어링: 업무처리 과정 재설계(Business Process Re-engineering: BPR)

1) 의의

**조직 업무의 전반적인 과정과 절차를 축소·재정비**해서 가장 합리적인 방법으로 업무를 수행하려는 현대적 관리전략으로 고객 만족을 지향

2) 목적

비용, 품질, 서비스, 속도와 같은 핵심적인 성과에서 극적인 향상을 이루기 위해 업무 프로세스를 기본적으로 다시 생각하고 근본적으로 고치는 것

3) 설계 원리

정보기술을 활용(자동화, 통합화, 매개물 제거), 이음매 없는 조직, **기능이 아닌 고객이나 절차 중심의 설계**, 연속적인 업무를 병렬로 동시에 진행, 정보 수집 창구의 단일화, 주된 절차의 지속적인 흐름, 자동화 수반 등

4) 효용

이음매 없는 조직을 구현해 전자정부를 실현하려는 행정개혁에 적용

## 제 6 절 조직시민행동

**조직시민행동**(organizational citizenship behavior: OCB)이란 조직에서 직원들은 공식적인 업무만을 행하지는 않는다. 직원 스스로 생각해 타인에 대해 지원 활동, 사회봉사 활동 등 여러 가지 자발적 행동을 한다.

**1) 의의**

① 조직시민행동이란 개인의 자유재량으로 공식적인 보상 시스템에 의해 직접적으로 또는 명시적으로 인식되지 않는 직무 역할 외 행동이다.

② 필립 포사코프

조직시민행동이란 조직효과성에 기여하는 종업원들의 재량적 행동이다.

### 2) 특징

구성원들의 역할모호성 지각은 조직시민행동에 부정적인 영향을 미친다. 역할모호성이란 역할이 불분명 할 때 발생하는 불확실성으로 이는 긴장감이나 무력감을 증가시키고 직무 만족·자신감을 감퇴시켜 자발적인 조직시민행동이나 노동력의 손실을 초래한다.

### 3) 조직시민행동의 행태 다섯 가지(유태용)

이타주의, 성실성(양심성), 예의성, 스포츠맨십, 시민정신

# 제4장 인사행정론

## 제 1 절 인사행정의 기초 이론

□ 인사행정의 일반적인 특징

인사행정은 일반적이고 보편적인 원리를 탐색하기보다는 하나의 전문화된 영역으로 이해되고 있다. 즉, 전문성, 과학성, 적극성, 수단성·기술성, 적응성(신축성), 기능의 다양성·통합성·광범위성 등이며, 인사행정의 3대 요소는 임용, 능력 발전, 사기 앙양이다.

□ 인사제도의 변천

| 정치적 인사기 | 고전적 인사기 | 신고전적 인사기 | 적극적 인사기 |
|---|---|---|---|
| 엽관주의 | 실적주의 인사기<br>과학주의 인사기 | 인간 중심의 인사기<br>인간관계론 | 대표관료제<br>후기 인간관계론 |

### 1. 엽관주의(spoils system)

<table>
<tr><td>의의</td><td>① 개념<br>공무원의 인사관리나 공직 임용 시에 그 기준을 당파성(정당에 대한 충성도)과 인사권자와의 정치적인 연고 관계를 기준으로 공무원을 임용하는 인사제도(정실주의는 인사권자의 개인적인 연고 관계[혈연, 학연, 지연] 등에 따라 임용)<br><br>② 엽관주의와 정실주의(동일하지 않음.)<br>• 엽관주의(미국) : 승리한 정당이 공직을 정치적 충성도(보상)에 따라 임의대로 처분할 수 있는 교체임용제 또는 공직경질제로서 민주주의 및 정당정치와 관련해 발달한 제도<br>• 정실주의(영국) : 왕과의 개인적인 친분 및 정치성에 의거해 공직을 임용하는 제도<br>☞ 엽관주의에서는 정권이 교체되면 공직의 광범위한 경질이 단행, 정실주의에서는 대폭적인 교체가 없었음.</td></tr>
</table>

| | |
|---|---|
| 발달 연혁 | 제퍼슨(T. Jefferson) 대통령에 의해 기반 조성<br>먼로(J. Monroe) 대통령 때에 임기 4년법 제정<br>잭슨(A. Jackson) 대통령이 표방한 잭슨식 민주주의(1829년에 잭슨이 공식적인 인사정책으로 채택) |
| 발전 요인 | ① 공직의 특권화 방지를 통한 정부관료제의 민주화 장치(잭슨식 민주주의 이념에 부합)<br>② 양대 정당이 존재하고, 승리한 정당이 공약을 강력히 추진할 수 있었음.<br>③ 당시의 행정은 소극성과 단순성을 띰(상식만 있으면 누구나 공무원이 될 수 있음).<br>④ 다원주의 사회인 미국 사회에서는 잘 조직화된 관료제가 불필요<br>⑤ 대통령 중심제 하에서 대통령의 강력한 정책 추진을 위해 필요한 인사제도 |
| 장점 | ① 한정된 관직을 널리 개방해 더 많은 사람이 공직에 참여할 수 있도록 평등 이념(임용 기회의 형평성에 부합)<br>② 공직 경질(교체 임용)을 통해 관료제의 특권화 혹은 관료주의화(지나친 신분 보장으로 관료집단이 특권집단화되는 현상)를 방지<br>③ 정책 변동에의 대응과 정치적 리더십의 강화(국민의 지지에 따라 정부가 구성되므로 정책 추진이 용이하며 의회와 행정부 간의 관계나 조정이 활성화됨.)<br>④ 정부관료제의 민주화(**행정의 민주성, 대응성, 참여성, 책임성 확보 가능**) |
| 단점 | ① 정치적 중립 저해<br>② 행정의 안정성 저해<br>③ 정치적·행정적 부패로 공익의 저해<br>④ 비능률, 무질서, 낭비, 부패 초래<br>⑤ 임용 기회의 공평성 상실(정당에 충성한 사람만이 공직에 임용) |

## 2. 실적주의(merit system)

| | |
|---|---|
| 의의 | ① 인사행정이나 공직 임용의 기준을 당파성이나 정실·혈연·지연이 아니라 개인의 능력·자격·성적에 두는 제도<br>② 공채(기회 균등)에 의해 능력과 자격을 과학적·합리적으로 분석하고 능력 중심의 인물을 임용하는 객관적이고 합리적인 인사제도 |
| 발전 요인 | ① 엽관주의의 폐해 극복<br>② 정당정치의 부패(가필드 [J. A. Garfield] 대통령 암살사건을 계기)와 중간선거에서 공화당의 참패가 결정적인 계기가 됨.<br>③ 행정 기능이 양적으로 확대되고 질적으로 전문화되는 행정국가의 등장 |
| 실적주의의 기초법 (펜들턴법) | 펜들턴법(Pendleton Act)에 의해 실적주의가 정식으로 확립<br>**〈주요 내용〉**<br>초당적이고 독립적인 인사위원회 설치, 공개경쟁시험에 의한 임용제도 채택, 공무원의 정치적 중립을 최초로 규정 |

| | |
|---|---|
| 수립 | ① 미국의 실적주의: 직무 중심의 개방형 실적주의를 취함으로써 직업공무원제 확립에는 기여하지 못함.<br>② 영국의 실적주의: 재직 공무원 중심의 폐쇄형 실적주의를 취함으로써 신분 보장을 통한 직업공무원제 확립에 기여 |
| 주요 내용<br>(확립 요건) | 능력과 자격, 실적에 의한 임용, 신분 보장, 정치적 중립, 공직 임용에의 기회 균등, 인사행정의 과학화(객관화), 인사권의 집권화(초당적이고 행정수반으로부터 독립적인 중앙인사기관의 설치) |
| 장점 | ① 공채 방식을 통한 임용상의 기회 균등 보장으로 민주주의적 평등 이념 실현 가능<br>② 공무원의 정치적 중립을 통한 전리품화 방지 및 행정의 자율성 확보 가능<br>③ 능력과 자격, 성적에 의한 임용으로 합리적인 인사행정이 가능 → 행정의 능률화와 전문화에 부응<br>④ 공무원의 신분 보장을 통해 행정의 계속성과 직업적 안정성을 확보할 수 있음(직업공무원제 확립에 기여). |
| 단점 | ① 유능한 인재 유치보다는 부적격자 제거라는 소극적 측면에 중점을 두어 반(反)엽관주의화할 우려가 있음.<br>② 중앙인사기관의 권한 강화(집권화)로 각 부처 실정에 맞는 탄력적이고 창의적인 인사행정을 저해함.<br>③ 객관적이고 형식적인 기준에 주력한 나머지 형식화, 비인간화를 초래함.<br>④ 능력 중심의 인사만을 강조하면 소외집단에게는 상대적으로 불리해 형식적인 형평성에 그침.<br>⑤ 신분 보장으로 관료들이 보신주의나 무사안일에 빠질 가능성이 있음. |
| 적극적<br>인사행정의 대두 | ① 실적제에 다양한 인사 방식을 가미한 적극적 인사행정 또는 관리 융통성 모형 등이 나타남.<br>② 인간관계론적 인사행정, 대표관료제(사회적 약자를 배려해 공직의 인적 구성을 다양화), 엽관주의 임용 확대, 정치적 중립의 완화 등<br>③ 엽관주의와 실적주의의 조화를 추구 |

**심화 학습: (미국식) 개방형 실적주의의 정착에 기여한 요인과 저해 요인**

- 기여 요인: 개인주의(개인의 실적 중시), 평등주의(기회 균등), 과학주의(객관주의), 분리주의(중앙인사기관의 정치적 중립) 등
- 저해 요인: 전문직업주의(정부정책에 영향 증대), 직업공무원제(실적이 아닌 경력을 강조), 공무원단체(중앙인사기관의 독립성 침해)

## 3. 직업공무원제도(career civil service system)

<table>
<tr><td>의의와 요소</td><td>① 의의: 공직이 유능하고 인품이 있는 젊은 남녀에게 개방돼 매력적인 것으로 여겨지고 업적과 능력에 따라 명예롭게 높은 지위까지 올라갈 수 있는 기회가 부여됨으로써 공직이 전생애를 바칠 만한 보람 있는 일로 간주될 장치가 마련돼 있는 제도<br>② 요소: 젊고 유능한 인재 등용을 위한 연령과 학력의 제한, 실적주의적(개인의 능력과 자격, 성적) 임용, 공직에 대한 높은 사회적 평가, 승진 기회의 보장, 사기와 보람 등<br>☞ 국가공무원법상 경력직 공무원이 직업공무원에 해당함.</td></tr>
<tr><td>필요성</td><td>신분 보장을 통한 행정의 안정성과 중립성, 능률성 향상, 내각책임제 성공 요건(정치-행정의 분리로 정권 교체기 행정의 공백 최소화)</td></tr>
<tr><td>실적주의와의 관계</td><td>• 넓은 의미의 실적주의 ☞ 직업공무원제는 실적주의의 일부라는 입장<br>• 좁은 의미의 실적주의 ☞ 직업공무원제와 실적주의를 상호 배타적인 관계로 보는 입장
<table>
<tr><th rowspan="2">공통점</th><th colspan="2">차이점</th></tr>
<tr><th>(좁은 의미) 실적주의</th><th>직업공무원제</th></tr>
<tr><td>능력과 자격에 의한 임용<br>신분 보장<br>정치적 중립<br>정실 배제</td><td>• 개방형 또는 폐쇄형<br>• 직위분류제<br>• 임용 시 학력과 연령 제한이 없는 완전한 기회 균등<br>• 채용 당시의 능력이 임용 기준<br>• 전문가주의</td><td>• 폐쇄형<br>• 계급제<br>• 임용 시 학력과 연령 제한으로 제약된 기회 균등<br>• 잠재 능력(발전 가능성) 기준 임용<br>• 일반행정가주의</td></tr>
</table></td></tr>
<tr><td>확립 요건</td><td>① 실적주의의 우선적 확립<br>실적주의는 직업공무원제 확립의 필요 조건이고, 충분 조건은 아님.<br>② 젊고 유능한 인재의 채용<br>학력과 연령 제한, 채용 당시의 능력보다 장기적인 발전 가능성이나 잠재력을 더 중시<br>③ 폐쇄형 인사제도와 계급제 확립<br>개방형에 의한 문호 개방은 직업공무원제 확립을 저해하며, 직업공무원제는 과학적인 직위분류제보다 인간 중심의 계급제에 적합함.<br>④ 공직에 대한 높은 사회적 평가와 적정한 보수, 연금제도 확립<br>⑤ 승진 기회의 부여와 재직자 훈련을 통한 능력 발전</td></tr>
<tr><td>장점</td><td>승진 기회 부여로 사기 제고, 정치적 중립과 신분 보장으로 행정의 일관성과 안정성 제고, 젊고 유능한 인재를 조기에 발굴해 공무원의 질적 향상에 기여</td></tr>
<tr><td>단점</td><td>① 지나친 신분 보장에 따라 외부로부터의 민주적 통제가 곤란해 관료주의화(특권집단화) 우려<br>② 관료제의 병리가 만연해 환경 변동에의 부적응성과 경직성<br>③ 행정의 전문성과 기술성을 저해<br>폐쇄형에 입각해 외부로부터 전문인력 충원이 어렵고, 계급제라는 공직 분류 체계상 전문행정가 육성이 어려워 행정의 전문화를 저해함(다수설), 장기간의 근무를 통해</td></tr>
</table>

| | |
|---|---|
| | (지식과 기술의 축적) 행정의 전문화에 기여함(소수설).<br>④ 학력과 연령 제한으로 공직 임용에의 기회 균등이 제약됨.<br>⑤ 연공서열 중시와 경쟁 결여 등으로 공직사회의 전반적인 질 저하 |
| 직업공무원 제도의 위기 | ① 개방형 인사제도<br>② 대표관료제 대두(정책적 고려와 안배에 의한 임용)<br>③ 후기관료제 조직(전문가 위주의 다원적 구조 등장)<br>④ 정년 단축과 계급정년제 ※〈주의〉 연령정년제는 위기가 아님. |

**심화 학습: 실적제와 직업공무원제**

1) 역사적 배경을 달리함.

- 유럽에서 직업공무원제는 절대 군주국가 시대부터 발달하기 시작했으나, 실적주의는 19세기 후반에 와서야 비로소 확립됨.
- 미국에서 실적주의는 1880년대 중반에 확립됐으나, 직업공무원제는 1930년대 이후부터 논의되기 시작했고, 아직도 직업공무원제의 성격이 약한 편임.

2) 실적주의는 정치적 중립을 주요 요소에 포함하고 있으나, 직업공무원제도는 독일이나 프랑스에서 볼 수 있듯이 반드시 정치적 중립을 요구하지는 않음.

오히려 초기 직업공무원제는 정실주의에 기반했기 때문에 임용권자인 왕이나 귀족, 의회 의원에게 충성을 요구하는 등 정치적 편향성을 당연시했음.

**영국은 전 공무원을 3계층으로 구분해 정책 결정에 관련이 깊은 고급 공무원은 엄격하게 정치적 증립을 요구하나, 하위직으로 갈수록 완화해 최하위 계층에 대해서는 어떤 제약도 두지 않음.**

**〈엽관주의의 폐해가 컸던 국가인 미국은 공무원의 정치적 중립을 엄격하게 요구하고 있으나, 그렇지 않은 국가는 비교적 관대함. 대체로 유럽의 국가들이 공무원의 정치활동에 대해 관대한 반면, 한국과 미국의 경우에는 엄격한 공무원의 중립을 요구하고 있음.〉**

3) 직업공무원제는 계급제와 폐쇄형 임용 체계 및 일반행정가주의에 입각하고 있음.

이와는 대조적으로 실적주의가 확립된 미국의 공무원제도는 직위분류제와 개방형 공무원제 및 전문가주의에 입각하고 있음.

자료: 강성철 외(2008). 『새인사행정론』.

## 4. 대표관료제(representative bureaucracy)

| | |
|---|---|
| 의의 | 인종 · 성별 · 종교 · 직업 · 신분이나 계층, 지역 등 여러 기준에 의해 분류되는 사회집단들이 한 나라의 인구 전체에서 차지하는 비율에 맞게 관료조직의 직위들을 차지해야 한다는 원리(사회적 구성비 = 공직 내 구성비)가 적용되는 관료제로서, 공직 임용 시 할당제를 적용하는 것(1944년 영국 킹슬리(J. D. Kingsley)의 저서 『대표관료제』에서 유래) |

<table>
<tr><td>두 가지 측면</td><td>소극적 대표: 인적 · 사회적 · 배경적 · 태도적 · 구성론적 대표성<br>적극적 대표: 사회경제적인 인구 구성을 반영할 뿐 아니라 관료들이 자신들의 출신집단이나 계층을 적극 대변하고 정책을 결정하며 책임을 지는 역할론적 · 능동적 대표성</td></tr>
<tr><td>대두 배경 및 필요성</td><td>① 특정 계층의 공직 독점 방지<br>② 시험에 의한 실적주의의 한계<br>③ 사회화에 의한 주관적 책임</td></tr>
<tr><td>대표성 확보를 위한 인사정책</td><td>① 양성채용목표제(5급 공무원, 5등급 외무공무원의 공개경쟁채용시험, 7 · 9급 공채 시험에서 어느 한 성의 합격자가 채용 목표 비율에 미달할 경우 하한 성적 이상인 해당 성의 응시자 중에서 성적순으로 목표(직급 구분 없이 30%) 미달 인원만큼 추가로 합격 처리하는 제도<br>② 여성관리자 임용목표제<br>③ 장애인 의무고용제<br>국가 및 지방자치단체장은 장애인을 소속 공무원 정원의 3% 이상이 되도록 고용해야 하고, 각 시험실시기관장은 장애인을 신규채용 인원의 3% 이상 합격시켜야 함.<br>④ 기술직 이공계 출신 채용목표제<br>⑤ 지방인재 채용목표제<br>5급 공무원 및 5등급 외무공무원 공개경쟁채용시험 선발 예정 인원의 20%를 지방대학 출신(서울 소재 대학 제외)으로 합격시키도록 하는 제도<br>⑥ 지역 · 기능인재의 추천 채용제
<table>
<tr><th>근거</th><th>제도</th><th>대상자</th><th>채용 계급</th><th>견습 기간</th></tr>
<tr><td>국가 공무원법</td><td>지역인재 추천채용제</td><td>-</td><td>6급 이하</td><td>3년 이내</td></tr>
<tr><td rowspan="2">공무원 임용령</td><td rowspan="2">지역인재 추천채용제</td><td>대학 졸업자 또는 졸업 예정자</td><td>일반직 7급</td><td>1년</td></tr>
<tr><td>고등학교 졸업 또는 졸업 예정자</td><td>일반직 9급</td><td>6개월</td></tr>
</table>
⑦ 저소득층 채용목표제<br>9급 공개경쟁채용시험의 경우 선발 예정 인원의 1% 이상을 저소득층(국민기초생활보장법상 수급자)으로 채용하는 제도<br>⑧ 기타: 취업보호 대상자 우대, 정부위원회 구성(일정 비율을 여성으로 구성) 등<br><br>〈대표관료제 확립을 위한 우리나라의 균형인사 지표〉
<table>
<tr><td>정부업무평가기본법에 의한 균형인사 지수</td><td>여성공무원 균형인사 지수, 장애인공무원 균형인사 지수, 과학기술 공무원 균형인사 지수, 국가유공자 균형인사 지수</td></tr>
<tr><td>인사혁신처의 균형인사제도 구성 요소</td><td>장애인 균형 인사, 양성 또는 여성 균형 인사, 지방인재 균형 인사, 과학기술 균형 인사, 저소득층 균형 인사</td></tr>
</table></td></tr>
</table>

| 기능과 효용 | 정부관료제의 대표성 강화, 내부통제의 강화, 기회 균등의 적극적·실질적인 보장(수직적 형평성을 보장하기 위한 장치) |
|---|---|
| 한계점 | ① 정치적 고려는 능력과 실적 중심의 실적제 원리와 상충<br>② 능력과 자질을 2차적 기준으로 삼기 때문에 전문성과 생산성을 저해할 소지가 있음.<br>※ 작은 정부를 지향하며 효율성을 중시하는 감축관리나 신공공관리론 등에서는 수용하기 힘든 측면이 있음.<br>③ 재사회화를 고려하지 않음(사회의 구성원으로서 그 사회의 행동 방식과 사고방식을 배우는 사회화는 평생에 걸쳐 계속되며, 때때로 사회 변화나 새로운 환경에 적응하기 위해 이전과는 다른 규범, 가치, 행동 양식을 학습하는 사회화가 다시 이뤄지기도 하는데 이러한 과정을 재사회화라고 함).<br>④ 역차별의 우려<br>⑤ 관료제가 대표성 있게 구성돼 내부통제가 강력하게 이뤄진다는 미명하에 외부 통제를 무력화시킬 수 있음.<br>※ 일반 국민의 참여나 협력적 통치를 저해할 소지가 있으므로 국민 주권의 원리나 거버넌스적 시각에 위반될 수 있음.<br>⑥ 경험적 입증 곤란 및 기술적인 어려움.<br>⑦ 지나친 집단이기주의로 흐를 경우 자유주의를 침해할 소지가 있음. |

## 5. 인사제도가 추구하는 가치

| 구분 | 엽관제 | 실적제 | 대표관료제 |
|---|---|---|---|
| 기본적 가치 | 민주성과 형평성 | | |
| 수단적 가치 | 정치적·정당적 대응성, 교체 임용 | 능률성과 공무원의 권익 보호, 임용의 기회 균등 | 할당 임용에 의한 형평성 |
| 중점 | 정당 중심 | 개인 중심 | 집단 중심 |

## 6. 중앙인사행정기관

| 의의 | 정부 전체의 인사행정을 전문적·집권적으로 총괄하는 기관 |
|---|---|
| 설치 이유 | ① 공무원의 수 증가에 따른 전문적이고 합리적인 인사기구 필요<br>② 행정기술이 전문화됨에 따라 전문성·통일성·일관성의 확보를 위한 중앙집권적인 인사기관이 필요<br>③ 엽관주의 폐해를 극복하고 공무원의 권익 보호와 실적주의 확립(정치적 중립)을 위해서는 중립적인 인사기관이 필요<br>④ **실적주의가 확립되고 나면 (집권적인) 중앙인사기관은 존재 가치가 사라지게 되며, 적극적 인사행정 하에서는 인사권이 분권화되는 경향이 나타남.** |

<table>
<tr><td rowspan="9">중앙인사기관의 성격</td><td>구분</td><td>독립합의형</td><td>비독립단독형</td></tr>
<tr><td>장점</td><td>① 엽관주의(정당)의 영향력을 배제해 정치적 중립과 실적제 발전에 유리<br>② 인사행정의 전횡과 독단을 막고, 인사행정에 관한 결정의 신중화<br>③ 위원들의 부분적 교체로 인사행정의 계속성 확보<br>④ 이익집단 대표자를 참여시켜 다양한 요구의 균형 있는 수용<br>⑤ 다른 기관과의 밀착이나 소원한 관계를 방지하고 입법부나 일반 국민 및 행정부와의 관계 원만화</td><td>① 인사행정의 책임 소재 명확화<br>② 인사행정의 신속한 결정<br>③ 기관장을 행정수반이 임명하므로 행정수반이 인사행정을 도구로 국가정책의 신속·강력한 추진</td></tr>
<tr><td>단점</td><td>① 인사행정의 책임 분산<br>② 인사정책의 결정 지연<br>③ 행정수반의 강력한 정책 추진 곤란</td><td>① 인사행정의 정치적 중립 결여로 인사행정의 엽관화 방지 곤란<br>② 단독제 기관장의 독선적·자의적 결정과 견제 곤란<br>③ 기관장 교체 등으로 인사행정의 일관성·계속성 결여<br>④ 인사기관이 행정수반 등에 소속되므로 초당적 문제를 반영하기 곤란</td></tr>
<tr><td>기능</td><td>기획, 선발, 준입법, 준사법적 기능</td><td>집행 기능</td></tr>
<tr><td>미국</td><td>실적주의보호위원회(1978)</td><td>인사관리처</td></tr>
<tr><td>영국</td><td>인사위원회</td><td>인사관리국</td></tr>
<tr><td>일본</td><td>인사원</td><td>총무처 인사국</td></tr>
<tr><td>한국</td><td>-</td><td>인사혁신처</td></tr>
<tr><td colspan="3">☞ 오늘날 대분의 선진국에서는 중앙인사기관이 이원화돼 있는 것이 특징임.</td></tr>
<tr><td rowspan="4">우리나라 중앙인사기관</td><td colspan="2">기관</td><td>기능</td></tr>
<tr><td colspan="2">인사혁신처</td><td>공무원의 인사, 윤리, 복무, 연금관리</td></tr>
<tr><td colspan="2">고위공무원임용심사위원회</td><td>고위공무원 진입심사 및 자격심사</td></tr>
<tr><td colspan="2">소청심사위원회<br>(인사혁신처 소속)</td><td>소청심사 및 중앙고충처리<br>상설 합의제 기관으로 위원회의 결정 사항은 구속력이 인정됨(미국의 실적주의 보호위원회와 유사한 기관).</td></tr>
</table>

## 7. 적극적 인사행정

| 의의 | 실적주의의 개념과 범위를 더욱 확대해 엽관주의적 요소나 인간관계론적 요소를 신축성 있게 받아들이는 1935년 이후의 발전적 인사관리 방안 |
|---|---|

| 확립 과정 | 인간관계론 및 후기인간관계론의 영향, 대표관료제 가미, 신공공관리론에 의한 개방형 인사, 직위분류제와 계급제의 조화 |
|---|---|
| 방안 | ① 적극적 모집(모집 방법의 다양화, 임용 기준 완화, 장기적 인력계획 수립 등)<br>② 인사권의 분권화(부처 인사기관의 자율성 확대)<br>③ 인간관리의 민주화(인간적 가치 존중, 사기 고려 등)<br>④ 공무원단체 활동 허용(권익 보호 및 근로 조건 개선)<br>⑤ 정치적 임명의 허용 및 엽관주의 가미<br>⑥ 지나친 과학적 인사행정의 지양 |
| 관리융통성 모형 | ① 의의: 변화하는 환경에 효과적으로 대응할 수 있도록 운영상의 자율성과 융통성을 높인 인사행정<br>② 특징: 인사권의 분권화, 중앙인사기관의 봉사성 강화, 자율성과 통합성의 조화 등 |

## 핵심 정리 인사제도

<table>
<tr><th>공직 임용</th><th colspan="3">특징</th><th>장 · 단점</th></tr>
<tr><td rowspan="2">엽관주의<br>(spoils system)와<br>정실주의<br>(patronage system)</td><td>미국</td><td colspan="2">엽관주의<br>-1829년 잭슨 대통령의 공직경질제<br>-민주주의와 정당정치의 발달의 산물로 등장<br>-공약의 추진과 행정책임 구현</td><td rowspan="2">장점<br>-관료주의화 방지<br>-교체 임용에 의한 행정의 대응성, 책임성, 민주성 제고<br>단점<br>-정치적 중립<br>-행정의 안정성 저해<br>-비능률, 낭비 초래</td></tr>
<tr><td>영국</td><td colspan="2">정실주의<br>-초기: 은혜적 정실주의<br>-후기: 정치적 정실주의</td></tr>
<tr><td rowspan="2">실적주의<br>(merit system)</td><td>미국</td><td>1883년 펜들턴법에 의해 확립(능력 중심의 임용, 정치적 중립, 인사위원회 설치, 공개경쟁채용시험)</td><td>공직 분류 방식<br>직위분류제<br>(개방형, 직무 중심)</td><td rowspan="2">장점<br>-인사행정의 능률성, 전문성, 중립성, 자율성 저해<br>단점<br>-소극성, 집권화, 비인격화, 경직성, 형식화<br>-행정의 대응성, 책임성 부족</td></tr>
<tr><td>영국</td><td>-1855년 추밀원령에 의해 기반 마련<br>-1870년 추밀원령에 의해 실적주의 확립(공채, 계급 분류 등)</td><td>계급제<br>(폐쇄형, 사람 중심, 직업공무원제)</td></tr>
<tr><td>적극적<br>인사행정</td><td colspan="3">-적극적 모집<br>-인사권의 분권화<br>-필요 시 정치적 임용 허용<br>-공무원의 능력 발전<br>-공무원단체 활동의 허용<br>-인사행정의 인간화</td><td>-실적주의의 완화(실적주의 개념과 범위의 확대)</td></tr>
</table>

### 8. 인본주의 인사행정(직무재설계)

#### 1) 전통적 직무설계(기계적 구조)

① 능률의 극대화를 목표로 삼아 엄격한 분업과 계서(층)적 통제를 강조
② 일의 전문화를 추구하며 업무의 단순화와 표준화를 추구

#### 2) 탈전통적 직무설계(유기적 구조)

① 전통적 직무설계의 폐단을 시정하기 위해 동기 집약적으로 직무를 설계
② 분업(일의 전문화)보다는 사람의 전문화를 촉진함.
③ 직무의 단순화와 표준화보다는 완결도가 높은 형태적 직무를 재설계하고 직무설계에 융통성을 부여
④ 방법

| 직무 확대(확장)<br>(job enlargement) | 직무 분담의 폭을 넓혀 주는 수평적 강화(수평적 재설계) |
|---|---|
| 직무 풍요화(충실)<br>(job enrichment) | 직무의 완결도와 직무 담당자의 책임성·자율성을 높이는 수직적 강화<br>(수직적 재설계) |

## 제 2 절 공직의 분류

### 1. 경력직과 특수경력직

| | | |
|---|---|---|
| 경력직<br>(직업공무원) | 일반직 | ① 행정 일반·기술·연구·지도에 대한 업무를 담당하는 공무원으로서 직군·직렬로 분류되는 공무원<br>② 직업공무원의 주류를 차지함.<br>③ 연구·지도직과 고위공무원단에 속하는 공무원을 제외하고는 계급을 1~9급으로 구분<br>④ 고위공무원단에 속하는 공무원은 계급을 폐지, 2등급(가, 나 등급)으로 구분<br>⑤ 임기제 공무원 |
| | 특정직 | ① 법관, 검사, 외무공무원, 경찰공무원, 소방공무원, 교육공무원(교원), 군인, 군무원, 헌법재판소 헌법연구관, 국가정보원 직원 등 특수 분야의 업무를 담당하는 공무원<br>② 별도의 인사법령, 계급정년제(상위직), 계급 체계를 적용함.<br>③ 외무공무원은 직무 등급(14등급)을 적용 |

| | | |
|---|---|---|
| 특수경력직 | 정무직 | ① 선거에 의해 취임하거나 임명에서 국회의 동의를 요하는 공무원<br>(예) 대통령, 국회의원, 지방자치단체장, 지방의회 의원, 감사원장, 헌법재판소장, 헌법재판관 등<br>② 고도의 정책 결정 업무를 담당하거나 이러한 업무를 보조하는 공무원<br>(예) 국무총리, 국무위원(장관급) 및 차관(급) |
| | 별정직 | ① 특정한 업무를 담당하기 위해 별도의 자격 기준에 의해 임용되는 공무원<br>② 직무의 성질이 공정성・기밀성이나 특별한 신임을 요하는 직위 |

### 심화 학습: 전문경력관과 경력개방형 직위

**1. 전문경력관**

① 공무원임용령에 따른 소속 장관은 해당 기관의 일반직 공무원 직위 중 순환보직이 곤란하거나 장기 재직 등이 필요한 특수 업무 분야의 직위를 인사혁신처장과 협의해 전문경력관 직위로 지정할 수 있다.

② 전문경력관 직위의 지정에 필요한 사항은 인사혁신처장이 정한다.

③ 전문경력관 직위의 군은 직무의 특성・난이도 및 직무에 요구되는 숙련도 등에 따라 가군, 나군 및 다군으로 구분한다.

**2. 경력개방형 직위(국가공무원법 제28조)**

공개경쟁채용시험에 의하여 충원이 곤란한 분야에 대하여 채용하는 제도로서 관련 직위의 우수전문인력 및 유경력자를 선발(다수인을 대상으로 경쟁의 방법으로 채용하는 "경력경쟁채용시험"과 다수인을 대상으로 하지 아니하는 "비다수인대상채용시험"으로 구성)

경력개방형직위제도(2015년 7월 도입)는 공무원과 민간인이 경쟁하여 최적임자를 선발하는 개방형 직위와 달리 민간인으로만 개방형 채용하는 직위를 말한다.

**3. 공무원의 종류**

1) 경력직 공무원

| | |
|---|---|
| 일반직 | 기술・연구 또는 행정 일반에 대한 업무를 담당하는 공무원<br>① 행정・기술직, ② 우정직, ③ 연구・지도직 |
| | 일반직 공무원 중 특수 업무 분야에 종사하는 공무원<br>① 전문경력관 |
| 특정직 | 담당 업무가 특수해 자격・신분 보장・복무 등에서 특별법이 우선 적용되는 공무원<br>① 법관・검사, ② 외무공무원, ③ 경찰공무원, ④ 소방공무원, ⑤ 교육공무원, ⑥ 군인・군무원, ⑦ 헌법재판소 헌법연구관, ⑧ 국가정보원의 직원・경호공무원 등 특수 분야의 업무를 담당하는 공무원으로서 다른 법률이 특정직 공무원으로 지정하는 공무원 |

2) 특수경력직 공무원

| 구분 | 내용 |
|---|---|
| 정무직 | **선거, 국회 동의에 의해 임용되는 공무원, 고도의 정책 결정 업무를 담당하거나 이를 보조하는 공무원으로서 법령에서 정무직으로 지정하는 공무원**<br>① **감사원장·감사위원 및 사무총장,** ② 국회사무총장·차장·도서관장·예산정책 처장·입법조사처장, ③ 헌법재판소 재판관·사무처장 및 사무차장, ④ 중앙선거관리위원회 상임위원·사무총장 및 차장, ⑤ 국무총리, ⑥ 국무위원, ⑦ 대통령비서실장, ⑧ 국가안보실장, ⑨ 대통령경호실장, ⑩ 국무조정실장, ⑪ **처의 처장,** ⑫ **각부의 차관, 청장**(경찰청장은 특정직), ⑬ 차관급 상당 이상의 보수를 받는 비서관(대통령비서실 수석비서관, 국무총리비서실장, 대법원장비서실장, 국회의장비서실장), ⑪ 국가정보원장 및 차장, ⑫ 방송통신위원회 위원장, ⑬ 국가인권위원회 위원장 |
| 별정직 | 비서관·비서 등 보좌 업무 등을 수행하거나 특정한 업무 수행을 위해 법령에서 별정직으로 지정하는 공무원<br>① 비서관·비서, ② 장관정책보좌관, ③ **국회 수석전문위원**, ④ 감사원 사무차장 및 시·도 **선거관리위원회 상임위원**, ⑤ 국가정보원 기획조정실장, ⑥ 기타 법령에서 별정직으로 지정하는 공무원 |

## 2. 국회 인사청문 대상 공직자

|  | | |
|---|---|---|
| 의의 | ① 헌법상 국회의 임명 동의가 필요하거나 국회에서 선출하도록 돼 있는 공직자<br>② 개별법에서 국회 인사청문을 거치도록 돼 있는 주요 공직자에 대해 그 적격성 여부를 국회 차원에서 사전에 검증하는 제도<br>③ 임명 동의와 달리 인사청문회의 결정은 대통령이 이를 정치적으로 존중할 뿐이지, 그 자체로서 대통령을 법적으로 구속하지는 못함(헌법재판소 판례). | |
| 대상 공직자 | 특별위원회 대상자 | ① 헌법상 국회의 임명 동의를 요하는 직위(대법원장, 헌법재판소장, 국무총리, 감사원장, 대법관 전원)<br>② 국회에서 선출하는 헌법재판관 3인, 중앙선관위 위원 3인 |
| | 상임위원회 대상자 | ① 대통령이 임명하는 헌법재판소 재판관, 중앙선거관리위원회 위원, 국무위원, 방송통신위원회 위원장, 국가정보원장, 공정거래위원회 위원장, 국가인권위원회 위원장, 국세청장, 검찰총장, 경찰청장, 합참의장, 금융위원회 위원장, 한국은행 총재 후보자<br>② 대통령 당선인이 지명하는 국무위원<br>③ 대법원장이 각각 지명하는 헌법재판소 재판관 또는 중앙선거관리위원회 위원 후보자 |
| 절차 | ① 국회는 임명동의안이 제출된 날로부터 20일 이내에 청문회를 마쳐야 함.<br>② 임명동의안 첨부 서류에는 최근 5년간 세금 납부 및 체납 실적이 포함됨.<br>③ 특별위원회 위원장은 인사청문 결과를 국회 본회에 보고하고, 국회의장은 대통령에게 인사청문 결과보고서를 송부해야 함. | |

## 3. 개방형과 폐쇄형

### 1) 개방형과 폐쇄형의 비교

행정조직 내에서 새로운 직무가 생기거나 결원이 생겼을 경우 충원 방식에 따른 분류

| 개방형 | 폐쇄형 |
|---|---|
| 모든 계급(중상위직 포함)으로의 충원을 허용해 전문관리자를 외부에서 영입하는 체제 | 하위직으로만 충원을 허용해 승진제도를 통해 관리자를 내부에서 양성하는 체제 |
| 산업사회의 전통이 강하고 직무 중심의 공직 분류인 직위분류제를 채택하고 있는 국가에서 발달 | 농업사회 전통이 강하고 공무원 개인 중심의 계급제를 채택하거나 직업공무원제가 일찍부터 발전한 국가에서 발달 |
| 미국, 캐나다, 필리핀 등 | 영국, 독일, 일본 |

### 2) 개방형

| | |
|---|---|
| 장점 | ① **(외부)임용의 융통성으로 우수한 인재의 확보가 용이**<br>② 문호 개방으로 관료주의화와 공직 침체화를 방지<br>③ 공직의 개방화는 능력과 성과 중심의 인사관리에 기여<br>④ 공무원과 민간 전문가 사이의 경쟁을 유도해 무사안일에 빠지기 쉬운 관료의 행태를 시정하는 데 기여<br>⑤ **인사권자에게 재량권을 주어 정치적 · 관리적 리더십을 강화해 조직 장악력을 높이는 데 기여**<br>⑥ 폐쇄형보다 공직에 대한 외부 통제가 용이함.<br>⑦ 좁은 승진 관문을 통과하기 위한 자기 개발 노력을 유도할 수 있음(재직자). |
| 단점 | ① 재직자의 승진 기회 제약으로 사기 저하 우려<br>② 민간 전문가의 조직 장악이 어려워 비능률을 초래할 수 있음.<br>③ **신분 보장이 어렵고 행정의 안정성을 저해하며, 장기근속이 곤란해 직업공무원제 확립에 불리**<br>④ 개방화로 인력 유동성이 높아지나 조직의 응집성 · 안정성 · 일체감을 저해함.<br>⑤ 개방형 촉진은 임용구조를 복잡하게 하고 임용 비용을 증대시킴.<br>⑥ **상위직의 개방형 인사는 객관적인 실적에 의한 것이 아니므로, 인사행정의 객관성 확보가 곤란하고 정치적 오용 가능성이 높음.**<br>⑦ 개방직과 비개방직을 구별해 인사 원칙을 달리하면 조직의 이원화에 따른 폐단을 초래할 수 있음. |

### 3) 우리나라의 개방형 인사제도

| 구분 | 개방형 직위제도 | 공모직위제도 |
|---|---|---|
| 개념 | 임용권자는 **전문성이 특히 요구되거나 효율적인 정책 수립**을 위해 필요하다고 판단돼 공직 내부 또는 외부에서 적격자를 임용할 필요가 있는 직위에 대해서 지정 · 운영하는 제도 | **효율적인 정책 수립 또는 관리**를 위해 직위별로 임용 요건(직무 수행 요건)을 미리 정해놓고 결원 발생 시 그 요건을 갖춘 자를 정부 내 공개모집을 통해 적격자를 선발 · 임용하는 제도 |

| | | |
|---|---|---|
| 지정 범위 | • 소속 장관별로 고위공무원단 직위 총수의 20% 범위 안에서 지정<br>• 소속 장관은 중앙행정기관의 과장급 직위 총수의 20% 범위 안에서 개방형 직위를 지정해야 함. | 소속 장관별로 경력직 공무원으로 보할 수 있는 고위공무원단 직위 총수의 100분의 30의 범위 안에서 공모 직위를 지정 |
| 대상 직종 | 일반직, 특정직, 별정직 | 일반직과 특정직(경력직에 한함.) |
| 지정 기준 | 전문성, 중요성, 민주성, 변화 필요성, 조정성 | 직무 공통성, 정책 통합성, 변화 필요성 |
| 선발시험 | 있음(서류전형과 면접). | |
| 신분 | • 임기제공무원이 원칙<br>• 임용 당시 경력직 공무원인 자는 경력직 공무원으로 임용 | 경력직 |
| 임용 기간 | 5년의 범위 안에서 소속 장관이 정하되 최소 3년 이상 | 임용된 날로부터 2년 이내에는 다른 직위에 임용할 수 없음(전보 제한 기간 2년). |
| 기타 | (국가공무원법과 개방형 직위 및 공모 직위 운영규정)<br>• 소속 장관은 개방형 직위로 지정(변경 및 해제 포함)되는 직위와 지정 범위에 관하여 인사혁신처장과 협의하여야 한다.<br>• 소속 장관은 공모직위의 지정 범위에 관하여 인사혁신처장과 협의하여야 한다. | |

**용어 정리** 임기제 공무원과 민간취업휴직제도

| 임기제 공무원 | 민간취업 휴직제도 |
|---|---|
| ① 일반임기제 공무원(경력직 공무원의 정원에 해당하는 직위와 책임운영기관 장의 직위에 임용되는 임기제 공무원)<br>② 전문임기제 공무원<br>③ 시간선택제임기제 공무원<br>④ 한시임기제 공무원 | ① 공무원이 민간기업에 취업한 경우 3년 이내의 기간에서 휴직<br>② 대상 기관: 영리법인과 주식회사(단, 대기업, 법무법인, 회계 법인 및 공직 유관 단체는 제외) |

## 4. 계급제

| | |
|---|---|
| 의의 | 공무원의 자격, 학력 능력을 기준으로 삼아 계급을 분류하는 제도 |
| 특징 | ① 4대 계급제(각 계급이 교육제도상의 학력이나 신분과 밀접히 관련됨.)<br>② 계급 간의 차별(계급에 따라 차이가 심하며 수직적 이동(수직적 융통성)이 곤란함.)<br>③ 고위 계급의 엘리트화<br>④ 폐쇄형 충원 방식 채택으로 직업공무원제 확립을 용이하게 함. |

| | |
|---|---|
| 장점 | ① 인사의 (내부)운영의 탄력성 확보(엄격한 기준에 따르지 않으므로 융통성이 높고, 적재적소 인사 배치가 가능함.)<br>② 안목의 확대 및 창의력 계발<br>• 횡적 이동 활성화로 폭넓은 안목 확보가 용이해 상위직에 적합<br>• 장래 발전 가능성이나 잠재력을 지닌 사람, 즉 일반적 교양을 가진 일반행정가를 양성할 수 있음.<br>③ 신분 보장은 직업공무원제 확립에 도움이 됨. |
| 단점 | ① 순환보직에 의한 직무 이동으로 행정의 전문화를 저해함.<br>② 공직의 경직성<br>• 폐쇄형으로 인해 외부 사회와 단절을 초래하고 환경에의 대응성이 저하됨.<br>• 지나친 신분 보장으로 무사안일과 특권집단화해 직무보다는 자신들의 집단이익을 옹호할 가능성이 큼.<br>③ 직무 경계가 불명확해 갈등이 발생할 소지가 많음.<br>④ 보수 체계의 비합리성(보수 결정이 직책이 아닌 연공서열에 치우쳐 직무급 체계의 확립이 곤란함). |

## 5. 직위분류제

| | |
|---|---|
| 의의 | ① 각 직위에 내포된 직무의 종류와 직무의 곤란도·책임도를 기준으로 삼아 직류·직렬과 등급별로 공직을 분류하는 제도<br>② 과학적 관리론과 실적주의의 영향을 받아 객관적이고 과학적인 공직 분류제도임. |
| 특징 | ① 각 개인이 가지고 있는 담당 직무의 업무 수행 능력과 기술을 중시<br>② 모든 계층에서 외부 임용이 용이한 개방형 인사제도<br>③ 노동의 분화를 기본으로 하는 전문화된 분류 체계로 전문행정가를 선호<br>④ 상하위직 공무원 간에 계급 의식이나 위화감이 크지 않음.<br>⑤ 직무분석과 평가를 통해 객관적인 기준을 마련함으로써 인사행정의 합리화를 도모함. |
| 장점 | ① 행정의 전문화 촉진(전문행정가 양성이 가능)<br>② 개방형 구조로 공직의 경직성 타파와 환경 대응성 확보<br>③ 인사행정 및 보수의 합리화<br>④ 권한과 책임 한계의 명확화 |
| 단점 | ① 지나친 직무 세분화로 조정과 협조 곤란<br>② 다른 직렬로의 이동이 곤란해 인사 배치의 융통성과 탄력성이 부족<br>③ 신분 보장 미흡으로 직업공무원제 확립 곤란<br>④ 전문가 양성에 치중해, 넓은 시야를 가진 일반행정가 양성이 곤란해 상위직에는 부적합<br>⑤ 지나친 부품화로 창의력 계발 저해<br>⑥ 투입 중심으로 성과 파악 곤란 |

<table>
<tr>
<td>구성 요소</td>
<td>
<table>
<tr><th>구분</th><th>성질 · 종류</th><th>곤란도 · 책임도</th><th>구성 범위</th><th>비고</th></tr>
<tr><td>직위</td><td>-</td><td>-</td><td>1인의 업무량</td><td></td></tr>
<tr><td>직급</td><td>유사(동일)</td><td>유사</td><td>직위의 군</td><td></td></tr>
<tr><td>직렬</td><td>유사</td><td>상이</td><td>직급의 군</td><td></td></tr>
<tr><td>직군</td><td>유사</td><td>-</td><td>직렬의 군</td><td></td></tr>
<tr><td>직류</td><td>유사</td><td>상이</td><td>직무의 군</td><td>직렬을 세분화한 것</td></tr>
<tr><td>등급</td><td>상이</td><td>유사</td><td>직위의 군</td><td>직군 · 직렬을 초월</td></tr>
</table>
<table>
<tr><td>직위</td><td>한 사람의 공무원에게 부여할 수 있는 직무와 책임</td></tr>
<tr><td>등급</td><td>직렬과 직군을 초월해 직무의 종류는 다르지만, 그 곤란성과 책임도가 유사해 동일한 보수를 지급할 수 있는 직위의 횡적 군으로서 계급제의 계급에 해당</td></tr>
<tr><td>직급</td><td>직무의 종류, 곤란성, 책임도가 상당히 유사한 직위의 군으로서 수평적인 등급과 수직적인 직렬이 교차하는 공통 부분으로, 임용 자격, 임용시험, 보수 등 인사관리에서 동일한 취급을 함.</td></tr>
<tr><td>직류</td><td>동일한 직렬 내에서 담당 분야가 동일한 직무의 군으로서 행정의 전문화를 위해 직렬을 좀 더 세분화한 것<br>우리나라의 공무원 선발시험의 과목과 응시 자격에 대한 기준</td></tr>
<tr><td>직렬</td><td>직무의 종류는 유사하고 그 책임과 곤란성의 정도가 상이한 직급의 군으로서 공무원에 대한 일반적인 인력관리의 기준</td></tr>
<tr><td>직군</td><td>직무의 성질이 유사한 직렬의 군</td></tr>
</table>
</td>
</tr>
<tr>
<td>수립 절차</td>
<td>
직무기술서 작성(직무조사) ⇒ 직무분석 ⇒ 직무평가 ⇒ 직급명세서 작성 ⇒ 정급<br><br>
① 직무조사<br>
직위에 대한 객관적인 정보를 수집 · 기록하는 활동<br>
② 직무분석<br>
• 수집된 직무에 관한 정보를 체계적으로 분류 · 처리하는 활동으로 직무의 성질과 종류에 따라 직군 · 직렬 · 직류별로 분류하는 종적 분류<br>
• 유사한 직위를 모아 직류를 만들고, 직류를 모아 직렬을, 직렬을 모아서 다시 직군을 형성함<br>
• 직무분석은 논리적인 사고 과정이며 공식적인 절차는 아님(직무의 유사성에 대한 판단 기준은 주관적임.)<br>
③ 직무평가<br>
• 직무의 곤란도 · 책임도 등 직무의 상대적 비중 및 가치에 따라 횡적으로 분류하는 것<br>
• 직무평가에 의해 등급과 직급이 결정되고 보수구조(책정)의 기초가 됨.<br>
• 직무분석보다 더 체계적 · 과학적인 과정임.<br>
④ 직급명세서 작성<br>
직급들을 명확히 규정하는 것으로 여기에는 직급 명칭, 직책 개요, 최저 자격 요건, 채용 방법, 보수액, 직무 수행 방법을 명시함.<br>
⑤ 정급<br>
모든 직위를 각각 해당 직군 · 직렬 · 직류와 등급 · 직급에 배정하는 것
</td>
</tr>
</table>

**직무 평가 방법**

| 구분 | 직무 전체<br>(비계량적 방법) | 직무 구성 요소<br>(계량적 방법) |
|---|---|---|
| 직무와 직무(상대평가) | 서열법 | 요소비교법 |
| 직무와 등급표(절대평가) | 분류법 | 점수법 |

① 서열법: 직무와 직무를 상호 비교해 서열을 결정하는 방식
② 분류법: 사전에 작성된 등급기준표에 의해 직무의 곤란도와 책임도를 결정해 나가는 방법
③ 점수법: 직무의 구성 요소를 구분해 정의하고 각 요소별로 과학적이고 체계적인 직무평가 기준표에 의해 평가한 점수를 총합하는 방식
④ 요소비교법: 가장 늦게 고안된 객관적이고 정확한 방법으로 금액가중치 방식이라고도 하며, 점수법의 임의성을 보완하기 위해 실제 기준(대표) 직위를 선정해 이와 대비시키는 방법

## 심화 학습: 일반직 공무원의 직급표와 용어

### 1. 일반직 공무원 직급표

| 직군 | 직렬 | 직류 | 계급 및 직급 | | | | | | |
|---|---|---|---|---|---|---|---|---|---|
| | | | 3급 | 4급 | 5급 | 6급 | 7급 | 8급 | 9급 |
| 행정 | 교정 | 교정 | 부이사관 | 서기관 | 교정관 | 교감 | 교위 | 교사 | 교도 |
| | 보호 | 보호 | | | 보호 사무관 | 보호 주사 | 보호 주사보 | 보호 서기 | 보호 서기보 |
| | 검찰 | 검찰 | | | 검찰 사무관 | 검찰 주사 | 검찰 주사보 | 검찰 서기 | 검찰 서기보 |
| | 마약 수사 | 마약 수사 | | | 마약수사 사무관 | 마약수사 주사 | 마약수사 주사보 | 마약수사 서기 | 마약수사 서기보 |
| | 출입국 관리 | 출입국 관리 | | | 출입국 관리 사무관 | 출입국 관리 주사 | 출입국 관리 주사보 | 출입국 관리 서기 | 출입국 관리 서기보 |
| | 철도 경찰 | 철도 경찰 | | | 철도 경찰 사무관 | 철도 경찰 주사 | 철도 경찰 주사보 | 철도 경찰 서기 | 철도 경찰 서기보 |
| | 행정 | 일반행정 | | | 행정 사무관 | 행정 주사 | 행정 주사보 | 행정 서기 | 행정 서기보 |
| | | 법무행정 | | | | | | | |
| | | 인사조직 | | | | | | | |
| | | 재경 | | | | | | | |
| | | 국제통상 | | | | | | | |

| | | | | | | | | | |
|---|---|---|---|---|---|---|---|---|---|
| | | 운수 | | | | | | | |
| | | 노동 | | | | | | | |
| | | 문화홍보 | | | | | | | |
| | | 교육행정 | | | | | | | |
| | | 회계 | | | | | | | |
| | 직업상담 | 직업상담 | | | | 직업상담 주사 | 직업상담 주사보 | 직업상담 서기 | 직업상담 서기보 |
| | 세무 | 세무 | | | | 세무 주사 | 세무 주사보 | 세무서기 | 세무 서기보 |
| | 관세 | 관세 | | | | 관세 주사 | 관세 주사보 | 관세서기 | 관세 서기보 |
| | 사회복지 | 사회복지 | | | 사회복지 사무관 | 사회복지 주사 | 사회복지 주사보 | 사회복지 서기 | 사회복지 서기보 |
| | 통계 | 통계 | | | 통계 사무관 | 통계 주사 | 통계 주사보 | 통계 서기 | 통계 서기보 |
| | 사서 | 사서 | | | 사서 사무관 | 사서 주사 | 사서 주사보 | 사서 서기 | 사서 서기보 |
| | 감사 | 감사 | | 감사관 | 부감사관 | 감사 주사 | 감사 주사보 | 감사 서기 | 감사 서기보 |
| | 방호 | 방호<br>경비 | | | 방호 사무관 | 방호 주사 | 방호 주사보 | 방호 서기 | 방호 서기보 |

직군: 행정직군, 기술직군, 관리운영직군(2016. 6 신설 직군)
직위: 장관, 차관, 국장, 과장
직급: 관리관, 이사관, 부이사관, 서기관, 사무관, 주사, 주사보, 서기, 서기보

2. 국가공무원법(제5조) 용어

1) "직위(職位)"란 1명의 공무원에게 부여할 수 있는 직무와 책임을 말한다.
2) "직급(職級)"이란 직무의 종류·곤란성과 책임도가 상당히 유사한 직위의 군을 말한다.
3) "정급(定級)"이란 직위를 직급 또는 직무 등급에 배정하는 것을 말한다.
4) "강임(降任)"이란 같은 직렬 내에서 하위 직급에 임명하거나 하위 직급이 없어 다른 직렬의 하위 직급으로 임명하거나 고위공무원단에 속하는 일반직 공무원을 고위공무원단 직위가 아닌 하위 직위에 임명하는 것을 말한다.
5) "전직(轉職)"이란 직렬을 달리하는 임명을 말한다.
6) "전보(轉補)"란 같은 직급 내에서의 보직 변경 또는 고위공무원단 직위 간의 보직 변경을 말한다.
7) "직군(職群)"이란 직무의 성질이 유사한 직렬의 군을 말한다.
8) "직렬(職列)"이란 직무의 종류가 유사하고 그 책임과 곤란성의 정도가 서로 다른 직급의 군을 말한다.
9) "직류(職類)"란 같은 직렬 내에서 담당 분야가 같은 직무의 군을 말한다.

10) "직무 등급"이란 직무의 곤란성과 책임도가 상당히 유사한 직위의 군을 말한다.

**3. 직무기술서 외**

| | |
|---|---|
| 직무기술서 | • 직무에 관한 프로필<br>• 특정한 직무의 책임과 근무 조건 등을 설명하는 문서 |
| 자격명세서 | • 일하는 사람, 즉 점직자가 구비해야 할 인적 특성에 관한 프로필<br>• 점직자에게 요구되는 일이 무엇이며, 점직자의 자격 요건은 무엇인가를 규정하는 문서 |
| 직무수행 기준서 | 직무 성취의 기준을 규정한 문서로 이 기준은 점직자의 직무 수행 목표가 되고 직무성취도를 평가하는 기준이 됨. |

직무조사를 통해 직무기술서, 자격명세서 등을 만들어 나감.

## 심화 학습: 직무평가 방법의 비교

| 비교 기준 | 직무평가의 방법 | | | |
|---|---|---|---|---|
| | 서열법 | 분류법 (등급법) | 점수법 | 요소비교법 |
| 비교 방법 | 직무와 직무 | 직무와 기준표 | 직무와 기준표 | 직무와 직무 |
| 특징 | 서열을 전체적으로 평가 | 등급 기준표에 직무를 배치 | 직무평가 기준표에 따른 평가 요소별 배점 | 대표 직위의 선정과 요소별 보수액 배분 |
| 척도의 형태 | 서열 | 등급 | 요소별 점수 | 대표 직위별 점수 |
| 평가 방법 | 비계량적 방법 | 비계량적 방법 | 계량적 방법 | 계량적 방법 |
| 평가 대상 | 직무 전체 | 직무 전체 | 직무의 평가 요소 | 직무의 평가 요소 |
| 서열법 | 직무 평가 방법 중 가장 간단하고 또 일찍이 사용했던 방법으로 분류 담당자들이 각 직위가 지니고 있는 직무의 곤란성이나 책임성을 전체적으로 평가해 직위 간의 서열을 정하는 방법 | | | |
| 분류법 | 우선 직위의 등급의 수를 정하고, 분류 기준을 미리 작성한 등급 기준표[1](혹은 표준 직무기술서)를 작성한다.<br>등급 기준표에 따라 평가하고자 하는 직위의 직무를 어떤 등급에 배치할 것인가를 하나하나 결정해 나가는 방법 | | | |
| 점수법 | 분류 대상 직위의 상대적 가치를 정하기 위해 직무 수행에 필요한 평가 요소를 선정하고 선정된 평가 요소의 비중을 결정한 다음, 이러한 평가 요소를 몇 단계로 구분해 각 단계마다 일정한 점수를 부여한 직무평가 기준표를 작성한다. 이어 분류 대상 직위의 직무를 구성 요소별로 구분해 직무평가 기준표에 따라 각 구성 요소별로 점수를 매기고, 이것을 합계해 각 직위의 총점을 계산한다. 이렇게 해서 나온 각 직위의 총점 차이를 가지고 분류하고자 하는 직위의 총점 차이를 가지고 분류하고 하는 직위의 등급을 결정하는 방법 | | | |

| 요소비교법 | 서열법, 분류법, 점수법 등에 비해 가장 늦게 고안된 직무평가 방법<br>점수법의 단점인 평가 요소의 비중 결정과 단계 구분에 따른 점수 부여의 임의성을 극복하고자 개발된 방법 |
|---|---|

## 6. 직위분류제와 계급제의 비교

| 구분 | 직위분류제 | 계급제 |
|---|---|---|
| 분류 기준 | 직무의 종류, 곤란도, 책임도(종적 분류 + 횡적 분류) | 개개인의 자격, 능력, 신분(횡적 분류) |
| **중심** | 직무 중심 | 인간 중심, 조직 중심 |
| **몰입** | 직무몰입 | 조직몰입 |
| **교육훈련** | 전문지식 | 일반지식 |
| **행정가** | 전문행정가 | 일반행정가 |
| **적용 계층** | 하위계층(좁은 시야) | 상위계층(넓은 시야) |
| **창의력 계발** | 불리 | 유리 |
| **보수** | 직무급(동일 직무 동일 보수) | 생활급(생계 유지 수준), 자격급 |
| **인사 운용 탄력성** | 낮음(융통성이 낮음). | 높음(융통성이 높음). |
| **조정 협조** | 곤란 | 원활 |
| **충원** | 개방형 | 폐쇄형 |
| **공직 경직성** | 낮음. | 높음. |
| 신분 보장 | 약함(민주통제 용이) | 강함(민주통제 곤란) |
| 직업공무원제 | 확립 곤란 | 확립 용이 |
| 조직구조 설계 | 연계성이 높음. | 연계성이 낮음. |
| 도입 요건 | 대규모의 복잡한 조직 | 소규모의 단순한 조직 |
| 기타 | 산업사회 배경(미국, 캐나다, 필리핀) | 농업사회 배경(영국, 독일, 일본) |

### 심화 학습: 직위분류제와 계급제의 장 · 단점

① 직위분류제는 직무가 종적, 횡적으로 세분화돼 권한과 책임 한계가 명확하므로 갈등의 소지는 작지만, 일단 갈등이 발생하면 융통성이 없어 갈등을 조정하기 힘들고, 계급제는 반대로 권한과 책임 한계가

1) 등급 수와 각 등급의 정의를 미리 작성한 것을 등급기준표라고 한다.

불명확하므로 갈등의 소지가 높지만, 융통성이 높아 갈등을 조정하기 쉬운 측면이 있음.

② 적재적소가 인사 배치가 계급제의 장점이라는 주장은 엄격한 기준에 얽매이지 않는 임용과 배치의 융통성에 근거를 둔 것이고, 직위분류제의 장점이라는 주장은 개방형에 의해 외부 채용의 탄력성에 근거를 두고 있음.

③ 계급제는 직류, 직렬, 직군 등의 수평적 칸막이가 없어 인적 자원 활용의 수평적 융통성은 높으나, 계급의 수가 적고 계급이 출신 성분이나 교육제도상 계층과 연관돼 있는데다가 계급과 직위의 연계성이 높고 계급 간 승진이나 융통성이 용이하지 않아 수직적 융통성은 낮은 편임.

④ 계급제는 외부와 교류가 없는 폐쇄형이므로 공직사회가 환경대응성이 낮고 경직성이 높은 반면, 직위분류제는 개방형이므로 공직사회가 환경 대응성이 높아 경직성이 낮음. 그러나 직위분류제는 엄격한 분류 기준에 의한 구조이므로 신축성과 융통성이 전반적으로 부족하여 잠정적이고 비정형적인 업무로 구성된 역동적이고 불확실한 상황에는 불리하다는 지적도 있음.

⑤ 계급제는 조직 중심이므로 조직몰입도가 용이하지만, 자신이 속한 집단이익의 옹호에 집착할 가능성이 높으며, 직위분류제는 자신이 속한 조직보다 직무 중심이므로 직무 중심의 동기 유발, 즉 직무몰입 유도가 가능하고 자신이 속한 집단이익의 옹호에 집착할 가능성이 낮음.

| 구분 | 직위분류제 | 계급제 |
|---|---|---|
| 내용 | 동일 직무 동일 보수 | 동일 계급 동일 보수 |
| ○ 격무부서(예: 청소과 6급)<br>○ 비격무부서(예: 민원봉사과 6급) | +α<br>≠<br>-α | 보수<br>‖<br>보수 |
|  | 공정, 합리적 | 불공적, 비합리적 |

## 7. 우리나라의 공직 분류

계급제를 기본으로 하고 채용, 승진, 전직에서 직위분류제의 요소를 가미하고 있음.

## 8. 고위공무원단제도

| | |
|---|---|
| 의의 | 중앙정부의 주요 정책 결정 및 관리에서 핵심적 역할을 담당하는 실·국장급 고위공무원(1~3급)들의 자질 향상과 안목 확대·부처 간 정책 조정 및 협의의 촉진, 업무의 성취 동기를 부여하기 위해 이들을 중앙인사기관이 직접 별도로 관리·운영하는 시스템(고위관료들의 폭넓은 시야와 정치적 대응성 및 책임성을 통한 관리전문가 양성) |
| 핵심 요소 | 개방과 경쟁, 성과와 책임 |
| | **1) 구성 및 관리·운용**<br>① 대상: 중앙부처(국가직)의 실·국장급 직위 전체를 대상으로 함.<br>일반직(임기제 포함), 특정직(외무직만 대상), 별정직 |

| 주요 내용 | |
|---|---|

〈주의〉 국가직 중 정무직과 지방직 공무원은 제외되며, 지방자치단체 및 지방교육행정기관(행정부지사, 행정부시장, 부교육감 등 국가공무원)은 포함됨.

② 소속: 각 부처에 소속된 실·국장급 공무원을 고위공무원단 소속으로 하고 인사혁신처에서 관리·운영하되, 각 부처에 배치된 고위공무원은 소속 장관이 인사와 복무를 관리

③ 직무 등급과 직위 중심의 관리(계급의 폐지)

④ 임용: 대통령

⑤ 참여정부(노무현 정부) 도입

⑥ 고위공무원 진입 및 관리
후보자교육 → 역량평가 → 고위공무원임용심사위원회의 심사 후 대통령 임용 → 직무성과계약평가

2) 개방과 경쟁 촉진

〈고위공무원 직위〉

| 구분 | 개방형 직위 | 공모 직위 | 기관 자율 직위 |
|---|---|---|---|
| 사유 | 전문성 및 효율적인 정책 수립 | 효율적인 정책 수립 및 관리 | 타기관 공무원 임용 제청 가능 |
| 개방 범위 | 공직 내·외(민간인 참여) | 부처 내·외(공직 내부, 민간인 불가) | |
| 임용 기간 | 5년 이내(3년 이상) | 2년간 전보 제한 | |
| 대상 | 고위공무원단 직위 총수의 20% 이내 | 고위공무원단 경력직 직위 총수의 30% 이내 | 50% |

3) 역량평가

역량평가제는 정부조직의 목표·전략 달성과 관련된 성과를 산출하는 데 필요한 핵심 역량을 구체적·경험적으로 밝혀내어 이를 인사관리의 제반 영역에 적극 활용하려는 제도로서 2006년 고위공무원단의 역량평가관리에 활용돼 오다가 2010년에는 하위직으로까지 확대됐다. 역량평가 주관부처이자 중앙인사기관인 인사혁신처에는 역량평가단이 구성돼 다수의 평가자가 평가 대상자를 평가한다.

수평적 관계 역량군, 수직적 관계 역량군, 업무 수행 역량군, 사고 역량군의 네 가지로 범주화하고 있다.

□ 역량 평가의 특징

① 일종의 사전적 검증장치로 단순한 근무 실적 수준을 넘어 공무원에게 요구되는 해당 업무 수행을 위한 충분한 능력을 보유하고 있는지에 대한 평가를 목적으로 한다.

② 다양한 평가기법을 활용해 실제 업무와 유사한 모의 상황에서 나타나는 평가 대상자의 행동 특성을 다수의 평가자에 평가하는 체계다.

③ 미래 행동에 대한 잠재력을 측정하는 것이며 성과에 대한 외부변수를 통제함으로써 객관적 평가가 가능하다.

4) 직무와 성과 중심의 관리

① 직무성과계약제 도입: 기관장과 1년 단위의 성과계약 체결

② 성과 중심의 근무성적평정

| | |
|---|---|
| | 성과계약 등에 의해 5등급(매우 우수, 우수, 보통, 미흡, 매우 미흡)으로 평가하고, 평가 등급별 인원 분포 비율은 최상위 20% 이하, 하위 등급(미흡과 매우 미흡) 인원은 10% 이상 비율로 분포 의무화<br>③ 직무성과급적 연봉제<br>(see table below)<br>〈주의〉 고위공무원단에 속하는 연구직과 지도직 공무원은 호봉제를 계속 적용(성과상여금 지급)<br>**5) 적격성심사제 도입**<br>(see table below)<br>**6) 신분관리**<br>직업공무원제나 실적제 원칙의 근간은 유지(정치적 중립과 정년 및 신분 보장)되나, 엄격한 성과관리와 적격심사를 통한 신분 보장 제한이 가능함. |
| 효용 | 부처 내 또는 부처 간의 교류를 촉진하고 임용의 개방화를 촉진함으로써 우수 공무원을 확보하고 부처이기주의와 인사 침체를 완화할 수 있음. |
| 폐단 | 정치적 영향력에 의한 오용 내지 정실 개입과 연고인사의 우려가 있고, 직업공무원들의 사기 저하와 직업공무원제 약화를 초래할 우려가 있음. |

| 보수 구조 | | | | | | |
|---|---|---|---|---|---|---|
| 기본급여 | | 성과급여(지급 기준) | | | | |
| 기본 연봉 | 기준급 | 성과연봉 | 매우 우수 (20% 이내) | 우수 | 보통 | 미흡·매우 미흡 (10% 이상) |
| | 직무급 | | 15% | 10% | 6% | 0% |

| 적격심사 대상 | 신분상 불이익 | |
|---|---|---|
| | 직위해제 | 직권면직 |
| ① 근무성적평정에서 최하위 등급의 평정을 총 2년 이상 받은 때 | 적격심사를 요구받은 사람에 대해 직위 해제 가능 | 고위공무원임용심사위원회의 적격심사를 통해 부적격자를 결정해 직권면직 가능 |
| ② 대통령으로 정하는 정당한 사유 없이 직위를 부여받지 못한 기간이 총 1년에 이른 때 | | |
| ③ 다음의 경우에 모두 해당할 때<br>㉠ 근무성적평정에서 최하위 등급을 1년 이상 받은 사실이 있는 경우<br>㉡ 대통령으로 정하는 정당한 사유 없이 6개월 이상 직위를 부여받지 못한 사실이 있는 경우 | | |
| ④ 조건부 적격자가 교육훈련을 이수하지 아니하거나 연구 과제를 수행하지 아니한 때 | | |

심화 학습: 고위공무원단제도 도입 전과 도입 후 비교

| 구분 | 도입 전 | 도입 후 |
|---|---|---|
| | 각 부처 소속 | 고위공무원단 소속 |
| 인사 운영 기준 | 계급제(보수, 정원관리, 승진, 전보 등을 계급 기준에 따라 운영) | 직무등급제(보수, 정원관리, 승진, 전보 등을 직위 또는 직무등급 기준에 따라 운영) |
| 충원 및 보직 이동 | 부처 내 폐쇄적 운영<br>(부처 내 공무원을 연공서열에 따라 승진, 전보시켜 충원, 과장급은 별도 교육이나 검증 없이 국장으로 승진) | 부처 내외 개방적 임용<br>(부처 내외 공무원 간 또는 공직 내외 경쟁을 통해 충원, 과장급은 기본교육과 역량평가 등을 거쳐야 승진) |
| 성과관리 | 연공서열 위주의 형식적 관리(목표관리제가 있으나 연공서열 위주의 형식적 운영) | 엄격한 성과관리<br>(직무성과계약제에 따라 성과계약을 체결하고 평가 결과에 따라 신분상 불이익도 부여) |
| 보수 | 계급제적 연봉제(계급에 따라 보수 차등, 성과의 차이에 따른 연봉 차이가 미미) | 직무성과급적 연봉제(직무 값의 차이에 따라 보수 차등, 성과의 차이에 따라 연봉 차등 확대) |
| 자질 능력 평가 | 주관적 추상적 평가<br>(다면평가 등에 의한 평가) | 역량평가제(역량모델을 과학적으로 설정해 객관적이고 구체적인 평가) |
| 교육훈련 | 획일적 교육<br>(교육 프로그램이 다양하지 못하고, 능력 발전 기회로 미인식) | 개별적 맞춤식 교육<br>(부족한 역량과 자질을 파악해 향상시키고, 개인이 처한 상황에 따른 맞춤형 교육 실시) |
| 검증 | 인사심사<br>(채용 계급 승진 시 인사심사) | 인사심사+적격심사<br>(채용 직위 승진시 인사심사, 정기적으로 적격심사 실시) |
| 신분관리 | 안정적 신분 보장<br>(성과와 역량이 미달돼도 특별한 문제가 없으면 직위 유지) | 엄격한 심사관리<br>(성과와 역량이 일정 수준 계속 미달하면 신분상 불이익 부과) |

# 제 3 절 공무원의 임용

## 1. 임용

### 1) 임용의 종류

| 신규임용 | 공개경쟁채용 |
|---|---|
| | 경력경쟁채용(특별채용) |

| 내부임용 | 수직적 임용 | 승진, 승급, 강임 |
|---|---|---|
| | 수평적 임용 | 전직, 전보, 파견, 전입 등 |
| 퇴직 | 자발적 퇴직 | 의원면직, 명예퇴직 |
| | 강제적 퇴직 | 당연퇴직, 직권면직, 징계면직 |

### 2) 공무원 임용 결격 사유(국가공무원법 제33조)

**제33조(결격 사유)** 다음 각 호의 어느 하나에 해당하는 자는 공무원으로 임용될 수 없다(개정 2010.3.22).

1. 금치산자 또는 한정치산자
2. 파산선고를 받고 복권되지 아니한 자
3. 금고 이상의 실형을 선고받고 그 집행이 종료되거나 집행을 받지 아니하기로 확정된 후 5년이 지나지 아니한 자
4. 금고 이상의 형을 선고받고 그 집행유예 기간이 끝난 날부터 2년이 지나지 아니한 자
5. 금고 이상의 형의 선고유예를 받은 경우에 그 선고유예 기간 중에 있는 자
6. 법원의 판결 또는 다른 법률에 따라 자격이 상실되거나 정지된 자

6의2. 공무원으로 재직 기간 중 직무와 관련하여 「형법」 제355조 및 제356조(횡령, 배임)에 규정된 죄를 범한 자로서 300만 원 이상의 벌금형을 선고받고 그 형이 확정된 후 2년이 지나지 아니한 자

7. 징계로 파면처분을 받은 때부터 5년이 지나지 아니한 자
8. 징계로 해임처분을 받은 때부터 3년이 지나지 아니한 자

### 3) 지역인재 추천 채용제

| 근거 | 제도 | 대상자 | 채용 직급 | 견습 기간 |
|---|---|---|---|---|
| 국가공무원법 | 지역인재추천채용제 | | 6급 이하 | 3년 이내 |
| 공무원임용령 | 지역인재추천채용제 | • 대학 졸업 또는 졸업 예정자 | 일반직 7급 | 1년 |
| | | • 고등학교 졸업 또는 졸업 예정자 | 일반직 9급 | 6개월 |

### 4) 신규임용의 절차

① 5급 이하의 경우, 채용후보자 명부에 등록(유효 기간은 5급 및 6급 이하 모두 2년, 단 1년 연장 가능)

□ **국가직 5급 공채 채용후보자명부 유효 기간 단축과 유예 기간**

5급 공채 채용후보자명부 유효 기간을 다른 시험과 동일하게 **2년으로 단축**하고, 5·7·9급 공채 등 채용시험의 **학업 목적 유예는 1년까지만 가능**하도록 할 예정이다. * 유예 기간을 거쳐 2015년 공채 합격자부터 적용

② 시보임용(5급 이하만 적용) 기간: 5급은 1년, 6급 이하는 6개월이며, 시보 기간에는 신분 보장이 제한적임(근무·교육훈련 성적이 불량할 경우 면직이 가능하고, 면직돼도 소청을 제기할 수 없음).

③ 임용권자: 5급 이상은 대통령이 임용하며, 6급 이하의 경우는 소속 장관이 임용권을 가짐.

## 2. 모집

① 응시 상한 연령은 폐지됐고, 응시 하한 연령만 유지(5·7급은 20세, 9급은 18세)

② 소극적(형식적) 모집 요건(학력, 연령, 국적 등)과 적극적(실질적) 모집 요건(기술, 지식, 경험 등)이 있음.

## 3. 시험

① 형식(방법)에 따라: 필기시험, 실기시험, 면접시험으로 구분

- 공무원임용시험령상 면접시험의 5대 평정 요소는 공무원으로서의 정신 자세, 전문지식과 그 응용 능력, 의사 표현의 정확성과 논리성, 예의·품행 및 성실성, 창의력·의지력 및 발전 가능성이다.

② 목적(측정 대상)에 따라: 일반지능검사, 적성검사, 성격검사, 업적검사, 체력검사 등

③ 시험의 효용도: 타당도(정확성), 신뢰도(일관성), 객관도(채점상의 공정성), 난이도(변별력 유지), 실용도(실시 용이성)

㉠ 타당도

시험이 측정하려고 하는 바를 실제로 측정할 수 있는 정도

〈시험의 타당도〉

| 구분 | 개념 | 판단 기준 | 검증 방법 |
|---|---|---|---|
| 기준 타당도 | (미래) 직무 수행 능력을 제대로 예측한 정도<br>(예) 수석 합격자 → 최우수 평정 | 시험성적 = 근무성적 | 시험성적과 업무 수행 실적 간의 상관 관계<br>☞ **검증 방법**<br>**- 예측적 타당도: 시험 합격자 대상**<br>**- 동시적 타당도: 재직자 대상** |

| 내용 타당도 | (현재) 직무 수행에 필요한 능력 요소를 제대로 측정한 정도로 직무분석이 필수적임.<br>(예) 회계담당관의 회계 지식 | 능력 요소<br>=시험 내용 | 직무 수행에 필요한 능력 요소와 시험문제의 부합 정도<br>☞ **검증 방법 : 내용분석을 통한 문항 검증** |
|---|---|---|---|
| 구성 타당도 | 이론적으로 구성된 능력 요소를 제대로 측정한 정도<br>(예) 회계담당관: 수리적 분석 능력, 직무 판단 능력 | 이론적 구성 요소<br>= 시험 내용 | 이론적으로 구성한 능력 요소와 시험문제의 부합 정도<br>☞ **검증 방법 : 수렴타당성과 판별 타당성** |

**심화 학습: 시험의 타당도(사례 및 통계적 기법)**

**1) 기준타당도**

시험성적이 좋은 사람이 임용 후 업무 실적이 좋다면 기준타당도가 높은 반면, 시험성적이 좋은 사람이 임용 후 업무 실적이 좋지 않다면 기준타당도가 낮은 것이다.

☞ 통계적 유의성을 평가하는 것

**2) 내용타당도**

타자수를 뽑기 위한 시험에서 타자 업무 수행 시 가장 중요한 요소인 타자 속도와 오타율을 시험 내용으로 했다면 내용타당도가 높은 것이고, 타자 실력과 관계 없는 문장 이해 정도를 시험 내용으로 했다면 내용타당도가 낮은 것이다(행정학 객관식 문제의 모집단은 이론적으로만 존재하지 실제로는 존재하지 않으므로 문항의 모집단에서 무작위 표출을 통해 시험문제를 구성하는 것이 불가능하다. 따라서 전문가인 동료 교수에게 시험문제의 내용을 평가하게 해야 한다).

☞ 통계적인 절차를 사용하지 않고 직접 이용할 수 있다.

**3) 구성타당도**

소방공무원의 능력 측정의 경우 지구력 · 근력 · 균형 감각 등을, 리더십 측정시험의 경우 직무 관련 요소와 부하 배려 요소 등을 시험이 제대로 포함하고 실제로 정확히 측정했다면 구성타당도가 높은 것이다.

① 수렴적 타당성(집중 타당성)

같은 개념을 측정하는 경우에는 상이한 측정 방법을 사용하더라도 그 측정값은 하나의 차원으로 수렴해야 한다는 것이다(주관식 시험과 객관식 시험을 치렀을 경우 모두 상관관계가 높은 경우 수렴타당성이 높음).

② 차별적 타당성(판별적 타당성)

상이한 개념을 측정한 경우에는 동일한 측정 방법을 사용하더라도 그 측정값에는 차별성이 나타나야 한다는 것이다(상관관계가 낮은 경우 차별타당성이 높음).

☞ 평가 방법 : 요인분석 방법(통계적 분석기법 : 항목들 간의 상관 관계가 높은 것끼리 하나의 요인으로 묶으며, 요인들 간에는 상호독립성을 유지하도록 하는 방법)을 사용

㉡ 신뢰도

시험이 측정 도구로서 가지는 일관성 또는 일치성을 말하는 것으로, 시험의 시기와 형식, 장소 등 시험 여건(측정 도구)에 따라 점수가 영향을 받지 않는 정도

☞ 검증 방법
시험을 두 차례 실시하는 방법: 형식변화법, 재시험법
시험을 한 차례 실시하는 방법: 이분(반분)법, 문항 간 일관성 검증법(크론바흐[Cronbach] 알파계수법)

### 4. 신뢰도와 타당도의 관계

신뢰도가 높아야 타당도가 높아지지만, 신뢰도가 높다고 해서 항상 타당도가 높은 것은 아니다. 즉, 신뢰도는 타당도 확보에 필요한 조건(필요 조건)일 뿐 충분 조건은 아니다.

| 명제 | | 판정 |
|---|---|---|
| 신뢰도가 낮으면 타당도도 낮다. | ☞ | 참 |
| 신뢰도가 높으면 타당도도 높다. | ☞ | 거짓 |
| 타당도가 낮으면 신뢰도도 낮다. | ☞ | 거짓 |
| 타당도가 높으면 신뢰도도 높다. | ☞ | 참 |

## 제 4 절 공무원의 능력 발전

### 1. 교육훈련

#### 1) 교육훈련 목적

조정과 감독 · 통제 필요성 감소, 행정의 능률화, 능력 향상 등

| 구분 | 종류 |
|---|---|
| 강의식 | - |
| 참여식 · 토론식 | 토론 · 회의식기법, **사례연구**, **역할연기법**, **분임토의**(syndicate), 대집단 토의식(심포지엄, 포럼 등), 시뮬레이션 등 |
| 체험식 | 시찰 견학, **현장훈련**(On the Job Training: OJT), 전직 · 순환보직 등 배치전환, **감수성 훈련**, **액션 러닝**(action learning) 등 |

### 2) 교육훈련 방법

| 구분 | 내용 |
|---|---|
| 사례연구 | ① 개념 : 일정한 사례를 공동으로 연구해 문제점을 도출하고 그에 대한 해결책이나 대안을 모색하는 방법<br>② 특징 : 자율적 사고 능력 향상의 장점이 있으나, 시간이 많이 소요되는 단점이 있음.<br>③ 일종의 사건 처리 연습 |
| 역할연기 | ① 개념 : 실제 직무 상황과 같은 상황을 조성해 행동으로 연기를 하게 하는 방법<br>② 특징 : 감독자 훈련에 적합하고 인간 관계 개선에 효과적이나 사전 준비가 필요함. |
| 신디게이트<br>(분임토의) | ① 개념 : 몇 사람이 반을 편성해 문제를 연구한 후 전원에게 보고하고 평가를 받는 방법<br>② 특징 : 참가자 관심 유도와 상대방 의견 존중의 장점이 있으나, 충분한 시간이 필요함. |
| 액션러닝<br>(action learning)<br>문제 해결형 학습 | ① 개념 : 소규모로 구성된 한 집단이 조직이 직면하고 있는 실질적인 문제를 해결하는 과정에서 학습이 이뤄지며, 그 학습을 통해 각 그룹의 구성원은 물론 조직 전체에 혜택이 돌아가도록 하는 기법<br>② 특징 :<br>• 이론과 지식 전달 위주의 전통적인 강의식 · 집합식 교육의 한계를 극복하고 참여와 성과 중심의 교육훈련을 지향하는 교육으로 현장조사, 사례조사, 성찰미팅 등을 실시(체험식 교육 기회 제공)<br>• 교육과 행정을 연결한 적시형 학습 형태로 자율적 학습과 전문가의 지원을 받으며 구체적인 문제 해결 방안을 모색함. |
| 워크아웃<br>프로그램 | ① 개념 : 조직의 수직적 · 수평적 장벽을 제거하고, 전 구성원의 자발적 참여에 의한 행정혁신, 관리자의 신속한 의사 결정과 문제 해결을 도모하는 교육훈련<br>② 특징 : 정책 현안에 대한 각종 워크숍의 운영을 통해서 집단적 토론과 함께 문제 해결 방안을 모색하고, 개별 공무원의 업무 역량을 제고하기 위한 목적에서 활용 |
| 현장훈련<br>(직장훈련) | ① 개념 : 피훈련자가 직책을 정상적으로 수행하면서 담당 업무의 수행 능력을 향상시키기 위해 상관이나 선임자로부터 지도 · 훈련을 받는 것<br>② 특징 : 실시가 용이하고 비용이 적게 소요되는 장점이 있으나, 예정된 계획에 따라 진행하기 곤란하다는 단점이 있음. |
| 감수성훈련 | ① 개념 : 피훈련자를 외부와 차단시킨 상황 속에서 자신을 들여다보고, 자신의 경험을 교환 · 비판하게 함으로써, 대인 관계에 대한 이해와 감수성을 높이는 훈련 방법(조직 발전의 기법으로 활용)<br>② 특징 : 자신(성찰), 타인(배려), 집단(효과성 제고) |

### 3) 교육훈련에 대한 저항

① 소속기관 차원

업무 공백으로 인한 조직성과 저하, 훈련비용의 발생

② 개인 차원

교육의 필요성에 대한 의문, 불리한 인사 조치라는 부정적 인식(장기교육), 훈련 결과의 미반영(이수제), 훈련 종료 후 복귀 시 보직에 대한 불안감

**심화 학습: 역량기반 교육훈련(competency-based curriculum : CBC)**

**1) 의의**

역량기반 교육훈련이란 정부조직의 목표나 전략 달성과 연관된 성과를 산출하는 데 필요한 핵심역량을 고성과자를 기준으로 한 역량진단을 통해 구체적이고 경험적으로 밝혀 내어 이를 교육훈련 과정에 활용하는 제도를 말한다.

**2) 특징**

① 맥클리랜드(D. C. McClelland)는 우수 성과자의 인사 관련 행태를 역량으로 규정하고 이를 중심으로 한 인사관리를 주장했다.

② 역량분석(역량진단)으로 도출된 역량모델을 바탕으로 필요한 교육과정을 설계한다. 아울러 역량 모델을 기반으로 조직과 개인이 필요로 하는 교육훈련을 비롯한 성과 지향적인 인적 자원 관리 실현을 위한 정확한 정보 제공을 강조한다.

③ 역량군은 전체 구성원에게 적용되는 공통역량, 원활한 조직 운영을 위한 관리 역량, 전문적 직무 수행을 위한 직무 역량으로 구성된다

④ 피교육자의 능력을 정확히 진단해 부족한 부분(gap)을 보충하는 교육이 가능하다.

**3) 일반적 역량의 유형**

| 역량 구분 | 적용 취지 | 적용 범위 | 도출 근거 |
|---|---|---|---|
| 공동/핵심 역량 | 전 조직구성원이 공동적으로 갖춰야 할 역량 | 전체 조직구성원 | 조직의 미션, 가치, 전략 |
| 관리직/리더십/프로세스 역량 | 개인의 역량이 조직 차원에서 원활히 수렴되고 변화하도록 하는 역량 | 관리자 및 특정 계층의 조직구성원 | 부서 내의 업무의 효과적 수행 요건 및 부서 간 협조의 관건 |
| 개인/직무/전문 역량 | 조직구성원 각자가 업무를 효과·효율적으로 수행하기 위한 역량 | 업무 유형별 담당자 | 개인 단위 업무의 내역 및 성과 요인 |

## 2. 근무성적평정

### 1) 의의

공무원이 근무하고 있는 조직체에서 근무 실적, 직무 수행 능력, 태도 등을 일정

한 기준에 따라 체계적·정기적으로 평가해 그 결과를 각종 인사행정 자료로 활용하는 제도로서, 조선 시대 도목정사(都目政事)나 갑오개혁기의 고과제(考課制)가 그 기원임.

〈근무성적평가와 직무평가의 비교〉

| 구분 | 대상 | 초점 | 용도 | 보수 | 특징 |
|---|---|---|---|---|---|
| 직무평가 | 직무 | 사전 투입(곤란도, 책임도) | 보수표 작성 | 직무급 | 객관적 |
| 근무성적평가 | 사람 | 사후성과(실현된 성과) | 성과관리 | 성과급 | 주관적 |

2) 용도

채용시험의 타당도 측정(채용 당시의 시험성적과 근무성적을 비교해 기준타당도를 측정) 및 근무 수행 능력 발전과 근무 능률 향상에 활용

3) 평정모형(평정 방법): 평정 기법별 분류

<table>
<tr><th>구분</th><th colspan="2">내용</th></tr>
<tr><td rowspan="3">도표식 평정척도법</td><td>개념</td><td>한편에는 실적과 능력 등을 나타내는 평정 요소를 나열하고, 다른 편에는 우열을 나타내는 등급을 표시하는 방법으로 5급 이하에 사용(가장 널리 사용)</td></tr>
<tr><td>장점</td><td>평정 요소 작성이 간단하고 평정이 용이함.</td></tr>
<tr><td>단점</td><td>• 평정 요소가 과학적인 직무분석에 기초하지 않고 직관이나 선험에 의해 선정된 관계로 평정 요소의 합리적 선정이 곤란함.<br>• 등급 비교 기준이 명확하지 않으며, 평정자마다 척도에 사용되는 용어에 대한 지각과 이해가 상이할 경우 평정이 임의적이고 연쇄화, 집중화, 관대화의 오차가 발생함.<br>☞ 단점 보완책: 도표식법에다 중요사건기록법을 가미한 행태기준척도법이나 강제배분법 등의 상대평가나 사실기록법을 사용</td></tr>
<tr><td rowspan="2">사실표지법<br>(체크리스트법)</td><td>개념</td><td>평정서에 표준행동목록을 미리 작성해 두고 거기에 나열된 평정 요소에 대한 설명이나 질문을 보고 평정자가 해당 항목을 골라 가부를 표시하는 방법</td></tr>
<tr><td>장·단점</td><td>질문 항목에 유무 또는 가부만을 판단하기 때문에 평정이 편리하나, 평정 요소에 관한 평정 항목을 만들기가 어려움.</td></tr>
<tr><td rowspan="2">상대평가 방법</td><td>개념</td><td>평정 결과의 분포를 강제하는 방법으로 서열법과 강제배분법이 있음.</td></tr>
<tr><td>서열법</td><td>피평정자들을 서로 비교해 서열을 정하는 방법(평정 기준으로서 구체적인 인물을 사용한다는 점에서 평정상의 추상성을 극복할 수 있지만, 객관적인 표준인물 선정이 어려움).</td></tr>
</table>

<table>
<tr><td></td><td>강제<br>배분법</td><td>피평정자들을 우열의 등급에 따라 구분한 뒤 몇 개의 집단으로 분포 비율에 따라 배치하도록 강제하는 방법(우리나라: 3등급 이상으로 평가하되, 최상위 등급은 반드시 20%, 최하위 등급은 반드시 10%를 배정하도록 강제 배분하고 있음.)<br>☞ 장점: 평정자가 많을 때는 관대화 경향에 따르는 오차를 방지할 수 있음.<br>단점 : 역산제의 오류, 전원이 무능한 집단이나 유능한 집단일 경우 불합리<br><br>평정자가 미리 강제 배분 비율에 따라 평정 대상자를 각 등급에 분포시키고, 그 다음에 역으로 등급에 해당하는 점수를 부여하는 평정상의 오류(연공서열에 따라 평정을 해놓고 도표식 평정척도법을 형식적으로 적용하는 것이 행정의 관례임.)<br><br>〈주의〉<br>5급 이하 공무원의 근무성적평가에서 성과평가서상 평가자의 평정 과정에는 강제배분법을 적용하지 않고, 평가 단위별 평가 대상 공무원의 순위를 정하기 위한 평가 등급 및 근무성적평가위원회에서 기관의 전체 평정 대상자를 대상으로 직급별 또는 계급별 평가 등급 및 평가점을 정할 때 적용함.</td></tr>
<tr><td rowspan="3">중요사건기록법</td><td>개념</td><td>피평정자의 근무 실적에 큰 영향을 주는 중요 사건들을 평정자로 하여금 기술하게 하거나 또는 중요 사건들에 대한 설명구를 미리 만들어 평정자로 하여금 해당되는 사건에 표시하게 하는 방법</td></tr>
<tr><td>장점</td><td>평정자와 피평정자의 상담 촉진, 사실에 근거한 평가 가능</td></tr>
<tr><td>단점</td><td>이례적인 행동을 지나치게 강조, 상호 비교 곤란</td></tr>
<tr><td rowspan="3">행태기준척도법<br>(도표식<br>평정척도법 +<br>중요사건기록법)<br>방식</td><td>개념</td><td>직무분석에 기초하여 직무와 관련한 중요 과업 분야를 선정하고 각 과업 분야에 대해 가장 이상적인 과업 행태에서부터 가장 바람직하지 못한 행태까지를 몇 개의 등급으로 구분해 각 등급마다 중요 행태를 명확하게 기술하고 점수를 할당하는 방법</td></tr>
<tr><td>장점</td><td>주관적인 평가에서 오는 오류의 최소화, 참여를 통한 신뢰성 확보 가능</td></tr>
<tr><td>단점</td><td>직무가 다르면 중요 행태가 달라져야 하므로 별개의 평정 양식이 필요하며, 평정표 개발에 시간과 노력이 많이 소요됨.</td></tr>
<tr><td rowspan="3">행태관찰척도법<br>(행태기준척도법 +<br>도표식<br>평정척도법) 방식</td><td>개념</td><td>행태기준척도법의 바람직한 행동과 바람직하지 못한 행동과의 상호배타성을 극복하고자 개발(얼마나 자주 관찰되는지 빈도로 구성된 척도에 의해 행태를 관찰하는 기법)</td></tr>
<tr><td>장점</td><td>평정 요소가 직무와 관련성이 높고, 피평정자에게 행태 변화에 유용한 정보를 피드백시켜 줄 수 있으며, 평정자의 주관성과 임의성을 줄일 수 있음.</td></tr>
<tr><td>단점</td><td>도표식 평정척도법과 마찬가지로 등급과 등급 간의 구분이 모호하고 연쇄화의 오류가 나타날 수 있음.</td></tr>
</table>

| | |
|---|---|
| 직무성과<br>계약제 | ① 직무성과계약제란 장·차관 등 기관 책임자와 실·국장, 과장 간에 성과 목표 및 지표 등에 관해 합의해 공식적인 성과계약을 체결하고, 당해 연도의 직무성과계약에 의해 개인의 성과를 평가해 그 결과를 성과급, 승진 등 인사관리에 반영하는 개인 성과평가제도를 말한다(4급 이상 공무원 개인평가 방식).<br>② 직무성과관리제는 직무분석을 통해 도출된 성과책임을 바탕으로 성과 목표를 설정·관리·평가하고, 그 평가 결과를 보수 혹은 처우 등에 적용하는 일련의 과정을 말한다. 이 제도 하에서는 성과책임을 바탕으로 상·하급자가 상호간에 합의해 당해 연도의 사업 목표와 달성 수준을 설정하며, 연말의 성과평가 때에도 상사와 부하가 함께 평가에 참여해 그동안의 추진 실적을 점검하게 된다. |

## 참고 근무성적 평정 기법 예시

① 근무실적평정 사례(○○○부처 6급 주사의 경우)

**1. 담당 업무**

**2. 근무실적 평정(50점)**

| 연번 | 성과목표 또는 단위과제 | 업무 비중 ㉮ | 주요 실적/산출물 | 평정 요소 | | | | 소계 점수 |
|---|---|---|---|---|---|---|---|---|
| | | | | 업무난이도 (10점) ㉯ | 완성도 (20점) ㉰ | 적시성 (20점) ㉱ | 합산 점수 | |
| 1 | 평정규정 개정 | 40 | • 규정 개정을 위한 실태조사 및 PCRM을 통한 의견수렴(50개 기관) | √<br>① ② ③ ④ ⑤ | √<br>① ② ③ ④ ⑤ | √<br>① ② ③ ④ ⑤ | 34 | |
| 2 | 성과관리 카드 도입 | 40 | • 제도 도입에 따른 간담회 실시(10개 기관)<br>• PCRM을 통한 제도 홍보 | √<br>① ② ③ ④ ⑤ | √<br>① ② ③ ④ ⑤ | √<br>① ② ③ ④ ⑤ | 30 | |
| 3 | 다면평가 운영 개선 | 10 | • 다른 지자체 다면평가 운영실태 조사(50개 기관)<br>• 민간 및 공공 부문 우수사례 수집 및 DB화 | √<br>① ② ③ ④ ⑤ | √<br>① ② ③ ④ ⑤ | √<br>① ② ③ ④ ⑤ | 34 | |
| 추가 업무 | 성과관리 정보시스템 개발 | 10 | • 시스템 개발을 위한 관련자 회의(용역업체 등 참석)<br>• 운영 시스템 시범 활용<br>• 최종 보고회 실시 | √<br>① ② ③ ④ ⑤ | √<br>① ② ③ ④ ⑤ | √<br>① ② ③ ④ ⑤ | 40 | |
| 총점 | | | | | | | | |

### 3. 직무 수행 능력 평정(50점)

| 연번 | 평정 요소 | 요소별 배점 | 정 의 | 평정 등급 | 소계 점수 |
|---|---|---|---|---|---|
| 1 | 기획력 | 9점 | • 창의적인 시각을 가지고 문제를 예측하고 실행 가능한 계획을 만든다.<br>• 효과적인 설명이 가능하도록 일목요연한 계획을 만든다. | √<br>① ② ③ ④ ⑤ | |
| 2 | 의사 전달력 | 6점 | • 표현이 간결하면서도 논점이 빠지지 않도록 문서를 만든다.<br>• 논리적이면서 설득력 있는 말로 설명을 한다. | √<br>① ② ③ ④ ⑤ | |
| 3 | 협상력 | 6점 | • 상대방의 의도를 적절히 파악해 자신의 입장을 설득한다.<br>• 상반되는 이해관계에 대해 효과적으로 조정을 한다. | √<br>① ② ③ ④ ⑤ | |
| 4 | 추진력 | 5점 | • 맡은 업무에 책임감을 가지고 목적한 바를 완수한다.<br>• 열정을 가지고 환경적인 불리함을 극복한다. | √<br>① ② ③ ④ ⑤ | |
| 5 | 신속성 | 5점 | • 계획된 일정에 따라 지연됨이 없이 일을 처리한다.<br>• 주어진 과제에 대한 집중력을 가지고 예상되는 소요 시간보다 빨리 일을 처리한다. | √<br>① ② ③ ④ ⑤ | |
| 6 | 팀워크 | 8점 | • 타인을 존중하며 팀원들과 협조적인 분위기를 만든다.<br>• 타인의 적절한 요구와 건설적인 비판을 수용한다. | √<br>① ② ③ ④ ⑤ | |
| 7 | 성실성 | 5점 | • 무단 지각·조퇴·결근 등 조직 운영에 장애가 되는 행위를 하지 않는다.<br>• 맡은 업무 및 조직의 발전에 헌신적인 자세를 갖는다 | √<br>① ② ③ ④ ⑤ | |
| 8 | 고객 지향 | 6점 | • 업무와 관련해 국민이나 내부수혜자(타 공무원)가 원하는 바를 이해하며, 그들의 요구를 충족하도록 배려하는 능력 | √<br>① ② ③ ④ ⑤ | |
| 총점 | | | | | |

평정 요소별로 '전혀 그렇지 않다(①) - 거의 그렇지 않다(②) - 가끔 그렇다(③) - 자주 그렇다(④) - 항상 그렇다(⑤)'의 5단계로 평정함.

## 4) 평정 주체별 평가 방법

평정 주체에 따라 감독자, 부하, 동료, 자기, 고객, 집단평정으로 분류

□ 다면평가(집단평가)

| | |
|---|---|
| 개념 | 감독자, 부하, 동료, 민원인까지를 평정 주체로 참여시키는 방법으로 360도 평정, 또는 전방위 평정이라고도 함.<br>수직적 구조가 약화되고 조직이 동태화, 탈관료제화됨에 따라 등장 |
| 등장 배경 | 관리 범위의 확대(유기적 구조는 통솔 범위가 확대), 팀 위주의 조직, 내외부 고객의 피드백 중요, 참여 의식 확대 등 |

| | |
|---|---|
| 효용 | 다양한 의견을 수렴해 능력 발전 도모, 여러 사람이 평가한 결과로 소수가 평가한 것보다 공정하고 객관적인 평가 가능, 충성심의 다양화(고객 지향), 부하들에 힘을 실어 주어 행정분권화에 유리한 조건 조성, 관리자가 부하의 의견을 토대로 잘못된 행태를 개선할 수 있어 민주적 리더십 향상에 기여, 의사소통을 증진시키고 팀워크 발전에 기여 |
| 단점 | 갈등과 스트레스<br>절차의 복잡성(평정단 선정)<br>담합에 의한 형평성, 신뢰성, 정확성 저해 우려(평정단 선정이 객관적이지 않을 경우)<br>포퓰리즘에 의한 목표의 왜곡(목표 성취보다는 인기관리 및 대인 관계에만 치중할 경우) |
| 기타 | 다면평정 결과는 근평에는 반영되지 않으며 능력 발전, 역량 개발 등에 활용(2010년 이후 공무원평가에서 사실상 폐지)<br>평정 결과는 공개<br>평정자별 가중치 부여(민원인은 가점 방식 적용) |

※ 온라인상에서 익명으로 평가.

### 5) 근무성적평정상의 오류(착오)

#### (1) 근무성적평정상의 착오 구분

| 분포적 오류 | 상관관계적 오류 |
|---|---|
| 근무성적의 분포가 실제의 직무 성과와의 분포와 다르게 나타나는 오류 | 평가 요소들 또는 특정 피평정자 들에 대해 유사한 평가를 하게 되는 오류 |
| 관대화, 엄격화, 집중화 | 연쇄 효과, 논리적 오류, 유형화의 오류(상동적 오류) |

#### (2) 근무성적평정상의 착오의 개념 및 사례

| | | |
|---|---|---|
| 연쇄 효과<br>(후광, 현혹 효과)<br>(halo effect) | 개념 | 특정 요소의 평정 결과가 다른 평정 요소에 영향을 미치거나, 피평정자의 전반적인(막연한, 일반적인) 인상이 평정에 영향을 미치는 착오 |
| | 사례 | 용모가 단정하거나 성실하면 청렴·유능하고 책임감·신뢰성·창의력이 있을 것이라고 판단 |
| | 방지 | 요소마다 용지를 달리하거나 강제선택법 사용 |
| 시간적 오차<br>(근접 오류) | 개념 | 평정 실시 시점에 시간적으로 근접한 시기의 근무성적이 평정에 더 많은 영향을 주는 착오<br>최근 실적이나 능력(평정 직전의 실적이나 사건)을 중심으로 평가하려는 데서 생기는 최근 실적에 의한 오류(막바지 효과)<br>〈주의〉 시간적 오차와 반대로 첫인상을 너무 중시하는 데서 오는 오류<br>☞최초 효과 |
| | 사례 | 평정일 전날 무단 결근한 자에게 낮은 점수를 주는 경우 |

| | | |
|---|---|---|
| | 방지 | 독립된 평가센터 운영, 목표달성도(MBO)만으로 평가하는 방식 도입, 중요사건기록법 등 활용 |
| 집중화 오차<br>(중심화 경향) | 개념 | 무난하게 평균에 가까운 중간 점수로 대부분 평정하기 때문에 척도상의 중간에 절대 다수가 집중되는 현상 |
| | 특징 | 평정 결과를 공개하는 경우에 더욱 심해지며, 이를 방지하기 위해서는 강제배분식이 효과적임. |
| 관대화 또는<br>엄격화 오차 | 관대 | 상관이 부하와의 인간 관계를 고려해 실제보다 후하게 평정을 하는 것 |
| | 엄격 | 평정 분포가 열등한 쪽에 치우치는 것 |
| | 방지 | 강제배분식을 적용하거나 평정 결과를 공개하지 않는 방법 활용 |
| 규칙적 오차 또는<br>총계적 오차 | 규칙적<br>오차 | 한 평정자가 다른 평정자보다 일관적·지속적으로 과대 또는 과소 평정하는 것(언제나 좋은 점수 또는 언제나 나쁜 점수를 주는 등 특정인의 가치관이나 평정 기준에 의한 오차) ☞ 사후 조정 가능 |
| | 총계적<br>오차 | 동일한 피평정자에 대해 경우에 따라 다르게 평가하는, 즉 일정치 않은 평정 기준에 의한 일관성 없는 또는 불규칙적 오류 ☞ 사후 조정 불가능 |
| 상동적 오차<br>(유형화, 정형화,<br>집단화) 오차<br>(stereotyping<br>error) | 개념 | 사람에 대한 편견이나 선입견 또는 고정 관념에 의한 오차<br>공무원에 대한 평가가 그가 속한 사회적 집단의 유형에 대한 지각이나 어떤 인식을 오랫동안 같은 상태로 일관되게 유지하려는 심리 상태에 기인한 것 |
| | 사례 | 안경을 쓴 사람은 지적 수준이 높을 것이라고 평가하는 데서 발생하는 오류<br>특정 지역이나 특정 학교 출신이기 때문에 당연히 어떨 것이라고 판단하는 것 |
| | 방지 | 개인의 신상을 비공개함. |
| 논리적 오차 | 개념 | 평정 요소 간에 논리적인 상관 관계에 의해 생기는 오류<br>어떤 평정 요소가 특별히 좋거나 혹은 낮은 점수를 받은 경우에 일반적인 상관 관계에 있는 다른 요소도 높게 혹은 낮게 평정하는 과정에서 발생하는 오류 |
| | 사례 | 기억력이 높으면 지식이 높다, 작업량이 많으면 숙련도가 높다 등 |

### 심화 학습: 근무성적평가상의 오류(착오)

| | |
|---|---|
| 투사 또는<br>유사성의 착오 | 자기 자신의 감정이나 특성을 다른 사람에게 투사 또는 전가하는 데서 오는 착오<br>평정자는 피평정자가 근면할 경우 업무 능력과 상관없이 높게 평정한다. |
| 기대성의 착오<br>(피그말리온 효과) | 사람이나 사물의 특성 또는 사건의 발생에 관해 미리 가진 기대에 따라 무비판적으로 사실을 지각하는 데서 오는 착오로 기대성 착오는 일어나기를 바라는 것이 실제로 일어난 것처럼 오해하는 착오라 할 수 있다.<br>자기 달성적 예언(자기 충족적 예언)이라는 개념으로 설명하기도 하는데, 자기 달성적 예언이란 상황이나 사람에 관해 미리 기대했던 바를 찾아내거나 만들어 내는 성향을 말한다. |

| | |
|---|---|
| 방어적 지각의 착오 | 지각자가 사물을 보는 습성 또는 그의 고정관념에 어긋나는 정보를 회피하거나 그것을 자기의 고정관념에 부합되도록 왜곡하기 때문에 범하는 착오다. |
| 근본적 귀속의 착오 | 타인의 실패를 평가할 때 상황적 요인은 과소 평가하고 개인적 요인의 영향은 과대 평가하는 경향, 그리고 타인의 성공을 평가할 때 상황적 요인은 과대 평가하고 개인적 요인은 과소 평가하는 경향이다. |
| 이기적 착오 (자존적 편견) | 자기 자신의 실패에 대한 책임은 지지 않고 성공에 대한 개인적 공로는 강조하는 경향으로 자기가 일을 잘못한 것은 상황적 조건이 나쁜 탓이고, 자기가 일을 잘한 것은 자기의 개인적 우월성 때문이라고 생각하는 경향을 지칭하는 것이다. |

### 6) 우리나라의 공무원 평정(공무원 성과평가 등에 관한 규정)

① 성과계약 등 평가(4급 이상 고위공무원단 포함, 연구관, 지도관)

② 근무성적평가(5급 이하, 연구사, 지도사)

③ 평가자(상위감독자)와 확인자(평가자의 상급 또는 상위감독자 중에서 소속기관장이 지정) 및 기관별로 근무성적평정위원회 설치

④ 성과면담 실시(공정한 평가를 위해 평가자와 피평가자의 사전협의 및 면담이 인정됨.)

⑤ 평정 결과 공개(본인의 요청이 없는 경우에도 본인의 능력 발전을 위해 알려주도록 돼 있음.) 및 이의 신청(확인자 또는 평가자에게 신청) → 이의 신청에 불복할 경우 근무성적평정위원회에 평정 결과의 조정을 신청할 수 있음.

⑥ 소청심사 대상이 되지 않는다고 보는 견해가 지배적임.

〈주의〉 근평 결과, 당연퇴직, 경력평정, 승진 탈락은 소청심사 제외 대상이며, 징계, 강임, 휴직, 면직, 직위해제, 복지 거부, 봉급 미지급 등이 소청 대상임.

⑦ 평가 결과의 활용: 승진임용, 교육훈련, 성과상여금 등의 인사관리에 반영

⑧ 직무성과계약제도는 개인별 성과관리제도로 조직 전반의 성과관리를 중심으로 하는 균형성과관리(BSC)와 구분됨.

| 구분 | 시기 | 대상 | 평가 항목 | 평가 등급 | 평가 방식 | 의무화 비율 |
|---|---|---|---|---|---|---|
| 성과계약 등 평가 | 연 1회 (12월) | 고위공무원단 (실·국장급) | 성과목표달성도 | 5등급 | (부분적) 상대평가 | 최상위 20% 이내 최하위 10% 이상 |
| | | 4급 이상 과장급 | | 3등급 이상 | - | 절대, 상대평가 규정 없음. |

| 근무성적 평가 | 연 2회 (6,12월) | 5급 이하 | 근무실적, 직무 수행 능력, 태도는 필요 시 추가 | 3등급 이상 | (부분적) 상대평가 | 최상위 20%, 최하위 10% |
|---|---|---|---|---|---|---|

**심화 학습: 연공주의와 성과주의 인적 관리 시스템 비교**

| 구분 | 연공주의 | 성과주의 |
|---|---|---|
| 채용 | 정기 및 신입사원 채용 중심<br>일반적인 선발 기준 | 수시 및 경력사원 채용 강화<br>전문성과 창의성 선발 중심의 선발 기준 |
| 평가 | 태도와 근속연수 중심의 평가<br>모호하고 불투명한 평가 | 성과와 능력 중심의 평가<br>객관적이고 투명한 평가 |
| 보상 진급 | 직급과 연차 중심의 연공 승진<br>연공형 월급제, 고정상여금 | 직급 파괴 및 성과, 역량에 의한 승진<br>연봉제, 성과급제 등 |
| 퇴직 | 평생고용 | 조기 퇴직<br>전직 지원 활성화 |

## 3. 경력평정

### 1) 의의

① 객관적이고 수치화된 것으로서 과거 경력을 점수화하는 것

② 5급 이하 공무원의 승진후보자명부 작성 시 30점 만점의 경력평정을 반영함.

### 2) 우리나라의 경력평정제도

① **경력평정 대상: 5급 이하 공무원, 연구사, 지도사**

② 정기평정 시기: 6월 말과 12월 말 연 2회 실시

〈주의〉 4급 이상 및 고위공무원단에 속하는 자는 경력평정을 하지 않고 근무성적평정(성과계약 등 평가)만 실시함.

## 4. 승진

### 1) 개념

① 하위 직급(계급)에서 직무의 책임과 곤란도가 높은 상위 직급(계급)으로의 수직적(상향적)인 인사 이동

〈주의〉 수평적 인사 이동인 전직, 전보나 동일한 직급 내지 등급 내에서 호봉만 올라가는 승급과 구별되며, 직무 등급 간의 상향 이동을 말하는 승격과도 구분됨.

② 우리나라의 경우 법제상으로는 국장까지 승진할 수 있으나, 최근 실·국·과 장급에 대한 개방형 직위제도가 도입돼 경력직의 승진 한계는 낮아지는 경향을 보이고 있음.

### 2) 승진의 일반적 기준(경력과 실적)

| 구분 | | 내용 |
|---|---|---|
| 경력 | | 근무 연한, 학력, 경험 등 |
| 실적 | 주관적 실적 | 근무성적평정, 승진심사위원회의 심사 결정, 인사권자의 개인적 판단, 교육훈련 성적 등 |
| | 객관적 실적 | 시험성적 |

### 3) 우리나라 승진의 일반적 현황

① 일반승진의 기준

☞ 5급 이하의 경우 근평(70%) + 경력(30%)를 고려해 승진후보자명부 순위에 의해 승진이 이뤄짐(2007년 이후).

〈주의〉 2006년까지는 근평(50%)+경력(30%)+훈련성적(20%)이었으나, 2007년 이후 교육훈련성적은 이수제로 바뀜.

※ 6급에서 5급으로의 승진임용에서는 승진시험 또는 보통 승진심사위원회의 심사를 거쳐 임용할 수 있음(시험과 심사 중 부처가 선택).

② 최저 승진 소요 연수(상위직급 승진에 필요한 최소한의 근무 기간)

| 계급 | 4급 | 5급 | 6급 | 7급, 8급 | 9급 |
|---|---|---|---|---|---|
| 연수 | 4년 | 4년 | 3년 | 2년 | 1년 6월 |

〈주의〉 2012년 공무원 임용령 개정으로 최저 승진 소요 연수가 단축됐음.

③ 승진임용의 제한

㉠ 징계 의결 요구, 징계처분, 직위해제, 휴직, 시보임용 기간 중에 있는 경우

㉡ 징계처분의 집행이 종료된 날로부터 정직의 경우 18개월, 감봉은 12개월, 견책은 6개월의 기간이 경과하지 아니한 자

④ 승진 적체 해소를 위한 제도(방안)

| | |
|---|---|
| 대우공무원제 | 현재의 직급에서 승진 소요 최저 연수 이상 근무하고 승진 제한 사유가 없는 우수 공무원을 상위 직급 대우 공무원으로 임용하고 대우공무원 수당(월 봉급액의 4.1%)을 지급하는 제도 |
| 필수실무관제 | 6급 공무원인 대우공무원 중 실무 수행 능력이 우수하고 기관 운영에 특히 필요한 사람이 6급에 계속 머물기를 원하면 필수실무관으로 임용하고 수당을 지급하는 제도 |
| 직급별 총(통합)정원제 | 6급에서 9급까지 공무원에 대한 총 정원을 통합해 인정하는 제도(2011년 이전에는 7급에서 9급까지였으나, 2011년 3월 이후로는 6급까지로 확대됐음). |
| 근속승진제 | 통합정원제를 전제로 하는 제도로서 일정 기간 복무한 하위 공무원을 자동 승진시켜 주는 제도로서 승진후보자명부 작성 단위기관별로 운영하되, 7급은 12년 이상, 8급은 8년 이상, 9급은 7년 이상 재직하면 자동 승진하는 제도(인원은 소속 장관별로 정한 6급 정원의 15% 이내로 규정함으로써 우수 하급 공무원의 승진 기회가 확대됐음). |
| 복수직급제 | 조직 계층상 동일 수준의 직위, 즉 보직에 계급이 다른 사람을 배치할 수 있는 제도 3급 또는 4급의 복수 직급(4급이 3급으로 승진하면서 보직은 과장 직위에 머무르는 경우) |

## 5. 배치전환

수평적 인사이동인 전직, 전보, 파견 근무를 합쳐서 배치전환이라고 함.

| 유형 | 개념 | 제한 |
|---|---|---|
| 전입 | 인사 관할을 달리하는 국회, 법원, 선관위, 행정부 간에 이동하는 것 | 시험 부과 |
| 전직 | 직급 수준은 동일하나 직렬을 달리하는 직위로 이동하는 것 | 시험 부과, 3회 이상 불합격하고 직무 수행 능력이 부족한 자는 직권면직 가능 |
| 전보 | 동일한 직급·직렬 내에서 보직 변경 또는 고위공무원단 직위 간의 보직 변경(직위 이동, 부처 이동 등) | 전보제한 기간(1~2년) 〈주의〉 시험을 부과하지 않음. |
| 파견 | 일시적 배치전환으로 국가적 사업을 지원하거나 개인의 능력 발전을 위해 소속을 바꾸지 않고 다른 기관이나 단체에 일정 기간(최대 2년, 1년 연장 가능) 근무하다가 복귀하는 제도(예: 근무 지원 파견, 국비 지원 파견) | - |
| 겸임 | 직위 및 직무 내용이 유사한 경우에 한 사람의 공무원에게 둘 이상의 직위를 부여하는 것 | - |

## 6. 경력개발제도(Career Development Program)

### 1) 의의

조직의 효율성 극대화와 개인의 생애설계를 결합시킨 제도로서 조직의 수요와 개인의 욕구가 **전문성**이라는 공통분모에서 접점을 찾아 결합된 것으로, 참여정부 때인 2005년 문광부 도입 후 2006년 고위공무원단제도와 연계해서 도입됐음.

### 2) 도입 배경

잦은 순환보직제도와 짧은 보직 기간, 이로 인한 전문성 훼손이라는 문제점을 해소하고자 보직경로의 전문성 축적을 지향하면서 이를 위한 적정 보직 기간을 확보하고 경력경로를 설계하려는 목적에서 도입

| 전문성의 요구 | 일반행정가를 양성하는 Z자형 승진경로로 인한 전문성 저해 |
|---|---|
| 순환보직제도의 폐해 | 잦은 보직 변경으로 행정의 안정성과 연속성 및 전문성 저해 |
| 과도하게 짧은 재임 기간 | 보직관리의 안정과 전문성 저해 |

### 3) 경력 개발을 위한 구체적인 방안

① 경력 개발을 위한 최소 임기제 도입

② 교육훈련과 연동

③ 경력개발센터를 설치해 운영

④ 경력 카운슬러 운영

⑤ 전문보직제도와 **직위공모제의 활성화**

### 4) 경력 개발의 원칙

① 적재적소의 원칙: 적성·능력과 직무 간 조화

② 승진 경로의 원칙: 적합한 승진경로모형 적용

③ 인재 양성의 원칙: 외부 영입이 아닌 인재 내부 양성 원칙

④ 직무와 역량 중심의 원칙: 직급이 아닌 직무가 요구하는 역량 개발에 중점

⑤ 개방성 및 공정경쟁의 원칙: 경력 개발의 기회 균등

⑥ 자기주도의 원칙: 경력 목표와 경력계획을 스스로 수립

### 7. 국가와 지방자치단체의 인사제도 비교

| 구분 | 국가(중앙정부) | 지방자치단체 |
|---|---|---|
| 고위공무원단제도 | 실시 | 미실시 |
| 균형인사제<br>(임용할당제) | 실시 | 실시 |
| 공무원평정제도 | 4급 이상: 성과계약평가<br>5급 이하: 근무성적평가(성과 목표 설정) | 4급 이상: 성과계약평가<br>5급 이하: 근무성적평가(성과 목표 설정) |
| 연봉제 | 실시(과장급 이상) | 실시(단체장 등 정무직과 4급 이상) |
| 개방형직위제도 | 실시(실·국장급은 20% 이내, 과장급도 20% 이내): 지정해야 함. | 실시(시·도는 1~5급의 10%, 기초는 2~6급의 10%): 실시할 수 있음. |
| 공모직위제도 | 실시 | 실시 |
| 총액인건비제도 | 실시(부처별 총정원 직제로 규정·통제) | 실시(총정원 승인정원제 폐지)<br>현재는 기준인건비제로 변경 |
| 공무원노동조합 | 인정(공무원노조 설립·운영 법 적용) | 인정(공무원노조 설립·운영 법 적용) |

## 제5절 공무원의 복지와 사기

### 1. 공무원의 사기

#### 1) 고충처리

① 개념

공무원이 근무 조건, 인사관리, 신상 문제 등 직장 생활과 관련해 표시하는 불만인 고충을 심사하고 그 해결책을 강구하는 것

② 우리나라의 고충처리제도

공무원은 누구나 인사, 조직, 처우 등 각종 직무 조건과 기타 신상 문제에 대해 인사상담이나 고충의 심사를 청구할 수 있고, 이를 이유로 불이익한 처분이나 대우를 받지 아니하며, 6급 이하의 경우는 각 부처의 보통고충심사위가, 5급 이상인 경우는 중앙고충심사위가 담당(중앙고충심사위는 소청심사위원회가 대행)하며, 30일 이내에 처리 결과를 통보해야 하며 구속력은 없음.

2) 제안제도

① 개념

직무 수행 과정에서 예산의 절약과 행정 능률 향상을 가져올 수 있는 사항에 대해 이를 제안하도록 하고, 그것이 행정 능률의 향상을 가져올 수 있다고 인정되는 경우에 그 정도에 따라 표창하고 상금을 지급하는 제도

② 중요성

평소 정책 결정에 참여하지 못하는 하위 계층에 참여 기회를 제공함으로써 동기유발과 하의상달의 수단으로 활용

③ 장점

㉠ 행정절차의 간소화로 행정의 능률화를 구현하고 경비 절감 등 업무 개선과 예산 절약에 기여

㉡ 자기 계발 능력을 자극해 창의력을 계발하고 문제 해결 능력을 증진

㉢ 참여 의식을 조장해 소속감과 일체감을 갖게 해서 자신감과 사기를 앙양시킴.

㉣ 하의상달이나 참여의 통로로 활용돼 대내적 행정관리의 민주화를 구현

④ 단점

경쟁심 자극으로 인간 관계를 해칠 수 있음, 합리적이며 공정한 심사가 곤란, 기술적인 제안에 치중, 실질적인 제안자의 식별이 곤란

## 2. 신분 보장

1) 의의

**국가공무원법 제68조**

공무원은 형의 선고 · 징계처분 또는 이 법에 정한 사유에 의하지 아니하고는 그 의사에 반하여 휴직 · 강임 또는 면직을 당하지 아니한다. 다만 1급 공무원과 직무 등급이 가장 높은 등급의 직위에 임용된 고위공무원단에 속하는 공무원은 그러하지 아니하다.

2) 공무원의 면직(퇴직)

| | | |
|---|---|---|
| 강제퇴직 | 당연퇴직 | 재직 중에 법률에 규정된 일정한 사유의 발생으로 인해 공무원 관계가 소멸되는 경우(형사 처벌 등 임용 결격 사유 발생이나 사망, 국적 상실 등의 경우)<br>〈주의〉 임용 결격 사유 중 '금고 이상의 형의 선고유예를 받는 경우'는 당연퇴직 사유에서 삭제됐음. |

| | 직권면직 | 공무원이 일정한 사유에 해당됐을 경우 본인의 의사와는 무관하게 임용권자가 공무원의 신분을 박탈하는 제도 |
|---|---|---|
| | 징계면직 | 파면과 해임 등 징계에 의한 신분 상실 |
| 임의퇴직 | 의원면직 | 공무원 스스로의 희망에 의해 면직하는 경우 |
| | 명예퇴직 | 20년 이상 장기근속자에 대해 적용 |

### 3) 정년의 종류

연령정년, 계급정년(군인, 경찰 등 특정직의 상위직에 적용) 등이 있음.

### 4) 2013년 이후 공무원의 정년 연령

60세로 통일됐음.

### 5) 공무원의 징계

① 징계 사유(국가공무원법 제78조)

- 이 법 및 이 법에 따른 명령을 위반한 경우
- 직무상의 의무(다른 법령에서 공무원의 신분으로 인해 부과된 의무를 포함한다)를 위반하거나 직무를 태만히 한 때
- 직무의 내외를 불문하고 그 체면 또는 위신을 손상하는 행위를 한 때

② 징계 소멸 시효

징계 의결 등의 요구는 징계 등의 사유가 발생한 날부터 3년(금품 및 향응 수수, 공금의 횡령·유용 등의 경우에는 5년)이 지나면 하지 못한다.

③ 국가공무원법(제79조)상 징계 수단

징계는 파면·해임·강등·정직(停職)·감봉·견책(譴責)으로 구분한다.

| 구분 | | 개념 | 승급 제한 | 보수(감봉) | 신분 |
|---|---|---|---|---|---|
| 경징계 | 견책 | 전과에 대해 훈계하고 회개하게 하는 것 | 6월 | 없음 | 보유 |
| | 감봉 | 1월 이상 3월 이하의 기간 동안 보수의 1/3을 감하는 처분(보수의 2/3만 지급) | 1년 | 1/3 | 보유 |
| 중징계 | 정직 | 1월 이상 3월 이하의 기간 동안 공무원 신분은 보유하나 직무 수행이 정지되고, 보수 전액 삭감 | 1년 6월 | 전액 삭감 | 보유 |

| | | | | |
|---|---|---|---|---|
| 강등 | 1계급 아래로 내리고, 공무원 신분은 보유하나 3개월간 직무에 종사하지 못하고 보수 전액 삭감 〈주의〉 강임과는 다름. | 1년 6월 | 전액 삭감 | 보유 |
| 해임 | 강제퇴직의 한 종류로서 3년간 공무원 재임용 불가 퇴직급여에 원칙적으로 영향을 주지 않으나 공금횡령 및 유용 등으로 해임된 경우에는 퇴직급여 제한, 징계부가금(유용이나 횡령 금액의 5배 내에서 추가로 징계적 금전을 부과하는 제도)이 부과되는 경우도 있음. | - | - | 박탈 |
| 파면 | 공무원을 강제퇴직하는 처분으로, 5년간 재임용 자격이 제한되고 퇴직급여도 제한됨. | - | - | 박탈 |

**참고** 퇴직급여 지급 제한

| | | |
|---|---|---|
| 해임 | 원칙적으로 제한 없으나 금품 수수 및 공금 횡령 시 지급 제한 | |
| | 재직 기간 5년 미만 | 1/8 감액 |
| | 재직 기간 5년 이상 | 1/4 감액 |
| 파면 | 재직 기간 5년 미만 | 1/4 감액 |
| | 재직 기간 5년 이상 | 1/2 감액 |

### 6) 징계 기구와 절차

| 구분 | 소속 | 대상 |
|---|---|---|
| 중앙징계위원회 (60일 내에 의결) | 인사혁신처 소속 | • 고위공무원단에 속하는 공무원, 5급 이상 공무원, 연구관 및 지도관의 징계 사건<br>• 중앙행정기관 소속의 6급 이하 공무원, 연구사, 지도사 공무원에 대한 중징계 요구 사건 |
| 보통징계위원회 (30일 내에 의결) | 5급 이상 공무원을 장으로 하는 행정기관에 설치 | • 6급 이하 공무원 |

### 7) 소청심사

| | |
|---|---|
| 의의 | 징계에 대한 불복 시 소청심사위원회에 소청 제기 가능 |
| 소청심사 대상 | 신분상의 불이익 처분(징계, 강임, 휴직, 직위해제, 면직처분 등)이나 부작위(봉급 미지급이나 복직 거부 등)<br>※ 근평 결과는 소청 대상이 아님. |
| 기구 구성 | 인사혁신처 소속으로 5~7인의 위원으로 구성된 준사법적이고 중립적인 의결기관 |

<table>
<tr><td>절차</td><td>• 인사상 불이익 처분을 받은 날로부터 30일 이내에 청구가 가능<br>• 위원회는 청구서를 받은 날로부터 60일 내에 결정을 해야 함.</td></tr>
<tr><td>결정 효력</td><td>• 처분청의 행위를 기속함<br>☞ 소청 결정에 불복하는 소청인은 소청결정서를 받은 날로부터 90일 이내에 행정소송을 제기할 수 있음.<br>※ 소청심사를 거치지 아니하고서는 행정소송 제기 불가(의무적 전심절차)</td></tr>
<tr><td>쟁점</td><td>• 소청 결정에 대한 중앙인사기관장의 재심요구권은 폐지됐음.<br>• 부당한 인사처분에 대한 소청의 입장<br>- 부당한 인사처분도 소청의 대상에 된다는 주장(오석홍, 유민봉 교수)<br>- 일반적으로는 소청은 위법한 인사처분에 한하고, 부당한 인사처분은 고충상담 처리의 대상이 된다는 주장(이종수, 한영철, 강성철 교수)</td></tr>
</table>

### 심화 학습: 소청심사

**1) 구제 절차(징계 → 소청심사 → 행정소송)**

**징계 처분 (징계권자)**

○ 징계 사유: 직무상의 의무에 위반하거나 직무에 태만했을 때 직무의 내외를 불문하고 그 체면 또는 위신을 손상한 때 등

○ 국가공무원법상 징계: 경징계(견책 · 감봉)와 중징계(정직 · 강등 · 해임 · 파면)

〈기관장(징계권자)이 징계위원회를 구성, 심사 · 처분〉

| 구분 | 국가공무원 | | 지방공무원 | |
|---|---|---|---|---|
| 관할 | 중앙징계위원회 | 보통징계위원회 | 각 시 · 도인사위원회 | 각 시 · 군 · 구 인사위원회 |
| 대상 | 5급 이상 | 6급 이하 | 5급 이상 | 6급 이하 |
| 설치기관 | 인사혁신처 | 각 부처 | 각 시 · 도 | 각 시 · 군 · 구 |
| 위원 구성 | 9인 이하 (30% 이상 외부 인사) | 5~7인 (30% 이상 외부 인사) | 7~9인 (50% 이상 외부 인사) | |
| 의결 시한 | 60일 이내 | 30일 이내 | | |

○ 공무원에 대한 징계 · 처분 등을 할 때나 강임 · 휴직 · 직위해제 또는 면직처분을 할 때에는 그 처분권자 또는 처분제청권자는 처분 사유를 적은 설명서를 교부하여야 한다.

○ 공무원의 징계 의결을 요구하는 경우 그 징계 사유가 금품 및 향응 수수, 공금의 횡령 · 유용인 경우에는 해당 징계 외에 금품 및 향응 수수액, 공금의 횡령액 · 유용액의 5배 내의 징계 부가금 부과 의결을 징계위원회에 요구하여야 한다.

<table>
<tr><td>↓</td><td></td></tr>
<tr><td>소청<br>심사<br>위원회</td><td>○ 처분사유서를 받은 공무원이 그 처분에 불복할 때에는 그 설명서를 받은 날부터, 공무원이 본인의 의사에 반한 불리한 처분을 받았을 때에는 그 처분이 있은 것을 안 날부터 각각 30일 이내에 소청심사위원회에 이에 대한 심사를 청구할 수 있다.<br>○ 본인의 의사에 반하여 파면 또는 해임이나 면직처분을 하면 그 처분을 한 날부터 40일 이내에는 후임자의 보충발령을 하지 못한다.</td></tr>
<tr><td></td><td>
<table>
<tr><th>구분</th><th>국가공무원</th><th>지방공무원</th></tr>
<tr><td>관할</td><td>중앙소청심사위원회</td><td>각 시·도소청심사위원회</td></tr>
<tr><td>설치기관</td><td>인사혁신처</td><td>각 시·도</td></tr>
<tr><td>위원 구성</td><td>위원장 1인을 포함한 5~7인 이내의 상임위원과 상임위원 수 2분의 1 이상의 비상임위원으로 구성</td><td>7인(4인 이상 외부 인사)</td></tr>
</table>
</td></tr>
<tr><td>↓</td><td></td></tr>
<tr><td>행정<br>소송</td><td>재심 결과 불복 시 처분 결정서를 받은 날부터 90일 이내 제기 가능</td></tr>
</table>

**2) 소청심사제도**

<table>
<tr><td>소청심사<br>제도의<br>의의</td><td>① 소청심사제도는 공무원이 징계처분, 그 밖에 그 의사에 반하는 불리한 처분이나 부작위에 대하여 이의를 제기하는 경우 이를 심사·결정하는 특별행정심판제도로서 '위법·부당한 인사상 불이익 처분에 대한 구제'라는 사법 보완적 기능을 통해 직접적으로는 공무원의 신분을 보장함으로써 직업공무원제도의 확립에 기여하고, 간접적으로는 행정의 자기 통제 효과를 도모하는 데 그 목적이 있다.<br>② 소청 대상인 징계처분에는 견책·감봉·정직·강등·해임·파면이 포함되나 구체적으로 어떠한 것들이 포함되는지는 행위의 성질, 효과 등에 따라 결정된다.<br>③ 소청심사위원회의 심사·결정을 거치지 아니하면 행정소송을 제기할 수 없다는 규정을 두고 있으므로, 소청심사는 행정소송을 제기하기 전에 반드시 거쳐야 하는 필요적 전심 절차다.<br>④ 제도 도입 초기에는 '위법 사항'과 '부당 사항'을 구분해 '위법 사항'만을 소청심사의 대상으로 했으나, 최근 들어 사법부에서 처분의 개념을 확대하는 추세에 비춰, 소심사의 대상이 되는 처분의 범위 역시 공무원의 권익구제 및 행정의 자기통제라는 소청심사제도의 취지를 살릴 수 있도록 좀 더 넓게 해석 '위법·부당한 인사상 불이익 처분'을 모두 소청 대상에 포함하고 있다.</td></tr>
<tr><td>소청심사<br>기관</td><td>① 인사혁신처 소속 소청심사위원회(행정기관 소속 공무원의 징계처분에 대한 소청 담당)<br>위원장은 정무직으로 보하고, 인사혁신처장의 제청으로 국무총리를 경유, 대통령이 임명하는 위원의 자격은 5년 이상 근무한 법관, 검사, 변호사, 대학에서 행정학·정치학·법률학을 담당한 부교수 이상의 직에 5년 이상 근무한 자 및 3급 이상 해당 공무원 또는 고위 공무원단에 속하는 공무원으로 3년 이상 근무한 자이며, 위원의 임기는 3년이며 1차에 한하여 연임할 수 있고, 상임 위원은 다른 직무를 겸할 수 없다.</td></tr>
</table>

| | |
|---|---|
| | ② 국가공무원법 제9조(소청심사위원회의 설치)<br>㉠ 행정기관 소속 공무원의 징계처분, 그 밖에 그 의사에 반하는 불리한 처분이나 부작위에 대한 소청을 심사·결정하게 하기 위하여 인사혁신처에 소청심사위원회를 둔다.<br>㉡ 국회, 법원, 헌법재판소 및 선거관리위원회 소속 공무원의 소청에 관한 사항을 심사·결정하게 하기 위하여 국회사무처, 법원행정처, 헌법재판소사무처 및 중앙선거관리위원회사무처에 각각 해당 소청심사위원회를 둔다.<br>㉢ 국회사무처, 법원행정처, 헌법재판소사무처 및 중앙선거관리위원회사무처에 설치된 소청심사위원회는 위원장 1명을 포함한 위원 5명 이상 7명 이하의 비상임위원으로 구성하고, 인사혁신처에 설치된 소청심사위원회는 위원장 1명을 포함한 5명 이상 7명 이하의 상임위원과 상임위원 수의 2분의 1 이상인 비상임위원으로 구성하되, 위원장은 정무직으로 보한다.<br>③ 소청심사 결정<br>재적 위원 2/3 이상의 출석과 출석 위원 과반수의 합의에 의한다. 의견 분립으로 과반수 합의가 안 될 경우에는 재적 위원 과반수에 달하기까지 소청인에게 가장 불리한 의견에 순차적으로 유리한 의견을 더해 그중 가장 유리한 의견을 합의된 것으로 본다.<br>④ 징계 처분에 대한 소청심사에서는 원래의 징계 처분보다 무거운 징계를 결정하지는 못하며, 위원회의 결정은 처분행정청을 기속한다.<br>⑤ 지방자치단체 공무원의 소청심사 기구는 광역 단위로 설치함. |

## 8) 직위해제와 직권면직

| 구분 | 직위해제 | 직권면직 |
|---|---|---|
| 개념 | 일정 기간(3개월 이내) 동안 직위를 부여하지 않는 처분 | 직권으로 면직(신분 박탈)하는 처분 |
| 사유 | **가) 직위해제 사유(국가공무원법 제73조)**<br>① 임용권자는 다음 각 호의 어느 하나에 해당하는 자에게는 직위를 부여하지 아니할 수 있다.<br>2 직무 수행 능력이 부족하거나 근무성적이 극히 나쁜 자<br>3 파면·해임·강등 또는 정직에 해당하는 징계 의결이 요구 중인 자<br>4 형사 사건으로 기소된 자(약식명령이 청구된 자는 제외한다.)<br>5 고위공무원단에 속하는 일반직공무원으로서 제70조의2 제1항 제2호부터 제5호까지의 사유로 적격 | **나) 직권면직 사유(국가공무원법 제70조)**<br>① 임용권자는 공무원이 다음 각 호의 어느 하나에 해당하면 직권으로 면직시킬 수 있다.<br>3. 직제와 정원의 개폐 또는 예산의 감소 등에 따라 폐직(廢職) 또는 과원(過員)이 되었을 때<br>4. 휴직 기간이 끝나거나 휴직 사유가 소멸된 후에도 직무에 복귀하지 아니하거나 직무를 감당할 수 없을 때<br>5. 제73조의3 제3항에 따라 대기 명령을 받은 자가 그 기간에 능력 또는 근무성적의 향상을 기대하기 어렵다고 인정된 때<br>6. 전직시험에서 세 번 이상 불합격한 자로서 직무 수행 능력이 부족하다고 인정된 때<br>7. 병역판정검사·입영 또는 소집의 명령을 받고 정당한 사유 없이 이를 기피하거나 군복무를 위하여 휴직 중에 있 |

| | | |
|---|---|---|
| | 심사를 요구받은 자<br>6. 금품 비위, 성범죄 등 대통령령으로 정하는 비위행위로 인하여 감사원 및 검찰·경찰 등 수사기관에서 조사나 수사 중인 자로서 비위의 정도가 중대하고 이로 인하여 정상적인 업무 수행을 기대하기 현저히 어려운 자 | 는 자가 군복무 중 군무(軍務)를 이탈하였을 때<br>8. 해당 직급·직위에서 직무를 수행하는데 필요한 자격증의 효력이 없어지거나 면허가 취소되어 담당 직무를 수행할 수 없게 된 때<br>9. 고위공무원단에 속하는 공무원이 제70조의2에 따른 적격심사 결과 부적격 결정을 받은 때<br>② 임용권자는 제1항제3호부터 제8호까지의 규정에 따라 면직시킬 경우에는 미리 관할 징계위원회의 의견을 들어야 한다. 다만, 제1항 제5호에 따라 면직시킬 경우에는 징계위원회의 동의를 받아야 한다. |

**용어 정리** **대기명령**

대기명령이란 직무 수행 능력이 부족하거나 근무성적이 불량한 자에게 3개월 이내의 기간 동안 대기명령을 발하는 제도로, 대기발령 기간 종료 시 직위를 부여하거나(복직), 개전의 정이 없다고 판단되면 징계위원회의 동의를 거쳐 직권면직이 가능한 제도

## 3. 공무원의 보수

### 1) 개념

공무원의 직무 수행에 대한 반대급부라는 노동의 대가인 동시에 생활보장적 급부라는 양면적 성질을 지님.

### 2) 특징

경직성(미리 예산에 반영 및 중앙예산기관과 협의가 필요), 비시장성(근로 대가나 경제적 가치를 화폐로 표현하기 곤란), 사회·윤리적 성격(국가가 모범적 고용주로서의 의무 준수), 동일 직무·동일 보수 구현의 곤란 등

### 3) 보수 결정의 기본 원칙

<table>
<tr><th>대외적 균형(대외적 비교성)의 원칙<br>보수 수준 결정 시 고려</th><th>대내적 균형(대내적 상대성)의 원칙<br>보수 체계 결정 시 고려</th></tr>
<tr><td>공무원의 보수는 사기업의 보수와의 균형이 필요하다는 공무원 보수 민간 준거의 원칙</td><td>동기부여의 기대이론에 바탕을 둔 것으로 보수액은 업무의 곤란도나 책임도 등 그 상대적 관계를 나타내는 격차 요인을 명확히 해야 한다는 원칙</td></tr>
<tr><td colspan="2">※ 일반적으로는 위 두 원칙을 조화적으로 추구하나, 영국과 미국 등 선진국에서는 최근 대외적 비교성의 원칙을 강조하는 나라가 늘어나고 있으며, 우리나라의 경우도 일차적으로 대외적 비교성을 기본 원칙으로 하고, 대내적 상대성을 보완적으로 고려하는 것으로 봐야 함.</td></tr>
</table>

〈기타〉 공무원 보수 결정의 기본 원칙으로는 중복 지급 금지의 원칙, 직무급의 원칙 등이 있음.

### 4) 보수 수준의 일반적인 결정 요인

| | |
|---|---|
| 경제적 요인 | 정부에서 보수 수준의 상한선을 결정할 때 고려하는 요인<br>(민간기업의 임금 수준, 국민의 담세 능력, 정부의 지불 능력, 물가 수준 등) |
| 사회·윤리적 요인 | 공무원의 최저 보수 수준의 결정 요인으로서, 정부는 모범적 고용주로서 생계비 및 생활비를 지급할 책무가 있음.<br>우리나라는 최저생계비의 기준으로 공무원으로서 건강과 품위 유지 수준의 생계비를 지급해야 할 사회·윤리적 의무가 있음. |
| 부가적 요인 | 연금, 신분 보장 등 |

### 5) 국가공무원법상 보수 결정의 원칙(제46조)

① 공무원의 보수는 직무의 곤란성과 책임의 정도에 맞도록 계급별·직위별 또는 직무 등급별로 정한다. 다만, 다음 각 호의 어느 하나에 해당하는 공무원의 보수는 따로 정할 수 있다.

② 공무원의 보수는 일반의 표준 생계비, 물가 수준, 그 밖의 사정을 고려하여 정하되, 민간 부문의 임금 수준과 적절한 균형을 유지하도록 노력하여야 한다.

### 6) 보수의 종류

| | |
|---|---|
| 기본급 | 매월 직급이나 근무연한에 따라 지급받는 보수 |
| 부가급 | 기본급을 보충하는 각종 수당 |
| 생활급<br>(연령급) | 계급제 하에서 중시되며, 보수 기준을 공무원과 그 가족의 생계비에 역점을 두는 제도<br>(객관적인 직무보다는 개개인의 연령과 가족 상황 등이 기준) |
| 근속급<br>(연공급) | 인적 요소를 기준(개인의 근속연한 등) 하는 임금 체계로 계급제나 직업공무원제 하에서 강조 |
| 직무급 | 동일 직무에 대한 동일 보수의 원칙에 입각한 보수로 직위분류제를 채택하고 있는 국가에서 채택(사람보다는 일만을 중시하는 직무 중심의 보수이나 성과 중심의 보수는 아님, 투입 중심의 보수) |
| 직능급 | 직무 수행 능력(노동력의 가치)에 따른 보수 |
| 성과급 | 개인별 연간 업적에 따라 지급되는 연봉제가 대표적임(주로 상위직에 적용) |

※ 보수는 기본급(봉급)과 부가급(수당)으로 구성됨.

### 7) 성과급

| | |
|---|---|
| 의의 | 실적·성과·업적 중심의 보수로 개인별 연간 업적에 따라 보수가 결정되는 연봉제가 대표적이며 주로 상위직에 적용됨.<br>〈주의〉 연공급이나 생활급은 인적 요소만을 고려한 보수제도이며, 직무급은 직무 요소만을 고려한 보수제도이고, **성과급은 일을 전제로 한 사람에 대한 보수제도로 직무 요소와 인적 요소를 결부시킨 보수제도임.** |
| 종류 | 개인 차원의 성과급(성과연봉 및 성과상여금) 및 기관평가에 연계된 조직 차원의 성과금 등 |
| 효용 | 인건비를 변동비화, 연공서열에 의한 무사안일이나 복지부동 극복, 인센티브 부여로 성과 중심의 실적주의를 강화, 임금 체계를 간소화시켜 임금관리의 효율화를 기할 수 있음, 종업원이 주인 의식을 갖도록 함. |
| 단점 | 공무원 보수의 법정화와 국가재정상의 제약으로 공공 부문 도입상의 제약이 따름, 정부 업무의 추상성으로 공정한 성과평가 기준 결여, 단기적인 눈 앞의 연봉에만 집착할 경우 목표의 전환(왜곡)을 초래할 소지가 있음, 연공서열을 중시하는 직업공무원제나 계급제를 약화시킴, 사회보험료 인상, 팀워크의 저해 |
| 우리나라 | **고위직(4급 또는 5급의 복수 직급 이상)에 적용되는 연봉제와 하위직에 적용되는 성과상여금이 있음.** |
| 보수표 작성 | ① 등급의 수<br>**계급제보다는 직위분류제가 직무급 확립을 위해 등급이 세분화돼 있음(한국 9등급, 미국은 18등급). 직위분류제는 보수 등급의 수가 많고 세분화돼 기본급 중심이며, 계급제는 등급의 수가 적고 폭은 넓으며 수당 중심**<br>② 등급의 폭(호봉)<br>각 등급 내에서의 보수액이 단일액이 아니고 차등을 두는 것으로, 호봉 승급에 필요한 기간은 1년임.<br>③ 등급 간의 중첩<br>승진이 어려운 장기근속자에 대한 배려 등의 목적으로 등급 간에 상당액이 중첩됨. |
| 관리기관 | 직위분류제 국가는 중앙인사기관이, 계급제 국가는 중앙예산기관이 주로 담당<br>우리나라: 중앙인사기관(인사혁신처)이 처우 개선을 담당하되, 중앙예산기관의 협의가 필요함. |
| 요약 | (아래 표) |

<table>
<tr><th colspan="2" rowspan="2">보수제도</th><th colspan="2" rowspan="2">적용 대상</th><th colspan="6">보수 구조</th></tr>
<tr><th colspan="2">기본급여 지급 기준</th><th colspan="4">성과급여 지급 기준</th></tr>
<tr><td rowspan="3">연봉제</td><td>고정급적 연봉제</td><td colspan="2">정무직</td><td colspan="2">기본 연봉<br>(직책, 계급, 누적 성과)</td><td colspan="4">–</td></tr>
<tr><td rowspan="2">직무성과급적 연봉제</td><td rowspan="2">고위공무원단</td><td rowspan="2">기본연봉</td><td>기준급<br>(직책, 계급, 누적 성과)</td><td rowspan="2">성과연봉</td><td>매우우수<br>(20% 이내)</td><td>우수</td><td>보통</td><td>매우미흡<br>(10% 이상)</td></tr>
<tr><td>직무급<br>(직무의 곤란도, 책임도에 따라)</td><td>15%</td><td>10%</td><td>6%</td><td>0%</td></tr>
</table>

| 성과급적 연봉제 | 5급 이상 | 기본연봉 (직책, 계급, 누적 성과) | 성과 연봉 | 최상 20% | 상위 30% | 하위 40% | 최하위 10% |
|---|---|---|---|---|---|---|---|
| | | | | 7% | 5% | 3% | 0% |
| 호봉제 | 6급 이하 | 봉급(직급과 근무 연한) | 성과 상여금 | S등급 (최상 20%) | A등급 (상위 30%) | B등급 (하위 40%) | C등급 (최하위 10%) |
| | | | | 230% 이상 | 160% | 90% 이하 | 0% |

### 8) 총액인건비제도

중앙예산기관과 조직관리기관이 총정원과 인건비 예산 총액만을 정해 주면 각 부처는 그 범위 안에서 재량권을 발휘해 인력 운영 및 기구 설치에 대해 자율성과 책임성을 보장받는 제도

〈문제점〉 무분별한 증원과 상위직 신설로 직급 인플레이션을 초래할 수 있음(부단체장의 정수와 직급은 여전히 법령으로 정하고 있음.)

| 중앙정부 | 행정안전부가 각 부처 정원 상한만 관리 |
|---|---|
| 지방자치단체 | 정원승인제도 폐지(기준인건비 범위 안에서 조례로 자율 결정) |

**심화 학습: 총액인건비제와 기준인건비제**

**1) 개념**

① 총액인건비제 : 행정안전부가 지자체별 총정원과 인건비 총액 한도를 이중으로 관리

총액인건비 분류 체계는 아래 표와 같으며, 인건비 중 기본 항목은 행정안전부 장관이 종합 관리하고, 자율 항목은 시행기관이 자율적으로 운영한다. 운영경비 중 맞춤형 복지예산은 시행기관이 자율적으로 운영하고, 이를 제외한 운영경비는 기획재정부 장관이 종합 관리한다.

총액인건비 재원의 효율적 활용을 위해 시행기관은 총액인건비 세부 운영계획에 따른 의도적 절감 노력에 의해 확보한 재원을 자율 항목에 속하는 수당 등의 신설·조정, 성과상여금 및 성과연봉 추가 지급, 맞춤형 복지 예산 증액 또는 인력 증원 등에 활용할 수 있으며, 총액인건비 대상 경비 내의 여유 재원 중 의도적 절감 재원이 아닌 부분은 수당규정상의 지급 범위 내에서 수당 등의 지급에 사용할 수 있다.

〈총액인건비 분류 체계〉

| 구분 | | 세부 내역 |
|---|---|---|
| 인건비 | 기본항목 | 봉급, 기본연봉, 대우공무원수당, 정근수당(가산금), 가족수당, 자녀학비보조수당, 육아휴직수당, 명절휴가비, 직급보조비, 명예퇴직수당 |
| | 자율항목 | 성과상여금, 성과연봉, 특수지근무수당, 위험근무수당, 특수업무수당(기술업무수당 등 11종), 업무대행수당, 시간외근무수당, 야간근무수당, 휴일근무수당, 관리업무수당, 정액급식비, 연가보상비 |
| 운영경비 | | 맞춤형 복지예산, 각종 보수성 경비와 특정 업무경비 등 기관 운영을 위한 기본 경비 |

② 기준인건비제

기존의 총액인건비제가 지방자치단체의 총정원과 인건비 총액 한도를 이중으로 관리했기 때문에 지방자치단체에서 자율적으로 조직을 운영하는 데 상당한 제약이 있었다. 이에 행정안전부에서는 2014년 3월 5일 「지방자치단체의 행정기구 및 정원 기준 등에 관한 규정」을 개정해 기준인건비제를 도입했다.

기준인건비제에 따르면 안전행정부(현 행정안전부)에서 제시하는 기준인건비에 따라 지방자치단체가 자율적으로 정원을 운영할 수 있게 되고 총정원관리는 폐지된다. 또한 지방자치단체가 복지, 안전 및 지역별 특수한 행정 수요에 탄력적으로 대응할 수 있도록 인건비의 추가적인 자율 범위를 1~3%까지 허용하며 자율 범위는 지방자치단체별 재정 여건에 따라 결정된다.

**2) 비교**

| 구분 | 총액인건비제 | 기준인건비제 |
|---|---|---|
| 개념 | • 행정안전부에서 총정원과 인건비 총액 한도를 이중으로 관리 | • 행안부에서 기준인건비만 제시하고 지자체별 정원 관리를 자율화(자율운영 범위 1~3% 추가 허용) |
| 페널티 부여 | • 총액인건비 초과 시 부여<br>• 총정원 초과 시 부여 | • 기준인건비+자율 범위 초과 시 부여 |
| 교부세 반영 여부 | • 총액인건비는 교부세 반영 | • 기준인건비는 교부세 반영<br>• 자율 범위의 인건비는 교부세 미반영 |

## 4. 공무원 연금

### 1) 개념

공무원이 노령, 질병, 부상 등으로 퇴직하거나 사망할 때 본인 또는 유족에게 지급하는 급여

### 2) 공무원연급법 적용 대상

| | |
|---|---|
| 적용 대상 | 상시 공무에 종사하는 자로서 국가공무원법 및 지방공무원법, 기타 법률에 의한 공무원(장관, 차관, 위원회의 상임위원 등도 포함되며, 휴직 공무원도 포함) |
| 비적용 대상 | **군인(군인연금법 적용)**<br>**선거직(대통령, 국회의원, 지방의원 등 선거직은 상시 근무자가 아니므로 제외)** |

### 3) 연금의 본질과 재원 조성 방식

| 본질 | 재원 조성 방식 |
|---|---|
| ① **거치보수설(유보된 보수의 일부를 나중에 지급하는 것으로, 보수후불설, 현대 민주국가의 지배적인 입장으로 공무원의 권리임, 한국과 미국의 입장)**<br>② 생활보장설(퇴직 후 생활보장)<br>③ 공로보상설(재임 중의 공로를 보장, 독일과 영국) | ① **기금제(연금 지급에 필요한 재원을 조달하기 위해 미리 기금을 마련하고 이를 투자해서 얻은 이익금으로 재원을 충당. 한국과 미국)**<br>② 비기금제(기금을 마련하지 않고 일반세입금 중에서 재원 마련)<br>③ 기여제(정부와 공무원이 공동으로 재원 조성 비용을 부담, 한국과 일본, 미국)<br>④ 비기여제(공무원에게 부담시키지 않고 정부가 전액 부담, 영국과 독일) |

### 4) 공무원연금법

| 2015. 12. 31까지 | 2016. 1. 1 이후 |
|---|---|
| 기여율(7%) | 9%(1+4년간 단계적 인상)<br>* (16년)8% →(17년)8.25% →(18년)8.5% →(19년)8.75% →(20년)9.0% |
| 지급률(1.9%) | 1.7%(5+5+10년간 단계적 인하)<br>* (16년) 1.878% → (20년)1.79% → (25년)1.74% → (35년)1.7% |
| 퇴직수당(민간39%) | 현행유지 |
| 소득 상한(1.8배) | 1.6배 |
| 수급 요건(20년) | 10년 |
| 기여금 납부 기간(33년) | 36년(단계적 연장) |
| 개시 연령<br>2010년 이전(60세)/<br>2010년 이후(65세) | 모든 공무원 65세로 단계적 연장<br>* (22년) 61세 →(24년) 62세 →(27년) 63세 →(30년) 64세 →(33년) 65세 |
| 연금액 인상률<br>(물가인상률 반영) | 5년간 동결 (2016 ~ 2020) |
| 유족(70% 지급) | 유족에 지급하는 급여는 60%로 하향 조정 |

### 심화 학습: 급여액 산정의 기초(공무원연금법 제27조)

① 다음 각 호의 급여의 산정은 급여의 사유가 발생한 날이 속하는 달의 기준소득월액을 기초로 한다.
1. 제34조에 따른 단기급여 중 제41조의 2제 2항에 따른 사망조위금
2. 제42조에 따른 장기급여(제46조 제1항 · 제2항에 따른 퇴직연금 · 조기퇴직연금, 제42조에 따른 위험직무순직유족보상금 및 제56조 제1항 제1호에 따른 유족연금은 제외한다)

② 제46조 제1항 · 제2항에 따른 퇴직연금 · 조기퇴직연금 및 제56조 제1항 제1호에 따른 유족연금의 산정은 다음 각 호의 금액을 기초로 한다. 이 경우 기준소득월액은 공무원 전체의 기준소득월액 평균액의 100분의 160을 초과할 수 없다.
1. 다음 각 목에 따라 산정한 금액을 합산하여 3으로 나눈 금액을 공무원 보수 인상률 등을 고려하여 대통령령으로 정하는 바에 따라 연금의 지급이 시작되는 시점의 현재 가치로 환산한 금액
   가. 퇴직 3년 전 연도의 공무원 전체의 기준소득월액 평균액을 퇴직 3년 전 연도와 대비한 퇴직 전년도의 전국 소비자물가 변동률에 따라 환산한 금액
   나. 퇴직 2년 전 연도의 공무원 전체의 기준소득월액 평균액을 퇴직 2년 전 연도와 대비한 퇴직 전년도의 전국 소비자물가 변동률에 따라 환산한 금액
   다. 퇴직 전년도의 공무원 전체의 기준소득월액 평균액
2. 평균기준소득월액

③ 다음 각 호의 급여의 산정은 급여의 사유가 발생한 날이 속하는 달의 공무원 전체의 기준소득월액의 평균액을 기초로 한다. 〈개정 2011.3.8., 2016.1.27.〉
1. 제34조에 따른 단기급여 중 제41조에 따른 재해부조금
2. 제34조에 따른 단기급여 중 제41조의2 제1항에 따른 사망조위금
3. 제42조에 따른 장기급여 중 위험직무순직유족보상금

### 심화 학습: 연금 방식별 장점과 단점

| 방식 | 개념 | 장점 | 단점 |
|---|---|---|---|
| 비기금제<br>(부과 방식) | 당해 연도 급여지출 재원을 매년 조달하는 방식 | ① 시행 초 적은 부담<br>② 인플레이션이나 투자 위험 무관 | ① 후세대 부담 과중<br>② 재정 운영 불안<br>③ 인구구조 변화에 취약 |
| 기금제<br>(적립 방식) | 공무원기여금과 정부부담금을 기금을 적립하는 방식 | ① 보험료의 평준화<br>(세대 간 부담 공평)<br>② 연금재정의 안정화<br>(경기 변동에 무관)<br>③ 인구구조 변화에 무관<br>(노령화 등) | ① 시행 초 부담 과중<br>② 장기적 예측 곤란<br>(투자 위험 노출)<br>③ 인플레이션에 취약<br>(연금급여의 실질 가치 유지 곤란) |

## 5. 공무원단체

### 1) 공무원의 노동조합 설립 및 운영 등에 관한 법률

| | |
|---|---|
| 정의 | 이 법에서 "공무원"이란 「국가공무원법」 제2조 및 「지방공무원법」 제2조에서 규정하고 있는 공무원을 말한다. 다만, 「국가공무원법」 제66조 제1항 단서 및 「지방공무원법」 제58조 제1항 단서에 따른 사실상 노무에 종사하는 공무원과 「교원의 노동조합 설립 및 운영 등에 관한 법률」의 적용을 받는 교원인 공무원은 제외한다. |
| 적용 단위 | • 국회, 법원, 헌법재판소, 선거관리위원회, 행정부, 특별시, 광역시, 도, 시, 군, 구, 특별시·광역시·도의 교육청을 최소 단위로 설립할 수 있도록 함.<br>• 헌법상 독립기관과 지방자치단체는 별도로 독립된 노조를 결성할 수 있으나, 행정부 국가공무원노조는 전국 단위로 운영되고, 각 부처는 지부 형태로 운영됨. |
| 가입 범위<br>(제6조) | 1. 6급 이하의 일반직 공무원 및 이에 상당하는 일반직 공무원<br>2. 특정직 공무원 중 6급 이하의 일반직 공무원에 상당하는 외무행정·외교정보관리직 공무원<br>3. 삭제<br>4. 6급 이하의 일반직 공무원에 상당하는 별정직 공무원<br>5. 삭제 〈2011.5.23.〉<br>② 제1항에도 불구하고 다음 각 호의 어느 하나에 해당하는 공무원은 노동조합에 가입할 수 없다.<br>1. 다른 공무원에 대하여 지휘·감독권을 행사하거나 다른 공무원의 업무를 총괄하는 업무에 종사하는 공무원<br>2. 인사·보수에 관한 업무를 수행하는 공무원 등 노동조합과의 관계에서 행정기관의 입장에서 업무를 수행하는 공무원<br>3. 교정·수사 또는 그 밖에 이와 유사한 업무에 종사하는 공무원<br>4. 업무의 주된 내용이 노동 관계의 조정·감독 등 노동조합의 조합원 지위를 가지고 수행하기에 적절하지 아니하다고 인정되는 업무에 종사하는 공무원 |
| 노동조합 전임자의 지위 | 노조에 전임하고자 하는 공무원(조합장 및 지부장)은 임용권자의 허가를 받아 노동조합의 업무에만 종사할 수 있으며, 전임 기간은 무급휴직으로 하되, 전임자를 이유로 신분상 불이익을 받지 아니함. |
| 교섭 및 단체협약 체결권 | **• 교섭 주체**<br>공무원 노동조합의 대표자는 노동조합에 관한 사항 또는 공무원의 보수·복지, 그 밖의 근무 조건에 관한 사항에 대해 국회사무총장, 인사혁신처장, 헌법재판소 사무처장, 법원행정처장, 선관위 사무총장, 자치단체장, 시·도교육감 등 정부 측 교섭 대표와 교섭하고 단체협약을 체결할 권한을 가짐.<br>**• 교섭 제외 대상**<br>정책 결정에 관한 사항이나 임용권의 행사 등 그 기관의 관리·운영에 관한 사항으로서 근무 조건과 직접 관련 없는 사항은 교섭 대상이 될 수 없음. |

| | |
|---|---|
| | **• 조정 신청**<br>단체교섭이 결렬된 때는 당사자 일방 또는 쌍방은 중앙노동위원회에 조정을 신청할 수 있으며, 조정은 신청이 있는 날로부터 30일 이내에 종료해야 함.<br>**• 공무원노동관계조정위원회 구성**<br>단체교섭이 결렬될 경우 이를 조정·중재하기 위해 중앙노동위원회에 7인 이내의 공익위원으로 구성되는 공무원노동관계조정위원회를 둠(국가공무원 및 지방공무원도 중앙노동위원회에 조정 신청을 함.)<br>**• 단체협약의 효력**<br>단체협약의 내용 중 법령, 조례 또는 예산에 의해 규정되는 내용은 단체협약으로서의 효력을 인정하지 아니하고, 이 경우 정부 측 교섭 대표는 단체협약의 이행을 위해 성실히 노력해야 함.<br>공무원 노조를 설립하고자 하는 경우에는 고용노동부 장관에게 노조설립신고서를 제출해야 하지만, 공무원노조제도 운영 및 개선에 관한 사항은 복무 업무를 담당하는 인사혁신처 소관이며, 행정부 국가공무원 노조의 경우 정부 측 교섭대표는 인사혁신처장이 됨. |
| 정치활동 및 쟁의 행위 금지 | 공무원 노동조합과 그 조합원은 다른 법령에서 금지하는 정치 활동을 할 수 없으며, 파업·태업 등 업무의 정상적인 운영을 저해하는 일체의 행위를 할 수 없음. |
| 복수노조 | 인정(복수노조를 금지하는 명문의 규정은 없음.) |

### 2) 공무원단체의 효용과 한계

과거에는 공무원단체에 대해서 부정적인 시각(실적주의 저해)이 강했으나 **오늘날은 긍정적으로 인식(실적주의 강화)하는 추세다.**

| | |
|---|---|
| 효용<br>(긍정론) | ① 집단이익을 표출할 수 있는 의사 전달의 수단: 효율적인 의사 전달의 통로<br>② 기본적 권익 보장으로 사기 앙양<br>③ 실적주의 강화: 공무원단체가 실적제 대한 상승 효과(시너지 효과)가 있음.<br>④ 부패 방지 및 행정윤리 구현: 내적 통제(자기통제)의 중요한 기제<br>⑤ 잘못된 행정관리 개선<br>⑥ 권위주의 불식과 민주행정 풍토 조성 |
| 폐단<br>(부정론) | ① 노사 구분의 곤란: 공무원의 근무는 일반 근무자와 구분되는 특별권력 관계로 교섭 대상의 확인 곤란<br>② 공익 및 봉사자 이념에 배치: 집단이익을 추구하는 것은 이기적 발상이며, 봉사자라는 공복(公僕) 관념에 상반됨.<br>③ 행정의 지속성 및 안정성 저해: 쟁의행위로 인한 행정 중단은 국민에게 불편을 줌.<br>④ 관리층의 인사권 제약: 부하 통솔이 곤란하고 인사행정의 능률성과 통일성을 저해<br>⑤ 실적주의 및 능률성 저해: 노조는 능력이나 실적보다 경력이나 연공서열만을 강조하므로 실적주의를 저해함. |

# 제 6 절 공무원 윤리

## 1. 정치적 중립

### 1) 현대적 관점

정치 · 행정일원론을 토대로 하는 현대적 관점에서 공무원의 정치적 중립이란 '공무원의 정책으로부터 단절'이나, '행정에서 정치적 성격이나 고려를 배제'하자는 것이 아니며, 공무원으로 하여금 정치적 무관심이나 무감각을 조장하려는 것이 아니라, 공무원이 정치적 고려를 하거나 정치성을 띠어도 특정 정당에 치우치지 않고 공정하기만 하면 된다는 적극적 개념임.

### 2) 각국의 정치적 중립

| | |
|---|---|
| 미국 | 펜들턴법(공무원의 정치적 중립을 최초로 규정), 해치법(정치적 중립을 엄격하게 제한), 연방선거운동법 개정(정치적 중립이 완화됨.) |
| 영국,<br>서구 · 북구 제국 | 정치적 중립을 강조하지 않음. |

### 3) 공무원 정치운동의 금지

**국가공무원법 제65조(정치운동의 금지)**

① 공무원은 정당이나 그 밖의 정치단체의 결성에 관여하거나 이에 가입할 수 없다.

② 공무원은 선거에서 특정 정당 또는 특정인을 지지 또는 반대하기 위한 다음의 행위를 하여서는 아니 된다.

1. 투표를 하거나 하지 아니하도록 권유 운동을 하는 것
2. 서명 운동을 기도(企圖) · 주재(主宰)하거나 권유하는 것
3. 문서나 도서를 공공시설 등에 게시하거나 게시하게 하는 것
4. 기부금을 모집 또는 모집하게 하거나, 공공자금을 이용 또는 이용하게 하는 것
5. 타인에게 정당이나 그 밖의 정치단체에 가입하게 하거나 가입하지 아니하도록 권유 운동을 하는 것

③ 공무원은 다른 공무원에게 제1항과 제2항에 위배되는 행위를 하도록 요구하

거나, 정치적 행위에 대한 보상 또는 보복으로서 이익 또는 불이익을 약속하여서는 아니 된다.

**제66조(집단행위의 금지)** ① 공무원은 노동운동이나 그 밖에 공무 외의 일을 위한 집단행위를 하여서는 아니 된다. 다만, 사실상 노무에 종사하는 공무원은 예외로 한다.

**제84조(정치운동죄)** ① 제65조를 위반한 자는 3년 이하의 징역과 3년 이하의 자격정지에 처한다.

② 제1항에 규정된 죄에 대한 공소시효의 기간은 「형사소송법」 제249조 제1항에도 불구하고 10년으로 한다.

## 2. 공직윤리

### 1) 개념

행정 업무와 관련된 윤리로서, 공무원이 국민에 대한 봉사자로서 공무를 수행하는 과정이나 신분상 지켜야 할 가치 규범이나 행동 기준(공무원의 윤리는 내재적·심리적·비제도적·비공식적 영역이기 때문에 처벌하기 곤란한 양심 마음의 세계이며, 내재적 책임을 확보하기 위한 수단)

### 2) 측면

① 소극적 측면: 부정부패에 빠지지 않아야 한다.

② 적극적 측면: 가치관과 능력 면에서 바람직한 행정인상(行政人像)의 정립과 구현을 위한 행동 규범이다.

### 3) 공직윤리 체계

| 자율적 규제윤리<br>능동적·적극적 | 공무원헌장 | ① 공익을 우선시하며 투명하고 공정하게 맡은바 책임을 다한다.<br>② 창의성과 전문성을 바탕으로 업무를 적극적으로 수행한다.<br>③ 우리 사회의 다양성을 존중하고 국민과 함께 하는 민주 행정을 구현한다.<br>④ 청렴을 생활화하고 규범과 건전한 상식에 따라 행동한다. |
|---|---|---|

| | | |
|---|---|---|
| 법령적·강제적<br>규제 윤리<br>타율적·소극적 | 헌법(제7조) | 공무원은 국민에 대한 봉사자이며 국민에 대해 책임을 진다.<br>공무원의 정치적 중립과 신분은 법률로 보장된다. |
| | 국가공무원법 | 성실 의무, 복종 의무, 직장 이탈 금지, 친절·공정 의무, 종교 중립 의무, 비밀 엄수 의무, 청렴의 의무, 영예 등의 수령 규제, 품위 유지 의무, 영리 업무 및 겸직 금지, 정치운동의 금지, 집단행위의 금지 등 |
| | **공직자윤리법** | **재산 등록 및 공개 의무, 선물 수수의 신고·등록 의무, 퇴직공직자의 취업 제한 등 의무, 이해 충돌 방지 의무, 주식 백지신탁 의무** |
| | **부패 방지 및 국민권익위원회 설치·운영에 관한 법률** | **국민권익위원회 설치·운영(총리 소속), 내부 고발자 보호제도, 국민감사청구제도, 비위공직자 취업제한제도** |
| | 공직자 등의 병역 사항 신고 및 공개에 관한 법률 | 정무직 국가 및 지방공무원, 4급 이상 일반직 국가 및 지방공무원과 이에 상당하는 별정직 공무원, 법관, 검사 등과 공직자 후보자 중 병역 신고 의무자는 본인과 18세 이상의 직계비속의 병역 처분, 군복무 사실, 병역 면제 등에 관한 사항을 소속기관에 신고해야 함. |

### 4) 공직자윤리법

| | | |
|---|---|---|
| 재산 등록 및<br>공개 의무 | 재산 등록 의무 | **4급 이상(고위공무원단 포함)의 일반직 국가 및 지방공무원과 이에 상당하는 공무원과 정무직 공무원과 공공기관 중 공기업의 장과 부기관장·감사 등은 본인·배우자·직계존비속(외척과 출가한 딸은 제외)의 보유재산을 등록하고 변동 사항을 신고해야 함.** |
| | | **세무, 감사, 검찰사무, 건축·토목·환경·식품위생 분야의 대민 업무 등 비리 소지가 높은 분야는 하위직(7급 이상 ~5급 이하)도 등록해야 함.** |
| | | 군인은 대령 이상 장교, 경찰은 총경 이상, 소방은 소방정 이상, 교육공무원은 대학의 총장, 부총장, 대학원장, 대학장, 전문대학장, 특별시·광역시·도·특별자치도의 교육감·교육장·교육위원은 등록해야 함. |
| | 재산 공개 의무 | **1급(이에 상당하는 고위공무원 포함)인 일반직 국가 및 지방공무원과 이에 상당하는 공무원, 정무직 공무원, 공공기관 중 공기업의 장과 부기관장·감사 등은 본인·배우자·직계존비속의 재산에 관한 등록 사항과 변경 사항을 공개해야 함.** |

<table>
<tr><td>선물 수수의<br>신고·등록 의무</td><td>공무원 등이 직무와 관련해 외국(외국인)으로부터 선물을 받은 때에는 즉시 이를 소속 기관장에게 신고하고 국고에 인도(귀속)해야 함.</td></tr>
<tr><td rowspan="4">퇴직 공직자의 취업<br>제한 등 의무</td><td>재산등록 의무자이던 공직자(4급 이상)와 공직 유관단체의 임원은 퇴직 전 5년 이내에 담당했던 직무와 관련이 있는 기업체(일정 규모 이상의 영리를 목적으로 사기업체〈일정 규모 이상의 법무·세무·회계 법인 포함〉 또는 그 사기업체와 상호 협력을 위해 설립된 법인, 단체, 협회 등)에 퇴직일로부터 3년간은 취업할 수 없음.</td></tr>
<tr><td>대상자는 재산 등록 의무자와 동일하며, 관할 공직자윤리위의 승인을 얻은 경우에는 취업이 가능함.</td></tr>
<tr><td>규정을 위반한 취업자가 있는 때에는 관계 중앙행정기관의 장은 당해인이 취업하고 있는 영리사기업체 등의 장에게 그의 해임을 요구해야 하며, 해임 요구를 받은 영리사기업체 또는 협회의 장은 지체없이 이에 응해야 함.</td></tr>
<tr><td>변호사기본법 개정(판·검사 출신 변호사들의 전관예우 방지를 위해 전직 판검사 출신 변호사는 퇴직 전 근무했던 기관의 사건을 퇴직 후 1년간은 수임하지 못하도록 함.)</td></tr>
<tr><td>이해 충돌 방지 의무</td><td>국가 또는 지방자치단체는 공직자가 수행하는 직무가 공직자 재산상 이해관계와 관련돼 공정한 직무 수행이 어려운 상황이 야기되지 아니하도록 이해 충돌 방지에 노력해야 함.</td></tr>
<tr><td>주식백지신탁 의무</td><td>재산공개 대상자와 기획재정부 및 금융위원회 소속 공무원 중 대통령령이 정하는 자는 본인 및 그 이해관계자 모두가 보유한 주식의 총가액이 대통령령으로 정하는 금액을 초과하는 때에는 당해 주식을 매각하거나 주식백지신탁에 관한 계약을 체결하고, 그 행위를 한 사실을 등록기관에 신고해야 함.</td></tr>
</table>

**심화 학습: 공직자윤리법 시행령상 재산등록 대상자와 공개 대상자**

| 구분 | 등록 대상자 | 공개 대상자 |
|---|---|---|
| 정무직 | 대통령·국무총리·국무위원·국회의원 등 국가의 정무직 자치단체의 장, 지방의회의원 등 지방의 정무직 | 좌동<br>좌동 |
| 일반직<br>별정직 | 4급 이상 일반직 국가 및 지방 공무원과 이에 상당하는 별정직 | 1급 일반직 국가공무원 및 지방공무원과 이에 상당하는 별정직 |
| 군인 | 대령 이상의 장교 및 이에 상당하는(2급 이상) 군무원 | 중장 이상의 장관급 장교 |
| 법관·검사 | 모든 법관 및 검사 | 고법 부장판사 이상, 대검 검사급 이상 |
| 경찰·소방 | 총경(자치총경 포함) 이상 경찰공무원과 소방정 및 지방소방정 이상의 소방직 | 치안감 이상 경찰공무원 및 특별시·특별자치시·광역시·도·특별자치도의 지방경찰 |

| | | 청장, 소방<br>정감 이상의 소방공무원 |
|---|---|---|
| 공공기관 | 공기업의 장, 부기관장, 상임이사, 상임감사 | 공기업의 장, 부기관장, 상임감사 |

5) 부패 방지 및 국민권익위원회 설치·운영에 관한 법률

| 국민권익위원회 설치·운영 | 국무총리 소속 행정위원회<br>**※ 고충처리, 부패 방지, 행정심판 및 내부고발자 보호 기능 등을 수행**<br>〈주의〉 부패방지법과 국민권익위원회 설치에 관한 법은 폐지, 행정심판법은 존치함. |
|---|---|
| 내부고발자 보호제도 | - |
| 국민감사청구제도 | 〈주의〉 국민감사청구에 관한 법률적 근거는 부패방지법이나 국민감사는 감사원의 기능임. |
| 비위공직자 취업제한제도 | 비위로 면직된 공직자는 공공기관이나 재임 당시 업무(퇴직 전 3년간 소속했던 부서의 업무)와 유관한 공·사기업체에 퇴직일로부터 5년간 취업하지 못하도록 함. |

6) 공무원 청렴 유지 등을 위한 행동강령상의 의무

참여정부에 의해 2003년 도입됐으며, 공무원의 공정한 직무 수행을 위해 직무와 관련해 금품이나 향응 및 선물 수수 금지, 특혜 배제, 예산의 목적외 사용 금지, 인사 청탁 및 알선 금지, 이권 개입 금지, 경조용품 수수 금지 등이 규정돼 있으며, 위반 시 국민권익위원회에 신고되고, 징계 조치하게 돼 있음.

핵심 정리 취업제한 의무

| 재산등록 의무자 | 퇴직 전 5년 이내 | 퇴직 후 3년 | 사기업체가 대상 | 공직자윤리법 |
|---|---|---|---|---|
| 비위면직 공직자 | 퇴직 전 3년 이내 | 퇴직 후 5년 | 공·사기업체가 대상 | 부패방지법 |

7) 공무원행동강령 : 금품 등의 수수 금지 추가

**제14조(금품 등의 수수 금지)**

① 공무원은 직무 관련 여부 및 기부·후원·증여 등 그 명목에 관계 없이 동일인으로부터 1회에 100만 원 또는 매 회계연도에 300만 원을 초과하는 금품 등을 받거나 요구 또는 약속해서는 아니 된다.

② 공무원은 직무와 관련하여 대가성 여부를 불문하고 제1항에서 정한 금액 이하의 금품 등을 받거나 요구 또는 약속해서는 아니 된다.

③ 제15조의 외부 강의 등에 관한 사례금 또는 **다음 각 호의 어느 하나에 해당하는 금품 등은 제1항 또는 제2항에서 수수(收受)를 금지하는 금품 등에 해당하지 아니한다.**

1. 중앙행정기관의 장 등이 소속 공무원이나 파견 공무원에게 지급하거나 상급자가 위로 · 격려 · 포상 등의 목적으로 하급자에게 제공하는 금품 등
2. 원활한 직무 수행 또는 사교 · 의례 또는 부조의 목적으로 제공되는 음식물 · 경조사비 · 선물 등으로서 중앙행정기관의 장 등이 정하는 가액 범위 안의 금품 등
3. 사적 거래(증여는 제외한다)로 인한 채무의 이행 등 정당한 권원(權原)에 의하여 제공되는 금품 등
4. 공무원의 친족(「민법」 제777조에 따른 친족을 말한다)이 제공하는 금품 등
5. 공무원과 관련된 직원상조회 · 동호인회 · 동창회 · 향우회 · 친목회 · 종교단체 · 사회단체 등이 정하는 기준에 따라 구성원에게 제공하는 금품 등 및 그 소속 구성원 등 공무원과 특별히 장기적 · 지속적인 친분 관계를 맺고 있는 자가 질병 · 재난 등으로 어려운 처지에 있는 공무원에게 제공하는 금품 등
6. 공무원의 직무와 관련된 공식적인 행사에서 주최자가 참석자에게 통상적인 범위에서 일률적으로 제공하는 교통, 숙박, 음식물 등의 금품 등
7. 불특정 다수인에게 배포하기 위한 기념품 또는 홍보용품 등이나 경연 · 추첨을 통하여 받는 보상 또는 상품 등
8. 그 밖에 사회상규(社會常規)에 따라 허용되는 금품 등

### 8) 부정청탁 및 금품 등 수수의 금지에 관한 법률(일명 김영란법)

① 공직자 등에 부정 청탁 금지

② 공직자 등의 금품 수수 금지: 대가성 여부와 관계 없이 100만 원 이상 금품 수수 시 형사처벌

③ 위반행위 신고 의무

## 3. 공직 부패

### 1) 개념

공직과 관련 있는 영향력이나 권력을 부당하게 사용하는 행태 또는 관료가 자신의 직무와 직·간접적으로 관련된 권력을 불법·부당하게 행사해 사익을 추구하거나 공익을 침해하는 행위

### 2) 공직윤리와의 관계

부패 척결은 공직윤리 확립을 위한 소극적 측면(필요 조건)임.

### 3) 행정권의 오남용(윤리에 어긋나는 행위)

| | |
|---|---|
| 부정행위 | 공무원이 고속도로 통행료를 착복하고 영수증을 허위 작성하거나 공금을 횡령하는 것 |
| 비윤리적 행위 | 관료가 특혜의 대가로 금전을 수수하지는 않았더라도 친구 또는 특정 집단을 후원하거나 이득을 주기 위한 행위 |
| 법규의 경시(위법) | 법규를 무시하거나 자신의 행위를 정당화하려는 방향으로 법규를 해석하는 경우로서 예산 등 비현실적 제약 등을 이유로 법규정대로 시행하기를 거부하는 경우 |
| 입법 의도의 편향된 해석 | 법규를 위반하지는 않는 합법적 테두리 안에서 특정 이익을 옹호하는 경우로서 환경보호론자들의 의견을 무시한 채 개발업자의 편을 들어 법규에 의한 벌목을 허용하는 경우 |
| 불공정한 인사 | 능력과 성적을 무시하고 편파적인 인사를 하는 경우 |
| 무능 | 맡은 업무에 대한 전문지식이나 능력이 부족한 경우 |
| 실책의 은폐 | 관료가 정보를 선별적으로 배포해 자신의 실책을 은폐하거나 입법부 또는 시민과의 협력을 거부하는 경우 |
| 무사안일 | 부여된 재량권이나 의무를 행사하지 않고 적극적인 자세를 취하지 않는 직무유기 행위 |

### 4) 공직 부패의 유형

| 유형 | 개념 |
|---|---|
| 외부부패 | 관료와 국민 간에 형성되는 부패(뇌물 수수 및 특혜 교환) |
| 내부부패 | 관료 내부에서 공무원과 공무원 간에 이뤄지는 부패로서 이의 척결을 위해서는 내부고발자보호제도가 필요(공금 횡령 및 회계 부정 등) |

<table>
<tr><td>권력형 부패<br>(정치적 부패)</td><td colspan="2">상층부에서 정치인들이 정치 권력을 부당하게 행사해 막대한 이익을 챙기는 권력형 부패</td></tr>
<tr><td>생계형 부패<br>(행정적 부패)</td><td colspan="2">하급 행정관료들이 낮은 보수를 채우기 위해 생계 유지 차원에서 저지르는 생계형 부패(관료형 부패)로서 민원부서 하급 관리자들의 작은 부패</td></tr>
<tr><td>제도적 부패</td><td>부패 공직자가 죄의식도 느끼지 못하면서 조직의 옹호를 받도록 체계화·문화화된 부패로서 공모에 의한 조직부패라고도 볼 수 있음(관행화된 급행료나 커미션 등).</td><td rowspan="2">부패의<br>제도화<br>여부에 따라</td></tr>
<tr><td>우발적 부패</td><td>구조화되지 않은 일시적 부패로서 공금 횡령 등 개인의 윤리적 일탈로 인한 개인 부패(돈 받고 단속 눈감아주기)</td></tr>
<tr><td>흑색부패</td><td>사회 체제에 심각한 해를 끼치는 부패로 구성원 모두가 인정하고 처벌을 원하는 부패로 법률로 규정해 처벌</td><td rowspan="3">부패의<br>용인 가능성<br>정도에<br>따른 분류</td></tr>
<tr><td>백색부패</td><td>사회에 심각한 해가 없거나 사익을 추구하려는 기도가 없는 선의의 부패로서 구성원들이 어느 정도 용인할 수 있는 관례화된 부패(미풍양속형 부패, '외환위기는 없다'는 식의 공적 이익을 위해 거짓말을 하는 경우)</td></tr>
<tr><td>회색부패</td><td>사회 체제에 심각한 파괴적인 영향을 미칠 수 있는 잠재성을 지닌 부패로서, 사회구성원 가운데 일부 집단은 처벌을 원하지만 다른 일부 집단은 처벌을 원하지 않는 부패(윤리강령에는 규정될 수 있지만, 법률로 규정하는 것은 논란이 되는 부패)</td></tr>
<tr><td>직무유기형<br>부패</td><td colspan="2">시민이 개입되지 않는 관료 개인의 부패로서 자신의 직무를 게을리하는 데에서 오는 부작위적 부패</td></tr>
<tr><td>후원형 부패</td><td colspan="2">관료가 정실이나 학연 등을 토대로 불법적으로 특정 단체나 개인을 후원하는 부패</td></tr>
<tr><td>사기형 부패</td><td colspan="2">공금의 유용이나 횡령, 회계 부정</td></tr>
<tr><td>거래형 부패</td><td colspan="2">뇌물을 매개로 이권이나 특혜를 불법적으로 제공하는 가장 전형적인 부패</td></tr>
</table>

### 5) 공직 부패의 원인에 대한 다양한 접근

| 원인 | 개념 |
|---|---|
| 기능주의적 분석(순기능) | 국가 발전을 관료제가 주도해 오는 과정에서 부패를 국가 발전의 반대급부로 치러야 하는 희생으로 보는 개도국의 입장으로 과정보다는 결과를 중시하는 입장 |
| 후기기능주의적 분석(역기능) | 부패는 자기영속적이며 하나의 괴물과 같음. |
| **구조적 분석** | 공직사유관 등 공무원들의 잘못된 의식구조 등 구조적 요인이 부패의 원인이라고 보는 입장 |
| **제도적(거시적) 분석** | 법과 행정구조, 제도의 결함과 미비, 행정통제의 부적합성으로 인한 부패의 원인을 강조 |

| 권력문화적 분석 | 공·사의 혼동이나 권력 남용, 과도한 권력 집중에 의한 부패 유발을 강조 |
|---|---|
| 사회문화의 환경적 분석 | 특정한 지배적 관습이나 경험적 습성 같은 것이 관료부패를 조장한다고 보는 입장 |
| 정치경제학적 분석 | 정경 유착적 분석 |
| **도덕적 접근** | 부패를 개인의 독특한 성격, 습성이나 윤리 의식, 자질, 도덕심의 부족 탓으로 보는 입장 |
| **체제론적 접근** | 부패는 다양한 요인에 의해 복합적으로 나타난다는 입장 |
| 군사문화적 분석 | 정치문화의 미성숙과 군사문화의 구조화로 인한 권위주의와 수직적 지배문화에 의한 부패 입장 |
| 거버넌스적 접근 | **부패란 정부 주도의 독점적 통치구조에서 비롯된 것으로 정부 내부 노력이나 일방적 외부통제로는 척결이 힘들므로 정부와 시민 간의 동등한 참여나 상호 보완적인 감시에 의한 협력적 네트워크에 의해 해결될 수 있다고 보는 입장** |

## 4. 내부고발자 보호제도

### 1) 특징

① 이타주의적 외형 : 공익 보호

② 통상적이 아닌 비공식적 경로 이용 : 내부적인 이의 제기나 보고가 아닌 대외적 폭로

③ 재직 중은 물론 퇴직 후에도 가능

### 2) 부패 방지 및 국민권익위원회의 설치와 운영에 관한 법률 (약칭 : 부패방지권익위법)

**제55조(부패행위의 신고)**

누구든지 부패행위를 알게 된 때에는 이를 위원회에 신고할 수 있다.

**제56조(공직자의 부패행위 신고 의무)**

공직자는 그 직무를 행함에 있어 다른 공직자가 부패행위를 한 사실을 알게 되었거나 부패행위를 강요 또는 제의받은 경우에는 지체 없이 이를 수사기관·감사원 또는 위원회에 신고하여야 한다.

**제57조(신고자의 성실의무)**

신고자가 신고의 내용이 허위라는 사실을 알았거나 알 수 있었음에도 불구하

고 신고한 경우에는 이 법의 보호를 받지 못한다.

**제58조(신고의 방법)**

부패행위를 신고하고자 하는 자는 신고자의 인적 사항과 신고 취지 및 이유를 기재한 기명의 문서로써 하여야 하며, 신고 대상과 부패행위의 증거 등을 함께 제시하여야 한다.

**제60조(조사 결과의 처리)**

① 조사기관은 신고를 이첩받은 날부터 60일 이내에 감사·수사 또는 조사를 종결하여야 한다. 다만, 정당한 사유가 있는 경우에는 그 기간을 연장할 수 있으며, 위원회에 그 연장 사유 및 연장 기간을 통보하여야 한다.

② 제59조에 따라 신고를 이첩받은 조사기관은 감사·수사 또는 조사 결과를 감사·수사 또는 조사 종료 후 10일 이내에 위원회에 통보하여야 한다. 이 경우 위원회는 통보를 받은 즉시 신고자에게 감사·수사 또는 조사 결과의 요지를 통지하여야 한다.

③ 위원회는 필요하다고 인정하는 경우 조사기관에 대하여 제2항의 통보 내용에 대한 설명을 요구할 수 있다.

④ 위원회는 조사기관의 감사·수사 또는 조사가 충분하지 아니하다고 인정되는 경우에는 감사·수사 또는 조사 결과를 통보받은 날부터 30일 이내에 새로운 증거 자료의 제출 등 합리적인 이유를 들어 조사기관에 대하여 재조사를 요구할 수 있다. 제2항 후단에 따른 통지를 받은 신고자는 위원회에 대하여 감사·수사 또는 조사 결과에 대한 이의를 신청할 수 있다.

⑤ 재조사를 요구받은 조사기관은 재조사를 종료한 날부터 7일 이내에 그 결과를 위원회에 통보하여야 한다. 이 경우 위원회는 통보를 받은 즉시 신고자에게 재조사 결과의 요지를 통지하여야 한다.

**제62조(신분 보장 등)**

① 누구든지 이 법에 따른 신고나 이와 관련한 진술 그 밖에 자료 제출 등을 한 이유로 소속기관·단체·기업 등으로부터 징계 조치 등 어떠한 신분상 불이익이나 근무 조건상의 차별을 받지 아니한다.

② 누구든지 신고를 한 이유로 신분상 불이익이나 근무 조건상의 차별을 당하였거나 당할 것으로 예상되는 때에는 위원회에 해당 불이익처분의 원상회복·

전직 · 징계의 보류 등 신분 보장 조치와 그 밖에 필요한 조치를 요구할 수 있다.

③ 누구든지 신고로 인하여 인 · 허가 등의 취소, 계약의 해지 등 경제적 · 행정적 불이익을 당한 때에는 위원회에 원상 회복 또는 시정을 위하여 인 · 허가, 계약 등의 잠정적인 효력 유지 등 필요한 조치를 요구할 수 있다.

⑦ 위원회는 조사 결과 요구된 내용이 타당하다고 인정한 때에는 요구자의 소속기관의 장, 관계 기관의 장 또는 요구자가 소속한 단체 · 기업 등의 장에게 적절한 조치를 요구할 수 있다. 이 경우 위원회로부터 요구를 받은 소속기관의 장, 관계 기관의 장 또는 요구자가 소속한 단체 · 기업 등의 장은 정당한 사유가 없는 한 이에 따라야 한다.

⑧ 공직자인 신고자가 위원회에 전직, 전출 · 전입, 파견근무 등의 인사에 관한 조치를 요구한 경우 위원회는 그 요구 내용이 타당하다고 인정하는 때에는 인사혁신처장 또는 관련 기관의 장에게 필요한 조치를 요구할 수 있다. 이 경우 위원회로부터 요구를 받은 인사혁신처장 또는 관련 기관의 장은 이를 우선적으로 고려하여야 하며, 그 결과를 위원회에 통보하여야 한다.

⑨ 위원회는 제1항을 위반한 자에 대하여 징계권자에게 징계 요구를 할 수 있다.

**제64조(신변 보호 등)**

① 위원회 및 제59조 제3항에 따라 신고 사항을 이첩받은 조사기관의 종사자는 신고자의 동의 없이 그 신분을 밝히거나 암시하여서는 아니 된다.

② 신고자는 신고를 한 이유로 자신과 친족 또는 동거인의 신변에 불안이 있는 경우에는 위원회에 신변 보호 조치를 요구할 수 있다. 이 경우 위원회는 필요하다고 인정한 때에는 경찰청장, 관할 지방경찰청장, 관할 경찰서장에게 신변 보호 조치를 요구할 수 있다.

③ 제2항에 따른 신변 보호 조치를 요구받은 경찰청장, 관할 지방경찰청장, 관할 경찰서장은 대통령령으로 정하는 바에 따라 즉시 신변 보호 조치를 취하여야 한다.

⑤ 누구든지 제3항 및 제4항에 따라 보호되고 있는 부패행위 신고자 등이라는 사정을 알면서 그 인적 사항 또는 부패행위신고자 등임을 미뤄 알 수 있는 사실을 다른 사람에게 알려 주거나 공개 또는 보도하여서는 아니 된다.

제88조(인적 사항 공개 등 금지 위반의 죄) 제64조 제5항(제67조에서 준용하는

경우를 포함한다)을 위반한 자는 3년 이하의 징역 또는 1천만 원 이하의 벌금에 처한다.

심화 학습: 내부고발(whistleblowing)

**1) 개념**

내부고발은 조직의 전, 현직 구성원이 조직 내부의 불법, 부당, 비윤리적 실제를 밖에 알리는 행위다. 내부자가 하는 조직 내의 반공익적 사실의 공개이며, 이것을 바로잡고자 밖에 알린다는 점에서 사회적 고발의 의미를 갖는다. 내부고발은 조직이 내부의 비리가 밖에 알려지는 것을 강력히 막고자 하는 구도 속에서 주로 폭로나 익명의 제보의 형태로 이뤄지나 의회나 법정, 검·경찰에서의 공개적인 증언·진술, 자서전 집필을 통한 고백 등의 모습도 있다. 내부고발 개념은 1960년대 미국 저널리즘적 조어(造語) 형태로 만들어진다. 권력집단이나 조직이 국민 일반에 피해를 주는 불법적, 비도덕적 음모를 꾸밀 때 그 속의 누군가 이것을 아는 사람이 나서서 호루라기를 불어 국민에게 그 위험을 미리 알려 경계할 수 있도록 해 준다는 뜻이다. 오늘날은 민간기업을 포함한 모든 조직, 단체에 대해서도 이 개념이 똑같이 적용된다. 그러나 미국에서조차도 내부고발이라는 개념이 공식적으로 사전에 등재된 것은 1980년대 중반 이후부터다. 유럽의 법제는 아직도 이러한 행위를 설명하는 공식적 표현을 갖지 못하고 있다. 동양 한자 문화권의 경우는 일본의 번역 '내부고발'을 쓴다.

내부고발은 영어로 '호루라기(whistle)'와 '불다(blowing)'의 합성어다. 이러한 표현은 영국 경찰이 법률 위반 행위를 제지할 때 호루라기를 분다는 데에서 유래된 것이라는 설명부터 이솝 이야기에 그 뿌리가 있다는 주장까지 연구자들은 각기 다양한 해석을 내놓고 있으나 객관적 자료나 연구를 통해 검토 또는 확인된 바는 없다. 한국에서는 19~80년대 초 이미 신문에 이러한 표현의 등장을 볼 수 있고, 내부고발에 대한 사전적 정의는 그보다 뒤늦은 90년대 초에 들어와 이뤄진다. 행정학 교과서는 90년대 이후 이 개념을 받아들이고 있다. 매스 미디어의 보편적 사용이나 이것의 중요성에 대한 사회적 인식도 대체로 이때부터라고 할 수 있다. 한국에서 90년대는 내부고발에 해당하는 전형적 사건들이 빈번히 발생해 그것의 사회적 의미 형성을 촉진했는데, 다른 동남아 국가들에 비해 이것은 5~6년 앞선 것이다.

**2) 발생 이론**

내부고발의 발생은 다양한 이론들에 의해 설명된다. 자질이론(traits theory)은 내부고발의 발생을 개인의 특별한 기질에서 찾는다. 이 이론은 내부고발자의 자질구조를 일반인과는 다른 것으로 극도의 원칙주의자, 비타협적, 결벽적 인간으로 설명한다. 역할이론(role theory)은 내부고발을 역할 갈등의 산물로 해석한다. 내부고발이 조직구성원들의 다양한 역할 기대, 예컨대 조직구성원으로서의 충성, 전문직업 분야 멤버로서의 책임과 윤리, 사회 일원으로서의 개인의 양심, 가족에 대한 의무, 개인의 종교적 신념 등이 충돌하는 가운데 나타난다는 것이다. 기대이론(expectancy theory)은 내부고발을 구성원이 그러한 행위를 할 경우 어떤 일이 일어나고, 또 자신은 무엇을 얻으며 그때 얻는 것의 가치는 어떻게 평가하는가에 대한 판단의 산물로 설명한다. 끝으로 과정이론(process theory)은 앞서의 이론들과 달리 내부고발을 단일 사건이나 행위, 판단의 결과가 아닌 다양한 행위자와 사건들 간의 복합적인 일련의 작용과 반작용이 일정한 시간을 거쳐 누적된 결과로 해석한다.

### 3) 유형

내부고발은 분류 기준에 따라 다양한 유형을 확인해 볼 수 있다. 재직형과 이직형 구분은 내부고발을 내부자가 어떤 신분에서 고발을 했는가, 그 시기를 기준으로 한다. 재직형은 내부고발자가 조직의 구성원으로 있으면서, 이직형은 재직 중 목격한 조직의 비리를 조직을 떠난 뒤 호루라기를 분 것이다. 이에 비해 내부형과 외부형은 내부고발의 대상이나 경로에 따른 구분이다. 내부형은 조직의 불법이나 부당한 일을 조직 내부의 채널을 통해 그 문제를 시정할 수 있는 권한을 가진 부서나 상급 책임자에 보고를 하는 형태이고, 외부형은 조직 밖의 의회, 매스 미디어, 검·경찰, 정부 감독·규제기관, 시민단체나 일반에 직접 폭로하는 행위다. 끝으로 익명형과 공개형은 내부고발 방법을 기준으로 한다. 익명형이 조직 내부의 비리를 자신의 신분을 숨긴 채 관리층이나 매스 미디어에 고의적으로 알리는 것이라면, 공개형은 기자회견이나 청문회 등을 통해 자신의 신분을 공개적으로 밝히면서 조직의 부정을 폭로하는 행위다.

내부고발 연구자들은 이러한 세 가지 형태를 가장 일반적 유형으로 언급하고 있으나 실제 내부고발자에 대한 보호법의 내용을 보면 내부고발을 이외에도 적극형(active whistleblowers)과 소극형(passive whistlelbowers), 완전형과 불안전형(embryonic whistleblowers)으로 구분해 각기 다른 정도의 법적 보호를 제공하고 있음을 알 수 있다. 적극형은 내부자가 조직의 법령 위반이나 공익 침해 사실을 공개적 반대나 항의를 통해 밖에 알리는 형태이고, 소극형은 불법이나 비리 사실, 부정의 권유나 가담의 제의를 법정이나 경찰 진술 과정에서 사실을 증언하는 형태로 공개하는 것이다. 내부고발의 완전형은 폭로 또는 공개를 마친 형태이고 불완전형은 불법이나 비리의 고발을 위한 준비단계로 진위 여부 확인 과정에서 보복을 받게 되는 경우다. 내부고발에 대한 법적 보호에서는 실제 이러한 구분이 중요한 의미를 갖는다.

### 4) 공익적 효과와 보호

내부고발은 공직사회나 기업에서 일어나는 부정이나 비리 통제에 파괴적 효과를 갖는다. 국민의 알 권리 보호에도 중요하다. 또 이것은 개인 차원에서 표현과 양심의 자유에 관한 것이다. 한국의 1990년대 두 전직 대통령 불법 비자금 적발도 검찰이나 감사기관이 아닌 은행 직원에 의해 드러났다. 또 현재 필리핀 에스트라다(Joseph E. Estrada) 대통령의 탄핵과 사임 위기도 '대통령이 1천만 달러 이상의 뇌물을 받아왔고 돈 심부름꾼은 바로 나였다'라는 한 주지사의 고백에서 비롯된 것으로, 내부고발은 바로 권력 남용과 부정의 그 현장에 있던 사람이 '부패의 뚜껑을 안에서 열고 밖으로 나오는' 것이다. 따라서 누구도 그것을 부인하기 어려운 증언력을 갖는다. 내부고발의 반부패 효과도 이러한 이유에 근거한다. 그러나 내부고발은 그 공익적 효과에도 불구하고 힘없는 개인이 거대한 조직의 부정과 비리에 맞서는 것이어서 '지붕이 무너져 내린 날(the day the roof fell in)'의 공포와 고통, 조직으로부터의 보복을 피하지 못한다(J. S. Bowman). 그때부터 그는 '영원한 실직의 길'에 빠진다. 이러한 이유로 선진국은 내부고발에 대한 법적, 사회적 보호의 접근과 의식을 일찍부터 발전시켜 왔다.

### 5) 법적 보호

내부고발자에 대한 법적 보호는 특별법 형태로부터 각 분야별 법률의 일부 조항에 이르기까지 다양하다. 미 의회는 국민의 요구를 받아들여 1978년 처음으로 법적 보호를 제공한다. 1978년 공무원제도개혁법(Civil Service Reform Act)이 그것으로, 이 법은 카터 행정부 때 연방정부 내부의 비리를 고발하는 공무원들에 대한 보호를 그 하나의 목적으로 통과됐다. 공무원제도개혁법은 연방 공무원이 법률, 규칙이나 규정의 위반, 관리상의 잘못(mismanagement), 재원의 막대한 낭비, 권한의 남용 또는 국민 건강과 안전에 대한 실질적이고 구체적인 위험(substantial and specific danger)이 있다고 믿고 폭로, 신고 등의 방법으로 이를 공개한 경우, 내부고발자를 보호한다. 이 법은 실적제도보호위원회(Merit Systems Protection Board: MSPB)와 특별조사국(Office of the Special Counsel: OSC)에 내부고발자에 대한 보호 책임을 부여했다. 전자는 실적주의 및 연방 공무원 권리 보호 목적의 하나로 내부고발자에 금지된 보복이 가해졌는지에 대한 심사 역할을, 그리고 후자는 내부고발자의 고발과 고발자 신분에 대해 가해진 보복을 조사하는 실질적 임무를 부여받았다. 특별조사국은 내부고발자가 부당하게 보복을 받았다고 믿을 만한 합리적인 근거가 있었는지 어떤지에 대한 조사를 실시하고, 그것을 교정할 수 있는 조처를 취한다. 특별조사국은 이러한 과정에서 내부고발자가 해당 행정기관으로부터 어떠한 불이익도 받지 않도록 보호한다. 그러나 연방공무원법의 일부 조항에 의한 이러한 내부고발자 보호는 법률의 보호 의도에도 불구하고 실제 연방정부 내 비리를 고발했던 고발자들을 보호하는 데 많은 한계를 드러냈고, 미 연방의회는 내부고발자와 시민단체들의 이와 같은 항의와 비난을 이유 있는 것으로 판단해 1989년 보호의 내용을 보강한 단일의 내부고발자보호법(Whistleblower Protection Act)을 통과시킨다. 이 법은 기존 공무원제도개혁법이 내부고발자 보호에 실패했던 이유들을 법 조항에 그대로 수렴함으로써 연방정부 내 비리를 폭로하는 공무원들에 대한 실질적 보호를 의욕적으로 시도했다. 미 의회는 이 법을 통과시켜 연방정부가 공익적 이익의 실현을 위해 내부의 비리를 고발하는 공무원들을 좀 더 철저히 보호할 것을 한 번 더 명령한다. 이 법에 나타난 내부고발자 보호와 관련한 가장 중요한 변화 중의 하나는 종전 실적제도보호위원회 소속의 특별조사국을 따로 분리해 연방정부 내 독립기관으로 설치한 것이었다. 이 법은 또 내부고발자에 대한 실질적 보호 제공을 목적으로 구체적 보호, 절차 조항을 마련했다.

미 주정부 차원에서는 미시간 주가 1981년 처음으로 특별법 형태의 보호법을 제정했다. 현재는 미국 거의 대부분의 주들이 이러한 법을 갖고 있다. 내부고발자보호법은 연방법이나 각 주마다 내용이나 그 접근 방법이 다른 점이 특징이나 기본적 목적에는 큰 차이가 없다. 대체로 적용 대상, 보호받는 고발의 내용, 보호받으면서 할 수 있는 내부 비리 정보 제공의 대상, 보호의 범위와 내용, 구제의 방법과 정도, 고발자의 의무, 보호법 위반의 종류와 처벌, 보호법 악의적 이용의 금지 등을 내용으로 한다. 내부고발자에 대한 이러한 법적 보호는 국가 법 집행에 대한 개인의 참여를 제도적으로 허용하거나 그 기회를 확대한다는 점에서 중요한 의미를 갖는다.

#### 6) 시민단체의 활동

시민단체들에 의한 내부고발자 보호는 내부고발의 공익적 가치에 대한 사회적 인식의 확산과 때를 같이한다. 미국 시민단체 갭(GAP)과 같은 경우는 공무원제도개혁법 제정 이전 이미 1977년부터 국민의 편에서 공직사회 비리를 거부하고 고발하는 공무원을 보호한다는 기치 아래 보호운동을 시작했다. 미국의 노력은 이들의 역사적 경험과 무관하지 않다. 닉슨 행정부 워터게이트 사건 당시, 권력 내부의 한 익명의 인사는 의회 특별조사위원회에 누구를 불러 무엇을 어떻게 묻고 조사해야 하는가에 대해 계속해 정보를 제공했다. 그 결과 의회는 헌법을 유린하고 국민을 속이는 권력의 탐욕을 효과적으로 차단할 수 있었다. 그 뒤 군대의 부정, 거대 기업들이 국민을 속이고 건강과 안전을 위험에 몰아넣는 대가로 잇속을 챙기는 부도덕성이 내부자들의 정보 제공에 의해 하나 둘 드러나면서, 시민단체들은 이들에 대한 지원사업을 본격화했다. 현재 미국에는 내부고발자들만의 전문적 보호를 목적으로 활동하는 시민단체가 3~4개, 캐나다, 호주, 영국 등지에도 각각 1~2개씩 있다. 한국에서는 참여연대가 1994년 이 운동을 시작한 이래 지금까지 꾸준히 내부고발자에 대한 법적 지원, 입법 활동, 여론화 작업, 보복에 대한 공개적 항의 등을 맡고 있다.

# 제 5 장 재무행정론

## 제 1 절 예산의 개념과 본질

### 1. 예산의 개념

#### 1) 예산 개념

① 1회계연도 동안 국가의 수입과 지출에 관한 예정적 계산

② 예산을 최협의로 보면 일반회계만을 의미하지만, 일반적으로는 특별회계까지 포함함.

<table>
<tr><th colspan="5">공공재정의 영역</th><th>적용 법규</th><th>관리 책임자</th><th>국회 승인 (성립 요건)</th><th>감사원의 회계검사</th></tr>
<tr><td rowspan="8">공공재정</td><td rowspan="5">국가 재정</td><td rowspan="3">예산</td><td colspan="2">일반회계</td><td>국가재정법</td><td>기획 재정부 장관</td><td rowspan="5">필요</td><td rowspan="8">대상</td></tr>
<tr><td rowspan="2">특별회계</td><td>기업특별회계</td><td>정부기업예산법</td><td rowspan="4">중앙관서의 장</td></tr>
<tr><td>기타 특별회계</td><td>개별법</td></tr>
<tr><td rowspan="2">기금</td><td colspan="2">기금</td><td rowspan="2">국가재정법</td></tr>
<tr><td colspan="2">금융성 기금</td></tr>
<tr><td rowspan="3">지방 재정</td><td rowspan="2">예산</td><td colspan="2">일반회계</td><td rowspan="3">지방재정법</td><td rowspan="3">지방자치 단체의 장</td><td rowspan="3">불필요</td></tr>
<tr><td colspan="2">특별회계</td></tr>
<tr><td colspan="3">기금</td></tr>
</table>

| | 공공기관의 재정 | 공공기관의 운영에 관한 법률 | 공공기관의 장 | 불필요 | |
|---|---|---|---|---|---|

2) 예산의 구성(한국)

| 세입예산 | 세출예산 |
|---|---|
| 구속력이 없음. | 승인된 예산의 범위 안에서만 지출이 가능함. |

3) 예산의 성격

① **예산은 정치적 과정(정치적 타협과 협상)을 중시함(정치 원리 중시).**

② 예산에는 정책 관련 정보들이 집적돼 있음.

③ **정부정책 중 가장 보수적인 영역으로 매년 점진적으로 편성됨(점증주의적 성격).**

④ 관료들의 책임성 확보를 위한 도구로 작용함.

⑤ 정부정책의 결과 내지는 공공 서비스의 수준에 관한 회계적 표현임.

4) 예산의 형식: 법률주의와 예산주의(의결주의)

| 예산의 형식 | 특징 | 국가 | 조세제도 |
|---|---|---|---|
| 법률 | 세입예산과 세출예산은 모두 의회가 법률로써 확정함.<br>세입과 세출 모두 구속력을 지님. | 영국, 미국 | 일년세주의 |
| 의결(예산) | 행정부가 편성한 예산을 매년 의회가 의결<br>법률이 아니므로 세입은 단순한 참고자료, 세출은 구속력이 있음. | 한국, 일본 등 | 영구세주의 |

〈주의〉 원칙적으로 예산이 법률의 형식을 취하는 나라는 예산에 대해서도 거부권 행사가 가능하다고 해석되지만, 미국은 현재 세출예산법안에 대해 거부권을 행사할 수 없음(1998년 연방 대법원의 위헌 판결로 세출예산법안에 대한 거부권이 폐지됨).

**심화 학습: 예산과 법률 비교**

| 구분 기준 | | | 예산 | 법률 |
|---|---|---|---|---|
| 성립 절차 | 제출권자 | | 정부 | 정부와 국회 |
| | 제출 기한 | | 회계연도 개시 90일 전(헌법)<br>회계연도 개시 120일 전(국가재정법) | 제한 없음. |
| | 심의 | 기한 | 회계연도 개시 30일 전(헌법) | 제한 없음. |
| | | 범위 | 증액 및 신비목 설치 불가<br>(정부 동의를 얻어서 가능) | 자유로운 수정 가능 |

| | 거부권 행사 | 대통령의 거부권 행사 불가능 | 대통령의 거부권 행사 가능 |
|---|---|---|---|
| | 공포 | 공포 불필요, 의결로 확정<br>행정부는 이를 공고 | 공포로서 효력 발생 |
| 효력 | 시간적 효력 | 회계연도에 국한 | 계속적 효력 발생 |
| | 대인적 효력 | 국가기관만 구속 | 국가기관・국민 모두 구속 |
| | 지역적 효력 | 국내외 불구 효력 발생 | 원칙상 국내에 한정됨. |
| | 형식적 효력 | 예산으로 법률 개폐 불가 | 법률로써 예산 변경 불가 |

## 2. 국가재정법

### 1) 국가재정법

① 재정 운용의 효율성 및 성과지향성 제고

- 국가재정 운용계획 수립의 법적 근거 마련(제7조)
- 재정 활동의 성과관리 체계 구축과 성과계획서 및 성과보고서 제출 의무화(제8조)
- 일반회계특별회계기금의 여유재원을 상호 전출입할 수 있는 근거 마련(제13조)

② 재정 운용의 건전성 강화

㉠ 재정 건전화 원칙 천명(제16조, 제86조)

정부는 재정지출 또는 조세 감면을 수반하는 법률안을 제출하고자 하는 때에는 법률이 시행되는 연도부터 5회계연도의 재정수입・지출의 증감액에 관한 추계자료와 이에 상응하는 재원 조달 방안을 그 법률안에 첨부하여야 한다.

㉡ 국세 감면의 제한(제88조)

기획재정부 장관은 대통령령이 정하는 당해 연도 국세 수입 총액과 국세 감면액 총액을 합한 금액에서 국세 감면액 총액이 차지하는 비율이 대통령령이 정하는 비율 이하가 되도록 노력하여야 한다.

㉢ 추가경정예산안 편성의 제한(제89조)

정부는 다음 각 호의 어느 하나에 해당하게 되어 이미 확정된 예산에 변경을 가할 필요가 있는 경우에는 추가경정예산안을 편성할 수 있다.

- 전쟁이나 대규모 자연재해가 발생한 경우

• 경기 침체, 대량실업, 남북관계의 변화, 경제 협력과 같은 대내·외 여건에 중대한 변화가 발생하였거나 발생할 우려가 있는 경우
• 법령에 따라 국가가 지급하여야 하는 지출이 발생하거나 증가하는 경우

㉣ 세계잉여금 일정 비율의 공적 자금, 국채, 차입금 상환 의무화(제90조)

일반회계 예산의 세입 부족을 보전(補塡)하기 위한 목적으로 해당 연도에 이미 발행한 국채의 금액 범위에서는 해당 연도에 예상되는 초과 조세수입을 이용하여 국채를 우선 상환할 수 있다.

㉤ 국가채무 관리계획 수립(제91조)

기획재정부 장관은 국가의 회계 또는 기금이 부담하는 금전 채무에 대하여 매년 국가채무 관리계획을 수립하여야 한다.

㉥ 국가 보증채무 부담의 사전 국회 동의(제92조)

국가가 보증채무를 부담하고자 하는 때에는 미리 국회의 동의를 얻어야 한다.

③ 재정의 투명성 제고와 국민 감시

• 재정정보의 매년 1회 이상 공개 의무화(제9조)
• 예산기금의 불법 지출에 대한 국민 감시와 예산성과금 지급(제100조)

④ 성인지 예산서(제26조)·결산서(제57조)와 조세지출예산서(제27조) 작성 및 제출

• 성인지 예산안서는 2010회계연도 예산안 및 결산부터 적용
• 조세지출예산서는 2011회계연도부터 적용

⑤ 예산 원칙의 명문화(제16조)

• 재정 건전성 확보
• 국민 부담 최소화
• 재정지출 및 조세지출의 성과 제고
• 예산 과정의 투명성과 국민 참여 제고
• 성인지적 효과 평가

### 2) 국가행정과 지방행정제도 비교(재정)

| 제도 | 국가 | 지방 |
|---|---|---|
| 국정감사(지방은 행정감사) | 정기국회 개회 전 30일 간 실시 | 광역은 14일, 기초는 9일,<br>2차 정례회의에서 실시 |

| 예산 일정 | 회계연도 개시 120일전 제출(헌법은 90일 전), 30일 전 의결 | 광역 50일 전 제출, 15일 전 의결(기초는 40일, 10일) |
|---|---|---|
| 성과중심재정 | 시행 | 시행 |
| 조세지출예산 | 시행 | 시행 |
| 성인지예결산 | 시행 | 시행 |
| 일반예비비 법정 상한선 | 있음(일반회계 총액의 1/100 이내). | 있음(일반회계 총액의 1/100 이내). |
| 자율예산편성 | 실시 | 미실시 |
| 주민참여예산 | 미실시 | 실시(의무화) |
| 총액계상예산 | 실시 | 실시 |
| 예산성과금제 | 실시 | 실시 |

## 3. 국가재정 운용계획

| | |
|---|---|
| 의의 | • 통제 목적을 위주로 하는 전통적인 단년도 예산제도의 제약성을 보완해, 중장기에 걸친 거시적인 국가재정 운용정책을 수립하고 이에 따른 재원 동원 및 배분 방향을 계획함으로써, 궁극적으로 단년도 예산 편성의 합리성을 제고하고 국가 재원을 효율적으로 배분하기 위한 것<br>• 국가재정법에 의한 공식적인 법정 기획이자 예산에 반영돼야 하는 의무 사항임. |
| 특징과 효용 | ① 예산총액 배분 자율편성제도와 부처별 지출 한도로 활용<br>② 일반회계, 특별회계, 기금을 포괄하는 통합재정 기준으로 작성<br>③ 5개년 단위의 연동기획으로 작성 |
| 운용 절차 | 지침 통보 → 중기사업계획서 제출 → 국가재정 운용계획 수립 → 예산에의 반영(예산요구서는 5월 31일까지 기획재정부에 제출) → 국가재정 운용계획 국회 제출(예산안과 함께 회계연도 개시 120일 전까지 국회에 제출) |

## 4. 재무행정 조직 체계

① 중앙예산기관 및 국고수지총괄기관: 기획재정부

② 한국은행

③ 재무행정 조직 체계

삼원 체제(중앙예산기관과 국고수지 총괄기관이 분리된 형태)와 이원 체제(중앙예산기관과 국고수지 총괄기관이 통합된 형태)

④ 국회예산정책처: 국회의장 소속기관

## 5. 예산의 기능

<table>
<tr><td>법적 기능</td><td colspan="2">예산이 입법에 준하는 구속력을 지닌다는 의미로, 국회에서 심의·확정된 범위 내에서만 지출돼야 함.</td></tr>
<tr><td>정치적 기능</td><td colspan="2">예산은 한정된 자원을 둘러싼 정치적 투쟁의 산물이라고 정의(윌다브스키[A. B. Wildavsky])</td></tr>
<tr><td>행정적 기능</td><td colspan="2"><table><tr><th>통제 기능</th><th>관리 기능</th><th>기획 기능</th><th>참여 기능</th><th>감축 기능</th></tr><tr><td>품목별<br>예산제도</td><td>성과주의<br>예산제도</td><td>계획<br>예산제도</td><td>목표관리<br>예산제도</td><td>영기준<br>예산제도</td></tr></table>〈주의〉 쉬크(A. Schick)는 예산의 행정적 기능으로 통제 기능, 관리 기능, 기획 기능을 제시함.</td></tr>
<tr><td rowspan="4">경제적 기능</td><td>경제 안정 기능</td><td>예산은 재정정책의 도구로서 물가·고용 등 경기 불안 시 공채 발행이나 통화량 조절을 통해서 경제를 안정화시키는 전략적인 경제 대책 기능을 수행함.</td></tr>
<tr><td>경제성장 촉진 기능</td><td>정부 주도로 지속적인 경제 발전이 추진되는 개발도상국가에서는 예산에 의한 경제성장 촉진 기능을 수행함.</td></tr>
<tr><td>소득 재분배 기능</td><td>예산은 시장경제의 분배 상태가 바람직하지 못할 때 이를 시정하는 기능을 하며 형평성이 중요한 기준이 됨.</td></tr>
<tr><td>자원 배분 기능</td><td>투자수익 분석의 결과에 따라 국가자원 배분의 우선순위를 정하거나 시장에서 공급할 수 없는 공공재의 직접 공급 등 시장의 실패를 치료하고 자원을 할당하는 기능을 수행하며 효율성이 중요한 기준이 됨.</td></tr>
</table>

〈주의〉 머스그레이브(Richard Musgrave)가 강조한 재정의 일반적 기능은 경제 안정 기능, 소득 재분배 기능, 자원 배분 기능이며, 경제 성장 촉진 기능은 케인스(John M. Keynes)가 주장한 기능임.

## 6. 재정민주주의

### 1) 의의

<table>
<tr><td>소극적(전통적) 의미</td><td>협의로는 국가의 재정 활동은 국민의 대표기관인 의회에 의해 감시되고 통제돼야 함을 의미함. '대표 없이 과세 없다'는 원칙(명예혁명)이 이를 대변한다.</td></tr>
<tr><td>적극적(현대적) 의미</td><td>• 광의로 해석해, 재정 주권이 납세자인 국민에게 있다는 것(납세자 주권)을 의미함.<br>• 재정민주주의의 제도화를 위해서는 재정정보 공개, 재정의 민주화, 국민적 합의에 기초한 재정 운용, 시민에 의한 예산감사와 참여(납세자 소송, 밑빠진 독상, 미국의 황금양털상 등)가 이뤄져야 한다.</td></tr>
</table>

### 2) 제창자

경제학자 빅셀(Knut Wicksell)은 재정민주주의를 국가가 사회구성원인 시민으로부터 세금을 거둔 후 시민의 재정선호를 반영한 예산을 집행할 때 성립하는 개념으로 보고 있음.

### 3) 예산감시운동

| | |
|---|---|
| 조세 반란<br>(조세 저항) | 1978년 미국 캘리포니아 보수주의 운동가인 자비스(Howard Jarvis)가 주민 발의에 의한 주민투표를 통해 조세를 제한하는 주 헌법 수정안(제13조)을 성공적으로 이끌어 낸 후 붙은 명칭<br>조세 반란은 정부실패를 배경으로 나타났으며, 공무원은 국민의 공복(公僕)이라는 사고에 바탕을 두고 있음. |
| 납세자소송제도 | 납세자인 시민이 국가 또는 지방자치단체의 재정 지출과 관련된 부정과 낭비를 직접 감시하고, 문제점이 발견된 경우에 시정할 권리를 행사하는 제도<br>〈한국〉 지방자치법(2005년 개정)에 주민소송제를 규정함으로써 입법화했으나, 국가(중앙정부)를 상대로 하는 납세자소송제도인 국민소송제도는 아직 도입되지 않았음. |
| 황금양털상 | 미국 예산의 파수꾼으로 불리는 프록스마이어(William Proxmire) 전 상원의원이 황금양털상을 제정해 예산 낭비가 가장 심한 정부기관과 사업을 매달 선정해 주는 상 |
| 꿀꿀이상 | 미국의 예산 낭비에 반대하는 시민모임(Citizen Against Government Waste : CAGW)이 제정한 상으로, 자신의 지역구에만 혜택이 돌아가도록 하는 특혜성 예산에 대해 주는 상 |
| 적자시계상 | 독일과 일본 등에서 납세자단체가 재정적자 규모를 실시간으로 고발하는 리얼타임 재정적자 카운터 제도 |
| 밑빠진독상 | 우리나라 시민단체인 예산감시시민운동에 의해 제정된 상으로 중앙정부와 지방정부의 최악의 예산 배정과 예산 낭비 사례를 선정해 주는 불명예스러운 상 |

### 4) 참여예산제도

| | |
|---|---|
| 의의 | 통치 시대에서 참여와 담론을 중시하는 거버넌스 또는 심의민주주의의 시대로 변화하는 흐름을 반영한 예산제도<br>예산편성 단계에서 주민의 참여를 중시하는 제도로, 브라질의 포르투 알레그리(Pôrto Alegre) 시가 대표적인 성공 사례임. |
| 도입 | 2004년 광주시 북구가 조례 제정을 통해 처음으로 도입<br>지방자치단체의 장은 대통령령으로 정하는 바에 따라 지방예산 편성 과정에 주민이 참여할 수 있는 절차를 마련하도록 의무화하고 있으며, 국가(중앙정부)에는 아직 도입돼 있지 않음(지방재정법). |

## 7. 예산의 원칙

| 고전적 원칙(전통적 예산 원칙, 입법부 통제 원칙)<br>노이마르크(F. Neumark) | 현대적 원칙(행정부 편의의 원칙)<br>스미스(H. D. Smith) |
|---|---|
| 입법부가 행정부의 재정 활동을 효율적으로 통제하기 위한 입법부 우위의 원칙 | 행정부의 재량권을 인정해 재정 운영의 효율성과 편의, 그리고 신축성을 높이려는 행정국가 시절의 행정부 편의의 원칙 |
| ① 공개성의 원칙<br>② 명료성의 원칙(명세성의 원칙)<br>③ 완전성의 원칙(국가재정법상 예산총계주의)<br>④ 단일성의 원칙<br>⑤ 한정성의 원칙(한계성의 원칙)<br>⑥ 통일성의 원칙(국고금관리법상 수입금 직접 사용 금지)<br>⑦ 사전 의결의 원칙<br>⑧ 정확성의 원칙(엄밀성의 원칙) | ① 행정부 계획의 원칙<br>② 행정부 책임의 원칙<br>③ 보고의 원칙<br>④ 상호 교류적 예산기구의 원칙<br>⑤ 적절한 수단 구비의 원칙<br>⑥ 다원적 절차의 원칙<br>⑦ 행정부 재량의 원칙<br>⑧ 시기 신축성의 원칙 |

- 국가재정법 제17조(예산총계주의) : 한 회계연도의 모든 수입을 세입으로 하고, 모든 지출을 세출로 한다(예산완전성의 원칙). *예외 : 현물출자, 외국 차관의 전대, 수입대체경비
- 국고금관리법 제7조(수입금 직접 사용 금지 등) : 중앙관서의 장은 다른 법률에 특별한 규정이 있는 경우를 제외하고는 그 소관에 속하는 수입을 국고에 납부해야 하며, 이를 직접 사용하지 못한다(통일성의 원칙).

### 1) 고전적 예산 원칙

| 원칙 | 개념 | 예외 |
|---|---|---|
| 공개성의 원칙 | 예산의 편성·심의·집행 및 결산 내용 등을 국민에게 공개해야 한다. | 신임예산(의회가 행정부를 신임), 일부 국방비·외교활동비와 정보비 |
| 명료성의 원칙 | 수입과 지출의 내역과 용도를 명확하게 나타내고 예산을 합리적으로 분류해 국민 누구나 이해할 수 있도록 해야 한다. | 총액계상 예산(국가재정법), 안전보장 관련 예비비 |
| 완전성의 원칙 | 정부의 세입과 세출은 모두(빠짐없이) 예산에 계상돼야 한다.<br>징세비 등 필요경비를 미리 공제하면 안 된다는 예산 상계 금지의 원칙 | 순계 예산, 기금, 현물출자, 외국 차관의 전대, 수입대체경비 |
| 단일성의 원칙 | 예산은 모든 재정 활동을 포괄해 하나의 단일예산으로 편성돼야 한다(예산은 일반회계로만 구성돼야 한다). | 특별회계, 추가경정예산, 기금 |

| 한정성의 원칙 | 목적 외 사용 금지 | 이용, 전용 |
|---|---|---|
| | 계상된 금액 이상의 초과 지출 금지 | 예비비, 추가경정예산 |
| | 회계연도 경과 지출 금지(회계연도 독립 원칙) | 이월, 계속비, 조상충용, 과년도 수입과 지출 |
| 통일성의 원칙 | 전체 세입으로 전체 세출에 충당해야 한다는 국고 통일의 원칙<br>수입금 직접 사용 금지의 원칙이라고도 함. | 특별회계, 기금, 수입대체경비, 목적세, 수입금마련지출제도 |
| 사전 의결의 원칙 | 행정부가 예산을 집행하기 전에 입법부에 의해 예산이 먼저 심의・의결돼야 한다. | 사고이월, 준예산, 예비비 지출, 전용, 재정상의 긴급명령, 선결처분 |
| 정확성의 원칙 | 예산과 결산은 가급적 일치해야 한다. | – |

〈주의〉 1. 완전성의 원칙에서 순계예산(징세비를 공제하고 순세입만 계상한 예산)과 예산순계(일반회계와 특별회계에서 중복분 제거)는 다름.

2. 조상충용이란 미리 앞당겨 충당 사용하는 것(다음 연도의 수입을 앞당겨 충당・사용하는 것

3. 목적세: 국세(교육세, 교통・에너지・환경세, 농어촌특별세), 지방세(지방교육세, 지역자원시설세)

### 심화 학습: 예산 및 재정관리의 원칙

| 원칙 | | 내용 | 예외(대표적) |
|---|---|---|---|
| 재정민주주의 | 명확성 | 국민 눈높이에서 예산구조와 과목 설계 | 총액 계상 |
| | 사전 의결 | 회계연도 개시 전 예산 확정 | 긴급명령, 준예산(헌법) |
| | 공개성 | 예산정보의 공개 | 국방비와 국정원 예산 |
| 자원 배분 | 통일성 | 특정수입과 특정지출 연계 금지 | 특별회계, 목적세, 수입대체경비 |
| | 한계성 | 목적 외 사용 금지 계획 금액 한도 내 사용 | 예비비, 이용과 전용 추경예산, 계속비, 이월, 앞당겨 충당 사용 |
| 회계관리 | 단일성 | 단일회계 내 정리 | 특별회계, 기금, 추경예산 |
| | 완전성 | 예산총계주의(모든 세입과 세출 내역의 명시적 나열) | 전대차관 |
| | 정확성 | 계획대로 정확히 지출, 회계수지 정확 | - |
| 재정사업관리 | 계획성 | 사업계획과 재정계획 연계 | - |
| | 성과 중심 | 성과계획서와 성과보고서 작성 | - |

### 2) 현대적 예산 원칙

| 원칙 | 개념 |
|---|---|
| 행정부 계획의 원칙 | 예산은 행정부의 사업계획을 충실히 반영해야 한다. |
| 행정부 책임의 원칙 | 행정부는 예산을 집행할 때 합법성 · 효과성 · 합목적성 · 경제성을 추구해야 한다. |
| 보고의 원칙 | 예산의 편성 · 심의 · 집행은 각 기관의 재정 및 업무 보고에 기초를 둬야 한다. |
| 상호 교류적 예산기구의 원칙 | 중앙예산기관과 각 부처예산기관의 상호간 수평적 의사 전달 체계가 구축돼야 한다. |
| 적절한 수단 구비의 원칙 | 재정통제와 신축성 유지를 위한 적절한 수단(제도)이 조화적으로 마련돼야 한다. |
| 다원적 절차의 원칙 | 재정 운용의 탄력성을 위해 기관과 사업의 성격별로 예산의 절차를 다양하게 할 필요가 있다.<br>☞ 특별회계, 공기업의 예산 |
| 행정부 재량의 원칙 | 예산을 세목이 아닌 총괄사업으로 통과시키고 집행상의 재량을 행정부에 최대한 부여해야 한다.<br>☞ 총괄(액)예산 |
| 시기 신축성의 원칙 | 사업계획 실시의 시기를 행정부가 신축성 있게 조정할 수 있어야 한다. |

## 8. 예산의 분류

### 1) 의의

예산의 내용을 국민이나 국회가 정확하게 파악하고 정부가 예산을 운용하기 용이하도록 일정한 기준에 따라 예산을 구분 · 편성하는 것

### 2) 목적

사업계획 수립 및 예산 심의 용이, 경제적 효과 분석, 예산 집행 용이, 자원의 효율적 배분과 신축적 운용, 회계검사와 회계 책임의 명확화

### 3) 분류 기준별 특징

| 구분 | | 내용 |
|---|---|---|
| 기능별 분류 | 의의 | ① 정부가 수행하는 기능 중심으로 분류(정부가 무슨 일을 하는 데 얼마나 쓰나?)<br>② 공공 활동의 대영역(大領域) 분류로서 세출에만 적용됨.<br>③ 정부 활동에 관한 개략적인 정보를 일반 시민에 제공해 시민이 국가 예산을 가장 잘 이해할 수 있다고 해서 시민을 위한 분류라고 불리움. |
| 기능별 분류 | 특징 | ① 대항목은 어느 한 부처의 예산만을 다룰 수 없음(예 : 일반행정비는 안전행정부 한 부처만 다루지 않음).<br>② 공공사업을 별개의 범주로 삼지 않으므로 정부 활동이나 사업이 2개 이상의 기능에 속하는 경우가 있음.<br>(예) 군인 자녀를 위한 교육비는 방위비 또는 교육비에 각각 속할 수 있음.<br>③ 일반행정비는 가능한 한 적게 책정돼야 함. |
| 기능별 분류 | 장점 | ① 총괄 계정에 적합하고 탄력성이 있음.<br>② 정부 활동의 우선순위를 파악할 수 있고 국민이 정부 예산을 영역별로 이해하는 데 도움을 줌. |
| 기능별 분류 | 단점 | ① 융통성이 지나쳐 회계 책임이 명백하지 못함.<br>② 기능별 분류의 대항목은 기관 또는 부처를 포괄적으로 망라하고 있으며, 따라서 어느 한 부처에서 무엇을 하는지가 명백하지 않음. |
| 조직별 분류 | 의의 | ① 부처별·기관별·소관별 분류로 가장 역사가 오래되고 기본적인 분류 제도(어느 기관이 얼마를 쓰나?)<br>② 국가재정법상 중앙관서와 정부조직법상 중앙행정기관은 일치하지 않으며, 세출 예산상의 관서와 세입 예산상의 관서의 수도 일치하지 않음. |
| 조직별 분류 | 장점 | ① 경비 지출의 주체를 분명히 함으로써 회계 책임이 명백함.<br>② 분류 범위가 비교적 크고 융통성이 있어 총괄 계정에 적합함.<br>③ 국회에서 예산 심의에 가장 용이함. |
| 조직별 분류 | 단점 | ① 주체별로 이뤄지기 때문에 지출의 목적을 알 수 없음.<br>② 사업 중심이 아니므로 예산의 전체적인 성과를 파악할 수 없음.<br>③ 조직활동의 전반적인 효과나 사업계획의 우선순위를 평가할 수 없음. |
| 품목별 분류(항목별 분류) | 의의 | ① 지출의 대상이나 성질, 구입 물품이나 서비스의 종류 중심으로 예산을 분류하는 것(무엇을 구입하는 데 얼마를 쓰나?)<br>② 세계적으로 가장 많이 활용되는 분류 기준 |
| 품목별 분류(항목별 분류) | 장점 | ① 회계 책임을 명확히 하고, 지출의 합법성에 치중하는 회계검사가 용이해 재정통제가 용이함.<br>② 인사행정에 유용한 자료나 정보를 제공해 줌.<br>③ 이익집단의 저항을 피할 수 있는 정치적 이점이 있음. |
| 품목별 분류(항목별 분류) | 단점 | ① 세부적인 지출 대상에 중점을 두므로 정부 활동의 전체적인 상황을 파악하기 어려움. |

| | | |
|---|---|---|
| | | ② 예산의 신축성을 저해할 우려가 있으며, 지나친 세분류로 번문욕례(red tape)를 초래함.<br>③ 세목별 분류이므로 각 행정기관의 총괄 계정에는 적합하지 않음. |
| 경제 성질별 분류 | 의의 | 예산이 국민 경제에 미치는 영향을 파악하는 데 도움을 주기 위한 분류로, 정부 재정정책 결정에 유용한 자료를 제공함을 목적으로 함(국민 경제에 미치는 총체적 효과는 어떠한가?). |
| | 장점 | ① 정부 예산이 국민경제에 미치는 영향을 파악할 수 있음.<br>② 경제정책이나 재정정책 수립에 용이함. |
| | 단점 | ① 경제 성질별 분류 자체가 경제정책이 될 수 없음.<br>② 정부 예산의 경제적 영향의 일부만을 측정할 수 있을 뿐임.<br>③ 정책 결정을 담당하는 고위공무원에게는 유용하나, 일선 실무자에게는 별로 유용하지 못함.<br>④ 경제 성질별 분류 하나만으로는 완전하지 못하므로 반드시 다른 분류 방법과 병행해야 함. |

**요점 정리**

| 분류 방식 | 초점 | 특징 |
|---|---|---|
| 기능별 분류 | 정부가 무슨 일을 하는데 얼마나 쓰느냐? | 총괄 계정에 적합<br>시민을 위한 분류 |
| 조직별 분류 | 누가, 어느 기관이 얼마를 쓰느냐? | |
| 품목별 분류 | 정부가 무엇을 구입하는 데 얼마를 쓰느냐? | 책임 확보, 통제 용이 |
| 경제 성질별 분류 | 국민경제에 미치는 총체적인 효과가 어떠한가? | |

## 9. 우리나라의 세출예산 과목 분류(프로그램 예산)

### 1) 프로그램 예산제도의 의의

우리나라 예산 과목 체계는 프로그램 예산제도를 기반으로 구성됐다. 중앙정부가 2007년, 지방정부는 2009년부터 공식적으로 도입했다.[1] 프로그램 예산제도는 프로그램(사업)을 중심으로 예산을 편성하는 제도다. 여기서 **프로그램이란 동일한 정책을 수행하는 단위사업의 묶음이다**. 프로그램 예산의 기본 구조는 일반적으로 '정

1) 지방정부에서는 프로그램 예산제도를 사업예산제도라고 부른다.

부의 기능-정책-프로그램-단위사업'의 계층구조를 갖는다. 따라서 프로그램 예산의 핵심적 작업은 프로그램 구조를 예산 체계에 정립하는 일이다. **프로그램 예산제도는 프로그램(사업) 중심의 예산 편성을 함으로써 성과 지향적 예산 편성 운용이 가능해진다.**

2) 프로그램 구조의 특성

프로그램 구조는 프로그램-단위사업-세부사업의 3단계 체계로 구성돼 있다.

3) 프로그램 예산제도에서 예산 과목 체계

세출예산의 과목 예산 체계는 '장-관-항-세항-세세항-목-세목'의 다단계 체계로 돼 있다.

| | 입법과목 | | | 행정과목 | | | |
|---|---|---|---|---|---|---|---|
| 기능 | 장 | 관 | **항** | **세항** | **세세항** | 목 | 세목 |
| 프로그램 | 분야 | 부문 | **프로그램** | **단위사업** | **세부사업** | 편성 비목 | 통계 비목 |
| | 기능별 분류 | | 프로그램(사업)별 분류 | | | 품목별 분류 | |

* 입법과목 간 융통은 이용(移用: 국회 승인 필요), 행정과목 간 융통은 전용(轉用: 국회 승인 불요)

4) 프로그램 예산제도의 도입 효과

① 프로그램 예산제도의 도입으로 그동안 품목 중심의 투입 관리와 통제 중심 재정 운영에서 프로그램 성과, 자율, 책임 중심 재정 운영으로 바뀌게 된다.
② 프로그램 예산 체계 내에서 일반회계, 특별회계, 기금이 모두 포괄적으로 표시됨으로써 총체적 재원 배분 내용을 파악할 수 있다.
③ 프로그램 예산제도에는 사업관리 시스템이 함께 운용되기 때문에 재정 집행의 투명성과 효율성을 제고할 수 있다.
④ 프로그램 예산 체계에서 기능별 분류를 중앙정부와 지방정부 간에 통일시킴으로써 중앙정부와 지방정부 간 재정 분담 비율 등을 파악할 수 있다.
⑤ 프로그램 중심의 예산은 일반 국민이 예산사업을 쉽게 이해할 수 있게 된다.

# 제 2 절 예산의 종류

## 1. 세입 · 세출의 성질에 따른 예산 구분: 일반회계와 특별회계

| 구분 | 항목 | 내용 |
|---|---|---|
| 일반회계 | 의의 | 일반적인 국가 활동의 총세입 · 총세출을 포괄적으로 편성한 예산 |
| | 국가재정법 | 국가의 회계는 일반회계와 특별회계로 구분한다. 조세수입 등을 주요 세입으로 하여 국가의 일반적인 세출에 충당하기 위해 설치한다. |
| | 특징 | 모든 세입과 세출이 하나로 통일돼 계리돼야 한다는 통일성 및 단일성에 근거한 예산 |
| 특별회계 | 의의 | 특정한 세입(조세외 수입)으로 특정한 세출에 충당하기 위해 일반회계와 별도로 구분하는 예산 |
| | 국가재정법 | ① 특별회계는 국가에서 특정한 사업을 운영하고자 할 때, 특정한 자금을 보유해 운영하고자 할 때, 특정한 세입으로 특정한 세출에 충당함으로써, 일반회계와 구분해 계리할 필요가 있을 때에 법률로써 설치한다.<br>② 중앙관서의 장은 소관 사무와 관련하여 특별회계 또는 기금을 신설하고자 하는 때에는 해당 법률안을 입법예고하기 전에 특별회계 또는 기금의 신설에 관한 계획서를 기획재정부 장관에게 제출해 그 신설의 타당성에 관한 심사를 요청해야 한다(국가재정법 제14조). |
| | 장점 | ① 기업적 성격의 사업을 구분해 정부재정 수지를 명확하게 하고 경영 성과 파악이 가능<br>② 재량권 인정으로 능률 향상과 경영의 합리화 추구가 가능 ☞ 집행부서의 입장에서는 운영의 자율성 제고<br>③ 행정 기능의 전문화와 다양화에 부응 |
| | 단점 | ① 재정통제의 약화: 자율성 인정으로 입법부 통제나 민주통제가 곤란함.<br>② 재정 팽창 수단: 목적세와 함께 재정 팽창의 수단<br>③ 예산구조 체계의 복잡화 |
| | 추세 | 최근 통합재정의 차원에서 특별회계의 설치 요건이 강화되고 있음. |

**심화 학습: 정부회계의 종류**

| 기업특별회계 | | 기타 특별회계 | |
|---|---|---|---|
| 양곡관리 | 정부기업예산법 | 농어촌 구조 개선 | 주한 미군기지 이전 |
| 조달사업 | | 교통시설 | 행정중심 복합도시 건설 |
| 우편사업 | | 등기 | 국방 · 군사시설 이전 |
| 우체국예금사업 | | 교도작업 | 혁신도시 건설 |

| 책임운영기관 | 책임운영기관법<br>(약칭) | 에너지 및 자원사업<br>환경 개선<br>우체국보험 | 아시아문화 중심도시 건설<br>광역·지역 발전 |
|---|---|---|---|
| 5개 | | 13개 | |

• 〈주의〉 교육비특별회계(지방교육재정)는 지방특별회계임.

## 2. 기금(fund)

| | |
|---|---|
| 의의 | ① 특정한 목적을 위해 특정한 자금을 신축적으로 운용할 필요가 있을 때에 한해 법률로써 특별히 설치할 수 있는 자금<br>② 기금은 세입·세출예산에 의하지 아니하고 운용할 수 있는 제3의 예산이나, 엄밀히 보면 예산은 아님.<br>③ 2004년부터 국회의 심의·의결을 거치도록 하는 등 국회 차원의 통제가 강화되고 있으며, 공공 부문의 통합예산(통합재정 수지)에도 포함되고 있음. |
| 특징 | ① 재원은 조세가 아닌 일반회계로부터의 전입금이나 정부출연금 등에 의존함.<br>② 국회의 통제를 받으나 일반회계에 비해 국회의 통제가 비교적 약하고 신축성이 부여되며, 기업회계 방식으로 운용<br>③ 예산단일성, 완전성, 통일성 원칙의 예외임. |
| 유형 | 〈국가재정법상〉<br>• 기금(비금융성 기금)과 금융성 기금(신용보증기금, 수출보험기금 등)으로 구분되며, 모두 국회 심의 대상임. |
| 설치와 운용 | • 설치: 기금설치 법정주의<br>• 발생주의에 의한 기업회계 방식에 따라 운용하며 기금운용계획안을 회계연도 개시 120일 전까지 국회에 제출해야 함.<br>• 자율 변경 범위: 기금(비금융성)은 10분의 2, 금융성 기금은 10분의 3 이하의 범위 안에서는 국회의 의결을 거치지 않아도 됨.<br>• 결산: 다음 연도 5월 31일까지 국회에 제출해야 하며, 국회는 정기 개회(9월 1일) 전까지 심의·의결해야 함.<br>• 매 회계연도마다 전체 기금 중 1/3 이상의 기금에 대해 기금 운용 실태를 조사해 평가하고 매 3년마다 기금 존치 여부를 평가해야 한다(기획재정부 장관이 기금운용평가단을 운영해 여기에서 주관함). |

**〈일반회계와 특별회계, 기금의 규모 비교〉**

| 연도 | 일반회계 | 특별회계 | 기금 | 총계 |
|---|---|---|---|---|
| 2015 | 208.7조 | 51.4조 | 115.3조 | 375.4조 원 |
| 2016 | 214.6조 | 49.3조 | 122.5조 | 386.4조 원 |

**핵심 정리** 일반회계, 특별회계, 기금 비교

| 구분 | 일반회계 | 특별회계 | 기금 |
|---|---|---|---|
| 설치 사유 | 국가 고유의 일반적인 재정 활동 | 특정사업 운영<br>특정자금 보유·운용 특정세입으로 특정세출에 충당 | 특정 목적을 위해 특정자금을 신축적으로 운용할 필요가 있을 때 |
| 재원 조달 및 운용 형태 | 조세수입과 무상급부의 원칙 | 일반회계와 기금의 운용 형태 혼재 | 출연금과 부담금 등을 수입원으로 하여 융자사업 등 무상급부 제공 |
| 집행절차(자율성) | 합법성에 입각한 엄격한 통제 | 좌동 | 합목적성 차원에서 상대적으로 자율성과 탄력성 보장 |
| 수입과 지출의 연계 | 연계 배제 | 연계 | 연계 |
| 계획 변경 | 추경예산 편성 | 추경예산 편성 | 주요 항목 지출 금액의 20%(금융성 기금은 30%) 초과 변경 시 국회 의결 필요 |

## 3. 통합재정(통합예산)

<table>
<tr><td>개념</td><td>중앙정부의 모든 재정 활동을 일목요연하게 파악할 수 있도록 만든 일종의 총괄표에 따른 수입과 지출의 차이를 말한다. 여기엔 일반·특별회계뿐 아니라 공공기금 등 각종 기금의 수입과 지출이 모두 포함된다. 또 철도, 조달, 양곡, 통신 등 4개 공기업의 지출도 포함된다. 중앙정부의 예산이 일반회계·특별회계 등으로 구분되는 데다 각종 기금이 예산에 포함되지 않기 때문에 정부의 총재정 규모는 재산만 봐서는 정확하게 알기 어렵다. 이런 문제를 해소하고 정부의 재정 활동을 총체적으로 이해할 수 있도록 하기 위한 것이 통합재정수지다. 우리나라는 1979년 국제통화기금(IMF) 재정통계 작성 기준에 따라 통합재정수지가 파악돼 왔지만 예산의 보조지표로만 활용되다가 1997년 말 IMF 체제로 들어서면서 주목받기 시작했다.<br>* 공식적인 법정예산은 아니며 법정예산과 병행해 작성·발표하는 통계임.</td></tr>
<tr><td>특징</td><td>① 포괄성 : 중앙정부와 지방정부의 비금융공공 부문(일반정부+비금융공기업)으로서 금융 성격을 띠는 공공금융 부문(공공기관, 금융성기금)은 제외됨.
<table>
<tr><td colspan="6">공공 부문</td></tr>
<tr><td colspan="4">비금융 공공 부문</td><td colspan="2">공공금융 부문</td></tr>
<tr><td colspan="2">일반정부</td><td colspan="2">비금융 공기업</td><td>공기업<br>(공공기관)</td><td>금융성 기금</td></tr>
<tr><td>중앙정부</td><td>지방정부</td><td>중앙정부</td><td>지방정부</td><td></td><td></td></tr>
<tr><td>일반회계</td><td>일반회계</td><td>기업특별회계</td><td>공기업특별회계</td><td></td><td></td></tr>
</table></td></tr>
</table>

| | | | | | |
|---|---|---|---|---|---|
| 기타 특별회계<br>기금<br>세입세출 외 | 기타 특별회계<br>기금<br>교육비특별회계 | | | | |
| 통합재정 범위 | | | | | |

② 이중거래의 차감 : 회계간 전출입 등 중복분(내부거래)과 보전거래를 공제한 예산순계 개념으로 작성

③ 대출순계의 구분 : 민간에 대한 융자 지출이나 회수 내역 별도로 표시

- 융자 지출을 적자 요인으로 파악

④ 보전재원의 명시 : 재정적자가 어떤 형태로 보전되고 재정흑자는 어떻게 처리되는지 별도로 명시

- 수지적자가 되면 보전수지는 +(재정적자를 차입, 국채 발행 등으로 보전했음을 의미)
- 수지흑자가 되면 보전수지는 -(재정흑자를 차입금 및 공채 상환에 사용했음을 의미)

⑤ 통합재정 = 일반회계+특별회계+기금(금융성 기금 제외) − 내부거래 − 보전 지출 − 융자 지출

**구조**

| 분류 | 수입 | 지출 | 국민경제적 효과 |
|---|---|---|---|
| 경상수지 | 경상수입<br>(조세 등 규칙적 수입) | 경상지출<br>(인건비 등 소모적 지출) | 국민소득계정(정부소비, 정부저축, 정부투자 등)<br>통화계정<br>국제수지계정 |
| 자본수지 | 자본수입<br>(임대료 등 투자적 수입) | 자본지출<br>(항만건설비 등 투자적 지출) | |
| 대출순계 | 융자 회수, 출자 회수 | 융자지출, 출자지출 | |
| 보전수지 | 보전수입(차입, 예금 인출, 공채 발행) | 보전지출(공채, 차입금 상환, 예금) | |

**문제점**

① 재정 범위가 국제적 기준과 부합되지 않아 재정통계의 국제적 비교에 제약이 있음.

② 국내 통계 사이의 내적 일관성이 부족함(기획재정부와 한국은행 간).

③ 공기업이 제외돼 통합적 재정관리가 미흡함.

④ 현금주의에 기초하고 있어 비용과 수익의 정확한 파악이 안 됨.

⑤ 융자 지출을 재정수지 적자 요인으로 보고 있어 재정의 건전성을 평가하는 것이 무리임.

### 심화 학습: 통합재정통계

## 통 합 재 정 통 계

(2017년 9월 누계 기준/잠정)

(단위: 십억 원)

| 구분 | | 일반회계 | 특별회계 | 세입 세출 외 | 비금융성 기금 | 기업 특별회계 | 합계 |
|---|---|---|---|---|---|---|---|
| 통합재정수입 (A) | | 211,053 | 10,696 | 76 | 86,597 | 1,373 | 309,794 |
| | 경상수입 | 211,014 | 10,196 | 76 | 84,546 | 1,369 | 307,201 |
| | 자본수입 | 39 | 500 | 0 | 2,050 | 4 | 2,592 |

| 통합재정지출 및 순융자 (B) | | 180,627 | 32,214 | 3,769 | 78,605 | 1,923 | 297,138 |
|---|---|---|---|---|---|---|---|
| | 경상지출 | 175,137 | 15,983 | 3,769 | 64,668 | 1,782 | 261,339 |
| | 자본지출 | 4,870 | 15,172 | 0 | 2,703 | 141 | 22,886 |
| | 순융자 | 620 | 1,058 | 0 | 11,234 | 0 | 12,912 |
| **통합재정수지(A-B)** | | 30,426 | △21,518 | △3,693 | 7,991 | △550 | 12,656 |

* 경상수입
  • 조세수입: 사회보장기여금 포함.
  • 세외수입: 임대료, 이자수입, 수수료, 벌금 및 몰수금, 공무원연금기여금 등
* 자본수입: 고정·재고자산, 토지 및 무형자산 매각수입 등
* 경상지출: 인건비, 임차료, 이자지급, 보조금 및 지방정부 등에 대한 경상이전
* 자본지출: 고정·재고자산 매입비, 지방정부 등에 대한 자본이전
* 순융자: 융자 지출·융자 회수

## 4. 조세지출예산

| | |
|---|---|
| 개념 | ① 정부가 사회·경제적 목적을 달성하기 위해 세제상의 혜택을 통해 특정 활동 또는 특정 집단에게 지원을 해 주는 것<br>② 통상적인 예산상의 모든 지출이 예산 지출 또는 직접 지출이라면, 조세지출은 간접지출에 해당함.<br>※ 조세 면제나 감면과 같은 조세지출의 구체적인 내역을 예산구조에 밝히고, 국회의 심의·의결을 받도록 하는 제도로서, 행정부에 일임돼 있는 조세 감면의 집행을 국회 차원에서 통제하자는 것 |
| 연혁 | 서독(1972)에서 처음 도입 |
| 특징 | ① 조세 감면은 정부가 징수해야 할 조세를 받지 않고 그만큼 보조금으로 지급한 것과 같은 경제적 효과를 내므로, 형식은 조세이지만 실질은 지출임.<br>② 불법적인 탈세는 포함되지 않음.<br>③ 조세지출은 법률(조세특례제한법)에 따라 집행되므로 예산지출에 비해 경직성(지속성)이 높고, 가시성(투명성)이 낮음.<br>④ 일종의 조세 특혜이므로 특정 집단 간 복잡한 이해관계가 형성돼 정치적으로도 큰 관심이 됨. |
| 장점 | ① 의회 중심의 재정민주주의의 실현<br>② 정책의 효과성 파악과 효율적 수립(정부의 직접적 개입 축소와 정책의 효율적 수립)을 위해 필요<br>③ 조세제도의 개선<br>④ 재정 활동에 소요되는 재정 규모의 정확한 파악 가능 |

| | |
|---|---|
| | ⑤ 세수 인상을 위한 자료 확보 및 부당하고 비효율적인 조세지출 축소<br>⑥ 재정 부담의 형평성 제고(정치적 특혜 가능성이 커서 불공정하게 운용될 수 있는 조세특혜 대상을 정확히 파악하고 심의함으로써 빈익빈 부익부 현상을 막고 과세의 수직적·수평적 형평성을 파악할 수 있기 때문에 조세 정의를 실현해 재정 부담의 형평성을 제고하게 됨.) |
| 단점 | ① 조세지출은 법률에 따라 집행되므로 조세지출의 경직성 유지 또는 심화<br>② 조세지출은 보조금적 성격을 띠므로 예산서에 명시될 경우 개방화된 국제환경 하에서 무역 마찰의 소지가 있음. |
| 우리나라 조세지출 예산제도 | 국가는 국가재정법에 따라 2011년도부터 정식으로 도입<br>지방은 2010년도부터 도입(지방세 지출예산제도) |

## 5. 예산의 성립 시기에 따른 예산 구분: 본예산, 수정예산, 추가경정예산

| | | |
|---|---|---|
| 본예산 | 개념 | 국회에 상정돼 다음 회계연도 예산에 대해 정상적으로 의결·확정된 당초의 예산, 즉 **최초의 예산** |
| 수정예산 | 개념 | 정부가 예산안을 국회로 제출한 후 예산이 국회에서 아직 최종 의결되기 전에 국내외 여건 변화로 예산안 내용의 일부를 수정해 편성 제출한 예산으로 **예산안의 수정** |
| | 사례 | 현재까지 총 4회 편성 |
| 추가경정예산 | 개념 | • 예산이 국회를 통과해 확정(성립)된 후에 생긴 사유로 인해 추가·변경된 예산<br>• 추가경정예산은 본예산과 별개로 성립되지만, 일단 성립되면 본예산과 통합해 운용됨.<br>• 예산 단일성 원칙의 예외임.<br>국가재정법 제89조(추가경정예산안의 편성)<br>① 정부는 다음 각 호의 어느 하나에 해당하게 되어 이미 확정된 예산에 변경을 가할 필요가 있는 경우에는 추가경정예산안을 편성할 수 있다.<br>1. 전쟁이나 대규모 재해가 발생한 경우<br>2. 경기 침체, 대량실업, 남북관계의 변화, 경제 협력과 같은 대내·외 여건에 중대한 변화가 발생하였거나 발생할 우려가 있는 경우<br>3. 법령에 따라 국가가 지급하여야 하는 지출이 발생하거나 증가하는 경우<br>② 정부는 국회에서 추가경정예산안이 확정되기 전에 이를 미리 배정하거나 집행할 수 없다. |
| | 사례 | 편성 횟수 제한 없음(중앙정부는 연 1~2회, 지방자치단체는 연 3~4회 편성). |

## 6. 예산 불성립 시 대처 방안(임시예산제도): 준예산, 잠정예산, 가예산

<table>
<tr><td>각국의 제도</td><td colspan="2">

〈각국의 제도 비교〉

| 구분 | 기간 | 지출 가능 항목 | 국회 의결 | 채택 국가 |
|---|---|---|---|---|
| 준예산 | 무제한 | 한정적 | 불요 | 한국, 독일 |
| 잠정예산 | 무제한 | 전반적 | 필요 | 영국, 미국, 캐나다, 일본 |
| 가예산 | 1개월 | 전반적 | 필요 | 프랑스, 한국의 제1공화국 |

</td></tr>
<tr><td rowspan="4">우리나라의 준예산제도</td><td>의의</td><td>불가피하게 새로운 회계연도가 개시될 때까지 예산이 성립되지 못할 경우 의회 승인 없이 특정 경비를 전년도에 준해 지출할 수 있는 제도<br>〈주의〉 회계연도 개시 30일 전까지가 아님.<br>※ 사전 승인 원칙의 예외</td></tr>
<tr><td>지출 용도</td><td>〈헌법 제54조〉<br>① 국회는 국가의 예산안을 심의·확정한다.<br>② 정부는 회계연도마다 예산안을 편성하여 회계연도 개시 90일 전까지 국회에 제출하고, 국회는 회계연도 개시 30일전까지 이를 의결하여야 한다.<br>③ 새로운 회계연도가 개시될 때까지 예산안이 의결되지 못한 때에는 정부는 국회에서 예산안이 의결될 때까지 다음의 목적을 위한 경비는 전년도 예산에 준하여 집행할 수 있다.<br>1. 헌법이나 법률에 의하여 설치된 기관 또는 시설의 유지·운영<br>2. 법률상 지출 의무의 이행<br>3. 이미 예산으로 승인된 사업의 계속</td></tr>
<tr><td>기간</td><td>기간 제한 없음(당해 연도 예산이 성립될 때까지 지출).</td></tr>
<tr><td>활용 실적</td><td>중앙정부의 경우 1960년 채택 이후 사용 실적 없음.<br>지방자치단체는 2003년 부안군에서 편성해 활용</td></tr>
</table>

## 7. 남녀평등예산(성인지예산)

<table>
<tr><td>의의</td><td>① 세입·세출예산이 남성과 여성에게 미치는 영향은 서로 다르다고 전제하고 남녀 평등을 구현하려는 정책 의지를 예산 과정에 명시적으로 도입한 차별 철폐 지향적 예산(남녀 평등 구현을 원칙으로 삼는 예산)<br><br>※ 성 중립적 관점은 남녀 간의 평등 문제를 수평적·형식적 관점에서 접근하는 것으로 또 다른 불평등을 유발한다(예: 남녀 간의 공중화장실 수를 같게 만든다면 여성에 대한 차별이다).<br>※ 성인지적 관점은 남녀 간의 평등 문제를 실질적·결과적 공평으로 접근하는 것이다(예: 공중화장실을 만들 때 남성보다 여성 화장실 수늘 늘리는 것).</td></tr>
</table>

| | |
|---|---|
| | ② 형식적·소극적인 성중립적 관점과는 다른 실질적·적극적인 남녀평등 예산<br>③ 성별영향평가제도와 함께 남녀 평등을 구현하려는 우리나라 성주류화정책의 핵심적 요소임. |
| 특징 | 예산 효과의 성별 차이는 남성과 여성의 경제적·사회적 차이 때문에 빚어진 것이라고 보고, 예산정책의 남녀 차별적 영향을 해소하기 위해 예산의 우선순위를 재설정함. |
| 도입 | 호주 정부(1984년)가 처음으로 채택<br>우리나라: 중앙정부는 2010년도부터, 지방자치단체는 2013년도부터 시행 |
| 국가재정법 | 성인지 예·결산서 작성을 의무화하고 있음. |

# 제 3 절 예산결정이론

## 1. 총체주의(합리주의)와 점증주의

| | | |
|---|---|---|
| 총체주의<br>(합리주의) | 의의 | ① 합리적 선택모형에 입각한 예산상의 의사 결정을 말하는 것으로, 경제학의 한계비용, 기회비용, 최적화 개념 등이 사용됨(루이스[V. B. Lewis]의 대안적 예산제도, 쉬크[A. Schick]의 체제예산이 이에 해당함.)<br>② 규범적 성격이 강함<br>③ 계획예산(PPBS), 영기준예산(ZBB) |
| | 특징 | ① 결정에 관련이 있는 모든 요소를 종합적으로 검토<br>② 사회적 목표의 정의는 명확해야 하며, 정책은 목적 수단 접근 방법으로 다뤄져야 함.<br>③ 정부의 정책은 비용·편익분석 작업을 거쳐 합리적으로 선택돼야 함(경제적 합리성 중시).<br>④ 하향적 거시적으로 결정되는 경우가 많으며(PPBS), 총액을 제한하는 닫힌 접근법<br>〈주의〉 영기준예산은 상향적임. |
| | 한계 | ① 인간의 인지력 한계<br>② 문제나 목표의 불명확성<br>③ 예산 결정의 집권화(PPBS)<br>④ 절차적 복잡성과 예산 담당 공무원의 보수적 태도로 인해 성공적인 정착이 어려움. |
| 점증주의 | 의의 | ① 총체주의의 비현실적인 기본 전제를 완화해 상황의 불확실성과 인간 능력의 부족을 전제로 한 모형<br>② 현실은 현존 정책에서 소폭적인 변화만을 대안으로 고려해 정책을 결정할 수밖에 없음. |

| | | |
|---|---|---|
| | | ③ 린드블럼(C. E. Lindblom), 윌다브스키(A. B. Wildavsky) |
| | 특징 | ① 전년도 예산이 예산 결정의 기준이며, 다음 회계연도 예산은 그것보다 소폭 증감되기에 예산 결정은 안정성과 선형성(경향성)을 띠고 점증적임.<br>② 정치적 합리성을 중시<br>③ 점증주의는 예산 결정의 권력 중심을 입법 기관으로 옮겨 주기 때문에 입법 기관의 지지를 받기 용이함.<br>④ 예산 결정에서 최선의 대안을 추구하지 않음.<br>⑤ 다원주의나 보수주의 사회를 바탕으로 예산 결정을 설명하므로 실증적·기술적 분석임.<br>⑥ 전체(총액)보다는 부분(세부사업)에 초점을 맞추며, 부분에서 전체로 향하는 상향적·한계적 조절 과정에 역점을 두는 미시적 예산결정이론 |
| | 한계 | ① 점증에 대한 합의 부재<br>② 이론적 설명의 결여<br>③ 정책분석 기능의 미흡<br>④ 보수주의적 성격과 개혁에 대한 저항<br>⑤ 자원의 한계 |

### 심화 학습: 정부 예산에 대한 미시적 이론(예산결정이론)

**1) 합리주의**

- 합리주의에서는 예산 배분 문제를 해결하기 위한 모형을 구성하고 이에 기초해서 최적의 해결 방안을 모색한다. 예산 결정은 경제학에 기초한 계량분석 모형과 대안평가에서 기회비용 기준을 사용한다.
- 계획예산제도와 영기준예산제도가 합리주의 접근을 적용한 대표 사례다.
- 키(V. O. Key Jr.) : 예산이론에서 X달러를 A사업 대신에 B사업에 배정해야 하는 논리적 기초는 무엇인가?
- 루이스(V. B. Lewis) : 예산합리주의에 입각한 대안적 예산제도모형에서 예산 배분 결정에 경제학적 접근법을 적용함으로써, '상대적 가치', '증분분석', '상대적 효과성'이라는 세 가지 분석명제를 제시했다.

**2) 점증주의**

- 윌다브스키(A. B. Widavsky)가 강조했던 점증주의에서는 예산 재원 배분에서 현실의 상황을 인정한다.
- 예산 결정은 전체적인 혹은 종합적인 관점이 아니라 전년도 대비 일정 규모의 증가에 그치는 점증적이다. 즉, 전년도 예산을 기초로 해서 좁은 범위 내에서 증감이 이뤄질 뿐이라는 것이 점증주의 방식의 기본 내용이다.

**3) 공공선택이론**

- 예산재원 배분과 관련된 공공선택론의 핵심 주제 가운데 하나는 관료의 예산 행태다.
- 니스카넨(W. A. Niskanen)은 관료가 권력의 극대화를 위해서 소속 부서의 예산 규모를 극대화한다고 설명했다.

#### 4) 다중합리성모형

- 예산 혹은 정책 과정의 각 단계별로 영향을 미치는 '합리성'은 경제적 기준만 있는 것이 아니라 정치·사회·법적 측면에서 다양한 형태로 존재해 모두 예산에 의미 있게 영향을 미친다.
- 관료들의 의사 결정은 예산주기의 다양한 시점에서 단계별로 작용하는 합리적 기준에 따라 서로 다른 형태의 다중적 결정으로 구성된다. 서메이어(K. M. Thumaier)와 윌로비(K. G. Willoughby)가 제시했다.

#### 5) 단절균형모형

- 예산 재원의 배분 형태가 일정하게 유지되는 것이 아니라 특정 사건이나 상황에 따라 균형 상태에서 급격한 변화가 발생하는 단절 현상이 발생하고 이후 다시 균형을 지속한다는 예산이론이다.
- 대표적인 학자로는 바움가트너(F. R. Baumgartner)와 존스(B. D. Jones)가 있다.

#### 6) 재정 배분의 경제 원리와 정치 원리

| 구분 | 경제 원리 | 정치 원리 |
|---|---|---|
| 초점 | 어떻게 예산상의 이득을 극대화할 것인가? | 예산상의 이득을 누가 얼마만큼 향유하는가? |
| 목적 | 효율적인 자원 배분: 파레토 최적의 달성 | 공정한 몫의 배분: 균형의 달성 |
| 기준 | 경제적 합리성: 효율성 | 정치적 합리성: 형평성·정당성 |
| 방법 | 분석적 기법, 계획된 행동, 체계적 결정 | 정치 과정: 협상, 타협 모색에 의한 결정<br>단편적 결정 |
| 행동 원리 | 시장 감각: 최적화의 원리 | 게임 감각: 균형화 원리 |
| 행태 | 사회후생의 극대화 | 몫(득표)의 극대화 |
| 이론 | 총체주의 | 점증주의 |
| 개혁 목표 | 재정 배분의 효율성 | 재정 민주주의 |

#### 7) 루빈(I. S. Rubin)의 실시간 예산운영모형(real time budgeting: RTB)

| 흐름 | 개념 | 정치적 특징 |
|---|---|---|
| 세입 흐름에서 의사 결정 | 누가 얼마만큼 부담할 것인가? | 설득의 정치 |
| 세출 흐름에서 의사 결정 | 예산 획득을 위한 경쟁과 예산 배분에 관한 의사 결정 | 선택의 정치 |
| 예산균형 흐름에서 의사 결정 | 예산 균형을 어떻게 정의할 것인지, 정부의 범위 및 역할에 대한 결정 | 제약 조건의 정치 |
| 예산집행 흐름에서 의사 결정 | 예산계획에 따른 집행과 수정 및 일탈의 허용 범위에 관한 문제로서 기술적 성격이 강함. | 책임성의 정치 |
| 예산 과정 흐름에서 의사 결정 | 어떻게 예산을 결정하는가? | 누가 예산을 결정하는가의 정치 |

## 2. 쉬크(A. Schick)의 자원의 희소성과 공공지출관리의 규율

### 1) 자원의 희소성

| 유형 | 희소성의 상태 | 예산의 중점(기능) | 관련 예산제도 | 대상 정부 |
|---|---|---|---|---|
| 완화된 희소성 | 계속사업 + 증가분 + 신규사업 | 신규사업 개발에 역점<br>통제 · 관리보다는 기획 기능 강조 | 계획예산(PPBS) | 선진국(미국) 1960년대 |
| 만성적 희소성 | · 계속사업 + 증가분<br>· 보충이 가능 | 신규사업의 분석과 평가는 소홀<br>지출통제보다는 관리상의 효율성(개선) 강조<br>예산의 관리 기능 강조 | 영기준예산(ZBB) | 대부분의 정부에서 나타남. |
| 급격한 희소성 | 계속사업만 가능 | 예산기획 전면 중단<br>관리상의 효율성 재강조 | 단기적 · 임기응변적 예산(세입예산) | 지방정부 |
| 총체적 희소성 | 계속사업도 불가능 | 비현실적인 기획, 부정확한 예산<br>통제 · 관리 기능도 미흡 | 회피형(실종)예산<br>반복적인 현금 흐름 예산(돈의 흐름에 따라 편성) | 후진국 |

### 2) 공공지출관리의 새로운 규율(규범, 신기능)

| | |
|---|---|
| 총량적 재정규율 | ① 개별 부서의 미시적 관점보다는 거시적 · 하향적 관점에서 예산 총액의 효과적 통제를 중시하는 제도<br>② 중앙예산기관에 큰 권한을 부여해 거시적 지출 한도를 사전에 설정해 주는 최근 신성과주의 방식이 이에 해당함. |
| 배분적 효율성 | ① 거시적 관점보다는 미시적 관점에서 각 개별 재정 부분 간 자원 배분을 통한 재정지출의 총체적 효율성을 도모하는 입장<br>② 예산배분 측면에서 파레토 최적을 달성하려는 부문 간 효율성 또는 패키지 효율성 |
| 운영상 효율성 | ① 투입에 대한 산출의 비율을 높이는 데 중점을 주는 기술적 효율성(X효율성)의 관점<br>② 부문 내 효율, 관리의 효율 |

## 3. 윌다브스키(A. B. Wildavsky)의 예산문화론(비교예산론)

| 구분 | | 경제력 | |
|---|---|---|---|
| | | 크다 | 작다 |
| 재정의 예측 가능성 | 높다 | 점증적 예산<br>(선진국 중앙정부) | 양입제출적(세입) 예산<br>(미국의 도시정부) |
| | 낮다 | 보충적 예산 | 반복적 예산(저개발국) |

| 점증적 예산 | 선진국처럼 국가의 경제력이 크고, 예측 가능성이 높은 경우 |
|---|---|
| 양입제출적 예산 | 미국의 도시정부처럼 경제력이 작지만, 예측 가능성이 높은 경우<br>※ 쉬크의 급격한 희소성 상태와 관련됨. |
| 보충적 예산 | 경제력은 높으나, 예측 가능성 및 행정력이 낮은 경우 |
| 반복적(답습적) 예산 | 후진국의 경우처럼 경제력도 낮고, 예측 가능성도 낮은 경우<br>※ 쉬크의 총체적 희소성의 상태와 관련됨. |

**심화 학습:** 국가재정의 원칙

**양출제입(量出制入)**: 지출을 헤아려 보고 수입 계획을 세우는 일(양출계입[量出計入]). 즉 "나가는 것을 헤아려 들어오는 것을 정한다"는 뜻으로, 필요한 지출을 헤아려서 수입계획을 세운다는 말이다. 중국 당나라 덕종 때 양염(楊炎)이 주장한 양세법(兩稅法)에서 비롯됐다.

☞ **국가재정의 원칙**

**양입제출(量入制出)**: 수입을 헤아려서 지출을 계획함(양입계출[量入計出]). 즉, 양입제출이란, 수입을 계산해서 그로부터 지출을 계상하는 건전 재정을 위한 대비를 말한다. 국가 재정 역시 이 원칙에 입각해서 행하는 것이 바람직하지만 세출을 억제한다는 것이 극히 어렵다(**윌다브스키가 그의 예산문화론에서 미국 지방정부 예산문화(행태)의 특징이라고 주장함**).

☞ 가계나 민간 경제의 원칙

〈정리〉

- **가계를 비롯한 일반 민간경제는 수입의 크기를 보고 지출을 결정, 즉 양입제출(量入制出)을 한다.**
- **이에 비해 정부의 재정은 한 회계연도의 지출의 크기를 결정하고 이에 맞춰 세금을 거둔다. 이를 양출제입(量出制入)이라고 한다.**
- **민간경제는 수입 중에서 사용하고 남는 것을 저축하는 것을 바람직한 소비로 보는데 재정은 수지가 균형을 이루는 것이 바람직한 재정 형태로 본다.**

# 제 4 절 예산제도론

| 품목별 예산 | → | 성과주의예산 | → | 계획예산 | → | 목표관리 예산 | → | 영기준예산 | → | 신성과주의예산 |
|---|---|---|---|---|---|---|---|---|---|---|
| 통제 | | 관리 | | 기획 | | 참여 | | 감축 | | 성과 |

## 1. 품목별 예산제도(Line Item Budgeting System)

| | |
|---|---|
| 의의 | ① 지출의 대상과 성질에 따라 세부 항목별로 편성하는 예산(품목이란 지출의 대상을 말하며, 지출의 대상은 목[目]에 해당함.)<br>② 지출 대상(투입 요소)을 기준으로 분류 · 편성<br>③ 예산 집행에 대한 회계 책임을 명백히 하고, 경비 사용의 적정한 통제를 기하기 위한 통제 지향적 예산 |
| 편성 방법 | 목: 인건비, 물건비 등<br>비목: 상여금, 운영비 등 |
| 장점 | ① 회계 책임 확보와 재정통제가 용이함.<br>② 운영 방법이 비교적 간단함.<br>③ 정원 변동이 명백히 표시돼 있어 인사행정에 유용한 정보를 얻을 수 있음.<br>④ 사업별로 편성되지 않기 때문에 예산 편성 및 심의 과정에서 어려운 선택 부담을 줄이고 이익집단의 저항을 덜 받는다는 정치적 이점이 있음. |
| 단점 | ① 예산이 국민 경제에 미치는 영향을 파악할 수 없음.<br>② 산출에 아닌 투입에 치중하므로 투입과 산출의 연계가 되지 않아 지출의 목적이나 사업의 성과를 알 수 없음.<br>③ 지출 대상이 너무 세분화돼 있어 집행의 신축성을 저해할 수 있고, 융통성을 저해함.<br>④ 목표 의식이 결여돼 있으며, 정책이나 사업의 우선순위를 소홀히 함.<br>⑤ 합법성 위주의 재정 운용으로 동조과잉 또는 번문욕례(red tape)를 초래함. |
| 도입 | 가장 최초의 근대적 예산제도로 1910년 태프트(Taft)위원회가 정부에 건의, 세계적으로 가장 많이 활용되고 있는 예산제도임. |

## 2. 성과주의 예산제도(Performance Budgeting System)

| | |
|---|---|
| 의의 | ① 예산을 사업별 · 활동별로 구분해 편성하는 제도<br>② 주요 사업(기능)을 몇 개의 사업으로 나누고 이를 다시 몇 개의 세부 사업(활동)으로 나눈 다음 세부 사업별로 단위 원가와 업무량을 산출해 예산을 편성하는 사업 중심의 예산제도<br>③ 재원과 사업을 직접 연계시키는 사업 중심, 관리 중심, 원가 중심, 성과 중심, 산출 중심, 실적 중심 예산<br>④ 개별사업 수준<br>⑤ 꼭 이 사업을 해야 되는가에 대한 검토가 없음. |
| 특징 | ① 관리 지향성: 행정관리 작용을 능률화를 지향하는 모형으로, 예산관리 기능의 집권화 추구<br>② 투입과 산출 고려: 관심의 대상에는 투입과 산출이 함께 포함.<br>③ 관리적 · 행정적 기술: 예산관리자들에 필요한 핵심적 기술은 관리적 · 행정적 기술<br>④ 점증주의적 접근: 예산 결정의 접근 방법은 점증주의<br>⑤ 계획 책임의 분산: 계획 기능에 대한 책임은 분산 |

<table>
<tr><th>구조</th><td>세부 사업별 예산 = 단위원가 × 업무량</td></tr>
<tr><th>장점</th><td>① 의회(산출 근거 제시)와 국민의 이해 증진(사업별 편성)<br>② 신축성 부여 및 관리 수단 제공(입법부에 의한 지출통제가 아닌 행정부 내부의 관리통제 수단)<br>③ 장기 계획 수립과 내부통제의 합리화(품목별 예산에 비해 장기계획 수립과 실시에 용이)<br>④ 합리적 의사 결정(계량적인 정보에 근거한 결정)<br>⑤ 성과관리 강화(투입과 산출을 비교·평가해 성과관리가 가능)<br>⑥ 합리적이고 효율적인 자원 배분(업무 단위 선정과 단위원가의 과학적 계산)<br>⑦ 예산의 편성과 집행의 용이성<br><br>〈주의〉<br>ⓐ 합리적 의사 결정과 효율적 자원 배분에 기여하면서도, 합리주의 예산제도로는 분류되지 않음.<br>ⓑ 예산의 산출 근거를 제시해 입법부의 예산 심의가 용이하나, 입법부에 의한 재정통제(집행통제)는 곤란해짐.<br>ⓒ 품목별 예산에 비하면 장기계획 수립, 실시에 도움을 주면서도 PPBS에 비하면 장기계획과의 연계보다는 개별적인 단위사업 중심임.</td></tr>
<tr><th>단점</th><td>① 업무 단위 선정의 곤란(행정 서비스의 무형성으로 인해)<br>② 단위원가 계산의 곤란성(회계학적인 전문지식이 필요)<br>③ 재정통제(집행상의 통제)가 곤란(품목이 아닌 정책이나 사업계획에 중점을 두므로)<br>④ 대안의 합리적 검토 곤란(이미 결정된 사업에 한정시키고, 사업의 우선순위 분석이나 정책 대안의 평가가 없음.)<br>⑤ 구체적이고 개별적인 단위사업 중심(PPBS에 비해서 전략적인 목표 의식이 부족하고, 장기 계획과의 연계성보다는 단위사업만 중시)<br>⑥ 적용 범위의 제한(계량화가 가능한 부나 국 수준의 소규모 단위사업에 국한되며, 총괄 계정에는 적합하지 못함.)<br><br>〈주의〉<br>성과지표로서의 업무 단위가 실질적으로는 중간 산출물인 경우가 대부분이다. 따라서 예산 성과의 질적인 측면을 파악하는 데 한계가 있다. 가령 경찰의 순찰 활동은 순찰 시간이 단위인데, 순찰 시간을 많이 확보한다고 해서 치안 유지가 직접 보장된다고 볼 수 없다. 또한 쓰레기 수거량이 많다고 해서 거리가 반드시 깨끗해졌다고 장담할 수 없다.</td></tr>
<tr><th>도입</th><td>1950년대 행정국가와 더불어 행정부에 힘을 실어 주는 관리 지향적 예산관에 입각해 도입<br>트루먼(H. S. Truman) 대통령이 연방정부의 예산제도로 공식 도입</td></tr>
</table>

### 참고 1960년대 보건사회부 국립정신병원사업의 성과주의예산서

| 사업 | | | | 업무 단위 | 업무량 | 단위 원가 | 예산액 |
|---|---|---|---|---|---|---|---|
| 장 | 관 | 항 | 세목 | | | | |
| 보건사업 | 병원사업 | 정신병원 | 정신병원 신축 | 1평 | 1,000평 | 100만 원 | 10억 |
| | | | 의료요원 양성 | 1명 | 100명 | 100만 원 | 1억 |
| | | | 의약품 구입 | 1g | 100g | 10만 원 | 1000만 원 |
| | | | 도로 포장 | 1km | 50km | 10만 원 | 500만 원 |

## 3. 계획예산제도(Planning Programming Budgeting System)

<table>
<tr><td>의의</td><td>프로그램 예산 형식에 따라 장기적인 계획과 단기적인 예산을 프로그래밍이라는 연결고리를 통해 유기적으로 결합시킴으로써 자원 배분에 관한 의사 결정을 합리적으로 하려는 제도<br>※ 〈주의〉 금액에 대한 결정이 아니라 사업에 대한 결정</td></tr>
<tr><td>특징</td><td>① 계획지향성: 전체적이고 장기적인 계획과 예산을 연계<br>② 사업의 목표 중시: 관심 대상은 사업의 목표이며, 투입과 산출에 관심을 둠.<br>③ 경제학과 계획: 예산 담당 공무원에게 필요한 지식과 기술은 경제학과 계획에 관한 것임.<br>④ 합리주의적 접근: 예산 결정의 접근 방법은 계량적이고 체제분석적임.<br>⑤ 집권적 계획: 계획기능은 집권화됨.<br>⑥ 예산기관의 역할: 예산기관의 역할은 정책 결정임.</td></tr>
<tr><td>구조</td><td>① 구조적인 측면: 장기계획 수립(planning), 사업계획 작성(programming), 예산편성(budgeting)<br>② 분석적인 측면: 여러 대안을 체계적으로 분석하고 검토하는 작업을 거침.<br>③ 사업구조가 곧바로 예산과목 구조를 지칭하지 않는다. 사업구조는 목표 달성을 위한 대안을 체계적으로 검토해 반영해 놓은 사업계획일 뿐이다. 예산과는 별도의 연계작업(cross-work)이 필요하다. 미국 국방부의 경우 국방5개년계획이 사업구조와 예산 과목 간의 연계 역할을 수행하고 있다. 사업구조를 담고 있는 정보는 미국 국방부의 사업요강이라는 문서다. 사업요강은 각 기관의 목표와 목표 달성을 위한 여러 대안의 비용과 효과의 비교 검토 결과, 대안의 선정 이유 등이 명시돼 있다.<br><br>사업요강 작성이 핵심<br>- 사업요강에는 각 기관의 목표와 목표 달성을 위한 여러 대안의 비용과 효과의 비교, 결과, 대안 선정의 이유 등이 명시돼 있음.</td></tr>
<tr><td>장점</td><td>① 자원 배분의 합리화(동일 비용으로 최대 효과를 달성하게 함으로써 자원을 합리적으로 활용)<br>② 의사 결정의 일원화(최고관리층으로 일원화)<br>③ 계획과 예산의 일치(연동적인 기획 운영으로)<br>④ 장기사업계획에 대한 신뢰성(장기에 걸친 효과와 비용을 분석해 계획을 작성)<br>⑤ 조직의 통합적 운영(예산을 부서별로 접근하지 않고 정책별로 접근하기 때문에 조직 간 장벽을 제거한 상태에서 대안을 분석)으로 개별 부서 간 갈등이 완화됨.<br>⑥ 최고관리층의 관리 수단(최고층의 의사를 예산에 반영, 권한의 집권화)</td></tr>
<tr><td>단점</td><td>① 지나친 중앙집권화의 초래(전문 막료 중심의 운영과 지나친 집권화로 최고관리층〈대통령이나 장관〉의 권한을 강화시킨 나머지 하급 공무원 및 계선기관의 참여 곤란)<br>② 성과의 계량화 곤란(정부 사업계획의 무형성으로)<br>③ 간접비 배분 문제(둘 이상의 사업에 공통적으로 사용된 간접비 배분 문제)<br>④ 목표 설정 및 사업구조 작성의 어려움(행정 목표의 무형성과 추상성으로).<br>⑤ 과도한 문서정보량과 환산작업의 곤란(PPBS의 과목구조와 예산 과목 간의 차이로 예산 집행상 매년 복잡한 환산 작업이 필요한데 전산화가 되지 않아 환산 작업이 곤란함.)<br>⑥ 의회의 이해 부족과 의회 지위의 약화 가능성(정치적 이해관계가 배제돼, 처음부터 의회가 지지하지 않음.)</td></tr>
</table>

| | |
|---|---|
| | ⑦ 제도적 경직성(장기기획에 의한 구속으로 환경 변동이 심할 경우 사업의 축소나 폐지 등 상황 변화에 적응이 곤란하며, 조직 단위가 아닌 프로그램 단위만을 예산편성 단위로 하기 때문에 융통성과 신축성이 부족함.)<br>⑧ 정치적 측면에 대한 고려가 소홀하여 실패로 귀결(정치적·현실적 성격 및 관료들의 경험을 무시) |
| 발달, 도입 | 경제학의 발달에 영향을 받음.<br>랜드연구소(RAND Corporation)에서 개발한 후 1963년 맥나마라(R. S. McNamara) 국방장관이 시범적으로 국방부에 도입<br>1965년 존슨(L. B. Johnson) 대통령에 의해 연방정부에 도입 |

**참고 1960년대 말 미국 존슨 행정부의 원자력 발전사업 예산**

| planning | programming | | | | | | | | budgeting (1965) |
|---|---|---|---|---|---|---|---|---|---|
| | category | sub-category | element | 1966 | 1967 | 1968 | 1969 | 1970 | |
| 전력난 해소 | 발전사업 | 원자력 발전 | 부지 선정 | ○ | | | | | ·부지 선정 예산<br>·용지 매수 예산 |
| | | | 용지 매수 | ○ | | | | | |
| | | | 철거 보상 | | ○ | | | | |
| | | | 본관 신축 | | | ○ | ○ | | |
| | | | 내부 시설 | | | | ○ | | |
| | | | 시험 가동 | | | | | ○ | |

## 4. 영기준예산제도(Zero Base Budgeting System)

| | |
|---|---|
| 의의 | 예산 편성에서 전년도 예산을 기준으로 삼아 점증적으로 예산액을 책정하는 점증주의 예산을 완전히 탈피해 과거의 예산이나 관행을 고려하지 않고, 조직의 모든 사업·활동(계속사업과 신규사업)을 총체적으로 분석·평가하고 우선순위를 결정한 뒤 이에 따라 예산을 합리적으로 결정하는 제도(평가 기능을 강조)<br>※ 완전한 합리주의를 추구했으나 정착되지 못함. |
| 특징 | ① 전년도 예산(base) 불인정: 계속사업과 신규사업 모두를 검토<br>② 의사 결정 지향성: 자원 배분에 관한 합리적·체계적 의사 결정을 강조<br>③ 대안의 우선순위 중시: 관심 대상은 사업대안 및 활동대안의 우선순위임.<br>④ 계획과 관리 기술: 예산 담당 공무원에게 필요한 지식과 기술은 계획과 관리에 관한 것임.<br>⑤ 합리주의적 접근: 예산 결정의 접근 방법은 원칙적으로 합리적·포괄적이되 상향적 참여가 강조<br>⑥ 분권적인 계획 책임: 계획 기능은 분권화<br>⑦ 예산기관의 주된 역할: 정책과 사업의 우선순위 결정 |

| 구분 | 내용 |
|---|---|
| 예산 편성 | ① 의사 결정 단위의 확인 · 선정(ZBB 예산 편성의 기본 단위는 의사 결정 단위로 사업 단위나 조직 단위를 지칭함. 따라서 사업 단위뿐만 아니라 조직 단위도 의사 결정 단위가 될 수 있다는 점에서 PPBS보다 더 융통성이 있는 제도다.)<br>② 의사 결정 패키지 작성(ZBB의 핵심적인 작업)<br>– 사업대안 패키지와 증액(금액) 대안〈최저 수준, 현행 수준, 점증 수준〉패키지로 구성됨.<br>③ 우선순위 결정<br>④ 실행예산 편성 |
| 장점 | ① 합리적 의사 결정과 재원 배분<br>② 계층 간의 단절 방지(일선관리자나 중간관리층의 계선책임자에게 집행에 필요한 운영 기준과 도구 및 정보를 제공함으로써 상하 간에 일관성 있는 정보가 흐름)<br>③ 재정 운영의 경직성 타파와 탄력성 확보(사업 우선순위의 결정을 토대로 경제 상황에 따라 그 가치가 낮은 사업 활동을 축소하거나 폐지할 수 있기 때문에 예산 운영 방법의 개발이 적극적이고 재정 운영의 탄력성을 높여 줌.<br>④ 점증주의와 예산 낭비의 극복<br>⑤ 구성원의 참여 확대(계선기관의 중간관리자나 하급관리자에게 훈련의 기회를 제공)<br>⑥ 예산 운영의 다양성과 신축성(사업 단위뿐만 아니라 조직 단위도 의사 결정 단위가 될 수 있다는 점으로 볼 때 PPBS보다 더 다양성과 융통성이 있음.)<br><br>**예산 운영의 다양성과 신축성**: 의사 결정 단위는 조직 단위가 될 수도 있고 사업 단위가 될 수도 있다는 점에서 영기준예산제도는 그 운영 면에서 다양성과 신축성을 갖는다. 조직 단위의 경우에 여러 조직계층의 단위가 모두 의사 결정 단위가 될 수 있다. 사업 단위의 경우에도 사업의 해당 부서를 다시 의사 결정 단위로 삼을 수 있다. |
| 단점 | ① 업무량의 폭주와 시간 · 노력의 과중(사업의 분석과 평가에 고도의 전문성이 요구되므로, 의회는 물론 내부 공무원으로부터도 환영받지 못함.)<br>② 신규 프로그램 개발 곤란(계속사업의 분석과 평가에 치중한 나머지 신규사업에 대한 분석 곤란)<br>③ 우선순위의 결정 곤란(우선순위를 결정할 때 최종적으로 분석가의 임의적 · 주관적 판단에 의존하게 됨.)<br>④ 적용상 한계(가치 판단이 개입되는 분야나 일반행정 분야는 효과를 계량적으로 측정하기가 곤란함.)<br>⑤ 경직성 경비(국방비, 공무원보수, 교육비 등)의 과소평가(법령상의 제약으로 사업의 축소와 폐지 곤란)<br>⑥ 관료들의 저항과 소규모 조직의 희생(상향적 흐름 속에서 힘이 약한 소규모 조직이 불리)<br>⑦ 근본적인 예산구조의 변혁 실패<br>⑧ 정치적 · 심리적 요인의 무시(외부의 정치적 요인이나 심리적 요인을 고려하지 못함.) |
| 도입 | 텍사스 기구회사의 부사장이었던 파이르(Peter A. Phyrr)가 개발, 카터(J. Carter) 대통령이 연방정부에 도입 |

## 5. 일몰법 예산(Sunset Laws)

<table>
<tr><td>개념</td><td>특정의 행정기관이 일정 기간이 지난 후 국회에서 재보증을 얻지 못하면 자동적·강제적으로 폐지되게 하는 법률</td></tr>
<tr><td></td><td>① 입법기관이 따로 조치를 취하지 않는 한 정부의 사업 또는 조직은 미리 정한 기간이 지나면 폐지되도록 규정함(따로 조치를 취한다는 것은 기간 경과 후에도 사업 또는 조직을 존속시키기로 결정한다는 것으로 존속 기간은 대개 5~10년임).<br>② 입법기관의 감시 기능을 강화하는 데 유용한 도구로 쓰일 수 있으나 입법기관의 심사 능력이 취약한 곳에서는 일몰법의 취지를 살리지 못함(강력한 저항력을 가진 조직이 저항, 로비 등을 통해 폐지됐던 사업을 부활하기도 했음).<br>③ 감축관리의 실행에 활용되며 영기준예산과 달리 예산뿐 아니라 조직, 정책, 인력 등 광범위하게 적용됨.<br>④ 1970년대부터 미국의 여러 주정부에서 채택했으나, 1980년대 이래 폐지 또는 정지함.<br>⑤ 미국의 상당 주에서는 일출법(sunrise laws)을 제정하기 시작함(일출법은 조직·사업의 신설 요구에 대한 입법기관의 심사를 규정하는 법률로 기존 조직·사업의 존폐를 결정하기 위한 재심사를 규정하는 일몰법과는 대조적임).</td></tr>
<tr><td>도입</td><td>1976년 콜로라도 주에서 처음 채택(연방정부는 미도입)</td></tr>
<tr><td>비교</td><td>
<table>
<tr><th colspan="2">구분</th><th>영기준예산</th><th>일몰법예산</th></tr>
<tr><td rowspan="4">차이점</td><td>성격</td><td>행정 과정(예산 편성)</td><td>입법 과정(예산 심의)</td></tr>
<tr><td>안목</td><td>매년 실시(단기적)</td><td>주기적 검토(장기적)</td></tr>
<tr><td>흐름</td><td>상향적</td><td>하향적</td></tr>
<tr><td>참여</td><td>관리자와 참모</td><td>일반 시민(공청회 등)</td></tr>
<tr><td colspan="2">공통점</td><td colspan="2">감축관리의 일환</td></tr>
</table>
</td></tr>
</table>

## 6. 신성과주의예산제도(New Performance Budgeting System): 결과 지향적 예산제도

<table>
<tr><td>의의</td><td>① 예산 집행 결과 어떠한 산출물(성과)을 생산했는가를 측정하고 이를 기초로 책임을 묻거나 보상을 하는 결과 중심 예산제도<br>② 1990년대 선진국 예산 흐름은 자율성과 융통성을 부여하되, 책임성을 확보하는 방향으로 재정개혁이 이뤄지고 있음.</td></tr>
<tr><td>비교</td><td>
<고전적 성과주의와 신성과주의의 비교>
<table>
<tr><th>구분</th><th>성과주의(1950년대)</th><th>신성과주의(1990년대)</th></tr>
<tr><td>성과정보</td><td>투입과 산출(능률성)</td><td>산출과 결과(효과성)</td></tr>
<tr><td>성과책임</td><td>정치적·도덕적·추상적 책임</td><td>구체적·보상적·계약적 책임</td></tr>
</table>
</td></tr>
</table>

|  | | |
|---|---|---|
| 경로 가정 | 투입은 자동으로 성과로 이어진다는 단선적 가정 | 투입이 반드시 성과를 보장해 주지 않는다는 복선적 가정 |
| 성과 관점 | 정부(공무원) 관점 | 고객(만족감) 관점 |
| 회계 방식 | 불완전한 발생주의 | 완전한 발생주의 |
| 연계 범위 | 예산제도에 국한<br>재무적 관점 | 국정 전반에 연계<br>인사, 조직, 감사, 정책 등, BSC 관점 |
| 시대 | 행정국가 | 탈행정국가 |
| 예산 초점 | 예산의 형식 | 예산에 담겨질 정보(형식보다는 과정과 기능) |

| 구분 | 내용 |
|---|---|
| 특징 | ① 예산개혁 목표의 단순성<br>② 예산서의 형식보다는 담겨질 성과정보에 초점<br>③ 성과평가 결과에 대한 책임 강조<br>④ 집행에 대한 재량권과 관리자에 대한 권한 부여<br><br>신성과주의의 특징은 1993년 미국의 국가 성과를 평가하는 작업(National Performance Review)과 정부 성과 및 결과법(Government Performance Review Act)에 잘 반영돼 있음. |
| 장점 | ① 성과에 대한 책임성 향상<br>② 성과 달성과 성과정보의 투명한 공개로 시민 여망에 부응(대응성 향상)<br>③ 재정 운영의 효율성 제고(총량적 규제, 배분적 효율성, 운영상의 효율성) |
| 단점 | ① 성과지표 개발이 기술적으로 용이하지 않음.<br>② 성과측정이 어려워 산출로 성과를 대체하려는 경향이 발생할 경우 MBO와 차이가 없게 됨.<br>③ 부처 간 다양하고 이질적인 업무 및 성과를 비교하는 데 필요한 공통 척도와 지표 개발이 곤란함.<br>④ 집행자가 통제할 수 없는 불가항력적인 요인들에 의해 성과가 저하될 경우까지도 책임을 물을 경우 해당 구성원이 억울하다는 느낌을 가질 수 있음.<br>⑤ 성과에 대한 정보가 너무 많아 선별의 문제가 생김. |

### 심화 학습: 신성과주의 예산(자율편성제도)의 통제와 자율

| 예산 편성 과정 | | 예산 집행 과정 | |
|---|---|---|---|
| 거시적 요소<br>(장기기획 수립, 한도 설정, 전략적 배분) | 미시적 요소<br>(한도 내에서의 예산 편성) | 지출 항목·시기 등 | 점검 및 집행관리 |
| 사전통제 강화 | 통제 완화→자율 강화 | 자율성 강화 | 통제 강화→책임성 제고 |

## 핵심 정리 예산제도의 장 · 단점 비교

1. 예산제도의 장점과 단점 비교

| 구분 | 장점 | 단점 |
|---|---|---|
| 품목별 예산제도 | ① 책임 확보 및 통제 용이(합법성 위주의 회계 검사 용이)<br>② 절차 간편<br>③ 인사행정에 유용한 정보 제공<br>④ 이익집단의 저항 회피 | ① 동조과잉 · 번문욕례<br>② 융통성 저해 |
| 성과주의 예산제도 | ① 내부통제 합리화(행정부 힘 실어 주기)<br>② 입법부 예산 심의 용이<br>③ 재정의 투명성 · 신뢰성 제고<br>④ 장기 계획 수립에 유리<br>⑤ 합리적 · 효율적 자원 배분 | ① 의회의 재정통제 곤란<br>② 장기 계획과의 연계보다 개별 단위사업 중심<br>③ 대안의 합리적 검토 곤란(합리모형이 아님)<br>④ 집행 성과(능률성)는 알려 주나 정책 성과(효과성)는 알려 주지 못함. |
| 계획 예산제도 | ① 계획과 예산의 일치<br>② 자원 배분의 합리화<br>③ 조직의 통합적 운영<br>④ 의사 결정의 일원화 | ① 제도적 경직성: 융통성 부족<br>② 목표 설정 및 사업구조 작성의 어려움.<br>③ 과도한 문서와 환산 작업 곤란<br>④ 의회의 이해 부족과 의회 지위 약화 우려<br>⑤ 정치적 측면 고려 소홀 |
| 영기준 예산제도 | ① 합리적 의사결정모형(완전한 합리모형 지향)<br>② 재정의 탄력성 확보: 경직성 타파<br>③ 예산 운영의 다양성 · 신축성<br>④ 구성원의 참여 확대 | ① 분석가의 주관적 판단에 의존<br>② 우선순위 결정 곤란<br>③ 정치적 · 심리적 요인 불고려: 관료들의 경험 무시<br>④ 관료들의 저항과 소규모 조직 불리<br>⑤ 경직성 경비 축소 곤란 |

2. 계획예산제도(PPBS)와 영기준예산제도(ZBB) 비교

| 구분 | PPBS | ZBB |
|---|---|---|
| ① | 정책적인 면 강조와 장기적 발전 계획 중시 | 사업 지향적이며 관리적 측면, 평가 · 환류 중시 |
| ② | 집권적(하향적) 결정, 최고관리층의 관리 도구 | 분권적(상향적) 결정, 중간관리층의 관리도구 |
| ③ | 프로그램 중심, 조직 간 장벽 타파(개방 체제), 융통성 | 기존의 조직구조를 토대로 한 모든 활동(폐쇄 체제), 융통성 |
| ④ | 기획 지향, 사업 대안의 결정에 초점 | 평가 지향, 사업 대안과 금액 대안의 결정에 초점 |
| ⑤ | 5년(장기적 관점) | 1년(단기적 관점) |
| ⑥ | 신프로그램과 구프로그램 간의 예산 변동액에 관심 | 기존 프로그램의 계속적인 재평가에 관심 |
| ⑦ | 점증모형과 합리모형의 중간형(양면성) | 완전한 합리모형 |
| ⑧ | 거시적 · 하향적(top-down) | 미시적 · 상향적(bottom-up) |
| ⑨ | 행정국가 시대의 예산 | 탈행정국가 시대의 예산 |

## 7. 자본예산제도

<table>
<tr><td>개념</td><td>① 정부 예산을 경상계정과 자본계정으로 구분하고 자본계정에는 엄격한 복식부기를 적용하는 일종의 복식예산<br>② 즉, 정부예산을 경상지출과 자본지출로 구분하고 경상지출은 경상수입(조세)으로 충당하고, 자본지출은 적자재정과 공채 발행으로 그 수입에 충당하게 함으로써 불균형예산을 편성하는 제도<br>③ 자본예산은 공채를 통해 불경기를 극복하려는 적극적 재정 수단(경기 대책적 예산)으로서 시장실패를 치료하기 위한 행정국가의 산물임.<br><table><tr><th>경상 계정</th><th>자본 계정</th></tr><tr><td>지출의 효과가 지속되는 기간(1년)을 기준으로 할 때 단기적인 소모적 계정(인건비 등)</td><td>지출의 효과가 장기간에 걸쳐 나타나는 투자사업의 계정(도로, 항만, 철도 등 사회간접자본 등)</td></tr></table></td></tr>
<tr><td>도입</td><td>스웨덴에서 최초로 도입</td></tr>
<tr><td>본질<br>(이론적<br>근거)</td><td>① 불경기 극복 수단(공채를 발행해 재원을 조달하고 경기 회복 후 흑자예산으로 공채를 상환하는 자본예산이 필요)<br>② 국가 순자산 상태의 증감 불변(국가가 공채 발행으로 부채를 진다고 해도 부채인 차입금이 자산 취득을 위한 투자 또는 융자로 지출된다면 결과적으로 자산의 증가를 의미하므로, 공채 발행은 재정적 건전성의 요구에 배치되는 것이 아님).<br>③ 수익자 부담 원칙의 구현(지출의 효과가 장기간 지속되는 자본 지출은 오히려 공채를 발행해 장래의 납세자가 부담토록 하거나 수익이 발생하는 사업에의 자본 투자를 통해 이용자가 비용을 부담하도록 하는 수익자 부담 원칙을 구현)<br>☞ 이용자 간 또는 세대 간에 비용 부담의 균등화(공평화)<br>④ 장기적 균형의 중시(경기 침체 시 적자예산을, 경기 과열 시 흑자예산을 편성해 경기 조절)</td></tr>
<tr><td>절차</td><td>① 종합계획의 수립<br>② 사업계획의 수립(사업별 종류에 따라 분류하는 것을 원칙으로 하나, 기능이나 조직 및 품목별로 분류하기도 함.)<br><br>자본예산은 시설투자사업별 종류에 따라 분류하는 것은 물론, 시설투자사업은 정부가 수행하는 기능에 따라(기능별), 소관 부처에 따라(조직별)로 분류될 수 있으며, 마지막 단위는 품목별 분류를 사용한다.<br><br>③ 다년도 자본투자사업과 투자 예산의 편성</td></tr>
<tr><td>장점</td><td>① 국가 재정구조에 대한 명확한 이해<br>② 자본 지출에 대한 특별한 심사, 분석<br>③ 장기적 재정계획 수립에 도움<br>④ 경기 회복에 도움<br>⑤ 정부의 순자산 상태의 변동 파악에 이용</td></tr>
</table>

| | |
|---|---|
| | ⑥ 일관성 있는 조세정책 수립이 가능<br>⑦ 수익자 부담 원칙의 구현 |
| 단점 | ① 적자재정 은폐 수단<br>② 자본재의 축적 또는 선심성 공공사업에 치중<br>③ 인플레이션의 경우 특히 곤란함. 즉, 국채의 발행에 의해 자본지출에 충당해도 좋다는 관념이 굳어지면 인플레이션 시기에는 이러한 관념을 더욱 조장할 우려가 있음.<br>④ 적자예산의 편성에 치중<br>⑤ 자본계정과 경상계정의 구분 곤란<br>⑥ 민간자본의 효율적 이용에 대한 의문<br>⑦ 수익성 있는 사업에만 치중하게 되고, 학교 등 사회복지사업 등은 경시 |

## 8. 현대 재정개혁

| | |
|---|---|
| 특징 | ① 부처별 예산의 총괄 배정과 각 부처 장관의 재량권 확대<br>② 성과협약의 체결에 따른 관리자의 책임 증대 및 성과 중심의 재정 운용<br>③ 경영 성과를 분명히 하기 위한 발생주의 회계 방식 도입<br>④ 거시적 · 하향적 예산<br>⑤ 통제(집권)와 자율(분권)의 조화<br>⑥ 지출(총액)통제와 운영예산제도, 산출예산제도, 지출대 예산제도 등이 있음.<br>⑦ 지출 총액에 대한 통제와 효율성 배당 제도 등 |
| 총괄배정예산<br>(편성) | ① 중앙예산기관이 포괄적인 용도에 따라 총괄적인 규모로 재원을 배분한 후, 각 부처로 하여금 분야별 재원 범위 내에서 사업 우선순위에 따라 예산을 편성하도록 하고, 다시 중앙예산기관이 이를 최종적으로 조정하는 제도로 신성과주의의 핵심임.<br>② 시초는 캐나다의 지출관리예산이며, 목표기준예산과 표적예산은 이의 변형임.<br>※ 한국: 국가재정법에 명시된 자율예산편성제 |
| 지출통제예산<br>(지출) | ① 각 부처가 부서 내의 모든 개개의 지출 항목을 없애 버리고, 중앙예산기관이 예산의 총액만 정해 주면 그 범위 내에서 구체적인 항목별 지출은 집행기관의 재량에 맡기는 성과 지향적 예산으로 총괄예산 또는 실링(Ceiling)예산이 이에 해당함.<br>② 특징: 지출의 자율성 부여, 효율성 배당, 자율과 책임의 조화<br>※ 한국: 국가재정법상 총액계상예산 |
| 운영예산제도 | ① 총괄경상비제도라고도 하며, 지출통제예산의 일종<br>② 예산을 크게 사업비와 운영비로 구분하고, 경상비에 해당하는 행정경비를 운영경비로 통합<br>③ 행정경비 간 전용을 좀 더 용이하게 하려는 것이 목적임. |
| 다년도예산<br>제도 | 전통적인 1년 단위의 단년도 예산의 문제점을 극복하기 위해 최소 3년 이상의 장기적인 안목에서 자유로이 정책을 결정한 후 이를 기초로 여러 해에 걸친 다년도 예산을 편성할 수 있게 하는 제도 |

심화 학습: 총괄배정예산과 지출통제예산의 비교

| 총괄배정예산 | 지출통제예산 |
|---|---|
| 편성의 자율화 | 지출의 자율화 |
| 항목 구분 있음. | 항목 구분 없음. |
| 효율성 배당 없음. | 효율성 배당 있음. |
| 자율편성제도(한국) | 총액계상예산(한국) |

## 9. 우리나라의 재정개혁

| | |
|---|---|
| 자율예산편성제도<br>(사전재원 배분제) | ① 사전에 국가 재원을 전략적으로 배분하고 이에 따라 각 부처가 예산을 자율적으로 편성하는 방식으로 정책과 우선순위에 입각한 전략적 재원 배분을 중시하는 예산<br>② 총액에 대해 사전에 한도를 정해 주는 하향식(top down) 예산제도로서, 개별 사업별 검토 중심의 예산 편성을 탈피하기 위해 2005년 예산부터 전면 도입(국가재정법에 명시)<br>③ 주요 절차<br>국가재정 운용계획의 수립 → 지출 한도의 설정 → 각 부처의 예산 편성 요구 → 예산안의 확정<br>④ 특징<br>• 전통적인 개별 사업 검토 중심의 예산 편성과 예산 투입에 치중한 재정 운영으로는 국가적 정책 우선순위에 입각한 거시적 재원분석과 재정지출의 사후성과 관리가 곤란하므로 이를 극복하기 위해서 도입<br>• 기획재정부에서는 국가 발전전략에 입각한 재원배분계획(국가재정 운용계획)에 근거해 연도별 재정 규모, 분야별 · 중앙관서별 · 부문별 지출 한도를 제시하고, 각 중앙부처는 소관 정책과 우선순위에 입각해 자율적으로 지출 한도 내에서 사업별로 재원을 배분함.<br>• 부처 입장에서는 지출 한도가 사전에 제시되기 때문에 부처의 전문성을 활용해 사업별 예산 규모를 결정할 수 있고, 재정사업의 권한과 책임을 확보할 수 있음.<br>⑤ 장점<br>• 거시적 분석이 강화되고, 과거 부풀리기식 예산 요구와 대패식 삭감이라는 비효율적 예산 편성 관행을 개선함으로써 합리적인 재정 운용 체계를 구축함.<br>• 집행부서에 자율성을 부여함으로써 예산 편성의 현장 적실성과 예산 사용의 효율성을 제고함.<br>• 집행부서에 상당한 재량권을 부여하되, 기획재정부가 예산 편성 과정에서 총액을 통제함으로써 예산 운용상 기획재정부와 집행부서 간 명확한 책임 분담이 가 |

<table>
<tr><td></td><td>능함.<br>⑥ 한계<br>• 국가 재원이 전략적으로 배분하는 협의 과정에서 갈등이나 대립의 조정이 곤란함.</td></tr>
<tr><td>예비타당성조사</td><td>대규모 개발사업에 대해 본격적인 타당성조사 및 기본 설계 이전에 개략적인 사전 조사를 통해 경제성, 투자 우선순위, 적정 투자 시기 등 타당성을 검증함으로써 대형 신규사업의 신중한 착수와 재정 투자의 효율성을 높이기 위한 제도

〈예비타당성조사와 타당성조사의 차이〉

<table>
<tr><th>구분</th><th>예비타당성조사</th><th>타당성조사</th></tr>
<tr><td>조사 대상</td><td>총사업비 500억 원 이상 대규모 건설사업<br>국고 지원 300억 원 이상인 민자 및 지방자치단체 사업</td><td>예비타당성조사 결과 경제성이 있는 사업<br>총사업비 100~500억 원의 공공교통 시설 개발사업</td></tr>
<tr><td>주체</td><td>중앙예산기관</td><td>주무사업부</td></tr>
<tr><td>조사의 초점</td><td>경제적 · 정책적 측면</td><td>기술적 측면</td></tr>
<tr><td>조사의 범위</td><td>국가재정 전반적 관점</td><td>당해 사업</td></tr>
<tr><td>특징</td><td>사전적 · 개략적</td><td>사후적 · 세부적</td></tr>
<tr><td>조사 기간</td><td>단기</td><td>장기</td></tr>
</table>

※ 경제적 측면의 타당성 분석은 비용 · 편익분석에 의하고, 정책적 측면의 타당성 분석은 계층화분석법에 따르며, 계층화분석법의 경우 전체 가중치가 0.5 이상이면 타당성이 인정됨.

〈대상 사업〉<br>
총사업비 500억 원 이상이고 국고 지원 규모가 300억 원 이상인 신규 사업으로서 다음 분야 사업<br>
• 건설공사가 포함된 사업<br>
• 정보화사업, 국가연구개발사업<br>
• 사회복지 · 보건 · 교육 · 노동 · 문화 및 관광 · 환경 보호 등 사업

〈타당성 조사 내용〉

<table>
<tr><th>기본 구상</th><th>사업계획서</th></tr>
<tr><td>사업 개요 및 기초자료 분석</td><td>사업의 배경, 목적 및 기대 효과, 지역 현황, 유사 시설 사례분석, 공학적 조사 외</td></tr>
<tr><td>경제성 분석</td><td>수요 · 편익 · 비용의 추정, 비용-편익 분석, 민감도 분석, 재무성 분석</td></tr>
<tr><td>정책적 분석</td><td>지역 균형 발전, 정책의 일관성 및 추진 의지, 사업 추진상의 위험 요인 외</td></tr>
<tr><td>종합평가</td><td>사업의 추진 여부 결정</td></tr>
</table>
</td></tr>
</table>

| | |
|---|---|
| 총사업비제도 | ① 개개의 사업에 소요되는 모든 경비를 총괄하는 용어로서, 공사비, 보상비, 시설부대비 등 경비의 합계를 말하며, 국고, 지방자치단체 지원, 민자 유치 등 재원의 출처를 불문하고 사업의 추진과 관련된 모든 경비를 말함.<br>② 국가재정법에 명시<br>③ 대상 사업: 주로 고속도로, 국도, 지하철 등 대규모 토목사업<br>④ 투자사업비의 경우 사업 추진 과정에서 총사업비를 대폭 증액시키는 사례가 많기 때문에 이러한 폐습을 줄이고 재정 투자의 생산성을 높이기 위해 기획재정부에서 총사업비를 관리하고 있다. |
| | ■ 국가재정법 제50조(총사업비의 관리)<br>① 각 중앙관서의 장은 완성에 2년 이상이 소요되는 사업으로서 대통령령이 정하는 대규모사업에 대하여는 그 사업 규모 · 총사업비 및 사업 기간을 정하여 미리 기획재정부 장관과 협의하여야 한다. 협의를 거친 사업규모 · 총사업비 또는 사업 기간을 변경하고자 하는 때에도 또한 같다.<br>② 기획재정부 장관은 제1항의 규정에 따른 사업 중 총사업비가 일정 규모 이상 증가하는 등 대통령령이 정하는 요건에 해당하는 사업 및 감사원의 감사 결과에 따라 감사원이 요청하는 사업에 대하여는 사업의 타당성을 재조사하고, 그 결과를 국회에 보고하여야 한다.<br>③ 기획재정부 장관은 국회가 그 의결로 요구하는 사업에 대하여는 타당성재조사를 하고, 그 결과를 국회에 보고하여야 한다. |
| 예산성과금제도 | ① 각 중앙관서의 장은 예산의 집행 방법 또는 제도의 개선 등으로 인해 수입이 증대되거나 지출이 절약된 때에는 이에 기여한 자에게 성과금을 지급할 수 있으며, 절약된 예산을 다른 사업에 사용할 수 있도록 하는 제도<br>② 국가재정법에 명시<br>③ 김대중 정부 시절에 도입 |

**심화 학습: 예비타당성 조사(국가재정법 제38조)**

① 기획재정부 장관은 총사업비가 500억 원 이상이고 국가의 재정 지원 규모가 300억 원 이상인 신규 사업으로서 다음 각 호의 어느 하나에 해당하는 대규모사업에 대한 예산을 편성하기 위하여 미리 예비타당성조사를 실시하고, 그 결과를 요약하여 국회 소관 상임위원회와 예산결산특별위원회에 제출하여야 한다. 다만, 제4호의 사업은 제28조에 따라 제출된 중기사업계획서에 의한 재정지출이 500억 원 이상 수반되는 신규사업으로 한다.

1. 건설공사가 포함된 사업
2. 「국가정보화 기본법」 제15조 제1항에 따른 정보화 사업
3. 「과학기술기본법」 제11조에 따른 국가연구 개발사업
4. 그 밖에 사회복지, 보건, 교육, 노동, 문화 및 관광, 환경 보호, 농림해양수산, 산업 · 중소기업 분야의 사업

② 제1항에도 불구하고 다음 각 호의 어느 하나에 해당하는 사업은 대통령령으로 정하는 절차에 따라 예비타당성조사 대상에서 제외한다.

1. 공공청사, 교정시설, 초·중등 교육시설의 신·증축 사업
2. 문화재 복원사업
3. 국가 안보에 관계되거나 보안을 요하는 국방 관련 사업
4. 남북교류 협력에 관계되거나 국가 간 협약·조약에 따라 추진하는 사업
5. 도로 유지 보수, 노후 상수도 개량 등 기존 시설의 효용 증진을 위한 단순개량 및 유지보수사업
6. 「재난 및 안전관리기본법」 제3조 제1호에 따른 재난(이하 "재난"이라 한다)복구 지원, 시설 안전성 확보, 보건·식품 안전 문제 등으로 시급한 추진이 필요한 사업
7. 재난 예방을 위하여 시급한 추진이 필요한 사업으로서 국회 소관 상임위원회의 동의를 받은 사업
8. 법령에 따라 추진하여야 하는 사업
9. 출연·보조기관의 인건비 및 경상비 지원, 융자 사업 등과 같이 예비타당성조사의 실익이 없는 사업
10. 지역 균형 발전, 긴급한 경제·사회적 상황 대응 등을 위하여 국가 정책적으로 추진이 필요한 사업으로서 다음 각 목의 요건을 모두 갖춘 사업. 이 경우, 예비타당성조사 면제 사업의 내역 및 사유를 지체없이 국회 소관 상임위원회에 보고하여야 한다.
    가. 사업 목적 및 규모, 추진 방안 등 구체적인 사업계획이 수립된 사업
    나. 국가 정책적으로 추진이 필요하여 국무회의를 거쳐 확정된 사업

③ 제1항의 규정에 따라 실시하는 예비타당성조사 대상 사업은 기획재정부 장관이 중앙관서의 장의 신청에 따라 또는 직권으로 선정할 수 있다.

④ 기획재정부 장관은 국회가 그 의결로 요구하는 사업에 대하여는 예비타당성조사를 실시하여야 한다.

⑤ 기획재정부 장관은 제1항의 규정에 따른 예비타당성조사 대상사업의 선정 기준·조사 수행기관·조사 방법 및 절차 등에 관한 지침을 마련하여 중앙관서의 장에게 통보하여야 한다.

## 10. 재정사업 관리제도

| 구분 | 성과관리제도<br>(재정성과 목표관리제도) | 재정사업 자율평가제도 | 재정사업 성과평가제도<br>(재정사업 심층평가제도) |
|---|---|---|---|
| 초점 | 성과목표·지표관리 | 사업 점검 | 사업평가 |
| 방식 | 전체 사업에 대해 성과 목표와 지표를 설정하고 결과를 측정해 재정 운용에 환류 | 사전에 점검 대상 항목을 제시해 사업이 적정하게 운영되고 있는지, 성과가 있는지 등을 체계적으로 파악 | 개별 사업을 대상으로 과학적 평가 기법을 사용해 심층 분석하고 문제점을 발견해 대안을 제시 |
| 대상 | 모든 사업 | 전체 사업의 1/3 | 개별 사업 |

## 11. 일반적인 예산제도와 재정정책 지향적 예산제도

| 일반적 예산제도 | | 재정정책 지향적 예산제도 | |
|---|---|---|---|
| 품목별 예산 | 품목별 | 통합예산 | 경제 성질별, 기능별 |
| | 통제 | | |
| 성과주의 예산 | 사업별(기능, 사업, 활동) | 지출통제 예산 | 사업별(항목별 분류하지 않음.) |
| | 관리, 경제·효율성 | | |
| 계획예산 | 프로그램별 | 남녀평등 예산 | 수혜자별, 사업별 |
| | 기획·평가, 효과성 | | |
| 영기준예산 | 프로그램별(사업), 조직별 | 조세지출 예산 | 세목별, 기능별 |
| | 우선순위, 예산 감축 | | |
| 목표관리예산 | 조직별, 사업별 | 국민경제 예산 | 경제 성질별 |
| | 단기 목표 강조 | | |
| 신성과주의 예산 | 프로그램 | 자본예산 | 사업별(기본) + 기능, 조직, 품목별 (보완) |
| | 성과에 대한 구체적 책임 | | |

## 12. 정부가 동원하는 공공재원

### 1) 조세

조세는 담세 능력이 증가함에 따라 과세율이 증가·일정 또는 감소하느냐에 따라 누진세·비례세·역진세로 구분한다. 소득세는 누진세, 법인세는 비례세, 간접세는 역진세의 대표적인 예다. 따라서 부가가치세와 같은 간접세는 비례세라기보다는 단일세율 구조를 갖는 데다가 소비재만을 과세 대상에 포함시키고 있어 역진세적 성격을 띤다는 점에서 조세 형평상 소득세 등 직접세에 비해 불공평하다.

① 중앙정부 지출을 뒷받침하는 가장 큰 재원은 조세다.

- 국세에서는 직접세의 비중이 45%이고, 지방세는 전체 조세의 22%다(지방세에서는 취득세와 재산세의  비중이 50%를 차지하며, 소득과 소비과세의 비중은 낮다).

② 조세의 장점

- 이자 부담이 없으며, 부채관리와 관련된 재원관리 비용이 발생하지 않는다.
- 납세자인 국민들은 정부지출을 통제하고 성과에 대한 책임을 강하게 요구할

수 있다.

- 현 세대의 의사 결정에 대한 재정 부담이 미래 세대로 전가되지 않는다.
- 장기적으로 차입보다 비용이 저렴하다.

③ 조세의 단점

- 미래 세대까지 혜택이 발생하는 자본 투자를 현 세대만 부담한다면 세대 간 비용·편익의 형평성 문제가 발생한다.
- 조세를 통해 투자된 자본시설은 대가를 지불하지 않는 자유재(free good)로 인식돼 과다 수요 혹은 과다 지출되는 비효율성의 문제가 발생한다.
- 일시적으로 대규모 재원 투자가 필요한 전략 투자사업에서는 조세 재원 동원의 시의성을 맞추지 못할 수 있다. 즉, 과세의 대상과 세율을 결정하는 법적 절차가 복잡하고 시간이 많이 소요되는 경직성이 있기 때문이다. 조세를 징수할 때는 수직적·수평적 형평성 기준이 적용된다.

### 2) 수익자부담금

① 중앙정부의 보조금이 축소되고 조세 저항이 일반화돼 지방세를 확대하는 데 한계가 있었기 때문에 많은 지방정부는 다양한 형태의 재원 조달 방안을 마련했는데, 대안적인 재원 조달 방안은 조세의 일반재원 동원에서 투자사업의 직접 혜택을 받는 개인과 기업들을 향한 특정재원 동원으로 전환하는 것이다. 이는 '조세 중심 조달'에서 '사용자 중심 재원 조달'로 전환을 의미한다.

② 수익자부담금은 공공 서비스의 직접적 혜택이나 이용의 대가로 징수하는 재원으로 사용료, 수수료, 공기업요금 등이 있다.

③ 장점

- 수익자부담금은 시장기구와 유사한 메커니즘을 통해 공공 서비스의 최적 수준을 결정할 수 있어서 자원 배분의 효율성을 제고할 수 있다.
- 형평성 측면에서, 수익자부담금은 부담과 편익의 공평한 배분을 보장할 수 있다. 공공재의 직접 편익에 대해 조세를 부과하면 이용하지 않는 사람은 비용만 부담하고 편익을 받지 못해 불공평하다는 것이다.
- 공공재의 공급과 수익 관계가 분명하고 부담의 용도가 확실하면 수익자 부담이 정당화될 수 있다.

### 3) 국공채

- 국공채란 국가나 지방자치단체가 공공지출 경비의 재원을 조달하기 위해 부담하는 채무다.
- 국공채는 조세 수입을 담보로 발생하는 일반채가 원칙이다.

### 4) 민간자본 투자 유치

- 민간자본은 공공 부문에서 공공재의 공급을 위해 유치한 민간자본을 의미한다.
- 민자 유치는 가장 직접적인 민간자본 활용 방식으로 BTO, BOT, BTL, BLT 방식 등이 있다.

### 5) 조세와 공채(차입금)의 비교

| 구분 | 조세 | 공채(차입금) |
|---|---|---|
| 부담 | 현세대 | 세대 간 부담 |
| 관리 | 간편 | 복잡(이자 상환 등) |
| 효과 | 경기 회복 효과 적음. | 경기 회복 효과 큼. |
| 저항 | 큼. | 작음. |
| 기타 | 무임승차 | 수익자 부담 |

### 6) 차입에 대한 조세의 장단점

| | |
|---|---|
| 장점 | ① 이자 부담이 없으며 부채관리와 재원관리 비용이 발생하지 않아 장기적으로 차입보다 비용이 저렴<br>② 납세자인 국민이 정부지출에 책임 요구 가능<br>③ 현세대의 의사 결정에 대한 재정 부담이 미래 세대로 전가되지 않음. |
| 단점 | ① 세대 간 비용·편익의 형평성 문제가 발생<br>② 자유재라는 인식으로 과다수요 혹은 과다 지출되는 비효율성 발생<br>③ 일시적인 대규모 투자재원 동원의 시의성 결여<br>④ 과세 대상과 세율 결정 등 법적 절차의 복잡성·경직성<br>⑤ 차입에 비해 경기 회복 효과 기대 곤란 |

## 13. 디지털예산회계시스템(dBrain)

### 1) dBrain 소개

① 국가 재정 업무 전 과정을 포괄적으로 지원하는 재정정보 시스템

② 예산의 편성 · 집행, 자금 및 국유재산 관리, 결산, 성과관리 등 국가 재정 전반에 대한 정보화를 통해 재정 업무 효율화 지원(구축 2007.1.1.~ )

③ 운영 근거 : 국가재정법 제97조의2(재정 업무의 정보화)

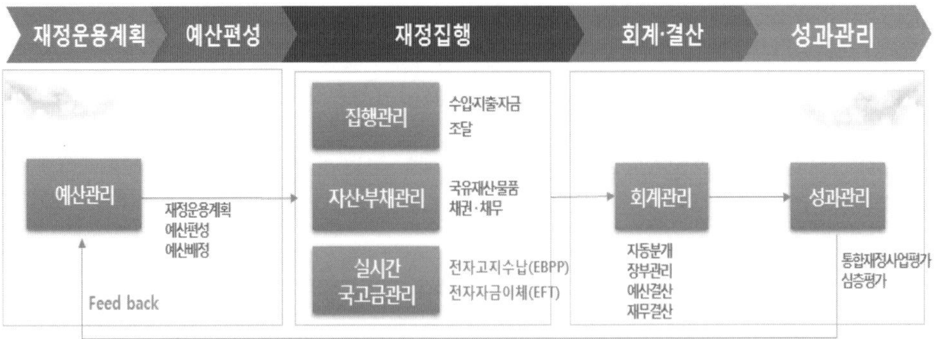


2) 운영 현황

① 중앙행정기관 · 지방자치단체, 공공기관 등 재정 업무 처리 지원

이용 현황 : 국고관리 등 업무 담당자 6만 4천 여명(일평균 1.5만 명) 이용

업무 처리 : 일평균 8조 원의 자금 이체, 4조 원의 수납 처리

시스템 연계 : 한국은행, 국세청, 조달청 등 47개 기관 68개 시스템 연계

② 의사 결정 지원을 위한 재정 통계정보 제공

정형 리포트 49종과 비정형 리포트 245종, 도표와 그래프를 활용한 120종의 보고서 등 총 414종의 재정통계정보 제공

**용어 정리** dBrain

dBrain이란 디지털브레인 또는 디지털예산회계정보 시스템(dBAIS)을 의미하는 것으로 2007년 노무현 정부 시절 성과 중심의 재정 시스템을 구축하기 위해 기획재정부가 수입의 발생부터 예산의 편성 · 집행, 자금 및 국유재산 관리, 결산 등 국가 재정 업무 순기 상의 전 과정을 포괄하는 통합재정정보 시스템으로 구축한 것이다.

dBrain 구축이 완료됨에 따라 시스템 내 축적된 정보를 활용해 관련 통계 및 분석자료를 제공함으로써 조달, 국세 등 외부 시스템과의 연계를 통해 계약, 국세 징수, 자금 이체 등의 효율성 및 투명성을 제고하게 됐다.

# 제 5 절 예산 과정

- 한국 회계연도: 1월 1일 ~ 12월 31일, 예산의 순기: 3년

| 예산안 편성 | → | 예산안 심의 | → | 예산 집행 | → | 결산 · 회계검사 |
|---|---|---|---|---|---|---|
| 행정부 | | 입법부 | | 행정부 | | 입법부, 감사원 |

**핵심 정리** 예산 편성 절차 및 일정

| 중앙관서의 장이 기획재정부 장관에게 중기사업계획서 제출 | 1월 31일까지 |
|---|---|
| 기획재정부 장관이 중앙관서의 장에게 예산편성지침 시달 | 3월 31일까지 |
| 중앙관서의 장이 기획재정부 장관에게 예산요구서 제출 | 5월 31일까지 |
| 정부가 국회에 예산안 제출 | 회계연도 개시 120일 전까지 |
| 국회의 예산 심의 완료 | 회계연도 개시 30일 전까지 |

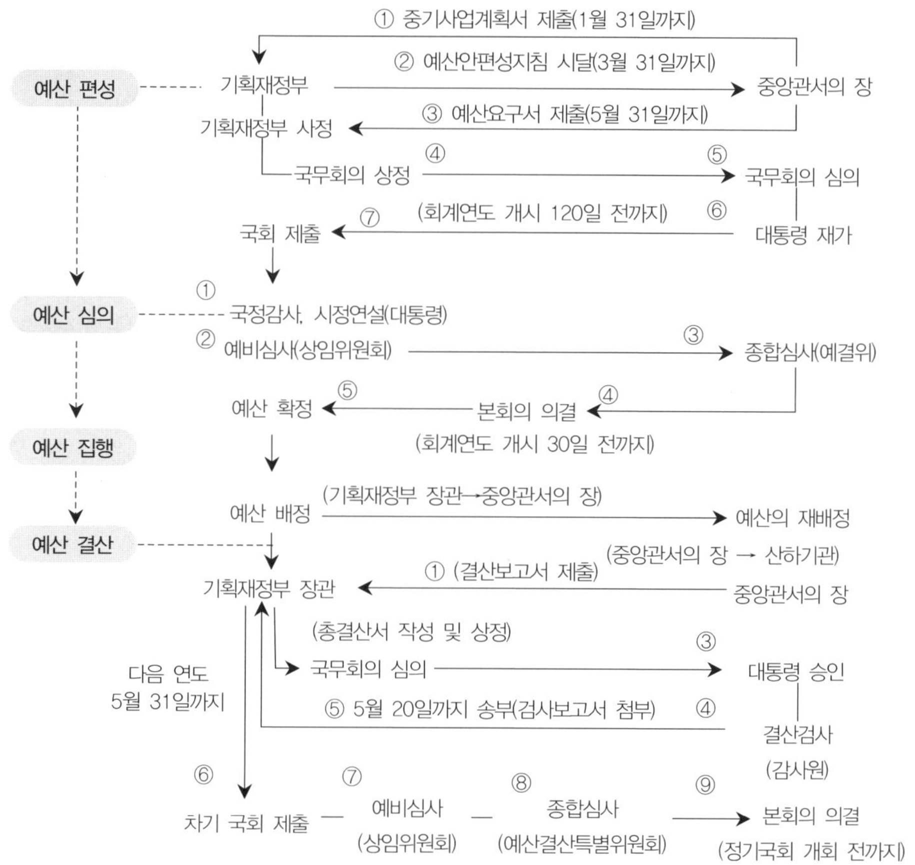

## 1. 예산안 편성

| 구분 | 내용 |
|---|---|
| 편성 기구 | 행정부 제출 예산제도(우리나라를 비롯한 대부분의 국가에서는 행정부에서 예산안을 편성하는 행정부예산편성주의를 주로 채택하고 있음.) |
| 편성 절차 | **① 중기사업계획서 제출**<br>각 중앙관서의 장은 매년 1월 31일까지 중기사업계획서를 기획재정부 장관에게 제출<br>**② 국가재정 운용계획의 수립**<br>정부는 국가재정 운용계획(5개년 단위의 연동계획)을 작성해야 하며, 정부는 확정된 국가재정 운용계획을 회계연도 개시 120일 전까지 국회에 제출해야 함.<br>**③ 예산안 편성지침 시달**<br>• 기획재정부 장관은 다음 연도의 예산안편성지침을 매년 3월 31일까지 각 중앙관서의 장에게 통보해야 함.<br>• 기획재정부 장관은 예산안 편성지침에 중앙관서별 지출 한도를 포함해 통보할 수 있음.<br>• 지출 한도는 칸막이식 재원 확보 유인(편법)을 차단하기 위해 일반회계와 특별회계 및 기금을 포괄해 설정함.<br>• 예산편성지침은 국회예산결산특별위원회에도 보고해야 한다.<br>**④ 예산요구서 제출**<br>각 부처는 예산요구서(세입세출예산, 계속비, 명시이월비, 국고채무 부담행위 요구서)를 작성해 5월 31일까지 기획재정부 장관에게 제출해야 함.<br>**⑤ 기획재정부 사정(협의)**<br>• 예산사정 과정에서 각 부처 예산담당관을 불러 질의하고 설명을 듣는 과정을 예산 협의라고 함.<br>• 기획재정부 장관이 헌법상 독립기관(국회, 대법원, 헌법재판소, 중앙선거관리위원회)과 감사원의 예산요구액을 감액하고자 할 경우에는 국무회의에서 당해 기관장의 의견을 구해야 함.<br>**⑥ 국무회의 심의와 국회 제출**<br>기획재정부의 사정이 끝나면 행정부 예산안으로서 국무회의를 거쳐 대통령의 승인을 얻어 회계연도 개시 120일 전까지 국회에 제출해야 함. |
| 예산안 편성 형식 | ① 예산 총칙<br>② 세입세출예산<br>예산의 핵심 부분으로서 예비비도 여기에 포함되며, 세출예산은 행정부를 엄격히 구속하지만, 세입예산은 단순한 추정치로서 참고 자료에 불과함.<br>③ 계속비<br>④ 명시이월비<br>⑤ 국고채무부담행위(국가가 예산 확보 없이 미리 채무를 부담하는 행위로서 미리 국회의 의결을 얻어야 함.) |

<table>
<tr><td>국회 제출 대상 예산안 첨부 서류</td><td>① 세입세출예산 총계표 및 순계표<br>② 세입세출예산사업별 설명서<br>③ 국고채무부담행위 설명서<br>④ 예산정원표와 예산안편성 기준단가<br>⑤ 국유재산 추정에 관한 명세서<br>⑥ 성과계획서<br>⑦ 성인지예산서<br>⑧ 조세지출예산서<br>⑨ 독립기관 등의 세출예산 감액 이유 등<br>⑩ 회계와 기금간 여유재원 전출입 명세서<br>⑪ 국유재산 특례지출 예산서<br>⑫ 예비타당성 조사 미실시 내역 및 사유<br>〈주의〉 예산안편성지침, 국가채무계획, 국가기금운용계획은 별도 제출 서류임.</td></tr>
<tr><td>세입 추계 방법</td><td>전년도 원칙(전년도 기준), 평균법(3~5년 평균치를 기준으로 추계), 직접평가법, 보수주의 방법(세입은 과소, 세출은 과다 예측)</td></tr>
<tr><td>예산사정 기준</td><td>① 무제한 예산법(각 부처가 원하는 사업의 정확한 규모를 파악할 수 있음.)<br>② 한도액 설정법(예산요구액에 한도를 설정하는 방법)<br>③ 증감분석법(가장 보편적 방법으로 점증주의에 입각해 전년도와 대비시켜 증감 부문만 집중적으로 사정하는 방법)<br>④ 우선순위 설정법<br>⑤ 항목별 통제 방법(개별 항목별로 사정자가 승인하는 방법)</td></tr>
<tr><td></td><td><table>
<tr><td>예산사정 기준</td><td>예산제도</td></tr>
<tr><td>무제한 예산법</td><td>전통적 예산</td></tr>
<tr><td>한도액 설정법</td><td>신성과주의 예산</td></tr>
<tr><td>증감분석법</td><td>점증주의 예산</td></tr>
<tr><td>우선순위 표시법</td><td>영기준 예산</td></tr>
<tr><td>항목별 통제 방법</td><td>품목별 예산</td></tr>
<tr><td>단위원가 계산법</td><td>성과주의 예산</td></tr>
</table></td></tr>
<tr><td>예산 확보 전략</td><td>① 보편적 전략<br>수혜자를 동원하는 방법, 사업의 중요성을 강조하는 방법, 신뢰를 확보하는 방법<br>② 상황적 전략<br>역점사업(공약 사항 또는 장관 역점사업)을 활용 또는 강조, 사업의 우선순위를 조정하는 방법(인기가 있는 사업은 우선순위를 낮게, 인기가 없는 사업은 우선순위를 높게 설정해 사업 모두를 채택하도록 함.)</td></tr>
<tr><td>문제점</td><td>전년도 답습주의<br>정치적 권력 게임에 의한 예산액 배분의 비합리성, 국민 참여 및 민중통제의 부족 등</td></tr>
</table>

## 2. 예산안 심의

<table>
<tr>
<td>예산<br>심의의<br>특징</td>
<td>
① 대통령 중심제와 내각책임제<br>
대통령 중심제 국가는 행정부에 대한 의회의 견제 권한이 강하므로 예산 심의가 엄격하며, 내각책임제 국가는 예산의 심의보다는 편성 과정을 더 중시함.<br><br>
② 예산과 법률<br>
법률의 형식을 갖는 경우에는 비교적 엄격한 심의가 이뤄지며, 예산(의결)의 형식을 갖는 경우에는 법률보다 하위의 효력을 가짐.<br><br>
③ 예산에 대한 거부권<br>
예산이 법률의 형식인 경우 원칙적으로 예산을 대통령이 거부할 수 있지만(미국의 경우 1996년 예산 항목별 거부권법을 제정해 거부권을 행사할 수 있도록 함.), 이 법은 1998년 대법원의 위헌 판결로 무효화됐음.<br>
※ 예산은 형식(법률, 의결 형식)을 막론하고 대통령이 거부할 수 없음.<br><br>
④ 예산안의 수정<br>
한국과 영국은 정부 동의 없이는 정부 예산을 증액하거나 새로운 비목을 설치할 수 없으며, 미국과 일본은 정부 동의 없이도 증액 및 신 비목의 설치가 자유로움.<br><br>
⑤ 단원제와 양원제<br>
양원제가 단원제보다 예산 심의가 신중한 편임.<br><br>
⑥ 소위원회 중심과 전원위원회 중심<br>
• 한국과 미국, 일본은 소위원회 심의를 거쳐 본회의에서 위원회의 심의 결과를 중심으로 심의<br>
• 영국은 과거 소위원회 심의 없이 하원의원 전원으로 구성된 전원위원회에서 예산을 심의했으나, 1971년 전원위원회가 폐지되고 상임위원회에서 심의<br>
※ 한국은 상임위원회와 예산결산특별위원회 등 소위원회 중심 체제이지만, 2000년 국회법 개정으로 국민에게 부담을 줄 수 있는 주요 의안의 경우 상임위원회 의결을 거쳐 전원위원회 심사를 거칠 수 있도록 했음.
</td>
</tr>
<tr>
<td>예산 심의<br>절차</td>
<td>
1) 법정 심의 기간: 90일(회계연도 개시 120일 전까지 국회에 제출, 30일 전까지 의결)<br>
2) 심의 절차<br>
국정감사 → 시정연설 → 예비심사 → 종합심사 → 본회의 의결<br>
<table>
<tr><td>정기국회 개회 전</td><td colspan="4">정기국회 개회 후</td></tr>
<tr>
<td>정기회 전에 30일 이내의 기간을 정해 감사를 실시(본회의 의결로 정기회 기간 중에 실시할 수 있음.)<br>〈국정감사법 2012년 개정 후〉</td>
<td>예산안에 대해 대통령의 시정연설과 기재부 장관의예산안 제안설명이 이뤄짐.</td>
<td>상임위원회<br>상임위원회별로 심사하기 때문에 증액 지향적 행태를 보임.</td>
<td>예산결산특별위원회<br>예산안 전체를 심사하기 때문에 삭감 지향적 행태를 보임.<br>계수조정소위원회를 구성<br>〈핵심적 역할 수행〉</td>
<td>본회의 의결로 (30일 전까지) 예산은 성립, 공포 절차는 불필요함.</td>
</tr>
</table>
</td>
</tr>
</table>

<table>
<tr>
<td></td>
<td>
〈주의〉 ① 예산결산특별위원회는 상설된 특별위원회이나 상임위원회는 아님.<br>
② 국회가 정부 동의 없이 정부가 제출한 세출예산 각 항의 금액을 증액하거나 새 비목을 설치할 수 없음(헌법 제57조).<br>
③ 우리나라 예산 심의는 본회의보다는 상임위원회와 예산결산특별위원회 중심으로 이뤄짐.<br>
④ 예산 심의를 강화하기 위해 국회의장 소속으로 국회예산정책처를 설치해 운영하고 있음.<br>
⑤ 우리나라는 국회가 정부의 예산안에 대해 큰 폭의 수정을 하지 않음.<br>
⑥ 2011년까지는 정기 개회 후 9월 10일부터 20일까지 국정감사를 실시했음.<br>
<br>
3) 예산안 · 결산의 회부 및 심사(국가재정법 제84조)<br>
• 예산결산특별위원회는 소관 상임위원회의 예비 심사 내용을 존중하여야 하며, 소관 상임위원회에서 삭감한 세출예산 각항의 금액을 증가하게 하거나 새 비목을 설치할 경우에는 소관 상임위원회의 동의를 얻어야 한다. 다만, 새 비목의 설치에 대한 동의 요청이 소관상임위원회에 회부되어 그 회부된 때부터 72시간 이내에 동의 여부가 예산결산특별위원회에 통지되지 아니한 경우에는 소관 상임위원회의 동의가 있는 것으로 본다.<br>
• 의장은 예산안과 결산을 소관 상임위원회에 회부할 때에는 심사 기간을 정할 수 있으며, 상임위원회가 이유 없이 그 기간 내에 심사를 마치지 아니한 때에는 이를 바로 예산결산특별위원회에 회부할 수 있다.
</td>
</tr>
<tr>
<td>예산 심의에 영향을 미치는 요인</td>
<td>
<table>
<tr><td>환경적 요인</td><td>• 경제적 환경: 호황 또는 불황<br>• 행정부와 입법부의 관계: 권한 배분<br>• 정당 내 권력구조의 집권적 수준</td></tr>
<tr><td>의회의 구조적 요인</td><td>• 위원회의 특성: 상설, 비상설 등<br>• 당파성: 진보, 보수 등 정당의 이념과 성향<br>• 선거구민의 대변 방식: 선거구제 등<br>• 예산 심의 절차 및 예산 심의 기간<br>• 예산 심의 보좌기관: 정보 · 자료 제공 등</td></tr>
<tr><td>의원 개인의 특성 요인</td><td>• 의원의 전문성과 안정성<br>• 의원의 이념적 성향과 태도</td></tr>
<tr><td>예산 내용의 특성 요인</td><td>인건비 등 경직성 경비나 법정경비는 예산 심의에 어려움이 있음.</td></tr>
</table>
</td>
</tr>
</table>

### 심화 학습: 예산 심의에 영향을 주는 요인

**환경적 요인**

• 정당 내 권력구조의 집권화 수준

정당 내 권력구조가 집권화돼 국회의원이 정당 지도자의 지시에 순응해야 할 경우 의원의 자율권은 크게 제약된다. 따라서 예산 심의가 정치적인 이슈와 연계돼 예산 심의가 왜곡되고 형식화하는 데 큰 영향을 준다.

**의회의 구조적 요인**

• 선거구민 대변 방식

의원들을 인구 기준에 의한 소선거구 방식으로 선출한다면 농민들의 이익을 과소 대변하게 되고, 도시지역 주민들의 이익을 과다 대변하게 된다. 또한 출신 지역에 대한 선심성 나눠먹기식 예산 배분을 시도할 가능성이 더 커진다. 비례대표제를 확대할 경우 성(性) 및 소수 그룹에 대한 배려를 더 많이 하게 될 것이다.

• 당파성

정당이 진보적 성향을 갖는 경우 예산 확대에 관심을 갖기 때문에 예산 심의도 이러한 방향으로 진행된다. 보수적 정당은 축소 지향적 예산을 선호하고 예산 심의도 이러한 방향으로 이뤄진다. 그러나 우리나라는 정당 이념의 성향보다 여·야당 간의 당파성이 예산 심의에 더 크게 영향을 미치는 경향이 있다. 여당은 정부예산안을 옹호하는 경향이 있고, 야당은 삭감 지향적이거나 정치적 입지를 확보하기 위한 도구로 예산 심의를 이용하는 경향이 있다.

## 3. 예산 집행

| 목표 | 재정통제와 신축성의 유지가 조화를 이루도록 함. | |
|---|---|---|
| 통제 방안 | 배정과 재배정 | 배정: 기획재정부 장관이 각 중앙관서의 장에게 예산을 배분<br>재배정: 각 중앙관서의 장이 산하기관의 장에게 예산을 다시 배분<br>☞ 예산의 배정은 지출원인행위를 할 수 있는 요건적 절차임.<br>〈주의〉 긴급배정(회계연도 개시 전 배정), 당겨, 조기, 수시배정, 감액 배정, 배정유보 등은 신축적인 배정제도(통제보다는 관리 기능에 초점)임. |
| | 지출원인행위 통제 | 채무 부담의 원인이 되는 행위에 대한 통제 |
| | 정원과 보수 통제 | 중앙인사기관장과 중앙예산기관장이 협의 |
| | 예산안 편성지침 | 예산안 편성지침의 시달 |
| | 표준예산제도 | 인건비 등 경상사무비에 대한 사전 한도 시달 |
| | **통합예산** | 일반회계, 특별회계, 기금 등을 총망라해 편성 |
| | **총사업비제도** | 개개의 사업에 소요되는 모든 경비를 총괄적으로 관리<br>〈참고〉 총사업비의 팽창을 억제한다는 차원에서 통제 수단으로 보는 견해도 있고, 계속비의 기능을 일부 수행한다는 점에서 신축성의 수단으로 보는 입장도 있음. |
| | 예비타당성 조사 | 해당 부처의 타당성 조사에 앞서 기획재정부 장관이 경제적·정책적 측면에서 사업의 타당성을 사전에 조사 |
| 신축성 유지 방안 | **이용(移用)** | 입법 과목(장·관·항) 간의 상호 융통<br>☞ 국회의 의결을 미리 거쳐 기획재정부 장관의 승인을 얻어야 하며, 이용 실적은 거의 없음. |

<table>
<tr><td rowspan="5">신축성<br>유지 방안</td><td>전용(轉用)</td><td>행정 과목(세항 · 목) 간의 상호 융통<br>☞ 이용과는 달리 행정재량에 맡겨져 있어 국회의 의결이 필요 없으며, 기획재정부 장관의 승인을 얻어 할 수 있고(기재부 장관이 정하는 범위 안에서는 기재부 장관의 승인 없이 각 중앙관서의 장이 할 수 있음), 연도 말에 빈번히 일어남.</td></tr>
<tr><td>이체(移替)</td><td>기획재정부 장관이 예산의 책임 소관을 변경<br>☞ 정부조직 등에 관한 법령의 제정 또는 폐지로 인해 그 직무와 권한에 변동이 있을 때에 책임 소관이 변경되는 것(정부조직법 개정에 의한 중앙행정기관 개편에 수반되는 행위)으로, 국회의 별도 승인이 필요 없음(책임 소관만 변경될 뿐 사용 목적과 금액은 변하지 않음.)</td></tr>
<tr><td>이월(移越)</td><td>다음 연도로 넘겨서 예산을 사용(명시이월과 사고이월)하는 회계연도 독립 원칙의 예외<br>☞ 명시이월: 연도 내에 지출을 끝내지 못할 것이 예측될 때에 국회의 승인을 얻어 사용할 수 있으나, 이용 실적이 거의 없음.<br>사고이월: 사고로 이월하는 것으로, 국회 의결이 필요 없음.
<table>
<tr><th>구분</th><th>국회 의결</th><th>재이월</th><th>예산 형식에 포함 여부</th></tr>
<tr><td>명시이월</td><td>필요</td><td>가능</td><td>포함</td></tr>
<tr><td>사고이월</td><td>불요</td><td>불가</td><td>미포함</td></tr>
</table></td></tr>
<tr><td>계속비</td><td>① 완성에 수년도를 요하는 공사나 제조 및 연구개발사업은 그 경비의 총액과 연부액(年賦額)을 정해 미리 국회의 의결을 얻은 범위 안에서 수년도에 걸쳐서 지출할 수 있다.<br>② 국가가 계속비로 지출할 수 있는 연한은 그 회계연도부터 5년 이내로 하되, 사업 규모 및 국가 재원 여건상 필요한 경우에는 지출 연한을 예외적으로 10년 이내로 할 수 있다.<br>③ 계속비의 연부액(年賦額)에 대한 국회의 승인은 잠정적인 것이므로 실제 지출을 할 때에는 다시 국회의 의결을 거쳐야 하며, 예산이 기간 내 성립하지 않을 경우에는 국회 승인 없이 준예산으로도 지출할 수 있다.<br>④ 기획재정부 장관은 필요하다고 인정하는 때에는 국회의 의결을 거쳐 지출 연한을 연장할 수 있다.</td></tr>
<tr><td>예비비</td><td>예산 외 지출 및 초과 지출에 충당하기 위한 경비<br>☞ 예산 외 또는 초과 지출에 충당하기 위한 경비로서, 일반회계 예산 총액의 100분의 1 이내의 금액을 예비비(일반예비비)로서 세입세출예산에 계상할 수 있음(헌법상 독립기관은 예비금이라는 유사 제도를 운용).<br>〈주의〉 예비비의 지출은 사후에 별도의 국회 승인을 요하지만, 예비금은 당해 소관의 세출결산에 포함시켜 세입세출 결산으로 처리함.<br>〈특성〉 총액으로 설치 시 사전에 국회의 의결을 거치고 있으나, 구체적으로 주체별 사용 목적이 불명확하고 초과 사용을 인정하며 사후 국회 승인을 요하므로 예산한정성 및 사전 의결 원칙의 예외에 해당함.</td></tr>
</table>

<table>
<tr><td rowspan="9">신축성 유지 방안</td><td>긴급배정</td><td>회계연도 개시 전에 예산 배정<br>국가재정법시행령 제16조<br>⑤ 법 제43조 제3항에 따라 회계연도 개시 전에 예산을 배정할 수 있는 경비는 다음 각 호와 같다.<br>1. 외국에서 지급하는 경비<br>2. 선박의 운영·수리 등에 소요되는 경비<br>3. 교통이나 통신이 불편한 지역에서 지급하는 경비<br>4. 각 관서에서 필요한 부식물의 매입 경비<br>5. 범죄 수사 등 특수 활동에 소요되는 경비<br>6. 여비<br>7. 경제정책상 조기 집행을 필요로 하는 공공사업비<br>8. 재해복구사업에 소요되는 경비</td></tr>
<tr><td>추가경정예산</td><td>예산 성립 후 추가로 편성된 예산</td></tr>
<tr><td>준예산</td><td>예산 불성립 시 전년도에 준해 지출</td></tr>
<tr><td>재정에 관한 긴급명령권</td><td>헌법에 규정된 대통령의 권한</td></tr>
<tr><td>총괄배정예산 (지출대예산)</td><td>지출 한도 내에서 자율 편성</td></tr>
<tr><td>수입대체경비</td><td>지출이 직접 수입을 수반하는 경비로서, 각 중앙관서의 장은 수입의 범위 안에서 경비를 직접 지출할 수 있다(국가재정법 제53조).<br>☞ 국고통일성 및 완전성(예산총계주의) 원칙의 예외로 확대 추세에 있음 대법원 등기소의 등기부 등·사본 발급 경비, 외교부의 여권 발급 경비, 교육부의 대학입시 경비 등이 있음.</td></tr>
<tr><td>다년도 예산</td><td>회계연도에 구애받지 않고 3년 이상으로 세입세출예산을 운영<br>〈주의〉 사업 확장으로 인한 예산 증액을 막기 위한 제약 수단으로 활용되기도 함.</td></tr>
<tr><td>국고채무부담행위</td><td>〈국가재정법 제25조〉<br>법률, 세출예산, 계속비 외에 정부가 국가 재원 확보 없이 채무를 부담하는 행위로서, 이러한 행위를 할 때에는 미리 예산으로서 국회의 의결을 얻어야 한다.<br>〈특징〉<br>지출 권한을 인정받은 것이 아니고 채무 부담 의무, 즉 채무부담행위를 할 권한만 인정받는 것이다. 따라서 실제 지출에 대해서는 미리 예산에 계상해 국회의 의결을 얻어야 한다. 그러므로 실제 지출은 당해 연도가 아닌 다음 회계연도부터 예산에 계상하여 국회의 의결을 얻어야 지출할 수 있다.<br>〈참고〉 국고채무 부담행위 자체는 신축성 유지 방안으로 보는 견해가 많으나 이의 남발을 억제하기 위해 국회의 사전 승인 등 통제를 가하고</td></tr>
</table>

| | | |
|---|---|---|
| | | 있어 통제 수단으로 보기도 함.<br>〈사례〉<br>예를 들어 2년 이상 대지나 건물의 임차계약을 체결하거나 2년 이상의 선박 건조를 결정한 경우, 당해 연도에 공사 계약을 하고 다음 해 또는 수년 뒤에 중도금이나 잔금을 지불하고자 할 때, 외상 공사를 시작하는 경우 등 장래 국고채무 부담이 예견되는 행위를 할 때<br>당해 연도 이후에 부담하는 채무가 바로 국고채무 부담행위가 된다. 별도로 국회 사전 의결을 얻어야 하는 보증채무 부담행위는 현재 국고채무 부담행위와 분리돼 있다. |
| | **총액계상예산 제도** | 예산을 총액으로 편성하고 집행 과정에서 세부적으로 지출 세부 내역을 미리 확정하기 곤란한 사업의 경우, 예산 편성 단계에서는 총액으로만 계상하고, 세부 내역은 집행 단계에서부터 각 중앙관서의 장이 자율적으로 결정하도록 하는 제도 |
| | **장기계속계약 제도** | 계속비제도에 더 신축성을 부여한 제도(당해 연도 예산 범위 내 계약)<br>단년도 예산이 지니는 한계를 극복하기 위해, 이행에 장기간이 소요되는 공사나 물품의 제조로서 전체 사업 내용과 연차별 사업계획이 확정된 경우에는 총공사 또는 총제조의 금액을 부기하고 당해 연도 범위 내에서 분할 공사 또는 제조의 발주를 허용하는 제도 |

**〈계속비와 장기계속계약제도의 비교〉**

| 구분 | 사업 내용 | 계약 기간 | 총예산 | 계약 방식 | 사업 중단 등 가변성 |
|---|---|---|---|---|---|
| 계속비 | 확정 | 1년 이상 | 확보 | 총공사 금액으로 계약 | 낮음 |
| 장기계속계약제도 | 확정 | 1년 이상 | 미확보 | 총공사 금액으로 입찰하되, 각 회계연도 예산 범위 내 계약(이행) | 높음 |

## 핵심 정리 예산 집행의 통제와 신축성 유지 방안

| 재정 통제 방안 | 신축성 유지 방안 |
|---|---|
| **배정과 재배정**, 지출원인 행위통제, 정원·보수에 대한 통제, 예산안편성지침, **통합예산, 총사업비제도, 예비타당성조사제도** | **이용, 전용, 이체, 이월, 계속비, 예비비, 긴급배정, 추가경정예산, 준예산**, 대통령의 재정에 관한 긴급명령권, 총괄배정예산, 다년도예산, 국고채무부담행위, 지출통제예산(총액계상예산제도), 장기계속계약제도 |

## 4. 수입과 지출의 원칙과 특례

<table>
<tr><td rowspan="2">수입</td><td>원칙</td><td>① 수입은 법령이 정하는 바에 따라 징수해야 한다.<br>② 각 중앙관서의 장은 다른 법률에 특별한 규정이 있는 경우를 제외하고는, 그 소관에 속하는 수입을 국고에 납부해야 하며, 이를 직접 사용하지 못한다.<br>③ 수입의 회계연도 소속 구분은 발생주의에 따른다.</td></tr>
<tr><td>특례</td><td>① 수입대체경비: 그 수입이 확보되는 범위 안에서 직접 지출할 수 있다.<br>② 지난 연도(과년도) 수입: 출납이 완결된 연도에 속하는 수입을 말하는 것으로 현년도 수입에 편입해야 한다. 과년도 수입은 현금주의 방식으로 발생주의의 예외가 된다.<br>③ 과오납금의 반환: 잘못 납입된 수입금이 있는 경우에는 반환해야 한다.<br>④ 수입금의 환급: 법률의 규정에 따라 환급할 금액이 있는 때에는 환급해야 한다.<br>⑤ 선사용자금: 정부기업예산법에 의한 특별회계는 수입금을 선사용자금(납입하기 전에 미리 사용하고 지출금으로 대체 납입하는 자금)으로 운용할 수 있다.</td></tr>
<tr><td rowspan="3">지출</td><td>원칙</td><td>① 지출은 채권자 등의 계좌로 이체해야 한다. 단 정보통신의 장애 등이 발생한 경우 현금 등을 채권자에게 직접 지급할 수 있다.<br>② 지출은 채권자 등을 수취인으로 하는 경우 외에는 직접 지출할 수 없다.<br>③ 지출은 지출관별·월별 세부자금계획의 범위 안에서 해야 한다.<br>④ 지출의 회계연도 소속 구분은 회계연도 독립의 원칙에 의해 당해 연도 세입예산으로부터 지출해야 한다.<br>⑤ 국가의 지출이 반대급부로서 행해지는 경우에는 상대방의 급부가 전부 또는 일부 완료되어야 하며(이행기 도래의 원칙), 채무액이 확정돼야 한다.</td></tr>
<tr><td>특례</td><td>① 관서운영경비: 관서운영경비는 채권자가 아닌 출납공무원에게 자금을 교부해 지급할 수 있다.<br>② 회계연도 개시 전 자금 교부: 관서운영경비는 연도 말에 출항하는 선박에 관한 경비 등의 경우 연도 개시 전에 교부한다.<br>③ 선금급과 개산급: 이행기가 도래하기 전에 미리 지급하는 선금급과 채무 금액이 확정되기 전에 채무 금액을 개략적으로 계산해 미리 채무 금액을 지급하는 것을 개산급이라고 한다.<br>④ 지난 연도(과년도) 지출: 이미 지나간 연도의 경비가 현 연도 예산으로 지출하는 것을 말한다.<br>⑤ 지출금의 반납: 지출된 금액이 반납되는 경우에는 각각 그 지출한 과목에 반납해야 한다.<br>⑥ 상계: 채무와 채권이 동일인에게 귀속되는 경우 상계 처리 가능</td></tr>
<tr><td>재무관<br>경리관</td><td>지출원인행위 담당자 ☞ 재무관(지방은 경리관)<br>지출행위 담당자 ☞ 지출관</td></tr>
<tr><td colspan="2">종합</td><td>〈수입과 지출의 특례〉<br><table><tr><th>법률</th><th>수입의 특례</th><th>지출의 특례</th></tr><tr><td>국고금<br>관리법</td><td>지난 연도 수입, 과오납금의 반환,<br>수입금의 환급, 수입대체경비</td><td>관서운영경비, 선금급, 개산급, 지난 연도<br>지출, 지출금의 반납</td></tr></table></td></tr>
</table>

## 5. 구매행정(조달행정)

<table>
<tr><td>의의</td><td colspan="2">행정 기능을 수행하는 데 필요한 수단인 재화나 용역을 구입, 공급하는 행위</td></tr>
<tr><td rowspan="4">구매 방식</td><td colspan="2">① 집중구매: 중앙구매기관이 일괄 구입</td></tr>
<tr><td>장점</td><td>단점</td></tr>
<tr><td>재정상 절약 가능: 대량 구매, 보관, 운반<br>구매 업무 전문화<br>물품 규격의 통일과 사무표준화<br>신축성 유지: 기관 간에 상호 융통 사용 및 조정(긴급 수요나 예상 외의 수요에 신속하게 대처)<br>구매정책 수립 용이<br>공급업자에게 유리: 대기업체</td><td>특수품목 구입에 불편<br>구매 절차의 복잡성: 형식주의 우려<br>적기 공급의 지연<br>대기업에 편중 및 중소기업에 불리</td></tr>
<tr><td colspan="2">② 분산 구매: 수요 부처에 의한 직접 구입</td></tr>
<tr><td>정부 계약</td><td colspan="2">입찰 방식 분류(입찰 후 낙찰 업체와 계약)<br>① 일반경쟁입찰에 의한 계약<br>② 제한경쟁입찰에 의한 계약<br>③ 지명경쟁입찰에 의한 계약<br>④ 수의 계약<br>⑤ 다수 공급자 계약</td></tr>
<tr><td>동향</td><td colspan="2">최근 성과 중심의 재정관리와 각 부처 자율권 강화를 위해 내부규제 완화 차원에서 분산 구매가 강조되고 있음.</td></tr>
</table>

## 6. 결산

<table>
<tr><td>의의</td><td colspan="4">수입·지출의 실적에 대한 정부의 사후적 재정보고로서 1회계연도 동안의 국가의 수입과 지출의 실적을 확정적 계수로 표시해 검증하는 행위</td></tr>
<tr><td>성격</td><td colspan="4">정치적 성격<br>- 위법·부당한 지출이 발견돼도 무효·취소할 수 없으므로 정치적·도의적 책임을 묻는데 그치며, 결산의 효과는 법적이라기보다는 역사적이며 정치적인 것임.<br>• 지출이 적법·정당한 경우: 정부의 책임이 해제되는 법적 효력 있음.<br>• 지출이 불법·부당한 경우: 무효 취소가 되지 않으므로 법적 효력 없음.</td></tr>
<tr><td rowspan="4"></td><td colspan="4">1) 출납기한</td></tr>
<tr><td>구분</td><td>세입세출금의 수납 지급 마감일</td><td>세입세출의 출납에 관한 사무 완결 시한</td><td>근거 법률</td></tr>
<tr><td>중앙정부</td><td>출납정리기한: 12월 말</td><td>출납기한: 2월 10일</td><td>국고금관리법</td></tr>
<tr><td>지방자치단체</td><td>출납폐쇄기한: 12월 말</td><td>출납기한: 2월 10일</td><td>지방재정법</td></tr>
</table>

<table>
<tr><td>절차</td><td>

**2) 결산서의 작성 및 제출**

정부는 감사원의 검사를 거친 결산 및 첨부서류를 다음 연도 5월 31일까지 국회에 제출해야 함.

**3) 결산의 심의**

국회는 결산에 대한 심의·의결을 정기회 개회 전까지 완료해야 함.

**〈결산 일정 정리〉**

| 결산서의 작성, 제출 | 총결산서 작성 | 결산의 검사(확인) | 결산의 승인 (심의, 의결) |
|---|---|---|---|
| 각 중앙관서의 장 | 기획재정부 장관 | 감사원 | 국회 |
| 다음 연도 2월 말까지 기재부 장관에게 제출 | 다음 연도 4월 10일까지 감사원에 제출 | 다음 연도 5월 20일까지 기재부 장관에게 송부 | 정기 개회 전까지 심의, 의결 |

▸ 기획재정부 장관은 다음 연도 5월 31일까지 결산보고서를 국회에 제출함.

</td></tr>
<tr><td>세계 잉여금</td><td>

**1) 의의**

매 회계연도 세입세출의 결산상 생긴 잉여금으로, 결산 시 수납된 세입액에서 지출된 세출액을 차감한 금액

**2) 사용 시기**

대통령의 결산 승인 이후에 사용이 가능함.

**3) 처리 순서**

① 세입세출 결산상 잉여금 중 다른 법률에 따른 것과 이월금을 공제한 금액(세계잉여금)은 지방교부세의 정산 및 지방교육재정교부금으로 사용할 수 있다.<br>
② 제1항의 금액을 제외한 세계잉여금은 100분의 30 이상을 공적 자금 상환기금에 출연해야 한다.<br>
③ 제1항 및 2항의 금액을 제외한 세계잉여금은 100분의 30 이상을 각 호의 채무를 상환하는 데 사용해야 한다(국채 또는 차입금의 원리금, 국가배상금 등).<br>
④ 제1, 2, 3항의 금액을 제외한 세계잉여금은 추가경정예산의 편성에 사용할 수 있다.<br>
⑤ 제1, 2, 3, 4항에 의거 사용·출연한 금액을 공제한 잔액은 다음 연도의 세입에 이입해야 한다.

</td></tr>
</table>

## 7. 정부 회계

<table>
<tr><td>계리 방식</td><td>단식부기</td><td>

발생된 거래의 한쪽 면만을 기재하는 방식 ☞ 현금주의에서 주로 채택<br>
**〈장점〉**<br>
거래의 수가 적고, 규모가 작은 경우에는 간편하기 때문에 사용하기가 매우 편리하다.<br>
**〈단점〉**<br>
① 복식부기에 비해 기록의 정확성을 검증하거나 거래의 오류나 탈루 등을 파악하기 어렵다.<br>
② 이익과 손실의 원인도 명확히 파악하기 힘들다.

</td></tr>
</table>

<table>
<tr><td></td><td>복식부기</td><td>하나의 거래를 대차평균의 원리에 따라 차변(왼쪽)과 대변(오른쪽)에 이중 기록한다. 자산, 부채, 자본을 인식하여 거래의 이중성에 따라 차변과 대변을 계상한다.<br>☞ 발생주의에서 주로 채택<br>**〈장점〉**<br>① 총량 데이터를 확보할 수 있으므로 최고경영자에게 유용한 종합적인 재정정보를 제공한다.<br>② 내부통제 기능에 의해 데이터의 신뢰성이 높아지고, 계정 과목 간의 유기적 연관성이 있기 때문에 상호 검증 기능이 가능해 부정이나 오류를 발견하기 쉽다.<br>③ 자동이월 기능으로 종합적인 재정 상태를 알 수 있어 정보의 적시성을 확보할 수 있다.<br>④ 결산 및 회계검사의 효율성을 높일 수 있고 재무회계정보에 대한 국민의 이해 및 신뢰성, 책임성, 투명성을 확보할 수 있다.</td></tr>
<tr><td rowspan="2">인식<br>시점과<br>기준</td><td>현금주의</td><td>**1) 개념**<br>현금이 수납될 때 수익이 발생하는 것으로 기록하고, 현금이 채권자에게 지급될 때 비용이 발생하는 것으로 보는 방식으로 형식주의라고도 한다(감가상각, 미지급비용이나 수익이 기록되지 않고 채권과 채무도 회계장부상에 나타나지 않는다).<br><br>**2) 장점**<br>① 이해가 쉽고, 절차와 운용 및 기록의 보존과 관리가 간편하며, 현금의 흐름 파악이 용이하다.<br>② 주관적・자의적인 회계 처리가 불가능하고 예산 액수와 실제 지출 액수의 비교가 쉽기 때문에 외형상(현금상) 수지 균형의 건전성 확보가 용이하다.<br>③ 회계 처리가 객관적이어서 관리(집행) 통제 면에서도 유용하다.<br><br>**3) 단점**<br>① 기록계산의 정확성을 확인하기 곤란하며, 따라서 회계 공무원의 정직성이 전제돼야 한다.<br>② 채무에 관한 정보를 제공하지 않기 때문에, 가용재원에 대한 과대 평가로 재정적자 우려가 있다.<br>③ 자산과 부채, 자본(순자산)을 비망 기록으로만 관리할 뿐 비용과 수익에 관한 정보를 주지 못하므로 사업의 비용과 편익을 정확히 계산하기 어렵다.<br>④ 자산의 증감이나 재정 성과 등을 알 수 없다.</td></tr>
<tr><td>발생주의</td><td>**1) 개념**<br>① 현금의 수납보다는 현금 이동을 발생시킨 경제적 사건(자산, 부채 등 경제적 자원의 발생・증감)이 실제로 발생한 시점에 거래를 인식하는 방식으로 채권채무주의, 실질주의라고도 한다.<br>② 수익은 회수할 권리가 발생한 시점(징수 결의 시점)에 기록하고, 비용은 재화나 용역을 수령해 사용할 수 있게 된 시점(검수 및 검사 시점)에 기록한다.<br>③ 미수금, 미수이익, 미지급금 등은 물론 유형고정자산에 대한 감가상각비 등의 항목이 사용된다.</td></tr>
</table>

| | | 2) **장점**<br>① 투입 비용에 대한 정보(원가계산, 감가상각 등)를 제공해 올바른 재무적 의사 결정에 공헌한다.<br>② 자기 검증 기능 및 회계상의 오류 방지 기능이 있으므로, 공무원의 정직성에 의존할 필요가 없다.<br>③ 정부 서비스 가격을 좀 더 정확하게 산정하는 데 도움을 줄 수 있고, 재정의 투명성, 신뢰성, 책임성 확보에 유리하다.<br>④ 미래의 현금 지출에 대한 정보나 자산, 부채의 정확한 파악으로 실질적인 재정 건전성 평가에 유용하다.<br>⑤ 연결(통합) 재무제표를 작성하기 때문에 회계 간 내부거래 등 회계 간 연계를 파악하기 용이하다.<br><br>3) **단점**<br>① 절차가 복잡해 작성 비용이 많이 들고, 현금 중심이 아니기 때문에 자산가치 평가, 감가상각 등에서 회계 담당자의 주관성이 더 많이 작용할 가능성이 있다.<br>② 채권의 발생 시점에 수익을 기록하지만, 부실 채권도 있기 때문에 수익의 과대평가 등 재무정보상 왜곡이 있을 가능성도 있다.<br>③ 공공 부문의 무형성으로 인해 자산가치의 정확한 파악이 힘들다.<br>④ 현금 흐름 파악이 곤란하므로 현금주의의 보완이 필요하다. |
|---|---|---|

## 8. 우리나라의 정부 회계

- 도입: 지방자치단체는 2007년부터, 중앙정부는 2009년부터 적용
- 국가 회계 처리 기준－정부재무제표 구성 및 작성 원칙
- 정부 및 지방자치단체의 회계는 보고식(report form)을 사용

| 재무제표 구성 | 재정상태표 | **기업의 대차대조표에 해당**<br>재정상태표 작성일 현재의 자산과 부채의 명세 및 상호 관계 등 재정 상태를 나타내는 저량(貯量) 개념의 재무제표로서 자산, 부채 및 순자산(자산-부채)으로 구성 |
|---|---|---|
| | 재정운용표 | **기업의 손익계산서에 해당**<br>회계연도 동안 수행한 정책 또는 사업의 원가와 재정 운영에 따른 원가의 회수 명세 등을 포함한 재정 운영 결과(수익-비용)를 나타내는 유량(流量) 개념의 재무제표 |
| | 순자산변동표 | 회계연도 동안 순자산(자산-부채)의 변동명세표를 표시하는 재무제표 |

<table>
<tr><td rowspan="3">작성 원칙</td><td>회계연도 간 비교 원칙</td><td>해당 회계연도분과 직전 회계연도분을 비교하는 형식으로 작성</td></tr>
<tr><td>계속성의 원칙</td><td>적용 범위, 회계정책, 회계규칙 등이 일관성을 유지</td></tr>
<tr><td>내부거래 상계의 원칙</td><td>통합재무제표를 작성할 경우 회계간 내부거래는 상계해서 작성<br><주의> 재정상태표를 작성시 자산과 부채, 순자산의 항목 간 상계는 안 된다.</td></tr>
</table>

### 1) 재정환경의 변화로 인한 재정 운용 패러다임 변화

※ 유량(flow) 중심에서 저량(stock) 및 유량 중심으로의 전환

현금주의에 의한 재정 운용은 예산의 수입과 지출이라는 유량이 주요 관심 대상이다. 반면 발생주의 기준에서는 유량의 개념인 예산의 수익과 비용뿐만 아니라, 저량 개념의 자산과 부채 및 순자산이 중요시된다. 전자는 재정운영보고서, 후자는 재정상태보고서에 해당한다.

| 종전의 패러다임 | | 새로운 패러다임 |
|---|---|---|
| 투입 중심 | ⇒ | 성과 중심 |
| 유량 중심 | | 유량·저량 중심 |
| 아날로그 정보 시스템 | | 디지털 정보 시스템 |
| 관리자 중심 | | 납세자 주권 |
| 몰성인지적 관점 | | 성인지적 관점 |

### 2) 우리나라 정부 회계의 재무제표

| 기업 | 중앙정부 | 지방자치단체 |
|---|---|---|
| 대차대조표 | 재정상태표 | 재정상태표 |
| 손익계산서 | 재정운영표 | 재정운영표 |
| 현금흐름표 | | |
| 이익잉여금처분계산서 | 순자산변동표 | 순자산변동표 |
| 주석 및 부속명세서 | 주석 | 주석 |

### 3) 회계의 기본 개념

① 자산은 채권자 지분인 부채와 소유주 지분인 자본으로 구성되며, **대차대조표 항목**이다. [자산 = 부채 + 자본(순자산)]

② 수익, 비용, 순이익(차액 개념)은 **손익계산서(재정운영보고서)의 항목**이다. [순이익(운영차액) = 수익 -비용]

#### 4) 회계상의 거래

회계상의 거래(transaction)란 자산, 부채, 자본에 증감 변화를 일으키는 모든 사항을 일컫는다.

〈거래의 8요소〉

| 차변 | 대변 |
|---|---|
| **자산의 증가** | 자산의 감소 |
| 부채(차입금)의 감소 | **부채의 증가** |
| 자본(순자산)의 감소 | **자본의 증가** |
| **비용의 발생** | **수익의 발생** |

이들 거래의 8요소는 서로 결합해 2개 이상의 대립된 형태로 나타난다. 어떠한 거래가 발생하더라도 차변과 대변 양쪽에 동일한 금액으로 이중 기입된다. 복식부기[2]란 이와 같은 대립 관계에 있는 양쪽의 가치 변동을 이중 기입(double entry)으로 하는 것을 말한다.

#### 5) 회계 처리 방식의 예

1) 사례 1 : 자산의 취득(정부가 1,000억 원의 자금을 투입해 청사 건물을 신축한 경우의 회계 처리)

〈단식부기〉: 공사비 지출은 시설비 및 부대비와 같은 세출예산의 집행으로 처리한다.

〈복식부기〉: 건물이라는 자산의 증가와 자금의 지출이라는 두 가지 측면으로 기록된다.

| 차변 | 대변 |
|---|---|
| 건물 1,000억(자산 증가) | 현금 및 현금성 자산 1,000억(자산 감소) |

2) 사례 2 : 자산의 처분(취득가액이 200억 원인 토지 잡종재산을 300억 원에 매각하는 경우의 회계 처리)

2) 서양에서 복식부기의 기원은 1494년 베니스에서 출판된 파치올리(Luca Pacioli)의 『산술, 기하, 비례 및 총람』이다. 한국은 고려 시대 송도부기 및 개성부기라고 불리는 사개송도치부법(四介松都治簿法)이 사용된 것으로 밝혀지고 있다.

〈단식부기〉: 자산의 매각은 재산매각 수입과 같은 세입 과목에 계상된다.
〈복식부기〉: 당초의 취득가액과 매각 차액을 구분해 세 가지 측면으로 기록된다.

| 차변 | 대변 |
|---|---|
| 현금 및 현금성 자산 300억(자산 증가) | 토지 200억(자산 감소)<br>고정자산 처분이익 100억(수익 발생) |

3) 사례 3 : 자금의 차입(지방자치단체가 채권을 발행해 500억 원의 자금을 조달한 경우 회계 처리)

〈단식부기〉: 지방채의 발행은 지방채증권과 같은 세입 과목에 계상된다.
〈복식부기〉: 지방채증권이라는 부채의 증가와 자금의 증가라는 두 가지 측면으로 기록된다.

| 차변 | 대변 |
|---|---|
| 현금 및 현금성 자산 500억(자산 증가) | 지방채 증권 500억(부채 증가) |

4) 사례 4 : 자금의 상환(지방자치단체가 만기 도래한 채권을 원금 100억 원과 이자 20억 원을 상환한 경우의 회계 처리)

〈단식부기〉: 지방채의 상환 및 이자 지급은 차입금 원금 및 차입금 이자 지출로 처리된다.
〈복식부기〉: 지방채 상환이라는 부채의 감소와 이자 비용 발생, 자금의 감소라는 세 가지 측면으로 기록된다.

| 차변 | 대변 |
|---|---|
| 지방채 상환 100억(부채 감소)<br>이자 비용 20억(비용 발생) | 현금 및 현금성 자산120억(자산 감소) |

**심화 학습: 현금주의와 발생주의**

| 구분 | 현금주의 | 발생주의 |
|---|---|---|
| 거래의 해석과 분류 | 현금 수불의 측면 | 쌍방 흐름(이원거래 개념) 측면 |
| 수익 비용의 인식 기준 | 현금의 수취 · 지출 | 수익의 획득, 비용의 발생 |

| 선급 비용·선급 수익 | 수익·비용으로 인식 | 자산과 부채로 인식 |
|---|---|---|
| 미지급 비용·미수 수익 | 인식 안 됨. | 부채와 자산으로 인식 |
| 감가상각, 대손상각, 제품보증비 등 | 인식 안 됨. | 비용으로 인식 |
| 상환이자 지급액 | 지급 시에 비용으로 인식 | 기간별 인식 |
| 무상거래 | 인식 안 됨. | 이중거래로 인식 |

## 9. 회계검사

| | |
|---|---|
| 개념 | 공공기관의 수입과 지출의 결과에 관한 기록을 제3의 기관이 확인·검증해 그에 대한 비판적 견해를 제시하는 행위 |
| 목적 | 지출의 합법성 확보를 제1차적 목적으로 함. |
| 감사의 종류 | ① 재무감사(가장 보편적인 것으로 전통적 회계검사) 방식<br>② 합법성감사(재무감사와 더불어 가장 보편적으로 이용되는 고전적인 회계검사 방식)<br>③ 능률성감사<br>④ 성과감사(정책감사, 사업감사)<br>현대 행정에서 강조되는 것으로 재무감사와 합법성감사와 덧붙여 정부의 기능, 사업, 활동 등 경제성, 능률성, 효과성 등까지를 감사하는 것 |
| 감사원 | ① 대통령 소속 하의 헌법기관으로 전문성을 바탕으로 행정에 대한 사후적 통제 기능을 수행하는 독립(직무·인사상 독립) 통제기관(주의: 헌법상 독립기관은 아님.)<br>* 헌법상 독립기관(4개): 국회, 대법원, 헌법재판소, 선관위<br>② 구성<br>• 감사원장을 포함한 7인의 감사위원으로 구성<br>• 감사원장은 국회의 동의를 얻어야 하며, 감사위원은 감사원장의 제청으로 대통령이 임명하며, 임기는 4년이고, 1차에 한해 중임 가능<br>③ 기능<br><table><tr><td>결산의 검사(확인)</td><td>국가기관(입법부와 사법부를 포함)의 세입·세출 결산을 확인<br>지방자치단체와 공기업은 제외</td></tr><tr><td>공공기관 회계검사</td><td>법에 정한 행정기관(국가, 지방자치단체, 공기업 등)은 회계검사를 받아야 함.</td></tr><tr><td>공무원의 직무감찰</td><td>공무원의 직무감찰(내부통제기관)<br>국회, 대법원, 헌법재판소 소속 공무원은 제외됨.<br>고도의 통치행위, 준사법적 행위 등도 감찰 대상에서 제외됨.</td></tr></table> |

## 심화 학습: 회계검사 외

### 1. 전통적 회계검사와 새로운 회계검사 비교

| 항목 | 전통적 회계검사 | 새로운 회계검사 |
|---|---|---|
| 회계검사의 기준 | 합법성 | 경제성 · 능률성 · 효과성 |
| 회계검사의 대상 | 회계감사 | 업무감사 · 정책감사 |
| 책임성의 확보 | 회계 책임 | 관리 책임, 사업 · 정책 책임 |
| 회계검사의 기능 | 적발 기능 · 비판 기능 | 지도 기능 · 환류 기능 |

### 2. 경비 부족 시 대처 방안

① 대통령의 재정 · 경제상의 긴급명령, ② 예산의 긴급배정, ③ 예산의 이용 · 전용,
④ 예비비의 사용, ⑤ 추가경정예산의 편성, ⑥ 앞당기어 충당 사용(조상충용)

### 3. 국가결산보고서의 구성

**1) 결산보고서**

① 결산 개요, ② 세입세출결산: 중앙관서별로 일반회계 · 특별회계 · 기금을 통합,
③ 재무제표: 재정상태표, 재정운용표, 순자산변동표, ④ 성과보고서

**2) 부속서류(첨부서류)**

① 계속비 결산명세서, ② 총액계상 사업집행명세서, ③ 수입대체경비 사용명세서,
④ 이월명세서 및 명시이월비 집행명세서, ⑤ 성인지결산서 등

### 4. 중앙정부 총지출의 분야별 현황

| 구분 | 2017년 (단위 : 조 원) |
|---|---|
| 총지출 | 400.5 |
| 1.보건복지 고용 | 129.5 |
| 2.교육(교육재정교부금/누리과정) | 57.4(42.9/3.6) |
| 3.문화체육관광 | 6.9 |
| 4.환경 | 6.9 |
| 5.R&D | 19.5 |
| 6.산업 중소에너지 | 16.0 |
| 7.SOC | 22.1 |
| 8.농림수산식품 | 19.6 |
| 9.국방 | 40.3 |
| 10.외교통일 | 4.6 |
| 11.공공질서 안전 | 18.1 |
| 12.일반지방재정 | 63.3 |

### 5. 총지출과 통합재정

| | |
|---|---|
| 통합 재정 | 일반회계예산+특별회계예산+기금-내부거래-보전지출-융자 회수 |
| | 경상 지출+자본 지출+ 순융자(융자 지출-융자 회수) |
| 총지출 | 일반회계예산+특별회계예산+기금-내부거래-보전지출 |
| | 경상지출+자본지출+융자지출 |

### 6. 세출예산의 이월

**국가재정법 제48조 세출예산의 이월**

① 매 회계연도의 세출예산은 다음 연도에 이월하여 사용할 수 없다.

② 제1항의 규정에 불구하고 다음 각 호의 어느 하나에 해당하는 경비의 금액은 다음 회계연도에 이월하여 사용할 수 있다. 이 경우 이월액은 다른 용도로 사용할 수 없으며, 제2호에 해당하는 경비의 금액은 재이월할 수 없다.

1. 명시이월비
2. 연도 내에 지출원인행위를 하고 불가피한 사유로 인하여 연도 내에 지출하지 못한 경비와 지출원인행위를 하지 아니한 그 부대경비
3. 지출원인행위를 위하여 입찰공고를 한 경비 중 입찰공고 후 지출원인행위까지 장기간이 소요되는 경우로서 대통령령이 정하는 경비
4. 공익사업의 시행에 필요한 손실보상비로서 대통령령이 정하는 경비
5. 경상적 성격의 경비로서 대통령령이 정하는 경비

③ 제1항의 규정에 불구하고 계속비의 연도별 연부액 중 당해 연도에 지출하지 못한 금액은 계속비 사업의 완성 연도까지 계속 이월하여 사용할 수 있다.

### 7. 내국세 징수 비중 변화

| 구분 | 부가가치세 | 소득세 | 법인세 |
|---|---|---|---|
| 2013 | 56조 | 48.4조 | 43.9조 |
| 2014 | 57.1조 | 54.1조 | 42.7조 |
| 2015 | 54.1조 | 60.7조 | 45조 |

### 8. 국세와 지방세 세목 체계

| 구분 | | 도세 | 시 · 군세 | 특별시 · 광역시세 | 자치구세 |
|---|---|---|---|---|---|
| 지방세 | 보통세 | 취득세, 등록면허세, 레저세, 지방소비세 | 주민세, 재산세, 자동차세, 담배소비세, 지방소득세 | 취득세, 주민세, 자동차세, 담배소비세, 레저세, 지방소비세, 지방소득세 | 등록면허세, 재산세 |
| | 목적세 | 지역자원 시설세, 지방교육세 | | 지역자원 시설세, 지방교육세 | |

| 국세 | 내국세 | 직접세 | 소득세, 법인세, 상속증여세, 종합부동산세 |
|---|---|---|---|
| | | 간접세 | 부가가치세, 개별소비세, 주세, 인지세, 증권거래세 |
| | 목적세 | 교통 · 에너지 · 환경세, 교육세, 농어촌특별세 | |
| | 관세 | | |

1) 직접세 : 납세 의무자와 담세자(조세 부담자)가 일치되는 조세(지방세의 경우 자동차세와 재산세 등 대부분이 이에 해당함.)
2) 간접세 : 납세 의무자와 담세자(조세 부담자)가 일치하지 않는 조세

**9. 정치관리형 예산(Budgeting as Political Management)**

① 목표관리예산 또는 표적예산이라고도 하며, 적자재정지출을 억제하고 전통적인 상향식 예산을 탈피하기 위해 행정수반이 각 부처의 지출 한도와 목표를 정해 주면, 그 한도 내에서 각 부처가 효과적인 방식으로 목표를 달성하는 하향(top-down) 방식의 예산
② 의회 기능의 약화를 초래한 PPBS 등 행정부 우위의 합리주의 예산에 대한 불만으로 1981년 레이건 행정부가 의회와의 정치적 공조를 내세우며 스톡먼(D. Stockman)의 건의로 도입한 예산

**핵심 정리** 예산제도

| 예산제도 | 특징 | 중점 · 이념 | 장점 | 단점 |
|---|---|---|---|---|
| 품목별 예산 | • 지출의 대상 · 성질 또는 구입물품 · 서비스 중심(1920~30년대) | • 투입 중심<br>• 통제 지향<br>• 합법성 | • 회계 책임 명확화<br>• 재정통제 용이 | • 신축성 저해<br>• 성과 및 지출 목적 불분명 |
| 성과주의예산 | • 기능→사업→활동으로 사업 분류<br>• 세부사업예산=단위원가×업무량<br>• 트루먼 대통령(1950년) | • 산출 중심<br>• 관리 지향<br>• 능률성 | • 사업 목적 분명<br>• 신축성 유지 | • 회계 책임 불분명 |
| 계획예산 | • 계획+예산<br>• 자원의 합리적 배분<br>• 존슨 대통령(1965년) | • 목표 중심<br>• 기획 지향<br>• 효과성 | • 계획+예산<br>• 자원의 합리적 배분<br>• 조직 간 장벽 제거 | • 예산 편성의 집권화<br>• 환산 작업 곤란<br>• 하향적 예산 편성 |
| 목표관리예산 | • 구성원의 참여에 의한 예산 편성<br>• 단기 목표 강조<br>• 닉슨 대통령(1973년) | • 분권적 · 상향적 예산<br>• 참여 지향 | • 민주화 | • 단기 목표에 치중 |
| 영기준예산 | • 전년도 예산을 기준하지 않음.<br>• 계속사업 · 신규사업을 모두 분석<br>• 카터 대통령(1979년) | • 우선순위 중심<br>• 감축 지향 | • 예산의 팽창 방지 | • 사업 축소로 인한 반발<br>• 시간 노력 과다 소모 |

| | | | | |
|---|---|---|---|---|
| 신성과주의예산 | • 총괄배정예산, 지출통제예산, 산출예산제도 등 성과 중심의 예산<br>• 신공공관리론 | • 국정 전반에 연계된 성과관리 체계 | • 자율과 책임 조화<br>• 효율성 · 투명성 · 책임성 | |
| 참여예산 | • 주민참여예산<br>• 재정거버넌스 | • 민주성 | • 주민 의견 반영 | |

# 제 6 장 환류행정론

## 제 1 절 행정책임과 행정통제

### 1. 행정책임

일정한 의무를 전제로 하고, 과정적 책임과 결과적 책임이 있으며, 책임 확보 수단이 통제임.

① 임무적 책임(responsibility) : 국민의 수임자나 공복으로서 발생하는 책임

② 변명적 책임(accountability) : 업무 수행 결과 불만족스러울 때 주인의 문책에 따라 변명 · 해명을 해야 하는 설명적 · 법률적 책임

③ 응답적 책임(responsiveness) : 국민의 여망이나 민의에 부응해야 할 정치적 · 도의적 · 윤리적 · 외재적 책임

④ 수난적 책임(liability) : 해명을 납득할 수 없을 때 국민으로부터 제재와 비난을 감수해야 할 제재적 책임

### 2. 행정책임의 변천: 제도적 책임성, 자율적 책임성

| 제도적 책임성(전통적 책임성) | 자율적 책임성(현대적 책임성) |
|---|---|
| ① 문책자의 외재성<br>② 절차의 중시<br>③ 공식적 · 제도적 통제<br>④ 판단 기준과 절차의 객관<br>⑤ 제재의 존재 | ① 문책자의 내재화 또는 부재<br>② 절차의 준수와 책임 완수는 별개의 것<br>③ 성과 중시<br>④ 공식적 제도에 의해 달성할 수 없음.<br>⑤ 객관적으로 확정할 수 있는 기준 없음. 제재의 부재 |

## 3. 행정책임성의 역사와 변화

| 시기별 | 책임성의 유형 | 주요 내용(행정책임성 확보 수단) |
|---|---|---|
| 1940년대 이전 | 정치·행정이원론, 정책 집행과 관리기술로서 행정 | |
| | 법적 책임성(법규) | 의회의 관료 통제 |
| | 계층적 책임성<br>(베버의 관료제) | 조직구조: 직무의 수직 계층화, 통제 권한 구체화<br>조직 행태: 질서 복종, 도덕적 의무로서 체계적 규율 |
| 1960년대<br>(신행정학) | 공공 의지 실현 전문가로서 관료, 시민과 사회적 약자에 대한 부응 | |
| | 전문가적 책임성 | 행정교육: 정책 부문별 전문성, 행정의 윤리와 공익<br>※ 문제 해결 역량 있는 교육 |
| | 정치적 책임성(국민) | 시민 참여: 시민의 행정 통제, 정책 결정 과정 참여<br>※사회 정의와 성숙된 시민사회 |
| 1980년대 이후<br>(신공공관리) | 관료제에 대한 파산 선고, 행정에 경쟁과 시장 도입 | |
| | (고객)시장 책임성 | 고객에 대한 시장성과 책임: 시민(주체) vs 고객(객체)<br>※ 낮은 수준의 상호 협상, 쌍방 도덕적 해이 |
| | 법적 책임성(계약) | 계약 기반 책임: 수직적 관리 감독 vs 수평적 계약<br>※ 계약 기반의 통합성과 관리 체계 |
| 1990년대<br>(거버넌스) | 공공 참여자 간 의사소통, 수평적 협의, 네트워크 촉매자로서 정부 | |
| | 정치적 책임성 | 참여자 간 상호 학습, 이해와 신뢰, 내부/비공식 통제<br>※ 책임성 인식과 책임 주체 소멸 위기 |

## 4. 파이너와 프리드리히의 행정 책임 논쟁

| 구분 | 책임과 통제의 유형 | 시대적 배경 | 행정의 역할 |
|---|---|---|---|
| 파이너(H. Finer) | 외재적 책임(민주통제)/외부통제 | 19세기 입법국가관 | 정치·행정이원론 |
| 프리드리히<br>(C. J. Friedrich) | 내재적 책임(자율통제)/내부통제 | 20세기 행정국가관 | 정치·행정일원론 |

**심화 학습: 프리드리히와 파이너 논쟁**

프리드리히(C. J. Friedrich)는 파이너(H. Finer)와 달리 내적 책임이 외적 책임보다 중요하다고 했다. 이러한 내적 책임은 무엇보다 관료들이 전문가적 표준들과 기술적 지식들에 의해 달성된다. 특히 관료들은 전문가적 책임성은 정치가나 선출된 공무원들에게 책임을 지는 것이 아니라, 같은 지식과 표준을 소유하고 있는 동료들에게 책임을 지는 것이다. 관료들만이 자신들의 업무를 잘 알기 때문에 관료들에게 윤리적 책임성은 바로 전문가적 책임성이 되는 것이다.
그러나 프리드리히는 전문가적 책임을 강조했지만, 이러한 전문가적 책임성은 내부적인 단순 기술적인 책임이고 이러한 전문가적 책임성이 궁극적으로 국민에 대한 책임성을 바탕으로 이뤄져야 한다는 것을 설명하지 못한다. 이러한 차원에서 세월호 참상을 통해서 관료의 전문가적 책임성이 중요하지만 이것이 단순히 내부적 책임성이 아니라 이러한 책임은 국민에 대한 책임과 함께 이뤄져야 한다는 것이다.

## 5. 행정통제의 유형과 과정

① 길버트(G. E. Gilbert)는 정부 내·외부 통제 여부에 따라 내부통제와 외부통제로 공식적인 기구와 절차를 통한 통제 여부에 따라 공식통제와 비공식통제로 구분

② 통제 과정 : 목표와 계획에 따른 통제 기준의 확인 → 정보 수집 → 과정평가, 효과성평가 등의 실시 → 시정 조치 및 추가

| 내·외부 | 공식성 | 통제 유형 | 통제 내용 |
|---|---|---|---|
| 외부통제 | 공식 | **입법통제** | 법률 제정 통제, 재정통제, **국회의 국정감사·조사 통제** |
| | | **사법통제** | 사후적 구제, 헌법재판소의 위헌심판(포함), 행정소송 판결 등 |
| | | 옴부즈만 제도 | 행정감찰관 |
| | 비공식 | 민중통제 | 선거, 투표, 이익집단, 여론, 시민 참여 등 |
| 내부통제 | 공식 | • 행정수반(대통령)<br>• 교차 기능 조직(인사, 조직, 예산, 법제)<br>• 독립통제기관(감사원, 국민권익위원회)<br>• 계층제(상관)<br>• 정부업무평가<br>• 행정심판<br>• 근무성적평정 | |
| | 비공식 | • 행정윤리(전문직업상의 행동규범), 대표관료제<br>• 공익 | |

### 심화 학습: 두브닉과 롬젝의 책임유형

두브닉(M. J. Dubnick)과 롬젝(B. S. Romzek)는 행정국가로 이행하면서 외부에서 내부로, 강도가 높은 통제에서 낮은 통제로 중점이 변화돼 왔다고 주장함.

| 구분 | | 기관통제의 원천 | |
|---|---|---|---|
| | | 내부 | 외부 |
| 통제의 정도 | 높은 통제 수준(낮은 자율성) | 관료적(위계적) 책임성 | 법률적 책임성 |
| | 낮은 통제 수준(높은 자율성) | 전문가적 책임성 | 정치적 책임성 |

### 심화 학습: 통제기관

**1. 교차 기능 조직에 의한 통제**

① 행정 체제 전반에 걸쳐 관리 작용을 분담해 수행하는 참모적 조직 단위를 교차 기능 조직이라고 함. (즉 횡적 지원 · 조정조직)

② 계선적 운영조직들의 관리적 작용을 대신함으로써 일반 운영기관들의 활동을 지원함.

③ 계선운영기관들의 실적을 객관적이고 전문적으로 평가함.

④ 사전적 통제 활동을 수행하며, 계선기관의 일정한 의사 결정에 대해 사전 동의 또는 협의

⑤ 운영기관들로부터 보고받고 활동을 감사함.

**2. 독립통제기관 비교**

| | 감사원 | 국민권익위원회 |
|---|---|---|
| 기능 | 회계검사, 결산 확인, 직무감찰 | 고충처리, 부패 방지, 행정심판 |
| 근거 | 헌법 | 법률 |
| 소속 | 대통령 | 국무총리 |
| 위원 | 헌법: 5~11인(원장 포함)<br>법률: 7인(원장 포함) | 15인(위원장 포함) |
| 임명 | 원장: 국회 동의, 대통령 임명<br>위원: 원장 제청, 대통령 임명 | 위원장: 총리 제청, 대통령 임명<br>위원: 위원장 제청, 대통령 임명 |
| 임기 | 4년, 1차 중임 가능 | 3년, 1차 연임 가능 |
| 신분 | 신분 보장, 겸직 금지 | 신분 보장, 겸직 금지 |

**3. 헌법재판소의 기능**

① 법원의 제청에 의한 법률의 위헌 여부 심판

② 탄핵의 심판

③ 정당의 해산심판

④ 국가기관 상호 간, 국가기관과 지방자치단체 간 및 지방자치단체 상호 간의 권한쟁의에 관한 심판
⑤ 헌법소원에 관한 심판

**4. 긍정적 통제와 부정적 통제**

① 긍정적·적극적 환류에 의한 통제: 어떤 행동이 통제 기준에서 이탈되는 결과를 발생시킬 때까지 기다리지 않고 그러한 결과의 발생을 유발할 수 있는 행동이 나타날 때마다 교정해 나가는 통제
② 부정적·적소적 환류에 의한 통제: 실적이 목표에서 이탈된 것을 발견하고 후속되는 행동이 전철을 밟지 않도록 시정하는 통제

## 6. 스웨덴식 옴부즈만과 우리나라 국민권익위원회의 비교

| 비교 | | 옴부즈만(스웨덴식) | 〈한국〉 국민권익위원회(고충민원) |
|---|---|---|---|
| 차이점 | 조직 소속 | 입법부(의회) 소속 | 행정부(국무총리) 소속 |
| | 통제 유형 | 외부통제 | 내부통제 |
| | 직무상 독립성 | 있음. | 독립성은 있지만 스웨덴보다 미흡 |
| | 법적 근거 | 헌법상 기관<br>※ 입법부와 사법부도 통제 대상 | 법률상 기관(부패 방지 및 국민권익위원회 설치와 운영에 관한 법률)<br>※ 조직의 안정성 부족<br>※ 국회, 법원, 헌재, 선관위, 감사원, 지방의회는 통제 대상에서 제외 |
| | 조사 방식 | 신청에 의한 조사 또는 직권조사 | 신청에 의한 조사만 가능<br>직권조사는 불인정(단, 직권조정권은 인정, 민법상 화해와 동일한 효력) |
| 유사점 | 통제 방식 | 공식적 통제 | |
| | 조사 사항 | 광범위: 위법(합법성 심사)한 사항 및 부당(합목적성 심사)한 사항 | |
| | 조사 결과의 처리 | ① 직접적 통제권은 없고 **간접적 통제권만 지님.**<br>② 해당 기관에 시정·개선 조치의 권고나 요구만 가능(해당 기관의 결정을 무효화 또는 취소할 수 없음.)<br>③ 조사 후 결과를 공표, 시정 조치를 해당 기관에 건의<br>※ 조사권과 시찰권은 인정하나 (형사상의) 소추권은 불인정 | |

① 옴부즈만(ombudsman)은 비공식적인 절차를 이용하는 경우가 많으며, 조사는 대면적·공개적으로 이뤄짐(따라서 법적이라기보다는 정치적·사회적 성격이 강함.)
② 국민권익위원회 위원장과 부위원장은 국무총리 제청으로 대통령이 임명, 상임위원은 위원장의 제청으로 대통령이 임명
③ 고충민원의 처리 기한은 접수일로부터 60일 이내

〈국민권익위원회〉

| | |
|---|---|
| 위원회의 설치 | ① 국무총리 소속으로 행정 체제 내의 독립통제기관이며, 대통령이 임명하는 옴부즈만의 일종임.<br>② 과거 국민고충처리위원회, 국가청렴위원회, 그리고 행정심판위원회가 관장하던 업무를 통합 관리하도록 2008년에 설치 |
| 위원회의 구성 | ① 위원장 1명, 부위원장 3명, 상임위원 3명을 포함한 15명의 위원으로 구성돼 있으며, 이들 위원은 대통령이 임명함.<br>② 위원의 임기는 3년이며 1차에 한해 연임할 수 있고, 신분 보장 조항과 겸직 금지 조항이 적용됨. |
| 세 가지 기능 | ① 고충민원 처리와 그에 관련된 불합리한 행정제도 개선<br>② 공직사회의 부패 예방 부패행위 규제 등을 통한 청렴한 공직 및 사회풍토 확립<br>③ 행정쟁송을 통해 행정청의 위법·부당한 처분으로부터 국민의 권리 보호. |
| 일반적인 옴부즈만과의 차이 | 다른 국가기관들에 대해 권고 의견을 표명할 수 있을 뿐만 아니라, 부패행위를 검찰에 고발하거나 **행정심판에 의해 법적 구속력이 있는 행위를 할 수 있다**는 점에서 권고적 기능의 수행을 원칙으로 하는 옴부즈만의 표준형과는 구별됨. |

### 심화 학습: 옴부즈만(ombudsman)

| | |
|---|---|
| 의의 | ① 입법부에 의한 통제와 사법부에 의한 통제가 충분한 행정통제의 기능을 수행할 수 없는 한계를 보완하기 위해, 스웨덴에서 1809년 처음으로 창설된 후 널리 보급돼 많은 나라에서 채택돼 옴.<br>② 'ombud'는 스웨덴어로 대표, 대행자, 대리인, 법무관, 대리를 의미하는 것으로 『브리태니커 백과사전』에서는 ombudsman을 관료의 권력 남용에 대한 시민의 불평을 조사하기 위한 위원이라고 정의<br>③ 민정관, 호민관, 행정감찰관으로 부르는 경우가 많음. |
| 스웨덴 | 〈임무〉<br>법관, 행정관, 기타 공무원이 법을 잘 준수하고 있는가에 대해 감시하고 위법을 행한 자나 직무상 의무를 위반한 자를 소추하는 일이다. 초기의 주요 기능은 민원 처리가 아니고 행정통제에 있었으나, 의회와 국민의 대응책이 약화됨에 따라서 옴부즈만의 기능도 국민의 권리 보호 쪽으로 그 중심이 옮겨지고 있음.<br>〈권한〉<br>① 비밀문서를 포함해 모든 공문서를 열람할 수 있음.<br>② 소추권을 가지나, 소추권과 직무발동권은 과거와는 달리 현재는 별로 사용하지 않고, 경고나 비난의 방법을 주로 사용함.<br>③ 연간 6주에 걸쳐 전국의 법원이나 행정기관을 순회하면서 감시 활동을 함.<br>④ 연차보고서에서 법률이나 제도의 개선을 권고할 수 있음. |

| | |
|---|---|
| | ⑤ 관할은 행정만이 아니고 사법도 포함됨.<br>* 의회의 양원으로 구성된 선거인단에서 선출되나, 의회는 옴부즈만의 개별적 활동을 지휘 감독하거나 관여할 수 없고, 옴부즈만의 의회에 대한 임무로는 조사 활동에 대한 연차보고서를 제출하는 것뿐임. |
| 덴마크 | ① 1954년 헌법에 근거를 두고 출발<br>② 의회가 임명하나 직무상 독립<br>③ 지방정부와 사법부는 제외되나 군대는 관할 대상에 포함 |
| 미국 | ① 연방정부 수준에서가 아니라 주정부 수준에서 전국적으로 채택<br>② 공식적 의미에서의 권한은 거의 없으나, 사용할 수 있는 두 가지 권한으로는 그가 발견한 것을 공표할 수 있는 권한과 고위층 인사와의 직접적인 접촉임.<br>③ 주 의회에서 임명되는 곳은 많지 않고, 대부분이 행정부의 주지사나 시장 등에 의해 임명됨.<br>④ 1970년대 초기에는 하와이 주와 오리건 주에만 있었으나, 1970년대 중반 이후 여러 주에서 채택함. |
| 옴부즈만 제도의 특징 | ① 의회에 의해 임명되고 의회에 대해 보고할 의무가 있으나 고도의 독립성이 있고, 초당파적이며, 신분이 보장돼 있음.<br>② 국민으로부터 민원의 신청이나 또는 직권에 의해 행정관료 또는 법관의 위법 내지 횡포로부터 국민의 자유와 권리를 보호할 것을 목적으로 공무원의 직책 수행을 조사함을 주된 목적으로 함(조사 결과에 따라 필요한 것을 관계 공무원에게 시정하도록 권고하거나 발견한 사실을 공표할 수도 있음.)<br>③ 행정기관이나 법원에 대해 지휘나 명령을 하거나 또는 법원의 판결이나 행정 결정에 대해 직접 취소·변경할 수 있는 권한을 갖고 있지 않음(그러나 옴부즈만의 의견은 신뢰할 수 있고 객관성이 높기 때문에 그 영향력이 큼).<br>④ 직무 처리와 민원의 신청에 관해 어떤 형식이나 일정한 절차상의 제약이 없으므로 접근이 용이하고 경비 부담이 경미하며, 사소한 문제까지도 취급함으로써 행정쟁의 절차에 의한 행정구제와 같이 비교적 긴 시간이 소요되고 많은 비용이 드는 경우에 비해 편리함.<br>⑤ 직무 수행을 위해 소추권·조사권·조정권·건의권 및 공개비판권 등을 가지는데, 강제권의 부여는 점진적으로 감소되고 있으며, 소추권의 경우도 일부 국가에서만 인정하고 있는 실정임. |
| 옴부즈만 유형 | **1) 소속·임명권자에 따른 분류 : 의회형, 행정부형, 절충형**<br>전적으로 의회에 책임을 지는 순수의회형(스칸디나비아 국가), 의회에 책임을 지되 행정부 수반에 대해서도 다소 책임을 지는 행정부형(미국·캐나다 일부 주), 행정수반과 의회에 대등하게 책임을 지는 절충형(프랑스)으로 분류할 수 있다.<br>**2) 업무 관할 범위에 따른 분류 : 일반형, 특수형**<br>일반형은 일반적인 행정 전반을 관할 대상으로 하는데 반해, 특수형은 상대적으로 행정통제보다는 행정구제에 중점을 두며, 특정한 행정 분야 또는 특정한 기관만을 관할 대상으로 한다. |

| | |
|---|---|
| | **3) 의사 결정의 방식에 따른 분류 : 독임형, 합의형**<br>독임형은 대부분의 국가에서 채택하는 유형으로 단독으로 처리해 간이·신속성을 확보하기 위한 측면이 강한 반면, 합의형은 여러 옴부즈만이 중지를 모아 좀 더 신중한 결정을 하기 위해 운영한다. |
| 옴부즈만<br>(ombudsman) | 행정부나 입법부로부터 독립하여 법률이나 행정에 관한 전문지식을 가진 사람들이 시민들의 불만, 고충처리의 입장에서 경미한 비용 부담으로 민원을 신속하고 신축성 있게 처리할 수 있는 행정통제제도임. |

## 제 2 절 주민 참여와 행정개혁

### 1. 주민 참여의 유형

| 간접 참여 | 직접 참여 | |
|---|---|---|
| 의회나 시민단체를 통한 참여<br>- 의회<br>- 연합회<br>- 위원회<br>- 주민협의회 등 | 주민투표<br>주민소송<br>주민감사청구<br>주민조례개폐청구<br>주민소송 | 지방자치법 |
| | 주민참여예산 | 지방재정법 |

**심화 학습: 행정 참여의 효용과 한계**

| 효용 | 한계 |
|---|---|
| ① 대의 민주주의 한계(제도적 사각지대) 보완<br>② 절차적 민주주의와 정당성 실현<br>③ 정책의 신뢰성 향상과 정책에의 순응 확보<br>④ 정책의 현실성 및 적실성 제고<br>⑤ 행정의 효율성 제고: 성공적 집행 가능성 제고<br>⑥ 행정의 책임성 제고: 행정 통제의 강화 | ① 대표성 문제: 활동적 소수의 폐단<br>② 전문성 저하: 현대 행정의 복잡성<br>③ 책임의 전가<br>④ 갈등의 증폭: 정책 거부점<br>⑤ 행정의 능률성 저해: 정책 결정 과정에서의 시간·비용 증가<br>⑥ 이익집단과의 유착 |

## 2. 주민(시민) 참여의 단계(아른슈타인[S. R. Arnstein])

시민이 정책 결정에 미치는 영향력의 정도에 따라 구분

| 단계 | 유형 | 내용 | 구분 |
|---|---|---|---|
| 1단계<br>(하위 단계) | ① 조작(manipulation) | 주민에 대한 일방적 설득이나 지시 | 비참여 |
| | ② 치유(therapy) 혹은 임시치료 | 주민 요구 분출(치료) 수단 | |
| 2단계<br>(중간 단계) | ③ 정보 제공(informing) | 일방적 홍보(매스컴 등이 수단) | 상징적<br>참여 |
| | ④ 상담(consulation) | 공청회 등으로 정보 제공 및 참여 유도 | |
| | ⑤ 회유(placation) | 주민의 영향력은 약간, 채택 여부는 행정청이 결정 | |
| 3단계<br>(상위 단계) | ⑥ 동업자 관계(partnership) | 주민이 지방의회에 맞서 협상 유도, 최종 결정은 지방정부가 함. | 실질적<br>참여 |
| | ⑦ 주민 권력 위임(delegated power) | 주민이 우월한 입장, 행정청이 협상 유도 | |
| | ⑧ 시민통제(citizen control) | 시민이 위원회를 지배, 주민에 의한 완전자치 | |

### 심화 학습: 아른슈타인의 주민 참여 단계

| 단계 | 내용 | 구분 |
|---|---|---|
| 주민통제 | 주민에 의한 완전자치를 뜻하는 것으로 주민은 그들의 권한이 단지 그들의 계획과 기관을 통제할 수 있는 정도이며, 외부 세력이 그들 지역사회를 변모시키는 조건에 협상할 수 없다고 주장한다. 주민통제는 행정의 흑막을 없애고 선명하게 해주긴 하지만 비용이 많이 들고 비능률적이며 전문화나 실적주의와 병행되기 어렵다. | 주민<br>권력<br>단계 |
| 권한위임 | 주민의 권한이 계획 실시에 결정적으로 영향을 끼칠 만큼 강해 행정 당국은 문제해결을 위해 주민을 협상으로 유도한다. 이러한 주도성은 미국 내 여러 도시에서의 도시 건설 계획모형에서 찾아볼 수 있다. | |
| 협동<br>관계 | 시의회가 최종 결정권을 가지고 있지만 주민은 필요하다고 판단하는 경우 이에 맞서 그들의 주장을 협상으로 이끌어갈 만큼 충분히 강하다. | |
| 회유 | 아직 명목상의 참여임은 분명하지만, 이 단계에서는 주민이 약간의 영향력을 행사할 수 있다. 주민들의 광범위한 참여가 각종 위원회를 통해 이뤄지고 의견의 제시가 권고되나 의견의 합법성과 실행 가능성의 판단 권한은 행정기관에 있다. 이 단계에서 주민들은 광범위하게 참여하긴 하지만 행정측이 주민들을 회유하기 위해 결정한 것이기에 주민들은 혜택을 얻지 못한다. | 명목상<br>참여<br>단계 |
| 상담 | 주민의 의사 타진, 태도 조사, 공청회 등의 방법에 의해 주민에게 정보를 제공해서 행정에 참여토록 유도하고 있으나 행정 측면에서 본 성과는 주민이 회합에 참석했고, 요구된 과정을 거쳤다는 명목상의 참여에 그치는 단계다. | |

| | | |
|---|---|---|
| 정보 제공 | 행정에서 주민으로 통하는 일방적인 것이며 환류나 협상 능력은 없다. 전달 수단은 일방적 제공 방법인 대중통신 수단, 소책자 · 포스터 · 문의에 대한 단순 반응 등의 형태를 취한다. | |
| 치료 | 주민의 무력함을 주로 사회사업의 기술론적 접근을 통해 치료하려는 단계로 하급 아파트 주민들에게 아동관리나 청소운동 등을 전개하려는 것과 같이 행정의 일반적 지도에 끝나는 단계 | 비참여 단계 |
| 조작 | 행정과 주민 간의 협동 관계를 맺는다는 사실 자체에 의의를 인정할 수 있는 단계로서 관료들이 일방적으로 주민을 교육 · 설명 · 계도하거나 일방적인 지시나 전달을 할 뿐이고 주민은 초대에 응하고 참석하는 것만으로 만족하는 수준의 단계 | |

## 3. 민원의 종류(민원처리에 관한 법률)

### 1) 법정민원

관계 법령에서 정한 일정 요건에 따라 인가 · 허가 · 승인 · 특허 · 면허 등을 신청하거나 장부 · 대장 등에 등록 · 등재를 신청 또는 신고하거나 특정한 사실 또는 법률 관계에 관한 확인 또는 증명을 신청하는 민원

### 2) 질의민원

법령 · 제도 · 절차 등 행정 업무에 관해 행정기관의 설명이나 해석을 요구하는 민원

### 3) 건의민원

행정제도 및 운영의 개선을 요구하는 민원

### 4) 기타 민원

행정기관에 단순한 행정절차 또는 형식 요건 등에 대한 상담 · 설명을 요구하거나 일상 생활에서 발생하는 불편 사항에 대해 알리는 등 행정기관에 특정한 행위를 요구하는 민원

### 5) 고충민원

행정기관 등의 위법 · 부당하거나 소극적인 처분 및 불합리한 행정제도로 인해 국민의 권리를 침해하거나 국민에게 불편 또는 부담을 주는 사항에 관한 민원

6) 복합민원

하나의 민원 목적을 실현하기 위해 관계 법령 등에 따라 여러 관계 기관 또는 부서의 인가·허가·승인·추천·협의 또는 확인 등을 거쳐 처리되는 법정민원

7) 다수인 관련 민원

5세대(世帶) 이상의 공동 이해와 관련돼 5명 이상이 연명으로 제출하는 민원

## 4. 정부혁신의 특성과 촉진 요인

1) 정부혁신의 특성

① 인위적으로 변화시키는 것이기 때문에 환경에 대한 소극적인 적응과는 구분된다.
② 일시적이 아닌 계속적인 과정이다.
③ 개혁 상황 혹은 환경과 계속 적응한 동태적 과정이다.
④ 정치·사회·심리적인 과정으로서 조직관리의 기술적 속성과 함께 정치·경제적 권력 투쟁과 타협, 그리고 설득이 반복된다.

2) 정부혁신의 촉진 요인

정치적 변혁과 새로운 정치·경제적 이념 부각, 과학기술이 발달해 행정의 전문화가 요구됨, 정부실패에 따른 비능률을 대폭 제고해야 하는 경우, 국제적 환경의 변화 등

## 5. 행정개혁의 접근 방법

| 구분 | 초점 | 내용 또는 장단점 |
|---|---|---|
| 구조적 접근법<br>(전통적 접근법) | 조직의 구조적 설계를 개선<br>(예) 분권화의 확대, 통솔 범위의 조정, 의사 결정 권한의 수정, 의사 전달 체계의 수정, 명령 계통의 효율화 등 | 원리전략(최적 구조의 설계) : 중복 기능 제거, 책임의 재규정, 조정 및 통제 절차의 개선, 표준적 절차의 간소화 등<br>분권화 전략 : 구조의 분권화(공식적 조직뿐만 아니라 관리자의 행태와 의사 결정도 포함) |

| | | |
|---|---|---|
| 기술적 접근법<br>(관리·기술·<br>과정적 접근법) | 기술적 쇄신을 통해 조직 내 운영 과정이나 일의 흐름을 개선<br>(예) 새로운 장비를 도입하거나 관리과학, 체제분석, 전산화 등 계량화 기법을 활용, TQM, BSC, 정원관리 등 | 기술적 쇄신을 통해 표준적 절차와 조직의 과업 수행에 영향을 줄 뿐만 아니라, 조직의 행태와 인간의 행태에 영향을 줄 수 있음.<br>* 신공공관리론에서 강조 |
| 행태적 접근법<br>(인간 중심적<br>접근법) | 구성원에게 초점을 두고 인간 행태의 변혁을 추구(조직 발전 기법)<br>(예) 감수성훈련, 태도조사 등을 활용해 자율적 행태 변화를 유도 | 오랜 시일이 소요되고 권위주의적 행정문화에서는 성공하기 곤란하며 정부조직의 경우 법적 제약이 존재함.<br>* 개도국에서는 적용이 곤란 |
| 사업 중심적<br>(산출 중심적·<br>정책 중심적)<br>접근 방법 | 행정 산출의 정책 목표와 내용 및 소요자원에 초점을 둬 행정 활동의 목표를 개선하고 행정 서비스의 양과 질을 개선하려는 접근 방법 | 각종 정책분석과 평가, 생산성 측정, 직무검사와 책임 평가 등 |
| 문화론적 접근<br>방법 | 행정문화를 개혁[1]함으로써 행정 체제의 보다 근본적이고 장기적인 개혁을 성취하려는 접근 방법으로 많은 사람들이 행정 체제의 근본적이고 심층적인 개혁과 개혁의 지속적인 정착에 관심을 갖게 되면서부터 각광을 받게 됨. | – |
| 종합(통합)적<br>접근법 | 통합적·총체적 개선(구조+기술+행태) | 개혁 추진자들의 실천적 작업에서 많은 부담을 줌. |

## 6. 개혁 저항에 대한 대책

| 가장 바람직한 전략 | 저항의 감소 전략 | 바람직하지 않은 전략 |
|---|---|---|
| 규범적·사회적 전략 | 공리적·기술적 전략 | 강제적·물리적 전략 |
| 참여 확대, 소통 촉진, 카리스마나 상징을 활용, 충분한 시간 부여 | 점진적 방법이나 기술 수정, 인사와 보상, **개혁안의 명확화와 공공성 강조** | 긴장, 압력 |

## 7. 영국의 행정개혁

① 최초: 넥스트 스텝 프로그램(Next Steps Program: 책임집행기관), 시민헌장제도

② 시장성 검증제도, 최고가치 정책 등

1) 문화개혁은 계획적인 개입에 의해 바람직한 문화 변동을 달성하려는 것이다.

## 8. 미국의 행정개혁

① 전자정부, 정부성과 및 결과법(GPRA), BSC(통합적 성과관리, 균형성과표)

② 국정성과평가팀(NPR) : 직업관료 250명으로 구성(위원장은 고어[A. Gore] 부통령)

## 9. 시민헌장

① 기관의 의무와 시민의 권리 명시(소비자 주권), 서비스 품질의 표준화, 품질관리 전략의 일환

② 단점 : 공무원의 자율성과 창의성, 행정의 유연성 저해

③ 영국(시민헌장. 세계 최초), 미국(서비스 기준)

## 10. 한국 역대 정부의 주요 행정개혁

| 구분 | 내용 |
|---|---|
| 김대중 정부 | 대통령 소속의 중앙인사위원회를 설치해 대통령의 인사권 행사를 강화 |
| 노무현 정부 | 법제처와 국가보훈처를 장관급 기구로 격상하고, 소방방재청을 신설 |
| 이명박 정부 | 정보통신정책과 국가정보화를 전담하여 추진하던 정보통신부를 폐지하고 방송통신 융합을 주도할 방송통신위원회를 설치 |
| 박근혜 정부 | 부총리제가 부활되고 외교통상부의 통상 교섭 기능이 산업통상자원부로 이관<br>국민안전처(장관급)와 인사혁신처, 식품의약품안전처(차관급) 신설 |
| 문재인 정부 | 중소기업청을 중소벤처기업부로 승격, 국민안전처 폐지, 해양경찰청을 해양수산부로,<br>소방청을 행정안전부의 외청으로 변경, 국가보훈처장을 장관급으로 격상<br>미래창조과학부를 과학기술정보통신부로 변경, 안전 업무는 행정안전부가 담당 |

## 11. 통합성과관리(Balanced Score Card: BSC)

① 재무적 관점과 비재무적 관점(고객 관점, 내부 프로세스 관점, 학습과 성장 관점)

② 공공 부문 도입 시, 재무적 관점은 제약 요인, 고객 관점은 고객의 범위가 명확하지 않음, 학습과 성장 관점은 민간 부문과 차이를 둘 필요가 없는 미래 관점

〈성과지표(건설사업의 경우)〉

| 투입 지표 | 과정(업무) 지표 | 산출 지표<br>(1차 성과) | 결과 지표<br>(최종 성과) | 영향 지표<br>(사회에 미친 영향) |
|---|---|---|---|---|
| 사업비 지원 금액,<br>장비 규모 | 공사 진척률 | 도로 증가율 | 차량 통행 속도 증가율 | 지역사회 경쟁력 제고 |

**심화 학습: 통합성과관리(Balanced Score Card)**

<table>
<tr><td rowspan="2">미션<br>(mission)</td><td colspan="3">왜 우리 조직이 존재해야 하는지? 우리 조직이 없으면 무엇이 문제인지에 대한 답을 담고 있음.</td></tr>
<tr><td colspan="3">문장화된 미션을 미션선언문이라고 함.<br>〈예〉 누구나 살고 싶어 하는 국토피아 실현</td></tr>
<tr><td rowspan="2">비전<br>(vision)</td><td colspan="3">어떤 단위의 미래의 모습에 대한 '머릿속의 그림자'이자 '언어로 그린 그림자'(조직의 미래상이 무엇인지를 말함)로 미션보다 분명한 미래의 모습<br>〈예〉 세계화 시대를 주도하는 국토경영 중추부서</td></tr>
<tr><td colspan="3">비전은 전 구성원이 함께 참여해서 만든 공유의 비전이 중요함(일방향적 명령형 비전이 아니라 쌍방향 합의형 비전이 필요함.)</td></tr>
<tr><td rowspan="4">핵심 전략<br>(core strategy)</td><td colspan="3">고객(이해관계자) 관점, 내부 프로세스 관점, 학습과 성장 관점, 재무(자원 확보) 관점<br>〈예〉안전한 생활 여건, 조직 운영의 탄력성 확보, 인재 양성, 민간교육기관 활용 등</td></tr>
<tr><td rowspan="3">BSC<br>4대<br>관점</td><td colspan="2">* BSC(Balanced Score Card)는 네 가지 균형을 중시함.<br>-재무적 지표와 비재무적 지표(고객, 학습과 성장, 내부 프로세스)의 균형<br>-내부 요소(직원과 내부프로세스)와 외부 요소(재무적 투자와 고객)의 균형<br>-결과를 예측해 주는 선행지표와 결과인 후행 지표의 균형<br>-단기적 관점(재무)과 장기점 관점(학습과 성장 관점)의 균형</td></tr>
<tr><td>기능</td><td>BSC는 추상성이 높은 비전에서부터 구체적인 성과지표로 이어지는 위계적인 체계를 가짐.<br>-성과측정 시스템으로서 BSC : 핵심 성과지표 간의 연계<br>-전략관리 시스템으로서 BSC<br>-의사소통 도구로서 BSC : 조직전략의 해석 지침</td></tr>
<tr><td>고객 관점</td><td>-목표인 대상인 고객에게 조직이 전달해야 하는 가치를 확인하는 것으로 공공 부문 도입에서 가장 중요한 관점<br>-성과지표 : 고객만족도, 정책순응도, 민원인의 불만율, 신규 고객의 증감 등</td></tr>
</table>

| | | 재무적 관점 | -재무지표를 의미하는 것으로 전통적인 후행 지표<br>-성과지표: 매출, 자본 수익률, 예산 대비 차이 등 |
|---|---|---|---|
| | | 학습과 성장 관점 | -장기적 관점으로 조직이 보유한 인적 자원의 역량, 지식의 축적, 정보 시스템 구축 등과 관련됨<br>-성과지표: 학습 동아리 수, 내부 제안 건수, 직무만족도 등 |
| | | 내부 프로세스 관점 | -고객이 원하는 가치를 구현하기 위해 조직이 운영해야 하는 내부 프로세스를 확인하는 관점<br>-성과지표: 의사 결정 과정에 시민 참여, 적법 절차, 조직 내 커뮤니케이션 구조, 공개 등 |
| 핵심 가치 (core values) | 미션과 비전을 달성하는 과정에서 '어떻게' 행동해야 하는가의 기준을 말함.<br>〈예〉 Creative, clean, communicative하는 국토교통부 | | |

# 제 3 절 정보화사회와 전자정부

## 1. 정보화 사회와 행정

### 1) 조직구조

① 탈관료제화: 수평구조, 가상조직, 네트워크조직 등 유연성과 신축성이 높은 저층구조

② 예산의 예측 불가능성: 표준화된 운영절차(SOP)에 의한 획일적 생산 곤란

③ 규모의 경제(소품종 대량 생산)가 범위의 경제(다품종 소량 생산)로 전환

④ 업무(기능)의 통폐합: 이음매 없는 조직

⑤ 행정 농도의 저하: 본부 및 지원 인력 비율 축소

⑥ 네트워크화: 조정력 상실 없이 분권과 시민 참여 가능성 제고

⑦ 의사 결정의 집·분권화: 네트워크에 의한 정보 공유

### 2) 조직행동

① 조직 내 개인 간 자율성이 높아지고 경쟁 가속화

② 연공서열보다는 능력 중심의 보상 체제로 동기 유발 요인이 변화

③ 계층제 구조가 수평적인 네트워크 구조로 전환

④ 재택근무나 탄력시간제 등 유연근무제 확대로 시 · 공간적 제약이 사라짐.

⑤ 여성 중심의 유연한 문화로 변화

⑥ 물질적 가치(하위 욕구)보다 정신적 가치(상위 욕구) 추구

### 3) 리더십

① 상호 연계적 리더십: 분배된 리더십

② 공유된 비전과 학습 의지

③ 개인 역량의 결합

④ 최고관리자의 지원과 관심

⑤ 구성원 모두가 리더라는 인식: 셀프 리더십

### 4) 지식정보화사회의 조직구조

| | |
|---|---|
| 후기 기업가 조직 | • 안정성과 지속성보다는 신속성, 창의성, 신축성을 강조하는 조직<br>• 대규모 조직이면서도 의사 결정 단계가 축소된 신속한 조직 |
| 삼엽조직 | • 클로버형 조직으로서 소규모 전문적 근로자, 계약직 근로자, 신축적 근로자로 구성된 조직으로 핸디(C. Handy)가 제시한 정보화 사회에 적합한 미래형 조직모형<br>• 소규모 조직을 유지하면서도 산출을 극대화시킬 수 있는 조직 |
| 혼돈정부 | 조직 내에 존재하는 혼돈과 무질서를 회피의 대상으로 보지 않는 조직으로 혼돈이론, 비선형동학, 복잡성이론 등을 적용한 조직 |
| 공동(空洞)조직 | 정부는 핵심적인 기능만을 수행하고 여타 부수적 기능은 다른 조직에 일임하는 방식으로 정부의 영역이 간소화된 조직 |
| 그림자국가 | 정부가 직접 공공 서비스를 모두 공급 · 생산하기보다는 준정부조직, 비영리조직 등을 이용해 서비스를 제공하는 네트워크형 국가 |

### 5) 자료 · 정보 · 지식의 차이

| | |
|---|---|
| 자료(data) | • 특정한 일에 유용하게 사용될 가능성이 있는 평가되지 않은 기호 · 문자 · 이미지 |
| 정보(information) | • 자료가 사용자에게 의미 있는 형태로 가공된 결과 |
| 지식(knowledge) | • 정보보다 더 일반 상황에서 보편적 의미를 가짐 |
| 지혜(wisdom) | • 문제 해결이나 의사 결정에 실제 활용 가능한 지식 |

### 6) 역기능

인간 소외(정보통제에 의한 부작용으로), 정보 격차, 프라이버시 침해(침해가 심할 경우 빅브라더상 수여)

**심화 학습: 산업사회와 정보화사회 비교**

| | 산업사회 | 정보화사회 |
|---|---|---|
| 사회 | 현대 산업사회 | 후기산업사회 |
| 생산 체제 | 소품종 대량생산 체제 | 다품종 소량생산 체제 |
| 산업구조 | 제조업 중심(노동) | 정보산업(지식) |
| 기호화 | 아날로그 | 디지털 |
| 조직구조 | 수직적 계층구조 | 수평적 네트워크구조 |
| 지방 관계 | 중앙집권 | 지방분권 |
| 정치 형태 | 의회민주주의 | 직접민주주의 |

## 2. 전자정부

### 1) 주무부처

행정안전부

### 2) 의미

좁은 의미(대내적 효율성), 넓은 의미(대내적 효율성과 대외적 민주성 포함)

### 3) 보편적 서비스

| 접근성 | 장소 불문 접속 가능 |
|---|---|
| 활용 가능성 | 신체 조건(개인적 장애) 불문 접속 가능 |
| 훈련과 지원 | 교육으로 인터넷 활용 능력 배양 |
| 유의미한 목적성 | 정보 시스템이 개인적 · 사회적으로 의미 있고 만족이나 경제적 성취에 도움 |
| 요금의 저렴성 | 비용 대비 효과성이 있어야 하고, 빈곤 등 경제적 이유로 인한 이용 배제 |

〈주의〉 국가정보화 기본계획은 과학기술정보통신부 장관이 수립.

## 3. 전자정부 관련 주요 용어

### 1) 정보자원관리[2] 도구

정보기술 아키텍처(건축물의 설계도 기능을 수행)

정보기술 아키텍처란 일정한 기준과 절차에 따라 업무, 응용, 데이터, 기술 보안 등 조직 전체의 정보화 요소들을 통합적으로 분석한 뒤 이들 간 관계를 구조적으로 정리한 체제 및 이를 바탕으로 정보 시스템을 효율적으로 구성하기 위한 방법을 말함.

### 2) 전자문서 교환(Electronic Data Interchange: EDI)

서로 다른 조직 간에 약속된 포맷을 사용해 상업적 또는 행정상의 거래를 컴퓨터와 컴퓨터 간에 행하는 것

### 3) 고객관계관리(Customer Relationship Management: CRM)

기업이 고객에 대한 정보를 바탕으로 업무 프로세스, 조직, 인력을 정비하고 운용하는 전략(전체 고객에 대한 다양한 정보를 바탕으로 고객을 세분화하고 주된 목표 대상이 되는 고객을 선정하고 목표 고객에 대한 체계적인 정보를 중심으로 분석해 마케팅 전략을 실행)

### 4) 데이터 마이닝(data mining)

각 데이터 간의 상관 관계를 분석해 축적된 데이터 속에서 유도된 새로운 데이터 모델을 발견해 새로운 전략적 정보를 추출해 내는 정보 추출 및 지식 발견 기법

### 5) 행정 업무 처리 재설계(PAPR)

정보기술에 의해 뒷받침되는 행정 업무 혁신

### 6) DSS(의사 결정 지원 체계)

통계 패키지(SPSS, SAS)를 활용

---

2) 정보자원관리(Information Resource Management)의 궁극적 목표는 행정 업무 정보를 편리하게 제공하는 데 있다. 정보자원에는 시스템자원, 자료자원, 인력과 예산자원 등이 있다.

7) ES(전문가 체계)

전문가 지식을 컴퓨터에 미리 기억, 의사결정자가 전문가를 만나지 않고도 이를 활용해 문제 해결을 자동적으로 지원해 주는 장치

8) 키오스크(KIOSK)

정보기술을 활용해 정보 제공, 민원서류 발급, 무인 행정 서비스 체계를 운용

9) 전자문서관리(Electronic Document Management: EDM)

워드프로세서, 스프레드시트, 전자우편, 웹문서 편집기 등에 의해 전자적으로 작성된 텍스트 형식의 문서를 관리하기 위한 기술이며, 적은 용량의 멀티미디어 데이터도 관리할 수 있다. 주요 기능으로는 문서 분류, 반입·반출, 버전 관리, 이력 관리, 문서 검색, 보안 관리, 백업 및 복구, 문서 보존 관리, 복제 등을 수행한다.

10) 클라우드 컴퓨팅(cloud computing)

클라우드 컴퓨팅이란 정보 처리를 자신의 컴퓨터가 아닌 인터넷으로 연결된 다른 컴퓨터로 처리하는 기술을 말한다. 빅데이터를 처리하기 위해서는 다의 서버를 통한 분산 처리가 필수적이다. **분산처리는 클라우드의 핵심 기술이므로 빅데이터와 클라우드는 밀접한 관계를 맺고 있다**. 빅데이터 선도 기업인 구글과 아마존이 클라우드 서비스를 주도하고 있는 이유도 여기에 있다.

우리가 사용하고 있는 개인용 컴퓨터(PC)에는 필요에 따라 구매한 소프트웨어가 설치돼 있고 동영상과 문서와 같은 데이터도 저장돼 있다. 문서를 작성하려면 자신의 컴퓨터에 저장돼 있는 한글과 같은 프로그램을 구동시켜야 한다. 그러나 클라우드 컴퓨팅은 프로그램과 문서를 다른 곳에 저장해 놓고 내 컴퓨터로 그곳에 인터넷을 통해 접속해서 이용하는 방식이다. 자동차를 사지 않고 필요할 때 빌려서 쓰거나 대중교통을 이용하는 것과 같다.

## 4. 전자정부의 시스템

### 1) 대민 전자정부(G2C 또는 G2B) 시스템

-정부민원 포털(전자 민원 서비스)

2002년 정부 포털 개설을 통해 각각의 행정기관에서 제공하는 정보를 단일 창구에서 서비스하고 민원 안내 및 처리는 물론 모든 행정기관과 연계가 가능하게 됐으며, 현재는 민원 24라고 한다.

-국민신문고(범정부 온라인포털), 전자 조달 나라장터(기획재정부), 전자통관 시스템(관세청)

### 2) 정부 내부의 업무 처리 전산화 시스템

온-나라 시스템: 행정 업무의 효율성을 제고하고 비용 절감을 위해 정부가 수행하는 모든 업무를 체계적으로 분류하고, 온라인상에서 실시간으로 업무를 처리하는 전산 시스템이다. 행정자치부(현 행정안전부)가 전자정부의 일환으로 구축(2007)해서 주관하고 있다. 핵심은 정부 내부의 과제관리와 문서관리다.

## 5. 전자 거버넌스

### 1) 의의

① 전자 거버넌스: 정보기술의 발달로 시간적·공간적 제약이 극복되고 다양한 관계의 네트워크가 형성되면서 전자공간을 활용해 거버넌스가 구현된 것을 전자 거버넌스라고 함.

② 전자민주주의: 전자 거버넌스의 맥락에서 민주주의가 구현된 것을 전자 민주주의라고 함.

### 2) 전자정부의 참여 형태

① 전자정보화 단계: 각종 전자적 채널을 통해 다양한 정보가 공개

② 전자 자문 단계: 시민과 선거직 공무원 간의 상호 의사소통과 직접 토론, 사이버 공간상에서의 청원 활동

③ 전자 결정 단계: 정부기관이 주요 정책 결정 과정에 시민들의 의견을 고려해 반영하는 활동

## 6. 유비쿼터스 정부(Ubiquitous Government: UG)

**전자정부 기반기술 패러다임은 인터넷에서 모바일로, 다시 유비쿼터스 컴퓨팅과 네트워크 기술로 진화하고 있다.**

유비쿼터스 정부는 정보통신기술(ICT)인 인터넷을 기반으로 하는 전자정부의 한계를 극복하고 정부 서비스에 무한히 기회를 창출할 수 있는 혁신적인 기술 패러다임으로 부상한 정보기술을 활용한 정부다.

즉, **국민 개개인이 환경과 선호도에 따라 PDA 등 모바일 기기를 통해 국민이 원하는 개인화 · 지능화된 서비스를 언제 어디서나 실시간으로 제공하는 정부로서 전자정부가 궁극적으로 달성해야 할 존재 방식이라 할 수 있다.**

① 웹3.0은 이용자가 원하는 정보를 찾아 주는 시멘틱 웹(Semantic Web) 기반의 지능형 웹으로, 미래는 사물과 장소가 센서와 무선 네트워크로 연결돼 비즈니스와 개인의 의사 결정을 도와 주는 Real-World Web 시대를 말한다. 즉, 3.0시대의 정부는 언제 어디서나 이용자가 원하는 정보를 찾아 개인별 맞춤 서비스가 가능한 유비쿼터스 정부로 진화될 전망이다.

② 웹 1.0은 인터넷에서 문자, 영상, 음성 등을 표현할 수 있는 신기술이었고, 웹 2.0은 싸이월드나 마이스페이스 등과 같이 참여 · 공유 · 개방의 철학적 명분을 통해 새로운 가치를 창조하는 웹 트렌드였다(즉 웹 2.0은 '플랫폼으로서의 웹([Web as a Platform]')이며, 웹 3.0은 웹 2.0에 비해 매우 지능적이며 유비쿼터스적이라는 말이 어울릴 법하다. 이처럼 웹 3.0 에서는 컴퓨터가 정보자원의 뜻을 이해하고 논리적 추론까지 함으로써 이용자의 패턴을 추론해 사용자에게 꼭 맞는 서비스를 제공할 수 있는 지능형 웹을 뜻한다.

## 7. 전자정부의 진화

### 1) 정부 1.0~ 정부 3.0

정부3.0이란 공공정보를 적극 개방 · 공유하고 부처 간 칸막이를 없애 소통 · 협력함으로써 국민 맞춤형 서비스를 제공하고 일자리 창출과 창조경제를 지원하는 새로운 정부 운영 패러다임을 말함.

| 구분 | 정부1.0 | 정부2.0 | 정부3.0 |
|---|---|---|---|
| 운영 방향 | 정부 중심 | 국민 중심 | 국민 개개인 중심 |
| 핵심 가치 | 효율성 | 민주성 | 확장된 민주성 |

| 참여 | 관주도 동원 방식 | 제한된 공개<br>·참여 | 능동적 공개·참여<br>개방, 공유, 소통, 협력 |
|---|---|---|---|
| 서비스 | 일방형 제공 | 양방형 제공 | 양방형·맞춤형 제공 |
| 수단(채널) | 직접 방문 | 인터넷 | 무선 인터넷, 스마트, 모바일 |

### 2) 정부3.0의 전략별 중점 과제

| 1 | 공공 데이터의 민간 활용 활성화 | 민간 수요가 많은 공공 데이터들 중 개방이 시급한 전략 분야를 선정해서, 우선적으로 개방<br>교통정보 개방을 통해 버스정류장의 버스 도착 시간 안내 LED를 개발해 지방자치단체에 보급, 스마트 폰 앱을 통해 개인 맞춤형 버스 도착 안내 서비스 제공 |
|---|---|---|
| 2 | 민·관 협치 강화 | 온라인 민관 협업 공간을 구축, '온라인 플랫폼 구축' |
| 3 | 정부 내 칸막이 해소 | 부처 간 정보 공유 및 시스템 연계·통합을 추진<br>방송통신위원회, 보건복지부, 국민안전처 등 유관기관 시스템의 재난관리정보를 공유하는 '통합 재난·안전관리 체계' 구축 |
| 4 | 협업 소통 지원을 위한 정부 운영 시스템 개선 | 영상회의 등을 통해 원거리 협업을 하는 등 디지털 협업을 활성화하고, 스마트 워크센터[3]를 유연근무제 활성화와 연계하는 등 디지털 협업 기반을 마련 |
| 5 | 빅데이터를 활용한 미래 지향적인 행정 구현 | 다양한 정보와 연관 관계 분석을 통해 국가 미래 전략 수립 및 안전, 경제 등 주요 분야에 데이터 기반의 과학적 정책 수립을 지원 |
| 6 | 수혜자 맞춤형 서비스 통합 제공 | 한 번의 신청으로 출생, 취학 이사, 병역 등 생애주기에 따른 맞춤형 서비스를 선제적·통합적으로 제공하는 '생애주기별 맞춤형 민원 서비스' 제공 |
| 7 | 창업 및 기업 활동 원스톱 지원 강화 | 중앙·지방자치단체의 지원사업 통합관리로 기업 유형별 필요 정보 안내, 통합 신청 등 맞춤형 서비스를 제공할 수 있는 '중소기업 지원사업 통합관리 시스템'을 구축 |
| 8 | 정보 취약계층의 서비스 접근성 제고 | 한 번 등록하면 각종 요금 감면 및 수당 지급 등 여러 서비스를 안내·제공할 수 있는 '장애인, 노인 등 취약계층 대상 맞춤형 서비스'를 제공 |

3) 주거지 인근에 정보통신기술 기반이 원격 업무 시스템을 갖춘 시설로, 지식 근로 활동에 필요한 사무공간을 제공하는 복합공간으로 도심의 사무실과 동일한 사무환경을 제공해 업무몰입도 유지 및 복무관리를 용이하게 만든 공간이다. **스마트 워크(smart work)란 원격근무이 한 형태로 영상회의 등 정보통신기술을 이용해 시간·장소의 제약 없이 업무를 수행하는 유연한 근무 형태로 주요 형태로는 이동근무, 재택근무, 스마트워크센터 근무 등이 있다.**

### 3) 기존의 전자정부와 스마트 전자정부

| 구분 | 유형 | 기존 전자정부(~2010) | 스마트 전자정부(2011~) |
|---|---|---|---|
| 국민 | 접근 방법 | • PC만 가능 | • 스마트폰, 태블릿PC, 스마트TV 등 다매체 |
| | 서비스 방식 | • 공급자 중심의 획일적 서비스 | • 개인별 맞춤형 통합 서비스<br>• 공공정보 개방을 통해 국민이 직접 원하는 서비스 개발 |
| | 민원 신청 | • 개별 신청<br>• 동일 서류도 복수 제출 | • 1회 신청으로 연관 민원 일괄 처리 |
| | (지원금/복지 등) 수혜 방식 | • 국민이 직접 자격 증명 신청 | • 정부가 자격 요건 확인 · 지원 |
| 공무원 | 근무 위치 | • 사무실(PC) | • 위치 무관 (스마트워크센터/모바일오피스) |
| | (재난/안전 등) 일하는 방식 | • 사후 복구 위주 | • 사전 예방 및 예측 |

### 4) 전자정부의 미래 모습

① One-stop 서비스(단 한 번의 신청으로 한 곳에서 서비스)
② Non-stop 서비스(24시간 중단 없는 Zero-stop 서비스)
③ 전자정부 대표 포털
④ 접근 수단의 다양화
⑤ 조직구조 · 프로세스 혁신
⑥ 통합 업무 처리
⑦ e-Governance 구현
⑧ 고객 중심의 전자정부
⑨ 백오피스와 프런트오피스 간격 축소

## 8. 빅데이터를 활용한 정책 과정의 합리성 제고

### 1) 빅데이터의 의의

빅데이터(big data)란 데이터의 생성, 양 · 주기 · 형식 등이 기존 데이터에 비해 너무 크기 때문에, 종래의 방법으로는 수집 · 저장 · 검색 · 분석이 어려운 방대한 데이터를 말한다. 빅데이터는 각종 센서와 인터넷의 발달로 데이터가 늘어나면서 나타났다. 기존의 기업환경에서 사용되는 '정형화된 데이터'는 물론 메타 정보와 센서 데이터, 공정 제어 데이터 등 미처 활용하고 있지 못하는 '반정형화된 데이터', 여기에 사진과 이미지처럼 그동안 기업에서 활용하기 어려웠던 멀티미디어 데이터인 '비정형 데이터'를 모두 포함한다.

| 빅데이터는 규모(volume) 규모가 크고 다양성(variety)이 높으며, 속도(velocity)가 빠른 특성을 갖는 데이터로 방대하고, 분석하기 어려운 정형 또는 비정형 데이터를 포함하며, 주기가 짧은 데이터들의 집합체를 의미한다. |
|---|

### 2) 빅데이터 부상의 이유

페이스북(Facebook) · 트위터(Twitter) 등의 소셜네트워크 서비스(SNS)의 보급 확대를 들 수 있다.

### 3) 빅데이터의 주요 특징

첫째, 크기(volume)는 데이터의 물리적 크기를 말한다. 크기와 관련해서 기업 데이터, 웹 데이터, 센서 데이터에서 페타바이트(PB) 규모로 확장된 데이터가 등장하고 있다.

둘째, 다양성(variety)은 데이터의 형태를 말한다. 기존 기업 데이터 환경에서 사용하는 관계형 데이터 베이스(RDB)에 저장된 데이터, 웹 로그나 기기 데이터와 같은 데이터. 비디오나 이미지 같은 비정형 데이터 등과 같이 형태에 따라 종류가 나뉜다. 빅데이터는 이 모든 데이터를 포함하기 때문에 이를 다룰 수 있는 기술이 필요하다.

셋째, 속도(velocity)는 데이터 처리 능력을 말한다. 데이터를 수집 · 가공 · 분석하는 일련의 과정을 실시간 또는 일정 주기에 맞춰 처리할 수 있어야 한다.

### 4) 빅데이터의 활용

컴퓨터 및 처리기술이 발달함에 따라 디지털 환경에서 생성되는 빅데이터와 이를 기반으로 분석할 경우 질병이나 사회 현상의 변화에 관한 새로운 시각이나 법칙을 발견할 가능성이 커서 새롭게 각광을 받고 있다. 예를 들면, 마케팅 분야에서 예전에는 의미 부여가 힘들었던 대용량 데이터를 분석할 수 있기 때문에 소비자의 심리나 행태를 파악하고 전략을 짜기가 용이해졌다. 국내 사례로는 한국정보화진흥원이 2012년에 빅데이터 국가전략 포럼과 함께 새로운 시도를 했다. 사회 현안들 중에서 청소년 자살, 청년 일자리, 영유아보육정책을 대상으로 빅데이터를 시범 적용했다(동아일보 2012. 10. 30). 국외 사례로는 인터넷 쇼핑 업체인 아마존이 고객 행동 패턴 데이트를 분석해 상품 추천 시스템을 도입한 것은 빅데이터를 활용한 사례다. 빅데이터를 활성화하기 위해서는 개인정보 보호장치가 제도적으로 선행될 필요가 있다.

## 제 4 절 지식행정

### 1. 암묵지와 형식지(암묵지의 활성화가 중요)

| 구분 | 암묵지(tacit knowledge) | 형식지(explicit knowledge) |
|---|---|---|
| 정의 | 언어로 표현하기 힘든 주관적 지식 | 언어로 표현 가능한 객관적 지식 |
| 획득 | 경험을 통해 몸에 밴 지식 | 언어를 통해 습득된 지식 |
| 전달 | 은유를 통한 전달(대화나 학습공동체 등 긴밀한 접촉) | 언어를 통한 전달 |

### 2. 지식 전환 모드(노나카[I. Nonaka])

<table>
<tr><th colspan="2" rowspan="2">구분</th><th colspan="2">To(전환되는 지식)</th></tr>
<tr><th>암묵지로</th><th>형식지로</th></tr>
<tr><td rowspan="2">From<br>(원천이 되는 지식)</td><td>암묵지에서</td><td>공동화 · 사회화: 개인의 암묵적 지식을 경험을 통해 타인의 암묵적 지식으로 전환<br>(예) 관찰, 모방, 숙련 기능의 전수 · 지도, 학습공동체를 통한 지식의 공유, 브레인스토밍을 통한 확산, 현장훈련</td><td>외재화 · 표출화: 암묵적 지식을 언어로 써 형식 지식으로 전환<br>(예) 언어나 문자 등을 통한 표출, 개발과정에서의 새로운 개념 창출, 특허 신청, 매뉴얼로 전환</td></tr>
<tr><td>형식지에서</td><td>내재화: 형식적 지식을 개인의 암묵적 지식으로 체득(체화)<br>(예) 매뉴얼 · 역할 연기 · 시뮬레이션을 통해 기술 및 노하우 습득</td><td>연결화 · 종합화: 형식적 지식을 다른 형식적 지식으로 가공 · 조합 · 편집<br>(예) 통계자료에서 요약서 작성, 기존 정보의 배후에서 새로운 정보를 창출(data mining) 등</td></tr>
</table>

### 3. 기존 행정관리와 지식행정관리의 비교

| 구분 | 기존 행정관리 | 지식행정관리 |
|---|---|---|
| 조직구성원 능력 | 조직구성원의 기량과 경험이 일과성으로 소모 | 개인의 전문적 자질 향상 |
| 지식 공유 | 조직 내 정보 및 지식의 분절·파편화 | 공유를 통한 지식 가치 향상 및 확대· 재생산 |
| 지식 소유 | 지식의 개인 사유화 | 지식의 조직 공동 재산화 |
| 지식 활용 | 정보·지식의 중복 활용 | 조직의 업무 능력 향상 |
| 조직 성격 | 계층제적 조직 | 학습조직 기반 구축 |

# 제 7 장 지방행정론

## 제 1 절 지방자치의 기초 이론

### 1. 지방행정의 개념

<table>
<tr><th>방식(국가 기준)</th><th>처리 기구</th><th>처리사무</th><th>특징</th><th colspan="3">지방행정 개념의 범위</th></tr>
<tr><td>직접행정</td><td>국가의 일선기관<br>(특별지방행정기관)</td><td>국가의 위임사무</td><td>관치행정</td><td>-</td><td>-</td><td rowspan="3">넓은<br>의미의<br>지방행정</td></tr>
<tr><td rowspan="2">간접행정</td><td rowspan="2">국가로부터 독립된<br>지방자치단체</td><td>위임사무</td><td>위임행정</td><td>-</td><td rowspan="2">좁은 의미의<br>지방행정</td></tr>
<tr><td>고유사무</td><td>자치행정</td><td>최협의의<br>지방행정</td></tr>
</table>

### 2. 지방행정의 특징

국가행정은 기능별 행정을 통한 전문성을 강조하며, 지방행정은 일정한 지역 내의 행정 수요 전반을 종합적으로 처리

### 3. 지방자치의 구성 요소

| 지역 | 주민 | 자치권 | 기구 | 사무 |
|---|---|---|---|---|
| | | 자치(주)입법 · 행정 · 재정 · 조직권 | 집행기관<br>의결기관 | 고유사무<br>위임사무 |

## 4. 지방자치의 양대 유형

| 주민 | 주민자치 | 지방자치단체<br>(지방정부) | 단체자치 | 국가<br>(중앙정부) |
|---|---|---|---|---|

〈주민자치와 단체자치의 구분〉

| 구분 | 주민자치 | 단체자치 |
|---|---|---|
| 개요<br>(의미) | • 정치적 의미의 자치행정으로 자치의 주체는 주민<br>• 의회 중심의 자치 | • 법률적 의미의 자치행정으로 자치의 주체는 자치단체<br>• 국가로부터 독립된 법인격을 가진 자치단체 중심의 자치 |
| 국가 | 영 · 미계 | 대륙계(프랑스, 독일, 일본, 한국) |
| 자치권 | 자연적 · 천부적 권리(고유권설) | 국가에서 주어진 권리(전래권설) |
| 자치의 중점 | 지방정부와 주민과의 관계<br>(주민에 의한 행정) | 중앙정부와 지방정부와의 관계<br>(자치단체에 의한 행정) |
| 사무의 구분 | 고유사무와 위임사무의 구분 없음.<br>(위임사무 부존재) | 고유사무와 위임사무 구분 |
| 권한 부여 방식 | 개별적 지정주의(사무를 지자체 특성별 · 사무 종목별로 일일이 법률로 지정해 배분하는 방식) | 포괄적 수권주의(보편성의 원리에 입각해 사무를 지자체의 특성과 관계 없이 포괄적으로 일괄해서 규정하는 방식) |
| 중앙통제 | 행정통제는 약함(입법, 사법통제 위주) | 행정통제가 강함 |
| 조세제도 | 지자체가 과세의 주체(독립세) | 국가가 과세의 주체(부가세) |
| 지방정부 형태 | 기관통합형(지방의회 중심의 지방정부) | 기관대립(분리)형(지방자치단체이면서 동시에 국가의 일선기관 역할 수행) |
| 자치단체 지위 | 순수한 자치단체 | 이중적 지위(독립된 자치단체이면서 국가의 일선기관 역할 수행) |
| 주요 관심 사항 | 지역 주민과의 관계, 민주주의, 주민 참여, 지방선거, 자치단체 기관 구성, 자치계층제 | **중앙과 지방의 관계, 지방분권, 법인격, 자치권** |

### 심화 학습: 우리나라 지방자치의 역사

| | 구분 | 주요 내용 |
|---|---|---|
| 1 | 갑오경장기 | 향회 \| 우리나라의 근대적 지방자치의 효시로 군, 면, 리에 설치돼 지방공공사무에 대한 심의 기능을 수행함으로써 오늘날 지방의회와 비슷한 역할을 수행 |
| 2 | 지방자치의 성립<br>(제1, 2공화국) | ① 제1공화국<br>• 1949년 지방자치법 제정<br>• 1952년 전시 중 일부 지역의 부분적 광역기초지방의회 의원선거 실시(1대)<br>• 1956년 총선거 실시: 제2대 지방의원 및 제1대 지방자치단체장 선출<br>② 제2공화국<br>• 지방자치의 광범위한 인정 등 주민자치형 지방자치 실현을 위한 법적근거 마련<br>• 1960년 서울시장 직접 선출 |
| 3 | 지방자치의 중단<br>(제3, 4공화국) | ③ 제3공화국<br>• 1961년 군사정부에 의해 지방의회의 해산, 지방자치단체장 임명제 등을 내용으로 하는 「지방자치에 관한 임시조치법」을 제정해 지방자치법의 효력을 사실상 정지시킴.<br>④ 제4공화국<br>• 헌법 부칙에 "지방의회는 조국 통일이 이루어질 때까지 구성하지 아니한다."고 규정<br>⑤ 제5공화국<br>• 헌법 부칙에 "지방의회는 재정자립도를 감안하여 순차적으로 구성하고 그 시기는 법률로 정한다."고 규정했으나 법률을 제정하지 않음. |
| 4 | 지방자치의 부활<br>(6공화국)<br>노태우 정부<br>(1988~1992) | • 지방자치에 관한 임시조치법 폐지<br>• 헌법 개정 시 부칙 조항 삭제<br>• 지방자치법에 지방의회 구성과 지방자치단체장 선출 규정 부활<br>• 1991년 지방의회 의원 선출을 위한 총선거 실시, 지방의회 구성 |
| 5 | 김영삼(문민)의 정부( ~1998) | • 1994년 지방자치법 개정을 통해 주민투표제도, 지방자치단체장의 겸직 제한 및 연임 제한을 규정<br>• 1995년 전국 동시지방선거를 실시해 기초·광역의회 의원 및 단체장 선출 |
| 6 | 김대중(국민)의 정부<br>( ~2003) | • 1999년 지방자치법 개정에서 주민의 조례 제정 및 개폐 청구권 및 주민감사 청구권 규정<br>• 1999년 「중앙행정 권한의 지방이양 촉진에 관한 법률」 제정과 지방이양추진기구로서 지방이양추진위원회를 설치 |
| 7 | 노무현(참여) 정부<br>( ~2008) | • 대통령 자문기구로서 정부혁신지방분권위원회 설치·지방분권 로드맵과 지방분권특별법 제정(2004)<br>• 지방분권 3대 원칙 제정: 선분권·후보완의 원칙, 보충성의 원칙, 포괄성의 원칙 |

| | | |
|---|---|---|
| | | • 주민 참여 확대를 위한 제도적 기반 마련 : 주민투표법 제정(2004년), 지방자치법 개정을 통한 주민소송제 도입(2005년), 주민소환에 관한 법률 제정(2006년)<br>• 공직선거법 개정으로 선거연령을 19세로 하향 조정하고, 외국인에 대한 지방선거권 부여(출입국관리법령에 따라 영주의 체류자격 취득일 후 3년이 경과한 19세 이상의 외국인에게 체류지역의 지방자치단체 선거권을 부여)<br>• 제주특별자치도의 설치 및 자치경찰제의 제한적 시행 |
| 8 | 이명박 정부<br>( ~2013) | • 지방분권특별법을 지방분권 촉진에 관한 특별법 시행<br>• 지방자치법 개정(지방자치단체의 경미한 명칭변경〈경계구역 변경 및 한자 명칭 변경은 대통령령으로 가능〉 방법 완화, 외국인과 재외국민에 대한 조례개폐 청구권 부여, 지방의원 겸직 금지 및 영리 행위 제한 강화) |
| 9 | 박근혜 정부<br>( ~2016) | • 지방분권 및 지방행정 체제 개편에 관한 특별법(2013년)<br>• 대통령 소속 지방자치발전위원회 설치 |

## 5. 자치(주)입법권

| | |
|---|---|
| 조례 | **1) 개념**<br>지방의회가 헌법과 법령의 범위 내에서 제정한 자치법규<br>**2) 제정 범위**<br>① 자치사무와 단체위임사무에 관해 제정하는 법규(국가의 사무나 다른 지자체의 사무에 대해서는 제정할 수 없음.)<br>② 법률의 위임이 있는 경우에는 주민의 권리 제한이나 의무 부과에 관한 사항 및 벌칙 규정도 가능(지방자치법 제27조. 지자체는 조례로써 조례 위반행위에 대해 1천만 원 이하의 과태료[행정벌]를 정할 수 있다.)<br>**3) 제정 절차**<br>① 지방의회 의장은 지방의회에서 조례안이 의결된 때에는 5일 이내에 지자체장에게 이송<br>② 지자체장은 조례안을 이송받은 날로부터 5일 이내에 행정안전부 장관에게 보고하고 20일 이내에 이를 공포해야 함.<br>③ 지자체장은 이송받은 조례안에 대해 **이의가 있는 때에는 20일 이내에 이유를 붙여 지방의회로 환부하여 재의를 요구할 수 있음**(이때 조례안의 일부에 대해 또는 조례안을 수정하여 재의를 요구할 수 없음.)<br>④ 재의 요구가 있을 때에 지방의회는 재의에 붙여 재적의원 과반수의 출석과 출석의원 3분의 2 이상의 찬성으로 그 전과 같은 의결을 하면 그 조례안은 조례로서 확정됨.<br>⑤ **지자체장이 20일 이내에 공포나 재의 요구를 하지 아니한 때에도 그 조례안은 조례로서 확정됨.**<br>⑥ 조례와 규칙은 특별한 규정이 없는 한 공포한 날로부터 20일을 경과함으로써 효력을 발생함. |
| 규칙 | **1) 개념**<br>지자체장이 법령과 조례 범위 내에서 제정하는 자치법규 |

| | 2) 제정 범위<br>조례의 시행에 필요한 사항이나 고유사무, 단체위임사무뿐만 아니라 기관위임사무에 관한 사항도 규정이 가능함(기관위임사무에 관한 사항은 의회가 간여하지 못하므로 규칙으로만 필요한 사항을 정할 수 있음).<br>※ 벌칙 또는 주민의 권리 의무에 관한 사항은 규칙으로 정할 수 없음.<br>3) 제정 절차<br>공포 예정 15일 전에 시·도지사나 행정안전부 장관에게 보고해야 함. |
|---|---|

### 심화 학습: 조례

**1) 제정 절차(지방자치법)**

제26조(조례와 규칙의 제정 절차 등) ① 조례안이 지방의회에서 의결되면 의장은 의결된 날부터 5일 이내에 그 지방자치단체의 장에게 이를 이송하여야 한다.

② 지방자치단체의 장은 제1항의 조례안을 이송받으면 20일 이내에 공포하여야 한다.

③ 지방자치단체의 장은 이송받은 조례안에 대하여 이의가 있으면 제2항의 기간에 이유를 붙여 지방의회로 환부(還付)하고, 재의(再議)를 요구할 수 있다. 이 경우 지방자치단체의 장은 조례안의 일부에 대하여 또는 조례안을 수정하여 재의를 요구할 수 없다.

④ 제3항에 따른 재의요구를 받은 지방의회가 재의에 부쳐 재적의원 과반수의 출석과 출석의원 3분의 2 이상의 찬성으로 전과 같은 의결을 하면 그 조례안은 조례로서 확정된다.

⑤ 지방자치단체의 장이 제2항의 기간에 공포하지 아니하거나 재의 요구를 하지 아니할 때에도 그 조례안은 조례로서 확정된다.

⑥ 지방자치단체의 장은 제4항과 제5항에 따라 확정된 조례를 지체 없이 공포하여야 한다. 제5항에 따라 조례가 확정된 후 또는 제4항에 따른 확정 조례가 지방자치단체의 장에게 이송된 후 5일 이내에 지방자치단체의 장이 공포하지 아니하면 지방의회의 의장이 이를 공포한다.

⑦ 제2항 및 제6항 전단에 따라 지방자치단체의 장이 조례를 공포한 때에는 즉시 해당 지방의회의 의장에게 통지하여야 하며, 제6항 후단에 따라 지방의회의 의장이 조례를 공포한 때에는 이를 즉시 해당 지방자치단체의 장에게 통지하여야 한다.

⑧ 조례와 규칙은 특별한 규정이 없으면 공포한 날부터 20일이 지나면 효력을 발생한다.

⑨ 조례와 규칙의 공포에 관하여 필요한 사항은 대통령령으로 정한다.

2)조례의 재의결을 요구하는 경우(지방자치법 제107조)

| | |
|---|---|
| 1 | 지방의회 의결이 월권 또는 법령에 위반되거나 공익을 현저히 해한다고 인정되는 때 |
| 2 | 지방의회 의결이 예산상 집행할 수 없는 경비가 포함되었다고 인정하는 경우 |
| 3 | 의회가 지방자치단체의 의무 부담 경비를 삭감한 경우, 비상재해 응급복구비를 삭감한 경우 |

3) 조례 제정 절차

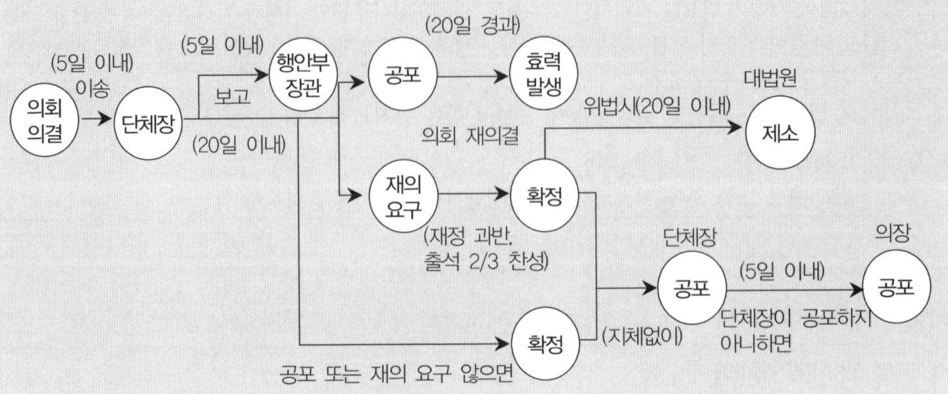


## 6. 지방자치의 변천과 역사

| 중앙집권 | → | 지방분권 | → | 신중앙집권 | → | 신지방분권 |
|---|---|---|---|---|---|---|
| 절대군주국가<br>(능률성) | | 근대입법국가<br>(민주성) | | 현대행정국가<br>(민주성과<br>능률성의 조화) | | 신(탈)행정국가<br>(민주성과<br>능률성의 조화) |

### 1) 집권화와 분권화의 촉진 요인

| 집권화의 촉진 요인 | 분권화의 촉진 요인 |
|---|---|
| ① 행정상의 능률성<br>② 행정의 전문성(기능별 조직)<br>③ 행정의 통일성(전국적 통일성)<br>④ 정책의 강력한 추진이 필요한 경우<br>⑤ 전국적 규모의 대규모 사업(광역적 수요에 대응)<br>⑥ 소규모 조직이거나 신설 조직<br>⑦ 국가적 위기를 극복하려는 경우<br>⑧ 교통·통신·막료기관의 발달은 권한위임의 필요성 감소<br>⑨ 복지행정이나 국민적 최저 구현이 중요할 경우 | ① 민주성 및 주민 통제 강화<br>② 지역 실정에 적응<br>③ 관리자의 양성과 능력 발전<br>④ (정책혁신 및) 지역적 실험 용이<br>⑤ 다양성 촉진 및 시민적 최저 구현<br>⑥ 신속한 업무 처리<br>⑦ 중앙정부가 일상적 업무 부담을 줄이고 장기적·전략적 문제에 집중하고자 할 때<br>⑧ 상황이 불확실하고 격동적·가변적일 때 이에 대응하고자 할 때 |
| ☞ **국민적 최저**란 국가 구성원으로서 향유해야 할 최소한도의 복지 수준을 말함. | ☞ **시민적 최저**란 자기 지역의 업무는 스스로 처리해야 한다는 최소한도의 시민정신을 말함. |

### 2) 신중앙집권화와 신지방분권화의 촉진 요인

| 구분 | 신중앙집권화 | 신지방분권화 |
|---|---|---|
| 의의와 특성 | 19세기 지방자치를 발전시켜 왔던 근대민주국가에서 행정 기능이 확대·강화되는 행정국가화 현상 및 광역행정 등으로 인해 중앙정부가 지방정부에 대해 기술적·재정적 지원을 증대하거나 지방 기능이 중앙으로 이관되는 새로운 협력 관계로서 중앙통제가 강화되는 현상 | 1980년대 이후 세계화와 신자유주의 물결을 타고 프랑스, 일본 등 전통적으로 중앙집권적 풍토를 가지고 있던 대륙계 국가는 물론, 최근까지 신중앙집권화 경향을 보여온 영·미계 국가에서 나타나는 새로운 지방분권화 움직임.<br>※ 지방의제 21[1]과도 관련됨. |
| | ① 지방자치를 토대로 하면서도 행정국가의 정치구조에서 능률 향상이라는 사회적 요청에 부응하기 위한 권력의 조정이나 재편성을 의미<br>② 권력은 분산하되 지식과 기술의 집중<br>③ 능률성과 민주성의 조화 | 현대 시민사회의 등장으로 중앙정부와 지방정부가 대등한 통치 주체로서 국민복지의 증진이라는 공동의 목표를 위해 기능을 분담하며 상호 협력하는 참여적·협력적인 지방분권 |
| 촉진 요인 | ① 행정국가화(지방사무의 양적 증대와 질적 전문화의 경향으로 지방정부가 능력에 한계를 느낌.)<br>② 행정의 광역화 및 전국적 규모의 문제 발생<br>③ 지방 간 재정 격차 해소 및 지방재정의 취약성으로 인한 중앙에의 의존성 증대<br>④ 최소 복지 실현<br>⑤ 국제 정세의 불안정과 국제적 긴장 고조 | ① 중앙집권의 폐해(지방정부의 자주성과 창의성 상실)<br>② 도시화와의 진전으로 지역분산 가속화 및 세계화<br>③ 정보화의 확산으로 지방정부의 정보 처리 능력이 향상됨.<br>④ 지방재정의 자율성 부여(개괄적·포괄적 보조금 지급으로)<br>⑤ 신자유주의(중앙정부보다는 지역사회 중심의 정부가 강조됨.) |

**심화 학습: 신연방주의**

신연방주의(new federalism)는 1973년 미국의 닉슨 대통령이 발표한 후, 레이건과 부시 대통령 등이 추진한 정책으로 교육, 지역 개발, 교통, 사회복지 등과 관련한 중앙정부의 사무를 주정부에 반환하고 이에 따른 세원, 회계 등의 재조정 등을 주된 내용으로 하고 있음.

1) 21세기 지구환경보존운동을 천명한 유엔의 '리우선언'(1992)을 실현하기 위해 세계 각국 자치단체별로 지역주민, 기업, 지방정부가 수평적 연계망을 구성해 마련한 환경보전 행동계획을 의미하며, 우리나라도 지자체가 지방의제 21을 이미 수립해 추진하고 있음.

## 7. 우리나라의 지방자치

### 1) 중앙집권과 지방분권의 측정지표

특별지방행정기관(국가의 일선기관)의 수, **고유사무와 위임사무의 구성 비율**, 민원사무의 배분 비율 등

### 2) 지방분권 추진 원칙

| 원칙 | 내용 |
|---|---|
| 선분권·후보완의 원칙 | 지방정부와 시민사회에 대한 신뢰를 바탕으로 지방분권으로 인한 문제가 발생할 가능성이 존재하는 경우에도 먼저 분권 조치를 취하고 발생하는 사후의 부작용을 지방정부와 시민사회가 보완해 가도록 한다. |
| 보충성의 원칙 | 기능 배분의 원칙으로 주민의 생활과 가까운 정부에 사무 및 기능의 우선적인 관할권을 인정한다는 것이다.<br>① **소극적 보충성의 원칙**<br>기초정부(혹은 공동체)가 할 수 있는 일을 상급정부(공동체)가 관여해서는 안 된다는 것(기초자치단체의 업무 처리 능력 여부와 관계 없이 상급정부가 개별적인 사회 구성 단위의 활동을 파괴하거나 박탈해서는 안 된다는 관점)<br>② **적극적 보충성의 원칙**<br>지역 간의 과도한 격차를 줄이기 위해 상급공동체는 필요한 최소 수준을 정하고 이에 미달하는 지역의 삶을 적극 보장해야 한다는 것(상급정부는 기초정부가 할 수 있는 조건을 갖출 수 있도록 행·재정적인 여건 등을 지원해 줘야 한다는 관점) |
| 포괄성의 원칙 | 그간 진행돼 왔던 단위사무 중심의 단편적인 사무이양 작업의 한계를 극복하기 위해 중·대단위 사무를 포괄적으로 이양하자는 것 |

**용어 정리** 보충성의 원칙

보충성의 원칙이란 주민의 생활과 가까운 정부에 사무 및 기능의 우선적인 관할권을 인정하는 원칙으로, 특별한 제한이 없는 한 국가로부터의 명시적인 위임이 없더라도 일단 지방의 사무로 간주하고 이를 국가사무로 인정받기 위해서는 국가의 입증 책임이 필요하다(지방자치법 제10조 3항. 보충성의 원칙).

### 3) 지방분권 및 지방행정 체제 개편에 관한 특별법

| 종합계획 수립 | 지방자치발전위원회는 지방자치발전종합계획을 수립해야 함. |
|---|---|
| 사무 배분의 원칙 | 국가가 지방자치단체에 사무를 배분하거나 지방자치단체가 사무를 다른 지방자치단체에 재배분하는 때에는 사무를 배분 또는 재배분받는 지방자치단체가 그 사무를 자기의 책임하에 종합적으로 처리할 수 있도록 관련 사무를 포괄적으로 배분함. |

| 지방분권정책의 시범 실시 | 국가는 지방분권정책을 추진함에 있어서 필요한 때에는 그 지방자치단체의 실정에 맞게 시범적·차등적으로 실시할 수 있음. |
|---|---|
| 권한 이양 및 사무 체계의 구분 | 국가는 그 권한 및 사무를 적극적으로 지방자치단체에 이양해야 하며, 그 과정에서 국가사무 또는 시·도의 사무로서 시·도 또는 시·군·구의 장에게 위임된 사무는 원칙적으로 폐지하고 자치사무와 국가사무로 이분화해야 함. |
| 지방행정 체계 개편의 기본 방향 | ① 지방자치 및 지방행정계층의 적정화<br>② 주민 생활 편익 증진을 위한 자치구역의 조정<br>③ 지방자치단체의 규모와 자치 역량에 부합하는 역할과 기능의 부여<br>④ 주거 단위의 근린자치 활성화 |
| 주민자치회의 설치 | 읍·면·동에 해당 행정구역의 주민으로 구성되는 주민자치회를 둘 수 있음. |
| 주민자치회의 기능 | ① 주민자치회가 설치되는 경우 관계 법령, 조례 또는 규칙으로 정하는 바에 따라 지방자치단체 사무의 일부를 주민자치회에 위임 또는 위탁할 수 있음.<br>② 주민자치회의 업무<br>-주민자치회 구역 내의 주민 화합 및 발전을 위한 사항<br>-지방자치단체가 위임 또는 위탁하는 사무의 처리에 관한 사항<br>-그 밖에 관계 법령, 조례 또는 규칙으로 위임 또는 위탁한 사항 |
| 위원회의 설치 | 대통령 소속으로 지방자치발전위원회를 둠. |

# 제 2 절 지방자치단체와 국가와의 관계

## 1. 정부간 관계

| 라이트 (D. S. Wright) | 분리권위형 (조정권위형) | ① **연방정부와 주정부의 관계가 인사와 재정상 완전히 분리돼 서로 독립적이고 자치적으로 운영되는 것으로 연방정부와 주정부가 대등한 경쟁적 관계**에 놓이게 됨.<br>② 연방정부와 주정부, 지방정부가 모두 분리·독립 관계로 보는 견해도 일부 있음.<br>③ **홈룰**(home rule)과 관련됨(지방[시]정부가 정책을 스스로 결정할 수 있는 권한을 부여하는 것으로 자치권이 비교적 광범위하게 인정되는 제도). |
|---|---|---|
| | 포괄권위형 | ① **지방이 중앙에 전적으로 의존(종속)하는 계서적(지배 복종) 관계를 갖는 내포형(계층형)**<br>② **딜런의 규칙**(Dillon's rule)과 관련됨(자치단체는 국가의 재량권으로 창조될 수도 있고, 폐지할 수도 있으며 법적인 보장에 의해 좌우된다는 것) |

| | | |
|---|---|---|
| | | ③ 주정부와 지방정부의 관계는 포괄권위형(일반적인 견해) |
| | 중첩형 | ① **중앙과 지방이** 분리 또는 종속 관계가 아니라 **상호 의존 관계를 가지고 정치적 타협과 협상에 의해 협력하는 관계로서 가장 이상적인 실천적 모형**<br>② 중앙과 지방정부가 일부 기능을 공유하며, 인사재정상으로 교류 · 협력하지만 각 정부는 어디까지나 독립된 실체임. |
| 던리비<br>(P. Dunleavy) | 다원주의 | ① 중앙과 지방 간 기능 배분은 역사적으로 오랜 시일 진화 과정을 거치면서 점진적으로 제도화돼 온 것이라고 보는 견해<br>② 기능 배분의 바탕에는 행정적 합리성의 증진이라는 원리가 작용 |
| | 신우파론 | ① 합리적 인간관과 방법론적 개체주의 입장을 취하고 있는 공공선택론은 중앙과 지방정부 간 기능 배분 문제도 개인 후생을 극대화하고자 하는 시민과 공직자 개인들의 합리적 선택 행동에서 비롯된 것으로 봄.<br>② **재분배정책(사회보장정책)은 중앙정부가, 개발정책(교통, 통신, 관광)은 지방 혹은 중앙정부가, 배당정책(치안, 소방, 쓰레기)은 지방정부가 관장하는 것이 적합**하다고 봄. |
| | 계급정치론 | 정부 간 기능 배분 문제는 지배계급들이 자신들의 이익을 추구하기 위한 계급 간 갈등의 산물이라고 봄. |
| | 엘리트론 | 이원국가론이 대표적인 모형임(국가 기능에 관한 신마르크스주의 관점을 일부 수용하면서도 정부 수준 간의 상이한 의사 결정 방식에 관한 신베버주의 입장을 근간으로 함). |
| 엘코크<br>(H. Elcock) | 대리자모형 | 지방이 중앙의 단순한 대리자에 불과하기 때문에 지방은 중앙의 감독하에 국가 정책을 집행한다는 입장 |
| | 동반자모형 | 지방이 중앙과는 별개로 독자적인 결정을 내린다는 입장 |
| | 절충(교환)모형 | 중앙과 지방이 상호 의존의 관계에 있다는 모형 |
| 무라마쓰 미치오<br>(村松岐夫) | 수직적 통제모형 | 중앙정부가 지방정부를 일방적으로 통제하는 수직적 상하 관계 |
| | 수평적 경쟁모형 | 중앙정부와 지방정부가 정책을 둘러싸고 서로 협력하면서 경쟁하는 상호 의존 관계 |
| 절충모형 | 소작인모형 | 지방정부는 때때로 정책을 채택 또는 수정하도록 중앙정부를 설득할 수 있지만, 대부분 복종해야 하는 위치에 있어, 만약 소작인(지방정부)이 복종하지 않을 경우 교체될 수 있음. |
| | 로즈모형 | 중앙정부와 지방정부는 전략적 게임을 벌이는 협상 관계를 가지며, 서로 이용 가능한 자원을 동원해 우위를 획득하려고 함. |

### 용어 정리 딜런의 규칙과 홈룰제도

■ **딜런의 규칙**

미국의 주정부와 지방정부의 관계에서 시 · 군 등의 지방정부는 주정부의 피조물로서 명백히 부여된 자치권만을 행사하게 되며, 주정부는 지방정부를 폐지할 수 있다는 원칙을 말하는 것으로, 지방정부가 주정부에 포함되거나 주정부에 의존하는 것을 상정하고 있음.

■ **홈룰제도**

지방자치단체로 하여금 순수한 지방적 사항에 관해서는 자주적인 헌장을 제정할 수 있도록 하는 방식

### 심화 학습: 정부간 관계 모형

**1) 연방주의모형과 미국의 정부 간 관계**

미국의 연방과 주의 관계 특성은 시대적 배경과 대통령의 정책 성향에 따라 변하지만 기본 성격은 연방주의라는 데 있다. 건국 초기 헌법 규정에 의해 연방의 권한이 상대적으로 약했으며 연방과 주의 권한을 명확히 구분한다는 특징을 지니고 있었다. 즉, 연방정부는 통화 발행, 전쟁 선포, 우편국 설치, 주간 교역 규제, 조약 체결, 국적에 관한 규정 제정, 군대의 유지 등과 관련된 권한을 보유하고 주정부는 연방정부 권한 이외에 헌법상 금지되지 않은 권한을 포괄적으로 보장받았다. 주정부 산하의 다양한 지방정부는 주정부의 창조물로서 그 창설과 폐지는 전적으로 주정부에 달려 있다고 간주됐다(딜런의 법칙).

이러한 건국 초기의 분리형 연방제의 모습은 대공황과 두 차례에 걸친 세계대전을 거치면서 변했다.

미국의 중앙-지방정부 간 관계를 상호 독립적인 관계인 분리형, 지시 및 통제 관계인 포함형, 그리고 중첩형으로 유형화할 수 있다(라이트).

**2) 중앙 · 지방 상호의존모형과 영국의 정부 간 관계**

영국은 전통적으로 성문헌법을 갖고 있지 않으며 영국 의회가 절대적인 입법 권한을 보유하고 있다. 지방자치단체의 권한은 법률에 의해 명확하게 한정되는 제한열거주의 방식이다. 개별적으로 수권받은 사무에 대해서는 거의 완전한 자치권을 보유하지만 그 범위를 벗어나는 행위는 엄격히 금지되는 월권 금지의 원칙이 적용된다. 따라서 지방자치단체의 사무의 수임 범위가 좁고 중앙정부가 지역 서비스 제공을 위해 부처별로 특별지방행정기관을 다수 설치한다.

**로즈(P.A.W. Rhodes)의 분석에 따르면 중앙정부와 지방정부가 보유하고 있는 자원(입법, 재정, 조직, 정보)과 이에 기초한 권력 관계라는 측면에서 권력의존모형이 가능하다. 중앙정부는 입법 권한과 재원의 확보라는 측면에서 지방정부보다 우위에 있는 반면 지방정부는 행정서비스 집행의 필수적인 조직자원과 정보 수집 처리 능력 면에서 중앙정부보다 우위에 있다.** 따라서 양자는 부족한 자원을 교환하기 위해 상호 · 협력하며, 이때 권력은 협상 과정에서 결정되는 상대적 개념이라는 것이다.

## 2. 중앙통제 수단

### 1) 행정상의 통제

| | |
|---|---|
| ① 지방자치단체의 사무에 대한 지도 및 지원 | 중앙행정기관의 장은 지방자치단체의 사무에 관해 조언 또는 권고하거나 지도할 수 있으며, 필요할 경우 재정 지원 또는 기술 지원을 할 수 있다. |
| ② 국가사무 처리의 지도·감독 | 지방자치단체 또는 그 장이 위임받아 처리하는 국가사무에 관해서는 주무부 장관의 지도·감독을 받는다. |
| ③ 위법·부당한 명령·처분의 시정명령 및 취소·정지 | 지방자치단체의 사무에 관한 그 장의 명령이나 처분이 법령에 위반되거나 현저히 부당해 공익을 해한다고 인정될 때에는 주무부 장관이 기간을 정해 시정을 명하고 그 기간 내에 이행하지 아니할 때에는 이를 취소하거나 정지할 수 있다. |
| ④ 지방자치단체의 장에 대한 직무이행명령 | 지방자치단체의 장이 그 의무에 속하는 국가위임사무의 관리·집행을 해태한 때에는 주무부 장관이 그 이행할 사항을 명령할 수 있다. |
| ⑤ 자치사무에 대한 감사 | 행정안전부 장관은 지방자치단체의 자치사무에 관해 보고를 받거나 서류·장부 또는 회계를 감사할 수 있다. 이 경우 감사는 법령 위반 사항에 한한다. |
| ⑥ 지방의회 의결의 재의 요구 지시와 제소 | 지방의회의 의결이 법령에 위반되거나 공익을 현저히 해한다고 판단될 때에는 주무부 장관이 당해 자치단체의 장에게 재의를 요구하게 할 수 있고 이 경우 지방자치단체의 장은 지방의회에 재의를 요구해야 한다. |
| ⑦ 감사원의 회계검사와 직무감찰 | 지방자치단체는 감사원의 필요적(필수적) 검사 대상기관으로 돼 있으며, 지방공무원에 대해서도 직무감찰을 실시할 수 있다. |
| ⑧ 각종 유권 해석 및 지침의 제공 | 중앙행정기관은 소관 위임사무 등의 처리에 대한 법령 해석 및 지침을 제공한다. |

### 2) 자치단체에 대한 시정명령과 이행명령

| 구분 | 시정명령 | 이행명령 |
|---|---|---|
| 대상 사무 | 지방자치단체의 사무(고유사무+위임사무) | 국가위임사무 |
| 사유 | 위법, 부당한 처분을 한 때(단, 자치사무는 위법한 것에 한함.) | 관리 및 집행을 게을리 할 때 |
| 기간 | 기간을 정해 시정 명령 | 기간을 정해 이행 명령 |
| 형식 | 서면 | 서면 |
| 명령 불이행 시 | 주무부 장관 또는 시·도지사가 명령이나 처분을 취소, 정지 가능 | 주무부 장관 또는 시·도지사가 그 지방자치단체의 비용 부담으로 대 집행 또는 행·재정상 조치 |
| 불복 | 대법원에 소 제기 가능(15일 이내) | 대법원에 소 제기 가능(15일 이내) |

### 3) 인사상 · 정원상 통제

| | |
|---|---|
| ① 지방행정기구와 정원통제 | 자치단체의 행정기구와 정원은 인건비 등 대통령령이 정하는 기준에 따라 자치단체가 조례로 정한다. |
| ② 기준 인건비에 의한 통제 | 행정안전부가 정해 주는 기준 인건비 범위 안에서 각 자치단체가 조례로 행정기구와 정원을 운영한다. |
| ③ 지방자치단체에 두는 국가공무원의 임용 및 감독 | 지방자치단체에는 법률이 정하는 바에 의해 국가공무원(시 · 도의 부지사 등)을 둘 수 있으며, 5급 이상 및 고위공무원단에 속하는 공무원은 당해 자치단체의 장의 제청으로 대통령이, 6급 이하는 당해 자치단체의 장의 제청으로 소속 장관이 각각 임명한다. |

### 4) 재정상 통제

| | |
|---|---|
| ① 예산 및 결산 보고 | 광역지방자치단체의 장은 예산 및 결산이 지방의회의 의결을 거쳐 확정된 때에는 행정안전부 장관에게 이를 보고해야 한다. |
| ② 자치단체 재정운용업무편람 시달 | 행정안전부 장관은 국가 및 지방 재정 운용의 여건, 지방 재정 제도의 개요 등 지방재정 운용에 필요한 정보를 담은 자치단체 재정운용업무편람을 작성해 지방자치단체에 보급할 수 있다. |
| ③ 지방채 발행(기채)의 통제 | 지방자치단체의 장은 항구적 이익이 되거나 비상 재해복구 등의 필요가 있는 경우에는 대통령령이 정한 범위 안에서 지방의회의 의결을 거쳐 지방채를 발행할 수 있다. |
| ④ 보조금 사용에 관한 감독 | 지방자치단체가 보조금을 다른 용도로 사용한 경우 등에는 중앙관서의 장은 보조금 교부 결정을 취소하고 보조금을 반환하게 할 수 있다. |
| ⑤ 중기지방재정계획에 대한 통제 | 지방자치단체의 중기지방재정계획은 행정안전부 장관이 작성 · 시달하는 지침에 따라 자치단체가 작성, 운용하는 중장기 재정운영지침서로 기획과 예산을 연계시키고, 중장기 재정 수요를 예측해 필요한 재원을 확보하기 위한 것이다. |
| ⑥ 지방재정진단제도 | 행정안전부 장관은 시 · 도에 대해, 시도지사는 시 · 도 · 구에 대해 각각 재정 상태를 진단하고 그 결과에 따라 필요한 권고 및 지도를 실시하는 제도로 지방재정에 대한 사후적 평가제도다. |
| ⑦ 재정투자심사제도 | 일정 규모 이상(200억 원)의 신규 재정투자사업에 대해 행정안전부가 그 타당성, 재원 조달 능력, 사업의 우선순위 등을 사전에 검토해 의견을 제시하는 제도다. |

## 3. 특별지방행정기관(일선기관)

| | |
|---|---|
| 의의 | ① 국가의 특정한 중앙행정기관에 소속돼 당해 관할구역 내에서 시행되는 소속 중앙행정기관에 속하는 행정사무를 관장하는 국가의 지방행정기관<br>〈주의〉 지방자치단체에 소속돼 자치단체의 특수 전문 분야의 행정사무를 처리하는 경우도 있음(소방서, 보건소 등).<br>② 국가의 일선기관 강화는 지방자치를 위협함. |
| 필요성 | ① 중앙행정기관(국가)의 업무 부담을 경감하여 중앙행정기관이 정책 수립·조정 기능에 전념하도록 함.<br>② 주민과 가까운 곳에서 중앙행정기관의 서비스를 제공할 수 있음(근린행정 가능).<br>③ 전국적 차원에서 신속하고 통일적인 행정의 구현이 가능<br>④ 중간일선기관을 광역행정의 수단으로 활용할 수 있음. |
| 폐단 | ① 주민들의 참여와 통제에 의한 책임성·대응성·민주성을 확보할 수 없어 자치행정의 저해 요인으로 작용<br>② 특별지방행정기관과 지방자치단체 간의 기능이 중복되어 비효율성이 초래되고 있음(예: 폐기물관리 업무)<br>③ 관할구역이 넓어 현지성이 결여되고, 특별지방행정기관과 지자체의 이원적 업무 수행으로 주민의 혼란과 불편 초래<br>④ 특별지방행정기관은 전국적 통일성은 높여 주지만, 주민에 대한 종합적인 행정 서비스를 제공하지는 못함.<br>⑤ 주민자치에는 필요하나 단체자치에는 부적합함(단체자치는 지자체가 국가의 위임사무를 처리하므로 부적합).<br>⑥ 중앙통제의 강화 우려 |
| 한국의 현황 및 과제 | ① 1980년대 중반 이후에 2배가 늘어나 6,500여 개에 달해 지자체의 수보다 훨씬 많음.<br>② 1980년대 말에 급증한 이유는 1990년대 초 지방자치 부활을 앞두고 지방자치제가 실시되면 국가의 감독이나 통제의 수준 및 강도가 약화될 것을 우려해 중앙부처에서 경쟁적으로 설치한 때문임(즉, 중앙통제와 관리감독의 용이라는 부처이기주의로 인한 것임.)<br>③ 특별지방행정기관을 지방자치단체로 이양 또는 통합·정비하도록 하고 있음. |

## 4. 정부간 갈등 및 분쟁 조정

### 1) 분쟁조정제도

| | | | |
|---|---|---|---|
| 지방정부 상호간 | 동일 시·도 내 기초자치단체 간 | 지방분쟁조정위원회의 의결에 따라 시·도지사가 조정 결정 | 결정 사항이 구속력 있음.<br>• 필요 예산 우선 편성<br>• 직무상 이행명령<br>• 행정대집행 등 |

| | | | |
|---|---|---|---|
| | • 광역과 기초자치단체 간<br>• 시·도를 달리하는 기초단체 간 | 중앙분쟁조정의원회의 의결에 따라 행정안전부 장관이 조정 결정 | |
| 중앙정부와 지방정부 간 | | 국무총리 소속 행정협의조정위원회에서 조정 | 결정 사항이 구속력 없음. |

### 2) 위원회 비교

| 구분 | 지방자치단체분쟁조정위원회 | 행정협의조정위원회 |
|---|---|---|
| 소속 | 행정안전부 장관, 시도지사 | 국무총리 |
| 성격 | 법률상 필수기관 | 법률상 필수기관 |
| 기능 | 지방자치단체 간 분쟁 조정 | 중앙과 지방 간 분쟁 조정 |
| 신청 | 신청 또는 직권 | 신청 |
| 효력 | 구속력 있음. | 구속력 없음. |

## 5. 광역행정

<table>
<tr><td>개념</td><td colspan="3">① 기존의 행정구역 또는 지방자치단체의 관할구역을 초월해서 발생되는 여러 가지 광역적 행정 수요를 종합적·통일적이고 현지성에 맞게 계획적으로 공동 처리함으로써 행정의 능률성(경제성)·합목적성을 제고하기 위한 현대 행정국가 하의 지방행정 방식<br>② 지방자치의 불신이나 필요성의 소멸에서 나온 것이 아니며, 단지 행정구역이 새로운 행정환경에 부적합할 경우 더 넓게 처리하자는 것임.</td></tr>
<tr><td>필요성</td><td colspan="3">① 규모의 경제에 의한 경비 절약(공통의 문제를 공동으로 처리함으로써)<br>② 교통통신의 발달에 따른 생활권과 행정권의 불일치 해소<br>③ 외부 효과에 대처(외부 효과에 따른 서비스의 비용 부담과 수혜 범위를 일치시킬 필요성 대두)<br>④ 도시화와 산업화의 급속한 추진<br>⑤ 지방분권(민주성)과 중앙집권(능률성)의 조화</td></tr>
<tr><td>한계</td><td colspan="3">지방자치의 위협 요인으로 작용함.</td></tr>
<tr><td rowspan="3">광역행정의 방식</td><td rowspan="3">공동처리</td><td>사무위탁</td><td>사무의 일부를 다른 자치단체와의 계약에 의해 위탁</td></tr>
<tr><td>행정 협의회</td><td>둘 이상의 자치단체가 광역적 업무의 공동 처리를 위해 협의체를 구성하는 방식. 법인격이 없고 구속력(강제력)이 없음.</td></tr>
<tr><td>일부사무 조합</td><td>둘 이상의 자치단체가 사무의 일부를 공동으로 처리하기 위해 규약(계약)을 정하고 설치하는 법인체(법인격이 있으며 특별자치단체의 지위를 가짐.)</td></tr>
</table>

| 구분 | 세부 | 내용 |
|---|---|---|
| 연합 | 단체 연합체 | 둘 이상의 자치단체가 독립된 법인격을 유지하면서, 특별자치단체인 연합정부를 구성하는 방식 |
| | 도시 공동체 | 기초자치단체인 시(市)들이 광역행정 단위를 구성하는 방식 |
| | 복합 사무조합 | 둘 이상의 자치단체가 몇 개의 사무를 공동 처리하기 위해 규약을 정하고 설치하는 법인체 |
| 통합 | 합병 | 둘 이상의 자치단체가 법인격을 통폐합시켜 광역 단위의 새로운 법인격을 가지는 단체 창설(통폐합) |
| | 흡수통합 | 하급 자치단체의 권한이나 지위를 상급자치단체가 흡수하는 방식 |
| | 전부 사무조합 | 둘 이상의 자치단체가 모든 사무를 공동으로 처리하기 위해 설치하는 법인체(사실상 합병) |

※ 지방자치법상 도입된 제도는 공동 처리 방식임.

**광역행정 방식별 장·단점 비교**

| 구분 | 장점 | 단점 |
|---|---|---|
| 사무위탁 | • 사무 처리비용 절감<br>• 공동사무 처리에 따른 규모의 경제 효과<br>• 서비스의 성과 제고 | • 위탁 처리비용의 산정 문제<br>• 사무위탁에 따른 정치적 비난<br>• 위탁문화의 부재 등으로 광범위하게 활용되지 못함. |
| 행정 협의회 | • 합병하지 않고서도 협력 가능<br>• 기존 자치단체의 구조에 변화를 주지 않음.<br>• 사무 처리의 융통성과 효과성 | • 비상설기관적 성격<br>• 지방자치단체 예산 확보 미흡<br>• 실무협의회 미구성<br>• 합의나 결정에 대한 구속력이 담보되지 못함. |
| 조합 | • 사무 처리의 효과가 조합에 귀속<br>• 협의의 효과가 행정협의회보다 크다. | • 자치단체 난립<br>• 책임 소재 불분명 |

☞ 행정협의회는 합의 사항의 이행 촉구 및 손해배상(미이행으로 인한 피해가 발생했을 경우)을 위한 민사소송을 제기할 수 있을 뿐임.

# 제 3 절 지방자치단체의 조직

## 1. 지방자치단체의 종류

| | | 구분 | 내용 |
|---|---|---|---|
| | | 특별시 | 서울특별시 |
| | | 광역시 | 대도시 가운데 법률에 의해 도로부터 분리돼, 도와 동격의 지위를 갖는 지방자치단체로, 지정 요건이 명시돼 있지 않음. |

<table>
<tr><td rowspan="7">일반지방자치단체</td><td rowspan="3">광역자치단체</td><td>특별자치시<br>(세종특별자치시)</td><td colspan="2">정부 직할 광역자치단체로서 특별법에 의해 특별한 법적 지위를 부여 관할구역 안에 군과 자치구를 둘 수 있음(2012. 7 지정된 세종시 특별법에서는 이를 두지 않도록 규정).</td></tr>
<tr><td>도</td><td colspan="2">최광역의 지방자치단체</td></tr>
<tr><td>특별자치도<br>(제주특별자치도)</td><td colspan="2">도중에서도 자치권이 특별히 광범위하게 인정되고 지방사업에 국가로부터 특별 지원을 받은 정부 직할 최광역의 지방자치단체(2006년 지정)</td></tr>
<tr><td rowspan="4">기초자치단체</td><td rowspan="2">시</td><td>일반시</td><td>그 대부분이 도시의 형태를 갖추고 인구 5만 이상인 지역(지방자치법)</td></tr>
<tr><td>특례시</td><td>인구 50만 이상의 대도시를 행정 · 재정 · 운영, 중앙통제상의 특례가 인정되는 특례시로 인정(2004년부터)되며, 자치구가 아닌 행정구를 설치할 수 있음.</td></tr>
<tr><td>군</td><td colspan="2">우리나라 지방구역 가운데 가장 오랜 역사를 지니고 있음.</td></tr>
<tr><td>자치구</td><td colspan="2">특별시와 광역시, 특별자치시 구역 안에 있는 기초 자치단체 자치구는 법령에 의해 자치권을 제한할 수 있으므로, 시 · 군 기초자치단체에 비해 자치권의 범위가 좁고 지방세의 세목도 적음.</td></tr>
<tr><td colspan="3">특별지방자치단체</td><td colspan="2">• 특수한 광역적 사무를 처리하기 위해 설치된 기능별 자치단체로서 독립된 법인격을 지님.<br>• 자치단체조합이 그 예이며, 독립된 법인격을 가진다는 점에서 국가의 일선기관과는 구별됨.<br>• 예: 부산진해경제자유구역청, 수도권교통조합 등</td></tr>
</table>

### 심화 학습: 지방자치단체의 수 및 관계

**1) 지방자치단체(독자적인 법인격을 가짐)의 수**

| 특별시 | 광역시 | 도 | 특별자치시 (세종) | 특별자치도 (제주) | 시 (자치시) | 군 | 자치구 | 합계 |
|---|---|---|---|---|---|---|---|---|
| 1 | 6 | 8 | 1 | 1 | 75 | 82 | 69 | 243 |

**2) 지방자치단체 간 관계구조**

**특별시 · 광역시 · 도와 시 · 군 · 자치구는 법상으로 대등한 법인이고 그 사이에는 원칙적으로 상 · 하 관계가 존재하지 않는다.** 그러나 ㉠ 시 · 군 및 자치구의 조례나 규칙은 시 · 도의 조례나 규칙을 위반하여서는 아니 된다(지방자치법 제24조). ㉡ 시 · 군 · 자치구는 조례 제정, 예 · 결산 확정 등을 시 · 도에 보고하며(지방자치법 제28조, 제133조, 제134조), ㉢ 시도지사는 시군자치구에 대하여 지도 · 시정명령 · 재의 요구 등을 할 수 있는 점(지방자치법 제166조~172조) 등을 고려해 볼 때에, 시 · 도와 시 · 군 · 자치구는 상 · 하계층의 관계에서, 국가 전체의 통치구조 속에 포함되는 위치에 있다고 할 수 있다. 따라서 각 지방자치단체는 독립법인으로서 각각 대등한 지위를 가지는 것이지만, 광역자치단체와 기초자치단체는 전체와 부분의 입장에서 지도 수용의 관계를 형성하고 있다고 하겠다.

## 2. 지방자치단체의 계층구조

<table>
<tr><td>자치계층</td><td>① 지역공동체의 정책 결정 및 집행을 위한 단위, 지방자치 및 민주성을 위한 계층<br>② 미국을 제외하고는 대부분 중층제(2층제)를 취하고 있으며, 일본과 한국은 중층제 국가임.<br>③ 유럽에서는 최근 계층을 줄이고 자치단체를 광역화하는 추세임.</td></tr>
<tr><td>자치계층</td><td>〈자치계층 구조별 장·단점〉<table><tr><th>구분</th><th>단층제</th><th>중층제</th></tr><tr><td>장점</td><td>계층의 수가 적어 신속한 행정, 낭비 제거 및 능률 촉진, 행정책임 명확, 자치권 및 지역적 특수성 존중</td><td>기초와 중간자치단체 간 적정한 업무 분담, 중간자치단체가 기초자치단체의 기능을 보완 가능, 국가의 감독 기능 유지 가능(중간자치단체에 감독 기능 부여), 국가의 직접 개입 차단 가능</td></tr><tr><td>단점</td><td>국토가 넓거나 인구가 많은 국가에서는 채택 곤란<br>국가의 직접개입으로 중앙집권화 우려와 중앙정부 비대화, 광역사무 처리에는 부적합</td><td>행정 기능의 중첩과 이중행정 우려, 기능 배분 불명확과 상·하 자치단체 간 책임 모호, 소통의 지연 및 부정확으로 인한 행정의 지체와 비능률, 광역 주도에 따른 지역적 특수성 무시 우려</td></tr></table></td></tr>
<tr><td>행정계층</td><td>국가를 효율적으로 통치하려는 차원에서 편의상 분할한 단위, 능률성을 위한 계층</td></tr>
<tr><td>양자의 관계</td><td>① 자치계층과 행정계층은 별개의 개념이며, 자치계층은 행정계층에 포함되는 개념임.<br>② 현행 우리나라 광역 및 기초의 경우 자치계층과 행정계층의 양자는 서로 일치함(다만, 하부기관으로서 구·읍·면·동이라는 행정구역이 추가로 더 존재할 뿐임).<br>〈주의〉 제주특별자치도는 광역과 기초의 자치계층과 행정계층이 일치하지 않음(제주도에는 기초자치단체가 없음).</td></tr>
<tr><td>양자의 비교</td><td><table><tr><th>자치계층</th><th>행정계층</th></tr><tr><td>민주성을 위한 계층 - 단체장 선출</td><td>효율성(능률성)을 위한 계층 - 기관장 임명</td></tr><tr><td>지방분권의 논리</td><td>중앙집권의 논리</td></tr><tr><td>1~2계층<br>• 특별시, 광역시, 특별자치도, 특별자치시, 도-시, 군, 자치구<br>• 특별자치도</td><td>3~4계층<br>• 3계층: 특별시, 광역시, 특별자치시, 도-시, 군, 자치구 - 읍, 면, 동<br>• 4계층: 도-시(인구 50만 이상)-구(행정구)-동</td></tr></table></td></tr>
</table>

## 3. 지방자치단체의 자치구역 변경 및 조정

| 구분 | 근거 | 사례 |
|---|---|---|
| 자치단체의 명칭 및 구역 변경(규모 재편), 폐치 분합<br>☞ 지방의회 의견을 들어서 하되, 주민투표를 실시하는 경우에는 그러하지 아니함. | 법률 | **경남 창원시 설치 및 지원에 관한 법률**<br>(예) ○○광역시를 광주특별시로 명칭을 변경하고자 할 경우 특별법을 제정해 할 수 있음. |

| 자치단체의 관할구역(경계) 변경, 한자 명칭 변경 | 대통령령 | |
|---|---|---|
| 자치구가 아닌 구·읍·면·동·리의 폐치 분합, 명칭 변경, 구역 변경 | 조례 | |

## 4. 자치정부의 형태 : 집행기관과 의결기관의 관계 유형

| 구분 | 내용 |
|---|---|
| 기관<br>통합형 | **1) 의의**<br>① 의결기관과 집행기관이 구분되지 않거나 유기적인 협조를 중시하는 내각책임제와 같은 방식(지방의회 중심)으로 영국, 미국, 독일, 프랑스 등 현재 대부분의 나라에서 사용하는 방식<br>② 권력통합주의에 입각해 지방자치단체의 정책 결정 기능과 정책 집행 기능을 지방의회에 귀속시키는 형태<br>**2) 유형**<br>① 의회형(영국: 의회는 의결기관인 동시에 그 밑에 분과별 집행위원회나 국·과 등 보조기관을 두고 집행 기능까지 수행)<br>② 위원회형(미국: 주민이 선출한 3~5인의 위원으로 구성된 위원회가 입법권과 행정권을 행사)<br>③ 의회의장형(프랑스: 의회 의장이 집행기관의 장을 겸함).<br>**3) 장점**<br>① 지방자치법상의 모든 권한이 주민대표기관에 집중돼 있어서 책임정치를 실현할 수 있음.<br>② 의결·집행기관 사이의 알력을 피할 수 있음.<br>③ 복수인의 의사에 따라 신중하고도 공정한 통치를 행할 수 있음.<br>**4) 단점**<br>① 단일의 기관에서 모든 권한을 행사하므로 견제와 균형이 결여돼 권력을 남용할 우려가 있음.<br>② 행정의 전문성을 발전시킬 수 없음.<br>③ 단일의 지도자·책임자가 없으므로 책임 소재의 명백화를 기하기 곤란함. |
| 기관<br>분리형 | **1) 의의**<br>의결기관과 집행기관이 분리된 채 엄격한 견제와 균형을 유지하는 대통령중심제 같은 방식(집행기관 중심)으로 일부 국가(한국과 대륙계 일부 국가[이탈리아, 일본], 미국 및 독일의 일부 주)에서 채택<br>**2) 유형**<br>약시장의회제, 강시장의회제(일반적인 유형), 집행기관 직선형, 집행기관 간선형 등이 있음.<br>**3) 장점**<br>① 견제와 균형을 통한 권력 남용의 방지 |

|  |  |
|---|---|
|  | ② 집행 기능의 전담기관을 통한 행정의 전문화<br>③ 단일의 지도자 · 책임자를 통한 행정책임의 명확화를 기할 수 있음.<br><br>**4) 단점**<br>① 기관 간 대립 · 알력의 심화<br>② 주민대표기관에의 책임귀일(歸一)의 약화<br>③ 단일 지도자 책임자의 편견적 의사 결정 가능성이 있음. |

## 5. 지방의회(의결기관)의 기능

### 1) 예산안 의결권

시 · 도는 회계연도 개시 15일 전까지, 시 · 군 및 자치구는 회계연도 개시 10일 전까지 의결해야 함.

### 2) 행정사무 감사 및 조사권

① 행정사무감사권: 매년 1회(2차 정례 회의 시) 당해 지방자치단체의 사무에 대해 시 · 도에서는 14일, 시 · 군 및 자치구에서는 9일의 범위 내에서 감사를 할 수 있음.

② 행정사무조사권: 특정 사안에 관해 본회의 의결로 본회의 또는 위원회로 하여금 조사하게 할 수 있음.

**심화 학습: 행정사무감사와 사무조사**

> 제41조(행정사무 감사권 및 조사권) ① 지방의회는 매년 1회 그 지방자치단체의 사무에 대하여 시 · 도에서는 14일의 범위에서, 시 · 군 및 자치구에서는 9일의 범위에서 감사를 실시하고, 지방자치단체의 사무 중 특정 사안에 관하여 본회의 의결로 본회의나 위원회에서 조사하게 할 수 있다.
>
> **② 제1항의 조사를 발의할 때에는 이유를 밝힌 서면으로 하여야 하며, 재적의원 3분의 1 이상의 연서가 있어야 한다.**

### 3) 청원의 수리와 처리

지방의회에 청원을 하고자 하는 자는 지방의회 의원의 소개를 얻어 청원서를 제출해야 함.

### 4) 지방의회 운영

① 지방의회의 소집

- 정례회의 : 매년 2회(1차, 2차) 개최하되, 일정은 대통령령이 정하는 범위 안에서 자치단체 조례로 정함. 1차(매년 6~7월 중), 2차(매년 11~12월 중)
- 임시회의 : 지방의회 의장은 자치단체장 또는 재적의원 1/3 이상의 요구가 있을 때에는 15일 이내에 임시회를 소집해야 함. 총선 후 최초로 소집되는 임시회는 지방의회 사무처장, 사무국장, 사무과장이 지방의회 의원 임기 개시일로부터 25일 이내에 소집함.

② 지방의회 회기

연간 총회의 일수와 정례회 및 임시회의 회기는 당해 지방자치단체의 조례로 정함(연간 총회의 일수는 2006년에 폐지).

③ 의안 발의

지자체장, 재적의원 1/5 이상 또는 지방의원 10인 이상의 연서로 발의

④ 회의 운영

- 의사 정족수 : 재적의원 1/3 이상의 출석으로 개의
- 의결 정족수 : 재적의원 과반수의 출석과 출석의원 과반수의 찬성
- 재의결 정족수 : 재적의원 과반수의 출석과 출석의원 2/3 이상의 찬성
- 특별의결 정족수 : 지방의회 의결에 대한 재의 요구는 재적의원 과반수의 출석과 출석의원 2/3 이상의 찬성

### 5) 지방의회의 의결 사항(지방자치법 제39조)

제39조(지방의회의 의결 사항) ① 지방의회는 다음 사항을 의결한다.

1. 조례의 제정 · 개정 및 폐지
2. 예산의 심의 · 확정
3. 결산의 승인
4. **법령에 규정된 것을 제외한 사용료 · 수수료 · 분담금 · 지방세 또는 가입금의 부과와 징수**
5. 기금의 설치 · 운용
6. 대통령령으로 정하는 중요 재산의 취득 · 처분

7. 대통령령으로 정하는 공공시설의 설치 · 처분
8. 법령과 조례에 규정된 것을 제외한 예산 외의 의무 부담이나 권리의 포기
9. 청원의 수리와 처리
10. **외국 지방자치단체와의 교류 협력에 관한 사항**

## 6. 자치단체장(집행기관)

### 1) 지방자치단체의 집행기관

| 지방자치단체장 | 특별시장, 광역시장, 특별자치시장, 특별자치도지사, 도지사, 시장, 군수, 자치구청장 |
|---|---|
| 보조기관 | • 부지사, 부시장, 부군수, 부구청장<br>• 행정기구(대통령이 정하는 기준에 따라 조례로 제정)<br>• 지방공무원 |
| 소속행정기관 | 직속기관(소방, 교육훈련, 보건치료, 시험연구, 중소기업지도기관 등)<br>사업소, 출장소, 합의제 행정기관 |
| 하부행정기관(장) | 자치시가 아닌 시(시장), 자치구가 아닌 행정구(구청장), 읍(읍장), 면(면장), 동(동장) |

☞ 직속기관(대통령령 또는 대통령이 정하는 바에 따라 조례로 설치), 사업소 및 출장소(대통령령이 정하는 바에 따라 조례로 설치) 합의제 행정기관(법령 또는 조례로 설치), 부단체장의 수(특별시는 3인 이내, 광역시 · 특별자치시 · 도 · 특별자치도는 2인 이내, 시 · 군 및 자치구는 1인)

**심화 학습: 지방자치단체의 집행기관(지방자치단체의 소속행정기관)**

| 종류 | 개념 | 설치 근거 |
|---|---|---|
| 직속기관 | 자치경찰기관, 소방기관, 교육훈련기관, 보건진료기관, 시험연구기관 | 대통령령 또는 대통령령에 따른 조례 |
| 사업소 | 특정 업무의 효율적 수행을 위해 설치 | 대통령령에 따른 조례 |
| 출장소 | 원격지 주민의 편의와 특정지역 개발 촉진을 위해 설치 | |
| 합의제 기관 | 소관 사무의 일부를 독립해 수행할 필요가 있을 때 설치 | 법령 또는 조례 |

2) 권한

선결처분권, 재의요구권 등

3) 부단체장의 권한대행

① 권한대행 사유

지자체장이 궐위 또는 공소 제기 후 구금 상태에 있을 경우, 의료기관에 60일 이상 장기 입원한 경우, 자치단체장이 자치단체장의 선거에 입후보한 경우 일정 기간(후보 등록일로부터 선거일까지), 주민소환투표를 공고한 때부터 결과 공표할 때까지

② 직무대리

자치단체의 장이 출장, 휴가 등 일시적 사유로 직무를 수행할 수 없을 경우

## 7. 지방의회와 지방자치단체장 비교

1) 신분 비교

| 구분 | 신분 | 임기 | 연임 제한 | 보수 | 영리행위 제한 | 겸직 금지 규정 | 정당 공천 |
|---|---|---|---|---|---|---|---|
| 지방자치단체장 | 정무직 | 4년 | 있음(3회) | 유급직(연봉) | 강함 | 있음 | 인정 |
| 지방의원 | 정무직 | 4년 | 없음 | 유급직(수당) | 약함 | 있음 | 인정 |

2) 상호간의 권한

| 자치단체장이 지방의회에 대해 갖는 권한 | 지방의회가 자치단체장에 대해 갖는 권한 |
|---|---|
| 지방의회 의결에 대한 재의 요구 및 제소권 | 서류 제출 및 요구권 |
| 자치단체장의 선결처분권 | 행정사무 감사 및 조사권 |
| 의안발의권 | 행정사무 처리 상황의 보고와 질문, 응답권 |
| 임시회 소집 요구권 | 예산 및 결산 승인권 |
| **의회 해산권(없음)** | **단체장에 대한 불신임 의결권(없음)**<br>**단, 지방의회 의장 및 부의장에 대한 불신임결의권은 있음**(재적의원 1/4 이상의 발의와 재적의원 과반수의 찬성). |

심화 학습: 선거제도

| 구분 | 선거구제 | 정당 공천 | 비례대표 |
|---|---|---|---|
| 시도의원 선거 | 소선거구제 | 허용 | 도입 |
| 시군자치구의원 선거 | 중선거구제 | 허용 | 도입 |
| 지방자치단체의 장 선거 | - | 허용 | - |
| 교육감 선거 | - | 배제 | - |

# 제 4 절 지방자치단체의 기능과 사무

## 1. 기능 배분 방식

| | |
|---|---|
| 개별적 지정 방식 | **1) 의의**<br>사무를 지방자치단체별, 사무 종목별로 개별적으로 일일이 법률이 지정해 배분하는 방식으로, 영국, 캐나다 등 주민자치 하에서 주로 채택<br><br>**2) 장점**<br>사무 배분이 명확해 중복이 거의 없음, 자치단체별 특성을 고려할 수 있음, 책임 한계가 명확하며 자치행정 기능이 광범위함.<br><br>**3) 단점**<br>지나친 개별성과 특수성의 강조로 통일성이 저해, 유연성과 융통성이 결여돼 행정수요에 탄력적인 대응이 어려움, 개별법을 제·개정하는 데 지나친 정력을 소모하게 됨. |
| 포괄적 수권 방식 | **1) 의의**<br>보편성의 원리에 입각해 사무를 지방자치단체의 구별 없이 포괄적으로 일괄해서 규정하고 법률로 금지한 사항이나 국가 또는 다른 단체에 배타적으로 주어진 사무를 제외하고는 어떠한 사무든지 처리할 수 있는 방식, 프랑스와 독일, 우리나라를 비롯한 유럽의 대륙계 단체자치에서 주로 채택<br><br>**2) 장점**<br>권한 배분 방식이 간편하며, 융통성과 탄력성이 있어 사무 주체의 유연한 결정이 가능<br><br>**3) 단점**<br>사무 구분이 불명확하고, 자치사무와 위임사무의 한계도 모호해 사무 처리의 중복이 발생하며, 사무 구분이 명확하지 않아 상급단체의 무차별적인 통제·감독을 초래하기 쉬우므로 자치권이 제약되고 지방 이양을 저해함. |

| 기능 배분의 원칙 | 기초자치단체 우선의 원칙(일종의 보충성의 원칙), 종합성의 원칙, 포괄성의 원칙, 현지성의 원칙 등 |
|---|---|
| 우리나라 기능 배분의 문제점 | ① 대체로 포괄적 예시주의를 탈피하지 못하고 있는 실정<br>② 국가사무와 지방사무의 구분이 불명확하고, 위임사무의 비중이 높아 행정 기능의 지방 이양을 저해함으로써 중앙 기능의 지방 이양률이 매우 낮은 편임.<br>③ 지방분권 및 지방행정 체계 개편에 관한 특별법(국가와 자치단체 간 사무 배분 과정에서 사무를 자치사무와 국가사무로 이분화해야 한다고 규정) |

**심화 학습: 사무 배분의 유형**

**1) 개별적 지정 방식**

일반적인 지방자치법 외에 개별법의 제정을 통해 지방자치단체의 담당 사무를 지정하는 방식으로 영국, 호주, 캐나다, 스웨덴, 덴마크 등의 국가가 이러한 방식을 취하고 있다.

**2) 종합적(포괄적) 위탁 방식**

지방자치단체의 사무 내용을 가장 넓게 종합적으로 규정하고 있는 방식이다. 즉, 지방자치단체는 특별히 금지된 사항이나 중앙정부의 사무로 규정된 사무 외에는 주민의 일반적인 이익을 위해 어떠한 사무라도 처리할 수 있도록 광범위한 권한의 위탁을 규정하고 있다. 포괄적 위탁(수권) 방식이라고도 하며, 프랑스와 독일 등이 그 예다.

**3) 절충적 위탁 방식**

우리나라와 일본은 개별적 위탁 방식과 포괄적 위탁 방식을 절충한 절충적 위탁 방식(일명 예시적 열거주의 방식)을 채택하고 있다.

즉, 각급자치단체에 적용되는 사무 배분 기준을 제시하되 구체적으로 사무 종목을 예시 또는 열거하는 방식을 절충적 위탁 방식이라고 한다(자치법상 사무 배분 기준은 지방자치법 제10조 1항에 특별시 · 광역시 · 도, 시 · 군 · 자치구로 구분하고 있다).

## 2. 지방자치단체의 사무

| 구분 | | 지방의회 관여 | 경비 부담 | 이해관계 | 법정 조치 | 중앙통제 | | |
|---|---|---|---|---|---|---|---|---|
| | | | | | | 예방적 통제 | 사후적 통제 | |
| | | | | | | | 합목적성 여부 | 합법성 여부 |
| 고유사무 | | 가능 | 지방 | 지방 | – | 불가 | 불가 | 가능 |
| 위임 사무 | 단체위임 사무 | 가능 | 지방 및 국가 | 지방 및 국가 | 필요 (법정위임) | 불가 | 가능 | 가능 |
| | 기관위임 사무 | 불가능 | 국가 | 국가 | 불필요 (직권위임) | 가능 | 가능 | 가능 |

☞ 주의할 사무

① 소방사무는 원래 자치사무였으나, 소방기본법의 개정으로 소방에 관한 기획 및 예산은 국가사무가 됐고, 지역 단위의 화재 진압이나 구난·구조·구급 업무는 자치사무로 남게 돼 이원화돼 있음.

② 가족관계 등록 사무: 대법원이 관장하는 국가사무, 시·읍·면장에게 위임하고 비용을 국가가 부담(그러나 지방자치법상으로는 여전히 자치사무로 예시돼 있음.)

③ 주민등록사무: 자치사무

**심화 학습: 사무**

**1. 기관위임사무와 단체위임사무**

① 자치사무는 자치단체가 전액 경비를 부담하며, 단체위임사무는 원칙적으로 자치단체와 위임기관이 공동으로 부담하며, 기관위임사무는 위임기관이 전액 부담한다.

② 기관위임사무는 법령에 의해 하급 자치단체장에게 위임된 사무이며, 단체위임사무는 법령에 의해 국가 또는 다른 자치단체로부터 위임된 사무다.

③ 자치사무와 단체위임사무의 처리를 위해 자치단체는 조례를 제정하는 것이 가능한데, 기관위임사무는 원칙적으로 조례 제정 대상이 아니다.

④ 자치사무와 단체위임사무는 지방의회의 관여(의결, 사무감사 및 사무조사) 대상이지만, 기관위임사무는 관여 대상이 아니다.

**2. 특별시광역시에서 처리하는 사무(지방자치법 시행령 제9조)**

1. 지방자치단체의 인사 및 교육 등에 관한 사무
2. 지방재정에 관한 사무
3. 매장 및 묘지 등에 관한 사무
4. 청소·오물에 관한 사무
5. 지방 토목·주택 건설 등에 관한 사무
6. 도시계획에 관한 사무
7. 도로의 개설과 유지·관리에 관한 사무
8. 상수도사업에 관한 사무
9. 공공하수도에 관한 사무
10. 공원 등 관광·휴양시설의 설치·관리에 관한 사무
11. 지방궤도사업에 관한 사무
12. 대중교통행정에 관한 사무
13. 지역경제 육성에 관한 업무
14. 교통신호기, 안전표시 등의 설치·관리 등에 관한 사무

**3. 지방자치사무의 배분 방식**

1) 국가별 지방자치사무 배분(분권) 방식: 미국은 헌장제도 방식, 영국과 캐나다는 개별적 수권 방식, 일본

은 예시적 포괄 배정 방식, 독일은 포괄적 수권 방식

2) 한국은 포괄적 위탁 방식에서 예시주의를 취하고 있다(1988년 지방자치법 개정). 예시라는 것은 본 조에 규정하고 있는 사무와 동일 내지 유사한 것은 지방자치단체의 사무로 간주한다는 뜻이며, 열거라는 것은 본조에 정하고 있는 사무만을 말한다. 그러나 다른 법률에서 자치단체의 사무로 인정하지 않고 있는 규정이 있을 때에는 그 법률에 따라야 한다.

3) 결론적으로 한국은 지방사무 배분 방식은 시도는 제한적 열거주의, 시군은 예시주의를 택하고 있다.

**4. 고유사무, 단체위임사무, 기관위임사무의 비교**

| 구분 | 개념 | 경비 부담 | 배상 책임 | 예시 |
|---|---|---|---|---|
| 고유 사무 | 전국적 이해관계가 없는 지방의 고유사무 | 지방자치단체 부담 (협의의 보조금) | 지방 | 자치법규 제정, 주민등록, 상하수도, 소방, 공원, 도서관, 시장, 주택, 청소, 위생, 미화, 도축장, 병원, 학교, 도시계획 |
| 단체 위임 사무 | 중앙과 지방의 공동의 이해관계가 있는 사무로서 자치단체에 위임한 사무 | 일부 국가 부담 (부담금) | 공동 | 보건소 설치 및 운영, 예방접종, 시 · 군의 도세 및 수수료 징수, 재해구호, 생활 보호, 도로 유지 · 수선, 하천 보수 · 유지 등 |
| 기관 위임 사무 | 지방자치단체와 직접적인 이해관계가 없는 사무를 지방자치단체의 장에게 위임한 사무 | 전액 국가 부담 (교부금) | 국가 또는 상급단체 | 선거, 인구조사, 지적 국세조사, 경찰, 공유수면 매립, 근로 기준, 의 · 약사 면허, 도량형, 가족관계등록 사무 등 |

## 3. 교육자치

### 1) 유형

집행기관은 일반행정기관과 분리, 의결기관은 지방의회로 통합된 절충형

### 2) 조직

① 의결기관(교육위원회)

- 시 · 도의 교육 및 학예에 관한 의안과 청원 등을 심사 · 의결하기 위해 교육위원회를 시 · 도의회 내 상임위원회에 두고 있으며, 교육위원회는 교육의원이 과반수 이상이어야 함.
- 교육의원은 제주도만 지방의원과는 별도로 주민 직선으로 선출

② 집행기관(교육감)

• 교육감은 주민 직선으로 선출

3) 교육자치에 대한 지도 · 감독

① 교육감은 국가의 위임사무에 관해서는 직무상 이행명령 등 교육부 장관의 지도 · 감독을 받는다.

② 교육부 장관은 교육감의 명령처분에 대해 시정명령 및 취소 · 정지권을 갖는다. 단 자치사무에 관한 것은 법령을 위반한 경우에 한한다.

### 4. 자치경찰

1) 유형

국가경찰 중심(프랑스, 독일 등 대륙계 국가), 자치경찰 중심(영 · 미계 국가), 절충형(일본, 자치경찰제를 원칙으로 하고 국가경찰 요소를 가미)

2) 우리나라

국가경찰 중심이며, 제주도에 한해서 자치경찰단이 설치돼 운영 ☞ 지방경찰청장은 시 · 도지사 소속으로 돼 있으나, 지방경찰청장은 중앙의 경찰청장의 지휘 · 감독을 받음(경찰법).

## 제 5 절 지방자치단체의 재정

### 1. 지방재정의 특징

응익성(수익자 부담주의 적용), 타율성(국가로부터 제약을 받음), 다양성(지자체마다 재정 능력과 자립도 등이 다양함.)

## 2. 지방재원의 구분

| | |
|---|---|
| 자주재원 | 지방세, 세외수입 |
| 의존재원 | 국가에 의존(국고보조금, 지방교부세), 상급지자체에 의존(조정교부금) |
| 일반재원 | 지방세, 세외수입, 지방교부세(특별교부세와 소방안전교부세 제외) |
| 특정재원 | 국고보조금 |
| 경상재원 | 지방세, 사용료, 수수료, 보통교부세, 국고보조금 |
| 임시재원 | 재산매각수입, 전입금, 이월금, 지방채 등 |

### 심화 학습: 조정교부금

<table>
<tr><td colspan="3">지방재정법 개정(2014. 11. 29)</td></tr>
<tr><td>시군조정 교부금</td><td>시 · 도지사는 시군이 징수한 광역세의 27%와 지방 소비세의 일부를 시군에 교부(인구 50만 이상은 47%)</td><td rowspan="2">일반조정교부금과 특별조정교부금으로 구분<br>(특별조정교부금은 보조사업 재원으로 사용할 수 없음.)</td></tr>
<tr><td>자치구조정 교부금</td><td>특별시 및 광역시장은 대통령령으로 정한 보통세 수입의 일정액을 확보해 조례로 정하는 바에 따라 관내 자치구에 교부</td></tr>
</table>

## 3. 지방재정의 구성 체계

<table>
<tr><td rowspan="4">자주재원</td><td rowspan="2">지방세</td><td>보통세(9)</td><td>등록면허세, 취득세, 지방소비세, 지방소득세, 주민세, 담배소비세, 자동차세, 레저세, 재산세</td></tr>
<tr><td>목적세(2)</td><td>지역자원시설세, 지방교육세</td></tr>
<tr><td rowspan="2">세외수입</td><td>경상적 세외수입</td><td>수수료, 사용료 등</td></tr>
<tr><td>임시적 세외수입</td><td>이월, 전입금, 기부금, 재산수입 등</td></tr>
<tr><td rowspan="5">의존재원</td><td rowspan="3">국고보조금<br>(특정재원)</td><td>장려적 보조금</td><td>국가가 시책상 장려하기 위한 지방사무에 대한 경비 지원</td></tr>
<tr><td>위탁금(교부금)</td><td>기관위임사무에 대한 보조금(비용 전부)</td></tr>
<tr><td>부담금</td><td>단체위임사무에 대한 보조금(비용 일부)</td></tr>
<tr><td rowspan="2">지방교부세<br>(일반재원)</td><td>보통교부세</td><td>재정력 지수(기준재정수입액/기준재정수요액)가 1 이하인 자치단체에 교부하는 재원<br>교부 금액은 기준재정수요액-기준재정수입액으로 산정됨 .</td></tr>
<tr><td>특별교부세</td><td>재해복구 등 특정 용도로 지급</td></tr>
</table>

| | | | |
|---|---|---|---|
| | *특별교부세와 소방안전교부세는 제외 | **소방안전교부세** | 재난 및 안전관리를 위한 특별한 재정수요 발생시 교부 |
| | | **부동산교부세** | 자치단체의 재정 여건 등에 따라 교부하며, 종합부동산세 전액이 재원 |
| 지방채 | | | 과세권을 담보로 증서차입 또는 증권 발행을 통해 부족한 재원을 충당하는 채무부담행위 |

## 4. 우리나라 지방재정의 문제점

① 지방재정(34%)보다 국가재정(66%) 위주

② 국가와 지방 간에 사무 부담과 경비 분담이 불일치

**③ 소득과 소비과세에 따른 과세는 국세로 하고, 재산에 관련된 과세는 지방세로 돼 있는 체계 하에서는 지방재정이 본질적으로 취약함.**

**④ 기금은 행정안전부 장관 승인 없이 조례로 설치 가능하지만, 특별회계는 법률 또는 조례로 설치하도록 돼 있음.**

## 5. 지방재정력의 평가모형

| 재정 규모 | 자주재원+의존재원+지방채 |
|---|---|
| 재정자립도<br>(세입 기준) | **1) 지방재정론 : 지방세+세외수입/일반회계 총세입**<br>**2) 지방자치법 시행령 : 재정자립도 = (지방세+세외수입-지방채)/일반회계예산×100**<br>**3) 특징**<br>① 자주재원 및 세입 중심이므로, 세출의 질(건전성)이나 재정력, 총재정 규모 등 실질적인 재정 상태를 반영하지 못함.<br>② 지방교부세를 받은 자치단체는 재정자립도는 낮아지나, 재정력은 강화됨.<br>③ 재정자립도가 같다고 해서 재정 규모가 동일한 것은 아님.<br>④ 의존재원이 제외되므로 재정 지원의 규모나 형태·내역을 파악할 수 없어 재정자립도가 높다고 해서 반드시 지방재정이 건전하다고 할 수는 없음.<br><br>**4) 재정자립도를 확충하기 위한 방안**<br>국세의 지방세화, 새로운 지방세원의 발굴, 탄력세율제도의 적극 활용, 경영수익사업을 통한 세외수입의 확충 등 |
| 재정력 지수 | ① 기초적인 재정 수요를 어느 정도 자체적으로 해결할 능력을 가지고 있는가를 추정하는 지표<br>② **재정력 지수 = 기준재정수입액/기준재정수요액**<br>③ 지수가 1.0 이상이면 보통교부세만 교부하지 아니함. |

| 건전재정 지수 (세출 기준) | ① 세출 총액 가운데 안정적 수입이 차지하는 비율<br>② **건전재정 지수 = (지방세액+지방교부세+세외수입〈지방채 제외〉)/세출 총액** |
|---|---|
| 재정자주도 | ① **일반재원이 차지하는 비중**<br>② 재정자주도=(지방세수입 + 세외수입 + 지방교부세 + 조정교부금)/일반회계 예산 규모 |

## 6. 자주재원주의와 일반재원주의

| 자주재원주의 | 일반재원주의 |
|---|---|
| 세입 자주성(자주적인 세입분권)을 강조 | 세출 자주성(자주적인 세출분권)을 강조 |
| 재정자립도를 강조 | 재정자주도를 강조 |
| 국세의 지방세로의 이양을 통해 자주적인 재원 확충 입장 | 일반재원으로 사용할 수 있는 재원의 확대를 중시 |

## 7. 지방세

| 특징 | 법정주의(세목과 세율은 법률로 정함), 독립세주의(국세와 세원이 분리), 분리과세주의(자치단체별로 부과해 독자적으로 사용) 〈예외〉 서울특별시의 경우 재산세는 공동과세(특별시 및 구세인 재산세)<br>• 지방세는 재산 보유에 대한 과세보다 재산 거래에 대한 과세의 비중이 상대적으로 높음.<br>• 취득세와 등록면허세가 대표적인 거래과세임. | | |
|---|---|---|---|
| 원칙 | 재정수입 측면 | 충분성의 원칙 | 지방자치를 위한 충분한 금액이어야 함. |
| | | **보편성의 원칙** | 세원이 지역 간에 균형(보편)적으로 분포돼 있어야 함. |
| | | 안정성의 원칙 | 세수가 안정적으로 확보돼야 함. |
| | | 신장성의 원칙 | 수요에 대응해 지속적으로 세수가 팽창될 수 있어야 함. |
| | | 신축(탄력)성의 원칙 | 지자체의 특성에 따라 탄력적으로 운영돼야 함. |
| | 주민 부담 측면 | **부담 분임의 원칙** | 가급적 모든(많은) 주민이 경비를 나눠 분담해야 함. |
| | | **응익(편익)성의 원칙** | 주민이 향유한 이익의 크기에 비례해 비용이 부담돼야 함. |
| | | **효율성의 원칙** | 자원 배분의 효율화에 기여해야 함. |
| | | **부담 보편(평등성)의 원칙** | 주민에게 공평(동등)하게 부담돼야 함. |
| | 세무행정 측면 | 자주성의 원칙 | 중앙정부로부터 독자적인 과세 주권이 확립돼야 함. |
| | | 편의 및 최소비용의 원칙 | 징세가 용이하고 징세비가 절감돼야 함. |
| | | **국지성의 원칙** | 과세 객체가 관할구역 내에 국한돼 있어야 함. |

<table>
<tr><td>세목<br>체계</td><td>

**〈지방세 세목〉**

| 구분 | 도세 | 시・군세 | 특별시・광역시세 | 자치구세 |
|---|---|---|---|---|
| 보통세 | 취득세, 등록면허세, 레저세, 지방소비세 | 주민세, 재산세, 자동차세, 담배소비세, 지방소득세 | 취득세, 주민세, 자동차세, 담배소비세, 레저세, 지방소비세, 지방소득세 | 등록면허세, 재산세 |
| 목적세 | 지방교육세<br>지역자원시설세 | - | 지방교육세, 지역자원시설세 | |

</td></tr>
<tr><td>문제점</td><td>① 지방세보다는 국세의 비중이 큼.<br>② 소득과세나 소비과세가 적고 자산과세가 많아 재정 운용의 신축성이 부족함.<br>③ 지방세의 종목과 세율이 국가에 의해 법률(지방세법)로 규정돼 있어 과세 자주권이 결여돼 있음.</td></tr>
<tr><td>과제</td><td>

**① 국세와 지방세 간의 합리적 세원 조정**

2010년 지방소득세나 지방소비세가 신설돼 있으나, 우리나라 세제는 소득과 소비에 대한 과세는 대부분 국세 위주로 돼 있음.

**〈국세와 지방세 적합 조건〉**

| 지방세로 적합한 조건 | 국세로 적합한 조건 |
|---|---|
| • 세수가 안정적이면서 탄력성이 높은 세목<br>• 편익과 부담이 일치하는 세목<br>• 지역적 보편성을 고루 갖춘 세목 | • 재분배 목적을 위한 누진세 성격이 강한 세목<br>• 특정 자치단체에 세원이 편중돼 있는 세목<br>• 세원의 지역 간 이동이 가능한 세목 |

② 과세 자주권 강화

탄력세율제도의 활성화, 법정외 조세제도 도입 검토 등

**〈탄력세율 적용 여부〉**

| 조례로 정하는 세목 | 취득세, 등록면허세, 주민세, 자동차세(보유분), 재산세, 지역자원시설세, 지방교육세, 지방소득세 |
|---|---|
| 대통령으로 정하는 세목 | 자동차세(주행부), 담배소비세 |
| 탄력세율 적용 제외 세목 | 레저세, 지방소비세 |

* 지방자치단체의 장은 조례로 정하는 바에 따라 등록면허세, 취득세, 주민세, 재산세, 자동차세, 지역자원시설세, 지방교육세는 표준세율의 100분의 50의 범위에서 가감할 수 있다(지방세법).

</td></tr>
</table>

**용어 정리** 공동세

서울시의 공동세 제도는 공동재산세를 의미하는 것으로 강남·북 자치 간 재정 격차를 완화하기 위해 2008년 노무현 정부에 의해 도입된 제도다. 우리나라 지방세 제도는 분리과세가 원칙이지만 유일하게 특별시의 재산세에 한해 공동과세가 인정되고 있다. 다만, 그 대상은 취득세가 아니라 재산세를 대상으로 한다. 따라서 종전 자치구세였던 재산세가 특별시 및 구세로 전환된 것이다. 재산세 50%를 특별시가 확보해 25개 자치구에 균등하게 배분해 주는 제도다. 배분 기준을 조례로 따로 정하지 아니하고 25개 자치구에 일률적으로 균등 배분하고 있어 형평화의 논리에 따른 배분도 아니라는 지적이 있다.

## 8. 세외수입

<table>
<tr><td>특성</td><td>① 자주적 재원이며,<br>② 지방자치단체의 경제 활동이나 서비스에 대한 반대 보상적 성격의 수입이고,<br>③ 수입의 근거와 종류 및 형태가 다양하며(현금적 수입 외에도 수수료 등 수입증지의 형태로 징수되는 것도 있음.),<br>④ 일반재원으로 분류되는 것도 있지만, 재원의 용도가 특정한 경우(사용료, 매각대금, 과징금 등)도 있다(학자들의 견해가 일반재원과 특정재원이라는 주장으로 이견이 있음).</td></tr>
<tr><td>종류 및 체계</td><td><table><tr><th>실질적 세외수입</th><th>명목적 세외수입</th></tr><tr><td>경상세입(사용료, 수수료, 부담금 등)<br>사업수입(상하수도 수입, 지하철 수입 등)</td><td>임시세입(기부금, 분담금, 잡수입 등)<br>사업 외 수입(이월금, 잡수입 등)</td></tr></table>① 사용료: 지방자치단체가 주민의 복지 증진을 위해 설치한 공공시설을 특정 소비자가 사용할 때 그 반대급부로 개별적인 보상 원칙에 따라 지방자치단체의 조례에 의거해 강제적으로 부과·징수하는 공과금<br>② 분담금: 지방자치단체의 재산 또는 공공시설의 설치로 인해 주민의 일부가 특별히 이익을 받을 때 그 비용의 일부를 부담시키기 위해 그 이익을 받는 자로부터 수익의 정도에 따라 징수하는 공과금으로 수익자 부담금, 원인자 부담금, 개발부담금 등이 있음.<br>③ 수수료: 지방자치단체가 특정인에게 제공한 행정 서비스에 의해 이익을 받는 자로부터 그 비용의 전부 또는 일부를 반대급부로 징수하는 수입</td></tr>
</table>

**용어 정리** 지방소득세와 지방소비세

**1) 지방소득세**

지방소득세는 지방자치단체가 개인과 법인의 소득에 대해 과세하는 세금으로서, 소득세분과 법인세분으로 구분하는 소득분과 종업원분이 있으며, 소득분은 소득세와 법인세 금액의 10%를 납부해야 하며. 종업원분은 종업원에 대한 급여 총액을 과세표준으로 하여 0.5%를 납부해야 한다.

**2) 지방소비세**

지역경제 활성화 및 지방재정 확충을 위해 국세인 부가가치세의 일부를 지방세로 전환한 세금으로서, 2010년 신설된 지방세다.

심화 학습: 국세

| 내국세 | 직접세 | 소득세, 법인세, 상속·증여세, 재평가세, 종합부동산세 |
|---|---|---|
| | 간접세 | 부가가치세, 개별소비세, 주세, 인지세, 증권거래세 |
| 목적세 | 교통·에너지·환경세, 교육세, 농어촌특별세 | |
| 관세 | | |

1) 직접세: 납세 의무자와 담세자(조세 부담자)가 일치되는 조세(지방세의 경우 자동차세와 재산세 등 대부분이 이에 해당함.)
2) 간접세: 납세 의무자와 담세자(조세 부담자)가 일치하지 않는 조세
3) 거래세: 재산의 거래(양도, 취득)에 대한 과세로서, 등록면허세, 취득세 등 광역자치단체 세 '목의 대부분을 차지함.
4) 보유세: 재산의 보유(소유)에 대한 과세로서 재산세가 대표적임.

## 9. 국고보조금

<table>
<tr><td>의의</td><td colspan="2">국가가 시책상 또는 자치단체의 재정 사정상 필요 시 예산의 범위 안에서 자치단체의 행정 수요에 소요되는 경비의 일부 또는 전부를 충당하기 위해 용도를 정해 교부하는 자금으로 국가와 지방 간의 수직적 재정조정제도</td></tr>
<tr><td>특징</td><td colspan="2">특정 재원(용도가 지정돼 있고, 지방정부가 일부 대응 재원인 자비 부담을 마련해야 함), 의존재원, 경상재원</td></tr>
<tr><td rowspan="3">종류</td><td>장려적 보조금</td><td>지자체가 스스로의 재원으로 처리해야 할 자치사무나 사업이지만, 국가적 차원에서 시책상 장려할 필요가 있어서 지원하는 재원</td></tr>
<tr><td>위탁금<br>(교부금, 지방재정법)</td><td>국가위임사무(기관위임사무)를 지방에 위임할 경우 그 경비의 전부를 지급하는 것</td></tr>
<tr><td>부담금</td><td>단체위임사무를 지방에 위임할 경우 그 경비의 일부를 지급하는 것</td></tr>
<tr><td>효용</td><td colspan="2">통일적 행정 수준의 확보, 행정 서비스의 구역 외 확산(외부 효과)에 대처</td></tr>
<tr><td>폐단</td><td colspan="2">지역 간 재정력 격차 및 불균형 심화(지방비 부담 능력이 있는 자치단체에 보조금 편중)</td></tr>
</table>

## 10. 지방교부세

| 의의 | 국가가 재정적 결함이 있는 자치단체에 교부하는 재원으로 가장 중요한 재정조정제도<br>**지방재정의 지역 간 불균형(격차) 시정이 목적**이며, 수직적 조정 재원(지자체의 기본 행정 운영에 필요한 최소한의 재원을 보전)이면서 수평적 조정 재원(지자체 간 재정력 격차 시정 기능)임. |
|---|---|

<table>
<tr><td>특징</td><td>공유된 독립재원(국가가 자의적으로 교부할 수 없고, 내국세 총액의 19.24%와 종합부동산세 전액, 담배에 부과되는 개별소비세 20%를 지방교부세의 재원으로 하며, 모든 지자체가 공유하는 재원)</td></tr>
<tr><td>종류</td><td>
<table>
<tr><th>종류</th><th>개념</th><th>재원</th><th>용도</th><th>교부 주체</th></tr>
<tr><td>보통 교부세1)</td><td>재정력지수(기준재정수입액/기준재정수요액)가 1 이하인 자치단체에 교부</td><td>[내국세 총액의 19.24% + 정산액]의 100분의 97</td><td>일반 재원</td><td rowspan="6">행정안전부 장관</td></tr>
<tr><td rowspan="3">특별 교부세2)</td><td>① 기준재정수요액으로는 산정할 수 없는 특별한 재정수요 발생 시 교부</td><td rowspan="3">[내국세 총액의 19.24% + 정산액]의 100분의 3</td><td rowspan="3">특정 재원</td></tr>
<tr><td>② 재난 복구 및 안전관리를 위한 특별한 재정수요 발생 시 교부</td></tr>
<tr><td>③ 국가적 장려, 국가와 지방간 시급한 협력, 역점 시책, 재정 운용 실적 우수 시 등 교부</td></tr>
<tr><td>소방안전 교부세3)</td><td>소방 및 안전시설 확충, 안전관리 강화 등을 위해 교부</td><td>담배에 부과되는 개별소비세 총액의 100분의 20+정산액</td><td>특정 재원</td></tr>
<tr><td>부동산 교부세</td><td>재정 여건 및 지방세 운영 상황 등을 고려해 교부</td><td>종합부동산세 전액 + 정산액</td><td>일반 재원</td></tr>
</table>
1) 국고보조사업을 이양받은 자치단체에 2005.1부터 한시적으로 교부하던 분권교부세는 2015.1.1. 보통교부세로 통합・폐지됐다.<br>
2) 보통교부세는 용도가 정해지지 않은 일반재원이므로 위법하게 사용한 경우에만 반환・감액 가능하고(단, 교부세 신청자료 거짓 기재 등 부당하게 교부받은 경우에는 반환・감액 가능), 특별교부세는 용도가 정해진 특정재원이므로 위법 부당하게 사용한 경우 반환・감액이 가능하다.<br>
3) 지방교부세의 총재원=내국세총액의 19.24%+종부세 전액+담배에 부과되는 개별소비세의 20%+전년도 결산 정산액
</td></tr>
<tr><td>기타</td><td>
□ 지방교부세 배분 시 반영 사항(인센티브 장치)
<table>
<tr><td>기준재정수요액 반영 사항</td><td>지방공무원 및 비정규직 공무원 정원 감축, 경상경비 절감, 지방상수도 요금 현실화, 읍・면・동 통합 유도, 지방청사관리 적정화</td></tr>
<tr><td>기준재정수입액 반영 사항</td><td>지방세 징수율 제고, 주민세 개인균등할 인상, 과표 현실화, 탄력세율 적용, 경상세외수입 확충, 지방세 체납액 축소, 지방세 세원 발굴</td></tr>
</table>
</td></tr>
</table>

## 11. 지방교부세와 국고보조금의 비교

| 구분 | 지방교부세 | 국고보조금 |
|---|---|---|
| 근거 | 지방교부세법 | 보조금의 예산 및 관리에 관한 법률 |
| 재원 | 내국세의 19.24%와 종합부동산세 전액, 그리고 담배에 부과되는 개별소비세 총액의 20/100, 법정 기준에 의한 교부 | 중앙정부의 예산(일반회계와 특별회계)에서 지원 소관 부처의 재량에 의한 보조(보조율이 법정화돼 있는 사업도 있지만 대부분의 재량보조 성격이 강함.) |
| 용도 지정 | 용도 지정이 없는 일반재원<br>(특별교부세와 소방안전교부세는 제외) | 용도 지정이 있는 특정재원 |
| 지방비 부담 | 없음, 정액 보조 | 있음, 정률 보조 |
| 재량(통제) | 많음(약함). | 거의 없음(강함). |
| 조정의 성격 | 수직적·수평적 조정 재원 | 수직적 조정 재원 |

## 12. 지방채

| 의의 | 과세권을 담보로 증서 차입 또는 증권 발행을 통해 부족한 재원을 충당하는 채무부담행위 |
|---|---|
| 발행 | 법률(지방재정법)에 따라 발행<br>① 지방자치단체의 장이 지방채를 발행하고자 하는 경우에는 대통령이 정하는 지방채 발행한도액의 범위 안에서 지방의회의 의결을 얻어야 한다.<br>② **지방채 발행한도액의 범위 안이라도 외채를 발행하는 경우, 자치단체 조합이 지방채를 발행하는 경우, 대통령령이 정하는 한도를 초과해서 발행하는 경우에는 지방의회의 의결을 거치기 전에 행정안전부 장관의 승인을 얻어야 한다.** |
| 종류 | 발행 방법에 따라<br>① 모집공채(공모 방식을 통해 공채 매입을 희망하는 자들로 하여금 매입하도록 하여 자금을 조달하는 방식)<br>② 매출공채(특정 서비스를 제공받는 주민 등을 대상으로 원인 행위에 첨가해 강제로 소화시키는 공채(예: 지하철 공채)<br>③ 교부공채(지자체가 공사대금을 현금 지급 대신 후일 지급을 약속하는 증권으로 교부하는 방식) |

## 13. 지방세의 유형별 구분

### 1) 재산과세와 소득과세 및 소비과세

① 재산과세, 소득과세, 소비과세 중 재산과세의 비중이 높다.

② 재산보유과세는 주로 시 · 군세와 같은 기초자치단체의 재원이며, 재산거래과세는 도와 같은 광역자치단체의 세목으로 돼 있다.

| 재산과세 | 재산보유과세 | 재산세, 자동차 소유에 대한 자동차세 |
|---|---|---|
| | 재산거래과세 | 취득세, 등록면허세 등 |
| 소득과세 | | 지방소득세 |
| 소비과세 | | 지방소비세, 담배소비세, 레저세 등 |

### 2) 독립세와 부가세

① 다른 세의 과세표준에 의해 과세하는 세를 부가세라고 한다.

② 대부분 독립세 중심으로 돼 있으나, 지방소비세, 지방교육세, 그리고 자동차 주행에 대한 자동차세는 부가세 형태다.

### 3) 종가세와 종량세

① 종가세는 물품의 가격에 따라 세율을 정하는 조세를 말하며, 국세 중 부가가치세, 주세, 그리고 지방세 중지방소비세, 취득세 등이 이에 해당한다.

② 종량세는 물품의 무게나 길이, 용량에 따라 세율을 정하는 조세를 말한다. 담배소비세(제1종 궐련 20개비당 1,007원)를 대표적으로 들 수 있다.

### 4) 비례세와 누진세

① 비례세는 모든 과세 표준에 대해 동일한 세율이 적용되는 조세(등록면허세 등)를 말한다.

② 누진세는 과세표준액에 따라 세율이 달라지는 조세(재산세 중 주택분 등)를 말한다.

### 5) 정액세와 정률세

① 정액세는 상품 단위당 일정 금액을 부과는 조세(담배소비세, 주민세[균등분], 자동차세, 등록면허세[일부])를 말한다.

② 정률세는 상품가격의 일정 비율을 세금으로 부과하는 조세(재산세 등)를 말한다.

6) 직접세와 간접세

① 직접세는 납세 의무자와 담세자(조세 부담자)가 일치되는 조세(자동차세, 재산세 등 대부분의 지방세)를 말한다.

② 간접세는 납세 의무자와 담세자(조세 부담자)가 일치하지 않는 조세를 말한다.

**심화 학습: 포괄보조**

일반재원으로 운영되는 지방교부세와 특정재원으로 자원되는 국고보조금 사이에 두 가지 재원의 특성을 절충하는 형태로 '포괄보조'제도가 있다. 다양한 형태가 있지만 일반적으로 지자체에 대해 보조금 총량을 설정하고, 한도 내에서 지자체가 재량으로 사업을 수행하도록 포괄적으로 재원을 교부한다. 중앙과 지방이 공동으로 사업 성과에 대해 책임져야 하는 영역에서는 제도 설계에 따라서는 정부간 성과계약 방식을 도입할 수 있다. 중앙정부는 지자체의 사업계획과 성과를 다음 연도 재원 배분 결과에 반영할 수 있다. 보통교부세와 같이 법적으로 재원 총량을 미리 결정할 수 있다.

포괄보조를 가장 많이 활용하는 국가는 미국이다. 지금까지 운영한 포괄보조는 세 가지가 있다. 첫째, 소규모 영세 보조사업들을 통합해 분야별로 포괄적으로 지방재정을 지원하는 관리 혁신형 포괄보조가 있다. 둘째, 개별 보조사업을 분야로 묶어 총액 규모를 축소하고 대신 사업 재량을 대폭 확대하는 감축관리형 포괄보조가 있다. 셋째, 중앙과 지방 간 성과계약 방식을 적용해 성과에 따른 차등 보조와 집행 재량을 확대한 정부간 계약형 포괄보조가 있다.

포괄보조제도에서는 중앙정부 사업에 지자체의 혁신 역량을 활용할 수 있다는 장점이 있다. 지방은 중앙의 재원을 자주재원과 유사하게 진행할 수 있다. 하지만 현실에서는 반대도 가능하다. 지방이 중앙정부 지침에 계속 의존하고 중앙정부는 사업에 계속 개입하면서 성과에 책임을 회피할 수 있다.

## 제 6 절 지방자치와 주민(주민참여제도)

<table>
<tr><th>구분</th><th colspan="2">청구권자 및 기준</th><th>상대 및 실시권자</th><th>주요 내용</th><th>근거</th></tr>
<tr><td rowspan="3">주민조례 제정과 개폐 청구 (1999.7)</td><td>광역자치단체</td><td rowspan="2">주민 총수의 1/100 이상~1/70 이하</td><td rowspan="3">지방자치단체장</td><td rowspan="3">• 청구 제외 대상<br>– 지방세, 사용료, 수수료 부담금의 부과, 징수 또는 감면에 관한 사항<br>– 행정기구의 설치, 변경에 관한 사항 또는 공공시설의 설치를 반대하는 사항</td><td rowspan="3">지방자치법 (15조) 대통령령</td></tr>
<tr><td>인구 50만 이상 대도시</td></tr>
<tr><td>기초자치단체</td><td>주민 총수의 1/50 이상~1/20 이하</td></tr>
</table>

<table>
<tr><td rowspan="3">주민감사<br>청구<br>(1999.7)</td><td>광역자치<br>단체</td><td>500명</td><td rowspan="3">이내<br>에서<br>조례<br>로<br>정하<br>는<br>이상<br>연서</td><td rowspan="3">광역은 주무부<br>장관 기초는<br>시·도지사에게</td><td rowspan="3">• 사무 처리가 종료된 날로부터 2년이 지나면 청구 불가<br>• 60일 이내에 감사 종료<br>• 청구 제외 대상<br>- 수사 또는 재판에 관여하게 되는 사항<br>- 개인의 사생활을 침해할 우려가 있는 사항<br>- 다른 기관에서 감사했거나 감사 중인 활동</td><td rowspan="3">지방자치법<br>(16조)<br>대통령령</td></tr>
<tr><td>인구 50만<br>이상<br>대도시</td><td>300명</td></tr>
<tr><td>기초자치<br>단체</td><td>200명</td></tr>
<tr><td rowspan="4">주민투표<br>(2004.1)</td><td colspan="3">중앙행정기관의 장요청</td><td rowspan="4">지방자치단체의<br>장 관할<br>선거관리<br>위원회</td><td rowspan="4">• 확정: 주민투표권자 총수의 1/3 이상 투표와 유효 투표수 과반수 득표<br>• 무효투표 후 재투표: 20일 이내<br>• 확정된 사항은 2년 이내 변경 투표 불가<br>• 주민투표의 구체적인 요건은 주민투표법으로 정함.</td><td rowspan="4">지방자치법<br>(14조)<br>주민투표법</td></tr>
<tr><td colspan="3">주민 1/20 이상~1/5 이하 범위 내에서 조례로 정하는 수</td></tr>
<tr><td colspan="3">지방의회(재적의원 과반수 출석과 출석의원 2/3 이상 찬성)</td></tr>
<tr><td colspan="3">지자체의 장<br>(의회 동의 필요)</td></tr>
<tr><td>주민소송<br>(2006.1)</td><td colspan="3">주민감사 청구 결과에 불복이 있는 자 개인 또는 다수 주민(연서 불필요)<br>피해(손해)를 입지 않은 주민도 청구 가능</td><td>지방자치단체장<br>지자체 소재지<br>관할<br>행정법원(혹은<br>지방법원 본원)</td><td>• 소 제기: 감사 결과 통지를 받은 날로부터 90일 이내<br>• 주민감사청구가 전심 절차<br>• 재무행위 분야와 위법행위만을 대상으로 함.<br>• 승소하면 변호사 보수 등의 실비 보상 청구 가능</td><td>지방자치법<br>(17조)<br>행정소송법</td></tr>
<tr><td rowspan="3">주민소환<br>(2007.5)</td><td>광역단체장</td><td colspan="2">10/100<br>이상</td><td rowspan="3">관할<br>선거관리위원회</td><td rowspan="3">• 단체장(투표 안을 공고한 때부터 결과 공표할 때까지 권한 행사 정지, 부단체장 권한 대행)<br>• 의원(의정활동 보고 불가, 단 인터넷을 통한 의정활동 보고는 가능)<br>• 확정: 주민투표권자 총수의 1/3 이상 투표와 유효투표수 과반수 득표<br>• 결과 공표한 시점에 직을 상실하며(보궐선거 등록은 불가)<br>• 임기 개시일로부터 1년 이내, 임기 만료일이 1년 미만인 경우, 동일인에 대해 소환투표 실시 후 1년 이내는 불가</td><td rowspan="3">지방자치법<br>(20조)<br>주민소환에<br>관한 법률</td></tr>
<tr><td>기초단체장</td><td colspan="2">15/100<br>이상</td></tr>
<tr><td>지방의원<br>(비례대표<br>제외)</td><td colspan="2">20/100<br>이상</td></tr>
</table>

## 심화 학습: 주민참여제도 외

### 1. 주민참여제도의 개념

| 제도 | 의의 | 비고 |
|---|---|---|
| 주민조례개폐 청구제도 (1999) | 주민발안(간접발안)의 일종으로, 지역주민들이 해당 지방자치단체의 장에게 조례의 제정이나, 개폐를 청구할 수 있는 제도 | |
| 주민감사청구 제도(1999) | 지방자치단체와 그 장의 권한에 속하는 사무의 처리가 법령에 위반되거나 공익을 현저히 해친다고 인정되면 지역주민은 상급자치단체의 장이나 주무부 장관에게 감사를 청구할 수 있도록 한 제도 | |
| 주민투표제도 (2004) | 지방자치단체의 중요한 사안에 대해 주민이 직접 결정권을 행사하는 제도로 일반적으로 개별적인 정책에 대한 찬반 의사를 묻는 형식을 취함. | |
| 주민소송제도 (2006) | 지방자치단체의 기관 및 직원의 공금 지출·회계 등 재무행위가 위법하다고 인정되는 경우에 주민이 감사를 청구하고 그 결과에 불복하는 경우 법원에 재판을 청구하는 제도로 시민대표소송, 납세자소송의 성격이 강함. | 중앙정부를 상대로 하는 국민소송제도는 도입돼 있지 않음. |
| 주민소환제도 (2007) | 유권자 일정 수 이상의 연서에 의해 지방자치단체의 장, 의회의원, 기타 주요 지방공직자의 해직이나 의회의 해산 등을 임기 만료 전에 청구해 주민투표(또는 의회의 동의)로써 결정하는 제도 | 비례대표 의원은 제외 |

### 2. 주민발안(initiative)제도

1) 개념

지방선거 유권자 일정 수 이상의 연서에 의해 지방자치단체의 자치헌장이나 조례의 제정 또는 개·폐 등에 관해 주민이 직접 의안을 발의하는 제도

2) 유형

① 직접적 주민발안: 주민의 발안이 있으면 반드시 주민투표에 부치도록 돼 있는 제도
(예) 미국 워싱턴의 주민·발안·투표·소환헌장개정법(1997)

② 간접적 주민발안: 주민의 발안이 있으면 이를 일단 지방의회에 회부해 의회가 그 내용을 수용할 때에는 주민투표에 부침이 없이 바로 성립되며, 의회가 그 내용을 수용하지 않을 때에 이를 주민투표에 부치는 제도

### 3. 주민 조례의 제정과 개폐 청구 제외 대상 외(지방자치법 외)

| | |
|---|---|
| 주민 조례의 제정과 개폐 청구 제외 대상 | 1. 법령을 위반하는 사항<br>2. 지방세·사용료·수수료·부담금의 부과·징수 또는 감면에 관한 사항<br>3. 행정기구를 설치하거나 변경하는 것에 관한 사항이나 공공시설의 설치를 반대하는 사항 |

| | |
|---|---|
| 주민의 감사청구 제외 대상 | 1. 수사나 재판에 관여하게 되는 사항<br>2. 개인의 사생활을 침해할 우려가 있는 사항<br>3. 다른 기관에서 감사했거나 감사 중인 사항<br>4. 동일한 사항에 대해 소송이 진행 중이거나 그 판결이 확정된 사항 |
| 주민투표 제외 대상 | 1. 법령에 위반되거나 재판 중인 사항<br>2. 국가 또는 다른 지방자치단체의 권한 또는 사무에 속하는 사항<br>3. 지방자치단체의 예산·회계·계약 및 재산관리에 관한 사항과 지방세·사용료·수수료·분담금 등 각종 공과금의 부과 또는 감면에 관한 사항 |
| 주민소송 대상 | 1. 공금의 지출에 관한 사항<br>2. 재산의 취득·관리·처분에 관한 사항<br>3. 해당 지방자치단체를 당사자로 하는 매매·임차·도급, 그 밖의 계약의 체결·이행에 관한 사항<br>4. 지방세·사용료·수수료·과태료 등 공금의 부과·징수를 게을리 한 사항 |

### 4. 주민소환투표소송

**주민소환에 관한 법률 제24조(주민소환투표소송 등)**

① 주민소환투표의 효력에 관하여 이의가 있는 해당 주민소환 투표 대상자 또는 주민소환 투표권자(주민소환 투표권자 총수의 100분의 1 이상의 서명을 받아야 한다)는 제22조 제3항의 규정에 의하여 주민소환투표 결과가 공표된 날부터 **14일 이내**에 관할 선거관리위원회 위원장을 피소청인으로 하여 지역구시·도의원, 지역구자치구·시·군의원 또는 시장·군수·자치구의 구청장을 대상으로 한 주민소환 투표에 있어서는 특별시·광역시·도선거관리위원회에, 시·도지사를 대상으로 한 주민소환 투표에 있어서는 **중앙선거관리위원회에 소청**할 수 있다.

② 제1항의 규정에 따른 소청에 대한 결정에 관하여 불복이 있는 소청인은 관할선거관리위원회 위원장을 피고로 하여 그 결정서를 받은 날(결정서를 받지 못한 때에는 「공직선거법」 제220조 제1항의 규정에 의한 결정 기간이 종료된 날을 말한다)부터 **10일 이내**에 지역구시·도의원, 지역구자치구·시·군의원 또는 시장·군수·자치구의 구청장을 대상으로 한 주민소환투표에 있어서는 그 선거구를 관할하는 고등법원에, 시·도지사를 대상으로 한 주민소환투표에 있어서는 **대법원에 소**를 제기할 수 있다(**※ 주민소환 청구 사유를 제한하지 않고 있음**).

### 5. 주민투표의 대상 및 효력

**주민투표법 제7조(주민투표의 대상)**

① 주민에게 과도한 부담을 주거나 중대한 영향을 미치는 지방자치단체의 주요 결정 사항으로서 그 지방자치단체의 조례로 정하는 사항은 주민투표에 부칠 수 있다.

② **다음 각호의 사항은 이를 주민투표에 부칠 수 없다.**

1. 법령에 위반되거나 재판 중인 사항
2. 국가 또는 다른 지방자치단체의 권한 또는 사무에 속하는 사항
3. **지방자치단체의 예산·회계·계약 및 재산관리에 관한 사항과 지방세·사용료·수수료·분담금 등 각종 공과금의 부과 또는 감면에 관한 사항**

4. **행정기구의 설치 · 변경에 관한 사항과 공무원의 인사 · 정원 등 신분과 보수에 관한 사항**
5. 다른 법률에 의하여 주민대표가 직접 의사 결정 주체로서 참여할 수 있는 공공시설의 설치에 관한 사항. 다만, 지방의회가 주민투표의 실시를 청구하는 경우에는 그러하지 아니하다.
6. 동일한 사항에 대하여 주민투표가 실시된 후 2년이 경과되지 아니한 사항

**주민투표법 제8조 국가정책에 관한 주민투표**

① 중앙행정기관의 장은 지방자치단체의 폐치(廢置) · 분합(分合) 또는 구역 변경, 주요 시설의 설치 등 국가정책의 수립에 관하여 주민의 의견을 듣기 위하여 필요하다 인정하는 때에는 주민투표의 실시구역을 정하여 관계 지방자치단체의 장에게 주민표의 실시를 요구할 수 있다. 이 경우 중앙행정기관의 장은 미리 행정안전부 장관과 협의하여야 한다.

② 지방자치단체의 장은 주민투표의 실시를 요구받은 때에는 지체없이 이를 공표하여야 하며, 공표일부터 30일 이내에 그 지방의회의 의견을 들어야 한다.

③ 지방의회의 의견을 들은 지방자치단체의 장은 그 결과를 관계 중앙행정기관의 장에게 통지하여야 한다.

**★ 국가정책에 관한 주민투표의 효력**

일반적으로 주민투표에 부쳐진 사항은 주민투표권자 총수의 3분의 1 이상의 투표와 유효투표 수 과반수의 득표로 확정된다. 그러나 '국가정책에 관한 주민투표'에 대해서는 이 규정이 적용되지 않는다. 이는 국가가 주민투표의 결과에 구속되지 않는다는 것을 의미한다. 또한 국가정책에 관한 주민투표에 대해서는 주민투표소송과 관련된 규정이나 재투표 및 투표 연기에 관한 규정은 적용되지 않는다.

## 6. 주민소송

**지방자치법 제17조(주민소송)**

① 공금의 지출에 관한 사항, 재산의 취득 · 관리 · 처분에 관한 사항, 해당 지방자치단체를 당사자로 하는 매매 · 임차 · 도급 계약이나 그 밖의 계약의 체결 · 이행에 관한 사항 또는 지방세 · 사용료 · 수수료 · 과태료 등 공금의 부과 · 징수를 게을리한 사항을 감사청구한 주민은 **다음 각 호의 어느 하나에 해당하는 경우에 그 감사청구한 사항과 관련이 있는 위법한 행위나 업무를 게을리한 사실에 대하여 해당 지방자치단체의 장을 상대방으로 하여 소송을 제기할 수 있다.**

1. 주무부 장관이나 시 · 도지사가 감사청구를 수리한 날부터 60일이 지나도 감사를 끝내지 아니한 경우
2. 감사 결과 또는 조치 요구에 불복하는 경우
3. 주무부 장관이나 시 · 도지사의 조치 요구를 지방자치단체의 장이 이행하지 아니한 경우
4. 지방자치단체의 장의 이행 조치에 불복하는 경우

② **제1항에 따라 주민이 제기할 수 있는 소송은 다음 각 호와 같다.**

1. 해당 행위를 계속하면 회복하기 곤란한 손해를 발생시킬 우려가 있는 경우에는 그 행위의 전부나 일부를 중지할 것을 요구하는 소송
2. 행정처분인 해당 행위의 취소 또는 변경을 요구하거나 그 행위의 효력 유무 또는 존재 여부의 확인을 요구하는 소송

3. 게을리 한 사실의 위법 확인을 요구하는 소송
4. 해당 지방자치단체의 장 및 직원, 지방의회의원, 해당 행위와 관련이 있는 상대방에게 손해배상 청구 또는 부당이득반환청구를 할 것을 요구하는 소송

**7. 국가행정과 지방행정제도 비교(직접참여제도)**

| 제도 | 국가 | 지방 |
|---|---|---|
| 감사청구제도 | 국민감사청구제도 실시(부패 시 감사원에 청구) | 주민감사청구제도(위법 부당 시 상급 또는 주무부 장관에게 청구) |
| 주민발안 | 국민발안 미실시 | 실시(1999) |
| 주민투표제도 | 실시 | 실시(2004) |
| 주민소송제도 | 국민소송제 미실시 | 실시(2006) |
| 주민소환제도 | 국민소환제 미실시 | 실시(2007) |

**8. 국가재정과 지방재정의 비교**

| 국가재정 | 지방재정 |
|---|---|
| 순수공공재 공급(외교, 치안, 국방, 사법 등) | 준공공재 공급(도로, 교량 등) |
| 포괄적 기능(재정의 3대 기능) 수행 | 자원 배분 기능 수행 |
| 응능주의 | 응익주의 |
| 가격 원리 적용 곤란 | 가격 원리 적용 용이 |
| 기업형 정부 적용 곤란 | 기업형 정부 적용 용이 |
| 전략적인 정책 기능 | 전술적 집행 기능 |
| 형평성 | 효율성 |
| 비경쟁성 | 경쟁성(지방정부 간) |
| 조세에 의존 | 세외수입에 의존 |
| 지역 간 이동성 없음. | 이동성 높음(티보가설). |

# 제 7 절 지방공기업

| | |
|---|---|
| 의의 | ① 지방자치단체는 일반행정 활동 외에 기업을 경영하는 공기업 활동도 수행한다(지방자치법 및 지방공기업법).<br>② 지방자치단체가 지역 주민의 복리 증진을 목적으로 경영하는 공기업을 말함. |
| 특성 | ① 경영 주체: 지방자치단체<br>② 목적: 지역 주민의 복리 증진<br>③ 사업 성질: 영리성 또는 경제성을 내용으로 하는 기업성을 가짐. |

| | | |
|---|---|---|
| 범위 | 법정 지방공기업 사업 (지방공기업법) | ① 수도사업(간이 상수도사업 제외)<br>② 공업용 수도사업<br>③ 궤도사업(지하철도사업 포함)<br>④ 자동차운송사업<br>⑤ 지방도로사업(유로도로만 해당)<br>⑥ 하수도사업<br>⑦ 주택사업<br>⑧ 토지개발사업 |
| | 조례로 정할 수 있는 지방공기업 사업 | ① 민간인의 경영 참여가 어려운 사업으로 주민복리 증진, 지역경제 활성화 및 지역 개발 촉진에 기여할 수 있는 사업<br>② 지방공기업법 상 지방공기업 사업 중 법정 기준에 미달하는 사업<br>③ 체육시설업 및 관광사업 |
| 경영 형태 | 직접 경영 (정부기업) 방식 | ① 지방자치단체가 지방공기업을 그 직원과 조직을 통해 경영하는 방식으로 경영 주체는 지방자치단체 및 그 자치단체 조합임.<br>② 좁은 의미의 지방공기업은 이러한 방식의 기업을 말함.<br>③ 일반행정기관에 적용되는 법령이 적용되며, 직원은 공무원이고, 예산도 특별회계이기는 하지만 그 성립 절차 등이 일반회계와 같고, 조직은 일반행정국·과 또는 사업소 형태를 취하며 독립된 법인격을 갖지 않음.<br>④ 장점: 수익성보다 공공성이 강한 사업 또는 일반행정과 관련이 있는 사업의 경영에 적합함.<br>⑤ 단점: 자주성의 상실로 창의성을 기할 수 없고 그 운영이 관료주의화해 탄력성을 기할 수 없음. |
| | 간접경영 (법인체기업) 방식 | ① 지방자치단체가 별개의 법인을 설립해 그 법인을 통해 지방공기업을 경영하는 방식으로, 별개의 법인에는 지방공사와 지방공단이 있음.<br>② 설립 근거: 지방공기업법, 특별법, 민법, 상법 등을 들 수 있음.<br>③ 지방 공사: 자본금을 원칙적으로 지방자치단체가 전액 출자하는 것이지만, 필요한 경우에는 그 자본금을 주식으로 분할해 자본금의 2분의 1을 초과하지 않는 범위 안에서 설립단체(지방자치단체) 이외의 자로 하여금 출자하게 해 이익배당을 하는 법인<br>④ 지방공단: 자본금의 주식 배분이 허용되지 아니하는 법인<br>⑤ 장점: 민간자본의 도입, 창의성과 탄력성 있는 경영 가능<br>⑥ 단점: 공공적 통제의 미약으로 인한 사업의 공공성 보장이 곤란함. |
| | 제3섹터(민관 공동출자) 방식 | ① 지방자치단체(제1섹터)와 민간(제2섹터)이 공동으로 자금을 출자해 경영하는 기업의 형태를 말함.<br>② 지방자치단체가 자본금의 50% 미만을 출자 또는 출연한 상법상의 주식회사(출자법인) 또는 민법상의 재단법인(출연법인)을 말함.<br>③ 설립 배경: 공공 부문의 자금 부족, 민관 협조 영역의 확대, 공공 영역의 기업화 경향 등 |

|  |  |  |
|---|---|---|
|  | 경영위탁<br>(민간위탁)<br>방식 | ① 공기업의 시설은 지방자치단체의 소유로 하되 그 관리는 민간기업에 위탁해 경영하는 방식<br>② 경영에서 전문적인 지식을 요하거나 숙련된 기술을 요하는 사업에 적합함.<br>③ 경영위탁 방식에서도 효율적인 경영을 위해 위탁자인 지방자치단체는 수탁자인 민간기업의 경영에 대해 일정한 지휘·감독을 행함. |
| 경영 관리 | ① 경영관리의 기본 원칙<br>지방공기업은 항상 기업의 경제성(영리성)과 공공복리(공공성)를 증대하도록 운영돼야 한다.<br>② 기업예산회계제<br>일반행정의 경우와는 달리 민간기업의 경영에 가까운 예산 회계 방식이 적용됨(사업예산과 자본예산으로 구성, 예산 집행의 탄력적 운영 허용, 발생주의 회계 방식을 채택, 원가계산주의를 채택 등).<br>③ 독립채산제<br>그 기업의 경비는 그 기업의 수입으로 충당하는 것으로, 이러한 독립채산은 수지균형성, 자본의 자기 조달성, 이익금의 자기처분성을 그 내용으로 함. | |
| 요금 | ① 지방자치단체는 지방공기업의 급부에 대해 조례가 정하는 바에 따라 요금을 징수할 수 있음.<br>② 요금 결정의 원칙<br>• 제공되는 재화 또는 서비스의 비용을 기초로 결정해야 한다는 서비스 비용 원칙<br>• 제공되는 재화 또는 서비스의 가치를 기초로 결정해야 한다는 서비스 가치의 원칙<br>• 가상적인 경쟁가격을 기초로 결정해야 한다는 경쟁가격의 원칙<br>• 이용자의 지불 능력을 기초로 결정해야 한다는 지불 능력의 원칙<br>• 제공되는 재화 또는 서비스의 혜택을 더 많은 주민이 받도록 결정해야 한다는 편익 확산의 원칙<br>• 사업자산의 적정 가치에 일정한 수익률을 곱해 산출해 결정해야 한다는 적정 수익의 원칙<br>③ 지방공기업의 요금 결정은 영업비용에 자본비용(자기자본×적정투자 보수율+지급 이자)을 가산해 산정함(지방공기업법). | |

# 부 록

## 행정학 확인 학습 문제

# 제1장 기초 이론 핵심 문장

아래에 제시된 핵심 문장에는 옳은 것과 그른 것이 섞여 있다. 내용을 잘 읽은 뒤 잘못된 곳을 찾아 바르게 고쳐 보시오.

1. 거버넌스에서의 행정은 행정을 정치와 분리된 정부의 활동으로 본다.
2. 공공재는 배제성과 경합성을 띠지 않으므로 정부가 직접 공급한다.
3. 무임승차 문제는 요금재에서 가장 크게 나타난다.
4. 시장이 공유재를 공급할 경우 자연독점의 문제가 발생한다.
5. 하딘(G. Hardin)의 공유지의 비극은 사적 극대화가 공적 극대화를 파괴하는 정부실패를 지적한 모형이다.
6. 사적 재(민간재 혹은 시장재)라 하더라도 기본적인 수요조차 충족하기 어려운 사회적 약자를 위해 부분적인 정부 개입이 필요하다.
7. 공유지의 비극은 비용의 집중과 편익의 분산으로 인해 발생한다.
8. 조장 및 지원 기능은 정부가 직접 사업 주체가 되지 않고 간접적으로 지원하는 기능이다.
9. 정치·행정일원론은 엽관주의의 비효율을 극복하기 위한 과정에서 등장했다.
10. 정치는 효율성을 확보하는 과정인 데 반해 행정은 민주성을 확보하는 과정이다.
11. 행정은 관료제적 성격을 띠지만 경영은 그렇지 않다.
12. 오스트롬(E. Ostrom)은 정부의 규제에 의해 공유자원의 고갈을 방지할 수 있다는 다양한 사례를 제시했다.
13. 법률 우위의 원리는 적극적 합법성을 의미한다.
14. 비정부조직(NGO)이 생산하는 공공 서비스의 비용을 정부가 지원할 경우 정

부와 NGO는 대체적 관계가 형성된다.

15. NGO 하에서 시민은 정규생산자가 아닌 소비생산자(prosumer)로서의 역할을 한다.

16. 경제대공황 등 시장실패는 정부의 시장 개입을 촉진시켰다.

17. 신자유주의의 등장으로 시장에 대한 정부의 직접적인 개입과 복지정책이 강화됐다.

18. 파킨슨의 법칙(Parkinson's law)은 본질적인 업무량의 증가와 관계 없이 공무원의 수가 증가한다는 이론이다.

19. **파킨슨의 법칙은 부하 배증의 법칙과 업무 배증의 법칙이 각각 별개로 작용한다.**

20. 진보주의는 자유를 열렬히 옹호한다.

21. 보수주의는 오류의 가능성이 있는 인간관을 전제로 한다.

22. 경제 주체가 대가의 교환 없이 남을 해롭게 하는 부정적 외부 효과는 정부의 개입이 없으면 과다 공급된다.

23. **경제 주체가 가격 설정자로서 역할을 수행할 때 시장실패가 방지된다.**

24. 정부의 개입 활동 중에서 외부 효과, 자연독점, 불완전 경쟁, 정보 격차 등의 상황에 모두 적절한 대응 방식은 공적 유도다.

25. 내부성은 시장실패의 원인이다.

26. 파생적 외부 효과는 시장실패의 원인이다.

27. 민영화를 통해 해결할 수 없는 정부실패의 원인은 파생적 외부 효과다.

28. 자연독점에 의한 시장실패는 보조금 등 공적 유도 방식으로 해결하는 것이 바람직하다.

29. 시장실패의 원인에는 공공재의 존재, 불완전경쟁, 자연독점, 외부 효과, 정보의 비대칭성 등이 있다.

30. 외부 효과의 내부화 방안으로, 피구(A. C. Pigou)는 정부 개입을 통한 해결(조세, 부담금)을, 코스(R. H. Coase)는 정부 개입 없이 당사자 간 개별적인 해결을 제시했다.

31. 정치는 효율성을 확보하는 과정인데 반해 행정은 민주성을 확보하는 과정이다.

32. 정치・행정이원론의 대두 배경 중 하나는 경제대공황이며, 정치・행정새이원론은 행정연구의 과학화를 촉진시켰다.

33. 정치・행정일원론에서의 행정의 정치적 기능이란 정책 형성 기능을 의미한다.

34. 행정은 효과적인 업무 수행을 위해 관리성이 강조되는 점에서 경영과 구분된다.

35. 정치・행정이원론, 전통적 행정학에서는 공사행정의 유사성을 강조했다.

36. 경영은 시장실패의 가능성 등의 이유로 엄격한 법적 규제를 받는 반면, 공익을 추구하는 행정은 법적 규제로부터 자유롭다.

37. 행정국가는 정책 목표 달성을 위한 집행뿐만 아니라 결정에도 주도적 역할을 한다.

38. 20세기 말 신행정국가는 강력하고 단일한 권한과 권위에 대한 책임성을 제고한다.

39. 진보주의 정부는 조세제도를 통한 소득재분배를 선호하며, 자유시장에 대한 강한 신념을 갖는다.

40. 보수주의는 소극적 자유를 선호하며, 소외집단을 위한 정부정책을 선호한다.

41. 진보주의 정부는 효율과 공정에 대한 자유시장의 잠재력을 인정한다.

42. 공유자원은 시장에서 공급되지 않기 때문에 정부가 직접 공급해야 한다.

43. 공공재는 비배제성과 비경합성으로 인해 무임승차(free riding)가 발생하기 쉽다.

44. 요금재의 상당 부분이 정부에서 공급되는 이유는 부정적 외부 효과로 인한 시장실패에 대응해야 하기 때문이다.

45. 등대, 고속도로는 공공재적 성격을 갖고 있다.

46. 큰 정부론자는 비용과 편익이 분리돼 시장실패가 발생하는 경우, 정부가 시장

에 개입해야 한다고 주장한다.

**47.** 역대리이론은 민영화를 지지하는 논거가 된다.

**48.** 계약과 면허 방식의 공통점은 모두 정부가 생산자에게 비용을 지불한다는 점이다.

**49.** 민영화는 정부실패의 해소 방안이다.

**50.** 구매권 방식은 공급과 생산 모두 민간이 주체가 돼 서비스를 제공하는 방식이다.

**51.** 시민공동생산은 시민을 정규 생산자로 파악한다.

**52.** BTO 방식은 최종 수요자에게 사용료를 부과하기 쉬운 시설에 적합하므로 일차적으로 민간에게는 수요 위험 부담이 없다.

**53.** 수익자 부담주의는 공공 서비스의 불필요한 수요를 줄이고, 누진세에 비해 형평성 제고 효과가 크다.

**54.** 레크리에이션이나 안전 모니터링은 자원봉사 방식에 적합한 분야다.

**55.** BTL 방식은 운영 기간 동안 소유권이 정부에게 있다.

**56.** 사바스(E. S. Savas)의 분류에 따르면 계약, 허가, 바우처 방식은 정부가 공급을 결정하고 민간이 생산을 담당하는 공급 유형에 속한다.

**57.** 가치에 관한 상대론(목적론)적 입장은 공리주의가 대표적이다.

**58.** **실체설에 따르면 공익과 사익은 구별되는 개념이지만 상호간에 갈등은 없다고 본다.**

**59.** 과정설은 사익의 합이 공익으로 승화된다는 기계론적 관념에 빠져 있으며, 공익에 대한 사전 평가 기준도 제시하지 못하고 있다.

**60.** 정의론은 자유와 평등의 중도적 입장에서 정의로운 저축의 원리와 양립하는 범위 내에서 최소극대화의 원리에 따른 배분을 하는 것이 가장 공평할 것이라고 가정한다.

61. 정의론자들은 원초적 상태에서 합의한 규칙이 불공정할 것이라고 전제한다.

62. 기회 균등의 원리란 가장 불우한 사람들의 편익을 최대화하는 것이다.

63. 정의론에 따르면 동등한 자유의 원리보다 기회 균등의 원리가 우선한다.

64. 할당임용 장치인 대표관료제는 수평적 공평을 구현하기 위한 것이다.

65. 효율성은 비용을 중시하나, 효과성은 목표달성도를 강조하며 비용을 고려하지 않는다.

66. 인간의 행위를 예측 가능하게 하고 공식화된 질서를 형성시켜 주는 것은 디징(P. Diesing)의 법적 합리성이다.

67. 사이먼(H. A. Simon)은 절차적 합리성보다 결과적 합리성을 중시했다.

68. 사회 구성 요소 간 조화로운 통합성은 디징(P. Diesing)의 정치적 합리성에 해당한다.

69. 절차적 합리성은 객관적 합리성이라고도 하며, 인지력 등 주어진 제약 조건하에서 완전한 합리성을 추구하는 것을 말한다.

70. 인간의 어떤 행위가 인지력과 결부돼 있을 때의 합리성은 절차적 합리성이다.

71. 효과성의 평가모형 중 퀸(R. E. Quinn)의 경합가치모형에 따르면 조직의 내부에 초점을 두고 융통성을 강조하며, 관계지향 성향을 보이는 평가 유형은 인간관계모형이다.

72. 가외성의 특성 중 동등잠재력은 중복성을 의미한다.

73. 사회적 자본은 가외성의 필요성을 감소시킨다.

74. 가외성을 위한 장치(제도)에는 분권화, 순차적 결재, 위원회, 만장일치 등이 있다.

75. 동일한 기능을 여러 기관들이 독자적인 상태에서 수행하는 것을 반복성이라고 한다.

76. 사회적 자본은 당사자가 사용할수록 총량이 증가하는 포지티브섬 게임이다.

77. **행태주의는 인간의 외면적 행태를 관찰하고 설명하지만, 그 행태 이면의 진정한 의미를 파악하지 못한다. 따라서 객관적으로 존재하는 시실의 세계만을 다뤄 경험적 보수주의에 빠지기 쉽다.**

78. 행태론은 가치평가적·규범적·질적인 연구를 중시했다.

79. 행태론은 논리실증주의에서 귀납적으로 도출된 가설을 연역적으로 검증한다.

80. 후기행태주의는 사실에 대한 객관적·경험적 접근을 중시한다.

81. 후기행태주의는 논리실증주의 등 과학적 방법을 반대한다.

82. 신행정론은 전문직업주의와 중립적 관리론을 배격한다.

83. 신행정론의 지향과 가치는 형평성, 분권화, 계층제, 시민 참여 등이었다.

84. 현상학은 사회 현상은 자연 현상처럼 사람과 동떨어진 객체로 존재하는 것이라고 본다.

85. 현상학은 인간 행위의 가치는 행위 그 자체보다 그 행위가 산출한 결과에 있다고 본다.

86. 과학적 관리론 등 고전기 행정학은 조직이 추구하는 가치로서 사회적 능률을 중시한다.

87. 호손(Hawthorn)실험은 시간연구와 동작연구를 통한 과학적 관리를 시도했다.

88. 과학적 관리론은 체제가 목적을 달성하는 데 유일 최선의 방법이 존재하지 않고 다양한 방법이 있을 수 있다고 봤다.

89. 인간관계론은 자아실현과 인간성 회복을 목표로 한다.

90. 인간관계론의 궁극적 목표는 조직 운영의 민주화가 아니라 조직의 생산성 제고에 있다.

91. 과학적 관리론과 인간관계론은 인간을 자율적이고 능동적인 존재로 본다.

92. 생태론은 미시적이고 보편적 이론 개발에 주력한다.

93. 체제론은 엔트로피를 받아들이는 긍정적 엔트로피를 주장한다.

94. 개방 체제는 구조와 기능 간의 선형적 인과 관계로 접근한다.

95. 프리즘적 사회의 특징으로는 고도의 이질 혼합성, 다규범주의, 형식주의, 분화 등이 있다.

96. 파슨스(T. Parsons)의 사회 체제의 기능에는 적응 기능, 목표 달성 기능, 통합 기능, 체제 유지 기능이 있다.

97. 회사와 같은 기업체는 적응 기능, 정당이나 행정기관은 목표 달성 기능, 경찰기관이나 사법기관은 통합 기능, 교회나 학교는 체제(현상) 유지 기능을 수행한다.

98. 행태론은 정치·행정이원론에 속하므로 행정의 가치 판단적 요소의 존재를 부정한다.

99. 생태론에서 고우스(J. M. Gaus)는 행정에 영향을 미치는 요인으로 주민, 장소, 재난, 대화 등을 제시했다.

100. 행태론은 과학성에 치중한 반면, 신행정론은 처방성에 치중한 이론이다.

101. 공공선택론은 공공 부문에 경제학적 관점을 도입해 시장실패를 설명하려는 모형이다.

102. 공공선택론은 관할구역의 중첩을 타파하고 분권화된 조직을 선호한다.

103. 공공선택론은 정부의 역할을 강조하지만 형평성의 문제를 고려하지 못한다는 지적이 있다.

**104. 공공선택론에서 정치가와 관료들은 개인효용 함수에 따라 권력이나 예산 규모의 극대화를 추구한다.**

105. 공공선택론은 방법론적 개체주의와 귀납적 방법을 중시한다.

106. 티보가설은 외부 효과와 이동 비용은 없는 것으로 전제한다.

**107. 니스카넨(W. A. Niskanen)에 따르면 관료는 한계편익곡선과 한계비용곡선이 교차하는 지점에서 공공 서비스를 공급하려 한다고 본다.**

**108.** 티보가설에서 지방자치단체의 주된 재원은 지방소비세라고 본다.

**109.** 공공선택론은 의사 결정에 필요한 인원이 증가하면 의사 결정 비용은 증가하는 반면, 외부비용은 감소한다.

**110.** 오스트롬(E. Ostrom)의 공공선택모형에서는 행정은 정치 영역 밖에 있다고 주장하는 정치·행정이원론을 주장한다.

**111.** 역사학적 신제도주의와 사회학적 신제도주의에서 개인의 선호 체계는 주어진 것으로 가정한다.

**112.** 제도의 형성 과정에서 경로의존성을 중시하는 입장은 역사학적 신제도주의다.

**113.** 사회학적 신제도주의에서 제도는 개인들 간의 선택적 균형에 기반한 제도적 동형화 과정의 결과물로 본다.

**114.** 역사학적 신제도주의는 전체주의 입장을 취하며, 주로 중범위 수준에서 분석을 수행한다.

**115.** 구제도주의는 제도의 공식적·구조적 측면을 통해 인간의 행위를 설명한다.

**116.** 합리적 선택 신제도주의에 의하면 행위자의 선호는 개인들 간의 상호 작용을 통해서 형성된다.

**117.** 신제도주의는 기존의 행태주의가 시대별 혹은 국가별 정책의 차이나 다양성을 설명하지 못하는 한계를 가지고 있다는 점에 주목한다.

**118.** 사회학적 신제도주의는 제도의 형성과 변화 과정에서 외생적 선호와 공식적인 과정을 중요시한다.

**119.** 역사적 신제도주의는 전체주의 입장을 취하며, 주로 중범위 수준에서 분석을 수행한다.

**120.** 사회학적 신제도주의에서 제도는 개인들 간의 선택적 균형에 기반한 제도적

동형화 과정의 결과물로 본다.

**121.** 신공공관리론은 투입보다는 산출을, 결과보다는 과정을 중시한다.

**122.** 신공공관리론은 시장실패의 치유를 위한 국가의 적극적인 역할을 강조한다.

**123.** 기업형 정부 구현을 위한 전략 중 통제전략은 일선공무원의 권한을 축소시키려는 전략이다.

**124.** 신공공관리론은 노젓기보다 방향잡기 행정을 중시한다.

**125.** 신공공관리론은 공공 부문과 시장의 차이를 도외시함으로써 형평성 등을 고려하지 못한다는 지적을 받았다.

**126.** 신공공관리론적 개혁은 효율성과 민주주의 책임성을 중시한다.

**127. 신자유주의에 토대를 둔 신공공관리론은 케인스 경제학에 기반을 둔 수요 중시 거시 경제정책을 강조하므로 공급 측면의 경제정책에 대해서는 반대 입장을 취한다.**

**128.** 신공공관리론은 정부 업무의 효율성 극대화보다는 모든 사람에게 더 나은 생활을 보장하려는 공익의 적극적 실현을 중시한다.

**129.** 신공공관리론은 관리자의 재량권을 확대해 행정의 신축성을 높인다.

**130.** 신공공관리론은 공공 서비스의 민영화보다는 시민과 기업이 참여하는 공동공급을 중시한다.

**131.** 뉴거버넌스의 분석 단위는 조직 내 관계다.

**132.** 뉴거버넌스는 소통과 참여를 통한 행정의 민주성을 중시하므로 효율성을 저해할 우려가 있다.

**133.** 뉴거버넌스는 공동체주의 산물이고, 신공공관리론은 신자유주의의 산물이다.

**134.** 피터스(B. Guy Peters)의 참여적 정부모형은 조직구조의 개혁 방향으로 평면조직을 강조한다.

135. 피터스의 시장적 정부모형에서는 정책 결정 개혁 방안으로 기업형 정부를 제시하고 있다.

**136. 신공공관리론과 뉴거버넌스는 관료의 역할, 서비스, 관리방식, 관리기구 등에서는 차이가 있지만, 정부의 역할에서는 차이가 없다.**

137. 뉴거버넌스는 경쟁의 원리를 중시하지만, 신공공관리론은 신뢰와 협력을 중시한다.

138. 신공공관리론과 뉴거버넌스 모드 공공 부문과 민간 부문을 명확하게 구분하지 않는다.

**139. 뉴거버넌스론은 개념이 모호하며 모두의 참여는 모두의 무책임을 야기할 수 있는 책임성의 문제가 있으며, 행태가 다양해 기본형이 없기 때문에 보편적 이론화가 쉽지 않다는 비판이 있다.**

**140. 공공선택론은 현실 세계가 효용 극대화를 추구하는 이기적이고 합리적인 개인들로 구성됐고, 인간의 가치나 개인의 자유 대신 경제적 선택만이 고려된다는 것이 현실성이 약하다는 비판을 받는다.**

**141. 신공공관리론은 고객 중심 논리가 국민을 관료가 행정 서비스를 향상시킬 것을 기대하는 수동적 존재로 전락시킬 우려가 있다.**

142. 신공공서비스론에서 관료의 역할은 기업가다.

143. 신공공서비스론에서는 공익을 개인들의 총 효용의 합이라 본다.

144. 신공공서비스론에서 기대하는 조직구조는 분권화된 구조다.

145. 신행정학, 시민행정학, 인본주의 조직, 포스트모더니즘 등은 신공공서비스론의 이론적 토대가 된다.

146. 덴하르트(J. & R. Denhardt)의 신공공서비스론에서는 개인 및 비영리기구를 활용해 정책 목표를 달성할 기제와 유인 체계를 창출하려 한다.

147. 탈신공관리론은 재규제, 재정치, 재집권화를 강조한다.

148. 탈신공공관리론은 신공공관리론의 조정이 아니라 대체다.

149. 공공선택론은 신공공서비스론의 이론적 토대가 된다.

150. 신공공서비스론은 고객이 아닌 모든 시민에게 봉사할 것을 주장한다.

## 제2장 정책학 핵심 문장

1. pork barrel(갈라먹기)과 log rolling(밀어주기) 등이 나타나는 정책은 재분배정책이다.
2. 정부조직 개편·신설이나 4대강 사업 및 올림픽 등의 개최는 분배정책에 해당한다.
3. 규제정책은 주로 법률의 형태로 나타나며, 다원주의 정치가 나타난다.
4. 누진세, 임대주택 등 사회보장정책이나 항공노선 취항권 부여 등은 재분배정책이다.
5. 로위(T. J. Lowi)는 정책 유형을 구성정책, 분배정책, 규제정책, 상징정책으로 구분했다.
6. 분배정책은 개별화된 정책으로 비용 부담자와 수혜자 간 갈등이 발생하지 않는다.
7. 로위의 재분배정책에서는 게임의 법칙이 나타나며, 총체적 기능과 권위적 성격을 특징으로 한다.
8. 로위의 재분배정책은 엘리트들에 의한 안정적이고 집권화된 결정을 특징으로 한다.
9. 분배정책은 잠재적 수혜자 간에 직접적인 다툼이 없어서 통과나 정책 결정을 위한 행위자들 간의 협력 양상을 보인다.

10. 고속도로, 항만, 공항 등 사회간접자본(SOC) 구축은 배분정책이다.

11. 독점규제를 위한 「독점규제 및 공정거래에 관한 법률」은 사회적 규제를 위한 법률이다.

12. 사회적 규제에서는 명령 지시적 규제보다 시장 유인적 규제가 더 효율적이고 설득력이 높다.

13. 소비자 안전 규제는 경제적 규제가 아니다.

14. 사회적 규제는 특정 개별 산업을 그 대상으로 한다.

15. 성과기준제도는 사회적 규제에서 시장 유인적 규제 수단에 해당한다.

16. 부과금, 보조금, 공해권제도, 고용 기준 및 산업안전 기준 등은 시장 유인적 규제 수단에 해당한다.

17. 규제영향분석은 불필요한 정부 규제를 완화하고자 할 때 현존하는 규제의 사회적 편익과 비용을 점검하고 측정하는 체계적인 의사 결정 도구다.

18. 최근의 규제개혁은 규제 완화보다 규제관리를 더 중시한다.

19. 환경오염에 대한 규제가 쉽지 않음을 설명해 주는 것은 고객의 정치와 연관된다.

20. 일반적으로 비용과 편익이 분산되는 경우보다 집중되는 경우 정치 활동이 활발해진다.

21. 윌슨(T. W. Wilson)의 기업가적 정치 상황에서 규제의 채택이 가장 어렵다.

22. 진입규제 등 협의의 경제적 규제는 윌슨의 이익집단정치로 설명할 수 있다.

23. 로비 활동이 가장 약하게 발생하는 것은 고객정치 상황으로 수입 규제 등이 이에 속한다.

24. 비용과 편익이 분산될 경우라도 관련 정책에 관한 공익 활동을 하는 단체가 있다면 정치 활동이 활발해질 수도 있음을 설명하는 모형은 대중정치모형으

로 음란물 규제 등이 이에 속한다.

25. 규제는 대상에 따라 수단규제, 관리규제, 성과규제로 구분한다.

26. 경제적 규제는 기업의 본원적 활동에 대한 규제다.

27. 대기업은 프랜차이즈 사업에 진출할 수 없다는 것은 네거티브 규제에 속한다.

28. 정부로부터 위임을 받은 민간집단에 의해 이뤄지는 규제는 자율규제다.

29. 식품위해요소 중점관리기준(HACCP)은 관리규제에 해당한다.

30. 규제개혁위원회는 위원장이 2인이며 국무총리 소속 위원회다.

31. 정책 문제는 정태성을 띤다.

32. 3종 오류는 대안의 선정 및 제시 단계에서 나타난다.

33. 대립되는 가정을 창조적으로 통합해 정책 문제를 정의하는 것은 가정분석이다.

34. 동원형은 정책결정자(혹은 담당자)들이 행정 PR을 통해 정책의제 설정을 주도한다.

35. 체제의제 또는 공중의제는 일반 국민들이 정부의 소관에 속한다고 생각하는 문제를 말한다.

36. 선례가 있으면 의제 설정이 용이해지고, 문제가 복잡하면 의제화 가능성이 낮다.

37. 정책 이해관계자가 넓게 분포하고 조직화 정도가 낮은 경우에는 정책의제화가 상당히 어렵다.

38. 정책의제 설정모형 중 심볼 활용이나 매스미디어 등을 통해 쟁점화가 되고, 결정자들이 정치 과정을 통해 사회적 이슈를 공식적 의제로 채택하는 전략적 과정을 설명하는 것은 외부주도형이다.

39. 동원형은 정부의 힘이 강하고 민간의 힘이 취약한 후진국에서 많이 나타나며, 의도적이고 일방적으로 국민을 무시하는 정부에서 나타나는 유형이다.

**40.** 엘리트이론에서는 사회 모든 문제는 거의 무작위적으로 정치 체제로 투입된다고 본다.

**41.** 조합주의에서는 국가가 이익집단을 억압하는 능동적 실체로 기능한다.

**42.** 다원주의에서는 사법부의 역할이 약하고, 정책의제는 동원형에 의해 이뤄진다.

**43.** 바흐라흐(P. Bachrach) 등이 권력의 두 얼굴을 통해 제시한 무의사결정론은 고전적 다원주의를 비판하며 등장한 신다원론에 해당한다.

**44.** 조합주의는 집단 간 자율성, 경쟁성, 다양성 및 국가의 비중립성 등을 특징으로 한다.

**45.** 무의사 결정은 엘리트들의 사회 문제에 대한 무관심과 무능력으로 인해 발생한다.

**46.** 다국적 기업과 같은 중요 산업조직이 국가와 긴밀한 동맹 관계를 유지하면서 정책을 만들어 나간다는 이론은 조합주의다.

**47.** 다원주의, 엘리트주의는 사회 중심의 접근법에 속하고, 국가주의와 조합주의는 국가 중심의 접근법에 속한다.

**48.** 철의 삼각, 하위정부, 이슈 네트워크, 정책 네트워크는 관료를 무대의 중심으로 불러들인다.

**49.** 정책공동체이론은 이익집단과 정부와의 합의를 중시하는 유럽식 사회조합주의가 아닌 개인주의를 토대로 한 미국식 개인주의와 그 맥을 함께한다.

**50.** 정책 네트워크는 참여자와 비참여자 간 경계가 없다.

**51.** 하위정부모형은 불안정하고 일시적인 광범위한 연계망이다.

**52.** 하위정부모형은 행정수반의 관심이나 영향력이 적은 재분배정책에서 주로 나타난다.

**53.** 정책 네트워크모형은 정책 과정에 대한 국가 중심과 사회 중심의 접근이라는

이분법적 논리를 극복해 주지 못한다.

54. 정책공동체는 이슈공동체에 비해 참여자의 범위가 넓고 개방성이 높다.

55. 수단과 목표가 뒤바뀌는 것을 목표의 전환이라고 한다.

56. 정책모형은 원인변수와 결과변수를 조작함으로써 대안의 탐색을 돕고 결과를 예측한다.

57. 나카무라(R. T. Nakamura)가 제시한 정책 대안의 소망성 평가 기준에는 형평성이 포함된다.

58. 내부수익률은 순현재가치를 0으로 만들어 주는 때의 할인율을 말한다.

59. 순현재가치가 1보다 크면 그 대안은 타당성이 인정된다.

60. 비용편익분석은 거시경제학을 실무분석에 응용한 것이다.

61. 순현재가치 기준은 부의 외부비용을 비용의 증가에 포함할 것인가, 편익 감소로 볼 것인가에 따라 결과가 달라지는 방법을 말한다.

62. 문제를 시스템으로 보고 쌍대 비교를 통해 우선순위를 정하는 방법은 계층화분석법이다.

63. 계층화분석법은 우선순위 대신 확률 개념을 사용한다.

64. 전통적 델파이 기법은 실명의 전문가들이 응답자로 참여한다.

65. 독자적으로 표명된 전문가들의 의견을 종합·정리하는 것은 브레인스토밍이다.

66. 델파이 기법은 전문가들의 의견에 의존하는 직관적 예측기법이다.

67. 브레인스토밍에서 아이디어 개발과 평가는 동시에 이뤄져야 한다.

68. 브레인스토밍은 토론 집단을 구성할 때 전문가가 아닌 일반인들도 참여한다.

69. 시계열분석은 인과적 미래예측 기법이다.

70. 최악의 불확실성을 가정하고 모든 대안을 모색하는 것은 악조건 가중분석이다.

71. 선경향 추정은 이론적 예측, 선형회귀분석은 연장적 예측에 속한다.

72. 민감도 분석은 불확실성에 대한 소극적 대처 방안이다.

73. 정책결정요인론은 정치적 변수를 과대 평가했다는 비판을 받았다.

74. 도슨(R. Dawson)과 로빈슨(J. Robinson)의 경제적 자원모형에 따르면 정치적 변수는 정책에 단독으로 영향을 미치지 못한다.

75. 정책결정요인론이란 정책을 독립변수로 보고 정책 결정에 영향을 미치는 요인을 둘러싸고 정치학자들과 경제학자들이 벌인 논쟁이다.

**76. 사회가 안정화돼 있거나 정책 상황이 확실할 때에는 합리모형이 적합하다.**

77. 점증모형은 (급격한) 환경 변화에 대한 적응력이 높다.

78. 혼합주사모형은 근본적인 결정에는 점증모형을, 세부적 결정에는 합리모형을 적용한다.

79. 최적모형는 직관 등 초합리성을 중시한다.

80. 합리모형은 목표를 주어진 것으로 보지 않고 목표와 수단 간 상호 조절이 이뤄진다.

81. 점증모형은 개인 또는 집단 간 합의를 중시하는 모형이다.

82. 최적모형은 양적인 동시에 질적인 모형으로 경제성을 감안한 합리성을 중시한다.

83. 점증모형은 상황이 복잡해 정책 대안의 결과가 극히 불확실할 때 불확실성을 극복하는 좋은 방법이 될 수 있다.

84. 점증주의자들은 합리모형이 당위적으로는 바람직하지만 정보 제약 등 현실적으로 불가능하다고 비판한다.

85. 정책 문제와 정책 목표의 다양성과 무형성, 매몰비용, 집단사고의 폐단 등은 정책 결정의 합리성을 제약하는 구조적 요인이다.

86. 정책 딜레마의 논리적 구성 요소에는 분절성(단절성), 상충성, 균등성, 선택불가피성, 명료성 등이 있다.

87. 회사모형 등 집단 차원의 의사결정모형은 갈등의 불완전한 해결을 전제로 한다.

88. 구성원의 응집성이 강하고 조직 전체 목표를 중시하는 의사 결정은 앨리슨(G. T. Allison)의 모형3에서 나타난다.

89. 앨리슨의 관료정치모형은 협상, 타협 등 정치적 해결을 중시한다.

90. 쓰레기통모형에서 의사 결정에 필요한 세 가지 요소는 문제, 정치, 정책의 흐름이다.

91. 쓰레기통모형에서 의사 결정은 조직화된 혼란 속에서도 매우 합리적으로 이뤄진다.

92. 공공선택모형은 관료 개개인의 이익을 배제한 공익 차원의 집단적 의사 결정 방식이다.

93. 정책 딜레마는 구체적이고 명료하지 못할 때 나타난다.

94. 쓰레기통모형(garbage can model)은 참여자들의 선호가 분명하고 인과기술도 분명하다고 본다.

95. 회사모형은 참여자들의 선호가 불분명하고 인과 기술도 불분명하다고 본다.

96. 하향식 정책 집행은 집행과정에서 나타나는 다양한 요인들을 연역적으로 도출한다.

97. 사바티어(P. A. Sabatier)는 정책지지연합모형에서 상향식 집행을 기본으로 하향식을 가미한 통합모형을 주장했다.

98. 나카무라(R. T. Nakamura)와 스몰우드(F. Smallwood)는 고전적 기술자형에서 관료적 기업가형으로 나아갈수록 정책결정자의 역할이 커지다고 했다.

99. 상향식 집행 접근법은 실제 행위자 중심의 미시적이고 귀납적인 접근이다.

100. 하향식 집행 접근법은 단계주의적 모형으로 정책의 기술 및 설명보다는 예측에 초점을 둔다.

101. 립스키(M. Lipsky)에 따르면 일선관료는 단순한 집행 업무를 수행하기 때문에 직무의 자율성이 제약된다고 본다.

102. 립스키의 일선관료제모형에 따르면 일선관료들은 고객의 요구에 너무 민감하게 반응한다고 전제한다.

103. 사바티어의 정책옹호연합모형은 정책 변동이나 학습보다는 정책 집행 과정에 초점을 맞춘 모형이다.

104. 나카무라와 스몰우드의 모형에서 정보나 기술 등의 제약으로 정책결정자가 일반적이고 추상적인 정책을 지지하는 수준에 그치는 것은 관료적 기업가형이다.

105. 사바티어는 타당한 인과모형이 있을 경우 정책집행이 용이하다고 했다.

106. 사바티어는 정책 목표의 우선순위는 탄력적이고 신축적으로 조정할 수 있어야 효과적인 집행이 가능하다고 전제했다.

107. 정책수혜집단의 규모가 크고 조직화의 정도가 강한 경우 집행이 어려워진다.

108. 정책 집행 과정에서 의사결정점이 많을수록 집행이 신속하게 이뤄진다.

109. 정부소비, 공기업, 경제적 규제 등은 직접적 정책 도구다.

110. 주어진 정책적 사고나 문제를 주장하고 그러한 주장을 더 정교하게 하기 위한 정략으로서 정치적 변화를 찬성 또는 반대하기 위한 학습을 사회적 학습이라고 한다.

111. 립스키는 일선관료의 업무 환경으로 자원의 부족, 권위에 대한 도전, 모호하고 대립되는 기대의 존재, 보수적 태도 등을 제시했다.

112. 정책결정자가 대체적인 방침만 정한 뒤 집행자에게 정책 집행에 필요한 관리 권한을 집행자에게 위임하는 유형은 지시적 위임가형이다.

113. 나카무라와 스몰우드는 정책 집행 유형의 평가 기준으로 노력, 능률성, 효과성, 형평성, 대응성의 다섯 가지를 제시했다.

114. 샐러먼(L. M. Salamon)은 정부 관여의 정도에 따라 정책 수단을 강제적 수단과 혼합적 수단, 자발적 수단으로 구분했다.

115. 샐러먼이 제시한 정책 수단 중 보조금, 조세 감면, 지급 보증, 공기업은 혼합적 수단이다.

116. 정책평가란 정책 대안의 예측 결과에 대한 비교·평가를 말한다.

117. 프로그램의 문제점을 발견·시정하여 효율적인 집행전략을 수립하려는 평가는 형성평가다.

118. 정책 효과 발생의 인과 경로를 통해 총괄평가를 보완하기 위한 평가는 협의의 과정평가다.

119. 형성평가는 정책의 효과나 영향을 평가하는 것이다.

120. 본격적인 평가에 앞서 평가의 가능성과 소망성을 평가하는 것은 메타평가다.

121. 협의의 형성평가에는 프로그램 모니터링이 포함된다.

122. 총괄평가는 인과 관계 유무를 확인하고 정책이 사회에 미친 영향을 추정하는 판단하는 활동이다.

123. 정부업무평가의 기본 방향은 자체평가의 강화다.

124. 공기업 등 공공기관은 정부 업무 평가 대상이 아니다.

125. 특정평가는 국정을 통합적으로 운용할 필요가 있을 때 국무총리가 실시하는 평가다.

126. 정부업무평가 기본계획은 행정안전부 장관이 매년 수립하는 평가기획이다.

127. 국무총리 소속하에 지방자치단체합동평가위원회를 설치·운용할 수 있다.

128. 원인변수와 결과변수 간에 실제로는 인과관계가 없는데도 있는 것처럼 보이

게 하는 제3의 변수를 허위변수라고 한다.

**129.** 연구설계가 강력하고 정밀하게 설계된 정도를 구성적 타당도라 한다.

**130.** 호손 효과는 정책평가의 내적 타당도를 저해하는 요인이다.

**131.** 선발 요소는 내적 타당도를 저해하는 요인이다.

**132.** 선발 요소는 내적 타당도를 저해하는 외재적 요인이다.

**133.** 외적 타당도란 정책과 효과에 존재하는 인과적 추론의 정확도를 말한다.

**134.** 역사적 요인과 다수적 처리에 의한 간섭은 정책평가의 외적 타당도를 저해하는 요인이다.

**135.** 인과 관계의 조건은 시간적 선행성, 공동변화성, 경쟁가설 배제의 세 가지다.

**136.** 독립변수와 종속변수 간의 상관관계가 일부 있는 상태에서 두 변수 모두에 영향을 주는 제3의 변수를 허위변수라 한다.

**137.** 준실험은 실험집단과 통제집단의 동질성을 확보하지 못한 실험이다.

**138.** 사후적 비교집단 설계 및 회귀불연속설계는 진실험에서 사용하는 설계 방법이다.

**139.** 준실험은 진실험에 비해 내적 타당도가 높다.

**140.** 사후비교집단 설계, 회귀 불연속 설계, 단절적 시계열 설계 등은 진실험에서 사용하는 설계 방법이다.

**141.** 정책승계는 정책 목표는 변동되지 않으나 정책이 근본적으로 수정되는 경우를 말한다.

**142.** 오류의 수정은 긍정적 환류에 해당한다.

**143.** 점증적 정책 변동은 부정적 환류, 자기교정 기제, 현상 유지, 수확 체증의 법칙과 관련된다.

**144.** 수능 성적의 반영 비율을 조정하는 것은 점진적 정책 변동이고, 아예 수능제

도를 폐지하고 본 고사를 부활시킨다면 이는 급격한 정책 변동이다.

145. 단절균형모형은 점증적 변동에 따른 안정과 급격한 변동에 따른 단절을 포괄적으로 다루므로 이를 절충모형이라고 한다.

## 제3장 조직론 핵심 문장

1. 앨더퍼(C. P. Alderfer)의 ERG이론은 과정이론에 해당한다.

2. 보수나 대인 관계 등은 허즈버그(F. Herzberg)의 위생 요인에 해당하며, 이러한 요인의 충족은 동기부여의 힘을 갖는다.

3. 해크만(J. R. Hackman)과 올드햄(G. R. Oldham)의 직무특성이론에서 직무의 완결도는 직무의 정체성을 의미한다.

4. 브룸(V. H. Vroom)의 기대이론에서 자신의 노력이나 행동이 일정한 수준의 성과를 가져다줄 것이라는 판단은 기대감에 해당한다.

5. 강화의 유형에는 적극적 강화, 소극적 강화(회피), 소거(중단), 처벌(제재)가 있다.

6. 허즈버그의 욕구이론에서 동기 요인을 충족시켜 주지 못하면 불만이 커진다.

7. 해크만과 올드햄은 직무의 특성 중 정체성과 중요성이 동기부여에 가장 중요한 역할을 한다고 봤다.

8. 스키너(B. F. Skinner)의 강화이론에서 열심히 일하지 않는 구성원에게 성과 포인트를 배정하지 않는 것은 소거에 해당한다.

9. 맥클리랜드(D. C. MaClelland)는 욕구는 학습되는 것이므로 개인마다 욕구의 계층에 차이가 있다고 주장했다.

10. 샤인(E. H. Schein)의 복잡인관은 연구자료가 중요사건기록법을 근거로 수집됐다는 한계를 지닌다.

11. 페리(James Perry)는 물질적 보상보다는 신공공서비스론에 입각해 이타심과 시민정신에 부응을 통한 관료들의 공직 동기 유발을 중시했다.

12. 해크만과 올드햄은 직무특성이론에서 성장 욕구가 약할 때에는 좀 더 상향적인 직무를 부여해야 한다고 했다.

13. 애덤스(J. S. Adms)는 형평성이론에서 보상이 공평하다고 느낄 때 동기가 부여된다고 했다.

14. 선진국의 전문주의 문화는 업무의 통합 및 융통성을 높여 준다.

15. 연고주의 문화는 인간 관계를 불평등한 수직적 관계로 인식하는 것을 말한다.

16. 환류는 의사 전달의 신속성을 촉진시키나 의사 전달의 정확성을 저해한다.

17. 공식적 의사 전달은 배후 사정을 소상히 전달할 수 있고 융통성이 높다.

18. 갈등은 반드시 해소돼야만 한다는 것이 오늘날 지배적인 관점이다.

19. 토마스(K. Thomas)에 따르면 자신의 욕구가 단정적이고 타인의 욕구에 대해 비협조적인 경우 회피전략이 나타난다.

20. 토마스에 따르면 타협이란 자신과 상대방의 이익 모두를 만족시키는 전략이다.

21. 정보량의 조절이나 의사소통 통로 변경, 조직 내 기능적 조직 단위 수를 늘려 견제하게 하는 것은 갈등 해소 전략에 해당한다.

22. 행태론적 관점에서는 모든 갈등은 조직 성과에 부정적인 영향을 미치므로 제거돼야 한다고 주장한다.

23. 전문적 권력은 공식 직위와는 관계 없이 누구나 가질 수 있는 것으로 다른 사람들이 가치를 두는 정보를 갖고 있는 정도에 따라 결정되는 권력이다.

24. 우리나라의 행정문화는 개인주의와 일반주의, 권위주의가 특징이다.

25. 내용이론에는 머슬로(A. H. Maslow)의 욕구계층이론, 해크만(J. R. Hackman)

과 올드햄(G. R. Oldham)의 직무특성이론, 브룸(V. H. Vroom)의 기대이론 등이 있다.

**26.** 행태론적 리더십은 태어난 후에라도 리더의 행동 특성을 훈련시켜 만들어 나갈 수 있다고 보는 이론이다.

**27.** 변혁적 리더십은 성과에 따른 보상을 중시한다.

**28.** 리더십이론의 경로목표모형에서 부하의 특성과 과업환경은 매개변수에 해당한다.

**29.** 허시(P. Hersey)와 블랜차드(K. H. Blanchard)에 리더십 생애주기론에 따르면 부하의 성숙도 수준이 가장 높은 경우에는 참여형 리더십이 가장 효과적이라고 봤다.

**30.** 변혁적 리더십에서 형식적 사고와 관례를 다시 생각하게 하는 것은 개별적 배려다.

**31.** 변혁적 리더십은 합리적인 거래 관계를 중시하며, 단순구조에 적합하다.

**32.** 하우스(R. J. House)와 에반스(M. Evans)의 경로목표모형에 따르면 구조화된 과업을 수행하는 데에는 참여적 리더십이 필요하다고 봤다.

**33.** 리더가 특출한 성격과 능력으로 추종자들의 강한 헌신과 리더와의 일체감을 이끌어 내는 것과 관련된 것은 카리스마적 리더십이다.

**34.** 리더십 대체물이론에 따르면 구성원들이 충분한 경험과 능력을 갖추고 있을 때에는 지원적 리더십이 불필요하다고 주장한다.

**35.** 카리스마적 리더십과 변혁적 리더십은 신속성론에 해당한다.

**36.** 정보공개는 자발적이고 능동적인 제공을 핵심으로 한다.

**37.** 정보공개는 공무원의 적극적이고 도전적인 업무 행태를 조장한다.

**38.** 공공기관은 정보 공개 청구를 받은 날로부터 15일 이내에 공개 여부를 결정해야 한다.

39. 조직의 복잡성이란 업무 수행 방식이나 절차의 표준화 정도를 말한다.

40. 공식화 수준이 높을수록 구성원의 재량이 줄어든다.

41. 수평적 전문화와 수직적 전문화가 높을 경우에는 비숙련 단순 직무가 적합하다.

42. 규모가 작은 조직일수록 대체로 구성원의 행동은 공식화된다.

43. 정보통신기술(ICT)의 발달은 신속한 정보의 전달을 가능하게 하여 권한위임의 필요성을 감소시킨다.

44. 페로(C. Perrow)의 공학적 기술의 경우 과제의 다양성과 문제의 분석 가능성이 모두 높은 직무 수행은 복잡하지만 문제 해결은 어렵지 않다.

45. 페로는 과제의 다양성과 분석 가능성이 낮을 경우 장인적 기술이 나타난다고 했다.

46. 정보통신기술의 발달로 통솔 범위는 과거보다 좁아졌다고 판단된다.

47. 계층제 원리는 구성원의 귀속감과 참여감을 증진시킨다.

48. 계층의 수와 통솔 범위는 역관계다.

49. 임시작업단(task force)은 대프트(R. L. Daft)가 주장한 수직적 조정 기제 중의 하나다.

50. 대프트는 장기간에 걸쳐 강력한 협동을 요구할 때 설치되는 수평적 조정기제는 프로젝트 팀이라고 했다.

51. 근대관료제는 법규에 의한 행정과 행정의 비개인화를 중시한다.

52. 관료제의 병리 중 훈련된 무능이란 자신이 속한 집단이나 고객의 특수 이익에 묶여 전체 이익을 망각하는 것이다.

53. 셀즈닉(P. Selznick)은 관료제에서 권한위임과 전문화가 할거주의를 초래한다고 비판했다.

54. 관료제의 병리 중 규칙에 의한 지나친 통제가 동조과잉이나 경직성을 초래한

다고 비판한 학자는 블라우(P. M. Blau)와 톰슨(J. D. Thomson)이다.

**55.** 탈관료제 조직은 엄격한 표준화와 분업으로 인해 구성원의 권한과 책임 한계가 명확하다.

**56.** 매트릭스 조직은 계층제적 구조가 존재하지 않는다.

**57.** 매트릭스 조직은 기능별 조직의 전문성과 사업별 조직의 대응성을 화학적으로 결합한 조직이다.

**58.** 조직을 핵심적인 기능 위주로 합리화하고 나머지는 외주를 주는 것은 네트워크 조직이고, 핵심 업무 과정 중심으로 편제된 조직은 수평구조다.

**59.** **학습조직은 실험과 시행착오를 최소화시키고자 한다.**

**60.** 팀제는 책임의 공유로 업무의 공백을 막아 주고, 무임승차 현상을 효과적으로 방지해 준다.

**61.** 유연성과 신속성을 강조하는 네트워크 조직은 성과평가가 어려운 경우에 효과적이다.

**62.** 정보화사회에 요구되는 학습조직은 구성원의 권한이 약화된다.

**63.** 학습조직은 문제 해결보다는 효율성이 핵심 가치다.

**64.** 매트릭스 조직에서 기능부서의 통제 권한은 수평적으로 흐르고, 사업부서의 조정 권한은 수직적으로 흐른다.

**65.** 탈관료제 조직은 팀워크 중심의 자발적 참여와 결과 지향적 산출을 강조한다.

**66.** 방송통신위원회와 국민권익위원회는 대통령 소속의 중앙행정기관인 행정위원회다.

**67.** 공정거래위원회는 국무총리 소속 행정위원회로서 중앙행정기관이다.

**68.** 특허청은 기획재정부 소속이다.

**69.** 책임운영기관은 외부 시장화된 조직으로 정부조직이 아니며, 직원의 신분도

공무원이 아니다.

70. 책임운영기관은 총정원을 기관 자율에 맡긴다.

71. 우리나라 책임운영기관은 사무의 성격에 따라 기업형과 행정형으로 나뉜다.

72. 준정부기관은 시장형과 준시장형으로 구분된다.

73. 공기업의 상임이사는 해당 기관장이 임명한다.

74. 한국전력공사와 인천항만공사는 시장형 공기업에 속한다.

75. 시장형 공기업에서 감사위원회의 설치는 임의 사항이다.

76. 에머리(F. E. Emery)와 트리스트(E. L. Trist)가 제시한 격동의 장 환경에서는 고도로 집권화된 구조가 필요하다.

77. 대리 손실을 최소화하기 위해서는 주인이 대리인에게 권한을 최대한 부여해야 한다.

78. 윌리엄슨(O. E. Willamson)의 조직가설에 따르면 계층제 조직은 시장보다 거래비용을 줄여 주는 장치라고 본다.

79. 자원의존이론은 관리자를 주어진 환경에 좌우되는 무기력한 존재로 본다.

80. 조직군생태론은 조직을 환경을 선택하는 능동적인 존재로 가정한다.

81. 구조적 상황론, 조직경제학, 조직군생태론은 결정론에 속한다.

82. 윌리엄슨은 사업부제인 M형 구조가 기능별 구조인 U형보다 효율적이라고 주장한다.

83. 대리인이론에 따르면 위임자는 대리인보다 능력이나 정보면에서 우월하기 때문에 대리인은 위임자의 지시에 의존하는 바가 커진다.

84. 조직군생태론은 전략적 선택을 경시하며, 조직 변화는 횡단적인 분석에 의해서만 검증이 가능하다고 전제한다.

85. 혼돈이론은 가외성을 최소화하고 표준화를 최대화한다.

86. 혼돈이론은 관료주의적 처방을 중시한다.

87. 이중순환고리학습은 학습의 효과가 빠르고 국지적이다.

88. 목표관리는 미시적이고 계량적인 목표보다는 거시적이고 장기적인 목표를 중시한다.

89. 목표관리는 고객 만족이나 조직 전체적 관점에서 생산성을 추구한다.

90. 목표관리는 Y이론적 관점을 중시하며, 목표 전환의 소지가 있다.

91. 조직 발전(OD)은 의도적이고 계획적으로 구성원의 행태를 변화시키려는 조직관리 기법이다.

92. 조직 발전은 목표 달성의 과정보다 결과를 중시한다.

93. 조직 발전은 의도적이고 하향적·계획적으로 추진되므로 X이론에 토대를 두는 관리전략이다.

94. 조직 발전에서 추구하는 변화는 개인의 행태이며 조직문화까지를 포함하지는 못한다.

95. 전략적 관리는 장기적 관점에서 계획과 전략을 모색한다.

96. 총체적 품질관리는 전문가와 관리자에 의해 고객의 수요와 만족 여부가 결정된다.

97. 총체적 품질관리는 사후적 관리보다는 예방적 관리를 중시한다.

98. 총체적 품질관리는 기능적 구조에 적합하며, 서비스 제공 이후의 품질관리 체계를 중시한다.

99. 총체적 품질관리는 고객 만족을 중시하며, 생산성 제고와 함께 대국민 책임성을 확보하기 위한 관리 방식이다.

100. 총체적 품질관리는 특정 기능 내에 존재하는 업무 절차나 과정을 축소 재설계해서 조직을 개선하려는 전략이다.

101. 총체적 품질관리에서는 예방적 관리와 팀 보상을 중시한다.

102. 총체적 품질관리에서도 개인별 성과평가와 보상이 주어진다는 점에서 목표관리와 유사하다.

103. 목표관리는 유동적인 환경에는 적용이 힘들다.

104. 혼돈이론은 혼돈 상황을 적절히 회피하고 통제하는 전략 모색을 중시한다.

105. 조직경제학은 행정의 효율성뿐 아니라 민주성이나 형평성 등 비경제적 요인까지 고려한다.

## 제4장 인사행정론 핵심 문제

1. 정치와 행정의 상호 작용이 활발해지면 공직윤리 확립이 곤란해진다.
2. 국가공무원법, 공직자윤리법 등은 부패방지를 위한 구체적이고 소극적인 윤리를 강조하고 있다.
3. 선물 신고의 의무는 국가공무원법에 규정하고 있다.
4. 중장급 이상 장교, 치안감 이상의 경찰공무원, 소방정감 이상의 소방공무원은 재산공개 대상자다.
5. 재산등록 의무자는 퇴직 전 5년 이내 담당했던 직무와 연관된 기업체에 퇴직 후 3년간 취업할 수 없다.
6. **우리의 경우 2005년 공직자윤리법에 주식백지신탁제도가 도입됐다.**
7. 영수증을 허위로 작성하거나 공금을 횡령하는 것은 행정권의 오남용 중 비윤리적 행위에 해당한다.
8. 특정한 지배적 관습이나 경험적 습성으로부터 부패가 발생했다고 보는 것은

사회문화적 접근이다.

9. 가장 전형적인 공직부패는 거래형 부패다.

10. 내부고발은 익명의 문서로 재직 중에 해야 한다.

11. 내부고발자 보호제도는 내부 비리 척결과 공익 보호를 위한 것이다.

12. 내부고발은 재직 중에 해야 한다.

13. 공무원이 투표권 행사 여부에 대해 사적 견해를 밝히거나 집권 정당 비판, 야당에 대한 지지 의사 표현 등은 정치적 중립 의무에 위반되지 아니한다.

14. 연봉제는 관료제 내부의 공동체 의식이나 연대의식, 팀워크를 강화시킨다.

15. **연봉제는 실적주의, 직업공무원제, 계급제를 더욱 강화시킨다.**

16. 우리나라, 미국, 영국 등 대부분의 나라는 공무원의 보수 수준 결정 시 주로 대내적 상대성의 원칙을 따르고 있다.

17. 우리나라 고위공무원단에는 직무성과급적 연봉제가 적용되고 있다.

18. 계급제 국가는 등급의 수가 적고 수당의 종류가 많은 것이 특징이다.

19. **총액인건비제도는 인사 운영의 자율성을 제고시키고, 직급 인플레이션을 방지해 준다.**

20. **총액인건비제 하에서는 기본 항목만 인사혁신처가 관리하고, 성과 항목은 부처별로 지급액의 증감이 인정된다.**

21. 총액인건비제 하에서는 각 부처의 기구와 정원 관리의 자율성 등 민주적 통제가 강화된다.

22. 직제나 정원 개폐, 예산의 감소 등의 경우 공무원들을 직위해제시킬 수 있다.

23. 파면은 연금법상 불이익은 없으나, 5년간 공직에 재임용될 수 없다.

24. 징계 소멸 시효는 원칙적으로 2년이며, 금품 수수의 경우에는 5년으로 연장된다.

25. 우리나라 1급 이하 모든 공무원은 형의 선고, 징계, 기타 법령에 정한 사유가 아니고서는 본인의 의사에 반해 휴직·강임·면직당하지 아니한다.

26. 강임은 승진과 반대로 현 직급보다 낮은 하위 직급에 임용되는 것으로, 징계에 해당한다.

27. 법원과 국회, 행정부에 근무하는 모든 공무원은 인사혁신처 소속 소청심사위원회에 소를 제기할 수 있다.

28. 다수설에 의하면 공무원의 위법한 불이익 처분에 대해 소송을 청구할 수 있다.

29. 금품 비위, 성범죄 음주 운전 등의 사유로 조사 수사를 받고 있는 자는 직위를 해제할 수 있다.

30. 직위해제나 대기명령은 공무원의 신분을 유지하나, 해임이나 파면은 신분을 상실한다.

31. 우리나라는 연금재원의 조성과 관리에 기금제와 기여제를 채택하고 있다.

32. 기금제는 운용 및 관리비용이 적게 든다는 장점이 있다.

33. **공무원연금의 기여율이 2016년부터 기준소득월액의 9%가 적용된다.**

34. 기여금 납부 기간이 2016년부터 단계적으로 36년까지 연장된다.

35. 2033년부터는 모든 공무원의 연금 지급 개시 연령이 65세로 통일된다.

36. **공무원의 노조는 행정관리 개선 및 인사관리 강화에 기여한다.**

37. 공무원 노조 설립 신고는 정부측 교섭대표인 고용노동부 장관에게 해야 한다.

38. 단체교섭이 결렬된 경우 지방공무원노동조합은 해당 지방노동위원회에 조정을 신청할 수 있다.

39. **단체교섭이 결렬된 경우 당사자 일방 또는 쌍방은 중앙노동위원회에 조정을 신청할 수 있으며, 조정은 20일 이내에 마쳐야 한다.**

40. **국가공무원법에 따르면 금고 이상의 형을 받고 집행이 종료된 지 2년이 경과되지 아니한 자는 공무원으로 임용될 수 없도록 하고 있다.**

41. 시험성적과 근무성적을 비교해 측정할 수 있는 타당도는 내용타당도다.

42. 측정 도구나 형식의 일관성을 내용타당도라고 한다.

43. 동시적 타당도와 예측적 타당도 검증은 구성타당성을 검증하는 방법이다.

44. 같은 개념을 상이한 방법으로 측정했을 때 그 측정값 간의 상관관계 정도를 차별적 타당성이라 한다.

45. 시험의 신뢰도는 타당도의 충분 조건이다.

46. 현장훈련은 예정된 계획에 따라 체계적인 교육을 실시하기가 용이하다.

47. **행태관찰척도법은 행태기준척도법에 중요사건기록법을 가미한 것이다.**

48. 연쇄 효과의 오류를 방지하기 위해서는 강제배분법을 사용하는 것이 효과적이다.

49. 우리의 경우 현재 근평 결과에 대한 소청을 허용하고 있다.

50. 역량평가는 근무성적평정과는 달리 능력을 사전에 검증하는 제도다.

51. 상동적 오차란 부하와의 인간 관계를 고려해 실제보다 후한 점수를 주는 것을 말한다.

52. 우리나라는 현재 이중평정제를 실시하고 있으며, 이 밖에 다면평정 결과를 실시해 그 결과를 근무성적평정에 반영하고 있다.

53. 고위공무원단에 속하는 공무원의 근무성적평정은 5등급 평가를 실시하고 있다.

54. 다면평정은 평정의 공정성과 객관성을 제고시킬 수 있고, 충성심의 방향을 다원화시킬 수 있다.

55. 우리의 경우 근평을 4급 이상은 연 1회, 5급 이하는 연 2회 실시한다.

56. 연쇄 효과는 평정 요소와 관련돼 있고, 상동적 오차는 평정 요소와 직접적인 관련이 없다.

57. 직급별 통합정원제는 승진적체 해소를 위해 도입된 제도다.

58. 배치전환은 행정의 전문화를 촉진시키지 못한다.

59. 경력 개발 원칙에는 외부 인재 영입이 아닌 내부 인력 양성, 직급이 아닌 직무가 요구하는 역량 개발에 중점을 둔다.

60. 직무성과계약제도란 장 · 차관 등 기관 책임자와 실 · 국장, 과장 간에 성과 목표 및 지표 등에 관해 합의해 공식적인 성과계약을 체결하고, 당해 연도의 직무성과 계약에 의해 개인의 성과를 평가해 그 결과를 성과급, 승진 등 인사관리에 반영하는 개인 성과평가제도다.

61. 엽관제는 민주주의와 정당정치의 발달에 힘입어 발달했다.

62. 엽관제는 행정의 민주성을 저해한다.

63. 엽관제는 공무원의 충성심과 정치적 책임 확보에 유리하다는 장점이 있다.

64. 엽관제는 인사의 자의성과 국민의 요구에 대한 행정의 비대응성이 문제점이다.

65. **엽관제는 소수 상위계층의 공직 독점을 좌우한다.**

66. 실적제는 엽관제의 폐단을 불식시키고 정치적 민주화에 기여할 수 있다.

67. 펜들턴법(Pendleton Act)은 공무원의 정치적 중립을 처음 규정하는 등 실적제 확립에 기여했다.

68. 실적제는 인사권의 집권화로 인사의 탄력성을 저해했다.

69. 직업공무원제는 실적제 확립의 전제 조건이 된다.

70. 실적주의는 관료기구와 국민 간의 동질성을 확보하기 위한 수단으로 발전했다.

71. 직업공무원제는 실적제와 이념과 역사가 동일하다.

72. 직업공무원제는 전문직업주의에 기여하지만 전문행정주의를 저해한다.

73. 직업공무원제는 잠재 능력보다 채용 당시의 능력을 중시한다.

74. 직업공무원제는 직위분류제보다 폐쇄형인 계급제와 연관성이 높다.

75. 직업공무원제는 발전 가능성을 중시하므로 학력과 연령 제한이 필수적이다.

76. 대표관료제는 행정의 전문성과 생산성을 제고시킨다.

77. 대표관료제는 관료제 내에 민주적 가치를 주입시키는 것이지만, 집단이기주의 등으로 민주주의를 위협할 수 있다는 지적이 있다.

78. 대표관료제는 재사회화를 전제로 등장한 개념이다.

79. 대표관료제는 실적주의를 더욱 강화시킨다.

80. 적극적 대표성이란 관료의 출신 배경이 사회 전체의 것을 반영하도록 구성하자는 것이다.

81. 실적제는 행정의 대응성과 책임성을 확보해 행정의 민주성을 추구할 수 있다.

82. **직업공무원제는 대체로 실적주의에 기반을 두고 있으며, 공직 취임의 기회균등이라는 민주적 요청을 충족시킨다.**

83. 실적주의는 정치적 중립이 필수가 아니지만 직업공무원제는 필수적으로 요구된다.

84. 실적제는 임용의 역차별, 대표관료제는 인사의 소극성이 문제점이다.

85. 우리나라 중앙인사기구는 인사혁신처로 독립단독형이다.

86. 비독립단독형 인사기관은 인사행정의 책임 소재가 명확하지 않다.

87. 인사의 집권화는 적극적 인사를 위한 필수적 수단이다.

88. 직무재설계 방법 중 직무풍요화란 직무 분담의 폭을 넓히는 수평적 강화를 말한다.

89. 적극적 모집을 위해서는 제출 서류를 늘려야 한다.

90. 대표관료제는 정치적 사회화에 의한 주관적 책임을 중시한다.

91. 경력직 공무원은 신분이 보장되며, 정년까지 공무원으로 근무할 것이 예정된다.

92. **임기제 공무원은 경력직에 속한다.**

93. 검사, 경찰 등은 특정직에 해당한다.

94. 국세청장, 국정원장, 공정거래위원장 등은 국회 인사청문특별위원회에서 인사청문을 거쳐야 한다.

95. 개방형은 전 직급에 외부 채용이 가능한 제도로서 공직사회의 탈관료제화에 기여할 수 있다.

96. 전문성이 요구되거나 효율적인 정책 수립을 위해 필요한 경우 공모 직위를 지정해 운영할 수 있다.

97. 개방형 임용제는 성과관리를 촉진시키며, 정치적 영향으로부터 자유롭다.

98. 개방형 직위의 규모는 중앙행정기관과 지방자치단체에서 동일하다.

99. 개방형 인사는 임용구조가 복잡하고 인력 개발과 양성에 많은 비용이 들어간다는 점이 단점이다.

100. 공모직위에는 민간인이 임용될 수 없으나, 개방형 직위에는 가능하다.

101. 계급제는 행정의 전문화에 기여한다.

102. 계급제는 공무원의 안목 확대와 창의력 계발에 기여하지 못한다.

103. 계급제는 계급과 직위와의 연계로 수직적 융통성이 낮다는 단점이 있다.

104. 직위분류제는 개방형에 가깝고 행정의 전문화에 기여한다.

105. 계급제는 인사의 수평적 융통성은 높으나 수직적 융통성은 낮다.

106. 직무의 성질이 유사한 직렬의 집단을 직급이라 한다.

107. 잠정적이고 비정형적인 업무들로 구성된 역동적이고 불확실한 상황에는 직위분류제가 불리하다.

108. 직무평가 방법 중 점수법은 직무평가기준표를 이용한 절대평가 방법이다.

**109. 계급제는 출신 배경에 관계없이 담당 직무의 수행 능력과 지식, 기술을 중시한다.**

110. 계급제는 직무의 전문화를 중시하지 않기 때문에 인사행정의 융통성이 높다.

111. 직위분류제는 미국의 실적주의와 인간관계론의 영향을 받았다.

112. 우리나라는 직위분류제의 토대 위에 계급제가 가미된 절충형이다.

113. 우리나라 고위공무원단제도는 고위직에 대한 계급제적 요소를 강화해 신분보장을 더욱 강화하려는 것이다.

114. 고위공무원단에 포함되면 계급이 폐지되고 직무 등급이 부여된다.

115. 고위공무원단에는 직무성과급적 연봉제가 적용된다.

116. 모든 고위공무원들은 총 2년 근무성적평정이 최하위이거나 총 1년이 무보직인 경우 적격심사를 받게 된다.

117. 고위공무원단제도는 지방에는 없는 제도이며, 따라서 지방에 근무하는 부단체장, 부교육감 등은 포함되지 않는다.

118. 고위공무원단제도는 행정의 분절화 현상을 막아 준다.

119. 직위분류제는 전문성을 갖춘 민간 인력 유치에 적합하고, 단순한 보수 체계 확립에 도움이 된다.

**120. 직위분류제는 개방형이므로 직무상 이동성이 빈번해 직무 몰입을 유도하기 힘들지만, 자신이 속한 집단의 이익에 집착할 가능성은 낮다.**

## 제5장 재무행정론 핵심 문제

1. 국가재정법은 기금운용계획 변경 가능 범위를 확대해 기금에 대한 국회 차원의 통제를 완화했다.

2. 기획재정부에서 사용하는 총지출 규모는 경상지출 + 자본지출 + 융자지출의 합을 말한다.

3. **조세의 종목과 세율은 법률로 정한다는 조세법정주의는 국가재정법에 규정돼 있다.**

4. 법률에 의하면 정부는 예산안을 회계연도 개시 120일 전까지 국회에 제출해야 한다.

5. 예산은 정부정책 중 가장 진보적인 영역이다.

6. 쉬크(A. Schick)는 예산의 개혁적 기능을 통제, 관리, 기획 세 가지로 구분했다.

7. 예산의 기능은 일반적으로 통제 → 관리 → 참여 → 기획 → 감축 순으로 이어진다.

8. 시장에서 자원 배분이 바람직하지 못할 때 이를 시정하는 기능은 경제적 기능 중 소득재분배 기능이다.

9. 물가·고용 등 경기 불안 시 공채 발행이나 통화량 조절을 통해 경제를 안정화시키는 기능은 자원 배분 기능이다.

10. 세입과 세출을 빠짐없이 예산에 모두 계상해야 한다는 것은 단일성의 원칙이다.

11. 목적세와 기금은 통일성의 원칙의 예외이고, 추가경정예산은 단일성의 원칙의 예외다.

12. 공개의 원칙과 보고의 원칙은 현대적 예산 원칙에 해당한다.

**13.** **명확성의 원칙, 사전 의결의 원칙, 공개성의 원칙은 자원 배분에 관한 원칙이다.**

**14.** 수입대체경비의 초과수입은 예산완전성 및 예산통일성의 원칙의 예외다.

**15.** 특별회계와 기금은 단일성 및 통일성 원칙 모두에 대한 예외다.

**16.** 장·관·항은 행정과목으로서 국회의 승인을 얻어 과목 간 이용(移用)이 가능하다.

**17.** 국가재정법상 장은 프로그램 분류에 따르면 분야에 해당한다.

**18.** 시민을 위한 분류는 경제 성질별 분류를 말한다.

**19.** 기능별 분류는 총괄 계정에 가장 적합하고, 가장 역사가 오래된 분류는 조직별 분류다.

**20.** 국가재정법상 예산의 원칙에는 재정건전성 확보, 국민 부담 최소화, 국민 참여 제고, 합법성의 원칙 등이 있다.

**21.** 국가재정법상 재정건전화 방안에는 국세 감면의 제한, 추가경정예산 편성 사유의 제한, 세계잉여금의 국채 우선 상환, 국가채무관리계획의 제출 등이 있다.

**22.** 국가가 보증채무를 담당하고자 하는 때에는 사후에 국회의 동의를 반드시 얻어야 한다.

**23.** 납세자소송과 참여예산제도, 총액계상예산제도, 자율편성제도는 중앙정부에는 도입됐으나, 지방에는 도입되지 않은 제도다.

**24.** 정부의 특별회계에는 농어촌구조 개선, 교통시설, 우체국보험, 교육비 특별회계 등이 있다.

**25.** 기업특별회계에는 양곡관리, 조달, 우편사업, 우체국보험, 책임운영기관이 있다.

**26.** 통합예산, 남녀평등예산, 조세지출예산, 자본예산은 재정정책 지향적 예산제도다.

27. 새로운 회계연도가 개시 30일 전까지 정부예산안이 국회에서 확정되지 않으면 특정경비를 전년도에 준해 지출할 수 있다.

28. 준예산제도는 항목은 제한적이나 기간은 제한하지 않는다.

29. 통합재정이란 일반회계예산+특별회계예산+기금-내부거래-보전지출-융자 회수를 말한다.

30. 특정한 목적을 위해 특정 자금을 신축적으로 운영할 필요가 있을 때에는 법률에 따라 특별회계를 설치할 수 있다.

31. 특별회계는 중앙정부의 경우 법률, 지방자치단체의 경우 법률 또는 조례로 설치할 수 있다.

32. 기금은 중앙정부의 경우 법률, 지방자치단체의 경우 법률에 의해서만 설치할 수 있다.

33. 특별회계는 재정 운영의 경직성을 초래하고, 재정에 대한 민주통제를 강화시킨다.

34. 금융성 기금인 국민연금 기금, 공무원연금 기금 등은 통합예산에 포함된다.

35. 기금은 주요 항목 지출 금액의 20% 초과 변경 시 국회의 의결이 필요하다.

36. 일반회계는 국가의 일반적 활동을, 특별회계는 특정한 사업을 운용하기 위해 설치된다.

37. 우리나라 통합예산에서는 융자지출을 재정수지 적자 요인으로 보고 있다.

38. 조세지출은 형식은 조세이지만 실제는 보조금과 같은 지출이다.

39. **조세지출은 조세 감면에 의한 간접 지출로서 가시성이 낮고, 지속성, 경직성이 높다.**

40. 우리나라의 경우 지방세에 대해서도 지방세지출 예산제도를 적용하고 있다.

41. 남녀평등예산은 세입세출예산이 남녀에게 미치는 영향이 다르다고 전제한다.

42. 남녀평등예산은 성주류적·성인지적 관점에서 출발한다.

43. 추가경정예산은 본예산과 별도로 성립되나, 집행과 결산은 통합해 운용되며, 수정예산은 예산이 국회에서 확정되기 전에 생긴 사유로 수정된 예산이다.

44. 준예산은 사전 의결 원칙에 대한 예외로서, 승인된 계속비는 준예산으로 지출이 가능하다.

45. **국가재정법상 예산총계주의 원칙에 대한 예외에는 현물출자, 차관전대, 수입대체경비의 세 가지가 있다.**

46. 정부는 결산서를 다음 연도 5월 31일까지 국회에 제출한다.

47. 국가재정법에 따를 때 정부는 2017년도 예산안을 회계연도 개시 120일 전까지 국회에 제출해야 한다.

48. 예비비는 예산의 형식 중 독립된 항목이 아니며, 세입세출예산에 포함된다.

49. 각 중앙관서의 장은 매년 3월 31일까지 중기사업계획서를 기획재정부 장관에게 제출해야 한다.

50. 예산은 예결위의 예비심사를 거친 후 상임위가 종합심사를 한다.

51. 우리나라는 2014년 이후부터 예산안의 법정 심의 기간이 헌법과 법률상 일원화돼 있다.

52. 우리나라 국회의 예산안 법정 심의 기간은 헌법상 60일이다.

53. 국회가 예결위를 구성할 때에는 그 활동 기한을 정해야 하며, 예결위는 소관 상임위 동의 없이도 새 비목을 설치할 수 있다.

54. 예비비 관리 책임자는 국고금관리법상 중앙관서의 장이다.

55. 예비비의 설치는 사전에 국회 의결을 요하나, 지출은 사후 승인 사항이다.

56. 정부조직 등의 변경으로 직무 권한에 변동이 생겼을 때 예산을 이에 따라 변동시키는 것을 이월이라고 한다.

57. 구체적인 용도를 정하지 않고 포괄적 지출을 허용하는 제도를 자율편성제도라고 한다.

58. 계속비의 지출은 원칙상 5년 이내이지만, 기획재정부의 승인을 얻으면 연장이 가능하다.

59. 총사업비제도와 통합예산, 배정과 재배정은 재정통제 방안이다.

60. 국고채무부담행위의 의결은 국회가 지출 권한을 인정해 준 것이다.

61. 예산을 이체할 때는 국회의 별도 승인이 필요 없다.

62. 계속비의 연부액은 잠정적으로 국회의 승인을 얻은 것이므로 매년 연부액의 지출은 국회의 의결이 필요하다.

63. 집중구매는 긴급 수요나 예상 외의 수요에 신축적으로 대처할 수 있는 장점이 있다.

64. 기획재정부 장관은 결산보고서를 검사한다.

65. 세계잉여금의 사용 가능 시기는 국회의 결산 승인 이후다.

66. 기획재정부 장관은 총결산보고서를 다음 연도 4월 10일까지 감사원에 제출해야 한다.

67. 중앙정부와 지방자치단체 모두 출납에 관한 사무는 다음 연도 2월 10일까지 완결해야 한다.

68. **현금주의에는 복식부기를 적용할 수 없다.**

69. 현금주의에서는 미수수익이나 감가상각 등이 인식되지 못한다.

70. 복식부기에 따를 때 차입금(부채)의 감소는 대변(오른쪽)에 계리한다.

71. 지방자치단체는 감사원의 결산 확인, 회계검사, 직무감찰 대상에 포함된다.

72. 감사원은 대통령 소속하의 헌법상 기관이지만 헌법상 독립기관은 아니다.

73. 회계검사의 일차적 목적은 지출의 합법성 확보다.

74. 감사원은 정부 내에서 사전적 통제를 수행하는 내부통제기관이다.

75. 감사원법상 감사원은 원장을 포함한 7인으로 감사위원으로 구성하고 임기는 4년이며, 1차 중임이 가능하다.

76. 계속비는 완성에 수년도를 요하는 공사나 제조 및 연구개발사업은 그 경비의 총액과 연부액(年賦額)을 정해 미리 국회의 의결을 얻은 범위 안에서 수년도에 걸쳐서 지출할 수 있다.

77. 국가가 계속비로 지출할 수 있는 연한은 그 회계연도부터 5년 이내로 하되, 사업 규모 및  국가재원 여건상 필요한 경우에는 지출 연한을 예외적으로 10년 이내로 할 수 있다.

78. 계속비의 연부액(年賦額)에 대한 국회의 승인은 잠정적인 것이므로 실제 지출을 할 때에는 다시 국회의 의결을 거쳐야 하며, 예산이 기간 내 성립하지 않을 경우에는 국회 승인 없이 준예산으로도 지출할 수 있다.

79. 기획재정부 장관은 필요하다고 인정하는 때에는 국회의 의결을 거쳐 지출 연한을 연장할 수 있다.

80. 본예산은 정기국회의 심의를 거쳐 확정된 최초의 예산으로 당초예산이라고도 한다.

81. 수정예산은 예산이 국회를 통과한 이후 예산 집행 과정에서 다시 제출되는 예산이다.

82. 추가경정예산은 예산안이 제출된 이후 국회 의결 이전에 기존안의 일부를 수정해 제출한 예산이다.

83. 준예산은 새로운 회계연도가 시작되는 날로부터 최초 수개월 분의 일정한 금액의 예산을 정부가 집행할 수 있게 허가하는 제도다.

84. 거래 발생 시 자산의 증가와 수익의 발생은 차변에 기록하고, 부채의 증가와 자본의 증가, 비용의 발생은 대변에 기록한다.

85. 기획재정부 장관은 회계연도마다 중앙관서결산보고서를 통합해 국가의 결산보고서를 작성한 후 국무회의와 대통령의 승인을 받아야 한다.

86. 재무제표는 재정상태표, 재정운영표, 순자산변동표, 현금흐름표로 구성되며, 재무제표에 대한 주석을 포함한다.

87. 재정운영표의 모든 수익과 비용은 발생주의 원칙에 따라 거래나 사실이 발생한 기간에 표시한다.

88. 재정상태표는 재정상태표일 현재의 자산과 부채의 명세 및 상호 관계 등 재정상태를 나타내는 재무제표로서 자산, 부채 및 순자산으로 구성된다.

89. 총체주의는 경제 원리가 적용되므로 목표에 대한 사회적 합의가 도출되지 않은 경우에도 적용될 수 있다.

90. 점증주의는 분석 기능이 약화된다.

91. **점증주의는 예산 배정이 불안정하고 투쟁이 격화될 수 있다.**

92. 예산 점증주의는 행정개혁의 시기에 소극적인 측면에서 저항으로 비칠 수 있다.

93. 급격한 희소성은 가용자원이 계속사업을 지속하지 못할 만큼 충분하지 못한 경우에 발생한다.

94. 만성적 희소성은 지출통제보다는 관리 개선에 역점을 둔다.

95. 총체적 희소성에 처한 개발도상국에서는 회피형 예산이 나타난다.

96. 경제력은 낮으나 재원의 예측 가능성이 높은 경우로서 미국 도시정부에서 많이 발견되는 형태의 예산은 보충적 예산이다.

97. 예산제도는 전반적으로 합리주의 → 점증주의 → 신성과주의로 변천했다.

98. 예산제도는 기능별로 볼 때 통제 중심 → 관리 중심 → 계획 중심 → 감축 중심으로 변천해 왔다.

99. 품목별 예산은 이익집단의 저항을 피할 수 있는 정치적 이점이 있다.

100. 품목별 예산은 사업의 성과나 효율성 판단이 용이하다.

101. 성과주의 예산은 사업의 우선순위나 대안의 평가 및 선택에 도움을 준다.

102. 성과주의는 재원과 사업을 직접 연계시켜 재원 배분의 합리성을 높여 주므로 합리주의 예산모형에 속한다.

103. 성과주의 예산은 품목별 예산에 비해 장기계획의 수립과 실시에 유리하다.

104. 계획예산은 예산을 정책별로 배분하지 않고 부서별로 배분한다.

105. 계획예산은 구성원의 참여를 촉진시킨다.

106. 계획예산은 목표 설정 및 사업구조의 작성이 용이하지 않다는 단점이 있다.

107. 계획예산은 장기적 안목에서 계량적인 분석기법을 활용한다.

108. 계획예산은 의사 결정이 다원화돼 있어 다양한 계층이 참여해 예산을 결정한다.

109. 계획예산은 기획 변경의 신축성으로 인해 전반적인 융통성이 높은 제도다.

110. 영기준예산은 신규사업뿐 아니라 기존 사업의 계속적인 재평가에 관심을 가진다.

111. 영기준예산은 점증주의를 극복함으로써 사실한 성공한 것으로 평가받았다.

112. 영기준예산은 완전한 합리주의 예산으로서 분석가의 객관적인 판단에 의존했다.

113. 영기준예산은 사업 단위는 물론 조직 단위까지 예산 운영 단위로 활용할 수 있기 때문에 계획 예산보다 융통성이 높은 제도라 할 수 있다.

114. 계획예산이 상향적이라면 영기준예산은 하향적인 흐름으로 평가받았다.

115. 일몰법예산은 자원난 시대에 감축관리를 강조한다는 점에서 영기준예산과 맥락을 같이한다.

116. 영기준예산이 입법적 과정이라면 일몰법은 행정적 과정이다.

117. 자본예산은 경상계정과 자본계정을 구분해 균형예산을 편성하는 데 중점을 둔다.

118. 자본예산은 경상계정에 대한 심도 있는 분석을 실시한다.

119. 자본지출은 사회간접자본처럼 지역사회에 외부 효과를 초래하는 영역이나 사업에 대해서는 적용하기가 곤란하다.

120. 자본예산은 경상계정과 자본계정이 명확하게 구분돼 있다.

121. 자본예산은 이용자나 세대 간에 비용 부담을 공평하게 한다는 장점이 있다.

122. 지출통제예산은 지출을 항목별로 엄격히 통제하려는 예산이다.

123. 최근의 (신)성과주의예산은 하향적 흐름을 갖는다.

124. 신성과주의 예산은 재정 운영의 효율성, 투명성(대응성), 책임성을 강화시킨다.

125. 예산총액배분 자율편성제도는 예산의 한도가 사전에 결정되므로 전통적인 상향식 예산 편성에 비해 각 부처의 전문성이 활용되기 어렵다.

126. 최근 결과기준예산은 발생주의를 중시하며 전략적 재원배분을 중시하는 거시적·하향적 예산이다.

**127. 자율편성제도는 국가자원의 전략적 배분 과정에서 갈등 조정이 쉽다.**

**128. 신성과주의예산은 전략적 기획 기능을 최대한 분권화하려 한다.**

## 제6장 환류행정론 핵심 문장

1. 행정국가에서는 내재적 책임이 더 중시된다.

2. 파이너(H. Finer)는 내재적 책임을, 프리드리히(C. J. Friedrich)는 외부통제를 강조했다.

3. 통제의 원천이 내부 지향적이고 통제의 정도가 높은(강한) 책임은 법률적 책임이다.

4. 신공공관리론은 시장적 책임을 중시했다.

5. 제도적 책임은 절차의 준수와 책임의 완수는 별개로 보고 대응성이나 성과를 중시하는 책임이다.

6. 행정이 전문화되면서 외부통제보다 내부통제가 점차 중시되고 있다.

7. 우리나라 국회는 국무위원의 해임의결권을 가지고 있다.

8. 국민권익위원회, 감사원, 행정안전부, 기획재정부, 법제처 등은 내부통제 기능을 수행한다.

9. **감사원과 국민권익위원회 등 독립통제기관에 의한 통제는 사후통제 성격이, 조직 · 인사 · 예산 등은 사전통제 성격이 강하다.**

10. 사법통제는 사전적 · 적극적 통제에 속한다.

11. 옴부즈만(ombudsman)은 융통성과 신속성이 낮고 나라마다 동일한 형태를 지닌다는 점이 한계다.

12. **전형적인 스웨덴식 옴부즈만은 독립적 조사권, 시찰권, 소추권 등을 갖는다.**

13. 입법부나 사법부도 옴부즈만의 조사 대상이 된다.

14. 우리나라 옴부즈만은 국회 소속의 외부통제로서 정부로부터 독립돼 있다.

15. 옴부즈만은 대개 직권으로 조사를 개시하지만 예외적으로 신청에 의한 조사를 하는 경우도 있다.

16. 옴부즈만은 기존의 행정 결정이나 행정행위를 무효 · 취소할 수 없다.

17. 황금양털상, 빅브라더상 등은 재정 운영에 대한 시민감시 활동이다.

18. 시민 참여는 행정의 능률성(비용 절감)을 저해하지만 정책 집행은 높여 준다.

19. 아른슈타인(S. R. Arnstein)의 주민 참여 단계 중 3단계인 정보 제공 단계는 주민과 행정기관 간 쌍방향 정보 교환을 중시한다.

20. 우리나라의 경우 지방 및 중앙정부를 상대로 주민소송을 제기할 수 있다.

21. 납세자소송제도는 적극적인 통제 방안이지만 사후적 통제라는 것이 한계다.

22. 지방자치에 대한 오늘날의 주민 참여는 협의회, 자문위원회 등을 통한 직접적인 참여가 주류를 이룬다.

23. 행정개혁은 의도적으로 변화를 추구하는 단기적 · 일시적이고 단절적 과정이다.

24. 기능 중복의 제거, 책임의 재규정, 통제절차 개선 등은 행정개혁의 기술적 접근에 해당한다.

25. 행정개혁은 정치성은 물론, 생태적 속성상 지속성과 개방성을 지닌다.

26. 행정개혁에 대한 저항 극복 전략 중 유리하거나 적절한 시기의 선택은 규범적 전략에 속한다.

27. 최근 선진국들의 행정개혁은 운영 기술보다 조직구조에 치중했다.

28. 영국의 개혁 프로그램에는 책임집행기관, 시민헌장제도, 시장성검증제도 등이 있다.

29. 우리나라의 정부개혁은 구조보다는 관리기술이나 인간 중심의 개혁이었다.

30. 개방형 직위와 공모직위제도는 김대중 정부 때, 고위공무원단 제도는 노무현 정부 때 도입됐다.

31. 박근혜 정부는 국민안전처, 인사혁신처를 신설하고 경제부총리를 부활하는 정부조직 개편을 했다.

32. 공공 부문은 균형성과표(BSC) 요소 중 고객 관점을 적용하기 용이하지 않다.

33. **균형성과표(BSC)에는 시민 참여 관점이 포함되지 않는다.**

34. 균형성과표(BSC)에서 프로세스 관점은 균형성과관리의 미래적 관점과 연관된다.

35. 균형성과표(BSC) 중 재무적 관점은 지난간 전년도 실적을 나타내 주는 후행지표로 매출, 자본수익률, 예산 대비 차이 등이 있다.

36. 정보화 사회는 소품종 대량 생산 체제가 강조된다.

37. 정보화 사회는 개인 간 자율성과 경쟁이 현저히 향상됐다.

38. **행정정보화는 클라우딩 컴퓨팅을 통해 효율적이고 중앙집권적인 행정 시스템을 구축할 수 있게 해 준다.**

39. 정보화 사회에서는 일관성과 안정성이 높은 조직의 필요성이 낮아진다.

40. 정보화 사회에서는 가상조직이나 네트워크 조직의 등장으로 직접민주주의나 시민 참여를 저해한다.

41. 정보화 사회에서는 상호 공유된 리더십과 최고관리자의 지원과 관심이 필수적이다.

42. 유비쿼터스 정부는 온라인 기반 전자정부의 한계를 뛰어넘어 언제, 어디서나 정보를 활용할 수 있는 정보를 말한다.

43. 우리나라 유비쿼터스 정부는 1999년 정보화촉진기본법에서 처음 언급됐다.

44. UN은 전자정부의 발달 단계를 전자자문 → 전자정보 → 전자 결정의 순으로 제시했다.

45. 시민과 선출직 공무원 간에 소통과 청원이 이뤄지는 전자 거버넌스 단계는 전자 결정 단계다.

46. **전자정부 하에서는 행정 농도가 낮아지며, 분권화를 촉진시키지만 집권화를 위해서 사용될 수도 있다.**

47. 고객정보를 바탕으로 프로세스 조직 인력 등을 정비하고 운용하는 것을 CRM(고객관계관리)이라고 한다.

48. **보편적 서비스의 요소 중 활용 가능성이란 빈부 격차 등 경제적인 이유로 정보 접근이 배제돼서는 안 된다는 것이다.**

49. 유비쿼터스 정부 하에서는 양방향 정보 제공을 중시한다.

50. 정보는 사물이나 사실을 기호로 나타낸 것이고, 지식은 의미가 부여된 정보를 말한다.

51. 정보화 책임관의 임무는 소관 부처 정보기술 아키텍처 기본계획을 도입·활용하고, 중요 지식 정보자원을 지정하는 것이다.

52. 정부 3.0에서는 정부 주도의 일방향 서비스보다는 민관 협치와 빅데이터를 활용한 과학적 행정의 구현을 중시한다.

53. 전자정부의 기반 기술 패러다임은 인터넷 기반 기술에서 모바일 기술로, 다시 모바일 기술에서 유비쿼터스 컴퓨팅으로 발전하고 있다.

54. **2.0 전자정부는 전자정부의 초점이 정부나 기계 중심이 아닌 사람 중심으로 이동을 말하며, 서비스의 지능화를 통해서 개인별 맞춤 정보 서비스를 제공한다.**

55. 전자정부를 통한 결재문서 및 전자문서 유통은 행정의 투명성을 높여 준다.

56. 의사결정 지원 시스템(DSS)이란 인공지능 체계의 응용으로 전문가들의 질적 사고를 수렴해 특정 분야 문제 해결을 지원하는 것이다.

57. **과학기술정보통산부 장관은 매 3년마다 국가정보화 기본 계획을 수립해야 한다.**

58. 빅데이터는 규모가 크고, 다양성이 높아, 속도가 느린 특성을 갖는 데이터다.?

59. 스마트 전자정부는 서비스 방식이 개인별 맞춤형 통합 서비스를 지향하며, 공무원의 일하는 방식은 사후 복구 위주다.

60. 정부 3.0의 전략별 중점 과제에는 민·관협치 강화, 빅데이터를 활용한 미래 지향적인 행정 구현, 수혜자 맞춤형 서비스 통합 제공 등이 있다.

61. 대민전자정부(G2B 또는 G2C)시스템에는 국민신문고, 전자조달 나라장터, 전자통관시스템, 온-나라 시스템 등이 있다.

62. 지식행정관리에서는 정보의 공동재산화를 강조한다.

63. 암묵지란 지식의 원천으로서 숙련된 기능이나 경험, 개인적 노하우, 업무 매뉴얼 등이 이에 해당한다.

64. 정보화 사회에서는 정보에 대한 소유권이 명확해지고 공공정보의 개인 사유화가 촉진되고 있다.

65. **지식행정관리에서는 계층제적 구조에 의한 공식적 의사소통을 중시한다.**

## 제7장 지방행정론 핵심 문장

1. 일선기관의 활성화는 행정의 분권화와 지방자치를 활성화시켜 준다.
2. 지방자치는 광역행정이나 지역 간 형평성 제고에 기여한다.
3. 단체자치에서는 고유사무와 위임사무가 구분된다.
4. **지방의회는 법률의 위임이 있는 경우 조례로 벌금 등 벌칙을 제정할 수 있다.**
5. 지방의회에서 의결된 조례안은 5일 이내에 지방자치단체의 장에게 이송돼야 하고 단체장은 5일 이내에 행정안전부 장관에게 보고해야 한다.
6. 교통과 통신의 발달은 분권화를 촉진시킨다.
7. 국민적 최저 수준이나 복지정책의 강조는 신중앙집권화를 촉진시켰다.
8. 정보화의 촉진은 신지방분권화를 촉진시켰다.
9. 적극적 보충성 원리란 기초단체에 대해 상급정부는 가급적 간여해서는 안 된다는 것을 말한다.

10. 우리나라의 지방정부는 기관대립형이므로 단체장에 대한 불신임권이 인정되고 있다.

11. 라이트(D. S. Wright)의 정부간 관계가 상호 독립적인 실체로서 존재하면서도 서로 협력적 관계라고 보는 모형은 분리권위형이다.

12. 라이트의 정부 간 관계 중 가장 이상적인 모형은 중첩권위형이라고 했다.

13. 지방자치단체는 조례가 정하는 바에 따라 국가공무원을 둘 수 있다.

14. 지방자치단체장이 국가의 위임사무를 게을리할 때에는 즉시 국가의 비용 부담으로 대집행한다.

15. **지방자치단체의 사무에 관한 그 장의 명령이나 처분이 법령에 위반되거나 현저히 부당하여 공익을 해친다고 인정되면 시 · 도에 대해서는 주무부 장관이, 시 · 군 · 자치구에 대해서는 시 · 도지사가 기간을 정해 서면으로 시정할 것을 명하고, 그 기간에 이행하지 아니하면 이를 취소하거나 정지할 수 있다.**

16. **중앙정부가 지방정부의 위법 · 부당한 명령처분을 취소 · 정지할 경우 지방자치단체장이 이의가 있을 때에는 행정법원에 소를 제기할 수 있다.**

17. **지방자치단체의 장은 행정안전부 장관의 승인을 얻어 지방의회의 의결을 거쳐 지방채를 발행할 수 있다.**

18. 행정안전부 장관은 자치단체가 위법하게 처리한 자치사무에 관해 서류 · 장부 또는 회계를 감사할 수 있다.

19. **중앙행정기관과 지방자치단체 간 이견을 협의 조정하기 위해 행정안전부 장관 소속으로 행정협의조정위원회를 둘 수 있다.**

20. **일선기관은 민주성과 책임성을 증진시키지만 고객의 혼란과 불편을 예방한다.**

21. 일선기관은 종합행정을 저해하지만, 통일행정은 촉진시킨다.

22. **우리나라 특별지방행정기관은 행정 업무의 광역적 추진이라는 긍정적 목적과 부처이기주의라는 부정적 목적이 결합돼 1990년대 후반에 급증했다.**

23. 지방자치단체 상호간 분쟁은 국무총리 소속으로 설치된 행정협의조정위원회에서 조정한다.

24. 지방정부 간 분쟁 조정은 당사자의 신청에 의해 조정하는 것이 원칙이며, 직권 조정도 가능하다.

25. 시도지사나 행정안전부 장관의 지방정부 간 분쟁 조정 결과는 대집행, 예산의 우선 편성 등 구속력이 있지만, 국무총리 소속 행정협의조정위원회의 분쟁 조정은 구속력이 없다.

26. 지방자치단체 간 분쟁 조정은 수직적 협력 방식에 해당한다.

27. 지방자치단체조합은 독립된 법인격이 있으며, 구성원은 지방자치단체다.

28. 생활권과 행정권의 일치나 규모의 경제가 요구되는 경우 광역행정이 필요하다.

29. 둘 이상의 자치단체가 독립된 법인격을 유지하면서 광역정부를 구성하는 것은 연합 방식이다.

30. 조합은 특별지방자치단체로서 지방채를 발행할 수 있으며, 행정협의회보다 광역행정의 효과가 크다.

31. 특별시에는 자치구만을 두지만, 광역시에는 자치구와 군을 둔다.

32. 특별시, 특별자치시, 특별자치도는 지방자치법상 특별지방자치단체다.

33. 지방자치법상 광역시 설치의 법정 요건은 인구 100만 명이다.

34. 지방자치단체의 관할구역 경계 변경은 대통령으로 한다.

35. 인구 50만 이상의 시에는 독립된 세원을 갖는 자치구를 둘 수 있다.

36. 특별자치도에는 지방자치단체인 시와 군을 둘 수 없으며, 행정시장을 도지사가 임명한다.

37. 행정계층은 행정의 민주성에, 자치계층은 능률성에 기인한다.

38. 단층제는 중층제보다 중앙정부와 지방정부 간 의사소통이 원활하고 책임도 명확하다.

39. 기관통합형은 내각책임제와 유사해 효율성을 확보는 가능하지만, 견제와 균형을 통한 지방행정의 민주성을 확보할 수 없다.

40. 청원 처리, 조례 제정, 선결처분 등은 지방의회의 권한에 속한다.

41. 사업소와 출장소는 지방자치단체장의 보조기관이다.

42. 자치단체장은 원격지 주민의 행정 편의를 위해 출장소를 설치할 수 있다.

**43. 법령에 규정되지 아니한 수수료의 부과 징수는 지방의회의 의결을 거쳐야 한다.**

**44. 부단체장의 직급과 정수는 법률이 정하는 바에 따라 대통령령으로 정한다.**

45. 지방자치단체장은 연임 규정이 있으나 지방의원은 없다.

**46. 기관대립형은 권력 남용을 막고 책임행정을 구현하기 용이하다는 장점이 있다.**

**47. 지방의회는 매년 1회 그 지방자치단체의 사무에 대해 시·도에서는 14일 범위에서, 시·군 및 자치구에서는 9일의 범위에서 감사를 실시한다.**

48. 우리나라에서 채택하고 있는 포괄적 예시주의는 지방사무를 폭넓게 인정해 줄 수 있다는 장점이 있다.

49. 사무 배분에서 비경합성의 원칙이란 책임명확화 원칙을 말한다.

**50. 우리나라는 기능 배분과 사무 배분이 일치하지 않고 있다.**

51. 기관위임사무는 단체장이 중앙정부의 대리인 자격으로 위임받은 사무다.

**52. 소방, 보건소, 재해구호 등은 대표적인 단체위임사무다.**

53. 기관위임사무에 대해서는 의회가 간여할 수 없다.

54. 기관위임사무는 중앙정부의 사전적·사후적 감독과 통제가 수반되며, 대부분 국고보조금으로 처리된다.

55. 단체위임사무는 국가가 사업비 일부를 보조하며, 지방의회의 통제를 받고 지방자치단체와 국가가 공동으로 책임진다.

56. 특별시와 광역시에는 자치구만을 둔다.

57. 인구 50만 이상의 시에는 독립된 세원을 갖는 자치구를 둘 수 있다.

58. 특별시, 특별자치시, 특별자치도는 특별지방자치단체다.

59. 사업소와 출장소는 지방자치단체 보조기관이다.

60. 특정 업무를 효율적으로 수행하기 위해서는 사업소를 소속행정기관으로 둘 수 있다.

61. 지방재정은 국가재정보다 더 응익주의적 성격이 강하다.

62. 지방세와 지방교부세는 자주재원에 해당한다.

63. 기준재정수요액이 커질수록 재정력지수가 높아진다.

64. 재정자립도가 높을수록 지방재정이 건전하다고 볼 수 있다.

65. 국고보조금의 배정에서 중앙정부의 재량권이 있다.

**66. 지방자치단체는 특정 자금을 운용할 필요가 있을 때 조례로써 기금을 설치할 수 있다.**

**67. 재정자주도는 전체 재원에 대한 자주재원이 차지하는 비율을 말한다.**

68. 지방세가 지역마다 고루 분포돼야 한다는 것은 보편성의 원칙이라 할 수 있다.

69. 기초자치단체는 목적세를 부과할 수 없다.

**70. 도세는 주로 거래과세이고, 시·군세는 주로 보유과세로 돼 있다.**

71. 담배소비세는 국세이고, 주세는 지방세다.

72. 자치단체는 법령이 정하는 바에 따라 지방세를 부과·징수할 수 있다.

**73. 지방소비세는 특별시광역시도세이며, 지방소득세는 시·군·구세다.**

74. 지방소비세는 국세인 부가가치세의 일정 비율을 지방세로 전환한 것이며, 지방소득세는 소득세 및 법인세의 일정 비율을 지방자치단체가 부과하는 세금이다.

75. 우리나라 지방세는 소득세 중심으로 세원 확보가 불안정하다.

76. 재산세와 자동차세는 도세로 돼 있다.

77. 지방세 중 목적세는 지방교육세와 지역자원시설세 2종이 있다.

78. 지방자치단체의 공공시설을 사용한 반대급부로 부과 · 징수하는 공과금을 사용료라고 한다.

79. 지방공기업의 대상 사업에는 상하수도사업, 주택사업, 주민복지사업 등이 포함된다.

80. 국고보조금은 지방자치단체 간 재정 격차를 심화시킨다.

81. 지방교부세는 국가가 사무를 위임한 대가로 그 경비를 지원하는 것이다.

82. 특별교부세는 행정안전부 장관이 용도를 정하여 교부할 수 있는 특정재원이다.

83. 지방교부세는 지방자치단체 간 재정 불균형 시정을 목적으로 하는 재원이다.

84. 조정교부금은 국가가 교부 주체가 돼 기초자치단체에 대해 직접 재정 지원을 하는 제도다.

85. 보통교부세를 위법 · 부당하게 사용할 때에는 이를 취소 · 반환시킬 수 있다.

86. 지방자치단체장은 행정안전부 장관의 승인을 얻은 범위 안에서 의회 의결을 거쳐 지방채를 발행할 수 있다.

87. 지방자치단체장이나 자치단체조합은 조례로 정하는 바에 따라 지방채를 발행할 수 있다.

88. 지방채는 이용자나 세대 간에 비용 부담을 공평하게 해 준다.

89. 지방교부세 재원은 내국세 총액의 19.24%와 종합부동산세 전액, 담배에 부과

되는 개별소비세 20%다.

**90.** 지방교부세는 보통교부세와 특별교부세가 있다.

**91.** 광역시가 아닌 시라도 인구 50만 이상이면 자치구가 아닌 행정구 설치가 가능하다.

**92.** 광역시와 특별자치시에는 자치구와 군을 둘 수 있으나 특별시에는 자치구만을 둔다.

**93.** 자치구가 아닌 구와 읍, 면, 동의 명칭 및 구역 개편은 행정안전부 장관의 승인을 얻지 않고 해당 자치단체의 조례로 정한다.

**94.** 행정시나 행정구는 독립된 세원이나 자치권을 가지지 못하며, 기관장도 선출직이 아닌 임명직이다.

**95.** 지방자치단체 재정수입의 비중은 지방세 〉 세외수입 〉 지방교부세 〉 국고보조금 〉 지방채의 순이다.

**96.** 자치사무 자치단체가 전액 경비를 부담하며, 단체위임사무는 원칙적으로 자치단체와 위임기관이 공동으로 부담한다.

**97.** 기관위임사무는 법령에 의해 하급 자치단체장에게 위임된 사무이며, 단체위임사무는 법령에 의해 국가 또는 다른 자치단체로부터 위임된 사무다.

**98.** 자치사무와 단체위임사무의 처리를 위해 자치단체는 조례를 제정하는 것이 가능한데, 기관위임사무는 원칙적으로 조례 제정 대상이 아니다.

**99.** 자치사무와 단체위임사무는 지방의회의 관여(의결, 사무감사 및 사무조사) 대상이지만, 기관위임사무는 관여 대상이 아니다.

**100.** 보통교부세의 산정 기일 후에 발생한 재난을 복구하거나 재난 및 안전관리를 위한 특별한 재정 수요가 생기거나 재정수입이 감소한 경우 행정안전부 장관은 특별교부세를 교부할 수 있다.

**101.** 재정자립도는 지방자치단체의 일반회계만을 고려하고 특별회계와 기금 등을

종합적으로 고려하지 못하므로 지방자치단체의 실제 재정력이 과소평가된다.

**102.** 재정자립도는 일반회계에서 차지하는 자체재원의 비율이 높을수록 재정자립도가 높게 산정되기 때문에 지방교부세를 받은 지방자치단체는 재정력이 커짐에도 불구하고 재정자립도는 반대로 낮아지게 된다.

**103.** 재정자립도는 지방자치단체의 세입을 중심으로 산정되기 때문에 지방자치단체의 재정력을 효과적으로 파악하기 곤란하다.

**104.** 재정자립도는 지방자치단체 간의 상대적 재정 규모를 평가하지 못하는 문제가 있다.

**105.** 시 · 도와 시 · 군 및 자치구의 사무가 서로 경합하면 시 · 군 및 자치구에서 처리한다.

**106.** 국가와 시 · 군 및 자치구 사이의 연락 · 조정 등의 사무는 시 · 도에서 처리한다.

**107.** 지역적 특성을 살리면서 시 · 도 단위로 통일성을 유지할 필요가 있는 사무는 시 · 도에서 처리한다.

**108.** 행정처리 결과가 2개 이상의 시 · 군 및 자치구에 미치는 광역적 사무는 시 · 도에서 처리한다.

**109.** 주민에게 과도한 부담을 주거나 중대한 영향을 미치는 지방자치단체의 주요 결정 사항으로서 그 지방자치단체의 조례로 정하는 사항은 주민투표에 부칠 수 있다.

**110.** 주민참여 예산제도는 지방재정법에서 모든 지방자치단체의 의무화돼 있다.

**111.** 주민 참여는 주민의 권리책임 의식을 고양시키고 행정의 전문성을 높여 준다.

**112.** 우리나라는 중앙정부를 상대로도 주민소송을 제기할 수 있다.

**113.** 우리나라 주민소송은 주민감사 청구를 반드시 먼저 거쳐야 한다.

**114. 지방자치단체의 불법 지출로 피해를 입은 주민에 한해 소송을 제기할 수 있다.**

**115.** 자치단체의 예산이 불법부당하게 지출된 경우 주민이 취할 수 있는 가장 효과

적인 통제 수단은 주민소송이다.

116. 주민투표에 부쳐진 사항은 투표권자 과반수의 득표와 유효 투표 수 과반수의 득표로 확정된다.

117. 주민투표로 의결된 사항은 2년 내에는 불가능하다.

118. **국내에 거소 신고가 안 된 재외국민은 주민투표권을 갖지 못하지만, 국내 거주 외국인은 주민투표권이 있다.**

119. **중앙행정기관의 장은 지방자치단체의 폐치 분합, 주요 국가시설 설치 등의 경우 지방자치단체의 장에게 주민투표의 실시를 요구할 수 있다.**

120. 우리의 경우 주민소환 대상에는 자치단체장은 물론 비례대표 의원도 포함된다.

121. 주민은 그 자치단체장 및 지방의회의원을 소환할 권리를 가지며, 그 소환 사유에 대해서는 제한이 없다.

122. **주민소환투표의 효력에 이의가 있는 경우 투표 결과가 공표된 날부터 14일 이내에 소청심사 청구를, 소청결정서를 받은 날로부터 10일 이내에 소송을 제기할 수 있다.**

123. 총액계상예산제도와 자율편성제도는 국가와 지방 모두에 시행되고 있다.

124. 국가와 지방에 모두 국민(주민) 참여 예산제도와 주민(납세자)소송제도가 인정되고 있다.

# 확인 학습

## 제1장 기초 이론 확인 학습

아래에 제시된 정답은 잘못된 핵심 문장에서 틀린 곳을 찾아 고친 것으로, 앞의 핵심 문장 문제와 비교·확인하면 도움이 될 것이다. 정답에 번호가 없는 것은 올바른 문장이다.

1. 거버넌스에서의 행정은 행정을 정치와 **연계된** 정부의 활동으로 본다.
3. 무임승차 문제는 **공공재**에서 가장 크게 나타난다.
4. 시장이 **요금재**를 공급할 경우 자연독점의 문제가 발생한다.
5. 하딘(G. Hardin)의 공유지의 비극은 사적 극대화가 공적 극대화를 파괴하는 **시장실패**를 지적한 모형이다.
7. 공유지의 비극은 비용의 **분산**과 편익의 **집중**으로 인해 발생한다.
8. 조장 및 지원 기능은 정부가 직접 사업 주체가 돼 **직접적**으로 지원하는 기능이다.
9. **정치·행정이원론**은 엽관주의의 비효율을 극복하기 위한 과정에서 등장했다.
10. 정치는 **민주성**을 확보하는 과정인 데 반해 행정은 **효율성**을 확보하는 과정이다.
11. **행정과 경영은 모두 관료제적 성격을 띤다**.
12. 오스트롬(E. Ostrom)은 **자발적 협력**에 의해 공유자원의 고갈을 방지할 수 있다는 다양한 사례를 제시했다.

13. 법률 우위의 원리는 **소극적** 합법성을 의미한다.

14. 비정부조직(NGO)이 생산하는 공공 서비스의 비용을 정부가 지원할 경우 정부와 NGO는 **보완적** 관계가 형성된다.

17. 신자유주의의 등장으로 시장에 대한 정부의 직접적인 **개입 축소**와 복지정책이 **약화**됐다.

19. 파킨슨의 법칙은 부하 배증의 법칙과 업무 배증의 법칙이 **상호 작용**한다.

21. 보수주의는 오류의 가능성이 **없는** 인간관을 전제로 한다.

23. 경제 주체가 가격 설정자로서 역할을 수행할 때 시장실패가 **초래된다**.

24. 정부의 개입 활동 중에서 외부 효과, 자연독점, 불완전경쟁, 정보 격차 등의 상황에 모두 적절 한 대응 방식은 **공적 규제**다.

25. 내부성은 **정부실패**의 원인이다.

26. 파생적 외부 효과는 **정부실패**의 원인이다.

28. 자연독점에 의한 시장실패는 **공적 공급이나 공적 규제 방식**으로 해결하는 것이 바람직하다.

31. 정치는 **민주성**을 확보하는 과정인데 반해 행정은 **효율성**을 확보하는 과정이다.

32. 정치 · 행정이원론의 대두 배경 중 하나는 **엽관주의 폐단 극복이며, 경제대공황은 정치 · 행정일원론의 등장 배경**이고, 정치 · 행정새이원론은 행정연구의 과학화를 촉진시켰다.

34. 행정은 효과적인 업무 수행을 위해 관리성이 강조되는 점에서 경영과 **유사하다**.

36. 경영은 행정에 비해 엄격한 법적 규제를 받지 않는 반면, 공익을 추구하는 행정은 법적 규제를 **강하게 받는다**.

38. **행정국가(정부관료제에 의한 행정)은** 강력하고 단일한 권한과 권위에 대한 책임성을 제고한다.

39. 진보주의 정부는 조세제도를 통한 소득재분배를 선호하며, 자유시장에 대한 강한 신념을 갖는 정부관은 **보수주의다**.

40. 보수주의는 소극적 자유를 선호하며, **진보주의는 소외집단**을 위한 정부정책을 선호한다.

42. **공공재**는 시장에서 공급되지 않기 때문에 정부가 직접 공급해야 한다.

44. 요금재의 상당 부분이 정부에서 공급되는 이유는 **자연독점에 의한** 시장실패에 대응해야 하기 때문이다.

45. **등대는 공공재적 성격을, 고속도로는 요금재적 성격을 갖고 있다.**

46. **작은** 정부론자는 비용과 편익이 분리돼 정부실패가 발생하는 경우, 정부가 시장에 **개입하지 말아야** 한다고 주장한다.

47. 역대리이론은 민영화를 **반대하는** 논거가 된다.

48. **계약 방식은 정부가 생산자에게 비용을 지불하고, 면허 방식은 이용자가 비용을 부담한다.**

51. 시민공동생산은 시민을 **소비적 생산자**로 파악한다.

52. BTO 방식은 최종 수요자에게 사용료를 부과하기 쉬운 시설에 적합하므로 일차적으로 민간에게는 수요 위험 부담이 **있다**.

53. 수익자 부담주의는 공공 서비스의 불필요한 수요를 줄이고, 누진세에 비해 형평성 제고 효과가 **작다**.

56. 사바스(E. S. Savas)의 분류에 따르면 **계약, 허가 방식은 정부가 공급을 결정하고 민간이 생산을 담당하는 공급 유형에 속하며, 바우처 방식은 민간이 공급과 생산을 모두 담당하는** 유형이다.

61. **정의론자들은 원초적 상태에서 합의한 규칙이 공정할 것이라고 전제한다**.

62. **차등 조정**의 원리란 가장 불우한 사람들의 편익을 최대화하는 것이다.

63. 정의론에 따르면 **기회 균등의 원리가 차등 조정의 원리보다** 우선한다.

64. 할당임용 장치인 대표관료제는 **수직적** 공평을 구현하기 위한 것이다.

67. 사이먼(H. A. Simon)은 **결과적** 합리성보다 **절차적** 합리성을 중시했다.

68. 사회 구성 요소 간 조화로운 통합성은 디징(P. Diesing)의 **사회적** 합리성에 해당한다.

69. 절차적 합리성은 **주관적** 합리성이라고도 하며, 인지력 등 주어진 제약 조건 하에서 **제한된** 합리성을 추구하는 것을 말한다.

72. 가외성의 특성 중 동등잠재력은 중복성과 **별개다**.

74. 가외성을 위한 장치(제도)에는 분권화, 순차적 결재, 위원회 **등이 있으며, 만장일치와 계층제는 가외성 장치가 아니다**.

78. 행태론은 **가치평가**, 규범적·질적인 연구를 경시했다.

79. 행태론은 논리실증주의에서 **연역적**으로 도출된 가설을 귀납적으로 검증한다.

80. **행태주의**는 사실에 대한 객관적·경험적 접근을 중시한다.

81. 후기행태주의는 논리실증주의 등 과학적 방법을 **반대한 것이 아니라 사회 문제 해결에 활용할 것을 주장했다**.

82. 신행정론의 지향과 가치는 형평성, 분권화, **탈계층제**, 시민 참여 등이었다.

84. 현상학은 사회 현상은 자연 현상**과 달리** 사람과 동떨어진 객체로 존재하는 것으로 **보지 않는다**.

85. 현상학은 인간 행위의 가치는 그 행위가 **산출한 결과보다 행위 그 자체에 있다고 본다**.

86. 과학적 관리론 등 고전기 행정학은 조직이 추구하는 가치로서 **기계적** 능률을 중시한다.

87. **테일러(F. W. Taylor)**는 시간연구와 동작연구를 통한 과학적 관리를 시도했다.

88. 과학적 관리론은 체제가 목적을 달성하는 데 유일 최선의 방법이 **존재한다**고 봤다.

89. 인간관계론은 자아실현과 인간성 회복을 목표로 **하지 않았다**.

91. 과학적 관리론과 인간관계론은 인간을 자율적이고 능동적인 존재로 **보지 않았다**.

92. 생태론은 **거시적**이고 **중범위 수준의** 이론 개발에 주력한다.

93. 체제론은 엔트로피를 **거부하는 부정적** 엔트로피를 주장한다.

94. 개방 체제는 구조와 기능 간의 선형적 인과 관계를 **부정하는 전체주의 입장을 취한다**.

95. 프리즘적 사회의 특징으로는 고도의 이질 혼합성, 다규범주의, 형식주의 등이 있으며, **분화는 산업사회의 특징이다**.

98. 행태론은 정치·행정이원론에 속하나, 행정의 가치 판단적 요소의 존재를 **부정한 것은 아니다**.

99. 생태론에서 고우스(J. M. Gaus)는 행정에 영향을 미치는 요인으로 주민, 장소, 재난 등을 제시했으나 **대화는 포함되지 않는다**.

101. 공공선택론은 공공 부문에 경제학적 관점을 도입해 **정부실패**를 설명하려는 모형이다.

102. 공공선택론은 관할구역의 중첩을 **고려하고** 분권화된 조직을 선호한다.

103. 공공선택론은 정부의 역할을 **강조하지 않으며**, 형평성의 문제를 고려하지 못한다는 지적이 있다.

105. 공공선택론은 방법론적 개체주의와 **연역적** 방법을 중시한다.

107. 니스카넨(W. A. Niskanen)에 따르면 관료는 한계편익곡선과 한계비용곡선이 교차하는 지점을 **초과해** 공공 서비스를 공급하려 한다고 본다. 즉, 편익과 비용이 만나는 지점(순편익이 0)에서 공공 서비스를 공급하려고 한다.

108. 티보가설에서 지방자치단체의 주된 재원은 **재산세**라고 본다.

110. 오스트롬(E. Ostrorn)의 공공선택모형에서는 행정은 정치 영역 **안에** 있다고 주장하는 정치·행정일원론을 주장한다.

111. 역사학적 신제도주의와 사회학적 신제도주의에서 개인의 선호 체계는 **주어진 것이 아니라고 가정하며, 합리적 선택 신제도주의에서는 선호는 주어진 것으로** 가정한다.

113. **합리적 선택** 신제도주의에서 제도는 개인들 간의 선택적 균형에 기반한 제도적 동형화 과정의 결과물로 본다.

115. 구제도주의는 제도의 공식적·구조적 측면을 **강조할 뿐 인간의 행위를 설명하지 못한다**.

116. 합리적 선택 신제도주의에 의하면 행위자의 선호는 **주어진 것으로 가정한다**.

118. 사회학적 신제도주의는 제도의 형성과 변화 과정에서 **내생적** 선호와 **비공식적**인 과정을 중요시한다.

120. **합리적 선택** 신제도주의에서 제도는 개인들 간의 선택적 균형에 기반한 **것으로 보며, 사회학적 신제도주의는 제도적 동형화 과정을 강조한다**.

121. 신공공관리론은 투입보다는 산출을, **과정보다는 결과**를 중시한다.

122. 신공공관리론은 **정부실패**의 치유를 위한 국가의 **소극적인** 역할을 강조한다.

123. 기업형 정부 구현을 위한 전략 중 통제전략은 일선공무원의 권한을 **확대시키려는** 전략이다.

126. 신공공관리론적 개혁은 **효율성을 증진시키지만, 민주주의 책임성을 저해한다.**

127. 신자유주의에 토대를 둔 신공공관리론은 케인스 경제학에 기반을 둔 수요 중시 거시 경제정책을 **비판하므로** 공급 측면의 경제정책에 대해서는 지지 입장을 취한다.

128. **신공공서비스론**은 정부 업무의 효율성 극대화보다는 모든 사람에게 더 나은 생활을 보장하려는 공익의 적극적 실현을 중시한다.

130. **뉴거버넌스론**은 공공 서비스의 민영화보다는 시민과 기업이 참여하는 공동 공급을 중시한다.

131. 뉴거버넌스의 분석 단위는 **조직 관계**다.

132. 뉴거버넌스는 소통과 참여를 통한 행정의 민주성을 중시하지만 **효율성을 저해하지는 않는다.**

135. **탈내부규제 정부모형**에서는 정책 결정 개혁 방안으로 기업형 정부를 제시하고 있다.

137. **신공공관리론**은 경쟁의 원리를 중시하지만, 뉴거버넌스론은 신뢰와 협력을 중시한다.

142. 신공공서비스론에서 관료의 역할은 **조정자이며, 정부의 역할은 봉사다.**

143. 신공공관리론에서는 공익을 **공유가치에 대한 담론의 결과**로 본다.

144. 신공공서비스론에서 기대하는 조직구조는 **협동적** 구조다.

146. 덴하르트(J & R. Denhardt)의 신공공서비스론에서는 **공공기관, 비영리기구 및 개인들의 연합체로 정책 목표를 달성하려고 한다.**

148. 탈신공공관리론은 신공공관리론의 **대체가 아니라 조정다.**

149. **신행정학, 시민행정학, 인본주의 조직, 포스트모더니티 등**은 신공공서비스론의 이론적 토대가 된다.

## 제2장 정책학 확인 학습

1. pork barrel(갈라먹기)과 log rolling(밀어주기) 등이 나타나는 정책은 **분배정책**이다.

2. 정부조직 개편·신설은 **구성정책**이고, 올림픽 등의 개최는 **상징정책**에 해당한다.

4. 누진세, 임대주택 등 사회보장정책은 **재분배정책**이나, 항공노선 취항권 부여 등은 **규제(경쟁적)** 정책이다.

5. 로위(T. J. Lowi)는 정책 유형을 구성정책, 분배정책, 규제정책, **재분배정책**으로 구분했다.

7. 로위의 **구성정책**에서는 게임의 법칙이 나타나며, 총체적 기능과 권위적 성격을 특징으로 한다.

11. 독점규제를 위한 「독점규제 및 공정거래에 관한 법률」은 **경제적** 규제를 위한 법률이다.

12. 사회적 규제에서는 **시장 유인적 규제보다 명령지시적 규제가** 더 효율적이고 설득력이 높다.

14. **(좁은 의미의) 경제적 규제**는 특정 개별 산업을 그 대상으로 한다.

15. 성과기준제도는 사회적 규제에서 **명령 지시적** 규제 수단에 해당한다.

16. 부과금, 보조금, 공해권제도는 **시장 유인적** 수단이고, 고용 기준 및 산업안전 기준은 **명령 지시적** 규제 수단에 해당한다.

17. 규제영향분석은 불필요한 정부 규제를 **신설하고자** 할 때 규제의 사회적 편익과 비용을 점검하고 측정하는 체계적인 의사 결정 도구다.

19. 환경오염에 대한 규제가 쉽지 않음을 설명해 주는 것은 **기업가적** 정치와 연관된다.

22. 진입규제 등 협의의 경제적 규제는 윌슨(T. W. Wilson)의 **고객의 정치**로 설명할 수 있다.

23. 로비 활동이 가장 **강하게** 발생하는 것은 고객정치 상황으로 수입 규제 등이 이에 속한다.

28. 정부로부터 위임을 받은 민간집단에 의해 이뤄지는 규제는 **공동규제**다.

30. 규제개혁위원회는 위원장이 2인이며 **대통령** 소속 위원회다.

31. 정책 문제는 **동태성**을 띤다.

32. **1, 2종 오류**는 대안의 선정 및 제시 단계에서 나타난다.

39. 동원형은 정부의 힘이 강하고 민간의 힘이 취약한 후진국에서 많이 나타나며, **내부접근형(음모형)**은 일방적으로 국민을 무시하는 정부에서 나타나는 유형이다.

40. **다원론**에서는 사회 모든 문제는 거의 무작위적으로 정치 체제로 투입된다고 본다.

42. 다원주의에서는 사법부의 역할이 **강하고**, 정책의제는 **외부 주도형**에 의해 이뤄진다.

43. 바흐라흐(P. Bachrach) 등이 권력의 두 얼굴을 통해 제시한 무의사결정론은 **달(R. A. Dahl)의 다원주의를 비판하며 등장한 신엘리트론에 해당한다**.

44. 조합주의는 집단 간 **비자율성, 비경쟁성, 단일성** 및 국가의 비중립성(**적극성**) 등을 특징으로 한다.

45. 무의사 결정은 엘리트들의 사회 문제에 대한 무관심과 무능력으로 인해 발생하는 **것이 아니라 엘리트의 이해관계와 상충될 때 나타난다**.

46. 다국적 기업과 같은 중요 산업조직이 국가와 긴밀한 동맹 관계를 유지하면서 정책을 만들어 나간다는 이론은 **신조합주의**다.

49. 정책공동체이론은 **개인주의를 토대로 한 미국식 개인주의가 아닌, 이익집단과 정부와의 합의를 중시하는 유럽식 사회조합주의와** 그 맥을 함께한다.

50. 정책 네트워크는 참여자와 비참여자 간 경계가 **있다**.

51. **이슈 네트워크**는 불안정하고 일시적인 광범위한 연계망이다.

52. 하위정부모형은 **행정부(대통령)**의 관심이나 영향력이 적은 **분배정책**에서 주로 나타난다.

53. 정책 네트워크모형은 정책 과정에 대한 국가 중심과 사회 중심의 접근이라는 이분법적 논

리를 **극복했다**.

54. **이슈공동체**는 **정책공동체**에 비해 참여자의 범위가 넓고 개방성이 높다.
56. 정책모형은 **원인변수를 조작함으로써** 대안의 탐색을 돕고 결과를 예측한다.
59. 순현재가치는 **0**보다 크면 타당성이 인정된다.
60. 비용편익분석은 **미시경제학**을 실무분석에 응용한 것이다.
61. **편익비용비율법**은 부의 외부비용을 비용의 증가에 포함할 것인가, 편익 감소로 볼 것인가에 따라 결과가 달라지는 방법을 말한다.
63. 계층화분석법은 **확률** 대신 **우선순위** 개념을 사용한다.
64. 전통적 델파이 기법은 **익명**의 전문가들이 응답자로 참여한다.
65. 독자적으로 표명된 전문가들의 의견을 종합·정리하는 것은 **델파이 기법**이다.
67. 브레인스토밍에서 아이디어 개발과 평가는 **분리해서** 이뤄져야 한다.
69. 시계열분석은 **비인과적** 미래예측 기법이다.
70. 최악의 불확실성을 가정하고 모든 대안을 모색하는 것은 **보수적 접근(결정)**이다.
71. 선경향 추정은 **연장적** 예측, 선형회귀분석은 **이론적** 예측에 속한다.
73. 정책결정요인론은 정치적 변수를 **과소** 평가했다는 비판을 받았다.
75. 정책결정요인론이란 정책을 **종속변수**로 보고 정책 결정에 영향을 미치는 요인을 둘러싸고 정치학자들과 경제학자들이 벌인 논쟁이다.
76. 사회가 안정화돼 있거나 정책 상황이 **불확실할** 때에는 점증모형이 적합하다.
77. 점증모형은 (급격한) 환경 변화에 대한 적응력이 **낮다**.
78. 혼합주사모형은 근본적인 결정에는 **합리모형**을, 세부적 결정에는 **점증모형**을 적용한다.
80. **점증모형**은 목표를 주어진 것으로 보지 않고 목표와 수단 간 상호 조절이 이뤄진다.
84. 점증주의자들은 합리모형이 당위적으로도 **바람직하지 않고**, 정보 제약 등 현실적으로 불가능하다고 비판한다.
85. 정책 문제와 정책 목표의 다양성과 무형성, **매몰비용은 정책 결정의 합리성을 제약하는 환경적 요인**이고, 집단사고의 폐단 등은 정책 결정의 합리성을 제약하는 구조적 요인이다.
88. 구성원의 응집성이 강하고 조직 전체 목표를 중시하는 의사 결정은 앨리슨(G. T. Allison)의 **모형1**에서 나타난다.
90. 쓰레기통모형에서 의사 결정에 필요한 세 가지 요소는 문제, **해결책, 선택 기회, 참여자**의 흐름이다.
91. 쓰레기통모형에서 의사 결정은 조직화된 혼란 속에서 **비합리적**으로 이뤄진다.
92. 공공선택모형은 관료 개개인의 이익을 **고려한** 집단적 의사 결정 방식이다.
93. 정책 딜레마는 구체적이고 **명료할 때** 나타난다.

94. 쓰레기통모형은 참여자들의 선호가 **불분명**하고 인과기술도 **불분명**하다고 본다.

98. 나카무라(R. T. Nakamura)와 스몰우드(F. Smallwood)는 고전적 기술자형에서 관료적 기업가형으로 나아갈수록 **정책집행자**의 역할이 커지다고 하였다.

101. 립스키(M. Lipsky)에 따르면 일선관료는 복잡한 집행 업무를 수행하기 때문에 직무의 자율성이 **보장된다**고 본다.

102. 립스키의 일선관료제모형에 따르면 일선관료들은 고객의 요구에 너무 민감하게 **반응하지 못한**다고 본다.

103. 사바티어(P. A. Sabatier)의 정책옹호연합모형은 **정책 집행 과정**보다 **정책 변동이나 학습**에 초점을 맞춘다.

104. 나카무라와 스몰우드의 모형에서 정보나 기술 등의 제약으로 정책결정자가 일반적이고 추상적인 정책을 지지하는 수준에 그치는 것은 **재량적 실험가형**이다.

106. 사바티어는 정책 목표의 우선순위가 **명확하고 안정적이어야** 효과적인 집행이 가능하다고 전제했다.

107. 정책수혜집단의 규모가 크고 조직화의 정도가 강한 경우 집행이 **쉬워진다**.

108. 정책 집행 과정에서 의사결정점이 많을수록 집행이 신속하게 **이뤄지지 않는다**.

110. 주어진 정책적 사고나 문제를 주장하고 그러한 주장을 더 정교하게 하기 위한 정략으로서 정치적 변화를 찬성 또는 반대하기 위한 학습을 **정치적 학습**이라고 한다.

111. 립스키는 일선관료의 업무 환경으로 자원의 부족, 권위에 대한 도전, 모호하고 대립되는 기대의 존재를 제시했다. **보수적 태도는 제시하지 않았다.**

113. 나카무라와 스몰우드는 정책 집행 유형의 평가 기준으로 능률성, 효과성, **주민의 만족도, 수익자 대응성, 체제유지도**의 다섯 가지를 제시했다.

115. 샐러먼(L. M. Salamon)이 제시한 정책 수단 중 **공기업**은 **강제적** 수단이고, 보조금, 조세감면, 지급보증은 혼합적 수단이다.

116. **정책분석**이란 정책 대안의 예측 결과에 대한 비교·평가를 말한다.

119. **총괄평가**는 정책의 효과나 영향을 평가하는 것이다.

120. 본격적인 평가에 앞서 평가의 가능성과 소망성을 평가하는 것은 **평가성 검토**다.

124. 공기업 등 공공기관도 정부 업무 평가 **대상이다**.

126. 정부업무평가 기본계획은 **국무총리**가 **3년마다** 수립하는 평가기획이다.

127. **행정안전부 장관** 소속하에 지방자치단체합동평가위원회를 설치·운용할 수 있다.

129. 연구설계가 강력하고 정밀하게 설계된 정도를 **통계적 결론 타당도**라 한다.

130. 호손 효과는 정책평가의 **외적 타당도**를 저해하는 요인이다.

133. **내적 타당도**란 정책과 효과에 존재하는 인과적 추론의 정확도를 말한다.

134. **역사적 요인은 정책평가의 내적 타당도를 저해하는 요인**이고, **다수적 처리에** 의한 간섭은

**정책평가의 외적 타당도를 저해하는** 요인이다.

136. 독립변수와 종속변수 간의 상관 관계가 일부 있는 상태에서 두 변수 모두에 영향을 주는 제3의 변수를 **혼란변수**라 한다.

138. 사후적 비교집단 설계 및 회귀불연속설계는 **준실험**에서 사용하는 설계 방법이다.

139. **진실험**은 **준실험**에 비해 내적 타당도가 높다.

140. 사후비교집단 설계, 회귀 불연속 설계, 단절적 시계열 설계 등은 **준실험**에서 사용하는 설계 방법이다.

142. 오류의 수정은 **부정적** 환류에 해당한다.

143. 점증적 정책 변동은 부정적 환류, 자기교정 기제, 현상 유지, **수확 체감**의 법칙과 관련된다.

## 제3장 조직론 확인 학습

1. 앨더퍼(c. P. Alderfer)의 ERG이론은 **내용이론**에 해당한다.

2. 보수나 대인 관계 등은 허즈버그(F. Herzberg)의 위생 요인에 해당하며, 이러한 요인의 충족은 동기부여의 힘을 **갖지 못한다**.

6. 허즈버그의 욕구이론에서 **위생 요인**을 충족시켜 주지 못하면 불만이 커진다.

7. 해크만(J. R. Hackman)과 올드햄(G. R. Oldhan)은 직무의 특성 중 **자율성과 환류**가 동기부여에 가장 중요한 역할을 한다고 봤다.

10. **허즈버그의 욕구충족요인이원론**은 연구자료가 중요사건기록법을 근거로 수집됐다는 한계를 지닌다.

12. 해크만과 올드햄은 직무특성이론에서 성장 욕구가 약할 때에는 **단순 직무**를 부여해야 한다고 했다.

13. 애덤스(J. S. Adams)는 형평성이론에서 보상이 **불공평**하다고 느낄 때 동기가 부여된다고 했다.

14. 선진국의 전문주의 문화는 업무의 통합 및 융통성을 **저해한다**.

15. **권위주의** 문화는 인간 관계를 불평등한 수직적 관계로 인식하는 것을 말한다.

16. 환류는 의사 전달의 신속성을 저해하나 의사 전달의 정확성을 **촉진한다**.

17. **비공식적** 의사 전달은 배후 사정을 소상히 전달할 수 있고 융통성이 높다.

18. 갈등은 반드시 해소돼야만 한다는 것이 오늘날 지배적인 **관점이 아니다**.

19. 토마스(K. Tomas)에 따르면 자신의 욕구가 단정적이고 타인의 욕구에 대해 비협조적인 경우 **경쟁전략**이 나타난다.

20. 토마스에 따르면 **협동**이란 자신과 상대방의 이익 모두를 만족시키는 전략이다.

21. 정보량의 조절이나 의사소통 통로 변경, 조직 내 기능적 조직 단위 수를 늘려 견제하게 하는 것은 갈등 **조성** 전략에 해당한다.

22. **전통적 입장**에서는 모든 갈등은 조직 성과에 부정적인 영향을 미치므로 제거돼야 한다고 주장한다.

24. 우리나라의 행정문화는 **가족주의**와 일반주의, 권위주의가 특징이다.

25. 내용이론에는 머슬로의 욕구계층이론, 해크만과 올드햄의 직무특성이론 등이 있고, 브룸의 기대이론은 **과정이론**에 해당한다.

27. **거래적** 리더십은 성과에 따른 보상을 중시한다.

28. 리더십이론의 경로목표모형에서 부하의 특성과 과업환경은 **상황변수**에 해당한다.

29. 허시(P. Hersey)와 블랜차드(K. H. Blanchard)에 리더십 생애주기론에 따르면 부하의 성숙도 수준이 가장 높은 경우에는 **위임형** 리더십이 가장 효과적이라고 봤다.

30. 변혁적 리더십에서 형식적 사고와 관례를 다시 생각하게 하는 것은 **촉매적** 리더십이다.

31. **거래적** 리더십은 합리적인 거래 관계를 중시하며, **기계적 구조**에 적합하다.

32. 하우스(R. J. House)와 에반스(M. Evans)의 경로목표모형에 따르면 구조화된 과업을 수행하는 데에는 **지원적** 리더십이 필요하다고 봤다.

34. 리더십 대체물이론에 따르면 구성원들이 충분한 경험과 능력을 갖추고 있을 때에는 **지시적** 리더십이 불필요하다고 주장한다.

36. 정보공개는 **청구에 의한 공개**를 핵심으로 한다.

37. 정보공개는 공무원의 **소극적인** 업무 행태를 조장한다.

38. 공공기관은 정보 공개 청구를 받은 날로부터 **10일** 이내에 공개 여부를 결정해야 한다.

39. 조직의 **공식화**란 업무 수행 방식이나 절차의 표준화 정도를 말한다.

42. 규모가 **큰** 조직일수록 대체로 구성원의 행동은 공식화된다.

46. 정보통신기술의 발달로 통솔 범위는 과거보다 **넓어졌다**고 판단된다.

47. 계층제 원리는 구성원의 귀속감과 참여감을 **저해한다**.

49. 임시작업단(task force)은 대프트(R. L. Daft)가 주장한 **수평적** 조정 기제 중의 하나다.

52. 관료제의 병리 중 **할거주의**란 자신이 속한 집단이나 고객의 특수 이익에 묶여 전체 이익을 망각하는 것이다.

54. 관료제의 병리 중 규칙에 의한 지나친 통제가 동조과잉이나 경직성을 초래한다고 비판한 학자는 **머튼(R. K. Merton)**이다.

55. **관료제** 조직은 엄격한 표준화와 분업으로 인해 구성원의 권한과 책임 한계가 명확하다.

56. 매트릭스 조직은 계층제적 구조가 **존재한다**.

59. 학습조직은 실험과 시행착오를 **최대화**시키고자 한다.

60. 팀제는 책임의 공유로 업무의 공백을 막아 주나, 무임승차 현상을 **방지해 주지 못한다**.

61. 유연성과 신속성을 강조하는 네트워크 조직은 성과평가가 어려운 경우에 **효과적이지 못하다**.

62. 정보화사회에 요구되는 학습조직은 구성원의 권한이 **강화**된다.

63. 학습조직은 **효율성**보다는 **문제 해결**이 핵심 가치다.

64. 매트릭스 조직에서 기능부서의 통제 권한은 **수직적**으로 흐르고, 사업부서의 조정 권한은 **수평적**으로 흐른다.

66. 방송통신위원회는 **대통령 소속 중앙행정기관**이며, 국민권익위원회는 **국무총리 소속 행정기관**이다.

68. 특허청은 **산업통상자원부** 소속이다.

69. 책임운영기관은 **내부** 시장화된 조직으로 **정부조직이며**, 직원의 신분도 **공무원**이다.

70. 책임운영기관은 총정원을 **대통령령으로 정한다**.

71. 우리나라 책임운영기관은 사무의 성격에 따라 **교육훈련형, 조사연구형** 등으로 나뉜다.

72. **공기업은 시장형 공기업과 준시장형 공기업으로** 구분된다.

74. 한국전력공사는 시장형 공기업, **인천항만공사는 준시장형 공기업**에 속한다.

75. 시장형 공기업에서 감사위원회의 설치는 **의무** 사항이다.

76. 에머리(F. E. Enery)와 트리스트(E. L. Trist)가 제시한 격동의 장 환경에서는 고도로 **분권화된** 구조가 필요하다.

77. 대리 손실을 최소화하기 위해서는 주인이 대리인에 대한 **감시와 통제를 강화해야 한다**.

79. 자원의존이론은 관리자를 주어진 환경에 좌우되는 무기력한 존재로 **보지 않는다**.

80. 조직군생태론은 환경이 조직을 선택하는 **수동적**인 존재로 가정한다.

83. 대리인이론에 따르면 **대리인**은 **위임자**보다 능력이나 정보면에서 우월하기 때문에 **위임자**가 **대리인의 재량**에 의존하는 바가 커진다.

84. 조직군생태론은 전략적 선택을 경시하며, 조직 변화는 **종단적**인 분석에 의해서만 검증이 가능하다고 전제한다.

85. 혼돈이론은 가외성을 **최대화하고** 표준화를 **최소화한다**.

86. 혼돈이론은 **탈관료주의적** 처방을 중시한다.

87. **단일고리학습**은 학습의 효과가 빠르고 국지적이다.

88. 목표관리는 **거시적**이고 **장기적**인 목표보다 **미시적**이고 **계량적**인 목표를 중시한다.

89. 목표관리는 **대내 지향적, 미시적 관점**에서 생산성을 추구한다.

92. 조직 발전(OD)은 목표달성의 **결과보다 과정**을 중시한다.

93. 조직 발전은 의도적이고 하향적 · 계획적으로 추진되지만, **Y이론**에 토대를 두는 관리전략이다.

94. 조직 발전에서 추구하는 변화는 개인의 행태이며 조직문화까지를 **포함한다**.

96. 총체적 품질관리는 **고객**에 의해 고객의 수요와 만족 여부가 결정된다.

98. 총체적 품질관리는 기능이 통합된 구조에 적합하며, 서비스 제공 **이전**의 품질관리 체계를 중시한다.

100. **리엔지니어링**은 특정 기능 내에 존재하는 업무 절차나 과정을 축소 재설계해 조직을 개선하려는 전략이다.

102. 총체적 품질관리에서도 **집단별** 보상이 주어진다는 점에서 목표관리와 다르다.

104. 혼돈이론은 혼돈 상황을 적절히 **활용하려는** 전략 모색을 중시한다.

105. 조직경제학은 행정의 효율성을 중시하지만, **민주성이나 형평성 등 비경제적 요인은 고려하지 못한다**.

## 제4장 인사행정론 확인 학습

3. 선물 신고의 의무는 **공직자윤리법**에 규정하고 있다.

7. 영수증을 허위로 작성하거나 공금을 횡령하는 것은 행정권의 오남용 중 **부정행위**에 해당한다.

10. 내부고발은 **기명(실명)** 문서로 **재직 중 혹은 퇴직 시**에 해야 한다.

12. 내부고발은 **재직 중 혹은 퇴직 시**에 해야 한다.

14. 연봉제는 관료제 내부의 공동체 의식이나 연대의식, 팀워크를 **약화**시킨다.

15. 연봉제는 **실적주의에 기여하나, 직업공무원제, 계급제를 약화시킨다**.

16. 우리나라, 미국, 영국 등 대부분의 나라는 공무원의 보수 수준 결정 시 주로 **대외적 균형성**의 원칙을 따르고 있다.

19. 총액인건비제도는 인사 운영의 자율성을 제고시키나, 직급 인플레이션을 **초래한다**.

21. 총액인건비제 하에서는 각 부처의 기구와 정원 관리의 자율성 등으로 민주적 통제가 **약화**된다.

22. 직제나 정원 개폐, 예산의 감소 등의 경우 공무원들을 **직권면직**시킬 수 있다.

23. 파면은 연금법상 불이익이 **있으며**, 5년간 공직에 재임용될 수 없다.

24. 징계소멸시효는 원칙적으로 **3년**이며, 금품 수수의 경우에는 5년으로 연장된다.

25. 우리나라 1급 및 **이에 상당하는 고위공무원단 소속 공무원을 제외한** 모든 공무원은 형의

선고, 징계, 기타 법령에 정한 사유가 아니고서는 본인의 의사에 반해 휴직·강임·면직당하지 아니한다.

**26.** 강임은 승진과 반대로 현 직급보다 낮은 하위 직급에 임용되는 것이지만, **징계는 아니다**.

**27.** **법원과 국회를 제외한 행정부에 근무하는** 모든 공무원은 인사혁신처 소속 소청심사위원회에 소를 제기할 수 있다.

**32.** 기금제는 운용 및 관리비용이 **많이** 든다는 단점이 있다.

**33.** 공무원연금의 기여율이 2033년부터 기준소득월액의 9%가 적용된다.

**36.** 공무원의 노조는 행정관리 개선에는 기여하나 **인사권을 제약한다는 단점이 있다**.

**37.** 공무원 노조 설립 신고는 **고용노동부 장관**에게 해야 하며, **정부측 교섭대표는 인사혁신처장이다**.

**38.** 단체교섭이 결렬된 경우 지방공무원노동조합은 **중앙노동위원회**에 조정을 신청할 수 있다.

**39.** 단체교섭이 결렬된 경우 당사자 일반 또는 쌍방을 중앙노동위원회에 조정을 신청할 수 있으며, 조정은 **30일** 이내에 이뤄져야 한다.

**40.** 국가공무원법에 따르면 금고 이상의 형을 받고 집행이 종료된 지 **5년**이 경과되지 아니한 자는 공무원으로 임용될 수 없도록 하고 있다.

**41.** 시험성적과 근무성적을 비교해 측정할 수 있는 타당도는 **기준타당도**다.

**42.** 측정 도구나 형식의 일관성을 **신뢰도**라고 한다.

**43.** 동시적 타당도와 예측적 타당도 검증은 **기준타당성**을 검증하는 방법이다.

**44.** 같은 개념을 상이한 방법으로 측정했을 때 그 측정값 간의 상관 관계 정도를 **수렴적** 타당성이라 한다.

**45.** 시험의 신뢰도는 타당도의 **필요** 조건이다.

**46.** 현장훈련은 예정된 계획에 따라 체계적인 교육을 실시하기가 **용이하지 않다**.

**47.** 행태관찰척도법은 행태기준척도법에 **도표식 평정척도법**을 가미한 것이다.

**48.** 연쇄 효과의 오류를 방지하기 위해서는 **강제선택법**을 사용하는 것이 효과적이다.

**49.** 우리의 경우 현재 근평 결과에 대한 소청을 **허용하지 않고 있다**.

**51.** **관대화 오류**란 부하와의 인간 관계를 고려해 실제보다 후한 점수를 주는 것을 말한다.

**52.** 우리나라는 현재 이중평정제를 실시하고 있으며, 다면평정 결과를 실시하나 그 결과는 근무 성적평정에 **반영하지 않고 있다**.

**62.** 엽관제는 행정의 민주성을 **촉진**한다.

**64.** 엽관제는 인사의 **자의성의 문제가 있지만** 국민의 요구에 대한 행정의 **대응성 확보는 장점**이다.

**65.** 엽관제는 소수 상위계층의 공직 독점을 **타파**한다.

66. 실적제는 엽관제의 폐단을 불식시키나, 정치적 민주화는 **저해한다**.

69. 실적제는 **직업공무원제** 확립의 전제 조건이 된다.

70. **엽관주의**는 관료기구와 국민 간의 동질성을 확보하기 위한 수단으로 발전했다.

71. 직업공무원제는 실적제와 이념과 역사가 **다르다**.

73. 직업공무원제는 **채용 당시의 능력보다 잠재 능력**을 중시한다.

76. 대표관료제는 행정의 전문성과 생산성을 **저해한다**.

78. 대표관료제는 **사회화**를 전제로 등장한 개념이다.

79. 대표관료제는 실적주의를 **약화**시킨다.

80. **소극적** 대표성이란 관료의 출신 배경이 사회 전체의 것을 반영하도록 구성하자는 것이다.

81. **엽관제**는 행정의 대응성과 책임성을 확보해 행정의 민주성을 추구할 수 있다.

83. 실적주의는 정치적 중립이 **필수이지만**, 직업공무원제는 정치적 중립을 필수적으로 **요구하지 않는다**.

84. **대표관료제**는 임용의 역차별, **실적제**는 인사의 소극성이 문제점이다.

85. 우리나라 중앙인사기구는 인사혁신처로 **비독립단독형**이다.

86. 비독립단독형 인사기관은 인사행정의 책임 소재가 **명확하다**.

87. 인사의 **분권화**는 적극적 인사를 위한 필수적 수단이다.

88. 직무재설계 방법 중 **직무 확대**란 직무 분담의 폭을 넓히는 수평적 강화를 말한다.

89. 적극적 모집을 위해서는 제출 서류를 **줄여야** 한다.

94. 국세청장, 국정원장, 공정거래위원장 등은 **국회 소관 상임위원회**에서 인사 청문을 거쳐야 한다.

96. 전문성이 요구되거나 효율적인 정책 수립을 위해 필요한 경우 **개방형 직위**를 지정해 운영할 수 있다.

97. 개방형 임용제는 성과관리를 촉진시키나, 정치적 영향으로부터 **자유롭지 못하다**.

98. 개방형 직위의 규모는 중앙행정기관과 지방자치단체에서 **다르다**.

99. 개방형 인사는 임용구조가 복잡하나 인력 개발과 양성에 비용이 **들어가지 않는다는 것이 장점**이다.

101. 계급제는 행정의 전문화를 **저해한다**.

102. 계급제는 공무원의 안목 확대와 창의력 계발에 **기여한다**.

106. 직무의 성질이 유사한 직렬의 집단을 **직군**이라 한다.

109. **실적제**는 출신 배경에 관계 없이 담당 직무의 수행 능력과 지식, 기술을 중시한다.

111. 직위분류제는 미국의 실적주의와 **과학적 관리론**의 영향을 받았다.

112. 우리나라는 **계급제**의 토대 위에 **직위분류제**가 가미된 절충형이다.

113. 우리나라 고위공무원단제도는 고위직에 대한 **직위분류제적** 요소를 강화하고 신분 보장을 **완화하려는** 것이다.

117. 고위공무원단제도는 지방에는 없는 제도이나, 지방에 근무하는 부단체장, 부교육감 등은 **포함된다**.

118. 고위공무원단제도는 행정의 분절화 현상을 **초래한다**.

119. 직위분류제는 전문성을 갖춘 민간 인력 유치에 적합하고, 단순한 보수 체계 확립에는 **계급제가 도움이 된다**.

120. 직위분류제는 개방형이므로 직무상 이동성이 **빈번하지 않아** 직무 몰입을 유도할 수 있으며, 자신이 속한 집단의 이익에 집착할 가능성은 낮다.

## 제5장 재무행정론 확인 학습

1. 국가재정법은 기금운용계획 변경 가능 범위를 **축소**해 기금에 대한 국회 차원의 통제를 **강화**했다.

3. 조세의 종목과 세율은 법률로 정한다는 조세법정주의는 **헌법**에 규정돼 있다.

5. 예산은 정부정책 중 가장 **보수적인** 영역이다.

7. 예산의 기능은 일반적으로 통제 → 관리 → **기획** → **참여** → 감축 순으로 이어진다.

9. 물가 · 고용 등 경기 불안 시 공채 발행이나 통화량 조절을 통해 경제를 안정화시키는 기능은 **경제안정화** 기능이다.

10. 세입과 세출을 빠짐없이 예산에 모두 계상해야 한다는 것은 **완전성**의 원칙이다.

12. 공개의 원칙은 **전통적 예산 원칙**, 보고의 원칙은 **현대적 예산 원칙**에 해당한다.

13. 명확성의 원칙, 사전 의결의 원칙, 공개성의 원칙은 **재정민주주의**에 관한 원칙이다.

16. 장 · 관 · 항은 **입법과목**으로서 국회의 승인을 얻어 과목 간 이용(移用)이 가능하다.

18. 시민을 위한 분류는 **기능별** 분류를 말한다.

20. 국가재정법상 예산의 원칙에는 재정건전성 확보, 국민 부담 최소화, 국민 참여 제고 등이 있으나, **합법성은 해당하지 않는다**.

22. 국가가 보증채무를 담당하고자 하는 때에는 **사전**에 국회의 동의를 반드시 얻어야 한다.

23. 총액계상예산제도, 자율편성제도는 중앙정부에만 도입됐고, **납세자소송과 참여예산제도는 지방에만 도입돼 있다**.

24. 정부의 특별회계에는 농어촌구조 개선, 교통시설, 우체국보험 등이 있고, **교육비 특별회계는 지방정부 특별회계다**.

25. 기업특별회계에는 양곡관리, 조달, 우편사업, **우체국예금**, 책임운영기관이 있다.

27. 새로운 회계연도가 개시 **전날**까지 정부예산안이 국회에서 확정되지 않으면 특정경비를 전년도에 준해 지출할 수 있다.

30. 특정한 목적을 위해 특정자금을 신축적으로 운영할 필요가 있을 때에는 법률에 따라 **기금**을 설치할 수 있다.

32. 기금은 중앙정부의 경우 법률, 지방자치단체의 경우 **조례**에 의해서 설치할 수 있다.

33. 특별회계는 재정 운영의 경직성을 초래하고, 재정에 대한 민주통제를 **약화시킨다**.

49. 각 중앙관서의 장은 매년 **1월** 31일까지 중기사업계획서를 기획재정부 장관에게 제출해야 한다.

50. 예산은 상임위의 예비심사를 거친 후 **예결위**가 종합심사를 한다.

51. 우리나라는 **2015년 현재** 예산안의 법정 심의 기간이 헌법과 법률상 이원화돼 있다.

53. 국회가 예결위를 구성할 때에는 그 활동 기한을 정할 필요가 없으며, 예결위는 소관 상임위 **동의를 얻어** 새 비목을 설치할 수 있다.

54. 예비비의 **국가재정법상 관리 책임자는 기획재정부 장관**이다.

56. 정부조직 등의 변경으로 직무 권한에 변동이 생겼을 때 예산을 이에 따라 변동시키는 것을 **이체**라고 한다.

57. 구체적인 용도를 정하지 않고 포괄적 지출을 허용하는 제도를 **지출통제 예산제도**라고 한다.

58. 계속비의 지출은 원칙상 5년 이내이지만, **국회**의 승인을 얻으면 연장이 가능하다.

60. 국고채무부담행위의 의결은 국회가 지출 권한을 인정해 준 **것은 아니다**.

64. 기획재정부 장관은 결산보고서를 **작성하고 감사원이 이를 검사한다**.

65. 세계잉여금의 사용 가능 시기는 **대통령**의 결산 승인 이후다.

68. 현금주의에는 복식부기를 적용할 수 **있다**.

70. 복식부기에 따를 때 차입금(부채)의 감소는 **차변(왼쪽)**에 계리한다.

71. 지방자치단체는 감사원의 **회계검사, 직무감찰 대상에 포함되나 결산은 대상이 아니다**.

74. 감사원은 정부 내에서 **사후적** 통제를 수행하는 내부통제기관이다.

81. **추가경정예산**은 예산이 국회를 통과한 이후 예산 집행 과정에서 다시 제출되는 예산이다.

82. **수정예산**은 예산안이 제출된 이후 국회 의결 이전에 기준안의 일부는 수정해 제출한 예산이다.

83. **잠정예산**은 새로운 회계연도가 시작되는 날로부터 최초 수개월 분의 일정한 금액 예산은 정부가 집행할 수 있게 허가하는 제도다.

84. 거래 발생 시 자산의 증가와 수익의 발생은 **대변**에 기록하고, 부채의 증가와 자본의 증가, 비용의 발생은 **차변**에 기록한다.

86. **중앙정부와 지방정부의 재무제표는 재정상태표, 재정운용표, 순자산변동표로 작성한다.**

89. 총체주의는 경제 원리가 적용되므로 목표에 대한 사회적 합의가 도출되지 않은 경우에도 적용될 수 **없다**.

91. **점감주의**는 예산 배정이 불안정하고 투쟁이 격화될 수 있다.

93. **총체적** 희소성은 가용자원이 계속사업을 지속하지 못할 만큼 충분하지 못한 경우에 발생한다.

96. 경제력은 낮으나 재원의 예측 가능성이 높은 경우로서 미국 도시정부에서 많이 발견되는 형태의 예산은 **세입예산**이다.

97. 예산제도는 전반적으로 **점증주의** → **합리주의** → 신성과주의로 변천했다.

100. 품목별 예산은 사업의 성과나 효율성 판단이 **용이하지 않다**.

101. 성과주의 예산은 사업의 우선순위나 대안의 평가 및 선택에 도움을 **주지 못한다**.

102. 성과주의는 재원과 사업을 직접 연계시켜 재원 배분의 합리성을 높여 주나, 합리주의 예산모형에는 **속하지 않는다**.

104. 계획예산은 예산을 **부서별**로 배분하지 않고 **정책별**로 배분한다.

105. 계획예산은 구성원의 참여를 **저해한다**.

106. 계획예산은 의사 결정이 **일원화**돼 있어 다양한 계층이 참여해 예산을 결정하지 **못한다**.

109. 계획예산은 **장기기획에 의해 고정화될 경우** 전반적인 융통성이 **낮은** 경직적인 제도다.

111. 영기준예산은 점증주의를 **극복하지 못해** 사실한 **실패한** 것으로 평가받았다.

112. 영기준예산은 완전한 합리주의 예산으로서 분석가의 **주관적인** 판단에 의존했다.

114. 계획예산이 **하향적**이라면 영기준예산은 **상향적**인 흐름으로 평가받았다.

116. 영기준예산이 **행정적** 과정이라면 일몰법은 **입법적** 과정이다.

117. 자본예산은 경상계정과 자본계정을 구분해 **불균형예산**을 편성하는 데 중점을 둔다.

118. 자본예산은 **자본계정**에 대한 심도 있는 분석을 실시한다.

119. 자본지출은 사회간접자본처럼 지역사회에 외부 효과를 초래하는 영역이나 사업에 대해서는 적용하기가 **용이하다**.

120. 자본예산은 경상계정과 자본계정이 명확하게 **구분되지 못한다**.

122. 지출통제예산은 지출을 **총액**으로 통제하려는 예산이다.

125. 예산총액배분 자율편성제도는 예산의 한도가 사전에 결정되므로 전통적인 상향식 예산편성에 비해 각 부처의 전문성이 활용되기 **용이하다**.

127. 자율편성제도는 국가자원의 전략적 배분 과정에서 갈등 조정이 **어렵다**.

128. 신성과주의예산은 전략적 기획 기능을 최대한 **집권화**하려 한다.

# 제6장 환류행정론 확인 학습

2. 파이너(H. Finer)는 **외부통제**를, 프리드리히(C. J. Friedrich)는 내재적 책임을 강조했다.
3. 통제의 원천이 내부 지향적이고 통제의 정도가 높은(강한) 책임은 **관료적 책임**이다.
5. **자율적** 책임은 절차의 준수와 책임의 완수는 별개로 보고 대응성이나 성과를 중시하는 책임이다.
7. 우리나라 국회는 국무위원의 **해임건의권**을 가지고 있다.
10. 사법통제는 **사후적이고 소극적인** 통제에 속한다.
11. 옴부즈만(ombudsman)은 융통성과 신속성이 **높고** 나라마다 **다양한** 형태를 지닌다.
14. 우리나라 옴부즈만은 **행정부(국무총리)** 소속의 **내부통제**로서 정부로부터 독립돼 있지 않다.
15. 옴부즈만은 대개 **신청**으로 조사를 개시하지만 예외적으로 **직권**에 의한 조사를 하는 경우도 있다.
17. 황금양털상은 **재정 운영에 대한 시민감시 활동**이고, 빅브라더상은 **프라이버시 침해에 관한 상**이다.
19. 아른슈타인(S. R. Arnstein)의 주민 참여 단계 중 3단계인 정보 제공 단계는 **커뮤니케이션 경로가 일방적으로 행정청에서 주민에게로 흐른다.**
20. 우리나라의 경우 **지방정부를 상대로 주민소송을 제기할 수 있으나, 중앙정부를 상대로 한 주민소송을 제기할 수는 없다.**
22. 지방자치에 대한 오늘날의 주민 참여는 **직접적인 참여가 주류를 이룬다. 협의회, 자문위원회 등은 간접적인 참여 방식이다.**
23. 행정개혁은 의도적으로 변화를 추구하는 **장기적·지시적이고 연속적 과정**이다.
24. 기능 중복의 제거, 책임의 재규정, 통제절차 개선 등은 행정개혁의 **구조적** 접근에 해당한다.
26. 행정개혁에 대한 저항 극복 전략 중 유리하거나 적절한 시기의 선택은 **공리기술적 전략**에 속한다.
27. 최근 선진국들의 행정개혁은 **조직구조보다 운영 기술**에에 치중했다.
29. 우리나라의 정부개혁은 **관리기술이나 인간 중심의 개혁이 아니라 구조 중심의 개혁**이었다.
34. 균형성과표(BSC)에서 학습과 **성장** 관점은 미래적 관점과 연관된다.
36. 정보화 사회는 **다품종 소량 생산 체제**가 강조된다.
38. 행정정보화는 클라우딩 컴퓨팅을 통해 효율적이고 **분권적**인 행정 시스템을 구축할 수있게 해 준다.
39. 정보화 사회에서는 일관성과 안정성이 **낮은** 조직의 필요성이 **높아진다**.

40. 정보화 사회에서는 가상조직이나 네트워크 조직의 등장으로 직접민주주의나 시민 참여를 **촉진한다**.

43. 우리나라 유비쿼터스 정부는 **2005년 U-korea 시책**에서 처음 언급됐다.

44. UN은 전자정부의 발달 단계를 **전자정보** → **전자자문** → 전자결정의 순으로 제시했다.

45. 시민과 선출직 공무원 간에 소통과 청원이 이뤄지는 전자 거버넌스 단계는 **전자 자문** 단계다.

48. 보편적 서비스의 요소 중 **요금 저렴성**이란 빈부격차 등 경제적인 이유로 정보 접근이 배제돼서는 안 된다는 것이다.

50. 사실은 **사물이나 사실을 기호로 나타낸 것**이고, 정보는 **의미가 부여된 정보**를 말한다.

51. 정보화 책임관의 임무는 소관 부처 정보기술 아키텍처 기본계획을 도입·활용하는 주체이고, **과학기술정보통신부 장관**은 중요 지식 정보자원을 지정하는 것이다.

54. 2.0 전자정부는 전자정부의 초점이 정부나 기계 중심이 아닌 사람 중심으로 이동을 말하나, **3.0 전자정부**는 서비스의 지능화를 통해서 개인별 맞춤 정보 서비스를 제공한다.

56. **전문가 체계**란 인공지능 체계의 응용으로 전문가들의 질적 사고를 수렴해 특정 분야 문제 해결을 지원하는 것이다.

57. 과학기술정보통신부 장관은 매 **5년**마다 국가정보화 기본 계획을 수립해야 한다.

58. 빅데이터는 규모가 크고, 다양성이 높아, 속도가 **빠른** 특성을 갖는 데이터다.

59. 스마트 전자정부는 서비스 방식이 개인별 맞춤형 통합 서비스를 지향하며, 공무원의 일하는 방식은 **사전 예방·예측** 위주다.

61. 대민전자정부(G2B 또는 G2C) 시스템에는 국민신문고, 전자조달 나라장터, 전자통관시스템 등이 있고, **온-나라 시스템 등은 정부 내부 업무 처리 시스템**이다.

63. 암묵지란 지식의 원천으로서 숙련된 기능이나 경험, 개인적 노하우 등이며, 업무 매뉴얼은 **형식지**에 해당한다.

64. 정보화 사회에서는 정보에 대한 소유권이 불명확해지고 공공정보의 **공유화**가 촉진되고 있다.

65. 지식행정관리에서는 **다양한 채널**에 의한 **비공식적이고 유연한** 의사소통을 중시한다.

## 제7장 지방행정론 확인 학습

1. 일선기관의 활성화는 행정의 분권화와 지방자치를 **저해한다**.

2. 지방자치는 광역행정이나 지역 간 형평성 제고에 **기여하지 못한다**.

4. 지방의회는 법률의 위임이 있는 경우 조례로 **과태료 등 행정벌**을 제정할 수 있다.

6. 교통과 통신의 발달은 **집권화**를 촉진시킨다.

9. **소극적** 보충성 원리란 기초단체에 대해 상급정부는 가급적 간여해서는 안 된다는 것을 말한다.

10. 우리나라의 지방정부는 기관대립형이나 단체장에 대한 의회의 **불신임권이 인정되지 않고 있다**.

11. 라이트(D. S. Wright)의 정부 간 관계가 상호 독립적인 실체로서 존재하면서도 서로 협력적 관계라고 보는 모형은 **중첩권위형**이다.

13. 지방자치단체는 **법률**이 정하는 바에 따라 국가공무원을 둘 수 있다.

14. 지방자치단체장이 국가의 위임사무를 게을리할 때에는 **지자체**의 비용 부담으로 대집행한다.

16. 중앙정부가 지방정부의 위법·부당한 명령처분을 취소·정지할 경우 지방자치단체장이 이의가 있을 때에는 **대법원**에 소를 제기할 수 있다.

17. 지방자치단체의 장은 **대통령령**이 정하는 한도 내에서는 지방의회의 의결을 거쳐 지방채를 발행할 수 있다.

19. 중앙행정기관과 지방자치단체 간 이견을 협의 조정하기 위해 **국무총리** 소속으로 행정협의조정위원회를 둔다.

20. 일선기관은 민주성과 책임성을 **저해하고** 고객의 혼란과 불편을 **초래한다**.

22. 우리나라 특별지방행정기관은 행정 업무의 광역적 추진이라는 긍정적 목적과 부처이기주의라는 부정적 목적이 결합돼 **1980년대** 후반에 급증했다.

23. 지방자치단체 상호간 분쟁은 **행정안전부와 시도지사** 소속으로 설치된 **지방분쟁조정위원회**에서 조정한다.

32. 특별시, 특별자치시, 특별자치도는 지방자치법상 **보통지방자치단체**다.

33. 지방자치법상 광역시 설치의 법정 요건은 **없다**.

35. 인구 50만 이상의 시에는 독립된 세원을 갖지 않는 **행정구**를 둘 수 있다.

37. 행정계층은 행정의 **능률성**에, 자치계층은 **민주성**에 기인한다.

40. 청원 처리, 조례 제정은 지방의회의 권한이나 **선결처분권은 지방자치단체장의 권한**에 속한다.

41. 사업소와 출장소는 지방자치단체장의 **소속행정기관**이다.

46. 기관대립형은 권력 남용을 막을 수 있고, **기관통합형은 책임행정을 구현하기 용이하다는 장점**이 있다.

48. 우리나라에서 채택하고 있는 포괄적 예시주의는 지방사무를 폭넓게 **인정해 주지 못한다는 단점**이 있다.

56. 특별시에는 자치구만을 두며, 광역시에는 **자치구와 군**을 둔다.

57. 인구 50만 이상의 시에는 독립된 세원을 **갖지 않는 행정구**를 둘 수 있다,

58. 특별시, 특별자치시, 특별자치도는 **일반지방자치단체**다.

59. 사업소와 출장소는 지방자치단체 **소속행정기관**이다.

62. 지방교부세는 **의존재원**에 해당한다.

63. 기준재정수요액이 커질수록 재정력지수가 **낮아진다**.

64. 재정자립도가 높을수록 지방재정이 건전하다고 **볼 수는 없다**.

67. **재정자립**도는 전체 재원에 대한 자주재원이 차지하는 비율을 말한다.

71. 담배소비세는 **지방세**이고, 주세는 **국세**다.

73. 지방소비세는 특별시광역시도세이며, 지방소득세는 **시·군세**다.

75. 우리나라 지방세는 **재산과세** 중심으로 **세원 확보 면에서 취약하다**.

76. 재산세와 자동차세는 **시군세**로 돼 있다.

79. 지방공기업의 대상 사업에는 상하수도사업, 주택사업 등이 있고, **주민복지사업은 지방자치단체의 자치사무**다.

81. **국고보조금**은 국가가 사무를 위임한 대가로 그 경비를 지원하는 것이다.

84. 조정교부금은 **상급 지자체**가 교부 주체가 돼 기초자치단체에 대해 직접 재정 지원을 하는 제도다.

85. 보통교부세를 위법·부당하게 사용할 때에는 이를 취소·반환시킬 수 **없다**.

86. 지방자치단체장은 **대통령령**이 정하는 범위 안에서 의회 의결을 거쳐 지방채를 발행할 수 있다.

87. 지방자치단체장이나 자치단체조합은 **법률**이 정하는 바에 따라 지방채를 발행할 수 있다.

90. 지방교부세는 보통교부세와 특별교부세, **소방안전교부세, 부동산교부세**가 있다.

111. 주민 참여는 주민의 권리책임 의식을 고양시키나 행정의 전문성을 **저해할 수 있다**.

112. 우리나라는 중앙정부를 상대로 주민소송을 제기할 수 **없다**.

114. 지방자치단체의 불법 지출로 **피해를 입지 않은 주민**도 소송을 제기할 수 있다.

116. 주민투표에 부쳐진 사항은 투표권자 **1/3 이상**의 투표와 유효 투표 수 과반수의 득표로 확정된다.

120. 우리의 경우 주민소환 대상에는 비례대표 의원은 **포함되지 않는다**.

123. 총액계상예산제도와 자율편성제도는 지방에는 **도입돼 있지 않다**.

124. 국가에는 국민(주민) 참여 예산제도와 주민(납세자) 소송제도가 **인정되지 않고 있다**.

# 참고 문헌

## 국내 문헌


강성철 · 김판석 · 이종수 · 최근열 · 하태권(2008). 「새 인사행정론」. 대영문화사.
강용기 (2008). 「현대지방자치론」. 대영문화사.
김동건 (1999). 「비용 · 편익분석」. 박영사.
김병섭 · 박광국 · 조경호 (2001). 「조직의 이해와 관리」. 대영문화사.
김중규 (2013). 「7급 선행정학(상, 하)」. 도서출판 에드민.
——— (2013). 「9급 선행정학개론(상, 하)」. 도서출판 에드민.
——— (2013). 「기출문제 선행정학」. 도서출판 에드민.
김태룡 (2012). 「새 한국행정론」. 대영문화사.
——— (2010). 「한국행정론」. 대영문화사.
김항규 (2009). 「행정철학」. 대영문화사.
김홍배 (2003). 「정책평가기법: 비용 · 편익분석론」. 나남출판사.
노형진 (2005). 「SPSS에 의한 조사 방법 및 통계분석」. 형설.
노화준 (2012). 「정책학원론」. 박영사.
류지성 (2007). 「정책학」. 대영문화사.
박병식 · 이태종 · 서순복 · 이재호 (2002). 「정책사례연구」. 대영문화사.
박성복 · 이종렬 (2000). 「정책학강의」. 대영문화사.
백완기 (2009). 「행정학」. 박영사.
새 행정학편집위원회 (2010). 「객관식 문제를 통한 새 행정학 학습」. 대영문화사.
송윤현 (2014). 「행정 이슈 & 포커스」. 법문사.
신응섭 · 이재윤 · 남기덕 · 문양호 · 김용주 · 고재원 · 강성록 (2013). 「심리학개론」. 박영사.
안문석 (2002). 「계량행정론」. 박영사.
안정기 (2011). 「행정학연습」. 형설출판사.

——— (2006). 「행정개론」. 선학출판사.
안정기 · 김유중 (2007), 「일반상식」. 서울고시각.
안정기 · 조석현 (2004). 「행정학」. 화학사.
오석홍 (2013). 「행정학」. 박영사.
——— (2010). 「한국의 행정」. 법문사.
오석홍 · 김영편 (2000). 「정책학의 주요 이론」. 법문사.
오석홍 · 송하중 · 박정수 (2001). 「행정학의 주요 이론」. 법문사.
유민봉 (2011). 「한국행정학」. 박영사.
유민봉 · 임도빈 (2003). 「인사행정론」. 박영사.
유훈 (2008). 「새 재무행정학」. 대영문화사.
윤영진 (2008). 「새 재무행정학」. 대영문화사.
이광종 (2005). 「행정책임론」. 대영문화사.
이동호 (2016). 「토픽 정책학」. 윌비스.
이상윤 (2000). 「인사제도론」. 대왕사.
이종수 (2012). 「정부는 공정한가?」. 대영문화사.
——— (2009). 「행정학사전」. 대영문화사.
——— (2000). 「행정학사전」. 대영문화사.
이종수 · 윤영진 외 (2012). 「새 행정학」. 대영문화사.
이주희 (2007). 「지방자치법 이론과 운영사례」. 기문당.
이창원 · 최창현 · 최천근 (2012). 「새 조직론」. 대영문화사.
임승빈 (2012). 「정부와 NGO」. 대영문화사.
——— (2006). 「지방자치론」. 대영문화사.
전상경 (1999). 「정책분석의 정치경제」. 박영사.
정병열 (2004). 「7급 경제학」. 박문각.
정순진 (2002). 「경영학연습」. 도서출판 홍.
정용덕 (2002). 「현대국가의 행정학」. 법문사.
정우일 (2006). 「리더와 리더십」. 박영사.
정정길 (2003). 「행정학의 새로운 이해」. 대명출판사.
정정길 · 성규탁 · 이장 · 이윤식 (2004). 「정책평가: 이론과 적용」. 법영사.
정정길 · 최종원 · 이시원 · 정준금 · 정광호 (2010). 「정책학원론」. 대명출판사.
최창호 (2009). 「지방자치학」. 삼영사.
키노시타 (2012). 「전략적 의사결정기법 AHP」. 도서출판 청람.
한승준 (2008). 「조사방법의 이해와 SPSS의 활용」. 대영문화사.
홍기용 (2002). 「공공사업분석론」. 형설출판사.

# 저자 소개

## 안정기(安廷騎)

[약력]
전남대학교 대학원 행정학과 졸업(행정학석사)
전남대학교 대학원 경영학과 졸업(경영학석사)
동신대학교 대학원 행정학과 졸업(행정학박사)
해군장교(OCS 83차) 전역
한국산업관계연구원 연구위원
한국서비스연구소 이사
전남대학교 경영연구소 연구원(전)
전남대학교 콜센터산업정보연구소 책임연구원(전)
한국거버넌스학회 사무국장(전)
순천제일대학교 소방행정학과 교수(전)
동신대학교 사회과학대학 경찰행정학과 겸임교수
동신대학교, 서울산업대학교, 전남대학교 등 출강
지방직 공무원 7, 9급 공무원 및 전직시험 행정학 출제위원 역임
(현) 지방공무원교육원, 지방경찰청, 지방교육연수원 등 출강(리더십, 소통, 문제해결 기법)
(현) 재단법인 우리정책연구원(학술연구기관) 부원장
(현) 한국타임즈(인터넷신문사) 국장
(현) 한빛고시학원 행정학 전임강사
(현) 한국행정학외 정회원
(현) 여기스터디평생교육원 외래교수
(현) 전북지방경찰청 고객만족 평가위원

[주요 저서 및 논문]
「객관식 행정학 연습」(형설출판사, 2011)
「인생을 변화시키는 행복한 소통」(이담북스, 2011)
「콜센터 매니저」(공저, 시대고시기획, 2008)
「일반상식」(공저, 서울고시각, 2007)

「행정학개론」(선학출판사, 2006)
「EBS 행정학개론」(공저, 화학사, 2004)
콜센터의 지속적인 성과 창출을 위한 BSC의 이해(2008)
경찰민원행정서비스 고객만족 영향 요인에 관한 연구(2006)
행정서비스 질 측정상의 유의점과 전략적 도출을 위한 신(新)분석모델(2002)
북한의 통일정책에 관한 연구: 남북대화를 중심으로(1990)

**행정학의 이해2.0**

**펴낸날** 제1판 제1쇄 2018년 1월 5일
**지은이** 안정기
**펴낸이** 임춘환
**펴낸곳** 도서출판 대영문화사
**주소** 서울특별시 용산구 청파로 61길 5(청파동 1가) 제일빌딩 2층(㉾ 04308)
**등록** 1975년 12월 26일 제3-16호
**전화** (02)716-3883, (02)714-3062
**팩스** (02)703-3839
**홈페이지** http://www.dymbook.co.kr


ISBN 978-89-7644-703-6
**값 30,000원**